DAN JOSEFSSON

Der Serienkiller, der keiner war

und die Psychotherapeuten, die ihn schufen

Deutsch von Stefan Pluschkat

btb

Die schwedische Originalausgabe erschien 2013 unter dem Titel
»Mannen som slutade ljuga« bei Lind & Co, Stockholm

MIX
Papier aus verantwortungsvollen Quellen
FSC® C083411
FSC
www.fsc.org

Verlagsgruppe Random House FSC® N001967

1. Auflage
Deutsche Erstausgabe Dezember 2017

Umschlaggestaltung: semper smile, München
Umschlagmotiv: © Shutterstock/FOXARTBOX
Satz: Uhl + Massopust, Aalen
Druck und Einband: CPI books GmbH, Leck
MK · Herstellung: sc
Printed in Germany
ISBN 978-3-442-71566-4

www.btb-verlag.de
www.facebook.com/btbverlag

Einsamkeit scheint eine so schmerzliche, erschreckende Erfahrung zu sein, dass der Mensch praktisch alles tut, um sie zu vermeiden.

Frieda Fromm-Reichmann, Psychoanalytikerin

INHALT

TEIL 1

DAS GROSSE RÄTSEL

1. Prolog im Ørjeskogen, Sommer 1997

»Im Moment wage ich nicht, das zu wissen.«

Thomas Quick während einer Vernehmung im Juli 1997 zum Verbleib von Therese Johannessens Kopf.

Um 12.20 Uhr erreichten die Schweden den Ørjeskogen im Südosten Norwegens unweit der schwedischen Grenze. Der Kleinbus und die Polizeiwagen fuhren ein Stück in den Wald hinein, bis die norwegische Polizei sie anwies zu halten. Aus dem Kleinbus stieg ein ungefähr eins neunzig großer, recht durchtrainierter Mann. Er hatte eine Glatze, einen gestutzten Vollbart und trug eine Brille mit Metallbügeln. Der Mann hieß Thomas Quick und war ein Serienmörder. Bis zum Spätsommer 1992, als er begonnen hatte, seine entsetzlichen Taten zu gestehen, war sein Name jedoch ein anderer gewesen: Sture Bergwall.

Begleitet wurde Quick von ein paar Menschen, die ihn inzwischen sehr gut kannten. Der Kreis bestand aus dem Ermittlungsleiter Seppo Penttinen von der Polizei Sundsvall, der Psychotherapeutin Birgitta Ståhle, dem Rechtsanwalt Claes Borgström, dem Gedächtnisforscher Sven Å. Christianson sowie ein paar Krankenpflegern, die für Quicks Medikamente zuständig waren. Sie alle waren in den frühen Morgenstunden gemeinsam in der schwedischen Stadt Säter aufgebrochen.

Ziel der Reise war es, die Erinnerungen des Serienmörders aufzufrischen. Irgendwo im Ørjeskogen hatte er die Überreste der neunjährigen Therese Johannessen aus Dammen versteckt, die er 1988, also neun Jahre zuvor, entführt, ermordet und zerstückelt hatte. Der Mord war für Quick eine so traumatische Erfahrung gewesen, dass er unmittelbar nach der Tat sämtliche Erinnerungen daran verdrängt und viele Jahre in völliger Unkenntnis gelebt hatte, das Mädchen umgebracht zu haben. Inzwischen war er jedoch zum Maßregelvollzug in der Forensischen Psychiatrie in Säter, zweieinhalb Autostunden von Stockholm entfernt, verurteilt worden, und hatte während einer Gesprächstherapie die Erinnerungen an den Mord an Therese sowie weitere Taten Stück für Stück zurückerlangt. Es war ein langwieriger, schmerzhafter Prozess gewesen. Ein Erinnerungsfragment nach dem anderen war aufgedeckt worden, bis sich schließlich ein schreckliches Bild ergab: Im Verlauf von fünfundzwanzig Jahren hatte Quick zahlreiche Menschen ermordet – und alles vergessen. Ein psychischer Verdrängungsmechanismus hatte sich wie eine schwarze Samtdecke über die Erinnerungen an die abscheulichen Details der langen Mordserie gelegt. Wie viele Menschen ihm zum Opfer gefallen waren, wusste Quick ebenso wenig wie jeder andere. Mittlerweile hatte die Polizei Ermittlungen in etwa fünfzehn Fällen eingeleitet, und für vier Morde war Quick bereits verurteilt worden. Die Reise nach Norwegen gehörte zum Ermittlungsverfahren, das zu Quicks fünfter Verurteilung führen sollte.

Quick konnte sich nun zwar wieder an den Tathergang erinnern, doch ein letztes wichtiges Puzzleteil fehlte: Bislang hatte er nicht angeben können, wo er Thereses Leiche versteckt hatte. Es war eine ungewohnte Situation für die Ermittler. In den vier Mordfällen, für die er bereits verurteilt worden war, waren die Leichen lange vor Quicks Geständnissen gefunden worden, Therese hingegen war vor vielen Jahren in ihrem norwegischen Heimatort spurlos verschwunden. Für das Ermittlungsverfahren war dieses letzte Puzzleteil ganz entscheidend, denn ohne Leiche würde sich eine Anklage kaum bewerkstelligen lassen.

Die Medien rissen sich regelrecht um Thomas Quick, und natürlich versuchten die Journalisten auch an diesem Tag, einen

Blick auf ihn zu erhaschen. Damit die Ermittlungsarbeiten nicht gefährdet wurden, hatte die norwegische Polizei daher den Ørjeskogen weitläufig abgesperrt und ein Flugverbot für das Gebiet erteilt. Man scheute keine Kosten und Mühen, um Quick zum entscheidenden Durchbruch zu verhelfen.

Im Jahr zuvor war Quick schon einmal in den Ørjeskogen gebracht worden, um die Ermittler zu den Überresten des Mädchens zu führen, nachdem er sich vage daran erinnern konnte, die Leiche in der Nähe einer stillgelegten Kiesgrube vergraben zu haben.[1] Im Ørjeskogen hatte er die Ermittlungsgruppe dann unter schweren Panikattacken zu einem Waldsee geführt und sich plötzlich daran erinnert, dass er die Leiche der Neunjährigen genau hier zerstückelt und die Leichenteile in der Mitte des Sees versenkt habe.

Die norwegische Polizei hatte daraufhin die größte Tatortuntersuchung des Landes seit dem Zweiten Weltkrieg auf die Beine gestellt: Zunächst wurden rund 35 000 Kubikmeter Wasser aus dem See gepumpt, dann wurde der gesamte Bodenschlamm abgeschöpft und durchgesiebt. Zwar waren die Kriminaltechniker dabei zu zehntausend Jahre alten Sedimenten vorgedrungen[2], doch von einer Leiche keine Spur.

Dieser Zwischenfall verrät uns einiges darüber, wie Quicks Gedächtnis funktionierte. Sowie ihn die Polizei über die erfolglose Untersuchung des Sees in Kenntnis gesetzt hatte, erinnerte er sich nämlich, dass er lediglich die Weichteile im See versenkt habe, die inzwischen natürlich längst verrottet seien. Plötzlich drängten sich Quick weitere grelle Erinnerungsbilder auf, und er erzählte, dass es um die rosafarbene Lunge des Mädchens regelrecht geleuchtet habe, als sie zum finsteren Seegrund hinabsank.[3] Die Knochen habe er zu seinen »heiligen Verstecken« gebracht, die aus Steinen errichtet und so gut getarnt seien, dass man sie, ohne die genaue Position zu kennen, unmöglich finden könne. Bei dem bloßen Gedanken an die Verstecke befiel Quick eine solche Angst, dass er bislang nicht imstande gewesen war, sie der Polizei zu zeigen.

Auf die erfolglose Untersuchung des Sees war ein Jahr intensiver Psychotherapie gefolgt, und nun war die Ermittlungsgruppe nach Norwegen zurückgekehrt, um einen neuerlichen Versuch zu wagen. Vielleicht hatte Quick bezüglich der Weichteile ja die Wahrheit gesagt. Oder aber er hatte sich die Geschichte aus den Fingern gesogen, um die grausame Wahrheit zu umgehen. Die Menschen, die Quick begleiteten, wussten, dass er häufig um die Wahrheit herumlavierte, was sie aber nicht an seiner Glaubwürdigkeit zweifeln ließ. Sie wussten, dass er mithilfe falscher Aussagen versuchte, die von den verdrängten Erinnerungen hervorgerufenen Ängste zu überwinden. Quick log, um »in Verhörsituationen nicht komplett von Angstattacken übermannt zu werden«[4], wie es der Vernehmungsleiter Seppo Penttinen in einem Zeitungsartikel formulierte.

Gut, die Sache mit dem Waldsee war ein ziemlicher Reinfall gewesen, aber nun hatte Quick eine neue Information zu bieten: Ihm war eingefallen, dass die Verstecke mit den Knochen des Mädchens im Ørjeskogen lagen. Außerdem war er sich sicher, dass er die Polizei dort hinführen könnte.

Nach einem leichten Mittagessen, das die norwegische Polizei am Waldrand vorbereitet hatte, verteilte man sich auf mehrere Fahrzeuge, um tiefer in den Wald hineinzufahren. Quick bestieg den Kleinbus, begleitet vom Ermittlungsleiter, der Psychotherapeutin, dem Rechtsanwalt, dem Gedächtnisforscher, einem norwegischen Mordermittler sowie einem Tontechniker, der alles mitschnitt. Im Wagen dahinter fuhr der schwedische Staatsanwalt Christer van der Kwast, der auf eigene Faust angereist war, um die Bergung des ersten Verstecks bloß nicht zu verpassen. Über Kopfhörer konnte er jedes Wort mithören, das Quick sagte. Das Schlusslicht bildete eine norwegische Hundestaffel.

Die Karawane setzte sich langsam in Bewegung und fuhr den

Waldweg entlang. Schon wenig später, kaum hatte die Truppe den Waldsee erreicht, bat Quick den Fahrer anzuhalten. Er wolle sich ein bisschen umsehen, meinte er. Quick stieg aus und ging zum Ufer, wo er eine Weile still dastand und aufs Wasser blickte. Dann kehrte er zum Auto zurück.

Nach ein paar hundert Metern erreichte die Kolonne einen unbefestigten, von Bäumen umgebenen Wendeplatz. Quick bat erneut anzuhalten. Nachdem er genaue Anweisungen gegeben hatte, wie die Autos geparkt werden sollten, stieg er aus und ging ein Stück in den Wald hinein, um zu pinkeln. Laut Bericht der norwegischen Polizei murmelte er unablässig vor sich hin: »Wir sind da, wir sind da.« Alle waren voller Erwartung, das Versteck musste ganz in der Nähe sein.

Der Gedächtnisforscher Sven Å. Christianson hatte mit Quick viele Einzelgespräche in dem kleinen Patientenzimmer in der Forensischen Psychiatrie geführt. Zum einen sammelte er Material für das Buch »Im Kopf eines Serienmörders« (*I huvudet på en seriemördare*), an dem er gerade arbeitete, zum anderen fungierte er als Sachverständiger im Auftrag der Staatsanwaltschaft. Er sollte Quick jene Informationen entlocken, die weder in der Therapie noch in den polizeilichen Vernehmungen zutage gefördert werden konnten. Mit Erfolg. Im Vorfeld der Norwegenreise hatte Christianson in Erfahrung gebracht, welche Werkzeuge vonnöten waren, um Quicks mysteriöse Verstecke zu öffnen. Deshalb hatte er der Polizei in seinem Bericht empfohlen, etwas mitzubringen, »womit sich der Boden bearbeiten lässt, ein Brecheisen, ein kleiner Spaten oder etwas Ähnliches«[5]. Ferner schrieb er, dass Quick eines der Verstecke womöglich selbst öffnen wolle, was er gegebenenfalls mit Aussagen wie »Jetzt werde ich dieses Grab öffnen!« oder »Heben Sie das da mal an, damit ich besser drankomme!« mitteilen werde. Darüber hinaus empfahl Christianson, Quick einen »privaten« Moment mit »einem Knochenstück, beispielsweise einer Rippe«, zu gewähren. Das werde ihm dabei helfen, sich von seinen »Reliquien« zu trennen, was der Erfahrung des Gedächtnisforschers zufolge eine typische Reaktion für einen Serienmörder sei.

Christianson hatte noch mehr wichtige Dinge aufgelistet: »Kaffee, Wasser/Getränke. Belegte Brote, Schokoladenkuchen (Süßigkeiten) und Zigaretten. Medikamente: Xanol (?), die Dosierung bestimmt T.Q. selbst.« Mit »Xanol« war Xanor gemeint, ein unter das Betäubungsmittelgesetz fallendes Präparat, das Quick in hohen Dosen verabreicht wurde. Die Ermittlungsgruppe wusste, dass Quick die starken Beruhigungsmittel dringend brauchte, um die Panikattacken zu überstehen, die mit der Rückkehr seiner Erinnerungen einhergingen. Deshalb war das Pflegepersonal mitgekommen, allzeit bereit, ihm die Tabletten auszuhändigen.

Vom Wendeplatz führte Quick die Truppe zu Fuß weiter. Laut Bericht der schwedischen Polizei befielen ihn, als er tiefer in den Wald kam, »so heftige Panikattacken, dass er um Hilfe betteln musste«. Auf diesen Moment hatten alle gewartet: Quick war offensichtlich im Begriff, sich auf eine mentale Zeitreise zu begeben, die in der Ermittlungsgruppe »Regression« oder auch »Zeitsprung« genannt wurde. Was nun passierte, beschrieb die Polizeiassistentin Anna Wikström in ihrem Protokoll wie folgt:

»In dem Zusammenhang schreit Thomas Quick seine Angst heraus: ›Nomis, komm und hilf mir!‹ Dies ruft Quick laut in die Landschaft. Nomis ist der Name Simon rückwärts ausgesprochen. ›Simon‹ ist ein immer wiederkehrendes Thema in Thomas Quicks Therapiewelt.«[6]

Die Polizeiassistentin wusste, dass der Serienmörder Thomas Quick ins Jahr 1954 regredieren würde. Hier, mitten im Ørjeskogen, würde Quick in Gedanken jenen schrecklichen Vorfall erneut durchleben, den seine Therapeuten als Auslöser dafür deuteten, dass er zum Serienmörder geworden war. Es handelte sich um das sogenannte »Simon-Erlebnis«, ein so schreckliches Trauma, dass ein Horrorfilm nichts dagegen war.

Im Alter von vier Jahren wurde Sture im elterlichen Schlafzimmer von seinem Vater vergewaltigt, eine seit frühester Kindheit wiederkehrende Erfahrung im Leben des Jungen. Plötzlich trat seine hochschwangere Mutter mit unbekleidetem Unterleib ans Bett und erlitt eine späte Fehlgeburt. Sture sah den Fötus zwischen den Beinen seiner Mutter an der Nabelschnur baumeln und beschloss, seinen toten Bruder Simon zu nennen. Seine Mutter schrie ihn an, er sei schuld an der Fehlgeburt, weil er seinen Vater verführt habe, woraufhin im elterlichen Schlafzimmer eine Gewaltorgie stattfand: Sture musste mitansehen, wie seine Eltern mit einem Messer, das sein Vater aus der Küche geholt hatte, die Kinderleiche zerstückelten und gleichzeitig miteinander schliefen. Sture musste vom Fleisch der Leiche essen.[7]

Das Team um Quick kannte das sogenannte »Simon-Ereignis«. Alle gingen davon aus, dass die Bergwalls eine zutiefst gestörte Familie waren. Das schloss man auch daraus, dass die sechs Geschwister von Quick die sexuellen Übergriffe in der Familie abstritten. Zudem sei ihre Mutter zum fraglichen Zeitpunkt gar nicht schwanger gewesen. Die Geschwister hatten ihre traumatischen Kindheitserfahrungen folglich ebenfalls verdrängt.

Die Truppe im Ørjeskogen bezeugte, wie Quick zum emotional aufgeladenen »Simon-Ereignis« hin regredierte, wie er vor seinem inneren Auge den toten Bruder erblickte – und nach ihm rief. Dass er den Namen rückwärts aussprach – »Nomis« –, zügelte seine Angst. Die Regression wurde als etwas Positives angesehen, denn während dieser mentalen Zeitreisen förderte Quick meistens neue Erinnerungen an seine Morde zutage.

Als er sich wieder gesammelt hatte, sagte er, das Versteck befinde sich ganz in der Nähe. Trotzdem wollte er noch ein Stück weiter gefahren werden, denn möglicherweise würde es ihm leichterfallen, ein anderes Versteck preiszugeben.[8] Also fuhr die Truppe ein Stück weiter. Nach einer Weile stieg Quick aus dem Auto, ließ den Schotterweg hinter sich und ging einen Hügel hinauf. Seppo Penttinens Protokoll zufolge litt er dabei unter »augenfälligen Panikattacken« und begann, sich sonderbar zu verhalten: »Während des Aufstiegs formt er seine Hände zu einer Art Ball, den er dicht am Körper trägt.«[9] Anna Wikström notierte: »Unter großer Panik geht er tiefer in den Wald hinein; er kniet sich hin, riecht und leckt an der Rinde eines Baumstamms. […] Außerdem schiebt Quick seine Hand unter einen Stein und rollt sich anschließend in einer Art Embryostellung in einer kleinen Grube zusammen. Quick erleidet heftige Angstzustände, das Pflegepersonal schreitet ein. Er sagt, er sei jetzt in der Nähe eines anderen Verstecks, könne sich diesem aber nicht weiter nähern.«[10]

Mit »das Pflegepersonal schreitet ein« war gemeint, dass Quick Xanor erhielt. Nachdem er die Tabletten eingenommen hatte, erzählte er seinem Anwalt Claes Borgström, sie seien nun etwa zwanzig Meter von einem seiner Verstecke entfernt, die genaue Position werde er später verraten.[11] Der Trupp setzte sich erneut in Bewegung, und plötzlich schien der Serienmörder sich zurechtzufinden. Die Polizeiassistentin protokollierte: »Thomas Quick […] schaut in den Himmel. Er zählt mehrmals fünf verschiedene Plätze auf und erhebt die Stimme. Die Unterzeichnete und Penttinen fragen ihn, was er mit diesen fünf Plätzen meine, was ihn ein wenig irritiert. Schließlich ruft Thomas Quick laut und deutlich, die Plätze stünden für fünf verschiedene Eingeweide: erstens das Herz, zweitens die Niere, drittens die Leber, viertens (möglicherweise) der Magen und fünftens ein Organ, ›an das ich mich in diesem Moment nicht mehr erinnere‹. Quick ruft diese Dinge mehrmals hintereinander aus.«

Damit hatte Quick enthüllt, dass Thereses Eingeweide nie im See versenkt worden waren, sondern an fünf verschiedenen Orten begraben lagen. Daraufhin erlitt er eine weitere Panikattacke – und rannte los. Im Protokoll heißt es: »Seppo Penttinen bekommt die Jacke von Thomas Quick zu greifen, doch der reißt sich los und steigt den Berg über einen anderen Weg hinauf. Die Unterzeichnete folgt ihm mit etwa einem Meter Abstand und lässt ihn frei laufen.«[12] Der Sprint nahm ein jähes Ende, als Quick stolperte und mit dem Kopf auf einem Steinhaufen aufschlug. Die Polizisten hatten ihn in letzter Sekunde zu fassen bekommen und den Aufprall etwas abdämpfen können. Nachdem er einige Minuten bewusstlos am Boden gelegen hatte, wachte Quick auf und rief: »Ich bin fast da.«

Die Polizistin notierte: »Dann berichtet er mit Panik in der Stimme von Ort Nummer eins, also dem ersten Halt der heutigen Ortsbegehung, wo sich Rumpf und Rippenknochen befinden sollen. An Ort Nummer zwei, dem Abhang an der Kies- und Sandgrube, soll sich Thereses Kopf befinden. An Ort Nummer drei, wo wir jetzt sind, befinden sich Thereses Oberschenkelknochen, Füße und Arme. Quick sagt: ›Ich habe ihr die Füße abgetrennt‹.«[13]

Die Tatortbegehung nahm den ganzen Nachmittag in Anspruch. Trotz mehrerer Anläufe wollte es Quick nicht gelingen, den genauen Weg zu den Verstecken zu zeigen. Gegen Abend wurde er zu einer Stelle geführt, wo früher einmal eine Birke gestanden hatte, die von der norwegischen Polizei zwecks forensischer Untersuchung gefällt worden war. Es bestand der Verdacht, dass Quick im Zusammenhang mit dem Mord im Jahr 1988 ein Symbol in die Rinde eingeritzt hatte. Auf eigene Faust hatte Quick die Birke zwar nicht gefunden, doch nun bestätigte er, er erkenne die Stelle wieder und habe tatsächlich ein Symbol in die Rinde geritzt. Außerdem könne er sich an ein grausames Ritual erinnern. Der Vernehmungsleiter Seppo Penttinen notierte: »Die Beschreibung wurde wie folgt aufgefasst: T.Q. hat die abgehackte Hand des Mädchens zusammen mit einem Messer festgehalten und so das Symbol in die Rinde geritzt.«[14]

Inzwischen war es nach 18 Uhr, und die Tatortbegehung lief seit über fünf Stunden. Quick wurde allmählich müde. Zwar hatte er noch kein einziges Versteck gezeigt, doch es gab Hoffnung, denn plötzlich kam eine weitere Erinnerung. Quick meinte, eine von Thereses Händen liege in einem separaten Versteck in der Nähe der gefällten Birke, er könne es auch näher beschreiben. Er habe aus kleinen Steinen ein Kreuz arrangiert, die Hand darauf gelegt und sie anschließend mit ein paar größeren Steinen bedeckt. Zum Schluss habe er das Versteck mit einem Material versiegelt, das er nicht näher benennen wolle. Auf die Frage, ob er den Weg zu diesem Versteck zeigen könne, erwiderte Quick, dazu habe er im Moment nicht die Kraft.[15] Trotzdem gelang es der Gruppe, ihn zu einem Versuch zu bewegen. Aus Seppo Penttinens Protokoll geht hervor, wie Quick an jenem Tag ein letztes Mal gegen die Verdrängungsmechanismen ankämpfte:

»Nachdem Quick der Stumpf der gefällten Birke gezeigt wurde, stellt er sich in etwa einem Meter Abstand davon auf, dreht den Rücken zur Straße und zeigt mit den Händen einen bestimmten Sektor an. Anschließend versucht er, das ›Versteck‹ zu finden, indem er sich langsam in die von ihm angezeigte Richtung bewegt.«[16]

Der Versuch misslang. Die Polizeiassistentin hielt fest: »Quick gerät in Panik und weint hemmungslos; er ist etwa 10 bis 15 Meter vom Team entfernt.«[17] Im Bericht der norwegischen Polizei hieß es: »Nach vielfacher Aufforderung, das Versteck zu zeigen, ging T.Q. auf das von ihm angedeutete Gebiet zu. Er bewegte sich sehr langsam und schien steif im Körper. Nach 15 bis 20 Metern fiel er hin und fing an zu weinen. Er sagte, er könne jetzt nicht mehr weitergehen.«[18]

An diesem Tag bekam das Team also nicht zu sehen, wie Quick eines seiner heiligen Verstecke öffnete. Vor dem Ende der Ortsbegehung vollzog er jedoch noch ein merkwürdiges Ritual am Stumpf der gefällten Birke: »Thomas Quick verlangt, einen Moment allein gelassen zu werden, und stakst wankend auf den Baum zu. Er geht in die Hocke, befühlt den Baumstumpf von allen Seiten, entfernt ein paar kleinere Zweige und Blätter sowie ein Stück altes Holz. Dann geht er Richtung Straße und weiter zum Kleinbus der Landeskriminalpolizei.«[19]

Obwohl der erhoffte Durchbruch ausgeblieben war, zeigte Seppo Penttinen sich am Ende des Tages zuversichtlich. Immerhin hatte Quick näher eingegrenzt, wo das Versteck von Thereses Hand in dem weitläufigen Waldgebiet zu suchen war: »Zu einem früheren Zeitpunkt stampfte Quick mit dem Fuß auf und meinte, an dem Ort, wo sich die Hand befindet, sei der Boden ähnlich beschaffen wie hier, also weich, moosbewachsen und federnd.«[20]

Mit dieser Erkenntnis ausgerüstet sollte die norwegische Polizei nun umfassende Grabungsarbeiten im Ørjeskogen in die Wege leiten. Penttinen selbst stieg zu Quick in den Kleinbus und fuhr zurück nach Säter. Nach seiner Rückkehr berichtete er den norwegischen Kollegen, Quick sei während der Heimreise zwar einsilbig gewesen, habe aber daran festgehalten, dass die Polizei an den von ihm identifizierten Stellen fündig werde.

Um keinen Medienrummel zu provozieren, wartete die norwegische Polizei drei Wochen ab, bis schließlich mit den Grabungsarbeiten begonnen wurde.[21] Das Ergebnis: Von Therese Johannessens Leiche war nirgendwo eine Spur zu finden. Am Freitag, dem 4. Juli 1997, besuchte Anna Wikström, Seppo Penttinens Assistentin, Thomas Quick in der Psychiatrie. Der Serienkiller wünschte ein Gespräch unter vier Augen, nachdem er von dem ernüchternden Resultat der Grabungsarbeiten erfahren hatte. Nach anfänglicher Enttäuschung hatte er sich inzwischen daran erinnert, dass er 1998 oder 1999 in den Ørjeskogen zurückgekehrt war und die Leichenteile fortgeschafft hatte. Trotzdem, so erzählte er Anna Wikström, habe er gehofft, dass die Polizei zumindest einen vergessenen »Fingerknöchel« finden würde. Außerdem sei er sich sicher, dass der Kopf des Mädchens noch immer im Ørjeskogen liege, und zwar an einem Ort, den er »heiliger Platz« nenne. Anna Wikström hakte vorsichtig nach, wie tief in der Erde er den Kopf vergraben habe. Quick antwortete: »Im Moment wage ich nicht, das zu wissen.«[22]

* * *

Ein Jahr nachdem die norwegische Polizei die Suche nach den fünf Verstecken im Ørjeskogen aufgegeben hatten, wurde Thomas Quick für den Mord an Therese Johannessen verurteilt. Es gab weder Zeugenaussagen noch technische Beweise, die ihn mit dem Mädchen in Verbindung brachten, und auch das Versteck der Leiche hatte er nicht zeigen können. Trotzdem zweifelte niemand an seinem Geständnis. Die Ärzte und Psychotherapeuten der Forensischen Psychiatrie in Säter hatten erklärt, bei Quicks Morden handele es sich um unterbewusste, symbolische Schilderungen, mit denen er die verdrängten Erinnerungen an die als Kind erlittenen Übergriffe verarbeitete. Aus diesem Grunde falle es ihm so schwer, sich an seine Taten zu erinnern. Trotzdem war der einzige Beweis Quicks Geständnis gewesen. Dasselbe galt auch für die anderen sieben Mordurteile zwischen 1994 und 2001.

Dass die Quick-Gruppe schon frühzeitig erfahren hatte, wie die Sache mit den verdrängten Erinnerungen funktionierte, war eine glückliche Fügung gewesen. Andernfalls hätte man die »Gedächtnisschwäche« des Serienkillers womöglich als Zeichen dafür gedeutet, dass er log, und vielleicht wären die Ermittlungsverfahren schon wenige Monate nach der allerersten Vernehmung im Jahr 1993 eingestellt worden. Aber das geschah nicht. Die Ermittlungsgruppe hatte sich das nötige Fachwissen rechtzeitig angeeignet und konnte Quicks Geständnisse als glaubwürdig einstufen, obwohl er sich in der Regel weder an das Aussehen der Opfer, den Tatort, den Tathergang oder den Verbleib der Leiche erinnern konnte.

Doch woher kam dieses Fachwissen? Die Frage lässt sich ganz konkret beantworten: aus einem gediegenen Jahrhundertwende-Haus in der Norrtullsgatan 29 in Stockholm, und um noch genauer zu sein, aus einer geschmackvoll eingerichteten Dachgeschosswohnung mit dazugehöriger Praxis.[23] Man erreichte sie über einen separaten Eingang von der Vidargatan aus. In der Praxis empfing einen eine ältere Dame mit weißen Haaren, die ihre Tage damit zubrachte, in einem Sessel sitzend ihren Patientinnen und Patienten zuzuhören. Sie war Psychoanalytikerin. Im Sommer 1997, als die Grabungsarbeiten im Ørjeskogen in vollem Gange waren, war sie dreiundachtzig Jahre alt. Trotzdem praktizierte sie noch und verschwendete keinen Gedanken an den Ruhestand, denn sie hatte sich vorgenommen, bis zu ihrem letzten Atemzug zu arbeiten. Ein Wunsch, der in Erfüllung gehen sollte.

Diese ältere Dame mit der Praxis in der Norrtullsgatan war Thomas Quicks eigentliche Psychotherapeutin. Die Psychologen von der Forensischen Psychiatrie in Säter waren bloß ihre Handlanger. Sie attestierten der Psychoanalytikerin eine fast übermenschliche Fähigkeit, psychologische Verbindungen zwischen Vergangenheit und Gegenwart zu erkennen. Von ihr stammte auch die Theorie, dass es sich bei Quicks Morden um symbolische Schilderungen verdrängter sexueller Übergriffe in der Kindheit handelte. Sie war diejenige, die Quicks Träume deutete, und sie betrachtete ihn als den wichtigsten Fall in ihrer vierzigjährigen Karriere als Psychoanalytikerin. Jede Woche bekam sie Besuch von Quicks Therapeuten aus der Klinik, die ihr berichteten, was der Serienmörder in der Therapie gesagt und getan hatte. So lief es seit Quicks Therapiebeginn im November 1991, und so sollte es weitergehen, bis er die Therapie 2002 auf eigenen Wunsch abbrach.

Die interessantesten Berichte verewigte die alte Dame zusammen mit eigenen Analysen in einem umfangreichen Manuskript. Sie schrieb nämlich an einem Buch, Arbeitstitel: *Thomas Quicks värld* (»Thomas Quicks Welt«), mit dem sie die Sicht auf die menschliche Psyche grundlegend revolutionieren wollte. In der festen Überzeugung, dass der Fall Thomas Quick wirkmächtiger werden würde als Sigmund Freuds Fallstudie zum Wolfsmann, widmete sie jede freie Minute ihrem Projekt. Alle, die sie kannten, sagten dasselbe: Sie war besessen von Thomas Quick.

Trotzdem nannte sie ihn nicht so.

Sie nannte ihn Sture.

2. Begräbnis eines Enthüllers

»Wo Recht und Psychologie sich begegnen –
da entstehen unwiderstehliche Geschichten.«

Hannes Råstam im Sommer 2011

Die Masthuggskyrkan in Göteborg liegt hoch über der Stadt. Steht man vor der Kirche, hat man einen fantastischen Blick über den Göteborger Hafen, und in weiter Ferne lässt sich sogar die Nordsee erahnen. Skagen, die nördlichste Stadt Dänemarks, liegt 16 Kilometer weiter westlich, und fährt man 24 Kilometer nach Norden, gelangt man zur norwegischen Grenze – und zum Ørjeskogen.

Dort, in der Masthuggskyrkan, nahm mein Vorhaben, dem Quick-Skandal auf den Grund zu gehen, zum ersten Mal Form an. Aber das wusste ich damals noch nicht. Ich war nach Göteborg gekommen, um der Beerdigung eines Freundes beizuwohnen. Hannes Råstam. Er war es gewesen, der Sture Bergwall 2008 dazu bewogen hatte, in einem Interview zu enthüllen, dass er kein Serienkiller war. Zuvor hatte Bergwall 39 Morde gestanden und war für acht davon verurteilt worden – obwohl er nicht einen einzigen Menschen ermordet hatte. Die große Enthüllung führte zu einem Revisionsverfahren, wie es die schwedische Justiz – wenn nicht sogar die ganze Welt – noch nie gesehen hatte.

Nun lag Hannes in einem weißen Sarg in der mit Trauergästen gefüllten Masthuggskyrkan. Er war nur 56 Jahre alt geworden. Neben dem Sarg stand ein kleines eingerahmtes Foto, das ihn im Kreis seiner Kinder zeigte. Sie sahen glücklich zusammen aus. Hannes hatte gehofft, dem Krebs so lange die Stirn bieten zu können, bis Quick von sämtlichen Mordurteilen freigesprochen wäre. Leider war es nicht mehr dazu gekommen.

Ich hatte Hannes gemocht. Er war ein außergewöhnlicher Journalist. Im Alter von sechsunddreißig Jahren hatte er einer erfolgreichen Karriere als Bassist einer bekannten Rockband den Rücken gekehrt, um Journalismus zu studieren. Er wurde der älteste Student, den die Hochschule je gesehen hatte. Als er ein paar Jahre später als Redakteur für einige TV-Dokumentationen arbeitete, für die ich Produzent war, freundeten wir uns an. Bis dahin hatte Hannes vor allem als Researcher im Schatten des investigativen Journalisten Janne Josefsson gewirkt. Bald begann er, seine eigenen Reportagen zu produzieren. Mit großem Erfolg. Im Laufe der wenigen Jahre, die ihm als Journalist vergönnt waren, gelangen ihm einige spektakuläre Enthüllungsgeschichten. Sein Geheimnis bestand in der Fähigkeit, schier unendliche Materialmengen durchforsten zu können. War Hannes' Interesse erst einmal geweckt, arbeitete er Tag und Nacht. Er las alles, was ihm in die Finger kam, und speicherte jegliche wichtige Information sofort in seinem Gedächtnis ab. Dass ausgerechnet er aufgedeckt hatte, dass es sich bei den Quick-Urteilen um den größten Justizskandal des Jahrhunderts handelte, war sicher kein Zufall gewesen.

Als ich auf der Kirchenbank Platz genommen hatte und auf den Beginn des Gottesdiensts wartete, musste ich an Hannes und die Thomas-Quick-Geschichte denken. Der Anfang der Quick-Ära ließ sich auf April 1991 datieren, als ein Drogenabhängiger namens Sture Bergwall wegen groben Diebstahls zur Behandlung in der Forensischen Psychiatrie in Säter verurteilt worden war. Im Herbst desselben Jahres begann er eine Psychotherapie, und im Jahr darauf gestand er die ersten Morde. Wieder ein halbes Jahr später wurde die Polizei eingeschaltet. Über neun Jahre war er Gegenstand etlicher Ermittlungsverfahren, mit dem Ergebnis, dass er in sechs Prozessen für acht Morde verurteilt wurde. Das erste Urteil fiel 1994 und betraf den Mord an dem fünfzehnjährigen Charles Zelmanovits aus Piteå. 1996 wurde Bergwall des Mordes an den niederländischen Touristen Marinus und Janni Stegehuis für schuldig befunden, die während eines Zelturlaubs in Appojaure ermordet worden waren. 1997 folgte das Urteil im Fall Yenon Levi, eines israelischen Touristen, der in Rörshyttan erschlagen worden war. 1998 wurde er für den Mord an dem norwegischen Mädchen Therese Johannessen aus Drammen verurteilt, 2000 für die Morde an den Norwegerinnen Gry Storvik und Trine Jensen aus Oslo und 2001 für den Mord an Johan Asplund, einem Schüler aus Sundsvall.

Kaum war das letzte Urteil verkündet, teilte Staatsanwalt Christer van der Kwast auch schon mit, dass Quick in zwei weiteren Fällen unter dringendem Mordverdacht stehe. Auch diese Morde hatte Quick bereits gestanden. Bei dem ersten Opfer handelte es sich um Marianne Rugaas Knudsen, die 1981 im Alter von sieben Jahren im norwegischen Risør das Haus verlassen hatte, um Süßigkeiten zu kaufen, und nicht zurückgekehrt war. Das andere Opfer war der achtzehnjährige Schwede Olle Högbom, der 1983 nach einem Schulfest in der Innenstadt von Sundsvall spurlos verschwunden war. Auch für Mordurteil Nummer elf gab es bereits einen Anwärter. Es ging um den unaufgeklärten Mord an einem Dreijährigen, dessen Leiche 1981 in einem Müllkeller in Jönköping gefunden worden war. Auch in diesem Fall hatte Quick ein Geständnis abgelegt. Sollte es dem Staatsanwalt gelingen, Verurteilungen für die drei Morde zu erwirken, wartete bereits eine lange Liste mit weiteren Geständnissen, denen er sich widmen konnte. Alles deutete darauf hin, dass van der Kwast sich bis zu seiner Pensionierung ausschließlich mit Thomas Quick beschäftigen würde. Selbst für seinen Nachfolger würde noch jede Menge Arbeit übrig bleiben.

Hannes Råstam war nicht der Erste, der Zweifel an Thomas

Quicks Schuld hegte. Einer der Zweifler war der Kriminologe Leif G. W. Persson. Er hatte van der Kwast schon früh gewarnt – Quick sei höchstwahrscheinlich ein Mythomane. Dieser Meinung hatten sich im Laufe der Zeit einige Polizisten angeschlossen und sich, um ein Zeichen zu setzen, von den Ermittlungen distanziert. Auch in den Medien waren einige kritische Stimmen laut geworden. Der Journalist Dan Larsson hatte im Jahr 1998 sogar ein Buch im Eigenverlag publiziert, in dem er zu begründen versuchte, warum Thomas Quick ein Lügner sein musste.[24] Das Buch hatte jedoch kaum Auswirkungen gehabt. Auch der Journalist Jan Guillou zählte zu den Kritikern, ebenso wie diverse Psychologen, Juristen und andere Experten, die Quicks Glaubwürdigkeit öffentlich infrage stellten. Doch sie waren in der Minderzahl.

Quick äußerte sich öffentlich zu den Vorwürfen und bekundete, die Kritik verletze ihn sehr. Er habe mit seinen Geständnissen versucht, den Angehörigen der Opfer zu helfen und der Wissenschaft neue Erkenntnisse zu verschaffen, damit Serienkiller in Zukunft früher gestoppt werden könnten. Er fühlte sich missverstanden und war gekränkt. Doch niemand konnte ahnen, dass diese verstimmten Worte nur der Anfang waren. Nachdem er 2001 für seinen achten – und, wie sich später herausstellen sollte, letzten – Mord verurteilt worden war, verkündete er in einem Artikel in *Dagens Nyheter*, er werde sich bis auf Weiteres eine »Auszeit« nehmen. Er könne die emotionale Last, die ihm seine Kritiker auferlegten, nicht mehr tragen. Er schrieb: »Ich nehme mir ein Timeout für mein eigenes Wohl und um, wenn das überhaupt noch möglich ist, meinen Lebenswillen aufrechtzuerhalten. Auch ich bin ein Mensch, und als solcher habe ich ein Bedürfnis nach Bestätigung, dass ich mit meinen Geständnissen das moralisch und juristisch Richtige tue. Dass ich Jahr für Jahr einer Troika aus falschen Wahrheitssagern ausgesetzt werde, die völlig grundlos behaupten, ich sei ein Mythomane, und dass die Massenmedien mit diesem kleinen Kreis ganz unkritisch umgehen – das alles ist und bleibt zu schmerzhaft.«[25]

Fortan stellte sich Quick für keine weiteren Vernehmungen zur Verfügung und brach – nach zehn Jahren – seine Therapie ab. Der tatsächliche Grund für diesen Entschluss sollte erst ein Jahrzehnt später aufgedeckt werden, und zwar von Hannes Råstam. Kurz bevor Quick der Polizei die Zusammenarbeit aufgekündigt hatte, war der Psychiater Göran Källberg nach längerer Abwesenheit als Leitender Oberarzt in die Forensische Psychiatrie in Säter zurückgekehrt. Aufgrund der Vermutung, dass die hohen Dosen an abhängigkeitsfördernden Benzodiazepinen Quick zu Falschaussagen getrieben haben könnten, hatte Källberg eine Entwöhnung angeordnet. In einem späteren Zeitungsinterview motivierte er diesen Beschluss wie folgt:

»Benzos haben einen hemmungslösenden Effekt, und er erhielt sie in Dosen, die zu einer starken Abhängigkeit führen. Zweifellos hat das die Prozesse beeinflusst. Ich würde niemandem, der eine solche Medikation bekommt, über den Weg trauen.«[26]

Quicks Tagesdosen waren so hoch, dass die Medikation über neun Monate hinweg schrittweise reduziert werden musste, um seine Gesundheit nicht zu gefährden. Erst am 22. Februar 2002 erlebte Quick den ersten nüchternen Tag seit seiner Teenagerzeit in den Sechzigerjahren. Fünf Tage später nahm er seinen Geburtsnamen Sture Bergwall wieder an. Dann hüllte sich der für acht Morde verurteilte Serienmörder in Schweigen.

Dem Staatsanwalt Christer van der Kwast war klar, dass es ohne die Zusammenarbeit mit Quick vorerst keine weiteren Prozesse geben würde. Widerstrebend fasste er im Februar 2002 den Entschluss, die laufenden Ermittlungsverfahren einzustellen. Die Jahre vergingen. 2008 war Sture Bergwall längst aus den Schlagzeilen verschwunden, sein eigentümliches Schicksal schien niemanden mehr zu interessieren. Wäre da nicht Hannes Råstam gewesen. Hannes hatte kürzlich eine Reportage über falsche Geständnisse gemacht und eine weitere darüber, wie durch Psychotherapien falsche Erinnerungen hervorgerufen werden konnten. Daraufhin widmete er sich dem Fall Thomas Quick.

Hannes las sich ein, eine Aufgabe, die seiner würdig war. Unmengen an Ermittlungsmaterial galt es zu durchforsten: meterweise Vernehmungsprotokolle, rechtsmedizinische Gutachten sowie Berichte von Tatortuntersuchungen. Ordner über Ordner, Regal über Regal. Außerdem brachte er die Polizei dazu, ihm Tonbandaufzeichnungen von Vernehmungen und Videoaufnahmen von Tatortbegehungen mit Quick in Schweden und Norwegen zugänglich zu machen. Manchmal rief Hannes mich um zehn Uhr abends aus dem Auto an, wenn er seiner Familie gute Nacht gesagt hatte und auf dem Weg zurück ins Büro war, um eine Nachtschicht einzulegen.

Zu dem Zeitpunkt war Bergwalls Leben bereits seit vielen Jahren von Isolation und Routine geprägt. Um den mit Angstzuständen verbundenen Medikamentenentzug zu überstehen, hatte er sich seinerzeit einen strikten Tagesablauf angewöhnt, und an dem hielt er immer noch fest. Jeden Morgen um 6 Uhr machte er einen einstündigen strammen Spaziergang in dem etwa 800 Quadratmeter großen Innenhof der Klinik. Er ging immer in einer Acht, damit ihm nicht schwindelig wurde. Den restlichen Tag verbrachte er überwiegend in seinem elf Quadratmeter großen Zimmer, wo er seine Kreuzworträtsel, seine Bücher, eine Stereoanlage und einen Fernseher hatte. Er bekam weder Anrufe noch Besuche von Angehörigen und schlug fast alle Interviewanfragen aus. So waren die Jahre vergangen.

Am 22. April 2008 schrieb Hannes ihm einen Brief und bat um ein unverbindliches Treffen ohne Kamera. Da Hannes' Fernsehreportagen ihm gut gefallen hatten, sagte Bergwall zu. Im Laufe des Sommers trafen sie sich zwei Mal.

Einige Monate später rief Hannes mich von seinem Handy an. Er sei gerade in Säter losgefahren, erzählte er, und habe einen so sensationellen Scoop im Gepäck, dass er es kaum auszusprechen wage. Er klang fröhlich. Da Hannes' Recherchen bereits darauf hingedeutet hatten, dass Sture Bergwalls Geständnisse frei erfunden waren, konnte ich mir denken, was passiert war. Der Serienkiller Thomas Quick hatte seine Aussagen widerrufen. In den folgenden eineinhalb Jahren produzierte Hannes drei einstündige Reportagen, in denen er, soweit dies im Medium Fernsehen möglich war, bewies, dass sechs Landgerichte einhellig einen Unschuldigen für acht Morde verurteilt hatten.

Dass Bergwall seine Geständnisse widerrief, hieß nicht, dass er freigesprochen wurde. In einem Rechtsstaat wie Schweden kann sich kein Mordurteil allein auf ein Geständnis des Angeklagten gründen. Es bedarf zusätzlich einer starken Beweisführung, was wiederum heißt, dass der Widerruf des Geständnisses nicht automatisch zum Freispruch führt. Überhaupt wird einem Antrag auf Wiederaufnahme des Verfahrens in einem Mordfall äußerst selten stattgegeben. Im gesamten 20. Jahrhundert war es nur wenige Male dazu gekommen. Dass Bergwall tatsächlich freigesprochen werden könnte, war für die meisten ein völlig abwegiger Gedanke. Sicher, in dem einen oder anderen Prozess konnte natürlich etwas schiefgegangen sein. Aber in allen? Folglich war die Überraschung groß, als der Rechtsanwalt Thomas Olsson im Dezember 2008 mitteilte, er wolle im Namen von Thomas Quick in allen acht Mordfällen Wiederaufnahmeanträge stellen. Da Bergwall kein Geld hatte, beschloss Olsson, pro bono zu arbeiten. Sollte es ihm nicht gelingen, einen Freispruch für Bergwall zu erwirken, würde er keine einzige Krone sehen.

Es stand fest, dass allein die Sichtung des umfangreichen Materials viele Monate in Anspruch nehmen würde. Die Wiederaufnahmeanträge mit Informationen so weit zu unterfüttern, dass zumindest in einem der Fälle eine realistische Erfolgschance bestand, würde eine Heidenarbeit bedeuten. Olsson wusste, dass er jahrelang unentgeltlich arbeiten und zusätzliche Mitarbeiter bezahlen müsste. Trotzdem war er dazu bereit, seine eigene finanzielle Sicherheit aufs Spiel zu setzen, um einem vermeintlich unschuldig verurteilten Serienmörder zum Freispruch zu verhelfen.

Vier Monate nach der Ausstrahlung von Hannes' erster Reportage im April 2009 stellte Olsson den ersten Antrag auf Wiederaufnahme des Verfahrens im Fall Yenon Levi. Der Schriftsatz umfasste 73 Seiten mit 274 Unterpunkten, dazu ganze Ordner voller Anlagen. Olssons Argumentation war erstaunlich. Punkt für Punkt widerlegte er van der Kwasts Anklage, sodass das Urteil spätestens in Abschnitt 274 des Antrags als spektakulärer Justizskandal enttarnt worden war. Es schien geradezu unbegreiflich, dass Bergwall verurteilt worden war, obwohl keinerlei Beweise gegen ihn vorgelegen hatten. Stattdessen gab es eine wahre Flut an Indizien dafür, dass er log. War in einem Rechtsstaat wie Schweden tatsächlich so etwas Unfassbares und Schreckliches passiert?

Die Prüfung des Antrags durch einen in Malmö ansässigen Oberstaatsanwalt, der vollen Zugang zu den Ermittlungsunterlagen hatte, nahm drei Monate in Anspruch. Hätte er die Wiederaufnahme abgelehnt, wäre an dieser Stelle Schluss gewesen. Aber das tat er nicht. Im nächsten Schritt wurde der Antrag weitere drei Monate vom *Svea hovrätt*, dem Oberlandesgericht Schwedens, geprüft. Dann folgte die Sensation. Sture Bergwall war etwas gelungen, das in den letzten hundert Jahren so gut wie nie vorgekommen war: Drei Richter des *Svea hovrätt* hatten dem Wiederaufnahmeantrag einstimmig stattgegeben.

Anschließend wurde die Generalstaatsanwältin Eva Finné mit dem Fall betraut. Auch sie verwandte drei Monate darauf, Thomas Olssons Argumente mit dem ursprünglichen Verfahren abzugleichen. Hätte sich der Verdacht gegen Bergwall erhärtet, wäre nun ein neuer Prozess eingeleitet worden. Doch da Eva Finné keinerlei Hinweise fand, die für Bergwalls Schuld sprachen, wurde das Verfahren im Mai 2010 eingestellt. Sture Bergwall war von seinem ersten Mordurteil freigesprochen worden. Olsson und sein Team arbeiteten fieberhaft weiter, sodass ein Wiederaufnahmeantrag nach dem anderen seine lange Reise durch die Gerichtsmaschinerie antreten konnte. Auch wenn die Staatsanwälte, die die Anträge prüften, wechselten, war das Ergebnis stets dasselbe: Sture Bergwalls Verurteilungen entbehrten jeder juristischen Grundlage. Mit Thomas Olssons Hilfe errang Bergwall einen Sieg nach dem anderen. Es war eine Sensation.

Die Anträge zeigten, dass Staatsanwalt Christer van der Kwast und Kriminalinspektor Seppo Penttinen den Landgerichten auf wundersame Weise weisgemacht hatten, Quicks Schilderungen der Tathergänge wären zusammenhängend und schlüssig. Doch die Wirklichkeit sah anders aus. Dem »Serienkiller« waren in den Vernehmungen zahlreiche Suggestivfragen gestellt worden, und wenn er »falsch« antwortete, konnte er seine Aussage nach Belieben revidieren. Trotz dieser Hilfestellungen wimmelten seine Geständnisse nachweislich von Widersprüchen. Die Wiederaufnahmeanträge lasen sich förmlich wie ein Best-of der Falschaussagen. Sture Bergwall wurde freigesprochen, da die zuständigen Staatsanwälte davon überzeugt waren, dass er niemals verurteilt worden wäre, hätten die Richter über den Ablauf der Vernehmungen Bescheid gewusst.

Trotzdem zogen sich die Wiederaufnahmeverfahren schleppend dahin. Als 2011 der zweite Freispruch erfolgte, rief Hannes Råstam Sture in der Psychiatrie an, um ihm zu gratulieren. Drei Wochen später musste Hannes sich einer Untersuchung in der Klinik Sahlgrenska in Göteborg unterziehen. Er schrieb mittlerweile an einem Buch über den Quick-Skandal, doch seine Arbeit wurde von starken Magenschmerzen, Appetitlosigkeit und Gewichtsverlust beeinträchtigt. Hannes und Sture telefonierten fast täglich miteinander. Auch nach der Untersuchung rief Hannes ihn an und erzählte, dass die Ärzte Metastasen in der Leber entdeckt hatten. Wo genau der Tumor saß, konnte nicht festgestellt werden. Hannes hatte nur noch wenige Monate zu leben, und im Januar 2012 verlor er den Kampf gegen den Krebs. Vier Tage nachdem Hannes in seinem Haus in der Landsvägsgatan in Göteborg eingeschlafen war, beschloss der Staatsanwalt Jonas Almström, auch das Ermittlungsverfahren im Fall Johan Asplund einzustellen. Thomas Olsson teilte Sture am Telefon mit, dass damit auch das dritte Mordurteil aufgehoben war. Hannes' Anruf blieb diesmal aus.

Eineinhalb Jahre nach dem Tod von Hannes Råstam wurde Sture Bergwall von seinem letzten Mordurteil freigesprochen.

* * *

Nachdem die Revisionsverfahren vorüber waren und sich insgesamt zehn Staatsanwälte zum Fall Sture Bergwall geäußert hatten, stand fest, was geschehen war: Die »Quick-Gruppe«, ein Kreis aus Ermittlern und Therapeuten, hatte ein Landgericht nach dem anderen dazu gebracht, einen Medikamentenabhängigen, der Taten gestand, über die er kaum etwas wusste, wegen Mordes zu verurteilen. Sie hatten alle an einem Strang gezogen: Staatsanwalt Christer van der Kwast, Psychotherapeutin Birgitta Ståhle, Kriminalkommissar Seppo Penttinen, Gedächtnisforscher Sven Å. Christianson – und sogar der Strafverteidiger Claes Borgström, der vor Gericht als zusätzlicher Ankläger aufgetreten war und in seinen Schlussplädoyers zu betonen pflegte, wie »tragisch« es sei, wenn sein Mandant nicht verurteilt werden würde.[27]

Eine Frage stand allerdings noch im Raum. *Was* hatte die Quick-Gruppe zu diesem Verhalten veranlasst? Hannes wusste, dass er die Frage vor seinem Tod nicht mehr würde beantworten können. In einem Interview mit dem Journalisten Mattias Göransson im Sommer 2011 erklärte Hannes:

»Wo Recht und Psychologie sich begegnen – da entstehen unwiderstehliche Geschichten. Wenn man zu begreifen versucht, wie der Mensch funktioniert. Aber wenn man Quick kennt und einigermaßen begriffen hat, wie es zu seinen Geständnissen gekommen ist, wartet das noch viel größere Rätsel: Seppo Penttinen, Christer van der Kwast, Birgitta Ståhle und Sven Åke Christianson. Wie in aller Welt haben sie diesen Zirkus veranstalten und mit einem Mann wie Quick von Tatort zu Tatort ziehen können? Er war ständig zugedröhnt, konnte sich oft kaum artikulieren – und trotzdem sollte er sich an Dinge erinnern, die vor fünfzehn Jahren passiert waren? Da kann man nur von einem psychologischen Rätsel sprechen. Immerhin waren sie gebildete Menschen.«[28]

Dass die Quick-Gruppe sich von den Revisionen nicht im Geringsten beeindrucken ließ, machte die Sache nicht gerade klarer. Seppo Penttinen und der inzwischen pensionierte Christer van der Kwast beharrten weiter darauf, dass die Verurteilungen berechtigt gewesen seien. Ebenso Sven Å. Christianson. Auch der Strafverteidiger Claes Borgström bereute nichts. Birgitta Ståhle und die anderen Therapeuten, von denen Sture behandelt worden war, schwiegen sich über die Angelegenheit aus. Keine der fünf Personen, die Hannes aufgezählt hatte, schien auch nur einen Millimeter von ihrem Standpunkt abzuweichen. Und das, obwohl Sture Bergwall in allen Fällen freigesprochen worden war, nachdem mehrere kompetente Staatsanwälte keinerlei Beweise für seine Schuld gefunden hatten. Das Ganze war in der Tat ein großes Rätsel.

Hannes Råstams Beerdigung in der Masthuggskyrkan zollte seiner Vergangenheit als Musiker Tribut. Auf einer kleinen Bühne neben dem Sarg traten unter anderem die *Globetrotters*, mit denen er fünfzehn Jahre auf Tournee gewesen war, auf. Sie spielten eine anrührende Version von *Medan bomberna faller* (»Wenn die Bomben fallen«), einen politischen Protestsong aus dem Jahr 1982, den Hannes gemocht und oft bei der Arbeit gehört hatte. An diesem Tag spielte die Band ohne Bass. Ich hörte zu, vergoss ein paar Tränen, und hinterher saßen meine Freunde und ich die ganze Nacht zusammen und erzählten uns beim Wein Geschichten über Hannes. Ich hatte nicht den blassesten Schimmer, dass ich drei Tage später selbst beginnen würde, mich dem psychologischen Rätsel zu widmen, das meinen Freund bis zu seinem Tod beschäftigt hatte.

3. Das noch größere Rätsel

»Wie gelähmt betrachte ich das Spiegelbild
meines Seins, das nicht ist.«

Thomas Quick in Margit Norells unveröffentlichtem Manuskript
zu *Thomas Quicks Welt*

Ein paar Tage nach meiner Rückkehr wachte ich mitten in der Nacht auf. Meine Familie schlief, aber ich konnte kein Auge mehr zutun. Ich musste an Hannes denken. Und an Sture Bergwall, der dem Begräbnis von Hannes natürlich nicht hatte beiwohnen können. In meinen Augen war Bergwall ein unbehaglicher Mensch – und natürlich ein großer Schwindler. Trotzdem, überlegte ich, hätte sich Hannes bestimmt gewünscht, dass sich Bergwall ebenfalls von ihm verabschieden konnte. Immerhin hatten sie dreieinhalb Jahre lang fast täglich miteinander telefoniert. Ich stieg aus dem Bett, setzte mich an den Küchentisch und klappte meinen Laptop auf. Es war kurz nach drei, und das Haus lag in völliger Stille. Ich beschloss, meinen Eindruck von der Beerdigung für Sture Bergwall aufzuschreiben und Hannes damit einen letzten sentimentalen Freundschaftsdienst zu erweisen. Bergwalls Mailadresse fand ich im Internet. Ich schrieb, ich sei ein Freund von Hannes, schilderte den Trauergottesdienst und schickte ein paar YouTube-Links zu den Liedern mit, die in der Kirche gespielt worden waren. Dann legte ich mich wieder schlafen.

Als ich am nächsten Morgen aufstand, hatte Bergwall schon geantwortet. Er schrieb, dass Hannes gelegentlich von mir gesprochen habe, und bedankte sich für die Mail, die er unter Tränen gelesen habe. Noch am selben Tag erhielt ich einen Anruf von Stures ältestem Bruder, dem pensionierten Literaturwissenschaftler Sten-Ove Bergwall. Sture habe ihm meine Mail weitergeleitet, die ihn ebenfalls sehr gerührt habe. Dann bat er mich um meine Hilfe. Er schrieb, dass ein wichtiges Kapitel des Quick-Skandals noch nicht aufgedeckt worden sei. Die Fehlurteile seien nicht auf die Ermittlungsarbeit der Polizei zurückzuführen, sondern vor allem auf die Therapie in der Forensischen Psychiatrie in Säter. Er habe selbst versucht, ein Buch darüber zu schreiben, aber keinen Verlag gefunden. Er fragte, ob ich ihm womöglich helfen könne, und ich versprach, mir das Manuskript anzusehen.

Sten-Oves Buch war eine wütende Abrechnung mit den Psychotherapeuten und Ärzten der Forensischen Psychiatrie in Säter. Als Quellen hatte er vor allem Stures eigene Aussagen sowie die Patientenakte herangezogen. Die Lektüre machte mich zunächst etwas ratlos. Schließlich rief ich Sten-Ove an und sagte, vermutlich sei ein anderer Ansatz notwendig, um Hannes' Arbeit zu Ende zu führen, und dass es einer gründlichen investigativen Recherche bedürfe. Irgendwo da draußen gab es Menschen, die wussten, was in Säter geschehen war und warum. An diese Menschen musste man herankommen, um das Geheimnis um Sture zu lüften. Sten-Ove gab mir recht. Dann fragte er, ob ich diese Aufgabe nicht übernehmen könne. Er selbst sei immerhin schon siebzig und nicht bei bester Gesundheit. Er könne sich eine solche Arbeit einfach nicht mehr zumuten. Ich versprach, mir die Sache durch den Kopf gehen zu lassen.

In der Tat war mir die Welt der Psychotherapie nicht vollkommen fremd. Vor meiner Journalistenausbildung hatte ich einige Jahre als Pfleger in der geschlossenen Abteilung der Psychiatrie an der schwedischen Westküste gearbeitet, in der damals Studien zur Behandlung von jungen psychotischen Patienten durch eine Gesprächstherapie durchgeführt wurden. Im Zuge der Wirtschaftskrise der Neunzigerjahre war die geschlossene Abteilung stillgelegt worden, und ich hatte mein Studium in Stockholm begonnen. Anschließend hatte ich als Journalist für Gesellschafts- und Kulturthemen für verschiedene Zeitungen und Fernsehformate gearbeitet. Als ich im Jahr 2006 Vater wurde, bekam ich Lust, mich wieder der Psychologie zuzuwenden. Zusammen mit einem Psychotherapeuten schrieb ich ein populärwissenschaftliches Buch über Beziehungen im Spiegel der Bindungstheorie. Ein halbes Jahr vor Hannes' Tod hatten mein Koautor und ich noch einen Nachfolgeband herausgebracht. Ich war Familienvater und fühlte mich eingerostet, mein letzter Einsatz als investigativer Journalist lag nun schon zehn Jahre zurück. Trotzdem weckte Sten-Ove Bergwalls Bitte eine Lust in mir, wie ich sie seit Langem nicht mehr verspürt hatte. Noch während unseres Telefonats reifte eine Art Plan in mir heran. Ich überlegte, ob meine Bücher, in denen es immerhin um psychologische Themen ging, vielleicht der Schlüssel zu der streng verriegelten Welt von Quicks Psychotherapeuten sein konnten. Möglicherweise. Aber zunächst musste ich mich gründlich in den Fall einlesen und herausfinden, was über die Therapie bekannt war.

Besonders viel konnte ich nicht herausfinden. Bergwall schien zwei Psychotherapeuten gehabt zu haben, einen Arzt namens Kjell Persson und eine Psychologin namens Birgitta Ståhle. Persson hatte ihn vom Herbst 1991 bis zum Frühjahr 1994 behandelt. Dann hatte er die Klinik verlassen. Birgitta Ståhle hatte übernommen und Sture so lange betreut, bis er die Therapie 2002 auf eigenen Wunsch abbrach. Wie die Therapie sich gestaltet hatte, war jedoch unklar, da Persson und Ståhle seit Beginn der Revisionsverfahren kein einziges Interview gegeben hatten. Wenn Journalisten sich bei ihnen meldeten, verwiesen sie auf ihre Schweigepflicht.

Für den Wiederaufnahmeantrag hatte Thomas Olsson die Dozentin für Forensische Psychiatrie Anna Dåderman damit beauftragt, sich Stures Patientenakte und Medikationslisten anzusehen.

In ihrem Bericht kritisierte Dåderman die, wie sie es ausdrückte, experimentell hohen Dosierungen von Präparaten, die unter das Betäubungsmittelgesetz fielen.[29] Ferner glaubte sie in der Patientenakte einige Hinweise auf die Gestaltung der Psychotherapie entdeckt zu haben. Bergwall sei mit einer Trauma-Erinnerungstherapie oder – wie der englische Begriff lautet – *recovered memory therapy* behandelt worden. Diese Therapieform zielt darauf ab, die verdrängten Erinnerungen des Patienten zutage zu fördern, in denen es in der Regel um Missbrauchserfahrungen in der Kindheit geht. Die Trauma-Erinnerungstherapie hatte Mitte der 1980er-Jahre ihren Durchbruch gehabt, war aber schnell auf Widerstand gestoßen. Die Vorstellung, dass traumatische Erinnerungen aus dem Gedächtnis »verdrängt« werden konnten, um später wieder zurückzukehren, war zwar bereits gegen Ende des 19. Jahrhunderts aufgekommen, aber von Anfang an kontrovers diskutiert worden, sowohl vonseiten der psychoanalytischen Bewegung als auch vonseiten der wissenschaftlichen Psychologie.[30] Außerdem hatte die Gedächtnisforschung inzwischen gezeigt, wie leicht Menschen »falsche« Erinnerungen eingepflanzt werden konnten.[31] Wenn Therapeuten versuchten, Erinnerungen »wachzurufen«, die – wie sie glaubten – nach sexuellen Übergriffen in der Kindheit »verdrängt« worden waren, bestand also ein hohes Risiko, dass stattdessen falsche Erinnerungen erschaffen wurden, die von den echten kaum unterscheidbar waren. Die Folgen waren dramatisch, für die Patienten und auch für ihre Angehörigen.[32] In ihrem Gutachten über Sture Bergwall betonte Dåderman, Patienten, die starke Beruhigungsmittel erhalten, seien besonders anfällig für falsche Erinnerungen.[33]

Die Klinik in Säter wies Dådermans Kritik entschieden zurück. Man habe keineswegs versucht, bei Sture Bergwall verdrängte Erinnerungen wachzurufen. Bei meinen Recherchen stieß ich auf einen Bericht, den Birgitta Ståhle 2010 an die Oberste Nationale Behörde für das Gesundheits- und Sozialwesen geschickt hatte.

Sie schrieb, dass Sture Bergwall zu keiner Zeit mit einer Trauma-Erinnerungstherapie behandelt worden sei. Und überhaupt habe sie nie von einer solchen Therapieform gehört:

»Aus der Kritik, die Anna Dåderman in ihrem Gutachten äußert, gehen einige Grundannahmen bezüglich meiner Therapiemethoden hervor. So kommt sie unter anderem auf die sogenannte ›recovered memory therapy‹ (Trauma-Erinnerungstherapie) zu sprechen, die durch Suggestion dazu beitrage, falsche Erinnerungsfragmente zu implantieren. Laut Dåderman hat eine solche Therapie in Kombination mit der pharmakologischen Behandlung dazu geführt, dass Sture Bergwall Verbrechen gestand, die er nie begangen hatte. [...] Da diese Grundannahmen falsch sind, stützt Anna Dåderman sich in ihrem Gutachten auf falsche Tatsachen. In meiner Arbeit als Psychologin habe ich diese Methode weder angewandt noch habe ich mich in Theorie oder Praxis jemals mit ihr befasst.«[34]

Klare Worte. Als Ståhle von Staatsanwalt Björn Ericson und Kommissar Kjell-Åke Wendt vernommen wurde, die Sture Bergwalls Wiederaufnahmeanträge prüften, trat sie nicht minder entschieden auf:

»Dem Wiederaufnahmeantrag ist ein Gutachten beigefügt, in dem Anna Dåderman sich zur ›recovered memory therapy‹ äußert. Von einer solchen Therapieform habe ich keine Kenntnis, und sie wird in der Klinik auch nicht praktiziert.«[35]

Die Klinikleitung bestätigte diese Aussage. Die Leitende Oberärztin Susanne Nyberg erklärte 2012 in einem Fernsehinterview, dass sie nicht das Geringste über die Trauma-Erinnerungstherapie wisse. Allerdings formulierte sie ihre Aussage äußerst kryptisch:

»Diese Therapiemethode ist nicht... ehrlich gesagt, ich kenne sie nicht. Ich... ich muss sagen... ich weiß ja nicht einmal, ob es sie, wie soll ich sagen, *gegeben* hat. Das kann nur der behandelnde Psychologe beurteilen. Ich weiß nicht... ob immer die Wahrheit gesagt wurde... Jedenfalls habe ich nie davon gehört.«[36]

Birgitta Ståhle hatte ihre Therapiesitzungen mit Sture Bergwall immer säuberlich protokolliert, und natürlich wäre es hochspannend, einen Blick in diese Berichte zu werfen. Doch sowohl dem Staatsanwalt als auch der Gesundheitsbehörde teilte Ståhle mit, sie habe sämtliche Aufzeichnungen vernichtet. Bei meinen Recherchen stieß ich auf einen Brief an Kriminalinspektor Seppo Penttinen, in dem sie schrieb, sie habe alle Aufzeichnungen »beiseitegeschafft«, nachdem Bergwall seine Therapie 2002 abgebrochen hatte.[37]

Als ich Sture Bergwall zum ersten Mal auf dem Handy anrief, das Hannes ihm besorgt hatte, unterhielten wir uns über eine Stunde. Mit ruhiger, freundlicher Stimme sagte er, er habe nichts zu verbergen. Wenn ich den Vorfällen in der Klinik auf den Grund gehen wolle, würde er mir freien Zugang zu seiner gesamten Patientenakte, allen psychiatrischen Gutachten und sonstigen Schriftstücken verschaffen, die seit seiner Schulzeit in den 1950er-Jahren von den verschiedensten Institutionen generiert worden waren. Außerdem versprach er, mir einen ganzen Batzen an Briefen und Aufzeichnungen aus seinen Jahren als Thomas Quick zu überlassen. Sture hatte von Hannes einen Scanner bekommen, und schon wenige Stunden später landeten die ersten Dokumente in meinem E-Mail-Postfach.

Ich fragte ihn, wer in seinen Augen dafür verantwortlich sei, dass er als Unschuldiger für acht Morde verurteilt wurde. Er antwortete, das sei vor allem er selbst, doch er teile die Schuld mit einer Frau namens Margit Norell. »Margit Norells Rolle ist kaum zu überschätzen«, sagte er mit seinem weichen Dalarna-Dialekt. »Ohne Margit hätte es keinen Thomas Quick gegeben.« Er erklärte, dass Margit Norell während der Quick-Ära einen enormen Einfluss auf die Psychotherapeuten und Ermittler gehabt habe. Auf die Schnelle fand ich nur wenige Informationen über Margit Norell: 1914 geboren. Privat praktizierende Psychoanalytikerin. Gestorben 2005. Sie war zwar niemals in der Forensischen Psychiatrie in Säter angestellt gewesen, allerdings hatte sie als externe Supervisorin für Thomas Quicks Therapeuten gearbeitet und in dieser Funktion unter anderem Kjell Persson und Birgitta Ståhle betreut.

Ein Supervisor steht dem behandelnden Psychotherapeuten beratend zur Seite. In meist wöchentlich stattfindenden Gesprächen werden aktuelle Patientenfälle besprochen, zu denen der Supervisor sein Feedback gibt, wodurch er den Verlauf der Therapie entscheidend mitgestalten kann. Es war also durchaus denkbar, dass Margit Norell einen gewissen Einfluss auf Sture Bergwalls Therapie gehabt hatte. Zum Stutzen brachte mich allerdings ihr Alter. Als Sture 1991 in die Klinik in Säter überstellt wurde, war Margit Norell siebenundsiebzig, hatte das durchschnittliche Rentenalter also um mehr als zehn Jahre überschritten. Die Therapie erstreckte sich über elf Jahre, was bedeutete, dass Birgitta Ståhles Supervisorin siebenundachtzig Jahre alt gewesen war, als Sture die Therapie im Jahr 2002 abbrach. Das kam mir eigenartig vor. Irgendwann musste Norell doch in den Ruhestand gegangen sein. Oder nicht? Abgesehen davon war Sture in einer Forensischen Psychiatrie untergebracht. Dass eine einzige Person, die noch nicht einmal in der Klinik angestellt war, tatsächlich einen solchen Einfluss auf seine Psychotherapie gehabt haben sollte, klang, gelinde gesagt, unwahrscheinlich, immerhin unterlag die Klinik den Gesetzen und Regulierungen der Gesundheitsbehörde.

Meine nächsten Telefonate mit Sture gaben mir weitere Rätsel auf. Er behauptete, dass sich damals ein Kreis aus Psychotherapeuten um Margit Norell gebildet habe. Sie hätten Norell regelrecht vergöttert und bestens über seine Therapie Bescheid gewusst. Birgitta Ståhle habe dazugehört, doch außer ihr habe nur noch ein anderes Gruppenmitglied in der Klinik gearbeitet. Die übrigen Psychotherapeuten seien von Norell zwar supervidiert worden, hätten aber nichts mit Forensischer Psychiatrie zu tun gehabt. Sture gab mir noch einen weiteren Hinweis. In seinem Zimmer hatte er ein Buch mit dem Titel »Ein Raum zum Leben. Über tiefgehende psychotherapeutische Prozesse und die Objektbeziehungstheorie« (*Ett rum att leva i. Om djupgående psykoterapeutiska processer och objektrelationsteori*). Es war 1999 erschienen, also zu einem Zeitpunkt, als Sture für fünf der acht Morde verurteilt worden war. Ich las das Buch, eine Anthologie, die dem schwedischen Lesepublikum die sogenannte Objektbeziehungstheorie näherbringen sollte. Die Autorinnen berichteten in erster Linie von ihren eigenen Erfahrungen in der Patientenarbeit. Es handelte sich um sechs Psychotherapeutinnen, die nicht nur ihre theoretischen Grundannahmen teilten, sondern über »sehr lange Zeit« von ein und derselben Person supervidiert worden waren: Margit Norell. Eine von ihnen war Birgitta Ståhle. In ihrem Beitrag unter der Überschrift »Traumatische Erfahrungen und Gewaltverbrechen« (*Traumatiska erfarenheter och våldsbrott*) beschrieb sie ihre Arbeit mit verurteilten Gewaltstraftätern in der Forensischen Psychiatrie in Säter. Einleitend wurde ein nicht namentlich genannter Patient zitiert:

»Sobald ich mich einen Schritt weiter in meine Angst hineinbegebe, bricht meine Vernunft zusammen. Wie gelähmt betrachte ich das Spiegelbild meines Seins, das nicht ist.«[38]

Wie ich später erfuhr, war der Urheber des Zitats kein Geringerer als Sture Bergwall. Birgitta Ståhle erklärte in ihrem Beitrag ferner, dass es sich bei den Gewalttaten der Straftäter um »Schilderungen« von im Unterbewusstsein »verborgenen« Erfahrungen handele: »Bereits mit ihren Verbrechen haben die Patienten von etwas berichtet, das wir in der Therapie gemeinsam zu ergründen suchen. […] Das Narrativ des Verbrechens ist die unterschwellige Sprache, die reflektiert, was sich im Innern des Patienten verbirgt.«

Das Ziel der Therapie formulierte sie wie folgt: »Sämtliche nicht integrierten, unverarbeiteten Erinnerungen, die der Patient verdrängt hat, müssen Ausdruck und Form finden.«

Zweifellos erinnerten diese Worte stark an die Grundzüge der Trauma-Erinnerungstherapie, von der Ståhle nach Anna Dådermans Kritik nie gehört haben wollte. Andererseits waren ihre Formulierungen derart schwammig, dass sich kaum eindeutige Schlüsse ziehen ließen.

Was mich an dem Buch am meisten interessierte, war jedoch nicht der Inhalt, sondern eine mit Kugelschreiber geschriebene Widmung auf dem Vorsatzblatt. Sie stammte von der Psychotherapeutin Cajsa Lindholm, offensichtlich eine der Herausgeberinnen, die mit einem einleitenden Kapitel über Margit Norell sowie zwei eigenen Kapiteln zu den Themen Psychotherapie und Supervision vertreten war. Die Widmung lautete:

Für Sture
Danke, dass Du Deine
Geschichte mit uns teilst.
Im Namen der Herausgeberinnen
Cajsa

Als das Buch 1999 erschien, arbeitete Cajsa Lindholm in einer Privatpraxis im Stockholmer Stadtviertel Södermalm. Trotzdem klang es, als hätte sie dem verurteilten Serienmörder Thomas Quick, der in der geschlossenen Psychiatrie saß, so nahegestanden, dass sie das Buch »Sture« widmete, obwohl er den Namen sieben Jahre zuvor offiziell abgelegt hatte. Hatte es womöglich doch einen Kreis aus Psychotherapeuten um Margit Norell gegeben, die Kontakt zu Sture Bergwall gehabt hatten?

Sture hatte noch weitere Hinweise für mich in petto. So berichtete er, dass Margit Norell an einem Buch über ihn geschrieben habe. Er habe sogar eine Kopie des unvollendeten Manuskripts bekommen, die sein in Stockholm ansässiger Rechtsanwalt für ihn aufbewahre.

Thomas Olsson, Stures Rechtsanwalt, ist Sozius bei Silberskys, einer der bekanntesten Anwaltskanzleien Schwedens, deren Büroräume in einem Jahrhundertwende-Haus am Kungsholmstorg im Zentrum von Stockholm liegen. Er war schlank, mit zurückgekämmten Haaren, getrimmtem Vollbart und einem ausgeprägten Stockholmer Dialekt. Bei meinem ersten Besuch zeigte er mir das umfangreiche Quick-Material, das sich in mehreren Umzugskartons zu einem kleinen Berg in seinem Büro auftürmte. Die Kanzlei war erst kürzlich umgezogen, und er war noch nicht zum Auspacken gekommen. Margit Norells über 700 Seiten umfassendes Manuskript war in zwei mit der Aufschrift *Margits Auswahl* versehenen Aktenordnern abgeheftet. Ich machte Kopien, fuhr nach Hause und begann mit der, wie sich zeigen sollte, äußerst sonderbaren Lektüre.

Das Manuskript war zwar auf dem Computer abgetippt worden, doch die unterschiedlichen Schriftarten und unzusammenhängenden Paginierungen ließen darauf schließen, dass die Arbeit zu verschiedenen Zeiten und mit verschiedenen Textverarbeitungsprogrammen erledigt worden war. Der Text trug Material aus den unterschiedlichsten Quellen zusammen. Manche Passagen hatte Margit Norell selbst verfasst, in anderen zitierte sie aus Birgitta Ståhles Therapieaufzeichnungen. Ein umfangreicher Abschnitt bestand aus sogenannten »Tagesnotizen«, Aufzeichnungen über Erinnerungen, Träume und Fantasien, die Sture zwischen den einzelnen Therapiesitzungen auf einem Computer abgetippt hatte, der eigens zu diesem Zweck in seinem Zimmer stand. Ferner zitierte Norell aus Briefen von Sture an seine Psychotherapeuten sowie aus dem Material von den Gerichtsverhandlungen, darunter Auszüge aus Sven Å. Christiansons Sachverständigengutachten, Christer van der Kwasts Schlussplädoyers und Mitschriften von Claes Borgströms Ansprachen.

Ich konnte dem Manuskript entnehmen, dass Margit Norell Sture als eine Art Koautor betrachtet hatte. An einer Stelle bat sie ihn, den Titel *Thomas Quicks Welt* gutzuheißen, was er auch tat. In einem einleitenden Kapitel beschrieb Margit Norell, wie Sture – sie nannte ihn ausschließlich bei seinem richtigen Namen – im November 1991 in die Klinik in Säter gekommen war und seine Therapie bei Oberarzt Kjell Persson begonnen hatte. Dann hieß es: »[I]m selben Monat nahm ich mich Stures Therapie als Supervisorin an.«[39]

Diese Zeile ist weitaus erstaunlicher, als sie auf den ersten Blick wirken mag. Die Aufgabe einer Supervisorin besteht darin, den behandelnden Psychotherapeuten und nicht den zu behandelnden Patienten zu betreuen. Bei Margit Norell hingegen klang es, als hätte sie sich dem Patienten enger verbunden gefühlt als dem Therapeuten. Von einer solchen Konstellation hatte ich noch nie gehört, genauso wenig wie die Psychologen und Psychotherapeuten, bei denen ich mich umhörte. Erstaunlich war auch, dass Norell in die Wahl von Stures Therapeuten involviert gewesen war: »Sture hatte sich Kjell Persson als Therapeuten ausgesucht, und ich begrüßte diese Wahl, obwohl Persson keine Psychotherapeutenausbildung vorzuweisen hatte.« Es klang, als hätte Oberarzt Kjell Persson Margit Norells Zustimmung gebraucht, um die Therapie aufzunehmen. Ich fragte mich, warum eine Klinik für Forensische Psychiatrie einer privat praktizierenden Psychoanalytikerin eine so einflussreiche Position eingeräumt hatte. Es handelte sich immerhin um eine Institution, in der verurteilte Straftäter behandelt wurden. Was hatte eine Psychoanalytikerin dort überhaupt zu suchen? Es war mir ein Rätsel. Aus dem Manuskript ging ebenfalls hervor, dass Kjell Persson die Klinik im Frühling 1994 verlassen hatte, woraufhin Birgitta Ståhle die Therapie übernahm. Auch sie traf Margit Norell einmal in der Woche zur Supervision.

Am interessantesten wurde die Lektüre jedoch, als es um die Inhalte von Stures Therapie ging. Offensichtlich war nur ein einziges Ziel verfolgt worden: ihm dabei zu helfen, seine verdrängten Erinnerungen zurückzuholen.

»Vor Therapiebeginn hatte Sture keinerlei Erinnerungen an die Zeit vor seinem dreizehnten Lebensjahr. Der Kontakt mit den Morden, die er begangen hat (den ersten im Alter von vierzehn Jahren), ist erst im Rahmen der Therapie hergestellt worden. Vorher hatte er nie unter Verdacht gestanden und ist nie Gegenstand einer polizeilichen Ermittlung gewesen. Sobald ein Mord und die äußeren Umstände in der Therapie ausreichend deutlich für ihn geworden sind, hat Sture die Polizei selbst darum gebeten, ihn zu vernehmen und die Ermittlungen aufzunehmen. Die Erinnerungen an die Morde sind in einer Reihenfolge und einem Takt zutage getreten, wie Stures Psyche es zuließ. Anschließend begannen die polizeilichen Ermittlungen. Parallel zu den Morden nahmen traumatische Erinnerungen an die frühe Kindheit – vor allem an das fünfte und sechste Lebensjahr des Patienten – Gestalt an und wurden aus dem Zustand der Verdrängung zurückgeholt – zuweilen auf ausgesprochen dramatische Weise.«

Norell betonte, dass Sture ohne die Psychotherapie nicht dazu imstande gewesen wäre, seine verdrängten Erinnerungen zurückzuholen. »[S]owohl die frühkindlichen Erfahrungen als auch die Morde waren vollständig verdrängt worden und konnten erst zutage treten, als Sture einen Therapeuten hatte, dem er vertraute und der ihm in diesem schmerzvollen Prozess zur Seite stand.«

Thomas Quicks Welt enthält zahlreiche Therapieaufzeichnungen von Birgitta Ståhle, also ebenjenes Material, das sie nach eigener Aussage 2002 »beiseitegeschafft« hatte. Unter anderem wird eine dramatische Sitzung vom 25. September 1995 skizziert. Zu diesem Zeitpunkt war Sture für seinen ersten Mord verurteilt worden, und laut Anna Dådermans Gutachten bestand seine Medikation aus einer Mischung äußerst starker Präparate wie Stesolid, Xanor, Diazepan, Rohypnol und Heminevrin.

Ståhle hatte notiert, dass Sture zu Beginn der Sitzung unruhig, ja nahezu manisch gewesen sei. Ich wusste, dass Sture während der Therapie auf seinem Bett gelegen und Birgitta Ståhle in einem Sessel daneben gesessen hatte. In dieser Sitzung ging es um das »Simon-Ereignis«. Sture erreichte einen Zustand der Regression und begab sich auf eine mentale Zeitreise – ins Jahr 1954. Seine Erinnerungen wurden so lebendig, dass er haargenau schildern konnte, wie seine Eltern Simons Leiche verstümmelten. Mal erlebte er den Zwischenfall so, als steckte er selbst in Simons Haut, mal in einem Zustand, den er als »Sture-Hülle« bezeichnete, sprich im Körper des vierjährigen Sture, der die Zerstückelung mitansehen musste. In Birgitta Ståhles Bericht liest sich diese Regressionsreise wie folgt:

> Das Simon-Ereignis tritt in Erscheinung. Sture pendelt zwischen der Sture-Hülle und einer Verschmelzung mit Simons Körper hin und her. Sture ist Teil des Geschehens und schildert es mithilfe von Gesten, Körpersprache und Wörtern. Verschmilzt er mit Simon, kneift er die Augen zusammen und drückt mit dem ganzen Körper den Schmerz des Zerstückeltwerdens aus. Die Sture-Hülle beobachtet das Geschehen mit weit aufgerissenen Augen und registriert, wer was mit Simon/Sture macht. Den Augen der Sture-Hülle ist abzulesen, wie paralysiert er ist.
>
> Sein Gesicht ist vor Todesangst verzerrt, der Mund weit geöffnet. Ich, Birgitta, kann mit Sture kommunizieren. Also hat er, obwohl er sich tief in der Regression befindet, noch Kontakt mit dem Jetzt.
>
> Der erste Messerstich erfolgt in die rechte Seite und wird von der Mutter ausgeführt. Danach greift der Vater zum Messer. Die Sture-Hülle wiederholt mehrfach »nicht den Hals, nicht den Hals!«, reckt dann aber den Hals. Das Messer saust durch die Luft, schlitzt erst den Rumpf auf und trennt dann das rechte Bein ab. Dies wird abwechselnd aus der Perspektive der Sture-Hülle und verschmolzen mit Simons Körper wahrgenommen.
>
> Die M[utter, Anm. d. Verf.] nimmt von Simons Fleisch und stopft es der Sture-Hülle in den aufgesperrten Mund. Die Sture-Hülle sagt: »Ich hab keinen Hunger.« Sture sagt, dass M und V[ater, Anm. d.

Verf.] sich umarmen, was er gruselig findet. Dann streckt er seine Hand aus, um Simons zu ergreifen. Er entdeckt, dass sie lose, also vom Körper abgetrennt ist. Er sagt: »Ich hab meinem kleinen Bruder die Hand abgemacht.«

Als ich dies las, hatte ich mir mit dem Manuskript bereits die halbe Nacht um die Ohren geschlagen. Es war spät, meine Familie schlief. Ich kramte Birgitta Ståhles Bericht an die Gesundheitsbehörde aus dem Jahr 2009 hervor und las erneut, was sie damals über die Trauma-Erinnerungstherapie geschrieben hatte: »In meiner Arbeit als Psychologin habe ich diese Methode weder angewandt noch habe ich mich in Theorie oder Praxis mit ihr auseinandergesetzt.«

Ich kam unweigerlich zu dem Schluss, dass die ehemalige Chefpsychologin der Klinik in Säter log. Außerdem schien es, als wären es nicht Birgitta Ståhle und vor ihr Kjell Persson gewesen, die über den Charakter der Behandlung entschieden, sondern Margit Norell. Da Ståhle und Persson beide keine Psychotherapeutenausbildung absolviert hatten, wären sie ohne Supervision nicht einmal befugt gewesen, Sture psychotherapeutisch zu betreuen. Die Person, die den gesamten Therapieprozess begleitet hatte, war Margit Norell.

Nur: Wer war diese Margit Norell? Als ich die üblichen Datenbanken durchforstete, fand ich heraus, dass sie so gut wie nichts publiziert und kaum Interviews gegeben hatte. Um mehr über sie zu erfahren, musste ich mit den Mitgliedern jener Gruppe sprechen, von der Sture erzählt hatte. Mir war klar, dass dies keine leichte Aufgabe werden würde. Wenn die Gruppenmitglieder immer noch so loyal waren wie zu der Zeit, als die Anthologie *Ein Raum zum Leben* entstand, würden sie sich kaum mit mir über Norells Rolle in Thomas Quicks Psychotherapie unterhalten wollen. Doch genau hier setzte mein Plan an.

Er war hinterlistig. Ich hatte vor, ein bisschen Wallraff zu spielen und mich als Bewunderer Margit Norells auszugeben. Die Ausgangslage war gut: Meine zwei Bücher stützten sich auf die Bindungstheorie, die wiederum mit der Objektbeziehungstheorie verwandt war, also jener Theorie, die Norell nach eigener Aussage vertrat. Vielleicht könnte ich ja jemanden aus dem Kreis um Margit Norell dazu überreden, mit mir zu sprechen, wenn ich meine Bücher vorzeigte und sagte, ich wolle etwas über die Geschichte der Objektbeziehungstheorie in Schweden schreiben. Ich musste es auf einen Versuch ankommen lassen.

Zunächst löschte ich von meiner Homepage, meinem Facebook- und meinem Twitter-Account alles, was mit Hannes Råstam zu tun hatte. Nur ein Nachruf, den ich für die Kulturseite des *Aftonbladet* geschrieben hatte, ließ sich nicht mehr löschen. Das war insofern problematisch, als ich Hannes als einen der brillantesten schwedischen Journalisten aller Zeiten gepriesen hatte. Ich musste also darauf hoffen, dass die Personen, mit denen ich sprechen wollte, damals nicht das *Aftonbladet* gelesen hatten. Dann warf ich einen neuerlichen Blick in die Anthologie *Raum zum Leben* und stieß auf einen interessanten Beitrag, der nicht ausdrücklich von der Trauma-Erinnerungstherapie handelte, sondern von Müttern, die Schwierigkeiten hatten, eine Bindung zu ihren Babys aufzubauen. Die Autorin war eine Psychotherapeutin namens Tulla Brattbakk-Göthberg. Der Text war interessant, also versuchte ich mein Glück und rief Brattbakk-Göthberg an. Ich erzählte ihr von meinem fingierten Buchprojekt und fragte, ob sie sich mit mir über Margit Norell unterhalten würde. Thomas Quick erwähnte ich mit keiner Silbe. Tulla Brattbakk-Göthberg antwortete, ich dürfe gern für ein Interview vorbeikommen, sie sei mittlerweile im Ruhestand und wohne in Vadstena. Als ich in den Zug stieg, wusste ich nach wie vor äußerst wenig über Margit Norell und hatte keinen blassen Schimmer, was ich mir von dem Interview erwarten konnte.

Tulla holte mich vom Bahnhof ab. Sie war eine nette Dame um

die siebzig, herzlich, natürlich und überhaupt nicht reserviert. Zusammen mit ihrem Mann bewohnte sie ein kleines Einfamilienhaus. Wir setzten uns ins Esszimmer. Nachdem wir uns ein wenig über die Objektbeziehungstheorie ausgetauscht hatten, leitete ich das Gespräch allmählich auf Margit Norell über. Tulla erzählte, dass Norell in den Achtzigerjahren ihre Psychotherapeutin und Supervisorin gewesen sei. 1990 habe sie dann die Ehre gehabt, in einen sehr besonderen Kreis aufgenommen zu werden, der sich einmal im Monat samstags mit Norell traf. Der Kreis bestand aus praktizierenden und angehenden Psychologen und Psychotherapeuten, von denen einige seit den Siebzigerjahren mit Margit in Kontakt standen, entweder im Rahmen einer wöchentlichen Psychotherapie oder einer Supervision, wobei die Grenzen in den meisten Fällen fließend waren. Margit unterrichtete die Gruppe in psychoanalytischer Theorie und führte Gruppensupervisionen durch, in denen die Mitglieder ihre aktuellen Fälle vorstellten.

So weit, so gut. Dann sagte Tulla etwas Unerwartetes. Sie erklärte, das Verhältnis zwischen Margit und der Gruppe sei äußerst heikel gewesen. So sei Margit von ihren Schülern als eine Art »Mutter« betrachtet worden, und sie habe der Gruppe totalen Gehorsam abverlangt. »Keiner traute sich, sie zu kritisieren«, sagte Tulla. »Wenn jemand etwas Missverständliches sagte, hatte er schnell die ganze Gruppe gegen sich und lief Gefahr, aus dem Kreis der Geschwister ausgestoßen zu werden.«

Dann kam Tulla auf Thomas Quick zu sprechen. Als Margit begann, mit der Gruppe über Thomas Quick zu diskutieren, »lief alles aus dem Ruder«, meinte sie. Margit war vollkommen davon überzeugt, dass Sture Bergwall ein Serienmörder war, dessen groteske Kindheitsschilderungen von verdrängten Erinnerungen herrührten, die allmählich wieder zutage traten. Dies in der Gruppe anzuzweifeln sei völlig »undenkbar« gewesen, erklärte Tulla. »Als würde man schlecht über die eigene Mutter reden.«

Tulla schüttelte traurig den Kopf. »Wir waren erwachsene Menschen, Profis. Und trotzdem waren wir so klein.«

Dann erzählte sie, dass auch Birgitta Ståhle und Göran Källberg zur Gruppe gehört hatten. Der Göran Källberg, der 2001 zum Helden wurde, als er Quicks Medikamentenentzug einleitete, war also eine Zeit lang bei Margit Norell in die Therapie und Supervision gegangen. Offensichtlich war seine Rolle weit komplexer, als die meisten ahnten. Tulla berichtete außerdem, dass die Mitglieder der Gruppe sich in einer tiefen emotionalen Abhängigkeit zu Margit befunden hätten. Sie selbst habe sich erst Ende der 1990er-Jahre mit einem Umzug nach Norwegen daraus befreien können.

Mir dämmerte, dass ich soeben in einen Haufen fehlender Puzzleteile hineingestolpert war, die nötig waren, um das Phänomen Thomas Quick zu verstehen. Trotzdem ahnte ich in diesem Moment noch nicht, wie das Bild als Ganzes aussehen würde. Erst nach einjähriger Recherche und zahlreichen Interviews mit den ehemaligen Schülern von Margit Norell war ich in der Lage zu begreifen, was Tulla Brattbak-Göthberg mir in diesem allerersten Interview in Vadstena erzählt hatte. Fast alle Menschen, mit denen ich sprechen sollte, beschrieben mir Margits schier unfassbare Fähigkeit, andere Menschen in eine emotionale Abhängigkeit von sich zu versetzen.

Zurück in Stockholm bot Stures Rechtsanwalt Thomas Olsson mir ein Büro in der Kanzlei Silberskys an. Dort kopierte und scannte ich sämtliche Unterlagen über Sture Bergwall und die Quick-Verfahren, die ich in die Finger bekam. Dann begann ich, mir ein Bild von Margit Norells Biografie zu machen, von ihrer Geburt im Jahr 1914 bis zu ihrem Tod 2005. Ich studierte die Protokolle der Gruppensitzungen und hörte mir Kassetten mit Margits Vorträgen an, die niemand mehr aus ihren Hüllen geholt hatte, seit sie in den Achtziger- und Neunzigerjahren aufgenommen worden waren. Ich las um die tausend Seiten Briefe, die Margit mit Psychoanalytikern aus der ganzen Welt gewechselt hatte, und entwarf eine Excel-Zeittabelle, in die ich rund zweitausend Ereignisse in Margit Norells und Sture Bergwalls Leben eintrug und mit Tausenden Quellen verlinkte.

Ich begann mit der umfangreichsten Recherche meines Lebens und verstand nach und nach, was sich damals in Säter zugetragen hatte. Bis zu seinem Tod hatte Hannes sich die Frage gestellt, was Birgitta Ståhle, Seppo Penttinen, Christer van der Kwast, Claes Borgström und Sven Å. Christianson dazu bewogen hatte, den Schilderungen des falschen Serienmörders Thomas Quick so blind zu glauben. Am Ende meiner Arbeit kannte ich die Antwort:

Margit Norell.

TEIL 2

MARGIT UND STURE

4. Die Wahrheitsträgerin

»Mir wurde klar, dass ich der Grund
für die Unzufriedenheit im Leben meiner Mutter war.«

Margit Norell in einem Brief an einen amerikanischen
Psychoanalytiker im Jahr 1976

Im Lesesaal der Königlichen Bibliothek in Stockholm stieß ich auf ein Foto von Margit Norell. Ich wollte mir einige Jahrgänge der Mitgliederzeitschrift einer mittlerweile aufgelösten psychoanalytischen Vereinigung ansehen und stieß in einer Ausgabe auf eines der wenigen Interviews, die Norell gegeben hatte. Der Text wurde ergänzt von dem grobkörnigen Schwarzweißbild einer in einem Ledersessel mit hoher Rückenlehne sitzenden Frau mit Dauerwelle, großer Lesebrille und einem Lächeln auf den Lippen. Die Bildunterschrift lautete: »Margit Norell im Herbst 1996 in ihrer Praxis«. Zu diesem Zeitpunkt war sie zweiundachtzig Jahre alt und supervidierte Sture Bergwalls Therapie seit fünf Jahren. Im Interview wurde sie gefragt, ob sie derzeit an etwas schreibe, womit vermutlich so etwas wie Memoiren gemeint waren. Norell antwortete, sie stecke »momentan in einer schwierigen Phase«, da sie »die Therapie eines Mörders« supervidiere und »drei Aktenordner voller Aufzeichnungen« habe, aus denen sie ein Buch machen wolle. Mit dem Projekt, das »mehr oder weniger jede freie Minute« in Anspruch nehme, hoffe sie zu zeigen, was der Mörder mit seinen Taten »abwehrte«, nämlich »ganz scheußliche Erinnerungen an Dinge, die er im Alter von vier, fünf Jahren durchmachen musste[40].«

Margit Norells Tochter Annie Norell Beach wohnte in einem Einfamilienhaus in einem Vorort von Stockholm. Als ich ihr einen Besuch abstattete, war sie 62 Jahre alt und kürzlich in den Ruhestand getreten, um sich ganz ihrem Hobby zu widmen, der Herstellung großer, hübscher Decken aus kostbarem Schaffell. Die Art und Weise, wie sie über ihre Mutter sprach, erstaunte mich. Weder sprach sie schlecht über sie noch versuchte sie, etwas zu beschönigen. Sie wahrte eine sachliche Distanz, wie sie bei Personen, die von ihren Eltern schwer enttäuscht wurden, alles andere als selbstverständlich ist.

Annie Norell Beach war auf meinen Besuch bestens vorbereitet, denn seit Margits Tod vor sieben Jahren hatte sie viel Zeit darauf verwandt, aus ihrer Mutter schlau zu werden. Sie hatte Familienforschung betrieben und Kontakt zu Personen aufgenommen, die ihrer Mutter lange nahegestanden, aber in den meisten Fällen nach heftigen Konflikten mit ihr gebrochen hatten. Ein immer wiederkehrendes Muster in Margits Leben, erzählte Annie. Sie hatte oft mitbekommen, wie ihre Mutter eine Therapeutin oder einen Therapeuten über viele Jahre betreut hatte, um dann ganz plötzlich alle Verbindungen zu kappen und nie wieder ein Wort über die Person zu verlieren.

Ich fragte sie, was für ein Mensch ihre Mutter gewesen sei. »Sie war sehr charismatisch, in vielerlei Hinsicht«, beschrieb Annie. »Wenn sie einen Raum betrat, zog sie schnell die gesamte Aufmerksamkeit auf sich – sie musste nicht mal etwas sagen. Sie hatte eine ganz besondere Ausstrahlung, die schwer in Worte zu fassen ist. Sie ließ jedenfalls niemanden unberührt.«

Ihre Mutter habe viele gute Seiten gehabt, meine Annie. »Für vieles habe ich sie respektiert und bewundert. Sie war eine Rebellin, mutig und unkonventionell. Sie ging ihre eigenen Wege und hat immer auf ihr Bauchgefühl gehört. Sie war nicht opportunistisch und trat für Menschenrechte und Demokratie ein. Es war ihr immer wichtig, über das Weltgeschehen informiert zu sein.

Für all diese Eigenschaften habe ich sie geschätzt und bewundert.«

Einer der hervorstechenden Charakterzüge sei jedoch ihre Ernsthaftigkeit gewesen. »Sie hatte Schwierigkeiten, sich zu freuen und unbeschwert zu sein. Als hätte sie einen Hang zum Leiden gehabt. Wenn jemand fröhlich oder ausgelassen war, trat immer so eine Skepsis in ihren Blick.«

Auch wenn sie meistens Menschen um sich hatte, lebte Margit sehr abgekapselt. »Sie war ein einsamer Mensch, was sie sich größtenteils selbst zuzuschreiben hatte«, erzählte Annie. »Ich glaube nicht, dass sie sich dessen bewusst war, aber sie hat sich selbst in die Einsamkeit getrieben. Sie konnte zum Beispiel keinen Small Talk betreiben. ›Komm, lass uns einen Kaffee trinken gehen!‹, so etwas hätte sie nie über die Lippen gebracht. Sie hatte kaum Freunde, jedenfalls keine auf Augenhöhe. Die Menschen waren immer irgendwie abhängig von ihr.«

Es schien, als wäre Margit nur in ihrer Rolle als bewunderte Lehrerin, die ihre Schüler in psychoanalytischer Theorie unterrichtete, wirklich glücklich gewesen. Dabei, erklärte Annie, habe sie sehr klare Vorstellungen gehabt.

»Für sie gab es nur Schwarz und Weiß, nichts dazwischen. Als ich meinem Mann vorhin erzählt habe, dass Sie ein Interview über meine Mutter mit mir führen wollen, habe ich ihn gefragt, was ich sagen soll. Wir sprechen zu Hause Englisch miteinander, und das erste Wort, das ihm einfiel, war ›judgemental‹. Mir fällt gerade keine Übersetzung ein …« »Urteilend«, schlug ich vor. »Ja, so war sie«, antwortete Annie. »Als hätte sie die Wahrheit für sich gepachtet. Als wäre sie die Wahrheitsträgerin. Und dann war da ihre Körpersprache, sie saß oft so da …« Annie machte vor, wie ihre Mutter mit dem erhobenen Zeigefinger in der Luft herumfuchtelte, wenn sie sprach. Als wollte sie ihren Worten damit zusätzlich Nachdruck verleihen. »Sie kannte keine Kompromisse. Mein Mann und ich, wir diskutieren gern miteinander, tauschen uns aus, drehen und wenden jedes Argument... mit ihr war das unmöglich. Sie sagte immer nur: ›Das ist so und so und so‹, und fuchtelte dabei mit dem Zeigefinger.«

Außerhalb ihrer Rolle als Psychoanalytikerin sei Margit oft stumm und in sich gekehrt gewesen, wenn sie fremden Menschen begegnete. Annie erinnerte sich daran, dass sie und ihr Mann 1991 für ein paar Monate einen Menschenrechtler aus Sri Lanka bei sich zu Hause aufgenommen hatten, der in einem buddhistischen Kloster aufgewachsen war und nie zuvor in einer Familie gelebt hatte. »Er hieß Samita. Ein angenehmer, sympathischer Mensch, von dem ich viel gelernt habe«, erinnerte sich Annie. »Ich war nach der Geburt unserer ältesten Tochter in Elternzeit, sodass Samita und ich zwei, drei Monate lang jeden Tag miteinander verbrachten. Er hatte noch nie etwas gekocht oder sich mit Babys beschäftigt, aber er hatte Freude daran, diese Dinge kennenzulernen.« Eines Abends kam Margit zum Essen zu Besuch. »Ich kann mich noch gut an das Abendessen erinnern – Samita in seiner Mönchskutte neben meiner Mutter. Irgendwann musste ich kurz in die Küche, und als ich ins Esszimmer zurückkam, war mir klar, dass meine Mutter in der Zwischenzeit nicht ein Wort mit Samita gewechselt hatte. Sie brachte es einfach nicht über sich. Das werde ich nie vergessen. Eigentlich hatte ich gedacht, sie wäre in ihrem Element, immerhin hatte sie da einen politisch engagierten Menschen vor sich, klug und warmherzig, genau die Eigenschaften, die sie so sehr schätzte. Aber stattdessen war sie stumm wie ein Fisch. Wenn ich an solche Momente denke, werde ich immer ein bisschen traurig. Ich begreife dann, was sie alles verpasst hat. Aber sie konnte es einfach nicht, mit jemandem ungezwungen plaudern. Wenn ihre Rolle nicht klar definiert war, fehlte ihr schlichtweg der Mut. Aus Begegnungen, die Gegenseitigkeit verlangten, hat sie sich einfach ausgeklinkt.«

Annie erzählte, dass ihrer Mutter die Arbeit immer über alles andere gegangen war. Am Familienleben hatte sie nie besonders viel Interesse gezeigt. Als Annie und ihre beiden Geschwister klein waren, hatte sich eine deutsche Haushälterin um sie gekümmert, die auch bei der Familie wohnte. Für Annie war die Haushälterin »viel mehr wie eine Mutter, als meine eigene es war«. Sie vermutete, dass Margit schlicht und einfach nicht gewusst hatte, wie sie sich mit ihren Kindern beschäftigen sollte.

Als ich Annie nach Margits eigener Kindheit fragte, antwortete sie: »Margit hat ihre Eltern kaum zu Gesicht bekommen. Deshalb konnte sie nicht wissen, wie Elternsein funktioniert. Ich glaube, sie war ein sehr einsames Kind.«

* * *

Margit wurde 1914 in einer wohlhabenden Familie in Uppsala geboren. Ihr Ururgroßvater väterlicherseits, ein Schotte namens James Dickson, war 1809 nach Göteborg gekommen. Er begann, in Nordschweden für wenig Geld Holz zu kaufen, und machte gemeinsam mit seinem älteren Bruder das Familienunternehmen im Laufe der Jahre zu Schwedens bekanntestem Holzgroßhandel. Auf eigenen Schiffen wurde das Holz nach England exportiert. Die Familie Dickson gelangte zu enormem Reichtum und nahm eine einflussreiche Stellung in der schwedischen Gesellschaft ein. Margits Urgroßvater, einer von James Dicksons Söhnen, erbte nicht nur ein beträchtliches Vermögen von seinem Vater, er wurde außerdem in den Schwedischen Reichstag berufen, gründete eine Bank und war Mitglied der Jagdgesellschaft König Oskars II.

Margits Großmutter Florence hatte einen traurigen Start ins Leben gehabt. Nachdem sie als Vierjährige ihre Mutter verlor, wurde sie zu ihrer wohlhabenden Tante nach England geschickt und dort streng viktorianisch erzogen. Im Alter von vierundzwanzig Jahren kehrte Florence nach Schweden zurück und heiratete Oscar Quensel, Margits Großvater. Dieser stammte zwar aus einer reichen Göteborger Kaufmannsfamilie, doch der streng gläubige Christ wollte die Geschäfte seines Vaters nicht übernehmen, sondern studierte stattdessen Theologie und wurde Pfarrer. Später erhielt er einen Ruf als Professor der Praktischen Theologie nach Uppsala.

1881 bekamen Oscar und Florence einen Sohn, Percy, Margits Vater. Percy wuchs in einem prachtvollen Haus im englischen Stil auf, nur einen Steinwurf vom Schloss Uppsala entfernt. In materieller Hinsicht sollte es ihm an nichts fehlen, doch die emotionale Wärme blieb aus. Percys Mutter war von ihrer Zeit in London so stark geprägt, dass sie darauf bestand, zu leben wie im viktorianischen England. In einer Notiz aus dem Nachlass von Margits Vater heißt es:

»Ihre Lebensanschauung war extrem puritanisch, sie führte ein Leben wie in England. Im Haus wurde kein Möbelstück geduldet, das nicht aus London kam. Mit Vater und uns Kindern sprach sie ausschließlich auf Englisch, und unsere gesamte Erziehung verlief nach britischer Sitte. Meine Schwester hatte nicht einmal eine schwedische Schule besuchen dürfen, sondern war stattdessen von einer englischen Gouvernante erzogen worden. Besonders in Erinnerung geblieben ist mir, dass ich sonntags nie beim Sport und den Spielen meiner Kameraden mitmachen durfte. Meine Schuljahre waren von einer ausgesprochen strengen Erziehung überschattet.«[41]

Während seines Geologiestudiums in Graz begegnete Percy Margits Mutter. Die Zoologie-Studentin Annie Weiss war eine österreichische Jüdin aus einem gut situierten Beamtenhaushalt. Die Liebe musste noch warten, da Percy zu einer dreijährigen wissenschaftlichen Expedition nach Patagonien und zum Feuerland-Archipel an der Südspitze Südamerikas aufbrach. Dort wurden ein Berg (*Cerro Quensel*) sowie ein Geißkraut (*Senecio quenselii*) nach ihm benannt. Annie promovierte währenddessen in Zoologie. Nach Percys Rückkehr und seiner eigenen Promotion heiratete das Paar in Wien und zog schließlich nach Uppsala. 1914 wurde ihr erstes Kind geboren. Margit. Kurz darauf bezog die Familie eine prachtvolle Wohnung an der Kommendörsgatan in Östermalm, einem gediegenen Stadtteil von Stockholm. Später sollte Margit noch eine kleine Schwester bekommen, Ella.

Ein Bild der Familie Quensel, aufgenommen 1917 in einem Fotostudio, zeigt ein gut aussehendes, adrett gekleidetes Paar, Percy und Annie. Annie hat Ella im Arm, und Percy hält Margit. Es sieht ein bisschen so aus, als wollte er sie zum Stillhalten bringen. Margit ist drei Jahre alt. Sie trägt eine weiße Schleife in den dunklen Locken und blickt ernst in die Kamera.

Auch die Wohnung der Familie ist von einem professionellen Fotografen abgelichtet worden. Die gestochen scharfen, in einem kostbaren Album zusammengestellten Schwarzweißaufnahmen wecken Erinnerungen an das prachtvolle Heim der Familie Ekdahl im Ingmar-Bergman-Film *Fanny und Alexander*. Ein Bild zeigt das »Orientalische Zimmer« mit prächtigen Teppichen an den Wänden und einem Himmelbett. Ein anderes Zimmer ist im Jagdhaus-Stil eingerichtet, voll mit ausgestopften Vögeln und exotischen Souvenirs, die vermutlich von Percys Forschungsreisen stammten. Auf einem besonders schön ausgeleuchteten Bild sieht man den riesigen, festlich gedeckten Esstisch.

Margits Mutter hatte ihre wissenschaftliche Karriere nach der Hochzeit auf Eis gelegt und begleitete ihren Mann häufig auf seinen langen Forschungsreisen rund um den Globus. Als sie mit der Zeit begann, für verschiedene schwedische Zeitungen Reisereportagen zu schreiben, war das der Startschuss für eine Karriere als Auslandsreporterin beim ambitionierten Reportagemagazin *Vecko-Journalen*. Margits Eltern waren oft monatelang nicht zu Hause, ihr Vater auf einer seiner Expeditionen, die Mutter auf ihren Rechercheireisen nach Russland, Afrika, Indien oder Südamerika. Währenddessen wohnten Margit und ihre kleine Schwester bei der mittlerweile verwitweten Großmutter Florence, die sich in ihrer Villa im noblen Djursholm ein viktorianisches Reservat geschaffen hatte.

Annie, Margits Mutter, war ein aufgeschlossener Mensch und nahm aktiv am gesellschaftlichen Leben teil. Eine ihrer Freundinnen war Maja Sandler, die Ehefrau des sozialdemokratischen Staatsministers Rickard Sandler. Maja beschrieb Annie in ihrer Biografie als »die schönste und charmanteste der vornehmen Damen«, die ihr in ihrer Zeit als Politikergattin begegnet war. Außerdem war Annie sehr sprachbegabt. Obwohl sie Österreich erst mit Anfang zwanzig verlassen hatte, hatte sie sich binnen weniger Jahre ein fehlerfreies Schwedisch in Wort und Schrift angeeignet. Neben ihrer Muttersprache Deutsch und Schwedisch sprach Annie fließend Englisch, Französisch und Spanisch. In den Zwanziger- und Anfang der Dreißigerjahre schrieb sie ambitionierte politische Reportagen und führte persönliche Interviews mit Spitzenpolitikern und Menschen aus deren Umfeld. Auf Rechercheereisen war Annie in der Sowjetunion gewesen, wo sie unter anderem Lenins Frau interviewt und sich mit der legendären Feministin und Diplomatin Aleksandra Kollontai angefreundet hatte. In England interviewte Annie den Vorsitzenden einer faschistischen Partei, in Frankreich den Präsidenten, sie reiste nach Siam, das heutige Thailand, um den Kopf der dortigen Militärdiktatur zu treffen, und in Bulgarien begegnete sie Zar Ferdinand I. Mehrmals reiste Annie nach Indien, wo sie unter anderem ein Interview mit Mahatma Gandhi während seines Hungerstreiks gegen die Wahlgesetze der Briten führte.

Neben ihren politischen Reportagen betrieb Annie eine ambitionierte Form des Promi-Journalismus. Als Teil des Jetsets der Zwanziger- und Dreißigerjahre ließ sie ihre Leserschaft daran teilhaben, wie sie die prunkvollsten Paläste besuchte, mit den Reichsten der Reichen dinierte und den verschiedenen Annehmlichkeiten der gesellschaftlichen Elite frönte. In einer Reportage mit dem Titel *Das Monte Carlo des Orients* heißt es einleitend:

»Die Natur in Macau, einer portugiesischen Kolonie in China, ist einfach atemberaubend schön. Tagsüber ein Zeugnis der chinesischen Beflissenheit, ein Sündenbabel bei Nacht.« Anschließend gibt Annie einen Einblick in das, was sich »hinter den Kulissen des Königspalastes von Phnom Penh abspielt, wo die Frauen ein von der Außenwelt abgeschottetes Leben führen«. In der »Gesellschaft von König Monivong« durfte sie sogar das »geheimnisvolle Innere der Palaststadt« besuchen.[42] Ein andermal berichtete Annie vom »längsten regulären Flug der Welt, in zehn Tagen von Java nach Holland!«, doch meist reiste sie per Schiff. Auf einer der langen Überfahrten begegnete sie dem legendären Charlie Chaplin und folgte ihm nach Bali: »Wenn Charlie den Kopf schief legt und sagt: ›Komm mit!‹, dann tut man das auch.« Das Ergebnis waren mehrere bebilderte Reportagen, die einen gut gelaunten Charlie Chaplin inmitten seiner Entourage zeigen.

Auf einem der Bilder, die in der Wohnung an der Kommendörsgatan aufgenommen wurden, ist ein großes Ölporträt von Annie Quensel zu erkennen. Die aparte österreichische Jüdin, deren Lippen von einem zarten Lächeln umspielt werden, scheint dem Betrachter geradewegs in die Augen zu blicken. Das Porträt wurde 1932 von dem britischen Maler Philip de László angefertigt, der im Lauf seiner Karriere vier amerikanische Präsidenten und etliche europäische Könige porträtierte.[43] Annie war ihm auf einer ihrer Reisen begegnet, und er hatte sie malen wollen.

Ich versuchte, mir ein Bild von Margits Kindheit zu machen. Schon früh musste sie lernen, ohne ihre Mutter auszukommen, häufig monatelang. Wie alle Kinder, die allein gelassen werden, lebte sie vermutlich in einem Zustand des ständigen Vermissens. In Margits Korrespondenz stieß ich auf einen Brief aus den Siebzigerjahren an einen amerikanischen Psychoanalytiker, den man noch am ehesten als eine Art Freund bezeichnen könnte. Margit schrieb, sie habe als Kind »drei Mütter« gehabt, von denen ihr die strenge Großmutter Florence und eine Haushälterin namens

Hulda am nächsten gewesen seien. Ihre biologische Mutter rangiere erst an dritter Stelle.[44] Margit vermutete, dass ihre Geburt ein großes Unglück für ihre Mutter bedeutet hatte:

> Meine Mutter war eine schöne und intelligente österreichische Jüdin. Während ihres Studiums in Graz lernte sie meinen Vater kennen, und kurz darauf heirateten die beiden. Vermutlich war sie beeindruckt vom Vermögen seiner Eltern und der Art, wie sie von ihnen aufgenommen wurde. Zur selben Zeit wurde ihr eine Professur in den USA angeboten, aber diese schlug sie aus. Auf den Fotos ihrer Hochzeitsreise hat meine Mutter einen fast katatonischen Gesichtsausdruck, wahrscheinlich hatte sie inzwischen das wahre Gesicht meines Vaters kennengelernt. Er war ein sehr rigider Mensch und neigte zu gewaltsamen Wutausbrüchen. Wenig später erhielt er eine Professur in Geologie. So gut er sich mit Gestein ausgekannt haben mochte, so wenig wusste er über die Menschen. Ich glaube, unter diesen familiären und sozialen Umständen war meine Geburt für meine Mutter ein Zeichen dafür, dass ihr Schicksal endgültig besiegelt war. Was ich allerdings erst begriff, als mein Vater 1965 starb und ich auf den alten Bildern von der Hochzeitsreise den deutlich katatonischen Ausdruck im Gesicht meiner Mutter erkannte. Mir wurde klar, dass ich der Grund für die Unzufriedenheit im Leben meiner Mutter war.[45]

Diese Schuldgefühle finden auch in einem anderen Brief Erwähnung: »Natürlich sprach meine Mutter niemals offen aus, dass ich der Grund für ihr ungelebtes Leben war. Das Einzige, was sie – soweit ich mich erinnere – ausdrücklich gesagt hat, war, dass sie eine Woche lang versucht habe, mich zu stillen, aber ich hätte ihre Milch nicht gewollt. Diese Geschichte hat mich meine ganze Kindheit verfolgt, und ich habe viel über die Gründe nachgedacht.«[46]

Viele langjährige Mitglieder des Kreises um Margit berichteten mir während meiner Recherchen, dass Margit ihr Leben lang

Komplexe wegen ihres Aussehens gehabt hatte; sie war klein und mollig und hatte eine Knubbelnase. In ihren Briefen erwähnte sie immer wieder, wie schön ihre Mutter gewesen sei. Ich stellte mir vor, wie sie als junges Mädchen immer im Schatten ihrer charismatischen, ständig durch die Welt reisenden Mutter stand. Es sind solche Erfahrungen, die in einem Kind eine Form von Selbsthass hervorrufen können. In einem ihrer Briefe bezeichnete Margit ihre Kindheit sogar als »autistisch«.[47]

1968, also im Alter von vierundfünfzig Jahren, schrieb Margit einen kurzen autobiografischen Text über die Menschen, die sie als Kind umgeben hatten: Ihr Vater, der Geologieprofessor, ihre österreichische Mutter, die Englisch sprechende Großmutter väterlicherseits und die Deutsch sprechende Großmutter mütterlicherseits, die während des Krieges bei der Familie gewohnt hatte.

»Während meiner Schulzeit versuchte ich herauszufinden, wem dieser Menschen ich tatsächlich ähnlich war. Am Ende kam ich zu dem Schluss, dass es mein Großvater väterlicherseits gewesen sein musste, obwohl ich kaum Erinnerungen an ihn hatte, weil er starb, als ich acht war. Dafür hatte ich als Jugendliche seine Bücher, Briefe und Tagebücher gefunden und sie mit wachsendem Interesse gelesen, weil ich das Gefühl hatte, mich darin wiederzuerkennen. Mein Großvater war viele Jahre Professor in Praktischer Theologie in Uppsala gewesen. Es hieß, er sei ein in sich gekehrter Mann gewesen, aber auch ein Denker und Beobachter, der die Welt bereiste. Nach seinem Tod fand man in seinen Schreibtischschubladen etliche Aufzeichnungen. Er schrieb über seine Zeitgenossen in Uppsala, darüber, wie er während seiner Reisen Land und Leute erlebte, und nicht zuletzt über das Leben im Allgemeinen.«[48]

Ich sehe sie vor meinem geistigen Auge: Margit, wie sie als pummeliger Teenager einsam bei der strengen Großmutter in Djursholm am Schreibtisch sitzt. Ihre Mutter amüsiert sich gerade in einem Palast auf der anderen Seite des Erdballs auf einer Party mit Charlie Chaplin, und wenn ihr Vater nicht auf einer seiner Forschungsreisen durch Südamerika reist, ist er jähzornig und verschlossen. Also sucht Margit Trost bei ihrem verstorbenen Großvater, den sie zwar nie kennengelernt hat, doch sie erkennt in ihm einen Seelenverwandten.

Als Jugendliche erlebte Margit zum ersten Mal eine Form von Wertschätzung durch ihre Mutter: »Erst als ich meiner Mutter behilflich sein konnte, indem ich Botengänge für sie erledigte und später auch ihre Artikel, die sie von überall schickte, gegenlas und an die entsprechenden Redaktionen schickte, hatte ich das Gefühl, dass ich ihr tatsächlich etwas bedeutete.«[49]

Vielleicht war es dieses merkwürdige Gefühl, das der jungen Margit eines Abends eine Vision bescherte, die ihr weiteres Leben prägen sollte: »Ich erinnere mich ganz deutlich: Ich war sechzehn und saß an meinem Schreibtisch, da taucht vor meinem geistigen Auge plötzlich dieses Bild auf – ich sah Menschen, die zu mir kommen, um mir von ihren Problemen zu erzählen. Da wusste ich natürlich noch nicht, in welcher Form das ablaufen würde.«[50]

Auf dem Höhepunkt ihrer Karriere als Journalistin, im Alter von sechsundvierzig Jahren, musste sich Margits Mutter einer Operation unterziehen. Es war nur ein Routineeingriff, doch zu dieser Zeit gab es noch keine Antibiotika, und kurz nach der Operation starb Annie an einer Blutvergiftung. Margit erwies ihrer Mutter einen letzten Dienst, von dem sie später in einem Brief erzählte: »Bevor sie operiert wurde und unerwartet starb, gab sie mir ihre Tagebücher und Briefe von Männern, die ihr in den letzten Jahren nahegestanden hatten. Ich las die Briefe und verbrannte sie in der Nacht nach ihrem Tod. Damals war ich neunzehn.«[51]

Als Margit von den Affären ihrer Mutter las, machten die alten Schuldgefühle sich wieder in ihr breit. Sie hätte ihrer Mutter so gern geholfen. In einem Brief an den Psychoanalytiker David Schecter stellte sie eine Verbindung zwischen dem Schicksal ihrer Mutter und ihrer Arbeit als Psychoanalytikerin her:

»Ein großer Teil meiner Arbeit – und zwar der, der mich am meisten interessiert – besteht darin, mich um Menschen zu kümmern, in denen ein großes Potenzial steckt, ein erfüllteres Leben zu führen. Ein solches Leben hätte ich mir auch für meine Mutter gewünscht, aber in Wahrheit bin ich der Grund dafür gewesen, dass sie es nicht haben konnte. Ich möchte andere Menschen befreien, damit sie ein erfüllteres Leben führen können, so wie ich mir damals gewünscht hätte, befreit zu werden.«

Es ist offensichtlich, dass Margit ihre Mutter bewundert und idealisiert hat, doch einem ähnlich extravaganten Lebensstil eiferte sie selbst nicht nach. Im Gegenteil. Ihre Tochter, Annie Norell Beach, erzählte mir, dass Margit die Oberschicht und die dazugehörigen sozialen Gepflogenheiten ihr Leben lang verabscheute. Sie schlug einen anderen Weg ein. Die Artikel ihres Großvaters über Praktische Theologie hatten Margits Interesse am Spirituellen geweckt, und während ihrer Gymnasialzeit las sie Philosophen wie Nietzsche und Kierkegaard. Dann folgte sie dem Beispiel ihres Großvaters und studierte Theoretische Theologie in Uppsala. Sie war politisch links orientiert, las Marx und vertiefte sich in die Geschichte der Sozialdemokratie. Sie begann, sich für Volksbildung zu interessieren, und besuchte Kurse an sozialdemokratischen Volkshochschulen.[52] Exklusive Partys in Macau ließen Margit kalt, und mit den Jahren distanzierte sie sich immer mehr vom Leben der Oberschicht.

An einem Abend im Jahr 1936 besuchte sie den Vortrag eines jungen und progressiven Pastors namens Curt Norell im Christlichen Studentenverband in Uppsala.[53] Curt begleitete Margit nach Hause, und von da an trafen sie sich regelmäßig. Curt war Mitglied in der Kommunistischen Jugendvereinigung in Göteborg sowie der antifaschistischen Vereinigung Clarté. Seit seinem Studium in Lund verband ihn eine enge Freundschaft mit Tage Erlander, dem zukünftigen Vorsitzenden der Sozialdemokratischen Arbeiterpartei, sowie mit der legendären Sexualaufklärerin Elise Ottesen-Jensen. Curt interessierte sich brennend für Volksbildung, Psychotherapie und Sexualaufklärung, Themen, die ihn sein ganzes Leben begleiteten. Ein Pfarramt sollte er nie übernehmen.

Laut Annie waren Margit und Curt grundverschieden. »Sie werden kaum jemanden finden, der meinen Vater nicht auf Anhieb gemocht hat«, erzählte sie. »Er war ein Humanist, ein umgänglicher und humorvoller Mensch. Er konnte sich an den kleinsten Dingen erfreuen und liebte Musik. Er hatte überhaupt kein Problem damit, einen Raum voller Menschen zu betreten und gleich mit jedem ins Gespräch zu kommen. Meine Mutter war das genaue Gegenteil.«

Während der Wirtschaftskrise der 1930er-Jahre begann die mittlerweile dreiundzwanzigjährige Margit, in Arbeitersiedlungen rund um Ådalen Kurse zu halten. Mit den »Schüssen von Ådalen« – 1931 hatte das Militär auf streikende Arbeiter geschossen – war ein nationales Trauma entfesselt worden, und die Kommunisten spekulierten darauf, dass die Konflikte sich so weit zuspitzten, dass es zu einer Revolution käme. Die Sozialdemokraten hingegen versuchten, den Konflikten entgegenzuwirken und die bestehenden Klassenunterschiede durch die Weiterbildung der Arbeiter auszugleichen. Ein wichtiger Teil des Projekts war die Gründung eines Zentrums für Erwachsenenbildung in Kramfors[54], wo Margit ein Schuljahr lang in den Fächern Schwedisch, Mathematik und Psychologie unterrichtete. Auf ein paar Schwarzweißfotos im Familienalbum sieht man Margit, klein, unscheinbar und einfach gekleidet, an einem abgenutzten Tisch, umringt von fünf männlichen Arbeitern in Sonntagsanzügen. Sie bekommen Englischunterricht. Weil es kaum Geld gab, war das

Leben der Lehrer nicht weniger spartanisch als das der Schüler. Einen größeren Kontrast zu ihrem früheren Leben im vornehmen Östermalm oder bei ihrer Großmutter in Djursholm hätte sie kaum wählen können. Das Leben im Arbeitermilieu musste sich für sie fremd angefühlt haben, was ihren Willen, zu helfen und etwas Gutes zu tun, umso beeindruckender macht.

Nach ihrer Hochzeit 1939 übernahmen Curt und Margit die Leitung des Bildungszentrums. Am selben Tag, als die Deutsche Wehrmacht Polen überfiel und damit den Zweiten Weltkrieg auslöste, zogen Margit und Curt nach Kramfors. Das Bildungszentrum war in einer Vierzimmerwohnung untergebracht, zwei Zimmer standen den beiden zu, der übrige Teil der Wohnung war für Unterrichtszwecke reserviert. Während in Europa der Krieg wütete, zeigte das Ehepaar Norell einen unermüdlichen Einsatz in der Arbeiterbildung. Sie organisierten mehr als fünfzig Studienzirkel im Jahr, von Sprachkursen über Sexualaufklärung bis hin zu Kursen in Kinder- und Sozialpsychologie. Im Sommer radelte Margit von Ortschaft zu Ortschaft, um Vorträge über Sexualität und Verhütung zu halten, im Winter legte sie dieselben Strecken auf Skiern zurück. Das Ehepaar Norell gründete einige Kindergärten, rief Jugendclubs und Chöre ins Leben und organisierte zahlreiche Expertenvorträge. An den Abenden gab es oft ein gemütliches Beisammensein, man spielte Musik, tanzte, trug Gedichte vor und sang gemeinsam. Curt gefielen diese sozialen Aktivitäten, wie aus einer Chronik des Bildungszentrums hervorgeht: »Während Curt sang und spielte, war Margit immer sehr ernst.«[55] In der Chronik war auch ein Interview mit Margit abgedruckt. Darin sagte sie unter anderem: »[In] Kramfors durfte ich all das erleben, was ich in meiner Jugend versäumt hatte. Ich traf die unterschiedlichsten Menschen und distanzierte mich vehement von der Oberschicht. Wenn der Pfarrer zu einem seiner Treffen einlud, habe ich Bojan Myraeus [Haushälterin und gute Seele des Bildungszentrums, Anm. d. Verf.] hingeschickt.«

Margits Potenzial kam vor allem dann zum Vorschein, wenn sie mit den Menschen, die sie besuchte, therapieartige Gespräche führte.[56] Die Vision, die sie mit sechzehn gehabt hatte, wurde allmählich Wirklichkeit. Margit und Curt leiteten das Bildungszentrum bis zum Ende des Zweiten Weltkriegs und bekamen in der Zeit zwei Söhne, Staffan und Thomas. Zwar hatte Margit sich für ein Leben entschieden, das mit dem ihrer Mutter kaum mehr etwas gemein hatte, doch als es um die Kinder ging, trat sie in Annies unrühmliche Fußstapfen. Deshalb war es vor allem Bojan, die gute Seele des Hauses, die sich um Staffan und Thomas kümmerte.

Nach Kriegsende erhielt Curt Norell das Angebot, mit der Familie nach Stockholm zu ziehen und die Leitung des *Birkagården* zu übernehmen, eines Sozialzentrums nach englischem Vorbild, das für die Bewohner eines Stadtteils als Treffpunkt und Bildungsstätte dienen sollte. Es gab einen Kindergarten, und ebenso wie in Kramfors wurden auch hier Vorträge, Kurse und soziale Zusammenkünfte organisiert. Die Familie Norell nahm das Angebot an und bezog eine Wohnung am Karlbergsvägen im Stadtteil Vasastan.

Während Curt sich in seine Rolle als Leiter des *Birkagården* einlebte, unternahm Margit mit derselben unerschöpflichen Energie, die sie schon in Ådalen unter Beweis gestellt hatte, mehrere Reisen ins zerbombte Deutschland und gab Kurse für Sozial- und Jugendarbeiter, die beim Aufbau der Demokratie helfen sollten. Außerdem reiste sie quer durchs Land und hielt Vorträge über Sexualaufklärung. Sie brachte Fotos von diesen Reisen mit nach Hause: zerbombte Brücken, niedergebrannte Kirchen, Städte in Schutt und Asche. Die Armut und das Elend waren unermesslich. Dass sie Jüdin und Sozialistin war, stellte für Margit offensichtlich keinen Hinderungsgrund dar, unmittelbar nach Kriegsende nach Deutschland zu reisen, um den Menschen zu helfen.

Das dritte und letzte Kind kam 1950 zur Welt – Annie. Während Annies Kindheit führte Margit ein Tagebuch, aus welchem hervorgeht, dass sie begann, Menschen zu empfangen, die »Hilfe bei inneren und äußeren Konflikten suchten«[57]. Offensichtlich war sie als eine Art autodidaktisch ausgebildete Psychotherapeutin tätig. Insofern scheint es kaum verwunderlich, dass Margit wenig später den Entschluss fasste, Psychoanalytikerin zu werden. 1951, im Alter von siebenunddreißig Jahren, wurde sie als Studentin in die Schwedische Psychoanalytische Vereinigung (*Sveriges psykoanalytiska förening*) in Stockholm aufgenommen, und im Laufe der nächsten Jahrzehnte sollte sie zu einer legendären Psychoanalytikerin avancieren, die von manchen geliebt und von anderen gefürchtet wurde.

Als Margits Schicksal sich rund vierzig Jahre später mit dem eines Mehrfachabhängigen namens Sture Bergwall verflocht, hatte sie ihre psychoanalytische Arbeit unter ein Motto gestellt, das auch Sigmund Freud geprägt hatte. Es stammt aus dem Johannesevangelium:

»Die Wahrheit wird euch frei machen.«[58]

5. Stures Kindheit

»Er hat das Gefühl, dass sich niemand
für ihn interessiert, und ist von seinen Eltern und
Geschwistern enttäuscht.«

Aus Sture Bergwalls Patientenakte, 1966

Am Mittwoch, dem 26. April 1959, entband Margit ihr drittes Kind, Annie, in der Geburtsklinik *Pro Patria* am Thorildsplan in Stockholm. Am selben Tag begab sich die vierfache Mutter Tyra Bergwall, geborene Quick, in die Klinik von Falun, wo sie Zwillinge gebar: Sture und Gun.

Stures Vorfahren hatten weder ein Holzhandel-Imperium besessen noch Banken gegründet oder zur königlichen Jagdgesellschaft gehört. Aus den spärlichen Informationen, die in den Kirchenbüchern zu finden sind, geht hervor, dass Stures Großvater väterlicherseits ein Fabrikarbeiter und Schmierer war und mit seiner Frau Johanna und den sechs Kindern in der Arbeitersiedlung einer Sulfit-Fabrik in Bergvik in der Provinz Hälsingland wohnte. Der Großvater mütterlicherseits, Per Johan Kvick, arbeitete als Bahnwärter und hatte mit seiner Frau Kristina vierzehn Kinder. Verfolgt man den Stammbaum noch weiter zurück, finden sich Häusler, Pächter, Sägewerksarbeiter, Mägde und Knechte. Einige Vorfahren wurden außerehelich gezeugt, etwa wenn ein Bauerssohn eine Magd schwängerte. Kurze Notizen in den Kirchenbüchern deuten an, dass sich manche Familienmitglieder ertränkten. Wie so oft, wenn es um eine Arbeiterfamilie geht, existieren kaum Hinweise darauf, was die Menschen fühlten, was sie erlebten oder welche Träume sie hatten.

Nach der Geburt der Zwillinge Sture und Gun zog die achtköpfige Familie Bergwall in einen Neubau für Fabrikangestellte nach Främby in der Nähe von Falun. Die Wohnung bestand aus zwei Zimmern und einer Küche. Stures ältester Bruder Sten-Ove beschreibt in seinem Buch »Mein Bruder Thomas Quick« (*Min bror Thomas Quick*), wie er zu seinem zehnten Geburtstag eine Käsestulle geschenkt bekam, »mit gutem Weißbrot und dicken Käsescheiben darauf«, die er auf dem Gehsteig vor dem Haus verspeiste. Die Familie musste nicht hungern, aber sie war arm.[59]

Stures Vater Ove war Fabrikarbeiter und Pfingstler. Sten-Ove beschreibt ihn in seinem Buch als traurigen Mann, der sich in der Familie nur schwer durchsetzen konnte und zu plötzlichen Wutausbrüchen neigte. Er schämte sich für seine mangelnde Bildung und versuchte die Komplexe zu kompensieren, indem er seinen Realschulabschluss an einer Abendschule nachholte, worüber sogar die Lokalzeitung unter der Überschrift »Sechsfacher Vater macht Realschulabschluss« berichtete. Später legte er auch sein Abitur ab, auf das er sich autodidaktisch vorbereitet hatte. Bildung war für Ove ein wichtiges Thema, und er erwartete von seinen Kindern, dass sie später studierten und das Leben führten, das ihm nicht vergönnt gewesen war.

Laut Sten-Ove war der Vater trotz seiner Wutausbrüche zu schwach, um als Familientyrann aufzutreten. Er war abhängig von seiner Frau Tyra. Sie war diejenige, die die Familie zusammenhielt, die Kinder großzog und sich darum kümmerte, dass die magere Haushaltskasse für Nahrung und Kleidung ausreichte. Tyra traf alle wichtigen Entscheidungen, und wenn Ove von der Arbeit nach Hause kam, gab sie ihm etwas zu essen und saubere Kleidung, als wäre er eins ihrer Kinder. In Sten-Oves Buch heißt es:

»Unser Vater hatte keine Träume und keine Zukunftsperspektive. Er bildete sich nicht deshalb weiter, weil er ein festes Ziel vor Augen hatte, sondern weil er innerlich rastlos war. Für ihn gab es nur die Familie und die Pfingstlergemeinde, obwohl seine Meinung zum Glauben gespalten war. Anstatt ihm Kraft zu geben, machte der Glaube ihn noch unfreier. Unterschwellig spürte er das, und dann konnte sein kirchliches Engagement schlagartig in Zweifel umschlagen. […] Vater war ein kreativer, aber gehemmter Mensch, verschlossen und niedergedrückt, bestenfalls launenhaft. Er schleppte eine schwere Last mit sich herum, nämlich seinen unerfüllten Schaffensdrang. Sich einer solchen Last auch nur halbwegs bewusst zu sein, muss zum Schlimmsten gehören, was einem Menschen widerfahren kann: von dem diffusen Gefühl getrieben zu sein, dass andere, positivere Umstände ein erfüllteres Leben ermöglicht hätten.«

Noch vor Stures und Guns zweitem Geburtstag wurde Kind Nummer sieben geboren – Eva. Obwohl es nur wenige Informationen über Stures frühe Kindheit gibt, scheint es mir plausibel, dass die Kleinsten in einer so großen Familie nicht das an emotionaler Nähe erfuhren, das sie brauchten. Der Vater war kaum in der Lage, ihnen ein Gefühl der Sicherheit zu vermitteln, und die Mutter hatte einfach nicht die Möglichkeiten, den Kindern mehr als das Allernötigste zu geben.

In Stures frühester Kindheitserinnerung ist er sieben Jahre alt. Die Familie hatte erst kürzlich eine größere Wohnung in Korsnäs bezogen, und Sture und seine Zwillingsschwester besuchten die erste Klasse. Dann erkrankte Sture an einer schweren Tuberkulose. Er kam in ein Sanatorium, wo er fast ein ganzes Jahr verbrachte und nur selten Besuch von seinen Eltern empfangen durfte. Sture erinnerte sich gut daran, wie er oft allein im Röntgenraum stand, die kalten Platten gegen die Brust gedrückt und im Bauch das zähflüssige Kontrastmittel, das er unter Tränen runtergeschluckt hatte. Ein Gefühl der Geborgenheit fand er in dieser Zeit einzig bei einer Krankenschwester namens Mai.

Nachdem Stures Vater einen Brief an das beliebte Radioprogramm *Barnens Brevlåda* (»Der Kinderbriefkasten«) geschrieben hatte, wurde in der Sendung ein Gruß an Sture vorgelesen. Die Lokalzeitung *Dala-Demokraten* berichtete davon und kaufte einen Metallbaukasten der Marke *Meccano* für Sture. Ein Reporter fotografierte die Übergabe. Das Geschenk liegt ausgepackt vor Sture auf dem Krankenhausbett, er ist ein putziger Junge mit kurzen Haaren und großen Augen, der zaghaft lächelt und eine große Zahnlücke entblößt. Für einen Siebenjährigen, stelle ich mir vor, war es bestimmt eine große Belastung, sich ganz allein im Krankenhaus einer potenziell tödlichen Krankheit zu stellen, besonders zur damaligen Zeit.

Tuberkulose war eine Volkskrankheit mit schlechten Heilungschancen. Gegen Ende der 1940er-Jahre jedoch wurde erstmals das Antibiotikum Paraaminosalicylsäure, auch *PAS* genannt, eingesetzt. Es sollte Stures Rettung bedeuten. Dennoch hinterließ das Jahr im Sanatorium seine Spuren. Sture hatte das gesamte erste Schuljahr versäumt, und die lange Trennung von den Eltern war womöglich einer der Gründe, warum seine weitere Kindheit von tiefen Ängsten überschattet war. Tyra Bergwall war froh, ihren Sohn wieder zu Hause zu haben, doch sie tat sich schwer, ihre Zuneigung in Form von Umarmungen und liebevollen Gesten auszudrücken. Mutterliebe, das bedeutete für sie, den Kindern ein Dach über dem Kopf zu bieten und dafür zu sorgen, dass sie genug zu essen bekamen. Im Laufe des Sommers 1958 musste Sture den Stoff der ersten Klasse nachholen, sodass er zu Beginn des neuen Schuljahrs gleich in die zweite Klasse einsteigen konnte. Das Lernen war kein Problem, denn er war schlau und sehr wortgewandt. Viel schlimmer war, dass Sture im Sanatorium stark zugenommen hatte. Die zusätzlichen Kilos machten ihn unbeholfen, zumal er wegen seiner überdurchschnittlichen Größe schon vor der Krankheit recht ungelenk gewesen war. Nun waren seine Beine von der langen Bettruhe zusätzlich noch schwach. Er hatte Schwierigkeiten, beim Toben mit den anderen Kindern mitzuhalten. Er stolperte häufig und wurde ausgelacht. Dazu kam noch, dass Gun immer die besseren Noten mit nach Hause brachte, und gute schulische Leistungen spielten in der Familie Bergwall eine große Rolle.

Die Folgen der langen Krankheit machten ihn zum Außenseiter, der gejagt und gehänselt wurde. Sein älterer Bruder Örjan erzählte mir, dass Sture von seiner Lehrerin Teodore Kruse oft »Ziegenbock« genannt wurde, weil es ihm schwerfiel, seine schlaksigen Arme und Beine zu koordinieren. Außerdem missachtete er häufig ihre Anweisungen, kam zu spät zum Unterricht und zog sich mit Ausreden aus der Affäre. Sture war Legastheniker, und zuweilen brachte er die Worte auch beim Reden durcheinander. In den 1990er-Jahren schilderte seine jüngere Schwester Eva der Polizei, Sture sei während der Schulzeit sehr einsam gewesen und habe nie einen besten Freund gehabt.

Als Sture eine weiterführende Schule in Falun besuchte, wurde er sich bewusst, dass er homosexuell war. Er verliebte sich in einen Mitschüler, zwang sich aber, seine Gefühle um jeden Preis zu unterdrücken. Homosexuelle Handlungen waren in Schweden bis 1934 strafrechtlich verfolgt. Dies wurde zwar 1944, also sechs Jahre vor Stures Geburt, geändert, doch wurde Homosexualität nach wie vor als psychische Störung eingestuft, und so blieb es bis 1979, als Sture neunundzwanzig war. Er wuchs in einer Gesellschaft auf, die seine Sexualität als Perversion und Krankheit betrachtete.

Zu entdecken, dass er selbst einer der »Perversen« war, brachte seine Welt aus den Fugen. Von seiner Familie konnte er sich keine Hilfe erhoffen, denn dort herrschten die strengen Moralvorstellungen der Pfingstkirche, und überhaupt war Sex ein Tabuthema. Homosexualität – undenkbar für Stures Familie. »Ein so wichtiger Teil in meinem Leben, und ich konnte mit niemandem darüber reden«, erzählte er mir. »Ich hatte auch keine homosexuellen Freunde. Meine Identität als Homosexueller hat mich einsam gemacht.«

In der Mittelstufe kam Sture zum ersten Mal mit Drogen in Berührung. Er selbst sagt heute, es sei ihm vor allem darum gegangen, sich selbst von seiner verbotenen Sexualität abzulenken. Es begann mit Alkohol in der siebten Klasse, doch seine Lieblingsdroge wurde schon bald das Lösungsmittel Trichlorethen, das es damals in braunen Glasflaschen in gewöhnlichen Lebensmittelgeschäften zu kaufen gab. Trichlorethen ist eine farblose, süßlich riechende Flüssigkeit, die in erster Linie zur Entfettung von Metallen verwendet wird. Aus Arbeitnehmerschutzgründen wurde das Mittel 1996 in Schweden verboten, weil es das Nervensystem dauerhaft schädigen kann. Der vierzehnjährige Sture gewöhnte sich an, immer eine kleine flache Glasflasche mit Trichlorethen dabeizuhaben. Wenn er allein war, träufelte er etwas von der Flüssigkeit auf einen Lappen und hielt ihn sich vor die Nase. Das Mittel verursachte Halluzinationen und löste einen Rausch aus, den Sture mir als eine Art Psychose beschrieb. Für kurze Zeit verschwand die reale Welt und mit ihr seine Homosexualität. Es heißt, auch Jim Morrison habe in den Sechzigerjahren Trichlorethen geschnüffelt, aber aus Angst vor bleibenden Hirnschäden nach einer Weile die Finger davon gelassen.[60] Sture nahm keine Rücksicht auf seine Gesundheit. Nach eigener Aussage schnüffelte er, bis er vierundzwanzig war, jeden Abend. Dann streunte er, zugedröhnt und einsam, durch Falun.

Aus dem Klassenbuch des neunten Schuljahrs geht hervor, dass Sture oft krankheitsbedingt fehlte und nur wenig Interesse am Unterrichtsgeschehen zeigte. Gleichzeitig engagierte er sich in der Redaktion der Schülerzeitung und war eine Zeit lang Schülersprecher. In dieser Rolle, heißt es, habe er nur so vor Ideen gesprudelt und »gewisse Führungsqualitäten« an den Tag gelegt. Andererseits sei er sehr impulsiv gewesen und habe sich leicht ablenken lassen. Der Pfarrer, der Sture konfirmierte, beschrieb ihn als hin- und hergerissen zwischen »Lebensfreude und Lebensüberdruss«. Aus dieser Zeit ergibt sich das Bild eines Jungen, der ein Doppelleben führte. Einerseits war Sture bemüht, sich anzupassen und die Erwartungen, die in der Schule und zu Hause in ihn gesetzt wurden, zu erfüllen, doch andererseits trug er zwei Geheimnisse mit sich herum: seine vermeintlich kranke Sexualität und seine Abhängigkeit von Suchtmitteln. Sture versuchte, eine Fassade aufrechtzuerhalten, hinter der sich Dinge abspielten, von denen keiner etwas mitbekommen sollte.

Doch es gelang ihm nicht, seine Homosexualität ganz für sich zu behalten. Als er in der Oberstufe beschuldigt wurde, einen anderen Jungen unsittlich angefasst zu haben, wurde er zu seinem Klassenlehrer zitiert. Aus der Schulakte geht hervor, dass Sture »homosexuelle Neigungen« zugab, von denen seine Eltern aber unter keinen Umständen erfahren durften. Die Schule akzeptierte diesen Wunsch. Sein zehn Jahre älterer Bruder Sten-Ove arbeitete als Journalist beim *Dala-Demokraten*, als er zum ersten Mal von der Homosexualität seines damals sechzehnjährigen Bruders erfuhr. Ein Kriminalreporter hatte ihm erzählt, dass Sture von einer Gruppe Jugendlicher verprügelt worden sei, nachdem er sich an jüngere Jungen herangemacht habe. Sten-Ove wollte das zunächst nicht glauben, denn auch für ihn war Homosexualität etwas schier Undenkbares.

Im März 1966 schrieb der Schularzt einen Brief an die Kinder- und Jugendpsychiatrie in Falun mit der Bitte, den Problemschüler Sture Bergwall zu untersuchen:

»Dem Rektor ist zu Ohren gekommen, dass der fragliche Schüler seine Mitschüler durch ein homosexuelles Verhalten schockiert habe. Auch der Junge selbst ist sehr unglücklich über diese Neigung, er leidet an Depressionen und würde gern behandelt werden. Es liegen keine somatischen Auffälligkeiten vor. Da der Junge nicht möchte, dass seine Eltern etwas davon erfahren, sollte die Überweisung an die Adresse von Rektor Harald Åkerlund […] geschickt werden.«[61]

Sture wurde einem Psychiater vorgestellt und durchlief eine Reihe psychologischer Tests. In der Patientenakte heißt es:

> Der groß gewachsene junge Mann ist ordentlich gekleidet, er blickt verwirrt im Korridor umher. Er trägt eine dunkle Sonnenbrille und wirkt während der gesamten psychometrischen Untersuchung angespannt. Ansonsten zeigt er sich gesprächig und fragt spontan: »Macht es Spaß, Psychologe zu sein?« Er selbst möchte Pfarrer werden wie sein älterer Bruder, der im Frühjahr das Abitur ablegen wird. Der junge Mann nimmt zwar an sämtlichen Tests teil und versucht, sich von einer guten Seite zu präsentieren, macht aber trotzdem einen gleichgültigen Eindruck.
>
> Der Intelligenztest zeigt, dass der Patient über dem Durchschnitt liegt, wobei die Ergebnisse je nach Bereich variieren. Was die übrigen Persönlichkeitsfunktionen angeht, ergeben sich Muster, wie sie typisch für Personen mit Anpassungsschwierigkeiten sind. Er weist Ähnlichkeiten mit Personen auf, die unter Impulskontrollstörungen leiden, ferner haben seine Interessen eine feminine Tendenz.
>
> Im Übrigen: Der Patient spricht mit einer theatralischen Intensität […], er legt beim Sprechen eine Art Schauspielerhaltung an den Tag und verfügt über einen reichen Wortschatz. Er zeigt eine Tendenz zur Introspektion und einen offensichtlich unkontrollierten Impulsstrom, gepaart mit einem lebhaften Vorstellungsvermögen. Seine Schilderungen sind von starkem Geltungsdrang und von Konkurrenzangst geprägt, wenn es darum geht, sich als echter Kerl darzustellen. In Konfliktsituationen tendiert er zu Aggressionen, außerdem hat er Todesvorstellungen. Sein Umgang mit Mitschülern ist konfliktbeladen. Er nimmt deren Aversionen wahr und gibt an, keine Freunde zu haben. Auch die Beziehung zu seiner Familie sei problematisch. Er hat das Gefühl, dass sich niemand für ihn interessiert, und ist von seinen Eltern und Geschwistern enttäuscht.[62]

Dieser Eintrag nahm vieles von dem vorweg, was später auch in anderen psychiatrischen Untersuchungen hervorgehoben wurde. Sture wurde meist als überdurchschnittlich intelligent und wortgewandt beschrieben, und immer wieder hieß es, er neige dazu, seine eigene Situation zu theoretisieren. Auch seine lebhafte Fantasie und die schauspielerische Veranlagung fanden häufig Erwähnung. Der Psychiater schloss den Bericht mit einer Entwarnung:

»Seine Homosexualität scheint nicht angeboren, sondern die Folge einer Neurose zu sein. Für eine Psychotherapie lässt sich daher eine gute Prognose ableiten.«

Im Jahr 1966 besuchte Sture daraufhin regelmäßig einen Psychologen. Er sprach offen über seine Homosexualität und über die angespannte Stimmung zu Hause, wo niemand etwas von seiner Veranlagung wusste. In der Patientenakte wird er als junger Mann mit »mangelnder Impulskontrolle, Befangenheit, Selbstbehauptungsdrang, aggressiven Tendenzen, inneren Konflikten sowie einem gewissen Hang zur Dramatik« beschrieben. In der Schulakte heißt es, Sture habe sich sowohl seinen Mitschülern als auch den Lehrern gegenüber häufig aggressiv verhalten, sich aber hinterher immer entschuldigt. Niemand merkte, dass Sture bereits schwer drogenabhängig war, was zumindest einen Teil seiner Stimmungsschwankungen erklärt hätte. Doch Sture verschwieg seine Sucht, schnüffelte weiter Trichlorethen und konzentrierte sich auf seine Homosexualität, in der er die Ursache all seiner Probleme sah. Er hoffte auf Heilung.

»Ich habe schon immer ein Faible für die Psychoanalyse gehabt«, sagt Sture heute. »Ich hatte viel darüber gelesen und war der Meinung, dass meine Homosexualität nichts Angeborenes, sondern die Folge äußerer Einwirkungen war. Deshalb wollte ich herausfinden, was meine Homosexualität verursacht hatte. Vor allem wollte ich wissen, warum ich so anders war als meine Geschwister.«

Stures Hoffnungen schlugen sich auch in der Patientenakte nieder: »Er berichtet […] spontan – der Patient ist sehr verbal –, dass seine homosexuellen Gedanken in der letzten Woche abgenommen hätten.«[63]

Damit hatte Stures lebenslanger Kontakt mit der Psychiatrie begonnen. Die Krankheit, von der er geheilt werden sollte: Homosexualität.

6. Margit und Freud

»Es würde mich nicht wundern, […] wenn wir erkennen, dass Einsamkeit eine weitaus größere Rolle in der Dynamik psychischer Störungen spielt, als wir bislang zu sehen bereit waren.«
Frieda Fromm-Reichmann, Psychoanalytikerin

Im Jahr 1951 nahm Margit Norell ihr Studium am Lehrinstitut der Psychoanalytischen Vereinigung in Stockholm auf. Ihre jüngste Tochter war ein Jahr alt, so alt wie Sture.

Die Psychoanalyse war eine noch verhältnismäßig junge Theorie und erst sechzig, siebzig Jahre zuvor in Wien entwickelt worden. Damals hatte der »Vater der Psychoanalyse«, der Neurologe Sigmund Freud, eine Reihe von Hypothesen formuliert, mit denen er unsere Sichtweise auf die Natur der menschlichen Psyche grundlegend verändern sollte. Er meinte, dass es in der menschlichen Psyche einen Bereich gibt, wo verdrängte unterschwellige Triebe und Wünsche gelagert werden. Diesen Bereich nannte er *das Unbewusste*. Trotz der Verdrängung, so Freud, werden die Gedanken, Gefühle und das Handeln des Menschen von diesen verdrängten Kräften gesteuert. Dabei entstehen Konflikte zwischen den unterdrückten, unbewussten Bedürfnissen einerseits und den bewussten Wünschen, Erwartungen und moralischen Idealen andererseits. Freud glaubte, dass der Mensch davon überzeugt sein kann, etwas Bestimmtes zu wollen, obwohl er sich unbewusst etwas völlig anderes wünscht. Die aus diesem Dilemma resultierenden Konflikte könnten schlimmstenfalls zu einer psychischen Krankheit führen, die Freud zunächst als *Hysterie*, später als *Neurose* bezeichnete.

Als Freud diese Ideen um die Jahrhundertwende formulierte, beschloss er, eine Behandlungsmethode zu entwickeln, mit deren Hilfe die psychischen Störungen geheilt werden konnten. Diese Methode nannte er *Psychoanalyse*. Der Grundgedanke: Der Patient sollte sich des Unbewussten bewusst werden. Freud glaubte nämlich, dass die inneren Konflikte sich verflüchtigen würden, sobald der Patient verstand, was er verdrängt hatte. Das psychische Leiden wäre somit gelindert, wenn nicht gar verschwunden. Die Person, die dem Patienten bei diesem Prozess zur Seite stehen sollte, war der Psychoanalytiker.

Konkret stellte Freud sich eine Psychoanalyse ungefähr so vor: Der Patient liegt auf einem Diwan oder Sofa, an dessen Kopfende der Psychoanalytiker sitzt. Während der Patient spricht, hört der Psychoanalytiker zu, ohne den Patienten zu bestätigen oder zu ermuntern. Er fungiert vielmehr als neutraler Spiegel, der die Schilderungen des Patienten reflektiert. Gleichzeitig horcht er auf Hinweise auf die inneren Konflikte des Patienten, um das Gespräch gegebenenfalls mit wohlüberlegten Kommentaren in die richtige Richtung zu lenken. Auf diese Weise soll sich der Patient sukzessive dessen bewusst werden, was in seinem Unterbewusstsein schlummert.

Eine solche Behandlung konnte natürlich einige Zeit in Anspruch nehmen; eine genuin freudianische Psychoanalyse umfasste fünf Sitzungen in der Woche und erstreckte sich nicht selten über zehn Jahre – mindestens.

Die Psychoanalyse galt als ein mit tiefen Ängsten behafteter Prozess, da es sich bei den verdrängten Kräften um Emotionen wie Hass gegenüber den Eltern, Scham, Selbstverachtung, Todessehnsucht oder verdrängte sexuelle Triebe handeln konnte. Der Patient hatte daher allen Grund, sich gegen die Therapie zu sträuben, um die verdrängten Gefühle weiterhin abzuwehren. Freud entwickelte verschiedene Methoden, um diesen Widerstand auszutricksen. Die wichtigste war die sogenannte *freie Assoziation*: Der Patient sollte frei heraus aussprechen, was ihm in den Sinn kam. Freud glaubte, dass ein guter Psychoanalytiker aus dem dabei entstehenden Assoziationsstrom unterbewusste Gedanken herausfiltern konnte, die der Patient versehentlich enthüllt hatte. Eine andere Methode war die Traumdeutung. In einem seiner bekanntesten Werke, der *Traumdeutung* von 1899, behauptete Freud, dass das Unbewusste in unseren Träumen direkt und unzensiert mit uns spricht. Für Freud waren Träume daher eine Art Guckloch in die Psyche des Patienten. Die freie Assoziation und die Traumdeutung ließen sich zudem miteinander kombinieren, indem der Patient frei über den Inhalt seiner Träume sprach.[64]

Freuds Lehre war bahnbrechend auf allen intellektuellen Gebieten sowie in der Hoch- und Popkultur des 20. Jahrhunderts – ähnlich einschneidend wie die Evolutionstheorie von Darwin, der Materialismus von Marx oder die Relativitätstheorie von Einstein, wie der Wissenschaftshistoriker Svante Nordin schreibt.[65] Freuds Vorstellungen inspirierten die bildenden Künste und die Literatur. Auch im Film machte sich der Einfluss bemerkbar. Manche Hitchcock-Filme wirken fast wie Fallstudien aus der psychoanalytischen Praxis. Die Ideen der Psychoanalyse wurden rasch zu kulturellem Allgemeingut. Seit Generationen gilt es als ganz selbstverständlich, dass sich psychische Probleme auf traumatische Erfahrungen in der Kindheit zurückführen lassen und dass wir unbewusste Wünsche und Triebe in uns tragen, die unser Handeln auf mysteriöse Weise bestimmen. Wie das Selbstbild des Menschen aussah, bevor Freud seine Ideen in Umlauf brachte, kann man sich heute kaum noch vorstellen.

Bei der Entwicklung der Psychoanalyse griff Freud nicht auf etablierte Forschungsmethoden zurück. Als er behauptete, revolutionäre Erkenntnisse über die Psyche des Menschen gewonnen zu haben, wurden daher schnell kritische Stimmen laut. 1909 reisten Freud und seine Mitarbeiter in die USA, um an der Clark University in Massachusetts Vorlesungen zu halten. Dort entflammte eine heftige Debatte. Die amerikanischen Wissenschaftler mussten feststellen, dass die Psychoanalytiker in ihren Studien keine Kontrollgruppen verwendet hatten und auch keine statistischen Daten vorweisen konnten. So war es für andere Wissenschaftler unmöglich, die Experimente zu wiederholen und die Ergebnisse zu verifizieren. Freuds Forschung gründete sich vielmehr darauf, dass er über viele Jahre in seinem Behandlungszimmer vertrauliche Therapiesitzungen mit seinen Patienten abhielt. Die Ergebnisse stellte er in Form sogenannter »Fallstudien« vor, in denen die Identität der Patienten durch Pseudonyme wie »Kleiner Hans«, »Rattenmann« oder »Wolfsmann« verschleiert wurde.[66] Mit anderen Worten: Freud und seine Kollegen überhöhten ihre subjektiven Deutungen von Patientenfällen zu »wissenschaftlichen« Wahrheiten über die menschliche Psyche. »Die Psychoanalyse unternimmt den Versuch, sich in das Gewand der Wissenschaft zu kleiden und selbige von innen heraus zu erwürgen«[67], schrieb ein amerikanischer Kritiker 1920. Andere Wissenschaftler meinten, die psychoanalytischen Deutungen von Träumen und freien Assoziationen zielten in erster Linie darauf ab, die Patienten durch Suggestion dazu zu bringen, an völlig haltlose Behauptungen zu glauben.

Die Psychoanalytiker konterten, sie seien nicht bereit, ihre Lehre mit Wissenschaftlern zu diskutieren, die keine psychoanalytische Ausbildung absolviert hätten. Für viele hatten die Psychoanalytiker sich damit endgültig als Oberpriester einer Art Sekte entlarvt.

In Schweden entwickelte sich das Interesse an der Psychoanalyse eher schleppend.[68] Während es in Großbritannien, Frankreich, Holland, Indien, Japan, der Schweiz, Ungarn, den USA, Deutschland und Österreich schon längst Psychoanalytische Vereinigungen gab, wurden die skandinavischen Pendants erst

1931 gegründet. Die Schwedische Psychoanalytische Vereinigung fristete lange Zeit ein eher kümmerliches Dasein. 1950, ein Jahr bevor Margit Norell ihr Studium am Lehrinstitut aufnahm, hatte die Vereinigung nur sechs reguläre Mitglieder, und in ganz Schweden gab es lediglich zehn bis fünfzehn praktizierende Psychoanalytiker.[69] Dennoch stand die Psychoanalyse auch in Schweden im Feuer der Kritik. Schon 1934 war das Buch *The House that Freud Built* in schwedischer Übersetzung erschienen, in dem der amerikanische Psychologe Joseph Jastrow folgende Salve abfeuerte:

»Freuds Argumentation ist ignorant, wirklichkeitsverzerrend und spekulativ. Sie zieht das oberflächlich Plausible ins vollkommen Lächerliche. Sein Denken ist dermaßen verworren, einfältig, fadenscheinig, kryptisch und widersprüchlich und auf eine so verantwortungslose Weise in Umlauf gebracht worden, dass ich nicht umhinkann, in diesem Buch die größten und fatalsten Fehler aufzuführen.«[70]

Wenige Jahre nachdem Margit Norell die langwierige Ausbildung begonnen hatte, schrieb der Arzt und Professor Olof Kindberg in einem Artikel in *Dagens Nyheter*: »Die Psychoanalyse gibt sich den Anschein, eine empirische Wissenschaft zu sein, weist aber spirituelle Züge auf, die an die christliche Theologie und andere metaphysische Lehren erinnern.«[71] Der Philosophieprofessor Ingmar Hedenius bezeichnete die Psychoanalyse als Sekte und stellte sie auf eine Stufe mit dem Marxismus und dem Christentum.[72] Herbert Tingsten, der liberale Chefredakteur der *Dagens Nyheter*, sprach von einer »Erlösungslehre«. Sogar der ausgebildete Psychoanalytiker und Autor Pehr Henrik Törngren schrieb einen Artikel, in dem er seiner Enttäuschung über die bisherigen Leistungen der Psychoanalyse Ausdruck verlieh. Dabei zog er nicht nur Parallelen zum Katholizismus und Marxismus, sondern attestierte der Psychoanalyse Ähnlichkeiten mit der Homöopathie und Astrologie. Die Psychoanalyse, so Törngren, sei eine dogmatische Disziplin, die plausibel erscheinen wolle, sich aber auf empirisch nicht verifizierbaren Dogmen ausruhe.

Als Margit ihr Studium begann, war es also längst kein Geheimnis mehr, dass man sich als Psychoanalytiker einer starken Opposition gegenübersah. Doch ebenso wie andere Psychoanalytiker war auch Margit der Meinung, dass die psychoanalytische Theorie keiner wissenschaftlichen Belege bedurfte. Außerdem waren es nicht die Konflikte mit externen Kritikern, die Margit am meisten beschäftigen sollten. Die eigentliche Fehde focht sie mit internen Kräften innerhalb der psychoanalytischen Bewegung aus. Was wiederum direkte Auswirkungen auf Margits Verhalten als Supervisorin von Thomas Quicks Psychotherapie haben sollte.

Um zu verstehen, worum es in dieser Fehde ging, muss man etwas mehr über Sigmund Freud wissen. Als er die Psychoanalyse entwickelte, revidierte er seinen Ansatz mehrmals in ganz basalen Punkten. Dies tangierte sowohl seine Theorie über die Funktionsweisen der menschlichen Psyche als auch seine Vorstellung davon, wie eine psychoanalytische Behandlung auszusehen hatte. Eine dieser Kehrtwenden betraf die Bedeutung früher Traumata. Hatte Freud Anfang der 1890er-Jahre noch den Standpunkt vertreten, dass die meisten psychischen Störungen auf frühe traumatische Erfahrungen zurückzuführen seien, verwarf er diese Theorie nach wenigen Jahren zugunsten eines anderen Ansatzes, der die Psychoanalyse grundlegend verändern sollte. Gemeint ist die *Triebtheorie*. Freud ging davon aus, dass Kleinkinder sich sexuell zum Elternteil des anderen Geschlechts hingezogen fühlten, was zu psychischen Problemen in der Kindheit wie auch im Erwachsenenalter führen könne. Von jetzt an waren es nicht mehr die traumatischen Kindheitserfahrungen, die psychische Störungen verursachten, sondern Konflikte zwischen mehr oder weniger verbotenen Trieben.

Während Freud zu Beginn des 20. Jahrhunderts immer wieder

andere Wege einschlug, bissen sich die Pioniere der Psychoanalyse an unterschiedlichen Elementen seiner unbeständigen Lehre fest. Dabei bildeten sich eine Reihe unterschiedlicher Schulen heraus, deren Vertreter nicht selten miteinander im Clinch lagen. Bereits in der ersten Hälfte des 20. Jahrhunderts ließ sich daher kaum eindeutig beantworten, was sich hinter dem Begriff »Psychoanalyse« tatsächlich verbarg.

Am meisten schieden sich die Geister an der Triebtheorie, und auch Margit Norell sollte in diesem Konflikt auf die Barrikaden gehen. Auf der einen Seite standen die Anhänger der sogenannten »orthodoxen« Psychoanalyse, die sich auf die Triebtheorie gründete und die Freud in den Dreißigerjahren zur einzig wahren psychoanalytischen Wissenschaft erklärt hatte. Im feindlichen Lager fand sich eine diffus zusammengesetzte Gruppe, die den Standpunkt vertrat, dass sich die psychische Gesundheit auf die Qualität zwischenmenschlicher Beziehungen und nicht auf die im Innern des Individuums miteinander ringenden Triebe gründe. Für die Persönlichkeitsentwicklung seien reale, vor allem in der Kindheit erlebte Ereignisse entscheidend.

Die bekanntesten Vertreter dieser »Neopsychoanalyse« waren Harry Stack Sullivan (1892–1949), Erich Fromm (1900–1980), Karen Horney (1885–1952) und Frieda Fromm-Reichmann (1889–1957). Außer Sullivan stammten alle aus Deutschland und waren nach Hitlers Machtergreifung in die USA geflohen. Seit Beginn der 1930er-Jahre stellten sie Freuds orthodoxe Psychoanalyse infrage und entwickelten eigene Behandlungsweisen. Anstatt als neutrale Spiegel zu agieren, versuchten die Neopsychoanalytiker, ihre Patienten auf einer emotionalen Ebene zu erreichen.[73]

Die Schwedische Psychoanalytische Vereinigung vertrat eine orthodoxe Auffassung, und man hielt sich strikt an Freuds strenge Regeln, wie eine Behandlung abzulaufen hatte. Das Fundament der Therapiearbeit bildete die Triebtheorie. Die orthodoxen Freudianer betrachteten die Neopsychoanalytiker als Abtrünnige, die Freuds Lehre unterminierten. Margit merkte recht bald, dass sie keine orthodoxe Freudianerin war. Noch vor Beginn ihrer Ausbildung hatte sie Neopsychoanalytiker wie Erich Fromm und Karen Horney gelesen, die meinten, dass neurotische Persönlichkeitsstörungen auf destruktive interpersonelle Erfahrungen in der Kindheit zurückzuführen seien.[74] Obwohl das Studium von Freuds Lehre Margit skeptisch stimmte, ließ sie ihre Zweifel nicht laut werden, da sie befürchtete, dass die dogmatische Vereinigung sie ausschließen könnte.[75]

Während Margit insgeheim die Schriften der Neopsychoanalytiker las, musste sie für ihr Studium Patienten nach den Prinzipien der Triebtheorie behandeln und wurde supervidiert von einem orthodoxen Analytiker. In einem autobiografischen Text beschreibt sie diese Erfahrung folgendermaßen: »Ich gab mir Mühe, als halbwegs pflichteifrige Analytikerin im Sinne Freuds zu arbeiten – doch zugleich hatte ich das Gefühl, dass ich die wesentlichen Probleme und emotionalen Erfahrungen meiner Patienten nicht richtig zu fassen bekam.«[76]

Es war, als führte sie ein Doppelleben. Während sie sich offiziell als orthodoxe Psychoanalytikerin ausgab, tummelte sie sich insgeheim in der verbotenen Theoriewelt der Neopsychoanalyse. Am stärksten beeindruckt war Margit von Frieda Fromm-Reichmann, die sich durch die Behandlung von Schizophrenie-Patienten in der Psychiatrischen Klinik *Chestnut Lodge* in der Nähe von Washington einen Namen gemacht hatte. Fromm-Reichmann vertrat den Standpunkt, dass selbst schwere psychische Krankheitsbilder wie Schizophrenie auf instabile interpersonelle Erfahrungen in der Kindheit zurückzuführen seien. Die Lektüre von Fromm-Reichmanns Aufsätzen und Essays, *Psychoanalysis and Psychotherapy* [auf Deutsch 1988: P*sychoanalyse und Psychotherapie*], machte um 1960 herum einen so starken Eindruck auf Margit, dass sie noch dreißig Jahre später betonen sollte, wie sehr das Buch ihr Leben verändert habe.

Einer meiner Interviewpartner gab mir Margits zerlesenes Exemplar des Buches. Es wimmelt darin von Anmerkungen, als würden sich Margits Aha-Erlebnisse in Form von einfachen und doppelten Bleistiftunterstreichungen und Ausrufezeichen über die Seiten ergießen. In den 1990er-Jahren hatte Margit in einem Interview erzählt, dass der letzte Text mit der Überschrift »On Loneliness« (»Über die Einsamkeit«) sie am allermeisten beeindruckt habe. Fromm-Reichmann entwickelte darin den für die damalige Zeit ungewöhnlichen Gedanken, dass Einsamkeit der Auslöser von psychischen Krankheiten sein könne. Ferner beschrieb sie, dass ihre Patienten in der Chestnut Lodge mehr als andere darunter gelitten hätten, keinen engen Kontakt zu anderen Menschen aufbauen zu können:

»Einsamkeit scheint eine so schmerzliche, erschreckende Erfahrung zu sein, dass der Mensch praktisch alles tut, um sie zu vermeiden. [...] Echte Einsamkeit endet aber schließlich in der Entwicklung psychotischer Zustände. Sie macht die Menschen, die an ihr leiden, emotionell gelähmt und hilflos. [...] Ich glaube, dass solch eine Prüfung die wesentliche Rolle der echten Einsamkeit in der Entstehung und in dem Verständnis der Dynamik der Geistesstörungen bloßlegen wird, die bisher noch nicht ausreichend erkannt worden sind.«[77]

Diese Zeilen hatte Margit fett unterstrichen. Sie war so fasziniert von dem, was sie las, dass sie Frieda Fromm-Reichmann für den Rest ihres Lebens als ihre »Seelenverwandte« betrachtete, ohne sie je getroffen zu haben.[78] In einem ihrer seltenen Interviews beschrieb Margit ihr Lektüreerlebnis folgendermaßen:

»Ich verstand, worüber sie [Frieda Fromm-Reichmann] sprach. Ich verstand ihre Therapiemethoden. Ich konnte etwas von ihr lernen und erkannte mich in ihr wieder. [...] Sie erwähnte zum Beispiel etwas, worüber vorher noch nie jemand geschrieben hatte und das in der psychiatrischen Theorie und der Forschungsliteratur bislang vollkommen fehlte, was ihr aufgefallen war: die Bedeutung der Einsamkeit für traumatische Erfahrungen bei Kindern wie auch Erwachsenen. Nicht die Einsamkeit als Ausdruck für etwas anderes, sondern die Einsamkeit an sich. Diese entsetzliche, schmerzliche Erfahrung, die ein Kind noch nicht wahrnehmen kann, weil es ohne andere Menschen überhaupt nicht überleben kann.«[79]

In Margits Fotoalbum fand ich ein großformatiges Schwarzweißfoto aus dem Jahr 1959, also ungefähr aus der Zeit, in der sie Frieda Fromm-Reichmann für sich entdeckt hatte. Margits ältester Sohn Staffan hatte das Bild geknipst. Die Familie war inzwischen vom Birkagården in ein Einfamilienhaus in einem Vorort von Stockholm gezogen, doch die Praxis in der Stadt führte Margit noch viele Jahre weiter. Margits dunkles Haar ist hochgesteckt, sie hat den Kopf leicht zur Seite geneigt und lächelt in die Kamera. Sie hatte kurz vorher ihren fünfundvierzigsten Geburtstag gefeiert, womit eine langjährige Sorge allmählich in den Hintergrund gerückt war. In einem Brief schrieb sie später: »Meine Mutter war im Alter von sechsundvierzig Jahren gestorben, und erst, als ich dieses Alter überschritten hatte, wurde mir klar, dass ich tief in meinem Inneren immer bezweifelt hatte, älter als sie zu werden.«[80]

Margit befand sich an der Schwelle zu einem Lebensabschnitt, von dem sie gedacht hatte, dass sie ihn nie erreichen würde. Womöglich erfüllte sie das mit Mut. Erst kürzlich hatte sie einen Studienzirkel zu Frieda Fromm-Reichmanns verbotenem Buch ins Leben rufen wollen, doch aus der Gruppe jüngerer Studenten der Psychoanalytischen Vereinigung hatte keiner gewagt mitzumachen aus Angst, die neopsychoanalytischen Ideen könnten die Leitung provozieren. Margit wollte einen neuen radikalen Schritt wagen: Sie hatte vor, außerhalb der Vereinigung eine Gruppe von Schülern zusammenzutrommeln und diese heimlich in neopsychoanalytischer Theorie zu unterrichten. Sobald ihre Schüler ausreichend vorbereitet wären, würde sie mit ihnen eine eigene psychoanalytische Vereinigung gründen und deren Leitung übernehmen. Kurzum, Margit wollte der orthodoxen Psychoanalyse und der Triebtheorie den Kampf ansagen.

Als Staffan seine lächelnde Mutter fotografierte, war das alles noch Zukunftsmusik. Noch wusste Margit nicht, dass sich ihr Vorhaben zu einem persönlichen Trauma entwickeln würde, das sie nie überwinden sollte.

7. Stures Jugend

»In diesen Monaten empfand ich eine kolossale Einsamkeit. All meine Zukunftsträume fielen in sich zusammen, und das Einzige, was übrig blieb, war Kummer.«

Sture Bergwall über den Selbstmord des ersten Mannes, der seine Liebe erwiderte

Die neunte Klasse schloss Sture mit halbwegs passablen Noten ab, doch da er in manchen Fächern durchgefallen war, reichte es nicht für eine Zulassung in die gymnasiale Oberstufe. Ein großes Versagen, in den Augen der Familie. Im Sommer 1967 begann der inzwischen siebzehnjährige Sture, als Hausmeister in der ortsansässigen Filiale der *Handelsbanken* zu arbeiten. Auf seinen täglichen Botengängen zur Post begegnete er regelmäßig einem vierzehnjährigen Jungen, in den er sich schließlich verliebte. Eines Tages lockte er ihn ins Archiv der Bank, das über einen separaten Eingang zu erreichen war. Dort berührte er den Jungen, der Angst bekam und die Flucht ergriff, wie aus einem Vernehmungsprotokoll hervorgeht. Der Junge erstattete zwar Anzeige bei der Polizei, allerdings wurde keine Anklage erhoben.

Die Psychotherapie hatte offensichtlich nichts daran geändert, dass Sture sich zum eigenen Geschlecht hingezogen fühlte. Deshalb setzte er seine Hoffnung nun auf Gott. Er betrachtete sich selbst seit einiger Zeit als gläubig, ging jede Woche zum Abendmahl und war Mitglied in einem kirchlichen Jugendverein. Er bewarb sich an der Fjellstedtska-Schule in Uppsala, einem Internat für Jungen, die vorhatten, Theologie zu studieren und Pfarrer zu werden. Sein älterer Bruder hatte bereits ein Theologiestudium aufgenommen, und Sture wollte seinem Beispiel folgen. Allerdings sollte dieser Versuch in einer herben Enttäuschung enden.

Laut Schulakte hatten sich Stures Drogenprobleme inzwischen verschlimmert, und neben dem täglichen Schnüffeln von Trichlorethen konsumierte er nun auch Bier und Wein. Sein Leben geriet zunehmend aus den Fugen: Er versuchte, sich seinen Klassenkameraden sexuell zu nähern, litt unter Depressionen und Angstzuständen und unternahm einen halbherzigen Suizidversuch. Nach dem ersten Schulhalbjahr in Uppsala ging es ihm so schlecht, dass er im Winter 1967/68 in die Psychiatrische Klinik in Ulleråker zwangseingewiesen wurde, wo seine Depression mit Antipsychotika und der damals üblichen Insulinschocktherapie behandelt wurde.

Doch nicht einmal die Unterbringung in der Psychiatrie konnte Sture von den Drogen fernhalten. In der Patientenakte aus Ulleråker heißt es: »Er hat Alkohol einschmuggelt, sich heftig betrunken [und] gelegentlich sogar auf der Station geschnüffelt.« Aus einem anderen Eintrag geht hervor, dass er einen »anderen Patienten bat, ihm Trichlorethen zu besorgen. Nach dem Schnüffeln war er stark beeinträchtigt.«

Sture probierte die verschiedensten Drogen aus, litt unter Depressionen und konnte seine Homosexualität nicht akzeptieren. In der Patientenakte heißt es: »Er fühlte sich zu einem kleinen süßen Jungen auf der Station hingezogen. Wenn er dessen körperliche Nähe suchte, war er aufgekratzt und ängstlich zugleich. Hinterher brach er verzweifelt in Tränen aus.«[81]

Im Februar 1968 musste Sture das Internat endgültig verlassen. Die Begründung lautete: »185 Fehlstunden. Infolgedessen massive Wissenslücken und keine Gymnasialkompetenz. Hat außerdem versucht, sich seinen Mitschülern sexuell zu nähern. Unter Berücksichtigung aller Umstände ist der Rektor zu dem Schluss gekommen, dass Sture nicht verkraftet, ein Internat voller Jungen zu besuchen.«

Sture kehrte zu seinen Eltern nach Falun zurück und begann, im städtischen Krankenhaus als Nachtpflegehelfer zu arbeiten. Dort begegnete er dem Mann, den Sture heute seine »erste erwiderte Liebe« nennt. Schichtleiter Tom. Sture erzählte mir:

»Es fing damit an, dass er mich zu sich rief. Er meinte, ich hätte Talent für die Arbeit. Er wolle mir helfen, einen Ausbildungsplatz in der Krankenpflegeschule zu bekommen. Zum ersten Mal glaubte ich, eine Perspektive zu haben. Wir fingen an, Zeit miteinander zu verbringen, und hatten auch sexuellen Kontakt. Ich war sehr verliebt. Es war etwas ganz Besonderes und Schönes für mich.«

Vielleicht hätte Tom die Rettung für Sture sein können. Doch als Sture eines Tages zur Arbeit kam, erfuhr er, dass Tom tot war. Er hatte Selbstmord begangen. Sture war damals achtzehn. »Das war der Beginn der traurigsten Zeit meines Lebens. In diesen Monaten empfand ich eine kolossale Einsamkeit. All meine Zukunftsträume fielen in sich zusammen, und das Einzige, was übrig blieb, war Kummer.«

Im Jahr 1969 rutschte Sture immer tiefer in die Drogenabhängigkeit. Parallel dazu führte eine Serie von Ereignissen dazu, dass Sture zum ersten Mal zur Unterbringung im Maßregelvollzug verurteilt wurde. Viele Jahre später, als Thomas Quick, versuchte er seine Zweifler mit diesem Geschehen davon zu überzeugen, dass er ein echter Serienkiller war. Sein Verhalten habe diesem Profil schon früh entsprochen. Doch was genau war damals passiert?

Wenn Sture nachts keinen Dienst im Krankenhaus hatte, wusste er nichts mit sich anzufangen. Weil er es zu Hause nicht aushielt, radelte er regelmäßig vom Haus seiner Eltern in Korsnäs ins fünf Kilometer entfernte Falun. Dort streunte er durch die Innenstadt, trank Likörwein und schnüffelte Trichlorethen. In diesem Zustand lief ihm eines Abends der elfjährige Ola über den Weg. Er war auf dem Heimweg von einem Klassenfest. Sture gelang es, den Jungen in den Hof einer Schmiedewerkstatt zu ziehen, wo er ihm befahl, die Hose runterzuziehen. Er onanierte vor den Augen des Jungen und versuchte, ihn zu vergewaltigen, wie aus der im darauffolgenden Jahr verfassten Urteilsbegründung hervorgeht. Bevor Ola fliehen konnte, drohte Sture ihm, es würden schlimme Dinge geschehen, wenn er jemandem von dem Zwischenfall erzählte. Der Übergriff fand im März 1969 statt, kurz vor Stures neunzehntem Geburtstag.

Im Sommer verbrachte er viel Zeit mit zwei gleichaltrigen Homosexuellen, mit denen er auch sexuellen Kontakt hatte. Außerdem begann er, Amphetamin zu konsumieren, das er sich im Stadtpark besorgte und das neben Trichlorethen seine neue Lieblingsdroge wurde. Weil er nicht wagte, sich den Stoff zu injizieren, nahm er ihn oral ein. Als sich die Lage zuspitzte, suchte Sture die Erwachsenenpsychiatrie auf und bat um Hilfe. In der Patientenakte wurde notiert:

»Hat mit seiner Homosexualität zu kämpfen. Sein Zustand hat sich in letzter Zeit verschlechtert. […] Der Patient leidet unter Gefühlsschwankungen und kann sich bei der Arbeit nur schwer konzentrieren. Trinkt regelmäßig (ca. zwei- bis dreimal in der Woche) Alkohol, um seine Zunge zu lockern und über die Angstzustände sprechen zu können. Nach einer gewissen Menge (ein bis zwei Flaschen) fühlt er sich jedoch niedergeschlagen und deprimiert. Gelegentlicher Haschischkonsum, keine abhängigkeitsfördernden Tabletten, keine Morphininjektionen. […] Er empfindet seine Homosexualität als ständige Belastung und meint, sein Handeln nicht mehr unter Kontrolle zu haben.«[82]

Über das Amphetamin oder die Schnüffelstoffe verlor Sture offenbar kein Wort. Der Arzt verschrieb ihm ein Beruhigungsmittel, das Sture bereitwillig in sein wachsendes Drogenrepertoire aufnahm. Als seine zwei Freunde im Herbst nach Uppsala zogen, um dort zu studieren, war Sture wieder auf sich gestellt. Es war jetzt schwieriger, an Amphetamin zu kommen, aber immerhin hatte er sein Trichlorethen, seinen Likörwein und seine Tabletten. Wenn er nicht im Krankenhaus arbeitete, unternahm er seine nächtlichen Streifzüge durch die Stadt.

Als Sture am 22. Oktober 1969 die Svärdsjögatan entlangging, radelte der dreizehnjährige Anders an ihm vorbei. Dieser sagte in einer späteren Vernehmung aus, Sture habe ihn am Arm gepackt und ihn nach dem Weg zum Kyrkbacksvägen gefragt. Er habe zwar eine Alkoholfahne wahrgenommen, doch ansonsten keine Auffälligkeiten bemerkt. Als Sture ihn fragte, ob er »einen hübschen Penis« habe, antwortete Anders, er müsse schnell weiter. Sture bettelte ihn an, ihn zwischen den Beinen berühren zu dürfen, küsste ihn auf die Wange und legte ihm – unter Anders' lautstarkem Protest – die Hand auf den Schritt. Mehr passierte nicht, doch schon drei Tage später fand Sture sein nächstes Opfer. Der Junge hieß Karl Göran und war ebenfalls dreizehn Jahre alt. Er war mit Freunden durch Falun spaziert und ein Stück zurückgefallen, weil er sich die Schuhe zubinden musste. Plötzlich tauchte Sture auf, packte Karl Göran fest am Nacken und sagte ihm, dass er hübsch sei. Dann zog er ihn in ein Gebüsch. Karl Göran schrie um Hilfe und konnte sich schließlich befreien. Als ein Auto vorbeifuhr, ergriff Sture panisch die Flucht.

Die drei Fälle sexueller Belästigung wurden zur Anzeige gebracht. In einer kleinen Stadt wie Falun konnte der Täter schnell ausfindig gemacht werden, und Ende Oktober 1969 fing die Polizei Sture nach einer Nachtschicht vor dem Krankenhaus ab. Es folgte eine kurze Vernehmung auf dem Polizeirevier, in der Sture die Übergriffe ohne Umschweife gestand. Dann bat er darum, nach Hause gehen zu dürfen, um sich etwas auszuruhen, ehe die Vernehmung fortgesetzt werden würde. Der Vernehmungsleiter war einverstanden.

Was dann geschah, sagt einiges über Stures mangelnde Selbstkontrolle und sein selbstdestruktives Verhalten zu dieser Zeit aus. Obwohl er wusste, dass ihm nun ein Prozess bevorstand, der seine abstoßenden Taten an die Öffentlichkeit bringen würde, verlor er seinen Eltern und Geschwistern gegenüber kein Sterbenswort. Stattdessen ging er in sein Zimmer und schnüffelte Trichlorethen. Dann fuhr er zurück nach Falun und kaufte sich ein paar Flaschen Likörwein und Bier, die er im Laufe des Nachmittags und Abends in sich hineinkippte. Zusätzlich nahm er ein paar Tabletten des Neuroleptikums Chlorpromazin ein, das ihm regelmäßig verschrieben wurde. Nachdem er den 20-Uhr-Gottesdienst in der Stora-Kopparbergs-Kirche besucht hatte, steuerte er das Krankenhaus an, obwohl er an diesem Abend freihatte.

Sture betrat die Klinik durch einen Hintereingang und ging in den Personalraum der Station 51 für Infektionskrankheiten, wo er normalerweise arbeitete. Dort begegnete er seiner Kollegin Maud, die ihn mittlerweile recht gut kannte. In einer späteren Vernehmung sagte Maud, sie habe Sture als stark betrunken und niedergeschlagen wahrgenommen. Obwohl Maud es unangebracht fand, dass Sture im Rauschzustand ins Krankenhaus kam, hatte sie Mitleid und bot an, ihm ein Butterbrot zu besorgen. Just in diesem Augenblick klingelte das Telefon. Während Maud telefonierte, schlüpfte Sture in einen weißen Kittel und ging in Zimmer 4, wo der neunjährige Stefan in seinem Bett schlief. Sture weckte den Jungen und sprach mit ihm, um dann, wie es später in einem psychologischen Gutachten formuliert wurde, »Stefans Glied zu streicheln«[83]. Als Stefan schrie, befiel Sture die Panik. Er versuchte, dem Jungen den Mund zuzuhalten, würgte ihn, ließ aber schnell von ihm ab, als Stefan Nasenbluten bekam. Als der Junge dann aus dem Bett fiel, stürmte Sture aus dem Zimmer im Glauben, er hätte Stefan ermordet. Aus dem Schwesternzimmer rief er die Krankenhauszentrale an. Der diensthabende Arzt der Station 51 müsse verständigt werden, da ein Junge im Sterben liege oder bereits tot sei. Dann bestellte Sture ein Taxi, verließ das Krankenhaus und ließ sich zu einem Pfarrer bringen, dem er hysterisch von dem vermeintlichen Mord berichtete. Sture schrie, es gebe für ihn nun keine Rettung mehr. Der Pfarrer erklärte in einer späteren Vernehmung, er sei sich zunächst nicht sicher gewesen, ob Sture nur fantasiere oder ob tatsächlich ein Mord stattgefunden habe, bis Sture ihm unter Tränen das Blut an seinen Händen gezeigt habe.

Vom Telefon des Pfarrers rief Sture die Polizei an und gab einen anonymen Hinweis auf den Mord im Krankenhaus. Dann wählte er die Nummer der Station 51 und bekam Maud an den Apparat. Es stellte sich heraus, dass der Junge keineswegs tot war, sondern schlafend in seinem Bett lag. Maud hatte Stefan mit Nasenbluten am Boden entdeckt, und er hatte ihr von einem Albtraum erzählt, in dem ein Arzt zu ihm ins Zimmer gekommen sei und ihn geküsst habe.

Später am Abend kehrte der verzweifelte Sture in Begleitung des Pfarrers ins Krankenhaus zurück. Maud verstand nicht, warum er so aufgelöst war, und zeigte ihm den friedlich in seinem Bett schlummernden Stefan. »Er lebt noch!«, sagte Sture. Dann fiel er in Ohnmacht. Nachdem er wieder zu Bewusstsein gekommen war, verließ er das Krankenhaus und begab sich auf den Weg nach Hause. Am nächsten Tag erstattete er bei der Polizei Selbstanzeige und schilderte, was sich am Vorabend ereignet hatte. Als Stefan daraufhin untersucht wurde, entdeckte man schwache Würgemale an seinem Hals. Ohne Stures Selbstanzeige wären diese vermutlich niemals entdeckt worden.

Zu den früheren Geständnissen sexueller Übergriffe war nun ein neuer Fall hinzugekommen. Sture wurde festgenommen, und die darauffolgenden Monate verbrachte er im Gefängnis Håga in Södertälje. Ein Staatsanwalt erhob Anklage wegen sexuellen Missbrauchs von Kindern sowie – in Stefans Fall – versuchten Mordes. Daraufhin wurde Sture von einem älteren Oberarzt namens Otto Brundin psychologisch untersucht. Laut Brundin verhielt sich Sture während dieser mehrwöchigen Untersuchung »ruhig, sortiert, höflich und entgegenkommend«. Er merkte selbst, dass sich seine gesundheitliche Verfassung »allmählich verbesserte«. Dies wurde darauf zurückgeführt, dass Sture in der Klinik keine Drogen konsumieren konnte:

»Die relativ lange Periode, in der Bergwall keine alkoholhaltigen Getränke und sonstige Substanzen zu sich nahm, ist seinem Gesundheitszustand offenkundig förderlich gewesen. Er ist ruhig, leidet weder an Dysphorie [Verstimmung, Anm. d. Verf.] noch an Angstzuständen und weist keinerlei Anzeichen einer Depression auf. Er zeigt keine mentalen oder perzeptiven Störungen.«[84]

Noch Jahrzehnte später sollte Brundins Diagnose zitiert werden, wenn es darum ging, Thomas Quick als glaubhaften Serienkiller zu verkaufen: »Vor allem weist Bergwall eine schwere sexuelle Perversion in Form von paedophilia cum sadismus [sadistische Pädophilie, Anm. d. Verf.] auf.«

Ferner betonte Brundin, bei dem Zwischenfall im Krankenhaus habe es sich um den »typischen Sexualmordversuch eines pädophilen Sadisten« gehandelt und dass es Sture dabei um die Befriedigung sexueller Triebe gegangen sei. Nicht die Drogen machten Sture zum Sexualmörder, sondern sein Verhalten liege darin begründet, dass sein »genetischer Code Anomalien in den Chromosomen« aufweise. Brundin zog daraus den Schluss, dass Sture schon als sadistischer Pädophiler zur Welt gekommen sei, und empfahl eine chemische Kastration. Sture selbst befürchtete, dass ihn die Hormonbehandlung abstumpfen könnte. Brundin sagte dazu:

»Bergwalls Ängste bezüglich der Auswirkungen auf seine Persönlichkeitsentwicklung sind nicht ganz unbegründet; er kennt den Unterschied zwischen einem Stier und einem kastrierten Ochsen. Dabei sei angemerkt, dass es auch in der Natur des Stiers liegt, Menschen zu töten. Das therapeutische Ziel besteht nun also darin, die Tötungskomponente aus Bergwalls Persönlichkeit zu eliminieren, ohne dass die Veränderung ihn zu einem stumpfen Ochsen macht.«

Abschließend betonte Brundin, wie gefährlich Sture sei: »Dem untersuchenden Arzt zufolge ist Bergwall nicht nur gefährlich, unter gewissen Umständen und in gewissen Situationen kann er für andere Menschen sogar eine Lebensgefahr darstellen.« Deshalb wies Brundin eine Behandlung in der geschlossenen Psychiatrie an.

Interessanterweise ließ die Gesundheitsbehörde Sture noch von einem weiteren Arzt untersuchen. Dieser hieß Yngve Holmberg und repräsentierte eine neue Generation von Psychiatern, die auf die alteingesessenen Ärzte wie Brundin folgten. Holmbergs Gutachten zeugt von einem für die damalige Zeit ausgesprochen modernen psychodynamischen Denken. Im Gegensatz zu Brundin scherte er sich nicht um Genetik und Chromosomen, sondern suchte die Gründe für Stures Verhalten in dessen Kindheit und Jugend:

> Bergwall ist ein zwanzigjähriger Mann, dessen Leben seit frühester Pubertät von einer sexuellen Problematik gezeichnet ist. Er stammt aus einer Arbeiterfamilie, in der hohe akademische Erwartungen in die Kinder gesetzt wurden, nicht zuletzt ob der Frustration des Vaters, der selbst nicht studieren konnte. Hinzu kam ein freikirchlicher Einfluss mit ausgeprägter Prüderie, z. B. was sexualmoralische Vorstellungen anbelangte. Die Anforderungen der Eltern an die Kinder scheinen deutlich schwerer gewogen zu haben als emotionale Wärme und persönliches Interesse. Vier der sieben Geschwister haben das Abitur abgelegt oder werden es, im Falle des vierten Kindes, bald tun.
>
> [Stures] Entwicklung scheint außerdem von zwei besonderen Umständen beeinträchtigt worden zu sein: Zum einen war seine Zwillingsschwester ihm bis zum elften Lebensjahr physisch und mental überlegen. Bis zum Ende der Grundschule besuchten beide dieselbe Klasse, und da Stures Schwester bessere Leistungen in der Schule erzielte, wurde ihr mehr Beachtung geschenkt. Zum anderen kam [Sture] vorzeitig in die Pubertät, wodurch seine Sexualprobleme

schon früh zutage traten. Seitdem steckt er in einem intensiven, angstbeladenen Kampf zwischen der zwanghaften Vorliebe für leicht feminine Jungen einerseits und der Verurteilung seiner Handlungen durch sein Über-Ich/die Gesellschaft andererseits. [...] Seit dem fünfzehnten Lebensjahr leidet Bergwall aufgrund seiner Neigung an Angstzuständen und Depressionen. Er gibt der Neigung zwar nach, reagiert aber gleichzeitig mit einer starken Gewissensangst. Er hat mehrere Suizidversuche hinter sich und war mehrmals in psychiatrischer Behandlung.[85]

Laut Yngve Holmberg waren Stures Straftaten »die Folge einer schweren mentalen Abnormität, die mit einer Geisteskrankheit gleichgestellt werden muss«. Von Brundins Theorie, Sture habe den Jungen im Krankenhaus töten wollen, um sich dadurch sexuelle Befriedigung zu verschaffen, nahm Holmberg jedoch entschieden Abstand:

»Was den Angriff auf den Jungen im Krankenhaus angeht, scheint eine ›Tötungsabsicht‹ äußerst unwahrscheinlich. Vermutlich – und ausgehend von Erkenntnissen in mehr oder weniger vergleichbaren Fällen – hat es sich schlicht und einfach um eine Panikreaktion gehandelt, das heißt, er wollte die Schreie und das Weinen des Jungen beenden. [...] Die Annahme, Bergwall sei ein ›Lustmörder‹, entbehrt daher jeder Grundlage.«

Es deute nichts darauf hin, dass Sture sadistischer veranlagt sei als »andere sexuell Pervertierte«, sprich andere Homosexuelle. Was er benötige, sei »die Behandlung in einer Psychiatrie. [...] Dabei wäre eine radikale Therapie denkbar, zum Beispiel in Form einer Psychoanalyse«. Trotzdem, erklärte Holmberg, werde eine psychoanalytische Behandlung aller Wahrscheinlichkeit nach nichts an Stures Homosexualität ändern. Er schloss das Gutachten mit den hoffnungsvollen Worten: »In [Stures] Fall könnte eine starke religiöse Verankerung gute Möglichkeiten für eine Sublimierung des Triebes bieten.«

Das Gericht ging mit Holmberg konform, und am 26. Mai 1970 wurde Sture wegen Nötigung und sexuellen Missbrauchs von Kindern in vier Fällen zur Behandlung in der geschlossenen Psychiatrie verurteilt. Nur die Anklage wegen versuchten Mordes wurde zurückgezogen. Einen Monat später überstellte man Sture in die Sidsjön-Klinik in Sundsvall. Er war zwanzig Jahre alt.

Als Sture ein paar Jahrzehnte später zum Serienkiller Thomas Quick geworden war, waren viele davon überzeugt, dass er als Neunzehnjähriger versucht hatte, den kleinen Stefan im Krankenhaus umzubringen. Man ging davon aus, dass er vor 1969 bereits vier Morde begangen hatte. Wäre der Versuch nicht gescheitert, wäre dies sein fünfter Mord gewesen. Niemand wollte etwas davon wissen, dass die Ermittlungsakten aus dem Jahr 1969 mehrere Zeugenberichte enthielten, in denen geschildert wurde, dass Sture nach seinem »Mordversuch« hysterisch geworden war, erst die Telefonzentrale des Krankenhauses alarmiert und dann einen Pfarrer aufgesucht hatte, um in dessen Begleitung in die Klinik zurückzukehren und sich schlussendlich der Polizei zu stellen. Niemand scherte sich um Holmbergs durchaus plausible Argumente dafür, dass Sture kein Sexualmörder war und dass das Gericht die Anklage wegen versuchten Mordes abgelehnt hatte, ließ man schlichtweg unter den Tisch fallen.

Zweifellos war Sture 1969 ein junger Mann mit ernsthaften Problemen. Doch darauf, dass er ein Serienkiller war, der soeben versucht hatte, seinen fünften Mord zu begehen, gab es nicht einen einzigen Hinweis. Seine Geschichte wurde kurzerhand umgeschrieben, damit sie zu Thomas Quicks Verbrecherbiografie passte.

8. Die Holistische Vereinigung

»Ich projizierte die Beziehung zu meiner Mutter vollkommen auf Margit.«

Der Psychoanalytiker Jan Stensson über seine Psychotherapie bei Margit Norell in den 1960er-Jahren

Anfang der Sechzigerjahre war Margit nach wie vor in der Schwedischen Psychoanalytischen Vereinigung aktiv – zu ihrem eigenen Missfallen. Wenn sie hingegen Patienten in ihrer Privatpraxis im Birkagården empfing, erhielten diese eine neopsychoanalytisch geprägte Behandlung, die mit den Regeln der orthodoxen Psychoanalyse brach.

Einer ihrer damaligen Patienten war Jan Stensson. Er war siebenundsiebzig Jahre alt und nach langjähriger Tätigkeit als Psychoanalytiker frisch im Ruhestand. Er schien bei guter Gesundheit zu sein und machte einen ruhigen, sympathischen Eindruck auf mich. Dass er mehr als vierzig Jahre Übung darin hatte, anderen zuzuhören, war ihm deutlich anzumerken, als er meinen Fragen aufmerksam lauschte. Er selbst wählte seine Worte mit Bedacht, es schien ihm wichtig zu sein, sich so präzise wie möglich auszudrücken.

Stensson erzählte von seiner ersten Begegnung mit Margit im Jahr 1962. Er war siebenundzwanzig Jahre alt und vor einigen Jahren nach Stockholm gezogen, um Psychologie zu studieren. Außerdem absolvierte er eine Zusatzausbildung zum Kinder- und Jugendlichenpsychotherapeuten an der *Ericastiftelsen*. Für Therapeuten, die mit Erwachsenen arbeiten wollten, gab es zu dieser Zeit kaum Ausbildungsstätten, abgesehen von dem orthodox-freudianisch geprägten Lehrinstitut der Psychoanalytischen Vereinigung. Dort wollte Stensson sich aber nicht bewerben. Sein Interesse galt dem neopsychoanalytischen Ansatz, der sich auf die Bedeutung interpersoneller Beziehungen für das menschliche Wohlbefinden konzentrierte. Bestärkt wurde er von einem Dozenten der *Ericastiftelsen*, Gösta Harding. Harding war ein Pionier der schwedischen Psychoanalyse und ehemals Vorsitzender der Psychoanalytischen Vereinigung, dort jedoch wegen der strengen und dogmatischen Atmosphäre ausgetreten. In einem Brief an einen Kollegen mutmaßte Harding, an der gesamten psychoanalytischen Bewegung sei etwas Grundlegendes faul: »Es bilden sich Sekten heraus, die religiösen Sekten in nichts nachstehen.«[86]

Ein obligatorischer Teil von Stenssons Ausbildung bestand darin, selbst eine Psychoanalyse zu machen. Was ihm aus verschiedenen persönlichen Gründen durchaus recht war. Er stammte aus einer småländischen Pfarrersfamilie und hatte – wie so viele andere – ein schwieriges Verhältnis zu seinen Eltern. Gösta Harding empfahl ihm, sich mit Margit Norell in Verbindung zu setzen. Er wusste, dass sie Freuds Lehre in entscheidenden Punkten kritisch gegenüberstand und die frühen interpersonellen Erfahrungen eines Menschen als etwas Wichtiges erachtete.

Margits Praxis im Birkagården lag im zweiten Stock, und Stensson konnte sich noch gut an sie erinnern. Vom ersten Moment an habe er eine emotionale Verbindung mit Margit gespürt. »Margit hatte diese Fähigkeit, starke Emotionen in den Menschen zu wecken, denen sie begegnete. Sie war eine äußerst charismatische Person.« Während der Sitzungen lag Stensson auf einem Bett, an dessen Kopfende Margit in einem Lehnstuhl saß. Wenn er von seinem Leben und seinen Problemen erzählte, agierte Margit keineswegs als neutraler Spiegel, wie es die orthodoxe Psychoanalyse forderte. Nein, Margit verfolgte einen anderen Ansatz.

»Anfangs empfand ich sie als gute Zuhörerin, die einem Bestätigung gab. Ganz gleich, was ich sagte oder was ich an anderen kritisierte, sie pflichtete mir bei. Wenn ich mich kritisch über meine Eltern oder meine Frau äußerte, war sie immer auf meiner Seite und stellte nichts infrage. Ich hatte das Gefühl, dass sie hundertprozentig hinter mir stand, egal welche Themen ich ansprach. Ich fühlte mich beachtet, geschätzt und verstanden.«

Im Laufe der Zeit, erzählte Jan, habe er immer mehr zu Margit aufgesehen. »In meinen Augen war sie ein ungemein kluger und gebildeter Mensch. Sie war ein Freigeist, der sich mit der Gesellschaft und dem Weltgeschehen auseinandersetzte, und sie war progressiv. Ich glaube, dass ich sie in gewisser Weise mit meiner Mutter verglichen habe. Sie waren ja beide mit einem Pfarrer verheiratet, aber Margit machte so einen gebildeten, klugen Eindruck. Meine arme Mutter stand von da an in Margits Schatten, sie kam mir so bäuerlich, ja, fast ein bisschen dumm und einfältig vor. Heute weiß ich, dass das ungerecht war.«

Was sich zwischen Margit und Stensson entspann, wird in der Psychoanalyse als »Mutterübertragung« bezeichnet; Stensson, der Patient, projizierte stark positiv geprägte Eigenschaften auf Margit, wie er sie als Kind bei seiner Mutter vermisst hatte. Er erzählte, dass er durch die Übertragung in eine emotionale Abhängigkeit geriet. »Margit wurde eine Art Mutterersatz«, erklärte er. »Natürlich hing das teilweise mit meinen Bedürfnissen und meinem Verhalten in der Therapie zusammen, aber es lag auch an Margits Fähigkeit, in ihrer Rolle als Therapeutin starke Emotionen in ihren Patienten hervorzurufen.«

Jan Stenssons Psychoanalyse erstreckte sich über mehr als zehn Jahre. Anfangs traf er sich einmal wöchentlich mit Margit, doch schon bald wurde die Therapie auf zwei, drei Sitzungen in der Woche ausgeweitet. In besonders intensiven Perioden lag Stensson bis zu vier Mal in der Woche auf Margits Therapiesofa.

Nach ungefähr einem Jahr wurde Stensson von Margit gefragt,

ob er sich einem neopsychoanalytischen Studienkreis anschließen wolle, den sie heimlich organisiere. Neben Stensson bestand dieser Kreis aus vier weiteren von Margits Patienten, ebenfalls angehende Psychoanalytiker. Stensson war mit seinen damals achtundzwanzig Jahren das jüngste Mitglied. Die anderen waren bereits über dreißig, stammten aus feineren Familien und hatten teilweise dasselbe Internat besucht. Ein Student war der Sohn eines berühmten Dichters. Jan erzählte mir, er habe sich anfangs verloren gefühlt und sich für seinen provinziellen Hintergrund geschämt.

Margits erklärtes Ziel mit dem Studienkreis war es, die Mitglieder zu Neopsychoanalytikern auszubilden und den Grundstein für eine neue psychoanalytische Vereinigung zu legen. Damit wollte sie der bereits bestehenden Vereinigung das Ausbildungsmonopol streitig machen und zugleich die Neopsychoanalyse in Schweden einführen.

Von 1963 an traf sich der Studienkreis einmal in der Woche. Die Treffen mussten streng geheim gehalten werden, denn sobald ans Licht käme, dass Margit privat Psychoanalytiker ausbildete, würde sie aus der Psychoanalytischen Vereinigung ausgeschlossen werden. Man traf sich in der Regel bei denjenigen Gruppenmitgliedern, die bei sich zu Hause ausreichend Platz hatten, und gelegentlich auch bei Margit. Im Vorfeld wurden Texte von einer von Margit zusammengestellten Literaturliste gelesen, und während der Sitzungen hielt Margit Vorträge über neopsychoanalytische Theorie und berichtete von ihren eigenen Erfahrungen in der Therapiearbeit. Ganz oben auf der Literaturliste stand *Psychoanalyse und Psychotherapie* von Frieda Fromm-Reichmann. Es war offensichtlich, dass Fromm-Reichmann für Margit ein Vorbild war.

Auch auf Jan machte das Buch einen starken Eindruck. Der Grundgedanke, dem Patienten auf einer persönlichen Ebene zu begegnen, um damit ein besseres Verständnis für ihn zu entwickeln, sei so anders gewesen als Freuds Triebtheorie und die genetisch-biologische Sichtweise, die das schwedische Psychiatriewesen seit den Sechzigerjahren dominierte. Stensson und den anderen Studienkreismitgliedern erschien diese psychodynamische Sicht auf den Menschen fortschrittlich und radikal.

Stensson war nicht der Einzige, für den Margit eine Art »neue Mutter« wurde. Auch die anderen Mitglieder gaben ihr Innerstes preis und knüpften starke emotionale Bande zu Margit. Stensson vermutete, er und die anderen seien so empfänglich für die Vorstellung gewesen, eine Mutter zu haben, die ihnen eine bedingungslose Wertschätzung entgegenbrachte, da es in ihren Familien an stabilen Elternfiguren gefehlt habe. Vermutlich hätten sie sich deshalb überhaupt der Psychoanalyse zugewandt.

Mittlerweile lebte außer Jan nur noch ein Mitglied des Studienkreises – Monica von Sydow. Ich besuchte Monica im Frühjahr 2012 in einem Pflegeheim in Stockholm, kurz vor ihrem vierundachtzigsten Geburtstag. Sie saß im Rollstuhl, sprach sehr langsam, wollte aber gern von ihrer Kindheit und ihren Erfahrungen mit Margit erzählen.

Monicas Eltern, Ingun und Fredrik, waren neunzehn Jahre alt und unverheiratet gewesen, als Ingun mit Monica schwanger wurde. Das junge Paar stammte aus wohlhabenden Familien, und um einen gesellschaftlichen Skandal zu vermeiden, brachte Ingun ihr Kind bei Verwandten in Italien zur Welt. Das Kind sollte anschließend zur Adoption freigegeben werden. Dann jedoch besannen sich Ingun und Fredrik anders, heirateten gegen den Willen ihrer Eltern und beschlossen, ihre Tochter zu sich zurückzuholen. Monica war zwei Jahre alt, als sie von ihren italienischen Pflegeeltern getrennt und in ein fremdes Land gebracht wurde. Da Fredrik und Ingun keine eigene Wohnung hatten, zog Ingun mit der kleinen Tochter zunächst zu ihren Eltern an den Strandvägen in Stockholm.

Zwei Jahre später kam es zu einer Tragödie, die Monicas

Leben für immer überschatten sollte. Am späten Nachmittag des 7. März 1932, einem Montag, wurden Fredriks Vater und zwei Hausmädchen tot in seiner Wohnung am Norr Mälarstrand gefunden – offenbar mit einem Bügeleisen erschlagen. Fredrik und Ingun hatten die vierjährige Monica an diesem Tag bei Inguns Eltern gelassen und waren in einem Taxi nach Uppsala gefahren, wo sie zusammen mit ein paar Freunden ein Restaurant besuchten. Als die Polizei eintraf, um mit Fredrik zu sprechen, flüsterte er Ingun kurz etwas ins Ohr, zog eine Pistole hervor und tötete erst sie und anschließend sich selbst mit einem Kopfschuss. Beide waren augenblicklich tot.

Der vierjährigen Monica erzählten die Großeltern, ihre Mutter sei nach Paris gereist, und von da an wurde nicht mehr über Ingun gesprochen. Dass ihre Eltern tot waren, erfuhr Monica erst mit dreizehn im Internat. Dort stieß sie in der Bibliothek auf einige alte Zeitungsartikel über die mysteriösen »Sydow-Morde«. Es war die erste Begegnung mit ihrer eigenen tragischen Familiengeschichte.

Monica litt ihr Leben lang unter Angstzuständen. Aus diesem Grund begab sie sich zunächst in eine freudianische Psychoanalyse. Dann beschloss sie, selbst eine Therapeutenausbildung zu absolvieren, und landete Ende der Fünfzigerjahre auf Empfehlung bei Margit Norell. Ihr ganzes Leben hatte Monica sich eine Mutter gewünscht, und sie geriet in eine immer tiefere emotionale Abhängigkeit von Margit. Sie begann, Margits Gestik und Ausdrucksweise zu imitieren, so wie Kinder ihre Eltern nachahmen. Auch außerhalb der Therapie verbrachten Margit und Monica Zeit miteinander, was in der orthodoxen Psychoanalyse völlig undenkbar gewesen wäre. Monica fühlte sich besser als je zuvor, und als Margit sie 1963 fragte, ob sie sich dem geheimen Studienkreis anschließen wolle, war sie überglücklich.

Im Jahr 1968 unterrichtete Margit die kleine Gruppe bereits seit fünf Jahren. Sie entschied, ihre Schüler seien nun fertig ausgebildete Psychoanalytiker. Fortan reichte sie Patienten an ihre Schüler weiter, wenn sie selbst keine freien Kapazitäten hatte, und die Einzelsitzungen der Schüler bei Margit waren eine Mischung aus Psychotherapie und Supervision.

Im Februar 1968 gab Margit in der *Läkartidnigen* (»Das Ärzteblatt«) die Gründung der »Vereinigung für Holistische Psychotherapie und Psychoanalyse« bekannt, die es sich zur Aufgabe gemacht habe, »Ärzte und Psychologen mit Interesse an Holistischer Psychotherapie zusammenzubringen, Psychoanalytiker und Psychotherapeuten auszubilden und psychotherapeutische Behandlung anzubieten«. Jan Stensson, Monica von Sydow und die übrigen Studienkreismitglieder gehörten fortan zum sogenannten »Ältestenkreis«, der die Leitung der Vereinigung übernahm und unter Margits Supervision zwanzig Schüler zu Therapeuten ausbilden sollte. Für das neu gegründete Lehrinstitut wurde eine Zweizimmerwohnung in der Bastugatan im Stadtviertel Södermalm angemietet.

Der Zeitungsartikel war zwei Wochen vor Margits fünfundfünfzigstem Geburtstag erschienen. Sie übernahm sowohl den Vorsitz der Holistischen Vereinigung als auch die Ausbildungsleitung des Lehrinstituts. Außerdem ernannte sie sich selbst zur Lehranalytikerin, das heißt, die Schüler des Instituts gingen bei ihr in die Analyse. In Fachkreisen war der Titel der Lehranalytikerin mit viel Prestige verbunden.

Beflügelt von ihrer neuen Rolle hielt Margit Einzug auf dem internationalen Psychoanalytiker-Parkett. Die Holistische Vereinigung wurde Mitglied der *Internationalen Föderation Psychoanalytischer Gesellschaften* (*IFPS*), und Margit erhielt Einladungen zu den großen Mitgliederkongressen in Madrid, New York, Zürich und Berlin[87], wo ihr als Begründerin und Leiterin ihrer eigenen Vereinigung mit großem Respekt begegnet wurde. Margit lud viele der bedeutenden Psychoanalytiker, die sie auf ihren Reisen traf, nach Schweden ein, zu Vorträgen in der Holistischen Vereinigung. Darunter Harold Kelman, Irvin Bieber, Otto Allen Will, Joseph Barnett, Marianne Horney-Eckardt, Earl G. Wittenberg, Jorge Silva-Garcia, Beatrice Foster und Erich Fromm.

Endlich war Margit ganz oben angekommen. Allerdings ahnten ihre internationalen Kollegen nichts von den Problemen innerhalb der Holistischen Vereinigung.

Margit hatte den »Ältestenkreis« fest in der Hand. Sie kannte die intimsten Geheimnisse ihrer Schützlinge, von Problemen in der Kindheit über Familien- und Beziehungsprobleme bis hin zu Seitensprüngen. Außerdem hatte sie als Supervisorin Einblick in die Arbeitsweisen der einzelnen Mitglieder. Sie wusste genau, welche Patienten dem Ältestenkreis warum welche Schwierigkeiten bereiteten. Margit wusste alles über jeden, und ihre Schützlinge betrachteten sie als die wichtigste Person in ihrem Leben. Sie waren wie Geschwister, die um die Liebe und Aufmerksamkeit der Mutter wetteiferten. Jeder wollte Margit am nächsten sein.

Jan Stensson hatte schon zu Zeiten des Studienkreises den Eindruck gehabt, derjenige zu sein, der Margit am nächsten stand. »Unser Verhältnis war persönlicher als in einer gewöhnlichen Analyse. Sie brachte mehr von ihren eigenen Gedanken und Ideen mit ein, als es normalerweise der Fall ist. Das gab mir das Gefühl, beachtet und wertgeschätzt zu werden. Ich hatte immer den Eindruck, dass sie mir besonders viel Vertrauen schenkt und hohe Erwartungen in mich setzt. Als hätte sie in mir eine treibende Kraft für die geplante Vereinigung gesehen. Ja, so kam mir das vor. Und anfangs hat sich das natürlich fantastisch angefühlt.«

Jan Stensson erzählte, dass Margit seine wöchentlichen Einzelsitzungen regelmäßig darauf verwandt habe, ihm von ihren Problemen mit der restlichen »Ältestengruppe« zu erzählen, sich über die einzelnen Mitglieder und deren Schwachpunkte auszulassen und hin und wieder intime Geheimnisse auszuplaudern. Damit verstieß Margit gegen die in der Psychoanalyse heilige Schweigepflicht, die gewährleisten soll, dass nichts, was ein Patient während der Therapie von sich preisgibt, an Außenstehende weitergetragen wird. Zu Anfang erfüllten Margits Indiskretionen Stensson mit Stolz, erzählte er: »Dass sie mir vertraute, hat mir geschmeichelt. Aber recht bald merkte ich, wie verrückt das Ganze war. Durch und durch verrückt.«

Zwischen 1971 und 1972 sei Stenssons Verhältnis zu den anderen Mitgliedern der »Ältestengruppe« immer heikler geworden, da er sich nicht anmerken lassen durfte, was er über die anderen wusste. Doch eines Tages sei ihm aufgegangen, dass sein Verhältnis zu Margit gar nicht so besonders war, wie er geglaubt hatte: Er war nicht der Einzige, dem Margit Geheimnisse anvertraute.

Auch Monica von Sydow erzählte, sie habe damals den Eindruck gehabt, Margit besonders nahezustehen, wenn diese ihr geheime Informationen über die anderen Gruppenmitglieder anvertraute. Offenbar hat Margit systematisch gegen die Schweigepflicht verstoßen, um jedem ihrer Schüler das Gefühl zu geben, etwas Besonderes zu sein, und ihn an sich zu binden.

Ich fragte mich, wie die Vorstandssitzungen der Holistischen Vereinigung ausgesehen haben mochten. Abgesehen von der Vorsitzenden Margit, die auf die sechzig zuging, saßen rings um den Konferenztisch in der Zweizimmerwohnung auf Södermalm fünf Personen zwischen fünfunddreißig und vierzig Jahren, die in Margit eine Art Mutter sahen, vor der sie glänzen wollten. Jeder kannte intime Geheimnisse der anderen, ohne zu wissen, dass die anderen in der gleichen Position waren. Im Grunde wusste keiner etwas über Margit, doch Margit wusste alles über jeden. Die Stimmung muss eigenartig gewesen sein.

»Das Ganze hatte große Ähnlichkeit mit einer Sekte«, erklärte mir Jan Stensson. »Alles drehte sich um Margit, sie war die einzige Person, die eine Leitungsfunktion innehatte. Von den christlichen Freikirchen in Småland weiß ich, wie Sekten funktionieren. Die Holistische Vereinigung war auch so ein in sich geschlossenes System … weltfremd und verrückt.«

Stensson zufolge verfügte Margit über ein ausgeprägtes Selbstbewusstsein, was ihre Kompetenzen als Psychoanalytikerin anbelangte. So war sie davon überzeugt, Patienten mit schweren psychischen Problemen genauso versiert therapieren zu können wie ihr großes Vorbild Frieda Fromm-Reichmann. Ihr Selbstbewusstsein steckte auch die Ältestengruppe an: »Am Anfang riss uns ihr Enthusiasmus mit«, erklärte Stensson. »Sie hatte diese Grandiosität, und irgendwie schloss sie uns anderen in ihre Grandiosität mit ein.«

Margits »Grandiosität« schimmert auch in einigen Briefen an ihre internationalen Kollegen durch. Ein Beispiel:

»[M]ein Standard und meine Erwartungen an die Therapiearbeit übersteigen die mittelmäßige Qualität der meisten Institutionen und Analytiker hier [in Schweden].«[88]

Margits Behandlungsmethode zielte darauf ab, für den Patienten ein Elternersatz zu werden. Der Patient sollte sich bei ihr geborgen und ermutigt fühlen, Verbindungen zwischen traumatischen Erfahrungen in der Kindheit und psychischen Problemen im Erwachsenenalter herzustellen. Hatte der Patient erst einmal eingesehen, wo seine psychischen Probleme herrührten, konnte er selbst von den schwersten Krankheiten geheilt werden. Die »Ältestengruppe« ließ sich von diesen Ideen mitreißen. Jan Stensson erklärte:

»Wir hielten uns für die Besten der Welt. Margit redete uns ein, dass wir im Gegensatz zu den Therapeuten der Psychoanalytischen Vereinigung sogar Borderline-Patienten und Psychotiker heilen könnten. Wir waren fest davon überzeugt, dass wir mit unseren Therapiemethoden selbst die schwersten Härtefälle behandeln konnten.«

Margit war mittlerweile dafür bekannt, Patienten aufzunehmen, die andere Psychoanalytiker als aussichtslose Fälle betrachteten. Genau solche Fälle reichte sie an die noch unerfahrene »Ältestengruppe« weiter. »Die Patienten, die sie uns vermittelte, waren schwer krank«, meinte Jan. »Menschen, die in ihrer Kindheit misshandelt und von ihren Eltern in finstere Keller gesperrt worden waren, Frauen mit postpartalen Stimmungskrisen und schweren Depressionen ... viele von ihnen hatten psychotische Episoden hinter sich. Kurzum, es waren Borderline-Patienten. Gewöhnliche Neurotiker hat Margit uns nicht vermittelt.«

Bereits in den ersten zwei Jahren der Holistischen Vereinigung stellte sich heraus, dass Margits Therapieansatz keinen Erfolg hatte, und die Mitglieder des Ältestenkreises mussten sich mit dem Schlimmsten auseinandersetzen, das einem Therapeuten passieren kann: Noch während der laufenden Psychotherapie begingen mehrere ihrer Patienten Selbstmord. »NN [eine weibliche Psychotherapeutin aus dem Ältestenkreis, Anm. d. Verf.], die am Anfang eins der charakterstärksten Mitglieder gewesen war, musste in kürzester Zeit mit drei Suizidfällen fertigwerden«, berichtete Jan Stensson. »Es war eine schreckliche Belastung – für sie, aber auch für uns anderen.« Auch eine von Stenssons Patientinnen nahm sich das Leben. »In meiner ganzen Berufslaufbahn ist das nur dieses eine Mal vorgekommen. Die Patientin hätte eigentlich gar keiner Psychoanalyse unterzogen werden dürfen. Sie war viel zu krank. Jedenfalls hätte ich anders mit ihr arbeiten müssen, als ich es damals getan habe.«

Margits Theoriemodelle kollidierten mit der Realität. Die Katastrophe war unausweichlich, und bei den Ältesten machte sich allmählich Panik breit. Wenn die Holisten die Unterstützung ihrer »Mutter« je gebraucht hatten, dann jetzt. Doch stattdessen geschah etwas Schockierendes. Obwohl Margit ihre Schützlinge selbst ausgebildet, ihnen Patienten vermittelt und ihre Arbeit supervidiert hatte, machte sie die unerfahrenen Psychoanalytiker für das Geschehen voll verantwortlich. In Margits Vorstellung ließ das Scheitern einer Therapie stets darauf schließen, dass der Analytiker sich nicht ausreichend mit seinen eigenen Kindheitstraumata auseinandergesetzt hatte. Dadurch war er nicht in der Lage, dem Patienten die elterliche Geborgenheit zu bieten, die für den Heilungsprozess notwendig war. Gescheiterte Therapien waren also per definitionem die Folge von persönlichen Schwächen des behandelnden Analytikers.

Jan Stensson erinnerte sich noch gut daran, wie Margit die Schweigepflicht gebrochen und die Therapeutin mit den drei Suizidfällen aufs Schärfste kritisiert hatte.

»Margit sagte, [NN] hätte nicht genug an sich selbst gearbeitet, sie sei nicht reif genug und so weiter. Wenn ich mich recht erinnere, hat sie wortwörtlich gesagt, [NN] sei ›wie ein vereister Ast, den man ganz leicht in der Mitte durchbrechen kann‹.« Auch Jan Stensson erfuhr keine Unterstützung, als er eine Patientin verlor, und wurde für das Versagen der Therapie voll verantwortlich gemacht. Von der bedingungslosen positiven Wertschätzung seiner Lehrerin, Supervisorin, Psychotherapeutin und »neuen Mutter« war plötzlich nicht mehr viel übrig.

Die gescheiterten Therapien brachten den »Ältestenkreis« dazu, sich heimlich zu treffen, um sich über Margit auszutauschen. Nach und nach ging ihnen auf, dass Margit über viele Jahre vertrauliche Informationen gestreut hatte. In den geheimen Treffen entluden sich sämtliche Spannungen. Jan erzählte: »Wir waren wütend und enttäuscht. Wir spürten, dass etwas faul war. Margit war von dieser Grandiosität oder, wenn man will, diesem Narzissmus geprägt. Oft haben solche Menschen eine besonders charismatische Ausstrahlung. Grandiosität ist etwas Verlockendes und Gefährliches, und das begriffen wir jetzt. Natürlich fingen wir an, uns über Margit und unsere Erfahrungen mit ihr auszutauschen. Darüber, wie sie sich immer wieder einen anderen ›Vertrauten‹ herauspickte und Informationen streute. Wir ließen kein gutes Haar an ihr. Ich kann nicht behaupten, dass es ein angenehmer Prozess war, aber er war notwendig.«

Als Monica von Sydow erfuhr, dass Margit mit Kalkül die Schweigepflicht verletzt hatte, bekam sie es mit der Angst zu tun. Mit gewissen Mitgliedern des Ältestenkreises wagte sie nicht, darüber zu sprechen. »Man wusste ja nie, wer noch unter Margits Fuchtel stand, deshalb traute man sich kaum noch den Mund aufzumachen. Es war wie in einer Sekte.«

Die Entdeckung legte den Grundstein für einen langwierigen Konflikt mit ihrer »Mutter«. Dass Margit sich einsam fühlte, geht aus Briefen an ihre internationalen Kollegen hervor. Ab 1968 wuchs Margits Korrespondenz kräftig an, und es ist offensichtlich, dass es ihr um mehr als nur professionellen Austausch ging. Margit suchte nach den Vertrauten, die sie in Schweden vermisste. Sie befand sich einsam an der Spitze einer Struktur, die sie selbst geschaffen hatte.

Auch ihr Ehemann Curt konnte ihr nicht helfen. Fast alle meine Interviewpartner, die zwischen den 1960er- und 1990er-Jahren Kontakt zu Margit gehabt hatten, erzählten mir, dass Margit keine gute Meinung von ihrem Mann gehabt habe. Monica von Sydow verwendete sogar das Wort »verachtet«, und Jan Stensson meinte, Margit sei mit ihrem Mann »sehr hart ins Gericht« gegangen. Andere berichteten, dass Margit auch in den Therapie- und Supervisionssitzungen schlecht über Curt gesprochen habe. Die Gründe konnte mir niemand erklären. Auch Annie Norell Beach erinnerte sich, dass Margit nie mit Curt zufrieden gewesen sei und ihn oft heruntergemacht habe. Und das, obwohl Curt sich die meiste Zeit um die Familie kümmern musste, damit Margit von morgens früh bis in den späten Abend in ihrer Praxis sein konnte. Annie meinte, ihr Vater habe immer sein Bestes getan und versucht, die Familie zusammenzuhalten. Diese Schilderungen werden durch einige Briefe untermauert, in denen Margit durchblicken ließ, dass sie ihrem Mann nicht vertraute und ihm nichts von ihren Sorgen erzählte. Da Margit keine Freunde hatte, war die Korrespondenz mit den internationalen

Kollegen ihre einzige Gelegenheit, sich anderen Menschen gegenüber zu öffnen.

Ein besonders aussagekräftiges Beispiel ist der Briefwechsel mit dem amerikanischen Psychoanalytiker Otto Allen Will, der eng mit Margits »Seelenverwandter« Frieda Fromm-Reichmann zusammengearbeitet hatte, und seit deren Tod im Jahr 1957 die legendäre Chestnut Lodge leitete. Margit hatte Will 1966 während einer USA-Reise kennengelernt, und im Sommer 1968 lud sie ihn ein, in Schweden einen Vortrag über die Behandlung von Schizophreniekranken zu halten. Nach seiner Rückkehr in die USA schrieb Will ein paar freundliche Zeilen und bedankte sich bei Margit für die angenehme Zeit in Schweden. Dabei erwähnte er ein Gespräch unter vier Augen, das Margit und er im Haga-Park kurz vor seiner Abreise geführt hatten. Er schrieb: »Ich werde nie vergessen, wie wir am See in der Nähe des Flughafens gesessen und ganz vertraulich miteinander gesprochen haben.«[89]

Margits emotionale Antwort lautete: »Ihr Brief hat mich tief berührt und mir ein Gefühl der Bestätigung beschert, wie ich es selten empfunden habe. Ja, mir war es ebenfalls ein großes Vergnügen, mit Ihnen am See in der Nähe des Flughafens zu sitzen und ganz frei und ungezwungen mit Ihnen zu sprechen. Ich habe mich nur nicht getraut, Ihnen das so unverhohlen zu sagen, aus Angst dass mein Gefühl nicht auf Gegenseitigkeit beruhen würde. Diese Angst scheint mir ein wichtiger Teil meiner Probleme und Erfahrungen zu sein.«[90]

Zwei Jahre später kam Will für ein mehrtägiges Seminar noch einmal nach Schweden. Im Anschluss schrieb ihm Margit: »Ein solches Gefühl habe ich in meiner gesamten Berufslaufbahn noch nicht gehabt: Nachdem ich Sie am Flughafen abgesetzt hatte und zurück in die Stadt fuhr, wurde mir zum ersten Mal klar, wie schön und befreiend es ist, einen wahren Kollegen zu haben.«[91]

Margit war sechsundfünfzig, als sie diese Zeilen schrieb, und sie scheint nicht übertrieben zu haben. Der erste und einzige Analytiker, den sie je als Kollegen wahrgenommen hat, lebte jenseits des Atlantiks und war ihr nur wenige Male begegnet. Margits Arbeitsalltag bestand darin, sich um Patienten zu kümmern, die in ihr einen Muttersatz sahen und emotional von ihr abhängig waren. Sie wurde von früh bis spät idealisiert, was vermutlich auch der Anreiz dafür gewesen war, sich für diesen Beruf zu entscheiden. Doch gleichzeitig machte diese Idealisierung sie einsam, und sie hatte keinen Supervisor, dem sie sich hätte anvertrauen können. Da sie sich ihren mittelmäßigen schwedischen Kollegen weit überlegen fühlte, gab es niemanden, dem sie diese Rolle zugetraut hätte.

Erst 1970 sollte Margit einem Mann begegnen, den sie für qualifiziert genug hielt, sie zu supervidieren. Es handelte sich um den siebzigjährigen Erich Fromm, einen weltbekannten Soziologen, Philosophen, Gesellschaftskritiker und nicht zuletzt Psychoanalytiker. Fromm zählte zu den Begründern der Neopsychoanalyse, und Margit hatte seine Schriften mit großer Begeisterung gelesen. Doch damit nicht genug – Fromm war in erster Ehe verheiratet gewesen mit Margits »Seelenverwandter«, der verstorbenen Frieda Fromm-Reichmann. In seinen Schriften verflocht Fromm die Erforschung der menschlichen Psyche mit einer radikalen Gesellschaftskritik, gerichtet gegen die kapitalistische Konsumgesellschaft. Seine Bücher *Die Furcht vor der Freiheit* von 1941 und *Die Kunst des Liebens* von 1956 wurden zu internationalen Bestsellern und in bis zu neunundzwanzig Sprachen übersetzt.[92] Als Margit ihn kennenlernte, schrieb Fromm fast jedes Jahr ein neues Buch. Seine Grundannahme war, dass psychische Krankheiten nicht nur auf Erfahrungen im Kindesalter zurückzuführen seien, sondern auch auf die Entfremdung und Unterdrückung des Individuums durch den Kapitalismus. Er glaubte, die Konsumgesellschaft suggeriere ein illusorisches Glück, wirkliche Zufriedenheit könne nur aus engen emotionalen Bindungen entstehen.

Fromm vertrat einen demokratischen Sozialismus und setzte sich für eine gleichberechtigte Gesellschaft ein. Außerdem forderte er Psychoanalytiker dazu auf, ihre Patienten dabei zu unterstützen, sich aus der ihnen anerzogenen inneren Unterdrückung zu befreien. In seinen Augen hatte Freud die Eltern viel zu leicht davonkommen lassen. In einer Vorlesung erklärte er den Unterschied zwischen seiner und Freuds Sicht auf die Kindheit wie folgt:

»Im Grunde lautete Freuds Prinzip: Das Kind trägt die Schuld, nicht die Eltern. [...] Meiner Meinung nach sollte der Analytiker die Schuld bei den Eltern suchen.«[93]

Erich Fromm und Margit hatten vieles gemeinsam. Im Frühjahr 1970 schrieb sie ihm und fragte, ob er sich vorstellen könne, eine Vorlesung in Schweden zu halten. Zu Margits großer Freude nahm er die Einladung an und reiste im Juli nach Stockholm.[94] Neben einer geschlossenen Veranstaltung für die Mitglieder der Holistischen Vereinigung und geladene Gäste in der Volkshochschule Biskops Arnö hatte Margit auch einen großen öffentlichen Vortrag im Medborgarhus in Stockholm organisiert. Die Veranstaltung wurde ein voller Erfolg. Vor großem Publikum sprach Fromm über die menschliche Destruktivität, die, so meinte er, in erster Linie eine Reaktion auf die repressiven Strukturen der Gesellschaft sei.[95]

Nachdem Fromm nach Locarno zurückgekehrt war, schrieb Margit ihm einen Brief, in dem sie von den Problemen in der Holistischen Vereinigung berichtete. Sie erwähnte weder die Verletzung der Schweigepflicht noch die tragischen Selbstmorde, sondern schilderte lediglich, dass die Gruppe sich gegen sie wandte:

»Wenn ich versuche, mich diesen Problemen zu stellen, bin ich wie paralysiert. Eine große Rolle spielt dabei meine Angst vor der Einsamkeit. Außerdem befürchte ich, dass die noch junge Vereinigung kurz vor der Auflösung steht. Wenn die Hindernisse und Anfeindungen mir zu viel werden, ziehe ich mich zurück und vertiefe mich stattdessen in meine Arbeit mit anderen Patienten und Studenten. Im Moment konzentriere ich mich auf die Behandlung derjenigen Patienten, die mit ihren radikalen Ansichten die schwedische Gesellschaft verändern könnten, und die Ausbildung und Supervision derjenigen Studenten, die sich der therapeutischen Arbeit mit Haut und Haar verschrieben haben.«[96]

Margit schloss den Brief mit der Bitte, nach Locarno kommen zu dürfen, um sich mit Fromm über ihre Probleme auszutauschen, denn in Schweden sei sie vollkommen auf sich gestellt: »Es ist nicht leicht, den Kurs zu halten, wenn man niemanden hat, mit dem man über eine so verzwickte Situation reden kann.«[97]

Zu Margits Freude erklärte Fromm sich bereit, sie im Herbst 1972 zu empfangen. Im Laufe des verbleibenden halben Jahres führten die beiden einen regen Briefwechsel. Sie diskutierten psychoanalytische Literatur und monierten Freuds Triebtheorie. Außerdem empörte sich Margit über die Undankbarkeit des »Ältestenkreises«:

»Ein paar von ihnen gehen schon sehr lange bei mir in die Analyse. Wenn sie ehrlich wären, würden sie zugeben, dass ich ihnen im Grunde das Leben gerettet habe. Aber selbst das hat sie nicht davon abgehalten, sich von mir abzuwenden.«[98]

Fromm zeigte vollstes Verständnis für Margits Situation und nannte sie einen grundehrlichen Menschen:

»Es tut mir leid zu hören, dass die Probleme in der Vereinigung sich nicht gelöst haben und Sie bedrücken. […] Mir fällt oft auf […], dass es vielen schwerfällt, zwischen dem Ehrlichen und dem Falschen, dem Reinen und dem Schmutzigen in einem Menschen zu differenzieren. Ich glaube, dabei geht es um viel grundlegendere Kategorien als Aggression, Autorität et cetera. […] Leider haben die Psychoanalytiker diesen Eigenschaften viel zu wenig Aufmerksamkeit geschenkt.«[99]

Margit nahm Fromms Analyse dankbar an und übertrug sie auf den rebellischen »Ältestenkreis«:

»Vielleicht wäre ich ihnen eine größere Hilfe gewesen, wenn ich das Falsche und Schmutzige in ihnen erkannt und früher darauf reagiert hätte. Ich glaube, ich hatte Angst vor der Enttäuschung, der Einsamkeit und der Wut.«[100]

Mitte Oktober 1972 machte Margit sich auf den Weg in die Schweiz. Locarno liegt idyllisch am Nordufer des Lago Maggiore unweit der italienischen Grenze. Fromm und seine Frau verbrachten die Sommermonate dort, im Winterhalbjahr wohnten sie in Mexiko. Fromms Sekretärin hatte für Margit ein Zimmer in einem kleinen Hotel reserviert. Während des sechstägigen Aufenthalts trafen sich Margit und Fromm jeden Tag zu mehrstündigen Gesprächen. Eine Woche nach ihrer Heimkehr schrieb Margit einen überschwänglichen Dankesbrief, in dem sie sich ungewöhnlich selbstkritisch zeigte:

> Lieber Herr Dr. Fromm,
> heute vor einer Woche haben wir unseren letzten gemeinsamen Abend in Locarno in diesem hübschen Restaurant am Seeufer verbracht. Ich möchte Ihnen beiden [auch Fromms Ehefrau war bei dem Abendessen zugegen gewesen, Anm. des Verf.] für diesen Abend voller Wärme, gutem Essen und Ihrem unerschöpflichen Wissensreichtum, an dem Sie mich teilhaben ließen, von ganzem Herzen danken.
>
> In einem anderen Punkt fällt es mir ungleich schwerer, meine Gefühle in Worte zu fassen – ich meine die Gespräche, die wir im Laufe der Woche geführt haben. Für mich sind es die wahrhaftigsten psychoanalytischen Sitzungen gewesen, die ich je erlebt habe, und das hat mir sehr, sehr viel bedeutet. Sie haben mir dabei geholfen, in einigen Angelegenheiten klarer zu sehen. Mit einem Mal ist mir aufgegangen, dass ich Gefahr laufe, im Dickicht der Vereinigung zu verschwinden, so, wie der chinesische Maler, der der Legende nach in einem Bild verschwindet, das er selbst gemalt hat. Jetzt fühle ich mich weniger passiv und ängstlich, obwohl ich erschöpft und traurig bin. Ich werde nicht mehr zulassen, dass meine Sehnsucht nach

Liebe und mein Geltungsdrang mich hindern, wenn es darum geht, die Menschen und das Geschehen ringsherum zu durchschauen.

Ein paar der Menschen, die mir am nächsten stehen, haben sich für mich gefreut, als ich ihnen grob erläuterte, was die Reise nach Locarno mir bedeutet hat. Sie sagten, sie hätten sich schon oft gefragt, wie ich die schwere Arbeit und all die Verantwortung alleine stemmen kann, und sie wünschten mir, dass sich die Dinge bald ändern mögen. Ich selbst habe zuweilen gemerkt, dass ich meine Patienten beneide.«

Ferner schrieb Margit, sie habe auf der Heimreise Fromms Buch *Das Menschliche in uns* gelesen, das er ihr während ihres Aufenthalts gegeben hatte. Die Lektüre habe sie sehr beeindruckt. Das 1964 erschienene Buch gehört zu einer Reihe von Schriften, in denen Fromm ein System entwickelt, um Persönlichkeitsstörungen auf den Grund zu gehen.[101] Unter anderem verhandelt Freud einen Persönlichkeitstyp, den er *biophil* nennt. Biophilie heißt die »Liebe zum Leben«. Ihr Gegenstück ist die *Nekrophilie*, die »Liebe zum Tod«. Nach Fromm sind nekrophile Menschen kühl, abweisend, aggressiv, narzisstisch, selbstbezogen und in zwischenmenschlichen Beziehungen destruktiv. Sie sind unfähig zu lieben und versuchen, andere Menschen zu manipulieren. Als Extrembeispiele werden Hitler und Mussolini genannt. Zugleich betont Fromm, dass nicht jeder nekrophil veranlagte Mensch automatisch dazu in der Lage ist, einen Krieg anzuzetteln. Der Nekrophile, schreibt Fromm, »möchte über andere herrschen und tötet dabei das Leben«.[102]

Als Margit den Text im Flugzeug las, erkannte sie sich darin wieder:

»Mit großer Begeisterung begann ich auf dem Heimweg mit der Lektüre. Plötzlich erkannte ich unterschiedliche Spielformen der Aggression in mir, und meine nekrophilen Züge, die ich mir bisher nicht eingestehen wollte, traten ganz deutlich zutage. Das Ergebnis war eine erhellende Selbstanalyse. Gleichzeitig ist mir klar geworden, wie sehr ich darauf hoffe, diese Dinge persönlich mit Ihnen zu besprechen, ganz gleich, ob es drei Wochen oder drei Tage sind – da richte ich mich ganz nach Ihnen. Ich glaube, mein Wunsch ist so stark, weil meine Kindheit nahezu autistisch war und ich auch als Erwachsene meinen Weg mehr oder weniger allein bestreiten musste.«[103]

Im Herbst schrieb Margit etliche Briefe, in denen sie betonte, wie viel ihr die Begegnung mit Fromm bedeutet habe:

»Die Stunden, die ich mit Ihnen teilen durfte, und Ihre ungeheure Aufrichtigkeit haben mir so sehr dabei geholfen, meine eigenen Fehler zu erkennen. Jetzt kann ich hin und wieder ein Gefühl der Hoffnung in mir spüren – sogar dann, wenn bei der Arbeit alles zusammenkommt –, und ich merke, dass ich die Menschen nun viel klarer sehe.«[104]

Insgeheim hoffte Margit, dass Fromm sie von nun an jeden Sommer für eine Woche intensiver Psychotherapie empfangen würde. Aber dazu sollte es nicht kommen. Fromm war ein viel beschäftigter Mann und nicht mehr bei bester Gesundheit. Ständig wartete die nächste Deadline für ein neues Buch, und gelegentlich musste er plötzlich nach Mexiko oder New York reisen. Immer wieder versprach er Margit, sie in Locarno zu empfangen, und musste das Treffen schlussendlich doch aufschieben. Margit wurde klar, dass sie ihre Hoffnungen auf eine glückliche Zukunft in einen Psychotherapeuten gesetzt hatte, der noch weniger für sie da war als ihre um die Welt reisende Mutter.

Zwei Jahre verstrichen, ehe Margit im Sommer 1972 für eine lang ersehnte zweite Therapiewoche mit täglichen Sitzungen nochmals nach Locarno fuhr. Kaum wieder zu Hause, versuchte sie gleich, einen dritten Besuch in die Wege zu leiten. Doch häufig reagierte Fromm gar nicht auf die Briefe. Zur selben Zeit spitzten sich die Konflikte in der Holistischen Vereinigung zu. Margits neu entfachte Hoffnung, ihrer Einsamkeit zu entkommen, drohte zu erlöschen.

9. Margits Niederlage

»In solch schweren Situationen
stelle ich mir oft Dein Gesicht vor.«

Margit Norell im Jahr 1977 in einem Brief
an ihren einzigen Freund David Schecter

Für Margit waren schwere Zeiten angebrochen. Die Mitglieder des Ältestenkreises, die sie anfangs so sehr bewundert hatten, weigerten sich inzwischen, von ihr behandelt oder supervidiert zu werden, und Erich Fromm, den sie zu ihrem persönlichen Supervisor auserkoren hatte, reagierte auf kaum einen ihrer Briefe. Margit war allein. Doch dann spielte das Schicksal ihr eine Trumpfkarte in die Hände – eine Frau namens Barbro Sandin.

Sandin war vierundvierzig Jahre alt, dreifache Mutter und Studentin an der Fachhochschule für Sozialarbeit in Örebro. 1972 absolvierte sie ein Praktikum in der Psychiatrischen Klinik in Säter, wo viele der schwierigsten Fälle Schwedens behandelt wurden. Die Klinik bestand aus einer Ambulanz, einer geschlossenen Abteilung sowie dem sogenannten »Pavillon«, der Station für Forensische Psychiatrie, wo zum Maßregelvollzug verurteilte Straftäter untergebracht waren.

Sandin machte ihr Praktikum in einer offenen Station, die auf Psychosen spezialisiert war. Dort lernte sie einen jungen Mann namens Eldgard Johnsson kennen. Bei Johnsson war Schizophrenie diagnostiziert worden. Sandin hatte Mitleid mit ihm und suchte nach einer Möglichkeit, ihm zu helfen. In Säter wurde Schizophrenie auf traditionelle Weise behandelt, mithilfe von starken Medikamenten und einer Elektrokrampftherapie. Von einem progressiven Oberarzt wurde die neugierige und ambitionierte Praktikantin jedoch ermutigt, mit Johnsson eine Gesprächstherapie zu versuchen. Weil Sandin dafür eine kompetente Supervision benötigte[105], kontaktierte sie Margit Norell, die sich bereit erklärte, Sandin zu betreuen. Als sich Johnssons Zustand zusehends verbesserte, wurde seine Medikation reduziert. Kurz darauf nahm Sandin ihn bei sich zu Hause auf. Johnsson fand Arbeit als Waldarbeiter und begann schließlich ein Psychologiestudium. Der Direktor der Klinik war von Sandins Arbeit dermaßen beeindruckt, dass er ihr 1973 eine Teilzeitstelle einrichtete, wo sie sich vornehmlich um Schizophrenie-Patienten kümmern sollte. Und das, obwohl sie keine Psychotherapeutin, sondern Sozialarbeiterin war. Doch für den psychotherapeutischen Teil gab es ja Margit.[106]

Für Margit war die Begegnung mit Barbro Sandin eine glückliche Fügung. Seit den 1950er-Jahren träumte sie davon, in die Fußstapfen ihres Vorbilds Frieda Fromm-Reichmann zu treten und Schizophreniekranke zu behandeln. 1969 war sie sogar in die Chestnut Lodge gepilgert, um dort einen Tag in dem kleinen Haus auf dem Klinikgelände zu verbringen, in dem Frieda Fromm-Reichmann bis zu ihrem Tod 1957 gewohnt hatte.[107] Danach hatte Margit eine Handvoll Ärzte supervidiert, die psychotische Patienten behandelten, aber dabei war es bislang geblieben. Dank der angehenden Sozialarbeiterin Barbro Sandin sollte Margit die Chance erhalten, die Klinik in Säter in ihre eigene Chestnut Lodge zu verwandeln. Ihre neue Rolle als Supervisorin von Barbro Sandin brachte die Verbindung zu ebenjener Klinik, die es ihr zwanzig Jahre später ermöglichen sollte, die Kontrolle über die Therapie des Serienkillers Thomas Quick zu übernehmen.

Sandin fuhr regelmäßig nach Stockholm, um Margit zu treffen, und in Säter wurde dem neuen Therapiemodell immer mehr

Bedeutung eingeräumt. 1975 wurde Sandins Stelle in der Klinik aufgestockt, und ab 1976 Jahr ergänzte eine Handvoll Psychotherapeuten das Klinikpersonal. Sie alle wurden von Margit supervidiert. Das auf den Namen »Säter-Modell« getaufte klinische Experiment bekam sogar ein eigenes Gebäude auf dem Klinikgelände.

Das Säter-Modell fußte auf der Vorstellung, dass Schizophrenie von Gewalterfahrungen in der Kindheit ausgelöst wurde, meist in Form von häuslicher Gewalt. Zwar gibt es bis heute keine wissenschaftlichen Belege für diese Theorie, doch in den Siebzigerjahren hatte sie große Durchschlagskraft. Im Frühjahr 1975 verfassten Margit, Barbro Sandin und der Direktor der Klinik, Mats Nyman, gemeinsam einen Artikel für das Ärzteblatt, in dem sie ihr therapeutisches Experiment umrissen. Darin hieß es:

»Unser Modell gründet in der Annahme, dass es sich bei Schizophrenie um eine durch Erfahrungen im frühen Kindesalter hervorgerufene Entwicklungsstörung handelt. Die Krankheit ist eine Art Überlebensstrategie, um an den Belastungen nicht zu zerbrechen. [...] Die expansiven Bestrebungen des Individuums werden durch die Wirklichkeit begrenzt. Also sieht es sich gezwungen, einen Kompromiss einzugehen, der in eine verkümmerte Version dessen mündet, wozu das Individuum sich hätte entwickeln können. Der Kranke hat sich der Unterdrückung gebeugt, um einen Teil seines Lebens zu retten. Das wiederum bedeutet, dass der Schizophrene einerseits eine Art ›innerlichen Tod‹ erleidet und andererseits Anlagen zur Selbstverwirklichung in sich birgt. Zwar ist die Entwicklung in einem viel zu frühen Stadium stagniert, doch die Möglichkeiten, als Mensch zu wachsen, bestehen weiterhin.«[108]

Die Therapie an sich hatte zum Ziel, dem Schizophrenen bewusst zu machen, welche traumatischen Kindheitserlebnisse seine Krankheit verursacht hatten.

»Der Patient muss die Gründe selbst einsehen und Kontakt

herstellen zu den damaligen Gefühlen der Enttäuschung sowie den schmerzhaften Erfahrungen, die die Voraussetzungen für eine positive und intakte Entwicklung unterminiert haben.«

Wer in den 1970er- und 1980er-Jahren in der schwedischen Presse über das Säter-Modell las, musste den Eindruck gewinnen, dass die Therapie ein voller Erfolg war. Barbro Sandin wurde für ihre Arbeit mit Schizophreniekranken regelrecht gefeiert, zumal sie, wie es häufig hieß, vonseiten der traditionellen Psychiatrie angefeindet werde. Nach wissenschaftlichen Belegen dafür, dass das Säter-Modell tatsächlich so große Behandlungserfolge verhieß, wie Barbro Sandin und ihre begeisterten Anhänger behaupteten, konnte man allerdings lange suchen. Zwar wurde mit den ersten Patienten eine kleine Studie durchgeführt, die augenscheinlich positive Resultate erzielte, doch da Sandin die Patienten selbst ausgewählt hatte, war die Untersuchung kam aussagekräftig. Der schwedische Nestor der Dynamischen Psychiatrie Johan Cullberg unternahm eine gründliche Auswertung des Säter-Modells und vergleichbarer Einrichtungen und kam zu dem Schluss, dass nur die wenigsten Patienten tatsächlich von ihrer Schizophrenie geheilt würden. Am besten scheine die Behandlung bei den Patienten anzuschlagen, die vermutlich gar nicht schizophren, sondern falsch diagnostiziert und mit Medikamenten regelrecht vollgepumpt worden seien. Ihr verbesserter Zustand beruhe daher vor allem auf der reduzierten Medikation. 2007 hielt Cullberg fest, dass die psychobiologischen Ursachen für Schizophrenie noch immer weitgehend unbekannt seien. Sandin mochte in dem einen oder anderen Fall Erfolge verzeichnet haben, allerdings habe sie »diese Erfolge auf ganze Patientengruppen mit der gleichen Diagnose generalisiert. Der Begriff Schizophrenie umfasst jedoch eine Reihe unterschiedlicher und im Prinzip unerforschter Zustände, die einer nuancierteren, individuellen Behandlung bedürfen«.[109]

Das Säter-Modell war Teil der sogenannten *Antipsychiatrie* der 1970er-Jahre, die gegen die traditionelle psychiatrische Behandlung von Patienten revoltierte. Einer der bekanntesten Vertreter dieser Bewegung war der schottische Psychiater Ronald D. Laing, der wiederum von Neopsychoanalytikern wie Frieda Fromm-Reichmann beeinflusst war. Laing betrachtete die traditionelle Psychotherapie als Fortführung der Unterdrückung durch die bürgerliche Familie respektive die kapitalistische Gesellschaft. Schizophrene seien im Grunde genommen die gesünderen Menschen, weil sie der heuchlerischen Scheindemokratie der Familie/Gesellschaft den Rücken kehrten. Zusammen mit seinem Team versuchte Laing, einen Therapieraum bar jeder Hierarchie in Form von Wohngemeinschaften zu entwickeln, doch die erhofften Erfolge blieben aus. Heute erscheint diese Mischung aus radikaler Politik und Psychosebehandlung, gelinde gesagt, naiv. In Cullbergs Autobiografie hingegen heißt es, die Antipsychiatrie sei eine natürliche Reaktion auf die Mängel der traditionellen Psychiatrie gewesen: »Die Schulpsychiatrie hatte quasi darauf gewartet, dass jemand mit einer Nadel in die Seifenblase stechen würde. Also entstand eine Gegenbewegung. Historisch gesehen, war die Antipsychiatrie eine ebenso nachvollziehbare Kritik, wie sie Molière im 18. Jahrhundert gegen die gesamte Medizin formulierte, die ihr Unwissen über die Krankheitsursachen mit der pompösen Fassade wissenschaftlicher Vermessenheit camoufliert habe.«

Von der Presse wurde das Säter-Modell als eine Art Erlösungslehre gefeiert. Man hoffte, eine Revolution innerhalb der Psychiatrie würde sich bald auf andere Gesellschaftsbereiche ausweiten. Trotzdem diskutierte man die Behandlungsmethode schon in den Siebzigerjahren kontrovers.

Im Schwedischen Rundfunkarchiv stieß ich auf eine Sendung vom April 1973, in welcher der 1964 erschienene amerikanische Bestseller *I Never Promised You a Rose Garden* (Dt.: *Ich hab dir nie einen Rosengarten versprochen*) anlässlich des Erscheinens der schwedischen Übersetzung vorgestellt wurde. Unter dem Pseudonym Hannah Green schilderte die Autorin Joanne Greenberg, wie Frieda Fromm-Reichmann sie in der Chestnut Lodge in nur drei Jahren von ihrer Schizophrenie geheilt hatte.[110]

Der Reporter erklärte: »Joanne Greenberg ist durch eine Gesprächstherapie vollkommen von ihrer Schizophrenie befreit worden. Dass sich die psychische Krankheit tatsächlich heilen lässt, war und ist jedoch hoch umstritten. Noch heute gehen die Meinungen darüber auseinander, was sich hinter der Diagnose Schizophrenie konkret verbirgt und wie sie zu behandeln ist. [...] In Joannes Therapie ging man davon aus, dass der Ursprung des als Schizophrenie bezeichneten Geisteszustands in Kindheitserlebnissen und dysfunktionalen interpersonellen Beziehungen zu suchen sei. Schizophrenie, so glaubte man, habe eine Geschichte, die dem Patienten vor Augen geführt werden müsse.«

Margit Norell wurde als schwedische Pionierin vorgestellt: »Seit den Fünfzigerjahren wendet sie Frieda Fromm-Reichmanns Therapiemethoden bei schweren psychischen Erkrankungen an. In erster Linie hat sie Psychologen und Psychiater supervidiert, die sich bewusst für die Gesprächstherapie als Alternative zu vorherrschenden Therapien wie die Elektrokrampftherapie oder auch medikamentöse Behandlungen entschieden haben.«

Danach spricht Margit. Sie artikuliert sehr sorgsam und genau und erinnert mich an frühere Schauspieler des Königlichen Theaters. Ihre Stimme klingt ein bisschen wie die von Ingrid Bergman in den Siebzigerjahren, nur schriller und forscher. Ich bin erstaunt über die Selbstsicherheit, mit der sie meint, genau zu wissen, was Schizophrenie ist und wie die Krankheit behandelt werden muss. Fragen, die selbst heute, vierzig Jahre später, noch umstritten sind. Sie erklärt den Hörern:

»Ein Schizophrener ist zu einem bestimmten Zeitpunkt in der Kindheit daran gehindert worden, seinen eigenen Willen zu entwickeln, Respekt zu erfahren und sich frei entfalten zu können. Er wurde daran gehindert, seine Entscheidungen und sein Handeln an den eigenen Bedürfnisse und Wünschen zu orientieren, da *dieser* oder *jener* dieses und jenes von ihm verlangt hat. Ein Schizophrener kommt sich so vor, als würde er aus einer ›Sammlung Schallplatten‹ bestehen – aus verschiedenen Versionen seiner selbst.«

Als der Reporter sie fragt, wie die Therapie eines schizophrenen Patienten ablaufe, erläutert Margit, ein Therapeut müsse »einen neuen Rahmen schaffen, eine Alternative zu den früheren zwischenmenschlichen Beziehungen, eine neue Erfahrung des menschlichen Kontakts, damit der Patient nach und nach den Mut findet, die gefährlichen, verbotenen und verdrängten Seiten seiner Persönlichkeit zutage zu fördern, bis er sie schließlich formulieren, kommunizieren und erleben kann«.

Während ich Margits Stimme lausche, beginne ich zu verstehen, wie Jan Stensson und seine Kollegen sich von ihrer Autorität so sehr beeindrucken lassen konnten, dass sie sich, ohne zu zögern und ohne zu wissen, worauf sie sich da einließen, in die Therapie schwerstkranker Patienten stürzten. Hört man ihr zu, ist man tatsächlich versucht zu glauben, sie wüsste, wovon sie spricht. Doch in Wahrheit waren Margits Kenntnisse über die Behandlung schizophrener Patienten rein theoretisch. Ob sie je einen an Schizophrenie erkrankten Menschen getroffen hat, ist fraglich.

* * *

In den 1970er-Jahren gab es zwei Lichtblicke in Margits Leben. Erstens: Sie hatte die Möglichkeit, Barbro Sandin und die anderen Therapeuten des »Säter-Modells« zu supervidieren. Zweitens: Sie verliebte sich.

Der zwölf Jahre jüngere Mann hieß David Schecter und war ein in New York ansässiger Psychoanalytiker mit eigener Praxis in Manhattan. Außerdem saß er im Vorstand des neopsychoanalytisch geprägten William Alanson White Institute, das von Frieda

Fromm-Reichmann und Erich Fromm gegründet worden war. Letzterer war viele Jahre Schecters Analytiker und Supervisor gewesen. Margit und David lernten sich 1972 auf einem Kongress in den USA kennen und blieben in Kontakt. Margit und er hatten einige Gemeinsamkeiten. Sie suchten beide den Kontakt zu Erich Fromm, meist vergebens, und sie interessierten sich für psychoanalytische Theorie. Dass David Jude war, weckte in Margit den Wunsch, sich näher mit ihrer eigenen jüdischen Identität zu befassen, der sie bisher, wie sie selbst sagte, nicht genug Platz eingeräumt hatte. Ab 1975 wurde die Brieffreundschaft zwischen den beiden immer persönlicher. David klagte über eine tückische Nackenverletzung, die er sich bei einem Autounfall zugezogen hatte und die ihn zuweilen in die Depression trieb. Obwohl er verheiratet war und zwei Kinder im Teenageralter hatte, fühlte er sich einsam. Er litt sehr darunter, Fromm nicht regelmäßig sehen zu dürfen, den er als eine Art Vaterersatz betrachtete. Margit war gerührt von Davids Offenheit, und allmählich öffnete auch sie sich. Im November 1975 schrieb sie zum Beispiel:

»Als ich unter Tränen Deinen letzten Brief gelesen habe, wurde mir klar, wie sehr ich wünschte, Du wärest etwas näher. Die Arbeitsbelastung und die Verantwortung, die ich hier zu tragen habe, sind so groß, und ich habe keinen Freund oder Kollegen, mit dem ich reden kann. Im Moment betreue ich 21 Therapien und Supervisionen und fühle mich für weitere 26 Patienten verantwortlich – von denen etwa die Hälfte an Schizophrenie oder einer anderen schweren Krankheit leidet. Ich glaube, das ist das erste Mal, dass ich sie gezählt habe.«[111]

Die meisten von Margits Briefen an David sind von Hand geschrieben, weil sie nicht wollte, dass ihre Sekretärin sie abtippte. Viele sind lang und gewähren einen Einblick in Margits einsames, unerfülltes Leben. Sie erzählte David von ihrer Kindheit, dem gewalttätigen Vater, der ständig umherreisenden Mutter, deren Leben sie zerstört zu haben glaubte, und der Eifersucht gegenüber ihrer stets bevorzugten kleinen Schwester. Der Briefwechsel nahm zunehmend den Charakter eines wechselseitigen Therapiegesprächs an. David, der seine Eltern schon früh verloren hatte und selbst an starken Schuldgefühlen litt, schrieb Margit aufmunternde Worte:

»Margit, Du bist bloß ein Glied in einem komplexen System von Kausalketten. Wir müssen aktiv daran arbeiten, uns von unseren Selbstvorwürfen zu befreien und uns selbst zu vergeben. Dafür müssen wir ergründen, was uns tatsächlich widerfahren ist. […] Margit, Du kannst nicht schuld sein an dem ungelebten Leben eines anderen Menschen. Das wäre, als würde man die Ursache externalisieren und auf ein kleines Kind übertragen, das, wie Fromm in einem ähnlichen Zusammenhang zu sagen pflegt, niemals darum gebeten hat, geboren zu werden.«[112]

Den letzten Satz hat Margit mit Kugelschreiber unterstrichen.

David spielte Cello und schickte Margit Schallplatten des katalanischen Cellisten Pablo Casals mit Interpretationen von Bachs Cellosuiten. Die beiden lauschte den Aufnahmen, jeder auf seiner Seite des Atlantiks, und betrachteten Casals' Cellospiel als Verkörperung des »ultimativen Dialogs«.

Mit der Zeit wurde der Ton immer zärtlicher, vor allem von Margits Seite, und die Briefe, die sie David gegen Ende 1975 schrieb, lesen sich wie Liebesbriefe. Gelegentlich begegneten sich Margit und David bei den Kongressen der internationalen Vereinigung, der sowohl das White Institute als auch die Holistische Vereinigung angeschlossen waren. Es gibt keine Hinweise darauf, dass ihre Freundschaft je über das rein Platonische hinausging, trotzdem schlug Margit in einem Brief eine gemeinsame dreiwöchige Urlaubsreise vor. Solche Vorschläge ignorierte David. Man gewinnt den Eindruck, dass er sie eher als eine Art Mutter betrachtete.

Einige der Menschen, die in den späten Siebzigerjahren mit Margit Kontakt hatten, bestätigten mir, dass sie mehr als Freundschaft für David empfand. Trotzdem beherrschte sie ihre Gefühle und gab sich mit einer Freundschaft zufrieden, die als Einzige auf Gegenseitigkeit beruhte. David und Margit versuchten, sich gegenseitig zu helfen und ihre Probleme zu lösen. Aus den Briefen geht deutlich hervor, wie wichtig die beiden füreinander wurden.

Im Frühjahr 1976 empörte sich Margit, dass sie »gebeten oder, besser gesagt, gezwungen wurde, als Rektorin des Instituts zurückzutreten«.[113]

Die Holisten hatten begonnen, Margits Machtposition einzuschränken, indem sie ihr wichtige Aufträge entzogen. Sie fühlte sich erschöpft, krank und hintergangen. David spendete ihr Trost, wofür sie sich bedankte: »Ich befinde mich in einem Heilungsprozess – und Du bist ein wichtiger Teil davon, David. Ich habe noch nie jemanden gehabt, mit dem ich so gut reden konnte.«[114]

David schrieb häufig über sein Nackenleiden, und Margit wollte ihm helfen. Da sie hinter den Schmerzen auch ein Kindheitstrauma vermutete, bot sie ihm mehrfach an, seine Analytikerin zu werden. Im August 1976 war David voll des Lobes für ihr »hervorragendes geistiges Vermögen«. Sie sei der Grund, warum er sich in den Momenten, in denen die Schmerzen und Depressionen am schlimmsten waren, nicht das Leben genommen habe.[115]

Im November 1976 berichtete Margit, dass die Holisten von ihr verlangten, auch als Lehranalytikerin zurückzutreten und sie damit auch ihrer letzten offiziellen Funktion in der Vereinigung beraubten. In seiner Antwort pries David Margits Kompetenzen als Psychoanalytikerin. Sie sei »so einzigartig und wunderbar balanciert, behutsam und entschieden zugleich, realistisch, optimistisch und weitblickend«.[116] Margit schrieb zurück, der Brief habe sie zu Tränen gerührt, und dass sie sich manchmal damit tröste, an all das Gute zu denken, das sie schon für ihre Patienten getan habe. In einem anderen Brief erzählte sie David, dass sie am Tag nach einem besonders aufreibenden Treffen mit der Holistischen Vereinigung die Rezension eines Buches entdeckt habe, dessen Autorin »in einer kritischen Lebenslage« von ihr begleitet worden sei. Am selben Abend sei sie ins Kino gegangen, und die weibliche Hauptdarstellerin sei eine Patientin gewesen, deren Therapie sie supervidiert habe.[117] Es waren solche Momente, die Margit Trost spendeten, wenn die Holisten ihr das Leben schwer machten.

Margits Briefe an David stecken voller wichtiger Hinweise, die Aufschluss über ihre Rolle in Sture Bergwalls Therapie geben. Hier ein Beispiel aus dem Frühjahr 1975: »Allmählich wird mir klar, dass mein Intellekt und meine Gefühle unbefangener und aktiver sind, wenn ich die Therapie schwieriger Patienten nicht als Therapeutin, sondern als Supervisorin begleite.«[118] Dass Margit 1991 die Supervision von Stures Therapie übernahm, hatte also mit der Erkenntnis aus dem Jahr 1975 zu tun: Es fiel ihr leichter, schwierige Patienten zu betreuen, wenn eine Instanz dazwischengeschaltet war. Eine Beschreibung der Therapiemethode, mit der später Sture behandelt wurde, findet sich bereits in einem Brief aus dem Jahr 1977. Margit berichtete David begeistert von einer neuen Patientin, der bekannten Feministin Hanna Olsson:

»Hanna ist zweiunddreißig und eine bedeutende Persönlichkeit, wenn es um Frauenrechtsfragen und Geschlechterverhältnisse geht. Im November ist sie nach einigen Jahren in klassisch freudianischer Analyse zu mir gekommen. […] Ein paar Wochen später hat sie mir ein Gedicht geschickt. Hier ein Auszug: ›Ich schaue meine neue Mutter mit erstaunten Augen an und frage: Hast du die Stärke, hast du den Willen, mich in deinem Blick, in deinen Worten zu gebären?‹ […] Dann stieg sie in den Abgrund hinab, in den sie sich mit keinem ihrer freudianischen Analytiker gewagt hatte.«[119]

In einem späteren Brief erklärte Margit, was es mit diesem »Abgrund« auf sich hatte. In der Therapie deckte Hanna verdrängte Erinnerungen an »Gewalt und Enttäuschungen« auf, die bis in ihre früheste Kindheit zurückreichten. Um welche Art von »Gewalt« es sich dabei handelte, wurde nicht näher erläutert. Margit beschrieb die Therapiesitzungen als sehr dramatisch:

»Zu diesen frühen Erlebnissen will Hanna ausschließlich in Doppelsitzungen zurückkehren, und dann auch nur an den Tagen, an denen sie nicht mehr zu ihrer mit einer großen Verantwortung verbundenen Arbeit zurückmuss. [...] [N]ach etwa einer Stunde intensivster Arbeit ist Hanna oft so erschöpft, dass sie die letzte halbe Stunde auf meiner Couch schläft – sie meint, es sei ein tiefer, erfrischender Schlaf.«[120]

Margit schilderte, wie sie Hanna in der Therapie in einen Zustand versetzte, in dem die frühen Traumata noch einmal durchlebt wurden. David, der von dieser Methode noch nie zuvor gehört hatte, bat um Details. »In welchem Zustand ist die Patientin gewesen? War es eine Art Tagtraum oder eher ein ›hypnagoger‹ Zustand, also eine Art Dämmerschlaf?«[121] Margit antwortete:

»Hannas Zustand ist weder Tagtraum noch Hypnagogie gewesen, sondern ein Dämmerzustand in dem Sinne, dass sie einen so tiefen Kontakt zu frühen Erlebnissen, der damaligen Umgebung, den Sinneserfahrungen und physischen Reaktionen herstellte, dass sie ›dort‹ war und nicht gleichzeitig im Hier und Jetzt sein konnte.«[122]

Im März 1977 hielt Margit einen Vortrag vor der Holistischen Vereinigung. Am Tag zuvor hatte sie David geschrieben, dass es vermutlich das letzte Mal sein werde. Aus dem Vorlesungsskript geht hervor, dass sie über ebenjene Therapieform sprach, mit der sie Hanna Olsson behandelte: »Im Laufe des Therapieprozesses lässt sich Kontakt zu intensiven, ursprünglichen und frühen Erlebnissen herstellen, einschließlich des gesamten Spektrums an Gerüchen, Farben und Emotionen, deren Intensität wohl niemals größer ist als in der Kindheit.«[123]

Vergleicht man Margits Formulierungen mit Birgitta Ståhles Einträgen in Stures Patientenakte siebzehn Jahre später, lassen sich einige Gemeinsamkeiten feststellen. Letztere schreibt:

»Die Erinnerungen sind unerhört intensiv und kräftezehrend, sie nehmen sich für Thomas so deutlich aus, dass er Geräusche hört, Düfte wahrnimmt und die gesamte Situation erlebt und nachspürt.«[124]

Die Therapiemethode, die Margit 1977 in ihrem Vortrag skizziert hatte, war offensichtlich identisch mit der, die Sture rund zwei Jahrzehnte später durchlaufen sollte. Wir werden noch sehen, dass diese Behandlungsform sich Mitte der 1980er-Jahre zu einem nahezu globalen Phänomen entwickeln sollte – dann unter dem Namen *Trauma-Erinnerungstherapie*, *Regressionstherapie* oder auch *Recovered Memory Therapy*. Allerdings trat im selben Zuge zutage, dass die Therapie einige Risiken barg und mitunter falsche Erinnerungen an nie stattgefundene Ereignisse hervorrufen konnte.[125]

Margits Befürchtung, es könnte ihr letzter Vortrag vor der Holistischen Vereinigung werden, sollte sich bewahrheiten. Im Mai 1977 kam es zum endgültigen Zerwürfnis. Sie schrieb an David, ihre Woche sei »die Hölle« gewesen, beim Jahrestreffen der Vereinigung habe sich der Ältestenkreis einstimmig dafür ausgesprochen, dass sie als Lehranalytikerin zurücktreten solle. Die Mehrheit habe dafür gestimmt, woraufhin sie aus der Vereinigung ausgetreten sei. Dann schrieb sie: »In solch schweren Situationen stelle ich mir oft Dein Gesicht vor.«[126]

Ganz allein schien Margit jedoch nicht dazustehen: »Die Therapeuten, die ich außerhalb der Holistischen Vereinigung ausbilde, haben bereits angeregt, eine neue Gruppe zu gründen. Sie finden, dass die Therapie, für die ich stehe, unbedingt fortgesetzt werden muss. Aber im Moment bin ich die ganze Mühe, die mit einer Gruppe verbunden ist, so leid, dass ich nicht einmal daran denken mag.«

Margit zog sich in ihre Praxis im Birkagården zurück und konzentrierte sich auf ihre Patienten und Anhänger außerhalb der Vereinigung.

David schrieb ihr wärmende Worte: »Immer, wenn ich mit Dir in Kontakt treten möchte, stelle ich mir Dein freundliches, empathisches und enthusiastisches Gesicht vor. Ich denke in den unterschiedlichsten Situationen an Dich – beim Musikhören, wenn ich Patienten behandele oder auch in der Dunkelheit der Nacht. Ich bin wirklich dankbar, dass es Dich gibt, Margit!«[127]

Davids Schmerzen und Depressionen hatten sich mit den Jahren verschlimmert, und Margit wagte erneut, ihn zu einer Analyse bei ihr zu überreden. Dafür nahm sie ein hohes Risiko in Kauf:

»Ich habe auch das Gefühl, dass ich zu jeder Zeit mit Dir in Kontakt treten kann. Und genau das will ich, unsere Freundschaft bedeutet mir so viel – das wird sie immer tun. Trotzdem bin ich bereit, sie aufs Spiel zu setzen, ja sie sogar aufzugeben, wenn das der Preis dafür ist, Dir eine Therapie zu ermöglichen, die Dir wirklich helfen kann.«[128]

David schlug das Angebot aus, die Distanz zwischen New York und Schweden sei schlichtweg zu groß. Er setzte alles daran, seine Schmerzen loszuwerden, unterzog sich diverser Physiotherapien, ließ sich operieren und nahm starke Schmerzmittel, von denen er in regelmäßigen Abständen entwöhnt werden musste.

Im Herbst 1979 reiste Margit in die USA, um David zu sehen und doch noch zu versuchen, ihn zu behandeln. Ihr Treffen war ein Desaster. Davids Depression war so stark, dass er aufgehört hatte zu sprechen. Später bat er Margit brieflich um Entschuldigung. Er müsse sich für nichts entschuldigen, antwortete sie. Sie schrieben sich weiterhin, doch Davids Briefe wurden immer kürzer, der Tonfall immer düsterer, bis es schließlich kein anderes Thema mehr gab als seine Depression.

Ende März 1980 erhielten Margit und David Nachricht, dass Erich Fromm im Schlaf gestorben war. Bis zuletzt hatte Margit auf eine dritte Therapiewoche gehofft, doch nun war es endgültig zu spät. Außer David Schecter gab es niemanden mehr, dem sie vertraute. Doch Davids Zustand verschlechterte sich zusehends, und die Nachricht von Fromms Tod tat ihr Übriges.

Viele Jahre lang hatten David und Margit sich mehrmals im Monat geschrieben. Mit einem Mal blieben Schecters Briefe aus. Im April 1980 flehte Margit ihn an, sich bei ihr zu melden und ihr von seinen Gefühlen bezüglich Erich Fromms Tod zu berichten.[129] Nach einer Weile antwortete David, er »ertrinke in Depressionen«, und dankte Margit für ihre Geduld und für die Zeit, die sie gemeinsam gehabt hatten. Er schrieb in der Vergangenheitsform, als wäre ihre gemeinsame Zeit nun vorbei.[130] Margits Antwort mutet ungewöhnlich ratlos an: Sie hoffe, dass David sich von der »schrecklichen Depression befreien« könne. Ihre Worte klangen fast sachlich. Als wäre sie gelähmt von alledem, was sich über ihrem Kopf zusammenbraute.

Am 10. Juli 1980, nach einem sechswöchigen Krankenhausaufenthalt, schrieb David seinen letzten Brief an Margit. Er ist eine Seite lang. David schrieb unter anderem, er denke oft an Margit und daran, wie großzügig sie ihm gegenüber gewesen sei. Die letzten Zeilen lauten wie folgt:

> Auch ich bin sehr niedergeschlagen (im Vertrauen gesagt) und treffe meinen Analytiker jeden Tag für Doppelsitzungen, die zwar schmerzvoll sind, aber hoffentlich auf lange Sicht gegen die Depressionen helfen werden.
>
> Ich hoffe, Du bist wohlauf. Verzeih die lange Pause seit dem letzten Brief, aber mein Zustand hatte sich verschlechtert, und ich musste im Juni ins Krankenhaus.
>
> Ich sende Dir all meine warme Liebe
>
> David

Zwei Tage, nachdem er den Brief abgeschickt hatte, holte Schecters Frau ihn von einem Termin beim Psychoanalytiker ab. Auf dem Heimweg sagte David, er habe etwas in der Praxis vergessen. Während seine Frau einen Parkplatz suchte, betrat David das Bürohaus an der Ecke 87. Straße und Lexington Avenue, wo seine Praxis lag, nahm den Fahrstuhl in die oberste Etage und versuchte, sich Zutritt zum Dach zu verschaffen. Als ihm dies nicht gelang, ging er in ein leeres Büro in der fünften Etage, öffnete ein Fenster und sprang hinaus. So starb der Psychoanalytiker, Ehemann und zweifache Vater David Schecter.

Nachdem Margit vier Monate zuvor Erich Fromm verloren hatte, den einzigen Psychotherapeuten und Supervisor, dem sie jemals vertraut hatte, musste sie nun auch mit dem Verlust ihres einzigen Freundes fertigwerden. Die Hoffnung, sich aus der Einsamkeit befreien zu können, war endgültig erloschen.

In den fünfundzwanzig Lebensjahren, die ihr noch blieben, unterzog sich Margit nie wieder einer Therapie oder Supervision. Stattdessen umgab sie sich fortan mit fügsamen Schülern, die sich in einer emotionalen Abhängigkeit zu ihr befanden, sie als Mutterersatz betrachteten und ihr blind folgten. Mit David Schecters Tod hatte Margits Ausflug ins Land der auf Gegenseitigkeit beruhenden Beziehungen ein jähes Ende genommen.

10. Sture in den 1970ern

»Hat sich am letzten Freitag betrunken und Tabletten genommen, die er sich im Kiosk besorgt hatte. Er zeigt Reue und verspricht, dass es nicht wieder vorkommt. Erhält seine Freigang-Erlaubnis zurück.«

Eintrag in der Patientenakte des damals dreiundzwanzigjährigen Sture Bergwall aus dem Jahr 1973

Je länger ich mich mit Stures und Margits Leben befasste, desto öfter ging mir die Frage durch den Kopf, in welchem Alter wir die Verantwortung dafür übernehmen, wie sich unser weiteres Leben gestaltet. Ich bin kein Fatalist und halte nichts von der Vorstellung, dass unser Leben durch genetische oder soziale Faktoren vorherbestimmt ist. Wir sind keine willenlosen, fremdgesteuerten Marionetten. Trotzdem frage ich mich, ab wann wir die Möglichkeit und Schuldigkeit haben, unsere Entscheidungen bewusst zu treffen. Im Alter von drei Jahren? Mit zehn? Hatte Sture eine bewusste Entscheidung getroffen, als er mit vierzehn zum ersten Mal einige seiner Schulkameraden unsittlich berührt hatte? Entschied er sich bewusst dazu, Trichlorethen zu schnüffeln? Liest man die Vernehmungsprotokolle der vier Missbrauchsfälle von 1969, scheint Sture für seine Taten voll verantwortlich zu sein. Er war damals neunzehn Jahre alt. Wären es meine Kinder gewesen, hätte ich vermutlich den Drang verspürt, ihn zu erschlagen. Aber wenn ich das Foto betrachte, das ihn 1956 auf seinem Bett im Sanatorium in Högbo zeigt, mit großen Augen und einem schüchternen Lächeln, bin ich mir nicht mehr so sicher. Sture hatte kein leichtes Leben, genauso wenig wie

Margit. Ab wann sie für ihre Schicksale verantwortlich wurden, kann ich nicht sagen.

Stures Patientenakte umfasst zweihundertfünfzig Seiten und ergibt das Bild eines rätselhaften jungen Mannes voller Widersprüche. Auf der einen Seite ist er einsam, hat keine echten Freunde und ist nicht dazu in der Lage, stabile Liebesbeziehungen aufzubauen. Andererseits wird er als sozialer, redegewandter, humorvoller und gebildeter Mensch beschrieben. Die Menschen fühlen sich wohl in der Gegenwart des hochgewachsenen bärtigen Mannes. Er vermittelt seinem Gegenüber das Gefühl, beachtet und geschätzt zu werden – jedenfalls solange er nüchtern ist. Er ist gläubig und geht jede Woche in die Kirche. Er ist ein Bücherwurm, reagiert emotional auf Musik und liebt die Natur. Er ist nah am Wasser gebaut. Er lügt oft und geschickt. In der Schule schlägt ihm ein Lehrer vor, er solle Schriftsteller werden. Ein Traum, an dem er sein Leben lang festhalten wird.

Bei Treffen mit Ärzten oder Psychotherapeuten liefert Sture gern Analysen seiner eigenen Probleme, was als Beweis für eine gesunde Selbsteinschätzung gedeutet wird. Er spielt sein emotionales, intellektuelles und soziales Register aus und wickelt die Ärzte um den kleinen Finger, um nur wenige Minuten später von der Station zu türmen und sich sämtliche Drogen einzuwerfen, die er in die Finger kriegt. Er ist ein Betrüger und leidet an furchtbaren Panikattacken, die durch die Drogen immer schlimmer werden.

Im Mai 1970 wurde der damals zwanzigjährige Sture wegen sexueller Belästigung in vier Fällen zur Unterbringung im Maßregelvollzug verurteilt und Ende Juni in die Psychiatrie Sidsjön in Sundsvall überstellt.

Nach rund einem Jahr in der Klinik erhielt Sture im Herbst 1971 die Erlaubnis, eine Volkshochschule in Jokkmokk zu besuchen, auf die auch seine Zwillingsschwester Gun ging. In den ersten Monaten schien er sich gut zu machen. Aus den Berichten der Schule und seiner Betreuer geht hervor, dass er offen zu seiner Homosexualität stand und Gebetskreise ins Leben rief. Es schien, als hätte sich das Blatt gewendet. Doch wieder einmal sollte Sture seine charakteristische Doppelnatur unter Beweis stellen. Er freundete sich mit einem homosexuellen Paar an, ging mit beiden Männern eine sexuelle Beziehung ein, und gemeinsam nahmen sie jede Menge Drogen, sodass Sture im Laufe des ersten Schuljahrs immer tiefer in die Amphetaminabhängigkeit rutschte. Als er nach den Sommerferien zum zweiten Schuljahr nach Jokkmokk zurückkehrte, verlor er vollends die Kontrolle. Im Oktober wurde er bewusstlos auf offener Straße gefunden, nachdem er Schnaps, Amphetamin, Trichlorethen und verschiedene Tabletten wild durcheinander eingenommen hatte. Die Polizei brachte ihn zurück nach Sidsjön. Als er wieder zu Bewusstsein kam, halluzinierte er, wie aus der Patientenakte hervorgeht. Seine Tage in Jokkmokk waren vorbei.

Kurz nach Stures Rückkehr nach Sidsjön sammelten einige seiner Mitpatienten Geld für einen kleinen Jungen, dessen Vater kürzlich in der Klinik gestorben war. Sture stahl das gesammelte Geld, floh aus der Klinik, kaufte eine Flasche Trichlorethen und setzte sich in den Zug nach Stockholm. Er hatte sich mit einem ehemaligen Mitpatienten verabredet, Bjarne, der bereits mit Amphetamin auf ihn wartete. Am nächsten Tag tauchte Sture völlig verschmutzt und abgekämpft bei seinem Bruder Sten-Ove in Uppsala auf. Der steckte seinen jüngeren Bruder in die Badewanne und überredete ihn, nach Sidsjön zurückzufahren. Aus Angst, er könnte wegen des gestohlenen Geldes zusammengeschlagen werden, traute Sture sich fortan nicht mehr, in der Klinikwerkstatt zu arbeiten.

Im Januar 1973 wurde er nach Säter in die Forensische Psychiatrie überstellt, die für in Falun gemeldete Personen zuständig ist. Stures Patientenakte aus Säter verrät, dass sein Leben zunehmend aus den Fugen geriet. Da er sich immer häufiger mit Suizidgedanken trug, bat er schließlich um eine Psychotherapie. Er gestand den Ärzten seine Drogensucht und erzählte ihnen von Halluzinationen, die das Trichlorethen verursache. Außerdem sei er abhängig von Lösungsmitteln, Schnaps, Amphetamin sowie Phenmetrazin, einem Appetitzügler, der sich stimulierend auf das Zentralnervensystem auswirkt und in den 1970er-Jahren auf dem schwedischen Schwarzmarkt zu kaufen war. Das Phenmetrazin mache ihn »zunächst munter, dann folgten Lethargie und Müdigkeit«[131], erklärte er.

Ich finde es erstaunlich, dass in der Klinik offenbar nichts gegen Stures Mehrfachabhängigkeit unternommen wurde. Im Gegenteil. Der damals Dreiundzwanzigjährige erhielt Psychopharmaka in hohen Dosen und kam zum ersten Mal mit dem stark abhängigkeitsfördernden Benzodiazepin Sobril in Berührung.[132] Zunächst wurden ihm über den Tag verteilt drei Tabletten Sobril à 45 Milligramm verabreicht, dazu zwei Tabletten Mogadon zur Nacht. Im März wurde die Dosis auf drei Mal täglich 50 Milligramm erhöht. Eine wahre Rosskur, wie mir ein Arzt erklärte. In der Akte finden sich außerdem Hinweise darauf, dass Sture Alkohol und verschiedene Tabletten konsumierte, die er sich auf dem Klinikgelände besorgen konnte. Er lebte in einem ständigen Rausch.

Das Klinikgelände in Säter war wie ein eigenständiges kleines Dorf. Es gab einen Schuhmacher, verschiedene Werkstätten sowie einen Kiosk, der nicht nur ein Café, sondern auch einen florierenden Schwarzmarkt für Betäubungsmittel beherbergte. Sture erzählte mir, das sei ein offenes Geheimnis gewesen. Verschiedene Einträge in seiner Patientenakte bestätigen dies. So heißt es zum Beispiel ausdrücklich, Sture habe Tabletten »im Kiosk« gekauft. Unter anderem wurde er mit Methaqualon ertappt, das in den Siebziger- und Achtzigerjahren als Partydroge hoch im Kurs stand. Außerdem besorgte Sture sich das heute verbotene, barbituráthaltige Schlafmittel Vesparax. Jimi Hendrix erstickte 1970 nach einer Überdosis Vesparax an seinem eigenen Erbrochenen.[133]

Die ohnehin schon hohe Dosis Sobril, die ihm verschrieben wurde, ergänzte Sture also mit diversen anderen Präparaten. Der Medikamentenmissbrauch schlug sich auch in der Patientenakte nieder. Hier ein paar Beispiele:

29. Januar: »Patient stark beeinträchtigt, spricht schleppend.«

2. März: »Patient ›geisterte‹ am Dienstag mit Kopfschmerzen herum. Am Donnerstag war er kurz ohnmächtig. Am Abend betätigte er den Alarm, weil er sich schwach fühlte. Er streitet ab, außer der verordneten Dosis noch andere Tabletten genommen zu haben.«

3. März: »Am Abend und in der Nacht ist er stark beeinträchtigt. Er torkelt. Auf Nachfrage streitet er alles ab und sagt, ihm sei übel und schwindelig. […] Bis auf Weiteres kein Freigang.«

6. März: »Hat sich am letzten Freitag betrunken und Tabletten genommen, die er sich im Kiosk besorgt hatte. Er zeigt Reue und verspricht, dass es nicht wieder vorkommt. Erhält seine Freigang-Erlaubnis zurück.«

17. März: »Tagsüber nach Tablettenkonsum stark beeinträchtigt. Kann alleine gehen. Er gibt an, Revonal retard [*Methaqualon; Anm. d. Ü.*] genommen zu haben, wie viel, will er nicht sagen. Als der Patient auf die Station geht, torkelt er und verschüttet sein Getränk. Er wird auf Station 4 A gebracht.«

18. März: »Der Patient ist wieder munter. Gibt an, 3 Revonal retard und 2 Vesparax genommen zu haben. Wird auf Station 30 B verlegt.«

Doch vom Medikamentenmissbrauch abgesehen, war Sture ein Patient wie aus dem Bilderbuch: »Er verhält sich seinen Mitmenschen gegenüber immer höflich und rücksichtsvoll, ist bescheiden und entgegenkommend. Er gibt an, sich auf der Station wohlzufühlen, sowohl was seine Mitpatienten als auch das

Personal angeht. Nach dem Abendessen unternimmt er regelmäßige Spaziergänge auf dem Klinikgelände, um sich in Form zu halten.«

Sture versicherte den Ärzten, er wolle von der Sucht loskommen. Außerdem wolle er an der Abendschule in Uppsala das Abitur nachholen, um Literaturwissenschaften zu studieren. Wie die Ärzte ernsthaft glauben konnten, dass er trotz seiner schweren Drogenprobleme ein solches Projekt bewältigen könnte, ist mir ein großes Rätsel. Im Mai wurde Sture auf Bewährung entlassen, und im August 1973 zog er zu seinem Bruder Örjan in eine Studentenwohnanlage in Uppsala.

Für den Dreiundzwanzigjährigen war das Leben in der Universitätsstadt eine echte Befreiung. Die vielen Partys machten es ihm leicht, Drogen zu nehmen, ohne aufzufallen. Wenn Sture auf wackeligen Beinen nach Hause getorkelt kam, sah Örjan geflissentlich darüber hinweg. Außerdem konnte Sture in Uppsala offen mit seiner Homosexualität umgehen, und er besuchte regelmäßig einen vom Landesverband für Sexuelle Gleichberechtigung organisierten Club für homosexuelle Männer. Hin und wieder brachte er einen Mann mit nach Hause.

In Uppsala herrschte ein reger politischer Aktivismus. Man protestierte gegen den Vietnamkrieg, und Sture ließ sich von der Stimmung mitreißen. Früher war er Mitglied in einer Jugendorganisation der Sozialdemokraten gewesen, aber nun trat er dem maoistisch geprägten Kommunistischen Verband der Marxisten-Leninisten bei. Als der Vorsitzende jedoch Homosexualität als bürgerliche Perversion beschrieb, die es zu bekämpfen gelte, war Stures politisches Engagement schnell wieder vorbei.

Zwar lief es an der Abendschule nicht besonders gut, aber immerhin fand Sture einen Nebenjob bei der Post. Am 7. März 1974, wenige Wochen vor seinem vierundzwanzigsten Geburtstag, sollte sich jedoch eine Katastrophe ereignen, die Sture heute auf den starken Drogenkonsum zurückführt. Am frühen Abend besuchte er den Homosexuellen-Club in der Svartbäcksgatan 68. Dort lernte er den rund zehn Jahre älteren Studenten Lennart Höglund kennen. Sie unterhielten sich, tranken Bier, aßen eine Kleinigkeit und beschlossen, in Höglunds Studentenbude weiterzuziehen. Beide waren betrunken, Sture hatte außerdem Tabletten genommen, und wie immer hatte er sein Fläschchen Trichlorethen dabei.

Lennart Höglund bewohnte eine kleine Wohnung in einem Studentenwohnheim, bestehend aus einem rund zwölf Quadratmeter großen Zimmer, einer Kochnische sowie einem Badezimmer. Sture und Lennart tranken Schnaps, den Sture mitgebracht hatte. In einer späteren Vernehmung sagte Höglund, Sture und er seien stark berauscht gewesen. Irgendwann habe er sich ausgezogen und sei ins Badezimmer gegangen. Was dann geschah, fasst Sture heute wie folgt zusammen: Er ging in die Kochnische und schnüffelte das Trichlorethen. Sobald der Kick einsetzte, bekam er schreckliche Halluzinationen, und als Höglund schließlich aus dem Badezimmer kam, sah Sture ein Monster in ihm. Er griff nach einer Bratpfanne und schlug Höglund damit. Dann stach er mehrmals mit einem Küchenmesser auf ihn ein, bevor er schließlich aus der Wohnung stürzte.

Zwei Tage später wurde Sture beim Postsortieren auf der Arbeit von der Polizei abgeholt. Er wusste zwar, dass er einen Mann mit dem Messer attackiert hatte, aber nicht, wie ernst die Lage war. Höglund hatte schwere Verletzungen erlitten. Fast wäre er verblutet, doch war es ihm gerade noch rechtzeitig gelungen, einen Krankenwagen zu rufen. Als die Sanitäter das Studentenwohnheim erreichten, war die Haustür verschlossen, sodass Höglund auf allen vieren über den Korridor kriechen und aufmachen musste. Die Bilder in den Ermittlungsunterlagen zeigen, dass Höglunds Wohnung sowie der Korridor über und über mit Blut verschmiert waren. Höglund wurde auf die Intensivstation gebracht und überlebte wie durch ein Wunder.

Als Sture vernommen wurde, log er, dass sich die Balken bogen. Zunächst gab er an, Höglund nie begegnet zu sein. Dann hieß es, er habe Höglund zwar nach Hause begleitet, aber plötzlich sei ein dritter Mann aufgetaucht und habe für Sex mit Höglund Geld von ihm verlangt. Höglund hingegen konnte aussagen, dass Sture einen »hysterischen Anfall« gehabt und wie wild auf ihn eingestochen hatte.

Als die Ermittler erfuhren, dass Sture nur probeweise aus der Psychiatrie entlassen worden war, wurde er direkt aus der Untersuchungshaft wieder nach Säter überstellt. Seine Tat wurde als versuchter Totschlag eingestuft, doch da Sture bereits zur Unterbringung im Maßregelvollzug verurteilt war, wurde keine Anklage erhoben. Laut Gerichtsbeschluss zur Einstellung des Strafverfahrens versicherten die Ärzte, dass Sture nun »aufgrund der Natur des Verbrechens und seiner schweren psychischen Abnormität über eine längere Zeit in der geschlossenen Abteilung untergebracht« werde.

Doch es kam anders. Stures »versuchter Totschlag« hatte keinerlei Konsequenzen. Zwar wurde Sture tatsächlich eine Zeit lang in der geschlossenen Abteilung untergebracht, doch schon wenige Monate später erhielt er seine Freigang-Erlaubnis zurück. Als ich ihn fragte, woran es gelegen haben könnte, dass die größte Gewalttat seines Lebens so gut wie keine Konsequenzen nach sich gezogen hatte, meinte er, die Ärzte und die für Vollzugslockerungen zuständige Behörde hätten die Tat heruntergespielt, um nicht dafür geradestehen zu müssen, dass er probeweise entlassen worden war. »Was in meinen Augen ein Beweis dafür ist, dass Psychiatrien sich nicht um Straftäter kümmern sollte«, erklärte er. »Wer ein Verbrechen begangen hat, gehört ins Gefängnis.«

Auch in der Klinik setzte Sture seinen Drogenkonsum fort. Die Einträge in der Patientenakte aus dem Frühjahr 1974 ergeben folgendes Bild: Sture »berauschte sich mit Haarwasser«, sodass er »abends auf der Station stark beeinträchtigt war«.[134] Er gab zu, vom Haarwasser getrunken zu haben, schob es aber auf »seine fürchterlichen Angstzustände«[135]. Einige Wochen später heißt es, Sture sei »augenscheinlich beeinträchtigt (vermutlich nach Tabletteneinnahme). Im Übrigen verhält er sich ruhig und sagt, dass ihm die Tabletten angeboten wurden«[136]. Gelegentlich ist er völlig zugedröhnt: »Konnte nicht auf den Beinen stehen. Ist in der Nacht aus dem Bett gefallen.«[137] Wenig später heißt es: »Hat an einer Tablettenorgie auf der Station teilgenommen und [...] zehn Tabletten Luminal für 20 Kronen im Kiosk gekauft. [...] Will nicht sagen, von wem er die Tabletten bekommen hat. Es könnte sich um einen derzeitigen, aber auch einen ehemaligen Patienten handeln.«[138] Am Tag nach der »Tabletten-Orgie« wurde notiert: »Beim Auskleiden versucht der Patient, Tabletten einzunehmen, die er in seinen Socken versteckt hat.«

Sture bettelte darum, seine Freigang-Erlaubnis zurückzubekommen. Im Juni 1974, drei Monate nach der Messerattacke, entschied ein Arzt, dass er das Klinikgelände zwei Stunden am Tag verlassen dürfe, unter der Bedingung, dass er »keinen Unfrieden stiftet und keinen Alkohol oder Tabletten zu sich nimmt. Wenn doch, ist eine solche Vollzugslockerung für den Rest des Sommers ausgeschlossen.«[139] Zwei Wochen gelang es Sture, sich zu beherrschen. Danach geschah Folgendes:

»Der Patient kommt um 20 Uhr auf die Station. Blutig, mit einer Platzwunde an der linken Augenbraue. Der diensthabende Arzt wird verständigt. Patient muss genäht werden. Er ist berauscht, vermutlich durch Tabletten. Gibt an, er sei ›gestürzt und habe eine Gehirnerschütterung‹, weshalb er so wackelig auf den Beinen sei. In 5-6 Wochen müssen die Fäden gezogen werden. Freigang wird fürs Erste eingestellt.«

Sture verbrachte viel Zeit mit einem Mitpatienten, den ich Arne Lindroth nenne. Arne war um die vierzig, Zahnarzt und Alkoholiker. Die beiden konsumierten gemeinsam diverse Drogen. Sture betrachtete Arne als klugen Menschen, mit dem er tiefgründige Gespräche führen konnte. In der Patientenakte heißt es: »Als Grund für den Tablettenmissbrauch gibt der Patient an, dass er und [Arne Lindroth] auf Station 30 B aufgrund ihrer intellektuellen Veranlagung angefeindet werden.«[140]

Sture und Arne entwickelten sich zu einem teuflischen Duo. In der Klinik gab es einen Gemeinschaftsraum, den sogenannten »Soziotherapie-Raum«, wo die Patienten in unterschiedlichen Gruppenaktivitäten ihre sozialen Fähigkeiten trainieren sollten. Sture und Arne taten dies, indem sie mit ihren Mitpatienten um Geld und Tabletten pokerten und mithilfe geheimer Blinzelzeichen pfuschten.

Ende Juli erhielt Sture seine Freigang-Erlaubnis zurück, und fünf Wochen später türmten er und Arne. Sie fuhren nach Lund, um sich – wie es in der Patientenakte heißt – »zu amüsieren«. Sture trank, warf Drogen ein – und landete im Krankenhaus. Von dort aus brachte ihn die Polizei zurück nach Säter. Wenige Wochen später wurde in der Akte notiert, Sture entwickele sich gut und sei stets »heiter und fröhlich«.[141]

Kurz darauf folgt ein besonders ausführlicher Eintrag, der uns einen Einblick in Stures Lügenkunst verschafft. Astrid Israelsson, die als Lehrerin an der Volkshochschule in Jokkmokk arbeitete, kontaktierte die Klinik, nachdem Sture ihr in einem Brief »über sein Leben und seine persönliche Entwicklung seit seiner Zeit in Jokkmokk« berichtet hatte. Sture hatte ihr geschrieben, er komme mit seinem Studium gut voran und pendele zwischen der Uni in Uppsala und einer Wohnung in Säter. In der Patientenakte wurde notiert:

»Ferner schreibt Bergwall in dem Brief an A. Israelsson, er sei sich bewusst, wie schlecht er mit Geld umgehen könne. Er habe deshalb bereits um einen Betreuer und einen Vormund gebeten, die ihm dabei helfen sollen, während des Studiums finanziell über die Runden zu kommen. Da sein Studienkredit noch nicht überwiesen worden sei und die Zugfahrten und das Studium ins

Geld gingen, bat er Frau Israelsson um einen Kredit – im Idealfall 2000 Kronen –, die sie an seinen Vormund überweisen solle. Frau I. konnte lediglich 500 Kronen entbehren, die sie dem von Bergwall angegebenen Vormund [Arne Lindroth] in Säter geschickt hat. Da Frau Israelsson seitdem nichts mehr von Sture Bergwall gehört hatte, wollte sie in der Klinik nachhaken, wie es mit dem Studium, der Bewährung usw. laufe.«[142]

Astrid Israelsson hatte Sture während seiner Zeit an der Volkshochschule in Jokkmokk unter ihre Fittiche genommen. Sie war gut zu ihm gewesen. Und jetzt hatte Sture sie dazu gebracht, fünfhundert Kronen an seinen »Vormund« Arne Lindroth zu schicken. Es war nur eine Frage der Zeit, bis der Betrug auffliegen würde, aber das schien Sture nicht weiter zu kümmern. Er blickte nicht besonders weit in die Zukunft.

Obwohl Sture fleißig Rauschmittel konsumierte und log wie gedruckt, hatte er den aufrichtigen Wunsch, von den Drogen frei zu werden und sein Leben in den Griff zu bekommen. In seinen Augen gab es nur eine Lösung: Er wollte ins Kloster gehen und Mönch werden. Deshalb besuchte er während eines Freigangs das Kloster Östanbäck in der Nähe von Sala im Västmanland. Hinterher schwärmte er einem Arzt von dem Erlebnis vor, der Stures Schilderungen protokollierte:

»Es war ein tolles Erlebnis, den Ordensbrüdern zu begegnen und Einblick in ihren Alltag zu gewinnen. Seit dem Besuch bin ich endgültig davon überzeugt, dass es meine Bestimmung ist, einer von ihnen zu werden, mit ihnen zu arbeiten und an ihren gemeinschaftlichen Gebeten teilzuhaben. Sie haben mich eingeladen, im Januar wiederzukommen. Da ich festgestellt habe, dass ein bürgerliches Leben und ein geregelter Beruf nichts für mich sind, weil ich mit den damit verbundenen Problemen und Konflikten nicht fertigwerde, würde ich es begrüßen, in den kommenden zwei Jahren ein Krankengeld zu beziehen.«[143]

Im Januar 1975 erhielt Sture die Erlaubnis, als Gast einige

Monate im Kloster zu verbringen. Der Plan war, anschließend dortzubleiben. Heute sagt Sture, sein Traum vom Mönchsdasein sei echt gewesen. Er habe sich nach einem geregelten Leben und nach einer Umgebung gesehnt, wo er keinen Zugang zu Drogen haben würde. Trotzdem brach er das Kloster-Experiment nach einer Woche ab und kehrte nach Säter zurück. In der Patientenakte heißt es: »Der Patient kehrt um 20.30 Uhr zurück. Er scheint leicht beeinträchtigt, vermutlich hat er Tabletten genommen. Nach einer Stunde auf der Station muss ihm ins Bett geholfen werden. In seiner Hosentasche werden drei Tabletten gefunden.«[144]

Wenige Tage nach seinem kurzen Gastspiel im Kloster fälschte Sture mit zwei anderen Patienten Vordrucke der Postbank, die es ihm ermöglichten, sein leeres Konto um 6000 Kronen zu überziehen. Auf dem Weg zum Klinikkiosk büxte das Trio aus und fuhr nach Helsingborg, wo Sture sich eine Mischung aus Morphinbase und Heroin spritzte. Vier Tage später wurde er von der Polizei zurück in die Klinik gebracht.[145] In der Patientenakte steht: »Bergwall vermutet, dass die Kontoüberziehung um den Monatswechsel Februar/März herum bemerkt werden wird. Da er kein Geld hat, um das Konto auszugleichen, setzt er seine Hoffnung nun auf ein Lotterielos.«[146]

So sah Stures Leben aus. Doch inmitten des Chaos geschah etwas mit ihm. Nach außen war noch nichts davon zu merken, doch im tiefsten Innern war er sein Leben allmählich leid. Er war fest entschlossen, von den Drogen loszukommen. Der Frühling 1975 verstrich fast ohne Fehltritte, und im Mai wurde Sture wegen guter Führung auf Bewährung entlassen. Er zog zu seinen Eltern nach Falun, und ein Polizist von der örtlichen Polizei sollte die Aufsicht übernehmen. Seine verschriebene Tagesdosis bestand aus zwei bis drei Tabletten Sobril à 25 Milligramm sowie ein bis zwei Tabletten Mogadon[147], und es sieht aus, als hätte Sture diese Dosis im Verlauf des nächsten halben Jahres nicht überschritten. Auch die Berichte des Polizisten fielen durchweg positiv aus: Sture sei »immer zufrieden, mit sich im Reinen« und betrachte »seine Situation mit Zuversicht«.

Als er in der Klinik in Säter sein Rezept erneuern ließ, notierte der behandelnde Arzt, Sture habe sein altes Rezept in der Klinik zurückgelassen, obwohl er sich damit zusätzliches Sobril hätte beschaffen können. Trotz allem war es ein schwerer Kampf, von den Drogen loszukommen. Als Sture zum ersten Mal seit Langem in nüchternem Zustand über sein Leben reflektierte, verfiel er in eine tiefe Depression. Er hatte den Eindruck, auf ganzer Linie gescheitert zu sein, und sah keine Zukunft.

Am Montag, dem 3. November 1975, mietete Sture sich im Esso Motel in Borlänge ein, mit vierzig Tabletten Mandrax und vierzig Tabletten Sobril im Gepäck.[148] »Ich wollte mir das Leben nehmen«, erzählt er heute. »Der Entschluss war eine unheimliche Erleichterung. Weil ich nicht wollte, dass meine Eltern mich tot auffinden, bin ich in das Motel gefahren.«

Sture schluckte die ersten Tabletten. Mit einem Mal wurde ihm klar, dass er nicht einsam sterben wollte, und er rief einen Psychotherapeuten an, bei dem er mehrmals in Therapie gewesen war. Später wurde in die Patientenakte eingetragen, der Anruf sei nicht als Abbruch des Suizidversuchs zu werten, da Sture sich geweigert habe, seinen Aufenthaltsort zu verraten. Als der Psychotherapeut den Ernst der Lage erkannte, brachte er einen Arzt der Forensischen Psychiatrie dazu, den Anruf rasch zurückverfolgen zu lassen. Damit hatte Sture nicht gerechnet. Als der Psychotherapeut und der Arzt sich Zutritt zum Hotelzimmer verschafften, war Sture nicht mehr ansprechbar, und auf dem Weg in die Falu-Klinik verlor er das Bewusstsein. Im Krankenhaus angekommen, wurde sein Magen ausgepumpt. Er wachte erst am nächsten Tag wieder auf.

»Es war ein einschneidendes Erlebnis«, meint er heute. »Ich erinnere mich ganz deutlich an den Moment, als ich aufgewacht bin. Ich war so verzweifelt und traurig über meine Niederlage. Ich war nicht mal in der Lage, mir das Leben zu nehmen. So ein Gefühl war das.«

Sture wurde erneut nach Säter gebracht, und zunächst schien es, als würde er in alte Muster zurückfallen. Nur einen Tag nach dem Suizidversuch trank er Haarwasser und schluckte eingeschmuggelte Tabletten. Doch zugleich deutete sich an, dass er etwas ändern wollte. Laut Patientenakte bat er Ende November einen Arzt, seinen Freigang einzustellen: »Ich werde mit dem Freigang nicht fertig.« Das waren völlig neue Töne.

Im Frühjahr 1976 schien Sture einen Kampf gegen sich selbst zu führen. Meist gewann der Drogensüchtige in ihm die Oberhand. Sture türmte mehrmals aus der Klinik, und jedes Mal, wenn er zurückkam, war er berauscht. Bei einer Zimmerdurchsuchung fand das Personal ein paar Dutzend Tabletten in seinem Transistorradio.

Im Februar erlitt Stures einundsechzigjähriger Vater einen Schlaganfall und wurde zur Langzeitpflege nach Säter gebracht. Sture besuchte seinen Vater jeden Tag, und es schien, als würde er durch die Besuche zu einer gewissen innerlichen Ruhe finden. Im Mai 1976 wurde er erneut auf Bewährung entlassen, zog zu seiner Mutter nach Korsnäs, und gemeinsam fuhren sie täglich nach Säter, um Stures Vater zu besuchen.

Sture machte eine Wandlung durch. Alle zwei Monate hatte er einen Termin in der Poliklinik, um sich ein neues Rezept über eine Tagesdosis von drei Tabletten Sobril à 15 Milligramm abzuholen. Ab dem Frühjahr 1977 fallen die Einträge in der Patientenakte immer kürzer aus. Gelegentlich wurde vermerkt, Sture sei wohlauf, und auch seine Mutter sei »zufrieden« mit ihm. Hin und wieder machte ein Arzt einen Hausbesuch bei den Bergwalls und stellte fest, dass alles in bester Ordnung sei. Er sehe keinerlei Anzeichen für eine psychische Krankheit, schrieb er.[149] Im Januar 1978, kurz vor Stures achtundzwanzigstem Geburtstag, wurde die Dosierung von fünfzehn auf zehn Milligramm reduziert. Ein Fünftel der Dosis, die ihm 1973 nach seiner Einlieferung verschrieben worden war. Sture hielt sich an die Medikation.

Bei einem unserer Gespräche fragte ich ihn, wie er die Sucht besiegt hatte. »Ich hab das Chaos einfach nicht mehr ausgehalten, die Verzweiflung. Mir ging auf, dass ich die Finger von den Drogen lassen musste. Das Sobril gab mir eine gewisse Sicherheit, aber ich wusste, dass ich keinesfalls mehr als drei Tabletten pro Tag nehmen durfte.«

Im Mai 1977 wurde Sture aus der Psychiatrie entlassen. Zehn Jahre lang sollte er sich an die vorgeschriebene Medikation halten und für kein weiteres Verbrechen angezeigt werden. Nach dem Tod seines Vaters im September 1977 wohnte Sture allein mit seiner Mutter Tyra in Korsnäs. Er genoss es, sich um sie zu kümmern. Einige seiner Geschwister wohnten in der Nähe, und jetzt, da er clean war, kam er ihnen wieder näher. Endlich konnte er sich als Teil einer Gemeinschaft fühlen. Er schaffte sich einen Hund an und unternahm regelmäßige Radtouren mit seinem ältesten Bruder Sten-Ove. 1981 legten sie innerhalb einer Woche tausend Kilometer zurück, und 1982 nahmen sie an einem Rennen teil.[150] In seinem Buch beschreibt Sten-Ove diese Zeit folgendermaßen:

> [Sture] lebte ein ruhiges, geregeltes (beneidenswertes?) Leben. Er verbrachte Zeit mit unserer Mutter, mit seinen Geschwistern und Nichten und Neffen. Zu der Zeit bezog er noch keine Berufsunfähigkeitsrente. Ich meine mich zu erinnern, dass er ein Krankengeld bekam, das zusammen mit der Rente unserer Mutter gut zum Leben reichte. Er ging einkaufen, machte sauber, löste Kreuzworträtsel, fuhr mit dem Bus in die Stadt, spazierte herum, setzte sich in das eine oder andere Café und las viel. Er unternahm stundenlange Waldspaziergänge. An den Weihnachtstagen kam unsere Familie immer zusammen. Ich kann mich an kein Weihnachtsfest ohne meinen Bruder er-

innern. Er nahm stets aktiv an unseren Familientraditionen teil. Als unsere Mutter älter wurde, brauchte sie Hilfe bei den Weihnachtsvorbereitungen; er machte Besorgungen, putzte und kümmerte sich um alles. Bis zum Tod unserer Mutter bin ich jedes Jahr an Weihnachten nach Hause gefahren, und jedes Mal stellte sich das gleiche erwartungsfrohe Gefühl ein, sobald ich über die Türschwelle trat, den Weihnachtsschmuck sah und den Duft von Gebäck und Essen wahrnahm.

Das Weihnachtsfest hatte unserer Mutter immer sehr am Herzen gelegen, und das wusste auch mein Bruder. Es war die Zeit im Jahr, die unserer Mutter vor Augen führte, wofür sie ihr Lebtag geschuftet hatte, nämlich dafür, dass ihre Kinder genug zu essen hatten, dass sie uns einen reichlich gedeckten Tisch und Weihnachtsgeschenke bieten konnte, an denen sich sowohl die Beschenkten als auch die Schenkenden erfreuten.

Mein Bruder war großzügig. Entdeckte er etwas, von dem er glaubte, dass es Mutter, uns Geschwistern oder seinen Nichten und Neffen gefallen würde, griff er zu, selbst wenn er sein letztes Geld dafür hinblättern musste. Ich bin überzeugt, dass kein Kalkül dahintersteckte. Er freute sich einfach, wenn er uns mit seinen Geschenken eine Freude bereiten konnte. Vor allem seine Nichten und Neffen verwöhnte er, und die Kinder vergötterten ihn.[151]

Sture besserte sein Krankengeld mit dem Schreiben poetisch angehauchter Kolumnen auf, die im *Dala-Demokraten* und *Falu-Kuriren* veröffentlicht wurden. Ein Beispiel:

»Preiselbeersträucher und Blaubeergestrüpp, Steine und Stümpfe, Lava und Moos, ja, der ganze Wald badete im Licht der Herbstsonne. Mein Deerhound Upfold und ich streiften durch den Wald. Es war Nachmittag. Der morgendliche Regen war einem strahlend blauen Himmel gewichen. Die Temperatur war angenehm, die Luft war lind. Während Upfold, wie Hunde es zu tun pflegen, an Bäumen und Steinen schnupperte, lehnte ich mich an eine große Kiefer. In dem Moment kamen sie, die Tränen. Das ureigene Gemälde der Natur, dem keine Abbildung in Wort oder Bild gerecht zu werden vermag, war so wunderschön, dass es mir die Tränen in die Augen trieb. Ich sagte zu meinem Hund: ›Sieh nur, was uns geschenkt wurde!‹«[152]

Die 1980er-Jahre waren angebrochen. Sture führte ein gutes Leben und hatte Menschen um sich, denen er am Herzen lag. Als Stures Mutter im Herbst 1983 starb, hinterließ sie, wie Sten-Ove in seinem Buch schreibt, »geregelte finanzielle Verhältnisse und Enkelkinder zum Liebhaben«. Ihr Sohn Sture war kein Junkie mehr, sondern ein Geschäftsmann, der zusammen mit seinem Bruder Sten-Ove einen Kiosk aufgemacht hatte. Laut Sten-Ove war das letzte Lebensjahr seiner Mutter vermutlich ihr schönstes.[153]

11. Margits zweite Sekte

»Es war, als wäre ich nach Hause gekommen.«

Der Psychotherapeut Tomas Videgård über seine ersten Therapiesitzungen mit Margit Norell im Jahr 1977

Während für Sture die unbeschwerteste Zeit seines Lebens angebrochen war, sah es für Margit düster aus. 1977 war sie aus der Holistischen Vereinigung ausgestoßen worden, und drei Jahre später hatte sie sowohl ihren Analytiker Erich Fromm als auch ihren geliebten Freund David Schecter verloren. Margit war wieder einmal auf sich allein gestellt. Allerdings genoss sie nach wie vor einen guten Ruf als Psychoanalytikerin, und viele waren erpicht darauf, einen Termin bei ihr zu ergattern. Ihr Patientenregister reichte von Vertretern der linksradikalen Kulturelite über berühmte Feministinnen und TV-Stars bis hin zu politischen Aktivisten. Außerdem behandelte und supervidierte sie zahlreiche Psychotherapeuten. Jeden Tag machte sich Margit auf den Weg in ihre Praxis im Birkagården, um dem steten Strom hilfesuchender Menschen zu lauschen. Sie war dreiundsechzig Jahre alt, arbeitete sechs Tage in der Woche, und wenn ein Patient sie an einem Sonntag brauchte, war sie auch dann zur Stelle.

Viele der Patienten idealisierten Margit, so, wie kleine Kinder ihre Eltern idealisieren. Aber das reichte ihr nicht. Unmittelbar nach David Schecters Selbstmord im Herbst 1980 hatte sie deshalb angefangen, einen Kreis neuer Schüler um sich zu scharen. Offenbar konnte sie nicht anders. Diesmal sollte das Unterfangen nicht nur in eine persönliche Krise für Margit münden, sondern in eine Katastrophe, in welche die gesamte Forensische Psychiatrie und die schwedische Justiz involviert waren. Ohne Margit und ihren neuen Kreis wäre Sture mit größter Wahrscheinlichkeit für keinen Mord verurteilt worden, und der größte Rechtsskandal des Jahrhunderts hätte niemals stattgefunden.

Einer von Margits neuen Anhängern war der Psychotherapeut Tomas Videgård. Als ich ihn 2012 traf, war er siebenundsechzig Jahre alt und arbeitete Vollzeit in einer Privatpraxis im schicken Stadtteil Södermalm. Es dauerte nicht lang, bis Videgård von sich aus auf den Quick-Skandal zu sprechen kam. Ich hatte ihm zwar meine Geschichte von dem angeblichen Buchprojekt über die Objektbeziehungstheorie aufgetischt, doch offensichtlich wäre diese Lüge gar nicht nötig gewesen. Tomas erzählte, er habe 2008 im Fernsehen mitverfolgt, wie Sture seine Geständnisse zurückzog, und schon damals sei ihm klar gewesen, dass er eines Tages mit Fragen zu Margit und Sture konfrontiert werden würde. Er habe sogar in Erwägung gezogen, sich selbst zu Wort zu melden, sich dann aber doch anders besonnen. Vier Jahre lang hatte Tomas darauf gewartet, dass jemand sich bei ihm melden würde.

Mitte der Siebzigerjahre war Tomas ein junger Psychologiestudent gewesen. Zwar hatte er den theoretischen Teil einer Psychoanalytikerausbildung bereits hinter sich gebracht, doch innerlich hatte er mit der klassisch freudianischen Psychoanalyse in dem Moment abgeschlossen, in dem er auf die Objektbeziehungstheorie aufmerksam geworden war. Diese war von einer Gruppe britischer Psychoanalytiker entwickelt worden und fußte auf ähnlichen Überlegungen wie die Neopsychoanalyse, die seinerzeit Margit von der orthodoxen Psychoanalyse abgebracht hatten. Der Begriff »Objekt« mag verwirrend erscheinen, bezeichnet er doch für gewöhnlich materielle Gegenstände, doch Freud verwendete ihn für diejenige Person, auf die ein Kind seine Triebe und Wünsche projiziert. Das *Objekt* ist also eine Person, mit der man in einer Objekt*beziehung* steht.[154] Ebenso wie die Neopsychoanalytiker lehnten auch die Objektbeziehungstheoretiker Freuds Trieblehre – mal mehr, mal weniger kategorisch – ab, davon ausgehend, dass die persönliche Entwicklung eines Menschen von interpersonellen Beziehungen gesteuert werde.

Tomas Videgård reizte dieser Ansatz. Außerdem entdeckte er Arthur Janovs Primärtherapie für sich und reiste in die USA, um sich einer solchen Behandlung zu unterziehen. Janov behauptete in seinen äußerst erfolgreichen Büchern, eine Patentlösung für die Heilung psychischer Störungen zu haben, die die gesamte Psychiatrie revolutionieren würde. Fast alle psychischen Krankheiten, so Janov, ließen sich heilen, indem die Betroffenen ihre verdrängten, negativen Gefühle aus frühester Kindheit noch einmal durchlebten. Um gesund und glücklich zu werden, müsse man sich den »Urschmerz« von der Seele schreien.[155] Videgård war enttäuscht von der emotional aufreibenden Behandlung, und als er im Herbst 1977 nach Schweden zurückkehrte, litt er unter starken Panikattacken. Er brauchte Hilfe.

Durch seine damalige Freundin kam er in Kontakt mit Margit Norell. Margit hatte den Ruf, eine hochkompetente Therapeutin zu sein, die berühmte Schriftsteller, Intellektuelle und etliche Kollegen behandelte. Außerdem galt sie als politisch radikal. Während die orthodoxe Psychoanalyse psychische Probleme auf Konflikte zwischen angeborenen Trieben zurückführte, machte die Linke die Unterdrückung durch die bürgerliche Familie, das Patriarchat und/oder die kapitalistische Gesellschaft dafür verantwortlich. Margit vertrat letzteren Standpunkt und sah sich selbst als »sozialistische Psychoanalytikerin«. Videgård hatte Margit zum ersten Mal 1970 bei Erich Fromms Vortrag im Medborgarhuset gesehen.

Die erste Therapiesitzung fand 1977 statt. Videgård ließ sich sofort in Margits Bann ziehen. »Ich sehe noch vor mir, wie sie die Treppe herunterkam«, erinnerte er sich. »Ich stand vor ihrer Praxis, und es sah aus, als würde sie heruntertanzen, trotz ihrer fülligen Figur. Sie machte einen sehr vitalen Eindruck, und sie hatte dieses offene, warme Lächeln. Ich schätzte sie auf knapp über vierzig, obwohl sie schon über sechzig gewesen sein musste. So ganz genau kann ich mich an die erste Sitzung nicht mehr erinnern, aber ich weiß noch, dass ich mich sofort von ihr verstanden fühlte. Es war, als wäre ich nach Hause gekommen.«

Videgård sollte die nächsten dreizehn Jahre bei Margit in die Therapie gehen, meistens zwei Mal in der Woche. Während der Sitzungen lag er auf einem Sofa und sprach freiheraus über seine Probleme. Margit deutete seine Träume, und die Therapie kreiste immer wieder um die Frage, welche Beziehung er als kleines Kind zu seinen Eltern gehabt hatte. Durch Margits bedingungslose Wertschätzung empfand Videgård ein tiefes Gefühl der Bestätigung. Ihm gefiel, dass Margit sich gegen sämtliche, die Therapeutenrolle betreffenden Regeln zu sträuben schien. Sie war ihm wie eine Mutter, und er durfte sie jederzeit anrufen. In den ersten Jahren brütete Tomas über einer Examensarbeit zum Thema Primärtherapie. Margit stand ihm mit Rat und Tat zur Seite, und Videgård widmete ihr schließlich die Arbeit.

Ich wollte wissen, ob er in einer emotionalen Abhängigkeit zu ihr befunden hatte. »Ja, absolut«, antwortete er. »Inwiefern?«, hakte ich nach. »Sie war für mich so etwas wie ein Fixpunkt. Wenn ich Probleme hatte, konnte ich mich immer an sie wenden.«

»Was genau versteht man eigentlich unter einer ›Mutterübertragung‹?«, fragte ich ihn. »Tja, genau das, was ich gerade beschrieben habe«, sagt er lächelnd. »Man spürt ein Gefühl der Geborgenheit, wie bei einer Mutter. Wenn einem alles lästig und deprimierend vorkommt, dann wendet man sich an seine Mutter, damit die einem hilft. Allerdings glaube ich nicht, dass die ›Mutterübertragung‹ in Margits Fall nur ein Gefühl der Geborgenheit mit sich brachte. Sie war so scharfsinnig, hatte immer kluge

Dinge zu sagen und strahlte eine große intellektuelle und emotionale Autorität aus. In gewisser Weise war sie also auch ein guter Vaterersatz. Sie verband die Wärme einer Mutter mit der Kompetenz und der Autorität eines Vaters.«

»Was bedeutete der Kontakt für Sie?«, fragte ich.

»Es war ein Geschenk!«, erklärte er. »Ein solcher Mensch hatte mir mein ganzes Leben gefehlt. Ich hatte das Gefühl, bei ihr goldrichtig zu sein.«

Videgårds Angstzustände ließen allmählich nach, und er fing an, seine ersten Patienten zu behandeln. Manche hatte ihm Margit vermittelt, da sie weit mehr Anfragen bekam, als sie selbst bewältigen konnte. Ihre gemeinsamen Sitzungen verwandelten sich zu einer Mischung aus Therapie und Supervision.

Drei Jahre später erhielt Videgård ein verlockendes Angebot. Er gehörte zu einer Handvoll ausgewählter Patienten, mit denen Margit einen neuen Studienkreis gründen wollte. Das Angebot schmeichelte ihm. Die Gruppe bestand aus insgesamt sieben Personen, die meisten von ihnen angehende oder bereits fertig ausgebildete Psychologen, die von Margit als Therapeutin, Supervisorin oder in beiden Rollen betreut wurden. Alle hatten ein sehr besonderes Verhältnis zu ihr. Die Treffen fanden bei denjenigen Gruppenmitgliedern statt, die zu Hause genug Platz hatten, und dienten dem Austausch über psychoanalytische Literatur von einer von Margit zusammengestellten Lektüreliste.

In den ersten vier Jahren nahm Margit nur sporadisch an den Treffen teil. Die Mitglieder, so der Plan, sollten sich erst einmal mit den theoretischen Grundlagen auseinandersetzen. Im Herbst 1984 begann man zu diskutieren, ob Margit regelmäßig dabei sein sollte, außerdem wurden die Sitzungen von nun an protokolliert. Aus den Protokollen geht hervor, dass die Mehrheit der Mitglieder für Margits Anwesenheit stimmte, doch es wurden auch einige Einwände laut. In einem Protokoll vom Oktober 1984 heißt es zum Beispiel:

»Eine wichtige Frage: Welche Folgen wird Margits Anwesenheit für die Gruppe haben? Margit, die für uns alle auf verschiedene Weise eine Autorität, aber auch eine ›Mutter‹ darstellt.«[156]

Schlussendlich wurde entschieden, dass Margit ab Januar 1985 an den monatlichen Treffen teilnehmen sollte. Die Verantwortung für die inhaltliche Gestaltung ging reihum, und der jeweils Zuständige konnte beispielsweise ein Buch oder eine Fallstudie vorstellen, die Margit anschließend kommentierte.

Anfangs war die »Margit-Gruppe« voller Enthusiasmus. Margit hatte nach wie vor die Gabe, andere mit ihrer Begeisterung anzustecken, und sie vermittelte den Gruppenmitgliedern das Gefühl, einer Elite anzugehören. »Man fühlte sich wie ein Auserwählter«, erklärte Tomas Videgård. »Als wären wir die Besten in Schweden, wenn nicht sogar in der Welt. Wir waren diejenigen, die den Problemen wirklich auf den Grund gingen. So schätzten wir uns jedenfalls selbst ein.«

Margits Behandlungsphilosophie war simpel. Jedenfalls auf dem Papier. An welchen psychischen Problemen die Patienten auch leiden mochten, Margit zufolge war die Ursache stets in der Kindheit zu suchen. Denken, Fühlen und Handeln des Patienten war von seinen schlechten Eltern aus dem Gleichgewicht gebracht worden, und dies galt es nun zu korrigieren. Die Aufgabe des Therapeuten bestand folglich darin, für den Patienten zum Elternersatz zu werden, ihn während der langwierigen Behandlung zu unterstützen und ihm eine bedingungslose Wertschätzung entgegenzubringen. Das bedeutete, dass der Therapeut einen Patienten nie kritisierte oder infrage stellte. Margit verlangte von ihren Schülern, den Patienten die oberste Priorität in ihrem Leben einzuräumen und sie auch über die eigene Familie zu stellen – so, wie sie es selbst tat. Wollte ein Patient bei seinem Therapeuten zu Hause wohnen, dann sollte es so sein. Einige von Margits Schülern erzählten mir, es sei vorgekommen, dass manche Patienten während der laufenden Therapie bei ihnen zu Hause Drogen genommen hatten. Aber selbst das wurde akzeptiert, da der Drogenmissbrauch als ein Verteidigungsmechanismus gedeutet wurde, der automatisch verschwand, sowie die Beziehung zwischen Patient und Therapeut sich ausreichend stabilisiert hatte.

Margit gelang es, ihren Anhängern einen nahezu bedingungslosen Glauben an ihr Behandlungsmodell einzuflößen. Aber wie schon damals in der Holistischen Vereinigung sollten nicht alle Therapien von dem Erfolg gekrönt sein, den Margit in Aussicht stellte. Videgård erzählte, dass es in den späten 1980er-Jahren in der Gruppe zu kriseln begann, als Margit sich dagegen sträubte, über die gescheiterten Therapien zu sprechen.

»Und das war ihr allergrößtes Problem«, erklärte Videgård. »Sie konnte nicht mit Kritik umgehen. Sie fühlte sich gekränkt, machte vollkommen dicht und wurde ein bisschen paranoid. Dann war es unmöglich, ein vernünftiges Therapie- oder Supervisionsverhältnis zu ihr herzustellen.«

»Und das ist Ihnen erst da klar geworden?«, hakte ich nach.

»Nein«, entgegnete er. »Ich schätze, wir hatten uns schon daran gewöhnt. Wahrscheinlich haben wir es schon früher bemerkt, aber dann hat so etwas wie eine Art Selbstzensur eingesetzt. Mit Margit diskutierte man nicht. Weder in Einzel- noch in den Gruppensitzungen.«

Manche Gruppenmitglieder betrachteten es als ihre Aufgabe, sich schon bei dem leisesten Anflug von Kritik schützend vor Margit zu stellen.

»Es war wie in einer Sekte«, erklärte Videgård. »Die Sektenführerin durfte man nicht kritisieren. Und tat man es doch, tja, dann wurde sie schleunigst darüber informiert – und wenn man Pech hatte, wurde man aus der Gruppe ausgeschlossen.«

Videgård zufolge herrschte eine schier unbändige Bereitschaft, Margit zu beschützen und zu idealisieren. »Man hatte sein Leben quasi in ihre Hände gelegt, und man wusste, dass die anderen dasselbe getan hatten. Das Problem war vermutlich ihre Sonderstellung. Hätte es zwei oder drei weitere Personen gegeben, die mit ihr auf einer Stufe gestanden hätten, wäre die Gruppendynamik eine völlig andere gewesen. Aber so war es nicht.«

Ein anderes Mitglied der Margit-Gruppe war die Psychotherapeutin Britt Andersson aus Uppsala, die seit 1977 von Margit supervidiert wurde. Als ich sie in ihrer Praxis besuchte, bestätigte sie mir alles, was Videgård erzählt hatte. Alle Gruppenmitglieder hätten sich vor Margit gefürchtet, und schon die kleinste Kritik habe zu Missstimmungen geführt. Dann erzählte sie mir von einer Supervisionssitzung in den frühen Neunzigerjahren. Sie ging schon seit fünfzehn Jahren zu Margit, doch als diese ihr an jenem Tag die Praxistür öffnete, war sie wie verwandelt.

»Sie meinte: ›Mir ist zu Ohren gekommen, dass du schlecht über mich redest‹«, erzählte mir Britt und imitierte Margits getragene, nachdrückliche Art zu sprechen. »Mehr sagte sie dazu nicht. Aber den ganzen Rest der Sitzung sollte ich darüber nachdenken, was ich getan hatte. Ich habe mich verteidigt und gefragt, was sie meint – aber sie hat es mir nicht gesagt. Es war gruselig, eine Tortur. Danach habe ich die Supervision abgebrochen.«

Später sollte sich herausstellen, dass Britt einem äußerst hörigen Gruppenmitglied gegenüber angedeutet hatte, Margit gehe mit ihrem Mann Curt unnötig hart ins Gericht. Die Folge war die einstündige Tortur. Als Britt mir diese Geschichte erzählte, musste ich an mein allererstes Interview mit Tulla Brattbakk-Göthbergh in Vadstena denken. »*Wir waren erwachsene Menschen, Profis. Und trotzdem waren wir so klein.*«

Ein weiteres Mitglied der Margit-Gruppe war Margareta Hedén-Chami, die viele Jahre am Psychologischen Institut der Universität Uppsala gearbeitet hatte. Als ich sie zu Hause besuchte, war sie neunundsiebzig Jahre alt und seit einiger Zeit im Ruhestand. Sie erzählte mir, dass sie 1977 eine Vorlesung von Margit über die Objektbeziehungstheorie und die Bedeutung früher interpersoneller Beziehungen für die Persönlichkeitsentwicklung besucht hatte. Beeindruckt von Margits progressivem Denken ging Margareta nach der Vorlesung zu Margit und fragte, ob sie eine Therapie bei ihr machen könne.

»Sie war sehr schroff«, erzählte Margareta. »Sie meinte, ›Schreiben Sie mir einen Abriss über Ihr Leben, dann sehen wir weiter.‹ Meine Kinder waren damals noch klein, und ich war alleinerziehend. Aber sobald die Kinder im Bett waren, habe ich mich ans Schreiben gemacht. Dann ging ich raus und warf den Brief ein, damit ich es mir nicht mehr anders überlegen konnte. Nach einer Weile rief sie an und sagte: ›Sie können bei mir anfangen, aber im Moment habe ich keine freien Termine.‹«

Ein Jahr später durfte Margareta ihre Therapie endlich beginnen. Sie litt damals an Depressionen und einem starken Anpassungszwang. Von Margits Therapie war sie sofort begeistert. »Sie packte das Problem an der Wurzel und sah auf den ersten Blick, welche Eigenschaft aus einer Anpassung resultierte und welche echt war. Sie war mir eine große Hilfe.«

Auch Margareta betrachtete Margit als eine Art Mutterersatz, und als sie 1980 in die Margit-Gruppe eingeladen wurde, fühlte sie sich geschmeichelt. Eine Weile schien alles in bester Ordnung, doch in den späten Achtzigerjahren vollzog sich ein Stimmungswandel.

»Es ist wirklich interessant, wie sich die Dynamik einer Gruppe entwickeln kann«, erklärte sie. »Mit der Zeit kam mir das Ganze immer mehr wie eine Sekte vor. Uns wurde vorgeschrieben, wie wir denken sollten, und wir durften unsere Meinung nicht frei äußern. Margits Wort war Gesetz. Es war eine eigenartige Stimmung. Am Ende habe ich mich sehr unwohl gefühlt. Wie eingesperrt.«

Für Margareta kam der Wendepunkt im September 1989, als sie bei einem der Gruppentreffen von einer in ihren Augen sehr gut verlaufenden Therapie erzählte, die aber nicht von Margit supervidiert wurde. Vor versammelter Mannschaft kritisierte

Margit Margaretas psychotherapeutischen Ansatz und empörte sich, dass sie, Margit, nicht um Hilfe gebeten worden war. Dass eine Therapie ohne ihren Einfluss Erfolg haben konnte, war für sie schier undenkbar. Von da an zeigte sie Margareta die kalte Schulter.

»Plötzlich erkannte ich Margits schizoide Seite. Für sie gab es nur Schwarz und Weiß, entweder man war drinnen, oder man war draußen – und wer nicht gehorchte, der war draußen. Es war ein großer Schock für mich. Ich habe geweint… und dann sah ich mit einem Mal meine Mutter in ihr… Wer Mutter nicht gehorcht, der taugt nichts.« Am Ende brach Margareta mit Margit und trat aus der Gruppe aus.

Tulla Brattbakk-Göthberg hatte mir bei unserem Interview erzählt, sie habe erst gegen Ende der Neunzigerjahre, nachdem sie sich von der Gruppe gelöst hatte und nach Norwegen gezogen war, wirklich begriffen, wovon sie in der Zeit als Margits Schülerin Teil gewesen war.

»Margit hatte weder zu ihren Kindern noch zu anderen Familienmitgliedern eine Bindung aufbauen können. Also machte sie uns zu ihren Kindern. Sie entschied, wen sie in der Gruppe dabeihaben wollte… Es war, als würde sie sich ihre Kinder aussuchen. Wir hatten alle keinen leichten Start ins Leben gehabt und genossen es, auserwählt zu sein. Immerhin war Margit eine Berühmtheit. Es gab viele, die unbedingt mit ihr arbeiten wollten und nie die Gelegenheit dazu bekamen. Deshalb hatten wir das Gefühl, etwas Besonderes zu sein. Und jetzt, wo wir endlich eine gute Mutter bekommen hatten, mussten wir ihr natürlich gehorchen. Wir waren wie Kinder.«

Im Zuge meiner Recherchen habe ich neun Psychotherapeuten getroffen, die über viele Jahre zu Margits engstem Umfeld gehört hatten. Sie alle bestätigten mir auf die eine oder andere Weise, dass die Gruppe sektenartige Züge gehabt habe. Immer wieder wurde Margits einzigartige Fähigkeit hervorgehoben, das Selbstbewusstsein ihrer Schützlinge zu stärken, um es ihnen schon im nächsten Moment zu rauben. So hatte sie sich die totale Kontrolle über die Gruppe verschafft. »Am Ende ist das Ganze dann völlig ausgeartet«, so beschrieb es Tomas Videgård in unserem Interview. »Ich weiß noch, wie NN [eine von Margits devotesten Anhängerinnen, Anm. d. Verf.] einmal sagte, sie müsse endlich damit anfangen, das eine oder andere Problem auf eigene Faust zu lösen. Damit meinte sie so alltägliche Dinge wie den Kauf einer Waschmaschine zum Beispiel. Normalerweise rief sie in solchen Fällen vorher Margit an. Denn genau das war das Motto der Gruppe: Margit hat für alles eine Antwort.«

Von einem der ehemaligen Gruppenmitglieder erhielt ich ein paar Tonbandaufnahmen der gemeinsamen Treffen. Zwei Kassetten sind auf den 26. Januar 1985 datiert, den Tag, an dem Margit ihren ersten Auftritt vor der versammelten Mannschaft gehabt hatte. Margit empört sich über die Holistische Vereinigung und darüber, wie wenig die dort angebundenen Psychotherapeuten von ihrer Arbeit verstünden. Als sie eine Kollegin als »Idiotin« bezeichnet, breitet sich zustimmendes Gemurmel in der Gruppe aus. Margit spricht über Sigmund Freud und den Verrat, den er an seinen Patienten begangen hat, und liest einige Auszüge aus einem Buch des britischen Objektbeziehungstheoretikers und Kinderarztes Donald Winnicott vor, das sie – wie aus ihren Briefen hervorgeht – von David Schecter bekommen hat. Sie spricht langsam, fast schon andächtig, so als wolle sie den Anwesenden die Möglichkeit geben, Winnicotts Weisheit Wort für Wort in sich aufzunehmen.

Margit betont auffallend häufig die Unfähigkeit der anderen Psychotherapeuten und Theoretiker und beklagt sich in einem theatralisch-erschöpften Tonfall über die in Schweden vorherrschende Inkompetenz. Es klingt, als hätte sie jahrein, jahraus vergebens versucht, den wahrheitsresistenten Narren ihre Weisheit einzuflößen. Die Gruppe pflichtet ihr bei, lacht an den richtigen

Stellen und stellt höfliche Nachfragen. Ich musste daran denken, was sie Erich Fromm über »die mittelmäßige Qualität der meisten Institutionen und Analytiker«[157] in Schweden geschrieben hatte.

Die Tonaufnahmen spiegeln deutlich Margits übersteigertes Selbstbewusstsein wider, wie es mir Jan Stensson aus der Zeit in der Holistischen Vereinigung geschildert hatte. Sie überhöhte nicht nur sich selbst, sondern schloss auch ihre Schüler mit ein. Dank ihr konnte sich die gesamte Gruppe in einem Gefühl der Überlegenheit wiegen. Waren es in den 1970er-Jahren noch die orthodoxen Freudianer gewesen, die Margit Gift und Galle speien ließen, stellte sie nun, zwölf Jahre später, die Holisten an den Pranger. Ansonsten war der Versuch, eine sektenartige Vereinigung an sich zu binden, eine genaue Wiederholung dessen, was sie seinerzeit mit der Holistischen Vereinigung bezweckt hatte.

Die Ursprungsbesetzung der Margit-Gruppe bestand aus sieben Mitgliedern. Im Laufe der Zeit sollte hin und wieder jemand dazukommen, das erste Mal im November 1985, also rund ein Jahr nachdem sie begonnen hatte, selbst an den Treffen teilzunehmen.

Der Neuankömmling hieß Göran Källberg. Er war Leitender Oberarzt in der Forensischen Psychiatrie in Säter und dort verantwortlich für den sogenannten »Pavillon«, wo seit 1912 Gewaltstraftäter im Maßregelvollzug untergebracht wurden.[158] Källberg war seit 1981 in der Klinik angestellt und zeichnete sich durch sein progressives Denken aus. Er hatte vor, die Klinik zu modernisieren und auf eine Psychotherapie der verurteilten Straftäter zu setzen. Ein völlig neuer Ansatz, denn bislang hatte die Behandlung vor allem darin bestanden, den Patienten starke Medikamente zu verabreichen und sie sicher zu verwahren.

Im Herbst 1983 bekam die Klinik einen berühmten Neuzugang. Lasse Andersson, bekannter unter seinem alten Namen Lars-Inge Svartenbrandt. Es handelte sich um einen der berüchtigsten Verbrecher Schwedens, auf dessen langer Anklageliste unter anderem bewaffnete Raubüberfälle standen. Die meisten sahen in ihm einen hoffnungslosen Psychopathen. Svartenbrandt war zu einer langen Freiheitsstrafe verurteilt worden und hatte vier Jahre in einer Isolierzelle im Gefängnis Kumla eingesessen. Wegen schwerer Depressionen hatte er schließlich beantragt, den Rest seiner Strafe in Säter absitzen zu dürfen.[159]

Göran Källberg entschied, dass Svartenbrandt einer Psychotherapie unterzogen werden sollte. Da Källberg zwar Psychiater war, aber keine Weiterbildung zum Psychotherapeuten absolviert hatte, durfte er die Behandlung nicht eigenständig durchführen. Er brauchte eine Supervision. Margit hatte sich in der Klinik einen Namen gemacht, als sie in den Siebzigerjahren Barbro Sandin und die anderen Therapeuten des »Säter-Modells« betreut hatte, und obwohl es bislang keine Überschneidungspunkte mit dem Pavillon gegeben hatte, setzte Källberg sich mit ihr in Verbindung. Margit willigte ein, ihm bei Svartenbrandts Psychotherapie zur Seite zu stehen.

Also begab sich der Leitende Oberarzt ab 1983 regelmäßig nach Stockholm, um von Margit therapiert und supervidiert zu werden. Zwei Jahre später lud Margit ihn in ihren exklusiven Studienkreis ein. Laut Protokoll nahm Källberg das erste Mal am Samstag, dem 9. November 1985, an einem Gruppentreffen teil, und er sollte viele Jahre ein treuer Anhänger bleiben.

Källberg stützte sich in Svartenbrandts Therapie auf das Prinzip der bedingungslosen Wertschätzung, wie er es von Margit gelernt hatte. Ziel war es, das gute »Objekt« zu werden – der gute Vater, den Svartenbrandt nie gehabt hatte. Einige meiner Interviewpartner erzählten mir, dass Svartenbrandts Behandlung ein wahres Schreckensbeispiel für Margits distanzlose Therapiemethode gewesen sei. Wenn Svartenbrandt Freigang hatte, spielte Källberg den Chauffeur und fuhr ihn in seinem Privatwagen durch die Gegend. Svartenbrandt trickste seinen Therapeuten aus, log, dass sich die Balken bogen, und missbrauchte Källbergs

Vertrauen. 1986 büxte er während einer seiner zahlreichen Freigänge aus und überfiel ein Postamt in Uppsala.[160] Er wurde festgenommen, und obwohl zu den bereits bestehenden Verurteilungen – unter anderem wegen versuchten Mordes und Raubes – ein paar Jahre hinzukamen, durfte Svartenbrandt in Säter bleiben und die Therapie mit Källberg fortsetzen.

Auch die Psychotherapeutin Greta Thorén hatte zur Margit-Gruppe gehört. Als ich sie in ihrer Praxis auf Södermalm besuchte, meinte sie, Källberg sei so etwas wie Svartenbrandts »Laufbursche« gewesen. Trotzdem habe in der Gruppe niemand bezweifelt, dass Margit mit ihrer Methode wahre Wunder vollbringen konnte. »Ich hätte jetzt beinahe gesagt, Svartenbrandt sollte ›erlöst‹ werden, aber das wäre unfair«, erklärte Thorén. »Es hieß, wenn man Svartenbrandt besser verstünde, könnte er geheilt werden … oder zumindest würde es ihm dann deutlich besser gehen. Ein vollkommen verrückter Gedanke … aber in der Gruppe stieß sie damit auf Begeisterung.«

Göran Källberg und Margit waren fest davon überzeugt, Svartenbrandt heilen zu können. Källberg hatte Blut geleckt, und im September 1984 ergänzte er das Personal im »Pavillon« um eine Psychologin. Birgitta Ståhle war dreißig Jahre alt und kam direkt von der Uni. Sie absolvierte zunächst ein einjähriges Pflichtpraktikum in der Klinik und wurde im Herbst 1985 festangestellt. Eine Ausbildung zur Psychotherapeutin hatte sie nicht. In Schweden erhalten Psychologiestudenten zwar eine grundlegende psychotherapeutische Einführung, doch für die Approbation als Psychotherapeut müssen Psychologen, ebenso wie Ärzte, eine zusätzliche Spezialausbildung absolvieren, die eine mehrjährige praktische Tätigkeit unter Supervision umfasst. Källberg löste das Problem folgendermaßen: Ab Januar 1988 fuhr Ståhle jede Woche nach Stockholm, um ebenfalls von Margit supervidiert zu werden. Aus einer Bescheinigung der Gesundheitsbehörde geht hervor, dass die Supervision ab 1990 um eine Therapie ergänzt wurde.[161] Im selben Jahr wurde Ståhle in Margits Studienkreis aufgenommen. Göran Källberg und Birgitta Ståhle wurden wie Stars behandelt. Sie hielten Vorträge über ihre komplexe Arbeit mit Gewaltstraftätern, und laut Tomas Videgård wurden sie dafür mit Bewunderung regelrecht überhäuft. »Was in Säter geschah, war ja etwas Einzigartiges«, erklärte er. »Die Therapeuten mussten sich selbst in die Hölle begeben, um diese grausamen Mörder verstehen zu lernen.«

Källberg glaubte so fest an Svartenbrandts Therapie, dass er beschloss, die gesamte Abteilung für Forensische Psychiatrie einer Generalüberholung zu unterziehen – mit Margits theoretischen und klinischen Modellen als Fundament. Von kommunalen Mitteln unterstützt, wurde 1989 eine nigelnagelneue und äußerst kostspielige Klinik für Forensische Psychiatrie eröffnet. Der »Pavillon« wurde endgültig dichtgemacht.[162] Die erste Psychologin, die angestellt wurde, war Birgitta Ståhle.

Margits Behandlungsphilosophie hatte sich von Anfang an auf die Idee gestützt, dass bedingungslose Wertschätzung die Grundlage einer erfolgreichen Therapie bilde. Außerdem war sie überzeugt davon, dass hinter fast allen psychischen Krankheiten verdrängte Erinnerungen an Übergriffe in der frühen Kindheit steckten. Wie wir bereits gesehen haben, hatte Margit ihre Patientin Hanna Olsson 1977 dazu gebracht, zu Erlebnissen zu »regredieren«, die sie im Alter von zwei, drei Jahren bezeugt hatte. Mittlerweile arbeitete Hanna Olsson selbst als Psychotherapeutin und gehörte zur Ursprungsbesetzung der »Margit-Gruppe«. Im Laufe der 1980er-Jahre versuchte Margit, auch bei anderen Gruppenmitgliedern verdrängte Erinnerungen heraufzubeschwören, vorwiegend an sexuelle Übergriffe in der Kindheit. Da es sich um ein hochsensibles Thema handelte, wollte mir keines der Gruppenmitglieder verraten, bei wem sie Erfolg gehabt hatte, doch zumindest erfuhr ich, dass es bei mehreren Gruppenmitgliedern tatsächlich zu Regressionen gekommen war.

Immer wieder wurde gesagt, eines der fügsamsten Gruppenmitglieder sei eine Therapeutin namens Cajsa Lindholm gewesen. Laut Tulla Brattbakk-Göthberg war Cajsa »der Mensch in Margits Leben, der einer Tochter am nächsten kam – und das, obwohl Margit eine biologische Tochter hatte«. Lindholm interessierte sich sehr für psychoanalytische Theorie und verschlang alles, was Margit ihr zu lesen gab. Von den anderen wurde sie auch Margits »Kronprinzessin« genannt. In einem meiner Interviews wählte ein ehemaliges Gruppenmitglied jedoch einen weniger schmeichelhaften Ausdruck und bezeichnete sie als Margits »Sklavin«. Später erfuhr ich, dass Cajsa im Januar 2005 an Margits Sterbebett saß.

Anfang 2012 sollte Cajsa einen Vortrag über psychodynamische Therapie in Stockholm halten. Ich befand mich in einer frühen Phase meiner Recherche, kannte aber immerhin schon ihre vertrauliche Widmung in Stures Exemplar von *Ein Raum zum Leben*. Sture erzählte mir, dass Cajsa selbst eine Therapeutin behandelt und supervidiert habe, die ich im Folgenden Lena Arvidsson nennen will. Lena habe in den Quick-Jahren eine wichtige Rolle gespielt und Margit sehr bewundert. Sture mailte mir sogar ein paar Fotos von Juni 2000. Sie zeigen ihn auf einem Pferd, das von einer hellhaarigen, bebrillten Frau um die vierzig geführt wird. Ich schrieb Lenas Namen auf meine Liste der Personen, mit denen ich sprechen wollte.

Cajsa Lindholms Vortrag fand im Haus für Bildung und Kultur in Stockholm statt. Der Saal bot Platz für rund sechzig Zuhörer, war aber nicht einmal zur Hälfte gefüllt. Ich suchte mir einen Platz in der zweiten Reihe. Rechts neben mir saß eine hellhaarige Frau. Als ich sie erkannte, zuckte ich innerlich zusammen. Es war Lena Arvidsson.

Cajsa Lindholm betrat das Podium. Sie war eine recht große blonde Frau um die sechzig, die zunächst einen etwas schüchternen und reservierten Eindruck machte, sich dann aber als routinierte Rednerin erweisen sollte. In ihrem Vortrag erklärte sie, wie sie ihren Patientinnen dabei half, verdrängte Erinnerungen an sexuelle Übergriffe in der Kindheit wieder an die Oberfläche zu holen. Unter anderem schilderte sie den Fall einer siebenundfünfzigjährigen Patientin, die ihr ganzes Leben an Panikattacken, Essstörungen und Beziehungsproblemen gelitten hatte. Die Patientin hatte schon etliche Therapien hinter sich, aber bisher hatte ihr niemand helfen können. Für Cajsa stand sofort fest, dass die Patientin traumatische Erinnerungen verdrängt hatte. Nach der siebenjährigen Therapie blickte die Patientin mit völlig anderen Augen auf ihre Kindheit zurück und erinnerte sich mit einem Mal daran, schon als kleines Kind von ihrem Vater missbraucht worden zu sein, während ihre Mutter zu »unfähig und verwirrt« gewesen war, um etwas dagegen zu unternehmen. Diese Erinnerungen, so Cajsa, waren »durch Träume und Gespräche« zutage gefördert worden. Die Traumdeutung stellte für Cajsa eine besonders wichtige Technik dar: »Für mich sind Träume eine unerschöpfliche Informationsquelle, da sie Auskunft geben über die Gefühlswelt einer Patientin.«

Dann bekam das Publikum die Gelegenheit, Fragen zu stellen. Eine Zuhörerin wollte wissen, ob die Patientin, ehe sie zu Cajsa kam, tatsächlich keinerlei Erinnerungen an den Missbrauch gehabt habe.

»Nein, nein. Überhaupt keine«, lautete die Antwort.

Nach dem Vortrag ging ich nach vorn. Ich stellte mich Cajsa vor und sagte, ich schriebe an einem Buch über die Geschichte der Objektbeziehungstheorie in Schweden und wolle Margit Norell in ihrer Rolle als Pionierin porträtieren. Aus *Ein Raum zum Leben,* das ich mit Interesse gelesen hätte, wisse ich, dass sie und Margit sich sehr nahegestanden hatten. Ich würde gern Genaueres über die psychotherapeutische Methode erfahren, die Margit gelehrt und die Cajsa in ihrem Vortrag skizziert hatte. Ob sie womöglich eines meiner Bücher lesen wolle? Ich öffnete meine Tasche. Strategisch platziert lagen zuoberst zwei Klassiker der Objektbeziehungstheorie, die ich herausnehmen musste, um an meine eigenen Bücher zu kommen. Es handelte sich um *Das Selbst und die inneren Objektbeziehungen* von Ronald Fairbairn (1952) und *Reifungsprozesse und fördernde Umwelt* von Donald Winicott (1965). Später erfuhr ich, dass Margit diese Bücher mit im Gepäck hatte, als sie sich im Sommer 1977 mit David Schecter und seiner Frau in Portugal traf. Alles lief wie am Schnürchen: Als Cajsa die beiden Standardwerke bemerkte, machte sie große Augen und meinte, der Anblick bringe sie beinahe zum Weinen.

Dank meiner kleinen Schwindelei begegnete Cajsa mir ohne Misstrauen und erklärte sich bereit, mir von Margit zu erzählen. Während unserer Unterhaltung hatte Lena Arvidsson die ganze Zeit daneben gestanden. Ich fragte sie, ob sie auch Psychotherapeutin sei. Ja, allerdings, antwortete sie. Sie gehe seit vielen Jahren bei Cajsa in die Therapie und Supervision und arbeite ebenfalls nach Margits Methode. Ich dürfe sie gern besuchen und sie zu ihrer psychotherapeutischen Arbeit befragen.

Dann verabschiedeten wir uns. Als ich durch die Stockholmer Straßen nach Hause spazierte, war ich aufgekratzt. Ich hatte Kontakt zu Thomas Quicks dritter Psychotherapeutin und deren Supervisorin hergestellt, und Letztere war außerdem eine von Margit Norells treuesten Anhängerinnen gewesen. Von ihnen würde ich Genaueres über die Behandlungsmethode erfahren, die Margit gelehrt hatte und mit der Sture zehn Jahre lang in Säter therapiert worden war. Ich konnte es kaum fassen. Zumal ich zu Hause auf meinem Computer jede Menge Forschungsliteratur gespeichert hatte, die bewies, dass die von Cajsa soeben skizzierte Therapieform ein Patentrezept dafür war, wie man falsche Erinnerungen erschaffen konnte.

12. Der Mythos der verdrängten Erinnerungen

»Durch den Klang ihrer Stimme, die Formulierung von Fragen und durch Signale, die Zustimmung oder Zweifel ausdrücken, kann eine Therapeutin ungewollt eine Patientin dazu ermutigen, die auftauchenden ›Erinnerungen‹ als real zu akzeptieren und damit deren Selbsttäuschung verstärken oder sogar falsche Erinnerungen erst entstehen lassen.«

Aus: *Die therapierte Erinnerung. Vom Mythos der Verdrängung bei Anklagen wegen sexuellen Missbrauchs*
von Elizabeth Loftus und Katherine Ketcham

Sigmund Freud hatte als Erster die Theorie von der Verdrängung traumatischer Erinnerungen populär gemacht. Gegen Ende des 19. Jahrhunderts behandelte er einige Patientinnen, die an »Hysterie« litten, eine Diagnose, die von Angstzuständen über Depressionen bis hin zu Psychosen so ziemlich alles umfassen konnte. Die Psychoanalyse steckte noch in ihren Kinderschuhen, und Freud experimentierte mit verschiedenen Behandlungsmethoden. Während der Therapiesitzungen beobachtete er, wie seine Patientinnen in einen eigentümlichen Zustand versetzt wurden, in dem sie außergewöhnlich starke Emotionen zeigten. Freud glaubte, dass sie mental in ihre Kindheit zurückkehrten und die sexuellen Übergriffe erneut durchlebten, an die sie keine bewussten Erinnerungen mehr hatten. Daraus schloss er, die menschliche Psyche sei mit einem Verdrängungsmechanismus ausgestattet, der die Erinnerungen an schreckliche Erlebnisse automatisch »beiseiteschaffe«. Versuchten die verdrängten Erinnerungen allerdings, aus dem Unterbewusstsein emporzusteigen, kam es zu Zwangsstörungen, Depressionen und anderen psychischen Problemen.

Freuds These, dass verdrängte Erinnerungen an sexuelle Übergriffe in der frühen Kindheit der Auslöser für nahezu alle psychischen Erkrankungen seien, erhielt den Namen »Verführungstheorie«. Selbige präsentierte Freud 1896 voller Stolz in einer Vorlesung in Wien. Vor einer aus Psychiatern und Neurologen zusammengesetzten Zuhörerschaft erklärte er das Rätsel um die Hysterie für gelöst:

»Ich stelle also die Behauptung auf, zugrunde jedes Falles von Hysterie befinden sich – durch die analytische Arbeit reproduzierbar, trotz des Dezennien umfassenden Zeitintervalles – *ein oder mehrere Erlebnisse von vorzeitiger sexueller Erfahrung*, die der frühesten Jugend angehören.«[163] [Hervorhebungen wie im Original, Anm. d. Verf.]

Die Vorlesung wurde verhalten aufgenommen. Für Freuds Kollegen war das Rätsel der Hysterie keineswegs gelöst, und die Verführungstheorie wurde als reine Spekulation abgetan. Freud empörte sich in einem Brief an einen Freund, seine Theorie sei als »wissenschaftliches Märchen«[164] bezeichnet worden. Er war gekränkt, nahm sich die Kritik aber durchaus zu Herzen und verwarf die Verführungstheorie bald darauf.[165] In den folgenden Jahrzehnten konzentrierte er sich stattdessen auf die Triebtheorie; das heißt, Freud vollführte eine theoretische 180-Grad-Drehung. Hatte er psychische Erkrankungen doch bislang in erster Linie auf frühkindliche Missbrauchserfahrungen zurückgeführt, vertrat er nun den Standpunkt, dass die Aufgabe eines Psychoanalytikers darin bestehe, sich anhand der Träume und Fantasien des Patienten auf die Suche nach Triebkonflikten zu begeben. Zwar stellte die »Verdrängung« für Freud nach wie vor ein wichtiges Thema dar, doch statt traumatischer Erinnerungen waren es nun die triebgesteuerten, sozial nicht akzeptierten Wünsche, die verdrängt wurden. Zum Beispiel behauptete er, Jungen hätten den angeborenen Trieb, in einem bestimmen Entwicklungsstadium mit ihrer Mutter schlafen zu wollen, während sich die sexuellen Wünsche bei Mädchen auf den Vater richteten. Der sogenannte »Ödipuskomplex« bildete einen Grundpfeiler der Triebtheorie.

Als Freud später entgegengebracht wurde, seine Lehre entbehre jeder wissenschaftlichen Grundlage, richtete sich die Kritik oft gegen die Ödipuskomplex-Theorie. Sie spielt in der psychologischen Forschung längst keine Rolle mehr.[166] Freud jedoch blieb hartnäckig und verteidigte die Hypothese bis zu seinem Tod 1939. In einem Vorlesungsskript von 1933 behauptet er, etliche seiner Patientinnen hätten ihm dreißig Jahre zuvor, also Ende des 19. Jahrhunderts, selbst erzählt, sie hätten Sex mit ihren Vätern gehabt. Er schrieb:

»In der Zeit, da das Hauptinteresse auf die Aufdeckung sexueller Kindheitstraumen gerichtet war, erzählten mir fast alle meiner weiblichen Patienten, daß sie vom Vater verführt worden waren. Ich mußte endlich zur Einsicht kommen, daß diese Berichte unwahr seien, und lernte so zu verstehen, daß die hysterischen Symptome sich von Fantasien, nicht von realen Begebenheiten ableiten. Später erst konnte ich in dieser Fantasie von der Verführung durch den Vater den Ausdruck des typischen Ödipuskomplexes beim Weibe erkennen.«[167]

Demnach hatte Freud den Missbrauchsschilderungen der Frauen zunächst Glauben geschenkt, um sie zu einem späteren Zeitpunkt als Fantasien zu enttarnen – und zugleich den Ödipuskomplex zu entdecken. Diese Version der Genese von Freuds Triebtheorie galt in Psychoanalytikerkreisen lange als unumstößliche Wahrheit.[168] Erst 1973 beschloss der amerikanische Philosoph und Freud-Experte Frank Cioffi zu untersuchen, ob Freuds Verteidigung der Ödipus-Theorie tatsächlich glaubhaft war. In einer von der BBC ausgestrahlten Radiovorlesung mit dem Titel *Was Freud a Liar?* (»War Freud ein Lügner?«) deckte Cioffi auf, dass Freud gelogen hatte, um seiner vielfach kritisierten Ödipus-Theorie Glaubwürdigkeit zu verleihen. Cioffi hatte Freuds Artikel und Vorlesungsmanuskripte aus den 1890er-Jahren durchforstet und dabei festgestellt, dass Freuds Behauptungen, »fast alle« seiner weiblichen Patienten hätten ihm »von der Verführung durch den Vater« erzählt, nicht der Wahrheit entsprachen. Cioffi verwies auf einen frühen Artikel, in dem Freud geschildert hatte, wie er seine Patientinnen in einen eigentümlichen Zustand versetzte, in denen sie »Szenen« des sexuellen Missbrauchs in der Kindheit erneut durchlebten. Dabei, so Freud, habe es sich um keine gewöhnlichen Erinnerungen gehandelt:

»Die Kranken wissen vor Anwendung der Analyse nichts von diesen Szenen, sie pflegen sich zu empören, wenn man ihnen etwa das Auftauchen derselben ankündigt; sie können nur durch den stärksten Zwang der Behandlung bewogen werden, sich in deren Reproduktion einzulassen, sie leiden unter den heftigsten Sensationen, deren sie sich schämen und die sie zu verbergen trachten [...].«[169]

Um diese »Szenen« zutage zu fördern, bediente sich Freud einer Technik, die heute unter dem Namen *geführte Imagination* bekannt ist. Dafür bat er die Patientinnen, die Augen zu schließen, in Gedanken weit zurück in die Vergangenheit zu reisen und ihm zu berichten, was sie sahen. Manchmal legte er ihnen die Hand auf die Stirn, damit sie sich unter dem leichten Druck entspannten. Die Patientinnen erreichten einen hypnoseartigen Zustand, hatten Visionen, wälzten sich hin und her, gestikulierten und schrien. Freud interpretierte dieses Gebaren als »Reinszenierung« der Vergangenheit, das heißt: Die Patientinnen spielten »Szenen« aus ihrer Vergangenheit nach. Worum genau es in diesen Szenen ging, oblag nun Freuds Deutung. Wie eine Scharade, bei der die Patientinnen nicht wussten, was sie darstellten.[170]

In seiner Vorlesung von 1896 räumte Freud ein, dass die Patientinnen selbst nicht daran geglaubt hätten, es handele sich bei den »Szenen« um echte Erinnerungen:

»[...] und noch, nachdem sie dieselben in so überzeugender Weise wieder durchgemacht haben, versuchen sie es, ihnen den Glauben zu versagen, indem sie betonen, daß sich hierfür nicht wie bei anderem Vergessenen ein Erinnerungsgefühl eingestellt hat.«[171]

Cioffi hatte bewiesen, dass es keinerlei Belege für Freuds Ödipus-Theorie gegeben hatte. Der Mythos der verdrängten Erinnerungen war dann zu Beginn der 1970er-Jahre auch nicht viel mehr als eine in Vergessenheit geratene Parenthese aus den Anfängen der Psychoanalyse. Rund ein Jahrzehnt später sollte sich dies jedoch ändern. Ein Grund war das Buch des amerikanischen Psychoanalytikers Jeffrey M. Masson: *Was hat man dir, du armes Kind, getan? Sigmund Freuds Unterdrückung der Verführungstheorie*, das 1984 in den USA und noch im selben Jahr in schwedischer und deutscher Übersetzung erschien. Der Autor, der eine Zeit lang das Sigmund-Freud-Archiv an der Library of Congress geleitet hat, ging wie so viele andere Freudianer in seinem Buch davon aus, dass Freud 1933 die Wahrheit gesagt hatte. Die Idee zu *Was hat man dir, du armes Kind, getan?* kam Masson bei der Lektüre einiger bislang unpublizierter Briefe, die Sigmund Freud nach der gescheiterten Vorlesung von 1896 an seinen Freund Wilhelm Fließ geschrieben hatte. Freud beklagte sich über seine Skeptiker und das mangelnde Interesse an der Verführungstheorie.

Masson behauptete nun, Freuds Theorie sei von einem Establishment sabotiert worden, das die Häufigkeit von Kindesmissbrauch vertuschen wollte, und sprach seinerseits von einer »wichtige[n] Frage in der Geschichte der Menschheit«[172]. In seinen Augen war Freud ein Feigling, der die Verführungstheorie aus Karrieregründen verworfen und stattdessen die Triebtheorie zusammengeschustert hatte, um die Schilderungen seiner Patientinnen als bloße Fantasien abtun zu können. Masson klagte Freud dafür an, seine Patientinnen hintergangen zu haben, ein Vergehen, das über viele Generationen hinweg von Psychoanalytikern wiederholt worden sei. Masson schließt das Buch mit einer flammenden Rede ab:

»Es ist nun endlich an der Zeit, nicht mehr mit der Wahrheit hinterm Berg zu halten. Schließlich betrifft sie eine wichtige Frage in der Geschichte der Menschheit. Denn es ist unverzeihlich, daß die Analytiker, denen sich Menschen anvertrauen, die wirkliches Leid in ihrer Kindheit erdulden mußten und die in ihrem seelischen Schmerz von ihnen Hilfe erwarten, in blindem Vertrauen auf Freuds furchtsame Preisgabe der Verführungstheorie die Mißhandlung fortführen, deren Opfer diese Patienten einst waren.«[173]

Das Buch führte zu einer regen Debatte. Man kam zu dem Schluss, dass Masson in einem zentralen Punkt irrte: Das Einzige, woran Freud zu glauben aufgehört hatte, waren seine Deutungen dessen, was in den Therapiesitzungen vor sich ging – Deutungen, an die nicht einmal seine Patientinnen geglaubt hatten.[174] Masson geriet dermaßen ins Sperrfeuer der Kritik, dass er sich fortan auf Bücher über Tierpsychologie konzentrieren sollte.

Hätte Massons Buch bei den orthodoxen Freudianern zu der Einsicht geführt, dass Patienten, die über sexuelle Übergriffe sprechen wollten, sich nicht bloß »ödipalen Fantasien« hingaben, hätte es einen Sinn erfüllt. Doch es kam anders. Überall auf der Welt meldeten sich Psychotherapeuten zu Wort, die behaupteten, dass diejenigen Patienten, die *nicht* über sexuelle Übergriffe sprachen, die Erinnerungen an die traumatischen Erlebnisse schlechterdings *verdrängt* hatten. Freuds Hypothese, die er 1896 vertreten hatte, um sie im Jahr darauf zu verwerfen, erlebte eine Wiederauferstehung.

Auch Margit Norell war Feuer und Flamme. Schon in den 1970er-Jahren hatte sie ihre Patienten dabei unterstützt, die vermeintlich verdrängten Erinnerungen an frühe Traumata zurückzuerlangen. Endlich schien es, als hätte die Zeit mit ihr aufgeschlossen. Eine ihrer Schülerinnen gab mir eine Liste der Bücher, die zwischen 1980 und 1984 in der Margit-Gruppe diskutiert wurden. Darauf fanden sich einige Titel von Objektbeziehungstheoretikern wie Donald Winnicott und Ronald Fairbairn, aber auch Jeffrey M. Massons *Was hat man dir, du armes Kind, getan?*. In Anbetracht des Erscheinungsjahrs 1984 muss es eins der letzten Bücher gewesen sein, das die Gruppe gelesen hatte, ehe Margit an den Treffen teilnahm – und die Gruppe sich nach und nach in eine Sekte verwandelte.

Die neu aufgelegte Idee, an die neben Margit immer mehr Psychoanalytiker glaubten, lässt sich ungefähr so beschreiben: Traumatische Erfahrungen können beim Opfer einen mentalen Verteidigungsmechanismus auslösen, der auch als *Verdrängung* oder *dissoziative Amnesie* bezeichnet wird und in einen psychisch bedingten Gedächtnisverlust mündet. Die Erinnerungen an das schreckliche Erlebnis sind der bewussten Wahrnehmung nicht mehr zugänglich, nur »der Körper erinnert sich«. Die verdrängten Erinnerungen äußern sich in verschiedenen Symptomen wie Angstzuständen, Schlafstörungen, Schmerzen oder immer wiederkehrenden Träumen. Diese und vergleichbare Phänomene können die Gedanken, die Gefühle und das Verhalten des Betroffenen ein Leben lang beeinflussen, ohne dass er sich der Ursachen bewusst ist.

Mithilfe verschiedener psychotherapeutischer Techniken, so glaubte man, ließen sich die verdrängten Erinnerungen jedoch zurückholen.[175] Patienten, die sich wegen Angstzuständen, Depressionen oder Essstörungen in eine Therapie begaben, sollten daher mit Behandlungsmethoden wie Hypnose, Traumdeutung oder geführter Visualisierung dabei unterstützt werden, sich der verdrängten Erinnerungen wieder bewusst zu werden.[176]

Der Mythos breitete sich aus wie ein Lauffeuer, und immer mehr Patienten wollten mithilfe ihres Therapeuten die Erinnerungen an sexuelle Übergriffe in der Kindheit aufdecken.[177] Eine große Durchschlagskraft entwickelte das 1988 (auf Deutsch 1990) erschienene Buch *Trotz allem. Wege zur Selbstheilung für Frauen, die sexuelle Gewalt erfahren haben* der Lyrikerin und Feministin Ellen Bass und ihrer Freundin Laura Davis.[178] Die Autorinnen verfolgten das ehrenhafte Ziel, Frauen dabei zu helfen, sich von den Folgen sexuellen Missbrauchs zu erholen. Seltsamerweise wandten sie sich in erster Linie an Frauen, die keine Erinnerung an einen sexuellen Missbrauch hatten. Eingeleitet wird das Buch mit einer Auflistung verschiedener Formen des Kindesmissbrauchs: das Anschauen von Pornos, Kinderpornografie, Vergewaltigungen, rituelle und sexuelle Tortur. Die Autorinnen schreiben: »Wenn du dich nicht an solche konkreten Geschehnisse erinnern kannst und trotzdem das Gefühl hast, mißbraucht worden zu sein, stimmt es vermutlich. […] Wissen um Mißbrauch beginnt oft mit einem winzigen Gefühl, einer Intuition, einer vagen Ahnung. Es ist wichtig, daß du deiner inneren Stimme vertraust und von dort aus weiterarbeitest. Geh davon aus, daß deine Gefühle richtig sind. Bis jetzt hat noch keine Frau, mit der wir gesprochen haben, zuerst gedacht, sie sei vielleicht mißbraucht worden, und später entdeckt, dass es doch nicht stimmte. Es läuft immer andersrum: dem Verdacht folgt die Bestätigung. Wenn du glaubst, du seist mißbraucht worden, und dein Leben zeigt entsprechende Symptome, dann stimmt das auch.«[179]

Die Symptome, die laut Bass und Davis auf verdrängte sexuelle Traumata hindeuten, sind so allgemein gehalten, dass fast jeder sich auf die eine oder andere Weise darin wiederfinden kann: »Hast du das Gefühl, du seist anders als andere Menschen? […] Fällt es dir schwer, auf deine Intuition zu hören? […] Hast du Angst vor Erfolg? Bringst du Dinge, die du anfängst, zu Ende? Meinst du, du müßtest immer perfekt sein? […] Fällt es dir schwer, deine Gefühle auszudrücken? Kannst du Zorn akzeptieren? Traurigkeit? Glück? Ruhe? […] Benutzt du manchmal

Alkohol, Drogen, Medikamente oder Nahrungsmittel auf eine Weise, die du selbst nicht gut findest? […] Hast du die Erfahrung gemacht, daß deine Beziehungen einfach nicht funktionieren? […] Hast du die Erfahrung gemacht, daß du Nähe zu Freundinnen oder Freunden herstellen kannst, aber anscheinend nicht mit einer/einem Geliebten zurechtkommst? […] Erwartest du, von anderen Menschen verlassen zu werden? Kannst du nein sagen?«.[180]

Missbrauchsopfer werden im Buch »Überlebende« genannt, unabhängig davon, ob sie sich an die Übergriffe erinnern oder nicht. In einem Abschnitt mit der Überschrift *Aber ich kann mich an nichts erinnern* zitiert das Autorinnenduo »eine achtunddreißigjährige Überlebende«, die sich trotz mehrfacher Versuche nicht daran zu erinnern vermochte, von ihrem Vater missbraucht worden zu sein. Sie löste das Problem auf eine radikale Weise:

»Ich dachte: ›Gut. Tun wir so, als ob. […] Ich wollte konkrete Erinnerungen, zum Teil, weil ich ein schlechtes Gewissen hatte, diesem Mann so etwas Ungeheuerliches vorzuwerfen. Vielleicht stimmte es ja gar nicht. Wie furchtbar, wie konnte ich ihm nur so etwas unterstellen? Darum wollte ich die Erinnerungen.‹ […] Ich mußte mich fragen: ›Warum habe ich all diese Gefühle? Warum bin ich so verängstigt, wenn gar nichts passiert ist?‹ Wenn du nicht an die Fakten herankommst, nimm, was du hast.«[181]

Eine Faustregel für rationales Denken besagt: Konstruiere keine Hypothesen, die sich automatisch selbst bestätigen. Bass und Davis befanden sich in guter Gesellschaft, denn auch Freud gründete seine Theorie auf etliche Zirkelschlüsse. Der kanadische Psychologe Keith Stanovich schreibt in seinem 2010 erschienenen methodologischen Lehrbuch *How to think straight about Psychology*, Freud sei trotz seiner enormen kulturellen Bedeutung vollkommen aus der modernen Psychologie verschwunden. Er habe zwar große und komplizierte Theoriegebilde entworfen, aber keine wiederholbaren Experimente durchgeführt, die seine Thesen empirisch begründet hätten.[182] Freuds »Beweise«, so Stanovich, seien bloß singuläre Fallstudien aus seiner eigenen Praxis gewesen. Doch obgleich heutzutage kein ernst zu nehmender Wissenschaftler mehr an den »Ödipuskonflikt«, den »Todestrieb« oder den »Penisneid« glaube, habe Freud durch seinen nachlässigen Umgang mit dem Wahrheitsbegriff die Tür für ein pseudowissenschaftliches Denken geöffnet, das seither die klinische Psychologie verseuche und Bücher wie das von Ellen Bass und Laura Davis möglich mache.[183]

In den psychodynamischen Kreisen, in denen Margit Norell sich aufhielt, galt Freuds eigentümlicher Wissenschaftsbegriff als Selbstverständlichkeit. In einem schwedischen Lehrbuch zur Entwicklungspsychologie mit dem Titel *0-20 år i pykoanalytisk perspektiv* (»Null bis zwanzig Jahre aus psychoanalytischer Perspektive«), das in den Achtziger- und Neunzigerjahren weit verbreitet war, stieß ich in einem Kapitel mit der Überschrift *Psychologie als Wissenschaft* auf folgende Passage:

> Anfangs betrachtete Freud die Psychoanalyse als Natur-, später als Humanwissenschaft. Diese zwei Wissenschaftskategorien fußen auf unterschiedlichen Forschungsidealen. So arbeiten die Naturwissenschaften auf empirischer Basis und streben danach, anhand von Beobachtungen und Experimenten Gesetze aufzustellen, durch die sich die untersuchten Phänomene erklären lassen.
>
> Die Humanwissenschaften hingegen sind auf Dialog, Einfühlung und Deutung gegründet, sie stellen keine Gesetze und Normen auf, sondern zielen darauf ab, menschliche Phänomene direkt oder auf der Grundlage von Deutungen nachzuvollziehen. Der Wissenschaftler betrachtet sein Objekt als anderes Subjekt. Die subjektiven Gefühle, Sinneseindrücke und empathischen Bemühungen des Analytikers gehören den *Humanwissenschaften an* – Tränen sind ein Phänomen, das sich ergründen lässt.[184]

Es mag ja ganz sympathisch klingen, die menschliche Psyche auf der Grundlage von subjektiven »Gefühle[n], Sinneseindrücke[n] und empathischen Bemühungen« zu ergründen, doch was tatsächlich dahintersteht, ist Folgendes: Im Grunde kann ein Psychoanalytiker sagen, was er möchte, solange es sich für ihn selbst richtig *anfühlt*.

Die Idee der verdrängten Erinnerungen lässt sich definitiv in die Kategorie der »Humanwissenschaften« einordnen. Kein Wissenschaftler würde abstreiten, dass es sich bei Kindesmissbrauch um ein mehr als ernst zu nehmendes Thema handelt, und genauso wenig würde irgendwer abstreiten, dass ein Mensch, dem Schlimmes widerfahren ist, allen Grund dazu hat, nicht an die traumatischen Erlebnisse zurückzudenken – vielleicht sogar über eine sehr lange Zeit.[185] Doch dass schmerzhafte Erinnerungen gemieden werden, ist nicht damit gleichzusetzen, dass sie »verdrängt« werden und nur durch eine langwierige Therapie zurück ins Bewusstsein geholt werden können. Für einen Verdrängungsmechanismus, wie ihn sowohl Margit als auch Ellen Bass und Laura Davis beschrieben haben, sind trotz aufwendiger Versuche keine wissenschaftlichen Belege gefunden worden. Der amerikanische Psychologe David Holmes erstellte 1974 eine umfangreiche Übersicht sämtlicher Forschungsarbeiten seit 1930 und stieß auf keinen einzigen hieb- und stichfesten Beweis für die Verdrängungstheorie. 1990 lieferte er eine weitere Übersicht – mit dem gleichen Ergebnis. Holmes zufolge hatten sechzig Jahre Gedächtnisforschung keinerlei Nachweise dafür erbringen können, dass die Erinnerungen an traumatische Erlebnisse »verdrängt« werden können.[186]

Im Gegenteil: Die Erinnerungen an schreckliche, traumatische Erlebnisse scheinen in der Regel stärker und langlebiger zu sein als andere Erinnerungen. Zum Beispiel gibt es zahlreiche Studien darüber, dass traumatisierte Soldaten sich an ihre Erlebnisse im Krieg ganz unabhängig davon erinnern, wie grausam diese waren.

Die Niederländer Willem Albert Wagenaar und Jop Groeneweg publizierten 1990 eine Studie über die Erinnerungen von Holocaust-Überlebenden an ihre Zeit im Konzentrationslager. Dabei griffen sie auf Befragungen zurück, die in den Vierzigerjahren mit ehemaligen Gefangenen des niederländischen *Arbeitseinsatzlagers Erika* durchgeführt worden waren. Sie hatten Schreckliches geschildert. In den Achtzigerjahren stand einer der Gefangenen vor Gericht, der von den Nazis zu einer Art Aufseher ernannt worden war, der die anderen Häftlinge terrorisieren sollte. Er wurde wegen Mordes in Tateinheit mit anderen Übergriffen verurteilt. Im Vorfeld waren einige Überlebende als Zeugen vernommen worden, von denen fünfzehn zu den in den 1940er-Jahren Befragten gehörten. Dadurch ließen sich ihre Schilderungen kurz nach der Befreiung mit dem vergleichen, woran sie sich rund vierzig Jahre später erinnerten. Wäre es tatsächlich so, dass traumatische Erinnerungen häufig verdrängt werden, hätten die Überlebenden vermutlich das meiste vergessen. Doch so war es nicht. Natürlich waren ihnen einige Details entfallen – wie es nach vierzig Jahren zu erwarten ist –, doch es gab keinerlei Anzeichen für eine Verdrängung.[187] Im Jahr 2000 werteten Harrison Pope, Professor für Psychiatrie an der Harvard University, und seine Mitarbeiter wissenschaftliche Studien mit rund zehntausend Probanden aus, die traumatische Erfahrungen im Konzentrationslager, im Krieg oder bei Naturkatastrophen gemacht hatten. Dabei stießen sie auf keinen einzigen Fall verdrängter Erinnerungen.[188]

Dafür war mittlerweile bekannt, wie leicht »falsche Erinnerungen« forciert werden konnten, wie es unter anderem die amerikanische Psychologieprofessorin Elizabeth Loftus in ihren wirkmächtigen Experimenten gezeigt hatte. 2002 wurde Loftus von der *Review of General Psychology*, die von der *American Psychological Association* herausgegeben wird, zu einer der bedeutendsten Psychologinnen des 20. Jahrhunderts gekürt.[189] Sie zählt zu den wichtigsten Experten, wenn es um falsche Erinnerungen und die Glaubwürdigkeit von Augenzeugenberichten geht, und ihre bahnbrechende Forschung trug viel dazu bei, die Verdrängungstheorie als bloßen Aberglauben zu enttarnen.[190] Loftus führte 1974 ein berühmt gewordenes Experiment durch, mit dem sie mehr oder minder zufällig die Existenz falscher Erinnerungen bewies. Ursprünglich hatten sie und ihr Team vorgehabt, die Erinnerungen von Unfallzeugen zu untersuchen. Dazu wurde einigen Versuchspersonen das Video eines Autounfalls vorgespielt. Anschließend wurden sie gefragt, mit welcher Geschwindigkeit die Autos »ineinandergekracht« seien. Es stellte sich heraus, dass die Probanden die Geschwindigkeit höher einschätzten, wenn sie ein Wort wie »krachten« hörten als bei Wörtern wie »kollidierten« oder »zusammenstießen«. Als die Versuchsteilnehmer eine Woche später noch einmal befragt wurden, ob sie sich an zersplittertes Glas erinnerten, glaubten diejenigen Probanden, die am ersten Versuchstag das Wort »krachten« gehört hatten, eher daran, sich an Glassplitter zu erinnern, als die übrigen Teilnehmer – obwohl es im Video keine Glassplitter gegeben hatte.[191]

Loftus' Experiment bewies, dass sich mithilfe von Suggestivfragen falsche Erinnerungen erzeugen lassen. Im Laufe der 1970er- und 1980er-Jahre führte Loftus viele weitere Experimente durch, die das menschliche Gedächtnis als erstaunlich leicht manipulierbar enttarnten. Entgegen einer weit verbreiteten Vorstellung ist unser Gehirn kein Archiv, in dem die Erinnerungen wie Filme abgespeichert sind. Stattdessen werden die Erinnerungen jedes Mal neu erzeugt, wobei alte und neue Erinnerungsfragmente zusammengefügt werden, beeinflusst von unseren aktuellen Gedanken und Gefühlslagen. Unsere Erinnerungen sind in einer ständigen Veränderung begriffen.[192]

Ende der Achtzigerjahre gab es in den USA eine wahre Flut von Patienten, die glaubten, in der Therapie verdrängte Erinnerungen aufgedeckt zu haben. Sie zeigten ihre Eltern, Verwandte,

Nachbarn oder Lehrer wegen sexueller Übergriffe an, die zehn, zwanzig, dreißig, bisweilen vierzig Jahre zurücklagen. Das Beweismaterial der daraufhin eingeleiteten Ermittlungsverfahren bestand einzig aus den in der Psychotherapie zutage geförderten Erinnerungen. Ähnliche Szenarien spielten sich auch in anderen Ländern ab.

Der einundfünfzigjährige Amerikaner George Franklin wurde 1990 für den zwanzig Jahre zuvor begangenen Mord an der besten Freundin seiner Tochter Eileen verurteilt, nachdem diese angegeben hatte, den Mord als Achtjährige bezeugt zu haben. Eileens Erinnerungen waren lange verdrängt gewesen, bis sie im Rahmen einer Psychotherapie Stück für Stück und immer detaillierter zurückgekommen waren. Eileen war wieder eingefallen, dass sich ihr Vater in einem Lieferwagen an ihrer Freundin vergangen hatte, und konnte sich genau an den Klang seiner Stimme erinnern, als er ihrer Freundin damals gedroht hatte, sich ja nicht zu wehren. In einem anderen Erinnerungsfragment, das ihr ins Bewusstsein geschossen war, standen die drei vor dem Lieferwagen, ihr Vater hielt einen Stein in der Hand, und sie selbst schrie. Außerdem erinnerte sie sich daran, dass sie nach dem Mord noch einmal zum Tatort zurückgegangen war, wo sie die blutüberströmte Leiche ihrer Freundin und einen zerschmetterten Silberring gesehen hatte. Eileens Therapeut war von der Echtheit der Erinnerungen fest überzeugt, ebenso wie einige Familienmitglieder. Ein Staatsanwalt erhob Anklage gegen Eileens Vater.

Elizabeth Loftus sagte in der Verhandlung als Sachverständige aus. Sie gab einen Überblick über den aktuellen Forschungsstand und beschrieb Experimente, in denen durch Suggestivfragen falsche Erinnerungen erzeugt worden waren. Dabei musste sie jedoch einräumen, dass keines der Experimente *traumatische* Erinnerungen hervorgerufen hatte. Die Geschworenen ließen sich von Eileens detaillierten Schilderungen überzeugen, und der nach wie vor seine Unschuld beteuernde Franklin wurde zu einer lebenslangen Freiheitsstrafe verurteilt. Obwohl keine wissenschaftlichen Belege dafür existierten, dass eine Verdrängung von Erinnerungen, wie seine Tochter sie erlebt zu haben glaubte, tatsächlich möglich war.[193]

Infolge des Franklin-Prozesses beschäftigten sich immer mehr Wissenschaftler mit dem Phänomen der falschen Erinnerungen. Der amerikanische Psychologe Nick Spanos zeigte 1991 in einem Experiment, dass er bei mehreren Versuchsteilnehmern falsche Erinnerungen an sexuelle Übergriffe in der Kindheit erzeugen konnte.[194] Drei Jahre später veröffentlichte der Psychologe Steve Ceci einen Aufsatz darüber, wie er einer Gruppe Vorschulkinder suggeriert hatte, sich den Finger in einer Mausefalle eingeklemmt zu haben und in die Notaufnahme gebracht worden zu sein.[195] 1995 führten der amerikanische Psychologe Ira Hyman und sein Team eine Studie durch, in der sie einer Gruppe Studenten weismachten, im Alter von fünf Jahren wegen einer schweren Ohrenentzündung eine Nacht im Krankenhaus verbracht zu haben. Rund ein Fünftel der Studenten entwickelte falsche Erinnerungen an den Krankenhausaufenthalt, nachdem ihnen gesagt wurde, ihre Eltern hätten den Zwischenfall bestätigt. In einem weiteren Experiment brachten Hyman und sein Team die Probanden dazu, sich an eine Hochzeit zu erinnern, bei der sie im Alter von fünf Jahren die Brauteltern von oben bis unten mit Bowle vollgekleckert hatten. Die Studenten wurden insgesamt drei Mal befragt, und rund ein Drittel der 72 Befragten entwickelte mehr oder weniger detaillierte Erinnerungen, die sie selbst als echt wahrnahmen und die mit jeder Befragung schärfer wurden. Als ein Teil der Versuchspersonen, die sich nicht an das nie stattgefundene Ereignis erinnerten, gebeten wurde, die Augen zu schließen und sich die beschriebene Situation ganz genau vorzustellen – so, wie viele Psychotherapeuten es bei ihren Patienten taten, um verdrängte Erinnerungen aufzudecken –, erzeugten diese sogar mehr falsche Erinnerungen als die übrigen Befragten.[196]

Im Dezember 1995 führten Elizabeth Loftus und ihre Kollegen ein berühmt gewordenes Experiment durch, in dem sie Versuchspersonen davon überzeugten, als Kind in einem großen Einkaufszentrum verloren gegangen zu sein. Es hieß, ihre Eltern hätten bestätigt, dass eine ältere Dame sich ihrer angenommen und sie zurückgebracht habe. Anhand des Experiments sollte untersucht werden, wie detailliert die Erinnerungen an das nie stattgefundene Ereignis wurden, wenn den Probanden erst einmal ein grundlegendes »Narrativ« vermittelt worden war. Das Ergebnis: Ein Viertel der Probanden erzeugte äußerst detaillierte Erinnerungen, zum Beispiel an die Kleidung der älteren Dame und an die Geschäfte, die mit jeder Befragung genauer wurden. Einige Probanden glaubten so fest an ihre Erinnerungen, dass sie sich nicht mit der Wahrheit abfinden wollten, als man sie schließlich über den Inhalt des Experiments informierte.[197]

Im Laufe der Zeit wurden massenhaft Studien dieser Art betrieben, und durchweg stellte sich heraus, dass rund ein Drittel der Versuchspersonen falsche Erinnerungen erzeugte, auch in Fällen, denen eine äußerst grausame Rahmenerzählung zugrunde lag. So konnten die Versuchsteilnehmer beispielweise davon überzeugt werden, als Kind beinahe ertrunken zu sein,[198] mit der bloßen Hand ein Fenster zerschmettert zu haben,[199] von anderen Kindern schwer verletzt[200] oder von wilden Tieren angegriffen worden zu sein[201]. Manche Wissenschaftler konnten die Probanden sogar glauben machen, sie hätten als Kind jemanden gesehen, der von einem Dämon besessen war.[202] Wieder andere Versuchspersonen erinnerten sich daran, in einem früheren Leben vergewaltigt worden zu sein.[203] Die Ergebnisse der Studien waren eindeutig: Zum einen schienen die Inhalte der Erinnerungen stark von den Erwartungen des Umfelds gesteuert worden zu sein, zum anderen fühlten die falschen Erinnerungen sich für die Betroffenen äußerst real an.

Zunächst kamen diese Erkenntnisse für George Franklin zu

spät, doch nachdem er sieben Jahre eingesessen hatte, wurde 1996 ein Revisionsverfahren eingeleitet, in dessen Folge er ohne weitere Gerichtsverhandlung freigesprochen wurde. Die amerikanischen Gerichte hatten mittlerweile eingesehen, dass »zurückgeholte Erinnerungen« kein stichhaltiges Beweismaterial darstellen.[204]

Dass viele Patienten das Aufdecken »verdrängter Erinnerungen« im Rahmen einer Therapie als schmerzhaften Prozess beschrieben, wurde häufig als Echtheitsbeweis gewertet, ausgehend von der Grundannahme, dass echte Erinnerungen stärkere emotionale Reaktionen evozieren als falsche.[205] Der Harvardprofessor Richard McNally zerschmetterte dieses Argument und zeigte, dass Menschen, die glaubten, von Aliens entführt und vergewaltigt worden zu sein, die gleichen Stressreaktionen aufwiesen wie Kriegsopfer mit posttraumatischen Belastungsstörungen.[206] McNally kam zu folgendem Schluss: »Physische Anzeichen emotionaler Reaktionen können nicht als Beweis dafür herhalten, dass eine Erinnerung echt ist.«[207]

Dank Wissenschaftlern wie Elizabeth Loftus oder Richard McNally wissen wir heute, dass rund ein Drittel der Bevölkerung detaillierte Erinnerungen an schreckliche, aber nie geschehene Ereignisse erzeugen kann, die nicht minder starke emotionale Reaktionen hervorrufen als echte Traumata. Loftus gelang es, ihren Versuchspersonen so viele falsche Erinnerungen zu suggerieren, dass sie sogar ein Rezept dafür formulierte. In einem Artikel schrieb sie:

»Zunächst wird das Individuum von der Plausibilität des fingierten Ereignisses überzeugt. Selbst Ereignisse, die im ersten Moment unglaubwürdig erscheinen mögen, lassen sich durch Suggestion glaubhaft machen. Im nächsten Schritt wird das Individuum davon überzeugt, das Ereignis selbst erlebt zu haben. Als besonders wirkungsvoll haben sich die fingierten Bestätigungen Dritter erwiesen. Zu diesem Zeitpunkt glaubt das Individuum womöglich, dass das Ereignis tatsächlich stattgefunden hat, ohne detaillierte Erinnerungen daran zu haben. Mithilfe von geführten Imaginationen, bildhaften Schilderungen, suggestivem Feedback und anderen Manipulationstechniken lassen sich dann lebendige falsche Erinnerungen erzeugen.«[208]

Laut Forschung werden falsche Erinnerungen zunächst als weniger real empfunden, doch je mehr der Betroffene über sie spricht, desto weniger unterscheiden sie sich von echten Erinnerungen.[209]

1994 publizierte Loftus gemeinsam mit Katherine Ketcham das Buch *Die therapierte Erinnerung. Vom Mythos der Verdrängung bei Anklagen wegen sexuellen Mißbrauchs*. Das Autorinnenduo zitiert den Psychoanalytiker George Ganaway, der die These aufstellt, dass viele Psychotherapeuten Loftus' Rezept befolgen, ohne sich dessen bewusst zu sein. In der Regel handele es sich dabei um schlecht ausgebildete Therapeuten, die in einem »starren System von Überzeugungen« leben und davon ausgehen, dass das Gedächtnis wie ein innerer Videorekorder funktioniert. Ferner, so Ganaway, betrachten diese Therapeuten das »Freisetzen vergrabener Erinnerungen« als Voraussetzung für eine erfolgreiche Therapie und erzeugen dadurch falsche Erinnerungen, ohne sich darüber im Klaren zu sein:

»Durch den Klang ihrer Stimme, die Formulierung von Fragen und durch Signale, die Zustimmung oder Zweifel ausdrücken, kann eine Therapeutin ungewollt eine Patientin dazu ermutigen, die auftauchenden ›Erinnerungen‹ als real zu akzeptieren und damit deren Selbsttäuschung verstärken oder sogar falsche Erinnerungen erst enstehen lassen.«[210]

* * *

Als ich mich auf die Interviews mit Cajsa Lindholm und Lena Arvidsson vorbereitete, musste ich an Cajsas Vortrag im Haus für Bildung und Kultur denken. Es schien, als hätte sie Loftus'

Checkliste Punkt für Punkt befolgt. Zu Beginn der beschriebenen Therapie hatte die Patientin keinerlei Erinnerungen an sexuelle Übergriffe in der Kindheit gehabt. Dann aber hatte Cajsa die psychischen Probleme auf traumatische Erinnerungen zurückgeführt, obwohl die Traumaforschung längst bewiesen hatte, dass Missbrauchsopfer keine einheitlichen psychischen Symptome zeigten.[211]

Cajsa hatte die Träume der Patientin als codierte Schilderungen der verdrängten Übergriffe gedeutet und ihr diese Analysen mit dem Gewicht ihrer Autorität als Therapeutin mitgeteilt. Sie hätte genauso gut Tarotkarten legen oder aus dem Kaffeesatz lesen können. Die Patientin hatte ihr vertraut und sich auf die Vorstellung eingelassen, als Kind missbraucht worden zu sein. Cajsa hatte sie also nur noch von der Echtheit der Erinnerungen überzeugen müssen.

Loftus und andere Wissenschaftler hatten nur wenige Wochen gebraucht, um falsche traumatische Erinnerungen zu produzieren. Cajsa hingegen hatte mit ihrer Patientin sechs Jahre lang zwei Stunden in der Woche gearbeitet. Was hätte Loftus ihren Versuchspersonen in dieser Zeit wohl alles eintrichtern können?

13. Cajsa und Lena

»Es ist, als würde man immer tiefer bohren und Stück für Stück Kontakt zu einer wahrscheinlichen Situation herstellen. Einer Situation, die sich wahr anfühlt. Und wenn sie sich so anfühlt, dann ist sie das wahrscheinlich auch. Vor allem, wenn es einem danach besser geht.«

Cajsa Lindholm über ihre Therapiearbeit und das Aufdecken verdrängter Erinnerungen an sexuelle Übergriffe

Ich besuchte Cajsa Lindholm in der Krukmakargatan auf Södermalm. Ihre Praxis war eine gewöhnliche Einzimmerwohnung im Erdgeschoss mit Fenstern zur Straße, ein paar Sesseln, einem Bett und einem weißen IKEA-Regal.

Cajsa stand kurz vor ihrem sechsundsechzigsten Geburtstag, wobei ich sie deutlich jünger geschätzt hätte. Sie war freundlich, doch hinter ihrer ruhigen Art ahnte ich eine latente Nervosität. Was nicht weiter verwunderlich war, immerhin wollten wir über eine Therapiemethode sprechen, die sie tagtäglich anwandte, obwohl sie seit über zwanzig Jahren verpönt war.

Sie stammte aus einer Arbeiterfamilie ohne akademischen Hintergrund. Cajsas Wille zu studieren war geweckt worden, als sie mit achtzehn in den Sommerferien in einer Kinderpsychiatrie ausgeholfen hatte. Bewegt von den tragischen Lebensgeschichten der Kinder beschloss sie, Psychiaterin oder Psychologin zu werden. Doch es gab noch einen weiteren Grund. »Es war mir ein inneres Bedürfnis, ich konnte gar nicht anders«, erzählte sie mir. »Später stellte sich heraus, dass ich ernste persönliche Probleme hatte, ohne dass ich mir darüber im Klaren gewesen war. Ich wusste natürlich, dass ich einiges mit mir herumschleppte, aber das meiste hatte ich verdrängt.«

Cajsa begann in Uppsala Psychologie zu studieren und machte 1966 Examen. Es folgte eine Ausbildung zur Gruppenpsychotherapeutin, und 1975 war sie fertig ausgebildete Psychologin. Als ein Dozent ihr von Margit Norells und Barbro Sandins Arbeit mit schizophrenen Patienten in der Klinik in Säter erzählte, sei sie sofort Feuer und Flamme gewesen, erzählte sie, zumal Margit in Fachkreisen längst keine Unbekannte mehr gewesen sei. »Sie war Rektorin in der Holistischen Vereinigung, und ein paar ihrer Patienten waren richtige Berühmtheiten«, erzählte Cajsa. »Man wusste, wer Margit war.«

Cajsa fuhr nach Dalarna, um sich in der Klinik in Säter zu bewerben, allerdings gab es nur noch eine freie Stelle, nämlich im »Pavillon«. Das Arbeitsumfeld erschien ihr zu strapaziös, weshalb sie stattdessen in einer psychiatrischen Praxis in Borlänge zu arbeiten begann. Da diese nicht weit von Säter entfernt lag, setzte Cajsa sich mit Barbro Sandin in Verbindung, um zu fragen, ob sie an den Gruppensupervisionssitzungen für die Therapeuten und das Pflegepersonal des Säter-Modells teilnehmen dürfe. Sandin war einverstanden. Ein Jahr lang pendelte Cajsa regelmäßig zwischen Borlänge und Säter. In den Gruppensupervisionen wurden verschiedene Patientenfälle diskutiert, und Margit lieferte messerscharfe Analysen, in denen sie die Krankheitsbilder der Patienten aus Ereignissen und interpersonellen Erfahrungen ableitete, die sie in deren Kindheit vermutete. Cajsa war beeindruckt. »Ich weiß noch, dass ich dachte: ›Wie kommt sie nur auf diese Ideen?‹.«

Eines Tages nahm Cajsa allen Mut zusammen und fragte Margit, ob sie eine Therapie bei ihr machen könne. Die Antwort lautete: »Ja. Aber ich habe eine Wartezeit von drei Jahren.« Cajsa ahmte Margits autoritären Tonfall nach. »Sie war so eine feine Dame.« So lange wollte Cajsa nicht warten, und nach einem Jahr in Borlänge heiratete sie und zog nach Linköping. Der Kontakt zu der Klinik brach ab. Ein paar Jahre später zogen Cajsa und ihr Mann jedoch in die Nähe von Stockholm, da sie Margit nicht vergessen konnte. »Ich wollte ihr näher sein.«

1970 bat sie Margit erneut darum, eine Therapie bei ihr machen zu dürfen, doch Margit hatte noch immer keinen freien Platz. Obwohl Cajsa nach eigener Aussage damals sehr schüchtern war, ließ sie sich nicht so schnell abwimmeln. »Ich wollte unbedingt eine Therapie bei ihr machen. Also habe ich gefragt: ›Sollte man nicht das tun, was man will?‹ Die Frage mag ziemlich banal klingen, aber für mich war das damals keine Selbstverständlichkeit. Margit hat geantwortet: ›Doch, das sollte man.‹ Dann gab sie mir einen Termin.«

Ich fragte Cajsa, wie Margit als Therapeutin gewesen sei. Cajsa blickte eine Weile zum Fenster hinaus, dann antwortete sie: »Sie war ruhig, freundlich und sachlich. Sie hatte ein warmes Lächeln und viel Humor. Hin und wieder machte sie Scherze, um die Dinge, über die wir sprachen, in ein anderes Licht zu rücken. Außerdem war sie so eine feine Dame aus der Oberschicht … an solche Leute war ich nicht gewöhnt. Ich habe ihr auf Anhieb vertraut.«

Wie den meisten ihrer Schüler gab Margit auch Cajsa eine Kombination aus Therapie und Supervision, obwohl, wie Cajsa erklärte, eigentlich »die Todesstrafe« darauf stand, Therapie und Supervision auf diese Weise zu vermischen. Sie selbst war jedoch der Meinung, dass diese Konstellation viele Vorteile barg. Wenn zum Beispiel ihre persönlichen Probleme im Zusammenhang mit der Patientenarbeit zutage traten, konnte Margit ohne Umschweife darauf eingehen. Voller Bewunderung schilderte mir Cajsa, wie Margit sämtliche Regeln und Vorschriften über den Haufen geworfen hatte. »Sie war mutig. Unkonventionell. Wenn sie an etwas glaubte und für etwas einstand, dann zu hundert Prozent.« Cajsa lachte und imitierte liebevoll Margits hochgestochene Ausdrucksweise sowie den charakteristischen in der Luft fuchtelnden Finger, mit dem Margit ihren Worten Nachdruck verlieh: »Wenn *ich* das sage, dann *ist* das auch so!«

Nach einem Jahr fragte Cajsa, ob Margit womöglich auch eine Gruppe unterrichte.

»Da stand sie auf, ging zu einem Eckschrank und nahm eine Liste mit Namen heraus. ›Hier hast du deine Gruppe. Ruf sie an.‹ Einer der Namen war Tomas Videgård. Ich rief ihn an. Wir schwatzten ein bisschen, und dann meldete ich mich auch bei den anderen.«

Also war es Cajsa gewesen, die 1980 den Studienkreis zusammengetrommelt hatte. Dass Margit ab 1985 ebenfalls an den Gruppentreffen teilnahm, hatte Cajsa als große Bereicherung betrachtet. »Wir haben uns intensiv mit den theoretischen Grundlagen auseinandergesetzt und ständig diskutiert … es war einfach fantastisch.«

Cajsa hatte keine Psychotherapeutenausbildung absolviert, doch Margit fand schnell eine Lösung für das Problem. »Ich sammelte alle meine Scheine aus dem Studium zusammen, und Margit prüfte mich in Objektbeziehungstheorie«, erzählte Cajsa. »Und nebenher therapierte sie mich weiterhin, es war ein echter Luxus.«

»Heißt das, dass Margit Norell Sie zur Psychotherapeutin ausgebildet hat?«, hakte ich nach.

»Ja, ja. Und das war natürlich fantastisch. Dass jemand sich die Mühe macht, die eigenen Patienten zu unterrichten! So stark war ihr Wille, uns etwas beizubringen. Ich bin unglaublich froh, dass ich ihr begegnet bin. Ich verdanke ihr meine berufliche Identität.«

Ich fragte Cajsa, wie sie ihre Arbeit mit einem neuen Patienten angehe. Die Technik, die sie daraufhin beschrieb, wird von Elizabeth Loftus und anderen Wissenschaftlern als »geführte Imagination« oder auch »Visualisierung« bezeichnet.

»Am Anfang jeder Therapie steht eine gründliche Anamnese,

in der sämtliche Gefühle und Problembereiche abgefragt werden. Panikattacken zum Beispiel. Wie sehen die aus? In welchen Situationen treten sie auf? Dann begibt man sich auf die Spurensuche und versucht, das große Ganze zu sehen.

Ich frage Dinge wie: ›Assoziieren Sie mit Ihren Gefühlen eine bestimmte Lebensphase? Sehen Sie sich als Kind vor sich? Wie alt waren Sie? Was ist damals passiert?‹ Jeder Patient kann sich an irgendetwas erinnern [an Ereignisse in seiner Kindheit, Anm. d. Verf.], und da können wir dann ansetzen. Es ist, als würde man immer tiefer bohren und Stück für Stück Kontakt zu einer *wahrscheinlichen* Situation herstellen. Einer Situation, die sich wahr *anfühlt*. Und wenn sie sich so anfühlt, dann ist sie das wahrscheinlich auch. Vor allem, wenn es einem danach besser geht.«

Ich wollte wissen, was man sich unter dem Begriff Regression vorzustellen habe. Ihre Antwort: »Regression ist die Rückkehr ins kindliche Erleben. Wenn eine Patientin bei mir in die Therapie geht, kann sie in einen Zustand versetzt werden, in dem es um das Kind in ihr geht, darum, was sie in ihrer Kindheit erlebt hat. Sie regrediert. Das kann sich auf eine Sitzung beschränken, es kann sich aber auch über mehrere Monate erstrecken.«

»Welche Auswirkungen hat das auf die Patientin?«

»Sie setzt sich mit etwas auseinander, wozu sie bislang nicht die Kraft hatte. Etwas, das die ganze Zeit in ihrem Körper geschlummert und sich zum Beispiel in Zwangsstörungen geäußert hat. Oder in dem Gefühl, nicht existent zu sein, sich anpassen zu müssen. Sie hat die Erinnerungen abgeblockt, um sich nicht mit ihnen auseinandersetzen zu müssen. Aber gerade die Auseinandersetzung kann sehr befreiend sein.«

Cajsa gab zu, dass es ein hartes Stück Arbeit sei, die Vergangenheit »erneut zu durchleben«, womöglich über mehrere Monate hinweg. »Es kann zu Verwirrung führen, man verliert die Kontrolle und die Bodenhaftung.«

Diese Worte kamen mir bekannt vor. Auf einer der Tonbandaufnahmen von den Treffen der »Margit-Gruppe« hatte Margit gesagt, die Patienten stünden »regelrecht Schlange für eine Regression«. Da der Therapieprozess so aufwendig war, dass sie immer nur einen Patienten behandeln konnte, hatte sie ein Wartesystem entwickelt. Mir fiel ein, dass Cajsa bei ihrem Vortrag im Haus der Bildung eine Patientin erwähnt hatte, die während der laufenden Psychotherapie kurzfristig in die Psychiatrie eingeliefert werden musste. Cajsa hatte darin etwas Positives gesehen – einen Beweis für die Intensität der Therapie. Die Behandlungsmethode, die Margit ihr beigebracht hatte und die Cajsa »Regression« nannte, zielte offensichtlich darauf ab, die Patientinnen in einen Zustand zu versetzen, der nah an einer Psychose war. Kein Wunder, dass unter solchen Umständen die »Erinnerungen« nur so aus ihnen heraussprudelten.

»Wie weit in die Kindheit kann eine Regression zurückreichen?«, fragte ich.

»Ich behandele momentan eine Patientin, die die traumatischen Erfahrungen gemacht hat, als sie ein Jahr alt war«, antwortete Cajsa. »Sie spürt, dass sie oral missbraucht wurde.«

»Oral? Also sexuell?«

»Ja. Sie hat ziemlich eindeutige … also, ich glaube, sie …« – Cajsa musste überlegen – »… die Patientinnen spüren es ja selbst. Wenn ich sie frage: ›Wie alt ist das Kind, das Sie vor Augen haben?‹, dann können sie zum Beispiel antworten: ›Es ist ein sehr kleines Kind.‹ Man fühlt es einfach. Wenn einem etwas widerfahren ist, dann steckt das Wissen in einem drin.«

»In einem drin?«

»Es ist in Ihnen abgespeichert«, erläuterte Cajsa. »Aber vor dem ersten Geburtstag …« – sie dachte noch einmal nach – »… eine meiner Patientinnen hatte das Gefühl, dass ihre traumatischen Erfahrungen noch weiter zurücklagen. Wir sind zwar nicht so tief vorgedrungen, aber da war definitiv etwas, das verdrängt worden war.«

Sie selbst könne sich daran erinnern, wie sie im Alter von ein paar Monaten einmal auf einer Waage gelegen habe. Ich hakte nach, ob sie diese Erinnerung schon immer gehabt hatte.

»Nein.«

»Ist die Erinnerung in der Therapie mit Margit freigesetzt worden?«, fragte ich.

»Ja«, antwortete sie.

Dem aktuellen Forschungsstand zufolge ist es weitaus wahrscheinlicher, dass Cajsa diese Erinnerung im Erwachsenenalter überhaupt erst erzeugt hat.[212] Doch dass solche Kleinigkeiten Cajsa nicht weiter kümmerten, war kaum verwunderlich. Immerhin hatte ihr Vorbild Margit Norell ihr Leben lang auf die Wissenschaft gepfiffen, in der Überzeugung, die Wahrheit für sich gepachtet zu haben. Das Resultat ihrer Lehre saß mir nun gegenüber, in einem Sessel in der Krukmakargatan.

Cajsa erklärte, die Grundlage ihrer Therapiearbeit bilde die Traumdeutung. »Für mein Dafürhalten sind Träume extrem aussagekräftig. Sie zeigen, was die Patientin beschäftigt.«

»In der Therapie geht es also viel um Träume?«, hakte ich nach. »Ich kann kaum zählen, wie viele Träume ich jede Woche deute«, antwortete sie lächelnd. »Im Prinzip haben alle Patientinnen Träume, über die wir sprechen können. Es gibt immer etwas, das Hinweise gibt und eine Verbindung in die Vergangenheit herstellt. Und das wiederum heißt, dass der Patientin unterschwellig etwas bewusst geworden ist.«

Ich fragte Cajsa, ob sie mit Margit über ihre eigenen Träume gesprochen habe. »Ja, sehr oft sogar. Ich habe Dutzende Notizbücher, in denen ich meine Träume festgehalten habe.«

»Woher weiß man, ob man mit der Deutung richtigliegt?«

»Ich arbeite jetzt schon so lange damit, das ist quasi wie Autofahren«, meinte sie. »Ich spüre es einfach.«

Cajsa arbeitete nach wie vor Vollzeit als Psychotherapeutin. Ich wollte wissen, bei wie vielen Patientinnen sie bereits verdrängte

Erinnerungen an sexuelle Übergriffe in der Kindheit zutage gefördert hatte.

»In Prozent?«, fragte sie.

»Ja.«

»Fünfzig oder sechzig Prozent.«

»Sie verfolgen einen ähnlichen Ansatz wie Freud 1896?«

»Ja, ja.«

»Das heißt, Sie glauben, dass es sich bei der Verdrängung um ein weit verbreitetes Phänomen handelt?«

»Ja, davon bin ich fest überzeugt.«

»Und wie häufig kommt es vor, dass die Patientinnen noch keine Erinnerungen an die Übergriffe haben, wenn sie zum ersten Mal zu Ihnen kommen?«

»So ist es fast immer«, antwortete Cajsa.

* * *

Auch mit Lena Arvidsson hatte ich mich verabredet. Sie war jetzt zweiundfünfzig Jahre alt und hatte ihr Psychologiestudium Anfang der Neunzigerjahre absolviert. 1991 und 1992 hatte sie in den Sommerferien als Pflegerin in Säter ausgeholfen, und aus Stures Patientenakte geht hervor, dass sie in der Zeit eine enge Bindung zu ihm aufgebaut hatte. Zu diesem Zeitpunkt war er noch kein verurteilter Mörder gewesen, und wenn er Freigang hatte und nach Stockholm fuhr, trafen die beiden sich auch privat. In den Sommern 1993 und 1994 arbeitete Lena als stellvertretende Psychotherapeutin in der Klinik und behandelte Sture drei bis vier Mal in der Woche. Im November 1994, dem Monat, in dem Sture zum ersten Mal wegen Mordes verurteilt wurde, erhielt Lena eine Festanstellung, und jeden Mittwoch zwischen halb zehn und zwölf Uhr, wenn Birgitta Ståhle in Stockholm war, um von Margit supervidiert zu werden, übernahm Lena Stures Therapie. Außerdem sprang sie zwischen 1995 und 1998 im Sommer als Ståhles Urlaubsvertretung ein.[213]

Ich war also im Begriff, einen der drei Menschen zu treffen, von denen Sture in den Quick-Jahren psychotherapeutisch behandelt worden war. Noch bis in die 2000er-Jahre hinein, als Sture seine Therapie und die Zusammenarbeit mit der Polizei bereits abgebrochen hatte, arbeitete Lena in Säter. Anschließend machte sie sich mit einer eigenen Praxis selbstständig.

Vor unserem Treffen schrieb ich ihr eine Mail und fragte, ob sie mir vielleicht ein Interview mit einer Patientin vermitteln könne, deren verdrängte Erinnerungen im Rahmen einer Therapie, wie Margit sie praktiziert hatte, zutage gefördert wurden. Aber Lena hatte eine bessere Idee:

»Ich könnte Ihnen von meiner eigenen langjährigen Therapie bei Cajsa erzählen. Von dem mühsamen Prozess, den ich durchgemacht habe. Vielleicht hilft Ihnen das zu verstehen, wie so eine Therapie aussehen kann. Es wäre in Ordnung für mich, über meine persönlichen Erfahrungen zu sprechen.«[214]

Ich nahm das Angebot dankend an, und wir trafen uns drei Mal. Die ersten zwei Interviews führten wir in ihrer Praxis auf Södermalm, das dritte in ihrer Wohnung in Hammarbyhöjden, wo sie zusammen mit ihrem Hund lebte.

Lena war freundlich und zuvorkommend, und nachdem wir uns hingesetzt hatten, erzählte sie, dass sie selbst nie ein Mitglied der »Margit-Gruppe« gewesen sei. Dafür sei sie Margit bei den öffentlichen Seminaren und Vorlesungen begegnet. »Ich konnte das Vertrauen spüren, das in Margit gesetzt wurde«, schilderte sie. »Man glaubte ihr. Alles, was sie sagte, hatte so eine Tiefe, sie schöpfte aus so viel Erfahrung und strahlte so viel Energie aus. Man merkte ihr an, dass sie viel durchgemacht hatte. Sie hatte sich von der Psychoanalytischen Vereinigung gelöst, die Holistische Vereinigung gegründet … was für eine innere Stärke muss jemand haben, wenn er so viel aufgibt, um für seine Überzeugungen einzustehen!«

Als wir uns über diese Überzeugungen unterhielten, fragte

Lena, ob ich Jeffrey Massons *Was hat man dir, du armes Kind, getan?* gelesen hätte. Als ich verneinte, zog sie ein Exemplar aus ihrem Bücherregal, sie wolle es mir leihen. Ich blätterte es durch. Auf dem Vorsatzblatt war Margits hübsches Exlibris zu erkennen, der blaue Baum, der aus ihrem Namen emporwuchs. Ich wusste, dass Margit ihre Fachbücher Cajsa und einer weiteren, ihr eng verbundenen Schülerin vermacht hatte. Massons Buch war offenbar in Lenas Hände geraten, und jetzt sollte ich es mit nach Hause nehmen. Lena erklärte mir, warum das Buch so wichtig sei:

»Es geht um die Verführungstheorie, die Freud entwickelt hat, um sie kurz darauf wieder zu verwerfen. Das Buch ist wirklich sehr interessant!«

Sie meinte, Margit habe einiges mit dem frühen Freud gemein gehabt. »Freud ist natürlich sehr produktiv gewesen, aber dann wurde er ein bisschen …« – sie schüttelte den Kopf – »… Margit war anders. Ihre Ideen sind noch immer gültig.«

Als ich sie fragte, wie sie Cajsa kennengelernt habe, meinte Lena, sie sei als Mädchen sehr unglücklich gewesen. 1982, im Alter von einundzwanzig Jahren, habe sie immer noch bei ihren Eltern gewohnt. »Um es ganz offen zu sagen, es ging mir richtig mies. Ich litt an Depressionen und war ›schizoid‹. Ängstlich, schüchtern, still.«

Cajsa arbeitete damals mit gefährdeten Jugendlichen in Södertälje, während ihr Mann an einer Volkshochschule in Trosa unterrichtete, die Lena besuchte. Über ihn bekam Lena einen Termin bei Cajsa, damit sie über ihre Probleme sprechen konnte.

»Damals war mir noch nicht klar, dass mein Vater sich an mir vergangen hatte«, erzählte Lena. »Ich hatte keinen Kontakt zu dieser Erinnerung. Ich wusste es einfach nicht mehr.«

Sie erzählte, dass Cajsa damals keine Zeit für eine ausführliche Therapie gehabt habe. »Sie war gerade erst Mutter geworden. Aber sie empfahl mir ein Buch, *Das Drama des begabten Kindes* von Alice Miller. Ich las es und dachte: Das handelt ja von mir.

Und dann brach alles um mich herum zusammen. Ich habe mich im Wohnheim ins Bett gelegt und bin nicht mehr aufgestanden. Ich steckte in einer totalen Regression fest. Als Cajsa davon erfuhr, ist ihr wahrscheinlich aufgegangen, dass sie die Therapie bereits eingeleitet hatte. Sie musste also weitermachen.«

Das war 1982. Zwei Jahre zuvor war das deutsche Original von *Das Drama des begabten Kindes* erschienen, das erste Buch der in Polen geborenen Psychologin und Psychoanalytikerin Alice Miller, die glaubte, dass Depressionen oft von verdrängten Erinnerungen an sexuelle Übergriffe herrührten. *Das Drama des begabten Kindes* sowie zwei weitere Titel von Miller hatten auf der Lektüreliste der Margit-Gruppe gestanden.[215]

Lena hatte ihre Therapie bei Cajsa 1982 begonnen, und bis sie sich an sexuelle Übergriffe in der Kindheit erinnern konnte, waren etwa drei Jahre vergangen. Demnach hatte die Therapie erst 1985 wirklich angeschlagen. In den freigesetzten Erinnerungen sei es um ihren Vater gegangen, erzählte sie. Dieser sei mit sechzehn dem Militär beigetreten und bis ins Rentenalter im Luftwaffenstab tätig gewesen. Sie beschrieb ihn als depressiv, egozentrisch und wenig angenehm.

»Wenn ich an meinen Vater denke, dann sehe ich diesen kauzigen Eigenbrötler vor mir. Mal saß er nur bockig in der Ecke, und mal war er aggressiv.«

»Ist er gewalttätig gewesen?«

»Nein, das Unangenehme waren eher … seine finsteren Blicke. Er war immerzu gereizt und hielt andere Menschen auf Abstand. Er war wie ein Fremder, wir hatten kaum Kontakt zueinander, es war schrecklich. Er verabscheute Olof Palme und hatte ständig Angst, dass die Russen kommen. Wahrscheinlich habe ich mich deshalb stark nach links orientiert. Nicht nur, um mich von meiner Familie zu distanzieren, sondern vor allem auch als Provokation. Damit musste mein Vater erst mal klarkommen.«

Als wir uns trafen, lebte ihr Vater noch, doch Lenas Mutter

war bereits gestorben. Lena beschrieb sie als »kriecherisch und devot«, trotzdem hing sie sehr an ihr. »Ich habe meine Mutter geliebt, sie hat mir alles bedeutet. Sie war immer so bemüht und hat sich um uns gekümmert, ums Essen und den Haushalt. Sie hat wirklich ihr Bestes gegeben. Im Gegensatz zu meinem Vater. Deshalb kann ich ihr nicht böse sein. Sie war ja selbst ein Opfer.«

Ein wichtiger Ansatzpunkt der Therapie bei Cajsa war Lenas Angst vor der Dunkelheit. Die Vorstellung, alleine zu wohnen, verursachte ihr eine Todesangst, und vor dem Schlafengehen warf sie immer einen Blick unters Bett. Mit Cajsas Hilfe begab sie sich auf die Suche nach dem Auslöser für ihre Ängste, den sie in der frühen Kindheit vermutete. Lena schilderte, wie sie versucht hatte, sich als Kind zu visualisieren, eine Technik, die sie in einen ganz speziellen Zustand versetzte.

»Meist habe ich mich dafür hingelegt, weil es so leichter war. Und dann ist es einfach passiert, dann ist so eine Verzweiflung über mich hinweggespült. Ich musste weinen und konnte plötzlich diese Dinge *beschreiben.*«

Dabei nahmen Bilder ihres Vaters Gestalt an.

»Nach und nach kamen die Antworten … ›Wovor fürchte ich mich?‹ Und dann tauchte plötzlich eine dunkle Gestalt auf, die immer mehr Kontur annahm, bis ich plötzlich dachte: ›Das ist mein Vater! Er kommt zu mir ins Zimmer.‹ Es war, als wäre er tatsächlich da. So nah hat es sich angefühlt.«

Als ich Lena 2012 traf, lag ihre erste Therapiesitzung mit Cajsa rund dreißig Jahre zurück. Sie traf Cajsa nach wie vor einmal in der Woche, mittlerweile aber in erster Linie im Rahmen einer Supervision. In unserem Gespräch stellte sich heraus, dass Lena weiterhin »Regressionsreisen« zu den verdrängten Übergriffen in ihrer Kindheit unternahm. Meist allein.

»Mittlerweile schaffe ich es allein, wenn ich zu Hause bin«, erklärte sie. »Manchmal, wenn es mir schlecht geht, überkommt es mich einfach. Es fühlt sich an, als würde ich in einen anderen Teil meiner selbst schlüpfen.«

»Handelt es sich um eine Art Zeitreise?«, fragte ich.

»Ja, genau, und es ist sehr intensiv. Wenn jemand ins Zimmer kommen würde, dann wüsste ich zwar, dass die Person nicht gefährlich ist, aber trotzdem würde ich zugleich die Anwesenheit meines Vaters wahrnehmen. Ich spüre, wie er sich an mir vergreift, wie er *diese Sachen* mit mir macht. Ich spüre es körperlich, obwohl ich weiß, dass er nicht da ist.«

»Nehmen Sie dann noch andere Dinge wahr? Gerüche oder Geräusche zum Beispiel?«

»Ja ... ich höre seine Stimme. Und ... ich kann seinen Schweiß riechen. Es riecht nach Zigaretten, weil er stark geraucht hat. Sein Raucheratem ist mir zuwider.«

Obwohl sie schon seit drei Jahrzehnten regelmäßige Regressionen durchführe, habe sie noch nicht alle verdrängten Erinnerungen zutage fördern können, erzählte sie. Wenn die Emotionen zu stark seien, um die Situation allein durchstehen zu können, rufe sie gelegentlich Cajsa an. Doch in der Regel reiche schon eine Mail.

»Beim Schreiben kommt dann noch mehr hoch«, erklärte Lena. »Ich schreibe zum Beispiel Dinge wie: ›Jetzt passiert es, er kommt ins Zimmer und macht *diese Sachen* mit mir. Ich kann es *spüren.*‹ Und je mehr ich schreibe, desto mehr Erinnerungen steigen in mir auf. Obwohl es manchmal ein langer Prozess ist, kann ich am nächsten Tag zur Arbeit gehen. Nicht dass die Bilder dann weg wären, aber ich kann die Situation aushalten und arbeiten. Es ist noch nie vorgekommen, dass ich etwas nicht geschafft habe.«

Mithilfe von Traumdeutungen, Regressionsübungen und Tagebüchern, in denen sie die in den Regressionen zutage geförderten Erinnerungen beschrieb, hatte sich Lena eine völlig neue Kindheit rekonstruiert. Bei ihren Schilderungen dachte ich an *Die therapierte Erinnerung*. Loftus und Ketcham stellten fest, dass Patienten, die ihren Fantasien zwischen den Therapiesitzungen zusätzlichen Raum gaben, zum Beispiel durch das Führen von Tagebüchern, besonders anfällig dafür seien, Fantasie und Realität nicht mehr unterscheiden zu können.[216]

Als ich Lena fragte, in welchem Alter die Übergriffe stattgefunden hätten, stutzte sie. »Das ist schwer zu sagen, ich war ja noch so klein.«

»Noch vor Ihrem ersten Geburtstag?«

»Ja, das sagt mir mein Gefühl. Cajsa und ich sind zu dem Schluss gekommen, dass es so sein muss. Aber dann ging es weiter, bis … ja, ungefähr bis zur Pubertät. Als sich mein Körper veränderte, verlor mein Vater das Interesse an mir.«

»Wie oft hat er sich an Ihnen vergriffen?«

»Also, es war ja nicht nur ein paar Mal, sondern regelmäßig. Ich könnte jetzt nicht genau sagen, ob es jede Woche war … aber es ist sehr oft geschehen. Das sagt mir mein Gefühl.«

In letzter Zeit seien neue Erinnerungen aufgetaucht, berichtete Lena. Ihr Vater habe auch Kollegen mit nach Hause gebracht, die sich ebenfalls an ihr vergriffen hätten.

»Eines Nachts bin ich aufgewacht, und plötzlich war alles ganz klar. Ich sehe es noch etwas verschwommen, aber neben meinem Vater sind da diese beiden anderen Männer. Ich kriege es noch nicht ganz zu fassen … aber ich habe dieses *unerhört starke* Gefühl. Wenn man dissoziiert, ist es schwer, die Dinge klar zu sehen.«

»Wie alt waren Sie, als die zwei Männer dabei waren?«

Lena überlegte einen Moment. »Tja, ich schätze mal … Mein Vater ist ein Jahr als Blauhelm-Soldat auf Zypern gewesen, und ich glaube, er kannte die Männer vom Militär. Es war entweder vor seiner Zeit auf Zypern, also 1967 oder 1968 … oder aber kurz danach. Ich weiß noch, dass sie zu uns nach Hause kamen. Und ich erinnere mich daran, wie sie hießen und wie sie aussahen. Und dann … sind da ein paar Erinnerungsfragmente, bei denen ich mir noch nicht ganz sicher bin.«

»Sie waren also sechs oder sieben Jahre alt?«

»Ja«, antwortete sie.

Lena glaubte also, sich daran zu erinnern, dass ihr Vater noch vor ihrem ersten Geburtstag damit angefangen habe, sie zu missbrauchen. Von da an habe es bis zur Pubertät weitere Übergriffe gegeben, vermutlich wöchentlich, und gelegentlich seien zwei weitere Männer dabei gewesen.

Bei meinem nächsten Treffen mit Cajsa Lindholm fragte ich vorsichtig, ob es denn tatsächlich realistisch sei, dass Lena sich erst nach einer mehrjährigen Therapie an solche Ereignisse erinnern könne. Cajsa wirkte nervös und sagte, sie erinnere sich nicht daran, dass Lena so lange missbraucht worden sei. Kurz darauf erhielt ich eine Mail von Lena:

> Cajsa hat mir erzählt, dass Sie sich über meine Antwort auf die Frage, wie oft die Übergriffe stattfanden und in welchem Alter sie aufgehört haben, gewundert haben. Nun, ich sehe ein, dass meine Antworten etwas vage waren, aber um ehrlich zu sein, kann ich Ihnen im Moment keine eindeutigeren Antworten geben. In den letzten Monaten konnte ich einen sehr intensiven Kontakt zu den Erinnerungen an die Übergriffe herstellen, und da kann es leicht passieren, dass man glaubt, sie hätten öfter stattgefunden, als es tatsächlich der Fall war. Das Gefühl, etwas Derartiges durchgemacht zu haben, ist einfach so stark und gewaltig! Ich sehe ebenfalls ein, dass ich nicht erst dreizehn gewesen sein kann, als die Übergriffe aufgehört haben, sonst hätte ich die Erinnerungen daran nicht mehr verdrängen können. Ich bin sehr penibel, wenn es darum geht, die Erinnerungen meiner Patientinnen auszuwerten und zu analysieren. Natürlich sollte ich bei mir selbst genauso penibel sein. Deshalb schreibe ich Ihnen, um für Klarheit zu sorgen!
>
> Alles Gute!
>
> Lena[217]

Zuerst wusste ich nicht so recht, was ich von der Mail halten sollte. Wollte Lena damit andeuten, dass sie während unseres Interviews falsche Erinnerungen produziert hatte? Später erfuhr ich, dass Lena im Frühjahr 2013 als Sachverständige in einem Gerichtsverfahren aussagen sollte. Eine ihrer Patientinnen beschuldigte ihren Vater, sie ab dem zweiten Lebensjahr dreizehn Jahre lang missbraucht zu haben.[218] Jegliche Erinnerungen an die Übergriffe hatte sie verdrängt und erst im Rahmen der Therapie wieder freigesetzt. Der Vater der Patientin wurde freigesprochen, zuerst vom Landgericht, später auch vom Oberlandesgericht. Hier schien Arvidsson nichts Seltsames daran gefunden zu haben, dass ihre Patientin Erinnerungen an etwas verdrängt zu haben glaubte, das sie angeblich im Alter von fünfzehn Jahren erlebt hatte. Bei Lenas Mail musste es sich also um ein taktisches Manöver handeln. Vermutlich hatten sie und Cajsa befürchtet, ich könnte skeptisch werden.

Lena hatte mir auch erzählt, dass sie in Säter gearbeitet hatte und deshalb einiges über Thomas Quick wusste. Genaueres könne sie natürlich nicht preisgeben, da sie der Schweigepflicht unterliege. Nachdem sie mir ihre Therapie bei Cajsa beschrieben hatte, stellte ich trotzdem eine Frage:

»Was Sie erzählt haben, hört sich sehr nach der Therapiemethode an, mit der auch Thomas Quick behandelt wurde, nicht wahr?«

»Ja, das könnte man so sagen«, antwortete Lena, ohne mit der Wimper zu zucken.

Endlich wusste ich, wie Margits Therapien ausgesehen hatten. Ihre Patienten sollten über viele Jahre ihren Fantasien freien Lauf lassen, bis aus den Fantasien Erinnerungen geworden waren. Ich musste daran denken, was Margit 1977 an David Schecter geschrieben hatte, als sie ihm schilderte, dass ihre Patientin Hanna Olsson mithilfe einer Regression einen »tiefen Kontakt zu frühen Erlebnissen, der damaligen Umgebung, den Sinneserfahrungen und physischen Reaktionen«[219] hergestellt habe. Außerdem fiel mir ein, was Margit im selben Jahr bei ihrem letzten Vortrag vor der Holistischen Vereinigung gesagt hatte: »Im Laufe des Therapieprozesses lässt sich Kontakt zu intensiven, ursprünglichen und frühen Erlebnissen herstellen, einschließlich des gesamten Spektrums an Gerüchen, Farben und Emotionen, deren Intensität wohl niemals größer ist als in der Kindheit«.[220]

Cajsa Lindholm und Lena Arvidsson machten von dieser Methode noch immer, auch im Jahr 2012, Gebrauch.

Bei einem unserer Treffen gab Lena mir ein Dokument, das mich, wie sie sagte, interessieren könne. Es handelte sich um eine fünfundfünfzigseitige Hausarbeit, die sie im letzten Semester ihres Psychologiestudiums, also im Frühjahr 1994, geschrieben hatte. Im Herbst desselben Jahres hatte sie ihre Festanstellung in Säter erhalten. Der Titel der Arbeit lautete »Die Behandlung verurteilter Gewaltstraftäter in der Klinik für Forensische Psychiatrie in Säter. Psychotherapeutische Behandlung im Spiegel der britischen Objektbeziehungstheorie«. *(Att vårda dömda våldsbrottslingar på regionvårdsenheten på Säters sjukhus – psykoterapeutisk behandling enligt brittisk objektrelationsteori.)* Auf dem Deckblatt stand der Name ihrer Studienbetreuerin: Hanna Olsson. Jene Hanna Olsson, die auf Margits Therapiesofa »Regressionsreisen« ins Alter von zwei Jahren unternommen hatte und eines der ersten sieben Mitglieder der Margit-Gruppe gewesen war.

Eingeleitet wurde die Arbeit mit Gedichten aus der Feder eines gewissen »Sture, Patient in der Forensischen Psychiatrie«. Unter anderem zitierte Lena folgende Zeilen:

Ich verbarg meine Angst
hinter dem Schmerz,
meine Tränen hinter dem Vergessen.
Ich wollte lieben
und tat, was mir beigebracht worden war.

Doch ich verstand nicht die Schreie
die meine streichelnde Hand verursachte.
Die Sehnsucht nach Liebe
blieb zurück
als ich abgeführt wurde.
Gefangen in den verborgenen Erinnerungen meiner Kindheit
entsann ich mich der stabilen Schrecklichkeit meines Vaters.
Sture.

Die Seminararbeit stützte sich größtenteils auf Interviews mit dem Leitenden Oberarzt Göran Källberg und der Psychologin Birgitta Ståhle, von Lena als »der Arzt« und »die Psychologin« bezeichnet. Dass die beiden zu Margits Anhängern gehörten, war unverkennbar:

»Der Arzt und die Psychologin meinen, das Menschenbild der britischen Schule der OBT [Objektbeziehungstheorie, Anm. d. Verf.] unterscheide sich markant von der Sichtweise der freudianischen Schule. Während die Triebtheorie von Triebarten spreche, die es zu kanalisieren gelte, betone die OBT den Stellenwert tatsächlich stattgefundener Ereignisse in der Kindheit.«

Lena schrieb, dass Källberg und Ståhle »von einer Psychoanalytikerin supervidiert werden, die auf eine jahrelange Erfahrung in der psychotherapeutischen Arbeit nach Vorbild der britischen Objektbeziehungstheorie zurückgreifen kann. Sie verfügt über eine beachtliche theoretische Kompetenz und hat im Laufe ihrer Karriere eine Vielzahl schwerstkranker Patienten behandelt. Der Arzt und die Psychologin geben an, durch Einzelsupervision die notwendige Hilfe und Unterstützung zu erhalten, um die psychotherapeutische Arbeit fortsetzen zu können«.

Außerdem skizzierte Lena, wie eine Therapie in Säter ablief:

»Die Therapiesitzungen in der Klinik für Forensische Psychiatrie zielen darauf ab, dass die Patienten Kontakt zu ihren frühen Traumata herstellen. Dabei treten verdrängte Erinnerungsfragmente zutage, und die einzelnen Puzzleteile bilden Muster, die schließlich ein greifbares Mosaik ergeben, das die Einzelfragmente verbindet.«[221]

Lena zitierte Birgitta Ståhle, die erklärte, wie die Straftäter ihre Erinnerungen zurückerlangten:

»Es können klare, konkrete Erinnerungsbilder entstehen, die auch mit Gerüchen und Geräuschen verwoben sind. Die Patienten müssen es wagen, sich der totalen Machtlosigkeit, der Angst und der Handlungsunfähigkeit in der frühen Kindheit zu nähern, die sie mit ihren Gewalttaten von sich wegschieben wollten.«

Lenas Seminararbeit war ein erstaunliches Dokument. Sie beschrieb genau die Art von Therapie, von der Birgitta Ståhle 2009 noch nie gehört haben wollte, wie sie in ihrem Brief an die Gesundheitsbehörde und gegenüber dem Oberstaatsanwalt behauptet hatte. Die Seminararbeit brachte die Wahrheit ans Licht: Margits psychotherapeutische Technik war das Fundament der Therapiearbeit, wie sie in der Klinik für Forensische Psychiatrie in Säter betrieben worden war.

Als ich etwas später das umfangreiche Material durchging, das Sture eingescannt und mir in Form von PDF-Dateien geschickt hatte, stieß ich zu meiner Überraschung auch auf Lenas Seminararbeit. Sie hatte Sture ein Exemplar gegeben, versehen mit einer Widmung:

Danke, Sture, für alles, was du mir über den
Schmerz, die Angst und den Hass hinter der Gewalt
beigebracht hast!
Lena

14. Margits Kampf

»Dieses Gefühl, man würde alles sagen,
nur um Zuspruch zu bekommen, das hatte man
in Margits Gegenwart ziemlich oft.«

Patricia Tudor-Sandahl, Autorin und Psychotherapeutin, über ihre
langjährige Therapie und Supervision bei Margit Norell

Margit Norell war nicht nur Psychoanalytikerin, sondern auch Aktivistin. Bis zu ihrem Tod sollte sie für ihre Überzeugungen kämpfen. Ihre Gegner waren die orthodoxen Freudianer mit ihrer Triebtheorie, aber auch alle anderen, die der Meinung waren, das menschliche Verhalten ließe sich genetisch oder neurologisch erklären. Für Margit waren im Prinzip alle psychischen Störungen – von Psychosen über Autismus bis hin zu kriminellem und aggressivem Verhalten – die Folge von traumatischen Erfahrungen in der Kindheit. Margit wollte die Welt verändern, und deshalb bevorzugte sie Patienten, mit denen sie diesen Kampf gemeinsam austragen konnte. 1970 schrieb sie in einem Brief an Erich Fromm, dass sich ihr Patientenkreis »weitgehend« zusammensetze aus »politisch radikalen Menschen, die mit ihren Standpunkten die schwedische Gesellschaft verändern könnten«.[222] Ihren Traumpatienten beschrieb sie 1972 in einem anderen Brief an Fromm, in dem sie von einem amerikanischen Arzt und Aktivisten berichtete, der bei ihr in die Analyse ging:

»Er hat eine brutale Kindheit mitten in der amerikanischen Konsumgesellschaft hinter sich und leidet an ernsten Problemen. Aber er ist auch sehr ehrlich und überaus engagiert, wenn es um

Fragen geht, die ihm am Herzen liegen. Er verfügt über ein unglaubliches Leistungs- und Denkvermögen (IQ 160). Außerdem ist er Sozialist. Wir arbeiten gut zusammen, und ich hoffe, dass wir das auch weiterhin tun.«[223]

Wer Margits Gunst genießen wollte, musste zum Missionar werden. Cajsa erzählte mir, dass sie jahrelang hart dafür gearbeitet hatte, Margits Botschaft zu verbreiten. »Sie wollte, dass ich Vorträge halte. Einmal bin ich mit neununddreißig Grad Fieber losgefahren. Vielleicht hätte ich mehr auf mich hören sollen, immerhin hatte ich zu Hause Mann und Kinder.«

Als Margit 1977 mit Hanna Olssons Behandlung begann, schrieb sie voller Stolz an David Schecter, sie könne nun eine der bekanntesten schwedischen Feministinnen ihre Patientin nennen.[224] Später im selben Jahr berichtete sie ihm von Hannas Regressionsreisen und wie hilfreich sie für Hannnas Arbeit seien:

»Hanna hat ganz schreckliche Erinnerungen an Dinge aufgedeckt, die ihr psychotischer Vater ihr im Alter von zwei, drei Jahren zugefügt hat. Manchmal war sie allein mit ihm im Schlafzimmer, wenn ihre Mutter zu viel Angst hatte und hinausgegangen war. Nach einer langen und intensiven Therapiearbeit, die mit Depressionen und Angstzuständen einherging, fühlt Hanna sich jetzt freier denn je – was auch notwendig ist für ihre Arbeit als Leiterin des Sekretariats der Prostitutions-Enquete-Kommission.«[225]

Die bürgerliche Drei-Parteien-Regierung hatte 1977 eine Prostitutions-Enquete-Kommission eingesetzt, und Hanna Olsson leitete das Sekretariat. Im Rahmen der Enquete wurden zahlreiche Prostituierte befragt, deren Aussagen bezüglich Missbrauch, Gewalt und Erniedrigung in einen Zusammenahng mit Gender und Macht gestellt werden sollten. Margit nahm aktiv an der Arbeit teil. Im August 1978 schrieb sie an Schecter: »Ich habe jede Menge Arbeit und lese in meiner Freizeit weiterhin die Interviews mit den Prostituierten, um Hanna zu helfen. Die Lektüre berührt mich und zerrt an meinen Kräften.«[226]

Als 1980 der Schlussbericht der Enquete-Kommission publiziert wurde, bedankte sich Hanna darin bei Margit für das großzügige Feedback. Dass Margit ihre Psychoanalytikerin war, erwähnte sie allerdings nicht.[227]

Ein paar Jahre später sollte Hanna Olsson eine Debatte über den Mord an der Prosituierten Catrine da Costa auslösen, deren verstümmelte Leiche 1984 in Stockholm gefunden worden war. 1988 wurde Anklage gegen zwei junge Ärzte erhoben, die in den Medien nur »der Allgemeinmediziner« und »der Pathologe« genannt wurden. Kurioserweise stützte sich die Anklage vor allem auf die Aussagen der Tochter des »Allgemeinmediziners«, die den Mord im Alter von eineinhalb Jahren bezeugt hatte. Dies behauptete zumindest die Mutter des Mädchens, die in der Zeitung von da Costa gelesen hatte. Ihr fiel ein, dass ihre Tochter ihr einmal von einem satanischen Ritual erzählt hatte, bei dem ihr Vater eine Leiche zerstückelte.

Hanna Olsson verfolgte das Gerichtsverfahren und veröffentlichte einen Artikel in *Dagens Nyheter*. Sie schrieb, die Männer würden trotz ihrer Schuld von einem patriarchalen Rechtssystem geschützt, das Gewalt gegen Frauen zulasse. Nach Olssons Artikel wurden die beiden Ärzte in den Medien zu Monstern gemacht. Im März 1988 wurden sie schließlich verurteilt, doch aufgrund diverser Verfahrensfehler wurde der Prozess schon bald wieder aufgerollt. Die beiden Männer wurden freigesprochen, da die Todesursache nicht eindeutig hatte festgestellt werden können. Zugleich betonte das Landgericht jedoch, es bestehe kein Zweifel, dass sie da Costas Leiche zerstückelt hätten, der Fall sei als Leichenschändung allerdings verjährt. Kurzum, der »Allgemeinmediziner« und der »Pathologe« wurden trotz Freispruchs als Stückelmörder gebrandmarkt und konnten aufgrund der Verjährung keinen Widerspruch einlegen. Ihr Leben war ruiniert.

1990 veröffentlichte Hanna Olsson das Buch »Catrine und die Gerechtigkeit« (*Catrine och rättvisan*)[228], in dem sie anprangerte, dass die patriarchale Gesellschaft die Ärzte durch den Freispruch geschützt habe. Olsson war davon überzeugt, dass die Männer in jedem Anklagepunkt schuldig seien. Außerdem gebe es keinen Grund, die Erzählung des kleinen Mädchens, wie sie von dessen Mutter wiedergegeben worden war, anzuzweifeln. Der Fall Catrine da Costa wurde zu einem der spektakulärsten Justizfälle, die Schweden je gesehen hatte – zumindest bis zum Quick-Skandal. Der Journalist Per Lindberg publizierte 1999 das Buch »Der Tod ist ein Mann« (*Döden är en man*), in dem er überzeugend für die Unschuld der Ärzte argumentierte.[229] Mit Olsson ging er dabei hart ins Gericht. So habe sie aus dem Mordverfahren einen politischen Prozess über das Machtverhältnis der Geschlechter gemacht und die Ärzte als Symbole einer patriarchalen Unterdrückung benutzt, anstatt sie als Individuen mit einem Anrecht auf ein faires Verfahren zu betrachten.

Es sei Margit gewesen, die Hanna Olsson zu dem öffentlichen Feldzug gegen die Ärzte angestachelt habe, erzählten mir einige von Margits Schülern zu meiner Verwunderung. Sogar die sonst so loyale Cajsa Lindholm fand, dass Margit Hanna zu sehr unter Druck gesetzt habe: »Sie hat es wirklich nicht leicht gehabt mit dem Mordprozess und dem Buch. Und hinter allem steckte Margit. Hanna musste einen hohen Preis dafür zahlen, *Hanna Olsson* zu sein. Genauso wie Birgitta [Ståhle] einen hohen Preis dafür zahlen musste, *Birgitta* zu sein. Aber so war Margit – sie war die Rebellin, die für Ehrlichkeit und Gerechtigkeit kämpfte.«

»Die beiden sind also von Margit gedrängt worden?«, bohrte ich weiter. »Ja«, antwortete Cajsa. »Und natürlich von der wichtigen Mission, die wir zu erfüllen hatten.«

Das Säter-Modell. Die Epidemie der »verdrängten Erinnerungen«. Der Fall »Catrine da Costa«. Thomas Quick. Allmählich fragte ich mich, ob es in den Achtziger- und Neunzigerjahren überhaupt irgendwelche Kontroversen in Schweden gegeben hatte, in die Margit nicht verwickelt gewesen war. Es schien, als hätte sie ihre Finger überall im Spiel gehabt. Und trotzdem wusste kaum jemand, wer sie war.

Der Hauptaustragungsort für Margits ideologischen Feldzug war jedoch ihr Behandlungszimmer. Die Schüler, die nicht an einen Missbrauch im Kindesalter glaubten, versuchte Margit bisweilen vom Gegenteil zu überzeugen – wie eine Missionarin. Tomas Videgård erzählte mir, dass Margit ihm jahrelang habe einreden wollen, dass er als Kind missbraucht worden sei. Als er die Therapie 1990, also nach dreizehn Jahren, abbrechen wollte, war Margit strikt dagegen, da sie noch nicht bis zum Kern seiner Probleme vorgedrungen seien:

»Sie hat gesagt: ›Irgendwelchen Übergriffen bist du bestimmt ausgesetzt worden, deshalb rate ich dir, mit der Therapie weiterzumachen, bis wir mehr darüber herausgefunden haben!‹« Als Tomas von ihr wissen wollte, worauf sie ihre Analyse stütze, erwähnte sie einen Traum, der laut Tomas »auf alles Mögliche hindeuten konnte«.

Ein ähnlicher Fall ist Patricia Tudor-Sandahl. Die Psychotherapeutin und Autorin war in einer Arbeiterfamilie in England aufgewachsen und 1964, im Alter von vierundzwanzig Jahren, nach Schweden gekommen. Nach einem Psychologiestudium und anschließender Psychotherapeutenausbildung promovierte sie in Erziehungswissenschaften. 1983 erschien ihr erstes Buch »Das Kind in uns« (*Om barnet inom oss*), in dem sie beschrieb, inwieweit frühe interpersonelle Erfahrungen die Persönlichkeitsentwicklung steuern.[230]

Ich besuchte Patricia Tudor-Sandahl in ihrer hübschen Wohnung in Lund. Sie war zweiundsiebzig Jahre alt und strotzte nur so vor Energie. Seit vielen Jahren widmete sie sich ausschließlich dem Schreiben, und einige ihrer insgesamt fünfzehn Bücher über Psychotherapie und Persönlichkeitsentwicklung waren Bestseller geworden.

Dank ihres ersten Buches war sie in Kontakt mit Margit gekommen. »Sie hat mich zu sich eingeladen. Ich war natürlich viel zu neugierig, um nein zu sagen. An unsere erste Begegnung kann ich mich noch gut erinnern. Sie hatte so etwas Majestätisches an sich. Mein Buch schien ihr allerdings nicht besonders gefallen zu haben. Es sei zwar interessant, aber voller Anglizismen, meinte sie. Unser Gespräch kam mir vor wie ein Verhör. Sie stellte meine Theoriekenntnisse auf den Prüfstand, und ich hatte eine Heidenangst, mich zu blamieren.«

Patricia arbeitete zu der Zeit als Dozentin an der Sozialhochschule wie auch als privat praktizierende Psychotherapeutin. Am Ende des Treffens machte Margit ihr das Angebot, sie zu supervidieren. Patricia biss augenblicklich an, immerhin genoss Margit einen ausgezeichneten Ruf. »Wenn alles stimmte, was man sich über sie erzählte, dann war ihr Angebot goldwert! Sie galt als *außerordentlich* kompetent. So wurde Margit meine Supervisorin. Aber schon bald verwandelten sich unsere Supervisionssitzungen in eine Therapie.«

Die Margit-Gruppe organisierte gelegentlich Seminare, zu denen auch externe Zuhörer eingeladen waren, die eine Verbindung mit Margit hatten. Bei diesen Gelegenheiten konnte Patricia bezeugen, wie Margit von ihren Anhängern umschwärmt wurde. Sie selbst sei zwar gefragt worden, ob sie der Gruppe beitreten wolle, habe das Angebot aber abgelehnt. Sie habe kein gutes Gefühl dabei gehabt. Dass Patricia tatsächlich in die Gruppe eingeladen wurde, bestätigen die Protokolle der Gruppensitzungen.

»[Es war] eine Gruppe sehr unselbstständiger Menschen, die Margit über die Maßen vergötterten«, meinte Patricia.

»Was passierte bei diesen Seminaren?«

»Margit redete sehr viel. Erklärte, was richtig und was falsch war. Margit *was a devil*, das muss ich schon sagen. Sie hatte diese spezielle Art …« – Patricia machte vor, wie Margit beim Sprechen mit dem Finger in der Luft fuchtelte – »… und sie hielt mit ihrer

Meinung nicht hinterm Berg. Wenn sie sprach, war um sie herum alles stumm.«

Dass Patricia dem Kreis der gehorsamen Anhänger nicht beitreten wollte, bedeutete jedoch nicht, dass sie nicht von Margit abhängig gewesen wäre. »Heute ist mir klar, dass es eine Art Mutter-Tochter-Abhängigkeit war. Und vielleicht hat sie auf Gegenseitigkeit beruht, schließlich gibt die brave Tochter ihrer Mutter auch eine Form von Bestätigung zurück. Es war ein fantastisches Gefühl, von Margit gelobt zu werden, und ich wurde regelrecht abhängig davon. Deshalb begriff ich, dass ich mich von ihr lösen musste.«

Erst nachdem Patricia in den Neunzigerjahren mit Margit gebrochen hatte, ging ihr auf, was sie erlebt hatte. »Es war wie in einer Sekte gewesen… dieses Gefühl, von Margit auserwählt worden zu sein. Wir waren die Kinder, und Margit war unsere Mutter. *What can I tell you. It's very strange, but that was it.* Ich bin so froh, dass ich den Absprung geschafft habe. Und überhaupt habe ich mich nach und nach vom psychotherapeutischen Umfeld distanziert. Wenn ich ehrlich bin, interessiere ich mich heute kaum noch dafür.«

Mittlerweile bezeichnet Patricia Margit als eine »Vollblutschizoide«, emotional kühl und gegen ihre Umwelt abgekapselt. Nur in ihrer Praxis kam eine andere Seite zum Vorschein. Margit sei auf ihre Patienten eingegangen und habe stets ein offenes Ohr gehabt. Ein Eindruck, der mir auch von anderen Interviewpartnern bestätigt wurde. Diese Aufmerksamkeit sei es gewesen, mit der Margit so viele in ihren Bann gezogen habe. Fixierte Margit einen in der Abgeschiedenheit ihrer Praxis mit dem Blick, dann habe man sich rundum beachtet gefühlt. Mit der Zeit habe Patricia jedoch begriffen, dass Margits Wertschätzung keineswegs bedingungslos gewesen sei. Missfiel ihr etwas, dann zeigte sie das auch. Die Signale seien zwar subtil gewesen, doch nach einigen Jahren, so Patricia, konnte sie sie deuten. Wie ein Kind, das die Körpersprache der Eltern zu interpretieren lernt. Patricia zeigte mir, wie Margit kaum merklich den Kopf abwenden konnte, um ihrem Missmut Ausdruck zu verleihen, und erklärte, dass es schwer gewesen sei, sich von Margits Reaktionen nicht beeinflussen zu lassen. »Dieses Gefühl, man würde alles sagen, nur um Zuspruch zu bekommen, das hatte man in Margits Gegenwart ziemlich oft. Wie ein Kind bei seinen Eltern. *Do whatever you want, just love me.* Ja, das war so ein Grundgefühl.«

Viele Jahre war Patricia zwei Mal in der Woche bei Margit gewesen, und genauso lange hatte Margit versucht, sie davon zu überzeugen, als Kind missbraucht worden zu sein. »Mein Vater war ziemlich gestört«, erzählte Patricia. »Ein junger Mann im Krieg… *A very disturbed, brutal man.* Er hat uns misshandelt. Eines meiner Bücher handelt davon. Meine Kindheit war schrecklich.« An sexuelle Übergriffe hatte sie allerdings keine Erinnerungen. Ihr Vater sei gewalttätig, furchteinflößend und schmierig gewesen, aber kein Sexualverbrecher. Trotzdem ließ Margit nicht locker:

»Sie war wie ein Hund, der sich an einem Knochen festbeißt und ihn nicht mehr hergibt«, beschrieb Patricia. »Und mit den Jahren wurde es immer schlimmer. Nicht dass es leicht gewesen wäre, sich Dinge zusammenzuspinnen, so etwas hat mich nie gereizt, aber vieles wäre leichter gewesen, wenn ich mir gesagt hätte: ›Vielleicht erinnere ich mich doch falsch? Vielleicht ist doch mehr passiert, als ich mir eingestehen möchte?‹«

»Sie haben also darüber nachgedacht, ob Sie womöglich Erinnerungen verdrängt hatten?«

»Ja, ja«, antwortete Patricia.

Bei der Berichterstattung über Thomas Quick habe sie oft an Margits Überzeugungskraft denken müssen, erzählte Patricia. Mit Unbehagen. »Es war sehr, sehr schwer auszumachen, woran man bei Margit war.«

Für Margit wurde die Verdrängungstheorie mit der Zeit immer wichtiger, und gegen Ende der Achtzigerjahre beschloss sie, ihren ersten wissenschaftlichen Aufsatz seit dreißig Jahren zu schreiben. Margits Tochter Annie Norell-Beach erzählte mir, dass Margit in den frühen 1960er-Jahren einen ganzen Sommer lang über einer Diplomarbeit gebrütet hatte, die die Voraussetzung für die Erlangung des Titels »Psychologin« war. Als die Arbeit mit »nicht ausreichend« benotet wurde, verfiel Margit in Panik. Jan Stensson, der ihr damals sehr nahegestanden hatte, erzählte mir, er habe die Arbeit gelesen – und den Entschluss der Prüfer nachvollziehen können. Die Arbeit habe aus einer langen und detaillierten Fallschilderung bestanden und sei völlig unverständlich gewesen, weil man die Aussagen des Patienten nicht von Margits eigenen Gedanken habe unterscheiden können. »Das Ganze war ziemlich verworren und schwammig«, erklärte Jan. Da Margit ihre Fallstudie unglaublich wichtig gefunden habe, sei sie äußerst niedergeschmettert gewesen.

Von da an sollte Margit so gut wie keine längeren Texte zur Publikation mehr schreiben. Was durchaus skeptisch beäugt wurde, als sie die Holistische Vereinigung leitete und mit ausländischen Psychoanalytikern verkehrte, die allesamt in psychoanalytischen Fachzeitschriften publizierten und Margit in ihren Briefen davon berichteten. David Schecter zum Beispiel veröffentlichte zahlreiche Artikel in der Zeitschrift *Contemporary Psychoanalysis*, die Margit mit großem Interesse las. Aber sie selbst publizierte kaum eine Zeile.

Ende der 1980er-Jahre jedoch fühlte sich Margit offenbar bereit für einen neuerlichen Versuch. Sie wollte über die Behandlung von Patienten mit verdrängten Erinnerungen schreiben. Der Artikel umfasst dreißig Seiten und trägt den Titel »Früher Inzest. Erfahrungen in der Therapiearbeit mit Missbrauchsopfern« (*Tidig incest. Erfarenheter av den terapeutiska processen med incestpatienter*).[231] Ausgehend von Freuds »Verrat« an seinen Patientinnen, schildert Margit sieben konkrete Fälle:

»Seit Freud der Verführungstheorie vollends den Rücken gekehrt hat, ist in der psychoanalytischen Forschungsliteratur kaum noch die Rede von Inzesterfahrungen und die Therapiearbeit in ebensolchen Fällen. Dies ist einer der Gründe, weshalb ich meine eigenen Erfahrungen weitergeben möchte.«

Es ist ein eigenartiger Aufsatz. Keine der Patientinnen hatte sich vor Therapiebeginn an sexuelle Übergriffe erinnert, und erst nach mehreren Jahren waren die ersten Erinnerungen aufgetaucht. Margit beschrieb, wie sie mithilfe von Traumdeutungen zu den verdrängten Traumata vordrang: »Ich habe festgestellt, dass viele Patientinnen gute und kreative Träumerinnen sind. Einige machen sich spontane Notizen – sie schreiben Träume, Erinnerungen und Reflektionen nieder. Können wir daraus schließen, dass das Grenzland der Träume die beste – wenn nicht gar die einzige – Möglichkeit ist, mit der ›anderen Welt, dem Land des Unbegreiflichen‹ Kontakt herzustellen?«

Anschließend schildert Margit siebenundvierzig Träume, die – angeblich – allesamt auf sexuelle Übergriffe hindeuten. Hier ein Beispiel: »Ich stehe vor dem Eingang zu einem Ort, der dem Vergnügungspark Skansen gleicht. Zwei alte Männer (einer sogar uralt) kümmern sich um den Einlass. Tiere und Menschen wohnen hier zusammen. Da ist ein schusseliger alter Mann, er sieht zwar anders aus, aber er ist – mein Vater. Ich soll eine neue Brille bekommen, Papa ebenfalls.«

Ein weiterer »Inzesttraum«: »Eine [Patientin] träumt nach sechs Jahren in Analyse von einer Kommode mit sechs Schubladen. In den oberen fünf befindet sich nur Müll, doch als sie die unterste Schublade öffnet, springt ein unheimlicher schwarzer Gorilla heraus und jagt sie quer durchs Zimmer.«

Noch ein Beispiel: »Eine andere Patientin träumt von einer unförmigen, teigartigen Dreifaltigkeit, die sie an eine alte indianische Steinskulptur erinnert. Sie hat irgendetwas mit Menschenopfern zu tun. Die Figur will sich in drei Teile teilen, aber die

Patientin möchte die Teilung und das, was dabei entsteht, nicht sehen. Es entsteht ein schmutziger schwarzer Brei und Moos, das einen zu tragen scheint, aber in Wahrheit handelt es sich um einen unförmigen schlammigen Abgrund. Der Traum wiederholt sich mit einer ähnlichen dreiteiligen Figur, aber diesmal ist die Teilung weniger unheimlich. Die Patientin sagt, sie will fliehen, sie will das nicht mitansehen müssen, und sie will sich verstecken.«

Anschließend erklärt Margit, die Patientinnen müssten in einen speziellen Zustand versetzt werden, um konkrete Erinnerungen an die traumatischen Erlebnisse freizusetzen: »Wenn die einzelnen Fragmente zutage treten, unmittelbar in der Therapiesituation oder später zu Hause, dann meist in einem besonderen Bewusstseinszustand. Deshalb tun viele die Erinnerungen zunächst als irreal ab.«

In den meisten Fällen, so Margit, handele es sich um die Erinnerungen an Missbrauchserfahrungen im frühesten Kindesalter. Eine Patientin zum Beispiel habe sich an Übergriffe erinnert, denen sie im Alter von zweieinhalb Jahren ausgesetzt worden war, »anale Vergewaltigungen, Erstickungsversuche und Morddrohungen, weil ihr Vater befürchtete, verraten zu werden«. In den meisten anderen Fällen seien die Erinnerungen verschwommener. Eine Patientin habe zum Beispiel etwas erlebt, das sich »auf das Alter von drei Jahren bestimmen lässt, aber noch ist unklar, wie genau und bis wann die Übergriffe stattgefunden haben«. Bei einer weiteren Patientin seien die Erinnerungen zwar vage, trotzdem lasse sich das Erlebnis »auf kurz nach dem vierten Geburtstag datieren; der bedrohlichste Teil des Übergriffs hat sich mindestens einmal wiederholt.«

Dass die Patientinnen die »Erfahrungen« häufig als »irreal« empfanden, deutete Margit gerade als Echtheitsbeweis. Dies geht aus einem Kapitel mit der Überschrift *Wahrheitskriterien* hervor, in dem Margit die rhetorische Frage stellt: »Woher können wir wissen, dass die Missbrauchserfahrungen real sind, und wie können wir etwas Genaueres über den Zeitpunkt sagen?« Sie beantwortet ihre Frage selbst: »Wir wissen es vor allem deshalb, weil die Patientin in der Therapie einen so starken Widerstand an den Tag legt.«

Weiterer Beweise bedürfe es nicht. Zwar wird die Existenz »greifbarer, von außen bestätigter Umstände« eingeräumt, die belegten, dass die mühsam aufgedeckten »Erinnerungen« tatsächliche Begebenheiten widerspiegelten, doch die angeführten Beispiele solcher Belege muten, gelinde gesagt, seltsam an. Zum Beispiel wird der Fall einer Patientin und ihrer Mutter angeführt, die sich beide an das »exzessive Daumenlutschen der Patientin im Alter von drei Jahren« erinnerten. Zur selben Zeit sei der Vater deutlich »abgemagert«. Das war alles. Die Mutter einer anderen Patientin habe sich entsonnen, dass ihre Tochter »im Alter von vier Jahren an einer unerklärlichen Heiserkeit und Stimmverlust litt, weshalb regelmäßig ein Arzt konsultiert wurde. Gleichzeitig zeigte das Kind Anzeichen für eine Depression.« In einem dritten Fall bestand der »Beweis von außen« darin, dass eine Mutter angab, ihre Tochter habe »mit fünf oder sechs einen ganzen Sommer lang an einer unerklärlichen Krankheit mit hohem Fieber gelitten«. In einem vierten Fall glaubte die Schwester der Patientin, im Alter von drei Jahren ebenfalls sexuell missbraucht worden zu sein, während sie selbst in diesem Alter von ihrer Mutter »in hässliche Kleider« gesteckt wurde. In einem fünften Fall gab die Patientin an, vom Vater verprügelt worden zu sein, als er sie mit sechs Jahren bei »Doktorspielen« mit ein paar Jungs erwischte. In einem sechsten Fall waren die Erinnerungen einer Patientin freigesetzt worden, nachdem sie von einer ehemaligen Kollegin ihres Vaters gehört hatte, der ihr jedes Mal gefolgt sei, wenn sie auf die etwas abseits im Haus gelegene Toilette ging. Was dort passierte, wusste die Arbeitskollegin jedoch nicht.

Margit reichten diese »Beweise« vollkommen aus, und mit der

Zeit ging es den Patientinnen ebenso. Es wird der Fall der Patientin »B« geschildert. Sie hatte geträumt, in ihrer Küche einer Schlange begegnet zu sein. Laut Margit ein deutliches Indiz dafür, dass die Patientin von ihrem Vater missbraucht worden war. Die Deutung habe »B« ein Aha-Erlebnis beschert:

»Wenngleich das Traummotiv immer wiedergekehrt war, hat es erst jetzt eine Erklärung erhalten, und bei B hat sich ein unmittelbares Beweisgefühl eingestellt.«

Der Begriff »Beweisgefühl« ist natürlich ein Widerspruch in sich, weshalb er ausgezeichnet widerspiegelt, wie Margit zu argumentieren pflegte. Für sie galt: Was sich wahr *anfühlt*, das ist wahr. Margit war schlicht und einfach nicht dazu in der Lage gewesen, zwischen Fiktion und Realität zu unterscheiden. Sie verhielt sich wie eine Gläubige, die ihre Patienten in der Therapie bekehren wollte.

Margit war von ihrem Artikel so überzeugt, dass sie selbst eine Übersetzung ins Englische in Auftrag gab, die sie an die *Contemporary Analysis* schickte, jene Zeitschift, in der David Schecter von 1961 bis zu seinem Tod 1980 im Schnitt einen Artikel pro Jahr veröffentlicht hatte. In den letzten Jahren hatte Margit die Artikel oft gegengelesen und ihm Feedback gegeben. Und nun, im Jahr 1989, im Alter von fünfundsiebzig Jahren, hoffte sie darauf, selbst einen wichtigen Artikel über verdrängte Erinnerungen in Schecters Lieblingszeitschrift veröffentlichen zu können.

Der Artikel wurde jedoch abgelehnt, was man der Redaktion von *Contemporary Analysis* gewiss nicht übel nehmen kann. Wieder einmal fielen alle ihre Hoffnungen in sich zusammen wie ein Kartenhaus. Wie tief gekränkt Margit war, geht aus ihren Briefen hervor.[232]

Margit kämpfte für ihre Überzeugungen, doch ihr Feldzug war von etlichen Niederlagen geprägt, die sie selbst als Affronts betrachtete. Man denke nur an das Säter-Modell. Margit war so stolz gewesen, in Schweden eine Bastion der Antipsychiatrie aus dem

Boden gestampft zu haben, bis sie sich 1980 mit Barbro Sandin zerstritt. Zwar hatte sie die übrigen Therapeuten des Säter-Modells noch eine Zeit lang supervidieren dürfen, doch auch diese Aufgabe hatte ihr Sandin wenige Jahre später entzogen. Margit war aus ihrer eigenen schwedischen Chestnut Lodge rausgeflogen.

Ein weiterer herber Rückschlag folgte 1986, als Barbro Sandin das Buch »Des Pudels Kern mit Zebrastreifen« (*Den zebrarandiga pudelkärnan)* veröffentlichte, in dem sie ihre Arbeit mit Schizophreniekranken[233] beschrieb, ohne Margit mit einer Silbe zu erwähnen. Viele meiner Interviewpartner bestätigten mir, wie sehr dies an Margits Ehre kratzte, und dass Sandins Buch viel Zuspruch erhielt, machte es nicht unbedingt besser. Parallel dazu publizierte Sandins erster Patient Eldgard Johnsson das Buch »Der Narrenfürst« (*Tokfursten*), in dem er die Therapie aus seiner Sicht schilderte.[234] Beide Bücher avancierten zu Bestsellern in ihrem Genre. Noch heute, rund fünfundzwanzig Jahre später, sind die Bücher in Schweden als Taschenbuchausgaben lieferbar, und der *Narrenfürst* wurde sogar für die Opernbühne adaptiert.[235] Dass das Säter-Modell ohne Margit vermutlich nie entstanden wäre, weiß fast niemand.

Ein weiterer Tiefpunkt war die endgültige Schließung des Säter-Modells im Jahr 1988. Zwar war das Projekt bei zahlreichen Medienvertretern auf Begeisterung gestoßen, doch es waren auch kritische Stimmen laut geworden, die mitunter monierten, dass Barbro Sandin keine wissenschaftlichen Belege dafür liefern könne, die Patienten tatsächlich von ihrer Schizophrenie zu heilen. Als infolge dieser Debatte die öffentlichen Zuschüsse reduziert wurden, kehrten die wutentbrannte Sandin und ihre Therapeuten Säter unter großer medialer Aufmerksamkeit den Rücken und eröffneten eine Privatklinik in Ludvika. Das Projekt lief fortan unter dem Namen »Sandin-Modell«, doch da sich keine Behandlungserfolge einstellten, wurde auch diese Klinik geschlossen.

Margit musste mitansehen, wie ihre eigene Chestnut Lodge dem Erdboden gleichgemacht wurde, und ihre Widersacher schienen die Überhand zu gewinnen. Doch ein paar Trumpfkarten hatte sie noch im Ärmel. Mit Göran Källberg, der sowohl ihr treuer Schüler als auch Leitender Oberarzt in Säter war, hatte sie einen einflussreichen Verbündeten. Außerdem supervidierte sie die Therapie des Schwerverbrechers Lars-Inge Svartenbrandt, die ein spektakulärer Erfolg für ihre Behandlungsideologie zu werden versprach. Drittens war Göran Källberg im Begriff, auf der Grundlage von Margits Theorien und Therapiemethoden eine neue Abteilung für Forensische Psychiatrie zu gründen, die den »Pavillon« ersetzen sollte.

Während das Säter-Modell aus der Klinik verbannt wurde, reichte Källberg – in der festen Überzeugung, Svartenbrandt auf den rechten Weg gebracht zu haben – ein Gnadengesuch bei der schwedischen Regierung ein. Svartenbrandt, erklärte er, sei inzwischen ein neuer Mensch und kenne nun die Bedeutung von Reue, Schuld und Verantwortung. Drogen oder Banküberfälle würden ihn nicht mehr interessieren, stattdessen verbringe er seine Zeit mit Waldspaziergängen, Büchern und Meditation. Da Svartenbrandts Haftstrafe erst in sechs Jahren, also 1994 verbüßt sein würde, bat Källberg darum, das Urteil nachträglich auf eine Unterbringung im Maßregelvollzug zu ändern. Wäre das tatsächlich geschehen, hätte Källberg über eine Entlassung entscheiden können, was wiederum höchstwahrscheinlich Svartenbrandts umgehende Freisetzung bedeutet hätte – aus Källbergs und Margits Sicht war er ja geheilt.

Während die Regierung zum Gnadengesuch Stellung bezog, legte Källberg den Grundstein für jenes Großprojekt, das er, unterstützt von Margit, seit vielen Jahren plante: eine neue Forensische Psychiatrie, in der so viele Patienten wie möglich ebendie Therapie erhalten sollten, die Svartenbrandt geheilt hatte. Der Provinziallandtag hatte etliche Millionen Kronen in das Projekt gesteckt, und nun wurde mit dem Bau eines eigenen Gebäudes begonnen. Dieses hatte die Form eines Rechtecks, wobei die einzelnen Trakte drei Innenhöfe umschlossen, damit diese nicht durch Mauern oder Zäune gesichert werden mussten. Die Patienten sollten von der Klinik »umarmt« werden, wie ein Kind von seinen Eltern. Margit bezeichnete diesen psychotherapeutischen Ansatz nach dem Kinderarzt und Objektbeziehungstheoretiker Donald Winnicott als »Winnicott'sche Umarmung«. Margits Ideen waren in die Mauern der neuen Klinik förmlich einzementiert.

Die Einweihung fand im Januar 1989 statt, und die ersten in den Maßregelvollzug eingewiesenen Patienten bezogen ihre neuen komfortablen Zimmer. Einer von ihnen war Svartenbrandt, der als so harmlos eingestuft wurde, dass er auf der personalfreien Resozialisierungsstation 37 untergebracht wurde. Mit einer eigenen Passierkarte konnte er ein und aus gehen, wie es ihm passte.

Die Bearbeitung des Gnadengesuchs durch die Abteilung für Gnadenangelegenheiten des Justizministeriums nahm fast zwei Jahre in Anspruch. Die zuständigen Beamten zeigten sich so beeindruckt von Källbergs Bericht, dass sie sich für einen Gnadenerweis aussprachen. Die sozialdemokratische Justizministerin Leila Freivald hingegen wurde misstrauisch. Ehe sie einen Beschluss fasste, bat sie deshalb den Kriminologen Leif GW Persson, der das Justizministerium als externer Berater unterstützte, den Antrag zu prüfen. Persson war entsetzt: »Der Gedanke, die Kontrolle über Svartenbrandt zu verlieren, falls er in den Maßregelvollzug eingewiesen werden würde, jagte mir Angst ein«, erklärte er später gegenüber dem *Expressen*. »Ich wusste, wie der Kerl seine Ärzte manipulieren kann.[…] Es tut mir leid, das sagen zu müssen, aber Svartenbrandt ist und bleibt gefährlich.«[236] Persson nahm die Angelegenheit so ernst, dass er drohte, im Fall eines Gnadenerweises als externer Berater zu kündigen. Im Dezember 1989 lehnte Justizministerin Freivald das Gnadengesuch ab.

Wie Göran Källberg diesen Rückschlag erlebte, kann er nicht mehr sagen, da er im Jahr 2011 an einem Herzinfarkt starb. Eine Person aus seinem engsten Umfeld erzählte mir, Källberg sei zwar ein ruhiger, in sich gekehrter Mensch gewesen, doch zugleich habe er einen starken Drang gehabt, sich in den Medien zu präsentieren. Es steht zu vermuten, dass die Begnadigung des »gefährlichsten Verbrechers Schwedens« ihm und Margit reichlich Prestige und der neuen Klinik einige Vorschusslorbeeren beschert hätte. Doch dazu war es nicht gekommen. Trotzdem wollten die beiden sich nicht von einem Kriminologen wie Leif GW Persson verbieten lassen, der schwedischen Bevölkerung von »Svartenbrandts Bekehrung« zu berichten. Begnadigung hin oder her, es galt, Werbung für das Säter-Modell zu machen.

Im Februar 1990, also wenige Monate nachdem das Justizministerium den Antrag abgelehnt hatte, brachte *Dagens Nyheter* eine groß aufgezogene Artikelserie über die revolutionäre Therapie des »gefährlichsten Verbrechers Schwedens«, und an zwei Tagen in Folge erschien ein Interview mit Svartenbrandt auf einer ganzen Doppelseite. Am ersten Tag lautete die Überschrift: *›Ich war ein Psychopath.‹ Wie einer der gefährlichsten Verbrecher Schwedens wieder ein Mensch wird.* Svartenbrandt verkündete, er sei nun gesund, und selbst wenn er wollte, könnte er seine alte Verbrecherrolle nicht mehr ausfüllen. Am nächsten Tag pries er Säter und nicht zuletzt Göran Källberg, der ihn auf einer Reise zu den traumatischen Erlebnissen seiner Kindheit begleitet habe: »Er ist mit mir in die Hölle gegangen – wie Vergil mit Dante.« Neben dem Interview war eine Großaufnahme des äußerst fotogenen Expsychopathen abgedruckt.

Am dritten Tag brachte *Dagens Nyheter* ein ausführliches Interview mit Göran Källberg, dem Helden der Stunde. Die Überschrift lautete: »Gewalt als Schutzschild gegen die Angst. Wie Säter-Arzt

Göran Källberg Gewaltstraftäter mithilfe einer Gesprächstherapie kuriert.« Källberg erklärte, dass die im Maßregelvollzug untergebrachten Patienten an schrecklichen Angstzuständen litten, verursacht durch traumatische Erfahrungen in der Kindheit. Diese Ängste sollten mit den Gewaltstraftaten kompensiert werden, und zwar »um jeden Preis«. Die Therapie, so Källberg, könne mehrere Jahre in Anspruch nehmen, doch viele Straftäter, wenn nicht gar alle, ließen sich wie Svartenbrandt heilen.

Die in einer der größten Tageszeitungen Schwedens veröffentlichte Artikelserie erregte solche Aufmerksamkeit, dass auch andere Medien auf den Zug aufsprangen. Der besonnene, sympathische Källberg war auf dem besten Wege, in Barbro Sandins Fußstapfen zu treten und sich zum Mediendarling zu mausern. Wie damals Sandin stand auch er für etwas Neues, Menschliches und Hoffnungsvolles: Mithilfe einer Gesprächstherapie ließen sich Schwerkriminelle auf den rechten Weg bringen. Källbergs und Margits wirksame Medienstrategie bescherte der neuen Klinik für Forensische Psychiatrie einen Traumstart.

Das Interview mit Källberg wurde am 8. Februar 1990 veröffentlicht. Drei Wochen später, am 2. März, machte Svartenbrandt während einer seiner zahlreichen Freigänge einen kleinen Abstecher und überfiel eine Tankstelle in der Nähe von Borlänge.[237] Anschließend brach er in das Haus eines Oberstleutnants ein und verschaffte sich, wie es später im *Aftonbladet* hieß, »genug Waffen, um einen kleineren Krieg zu starten«.[238] Außerdem sperrte er auf Station 37 mehrere Tage lang eine Frau ein, ohne dass jemand etwas davon mitbekam – es gab ja kein Personal.

Die Medienwelt geriet in Aufruhr. Unter der Überschrift »Dass er Freigang bekommt, ist der schiere Wahnsinn« erklärte ein aufgebrachter Oberstaatsanwalt, es sei »absolut haarsträubend«, dass Svartenbrandt in der Klinik unbeaufsichtigt ein und aus gehen könne. »Das ist ja wie in Schilda! […] Am liebsten würde man laut lachen – wenn es nicht so ernst wäre.«[239] Zwei Tage darauf druckte die Zeitung ein Interview mit Källberg. Unter der emotionalen Überschrift »Ich war ihm wie ein Vater« schilderte der Reporter das Treffen mit Källberg:

> Ich sitze hier mit Göran Källberg – ein freundlicher und angenehmer Gesprächspartner – in seinem Wohnzimmer in Matsbo bei Hedemora. Sechs Jahre lang ist er Svartenbrandts persönlicher Therapeut gewesen. »Haben Sie denn nichts geahnt?«, frage ich. »Nein, so etwas war nicht vorauszusehen«, erwidert Källberg. Svartenbrandt, der sich selbst in mehreren Interviews als Psychopath bezeichnet hat, wurde von Källberg drei Mal in der Woche behandelt. »Ich habe einen Fehler gemacht. Jetzt muss ich herausfinden, was passiert ist. Die letzten zwei Nächte habe ich kein Auge zugetan und mir den Kopf über die Sache zerbrochen. Es ist ein katastrophaler Rückschlag.« […] Källberg erzählt, dass er gestern mit dem inhaftierten Svartenbrandt telefoniert hat: »Es war ein kurzes Gespräch. Er hat mir eine Frage gestellt. Als ich ihm geantwortet habe … nein, das ist zu persönlich.«

Dafür enthüllte Källberg, dass er die Therapie fortsetzen werde: »Ich kann jetzt nicht aufgeben.«[240]

Nicht nur der Ruf der Klinik war beschädigt. Tomas Videgård erzählte mir in unserem Interview, das Svartenbrandt-Fiasko sei auch für die Margit-Gruppe eine »hochpeinliche Angelegenheit« gewesen.

»Wir hatten ja ganze Seminare über Svartenbrandts Therapie organisiert, die angeblich ach so fantastisch lief. Die Medien hatten ihn als Helden gefeiert. Dass man einen Psychopathen tatsächlich heilen konnte – das klang zu schön, um wahr zu sein. Sein Rückfall war also eine ziemlich heftige Niederlage.«

»Wie hat Margit reagiert?«, wollte ich wissen.

»Sie hat jedenfalls *nicht* darüber nachgedacht, ob sie und Källberg womöglich einen Fehler gemacht hatten«, antwortete Videgård mit einem schiefen Lächeln.

Auch nach Svartenbrandts Rückfall sollte Margit nicht einen Millimeter von ihrer Überzeugung abrücken, was sich auf ihr Verhältnis zu Tomas Videgård auswirkte. »Kurz nach Svartenbrandts Festnahme hatte ich einen Traum von Säter und den dort praktizierten Therapien«, erinnerte sich Videgård. »Und in dem Traum habe ich gesagt, der Therapeut hätte mehr auf die Stimme seiner Supervisorin gehört als auf seine eigene … oder so was in der Art.« In seiner nächsten Therapiesitzung erwähnte er den Traum gegenüber Margit, die sich zunächst in Schweigen hüllte.

»Ihre Reaktion kam erst ein paar Wochen später, aber umso heftiger. Sie hat gesagt, das sei ein Dolchstoß in den Rücken und wie ich es wagen könnte, ihre Supervision infrage zu stellen! Ich war völlig perplex. Und wütend. Ich hatte geglaubt, dass ich als Patient ein Recht darauf hätte, meinen Traum zu schildern, damit wir ihn dann gemeinsam deuten. Aber Margit biss sich daran fest, dass ich sie kritisiert hatte. Und das war verboten!«

Nach ein paar weiteren Sitzungen brach Videgård seine Therapie ab. Gegen Margits Willen. Ebenso wie Margareta Hedén-Chami gehörte auch er zu einer Handvoll Schüler, die Margit zunehmend kritischer gegenüberstanden und sich allmählich von ihr lösten. Diese Skepsis habe sich auf die gesamte Gruppe übertragen, erklärte er:

»Die Gruppe hat sich in verschiedene Lager aufgesplittert. Ein paar von uns fingen an, sich privat zu treffen. Wir tauschten uns darüber aus, was alles schieflief, zum Beispiel darüber, dass Margit keine Kritik vertrug. Andere wiederum waren Margit gegenüber vollkommen loyal. Die Gruppe driftete immer weiter auseinander, was schließlich zur endgültigen Auflösung führte.«

»Welche Gruppenmitglieder haben zu Margit gehalten?«, hakte ich nach. »Am nächsten standen ihr Cajsa Lindholm, Gillan Liljeström und Birgitta Ståhle.«

Das Trio Cajsa, Gillan und Birgitta kettete sich immer enger an Margit, während die anderen sich Stück für Stück von der Sekte distanzierten, bestätigte mir Margareta Hedén-Chami: »Britt [Andersson] und ich sind immer zusammen mit dem Zug zu den Samstagsseminaren gefahren. Wir haben dann manchmal Dinge gesagt wie: ›Was nach Margits Tod wohl aus Cajsa, Gillan und Birgitta wird?‹ Sie waren ja vollkommen abhängig von ihr.«

Tomas Videgård war der Meinung, dass Margits größte Antriebskraft ihr Bedürfnis nach Revanche gewesen sei. »Das hat sich durch ihr Leben gezogen wie ein roter Faden«, erklärte er und zählte die Niederlagen in Margits Leben auf: Begonnen hatte alles mit der Psychoanalytischen Vereinigung. Margit hatte sich verkannt gefühlt, mit der Vereinigung gebrochen und die Holistische Vereinigung gegründet, aber auch dort war sie im Laufe der Zeit auf Widerstand gestoßen. Zur selben Zeit hatte sie Barbro Sandin supervidiert. Auch hier war es zum Bruch gekommen, und Sandin hatte sich geweigert, Margits Anteil am Erfolg des damals gefeierten Säter-Modells anzuerkennen. Schließlich hatte Margit einen neuen Kreis aus Schülern um sich geschart, deren eigentliche Aufgabe, so Videgård, darin bestanden hatte, »Margits verlorene Ehre zu rehabilitieren«. Nun zeigte sich, dass auch dieses Projekt zum Scheitern verurteilt war, und ein Gruppenmitglied nach dem anderen kehrte Margit den Rücken. Hinzu kamen Margits gescheiterte akademische Karriere, der Misserfolg des Säter-Modells, der unveröffentlichte Aufsatz über verdrängte Erinnerungen von 1989 und nicht zuletzt das Svartenbrandt-Fiasko von 1990, auf das sich landesweit sämtliche Medien stürzten.

1991 war Margits Bedürfnis nach Revanche größer denn je. Im selben Jahr wurde Sture Bergwall nach Säter überstellt. »Ich glaube, nach all den Rückschlägen sollte Thomas Quick endlich der Höhepunkt in Margits Karriere werden«, erklärte Videgård.

Im Frühjahr 1991 wurde Margit siebenundsiebzig. Sie wusste, dass sie keine Zeit zu verlieren hatte.

TEIL 3

THOMAS QUICKS WELT

15. Der Bankraub

»Er sieht selbst ein, dass nun eine Einweisung
in die geschlossene Psychiatrie folgen muss.«

Aus Sture Bergwalls »kleinem« psychologischem Gutachten

So gut die 1980er-Jahre für Sture begonnen hatten, so unerfreulich gingen sie zu Ende. Fast zehn Jahre lang suchte er alle zwei Monate eine psychiatrische Ambulanz auf, wo ihm ein Rezept über eine niedrige Dosis Sobril ausgestellt wurde. Er hielt sich an die Dosierung und löste das Rezept laut Patientenakte oft gar nicht erst ein. Zum ersten Mal seit seiner Jugend war Sture clean, was ihm völlig neue Möglichkeiten eröffnete, sein Leben in den Griff zu kriegen. Zusammen mit seinen Brüdern Örjan und Sten-Ove übernahm er einen Kiosk in Falun. Sture hatte sich zum Geschäftsinhaber gemausert. In einer späteren Vernehmung gab Örjan an, sein Bruder sei die treibende Kraft hinter dem Projekt gewesen. »[E]r war der praktisch Veranlagte von uns, der sich um die Kontakte zu den Ämtern und so weiter kümmerte. Egal ob es um Lotteriescheine oder Zeitungsretouren ging, Sture hatte auf alles eine Antwort.«[241]

Sture war jetzt zweiunddreißig Jahre alt. Er trug eine Brille mit dünnen Metallbügeln, einen säuberlich getrimmten dunklen Vollbart und eine Glatze. Er war ein Blitzdenker mit guter Allgemeinbildung und einer ordentlichen Portion Humor. Es fiel ihm leicht, die unterschiedlichsten Menschen in ein ungezwungenes Gespräch zu verwickeln, und bei den Kioskkunden erfreute er sich großer Beliebtheit. Trotzdem hatte er keine engen Freunde und auch noch nie einen echten Partner gehabt. Hinter der gesprächigen, fröhlichen Fassade steckte ein sehr einsamer Mensch.

Mitte der Achtzigerjahre lernte Sture eine Frau kennen, die im Folgenden Kristina heißen soll. Kristina wohnte nur wenige hundert Meter vom Kiosk entfernt, zusammen mit ihrem Mann und einem Sohn, der im Folgenden Patrik gennant wird. Sture und Kristina freundeten sich an, und nachdem die Gebrüder Bergwall 1986 ihren Kiosk aufgeben mussten, machte Sture zusammen mit Kristina einen neuen Kiosk in Grycksbo auf. Rund ein Jahr später bezog er eine eigene Wohnung, nur einen Steinwurf entfernt.

Die Verurteilungen wegen sexueller Belästigung lagen nun achtzehn Jahre zurück, und in der Zwischenzeit hatte Sture sich keiner vergleichbaren Taten schuldig gemacht. Allerdings hielt er sich gern in der Nähe junger Burschen auf, und dazu bot der Kiosk, der rasch zum Treffpunkt der Jugendlichen aus der Gegend avancierte, das perfekte Umfeld. Die Jungs mochten Sture und zogen sich gern in seine Wohnung zurück, wo sie unter sich sein und Filme anschauen konnten. Als einige von ihnen später von der Polizei vernommen wurden, gaben sie an, dass sie von Stures Homosexualität gewusst hätten, er ihnen aber nie zu nahegekommen sei. Für die Jungs war Sture einfach ein älterer Kumpel. Er genoss ihre Gesellschaft und war bei ihnen beliebt, weil er ihre Interessen teilte und ihnen hin und wieder etwas Geld zusteckte. Aber ein Vergewaltiger oder Pädophiler war er nicht. Er erzählte mir, er habe sich damals zwar in den einen oder anderen Jungen verguckt, doch es habe ihm völlig gereicht, etwas Zeit mit ihnen zu verbringen.

Nachdem Sture 1987 seinen Führerschein gemacht hatte, war er noch beliebter bei seinen jungen Freunden, da er sie häufig nach Stockholm fuhr, wo sie Konzerte von Kiss, Twisted Sister, Dio oder Alice Cooper besuchten.

Der Junge, der ihm am nächsten stand, war Kristinas Sohn Patrik. Als Sture und Kristina den Kiosk aufgemacht hatten, war

Patrik vierzehn Jahre alt gewesen, und da er regelmäßig mit aushalf, verbrachten Sture und er viel Zeit miteinander. Später sagte Patrik in einer Vernehmung aus, Sture sei anfangs so etwas wie ein zweiter Vater gewesen, zu dem er gehen konnte, wenn er Streit mit seinen Eltern hatte. Mit der Zeit habe sich dann eine echte Freundschaft entwickelt, sexuellen Kontakt habe es aber nie gegeben.[242] Patrik gab an, niemals homosexuelle Neigungen gehabt zu haben, und aus den Ermittlungsunterlagen geht hervor, dass Patrik Ende der 1980er-Jahre eine Freundin namens Maria hatte, die bei den Treffen mit Sture häufig dabei war. Auch sie wurde mehrmals vernommen, und in den Polizeiberichten heißt es: »Maria gibt an, mit Patrik zusammen zu sein habe bedeutet, dass auch Sture häufig mit dabei war. Die drei verbrachten viel Zeit miteinander, liehen sich Videofilme aus und hielten sich häufig in Sture Bergwalls Wohnung am Centrumvägen in Grycksbo auf. [...] Maria sah in Bergwall einen guten älteren Freund, mit dem man eine gute Zeit haben konnte.«[243]

Ende der 1980er-Jahre zog Patrik bei seinen Eltern aus. Von da an wohnte er die meiste Zeit bei Sture. Da der Kiosk nicht viel abwarf und Patrik als Schüler immer knapp bei Kasse war, trugen sie frühmorgens gemeinsam Zeitungen aus.

Sture war in Patrik verliebt, aber das musste er natürlich verbergen. Heute sagt er, der dadurch verursachte Schmerz sei vermutlich der Hauptgrund dafür gewesen, dass er Ende 1988 wieder zur Flasche griff und Tabletten schluckte. »Am Anfang waren es vielleicht ein, zwei Bier. Dann wurde es immer mehr, und die Panikattacken, die ich im Rausch bekam, wollte ich mit Sobril betäuben. So fing alles wieder an. Ich war unvorsichtig und dumm.«

Nach und nach bemerkte Kristina, dass Sture häufig berauscht zur Arbeit kam. »Er versuchte, die Trinkerei zu verheimlichen«, erklärte sie später der Polizei. Es sei eine völlig neue Situation für sie gewesen: »[B]is dahin hatte ich ihn immer nur Limonade oder Milch trinken sehen.«[244]

Es dauerte nicht lange, bis Sture auch wieder zu Amphetaminen griff. Er verlor zunehmend die Selbstkontrolle und fiel zurück in sein selbstdestruktives Verhaltensmuster. Patrik schilderte in einer späteren Vernehmung, dass Sture im Rauschzustand »immer völlig neben der Spur« gewesen sei. Sie hätten sich dann häufig geprügelt, und Sture habe jedes Mal den Kürzeren gezogen.[245]

Da der Amphetaminmissbrauch ein teures Vergnügen war, geriet Sture ernsthaft in Geldnot, und auch das Verhältnis zu Patrik wurde zunehmend angespannter. Doch Sture hatte eine Idee: Er war fest überzeugt, dass er mithilfe seiner überdurchschnittlichen Intelligenz eine erfolgreiche Verbrecherkarriere hinlegen könnte. Auch Patrik ließ sich von diesem Vorhaben anstecken und brannte 1989 den Kiosk ab, indem er eine Rolle Haushaltspapier auf einer eingeschalteten Kochplatte liegen ließ. Sture sollte das Geld von der Versicherung kassieren. Stures Tage als Geschäftsmann waren vorüber, und seine Karriere als drogensüchtiger Krimineller nahm wieder Fahrt auf.

Um die Haushaltskasse aufzubessern, arbeitete er nebenbei als Conférencier in einer Bingo-Halle in Falun. Er verkaufte Lose, rief die Zahlen auf und schäkerte mit den Pensionären, doch um seinen Drogenkonsum zu finanzieren, reichte das Geld vorn und hinten nicht. Aus dem Bericht einer psychiatrischen Untersuchung geht hervor, dass Sture im Dezember 1989 einen Antrag auf Sozialhilfe stellte. Allerdings wehte in Schweden mittlerweile ein anderer Wind, denn infolge der blauäugigen Liberalisierung des Kreditmarkts von 1985 klaffte ein gewaltiges Loch im Staatshaushalt. Sozialleistungen wurden deutlich seltener bewilligt als bisher, und auch Stures Antrag wurde abgelehnt. Kurz darauf, im Januar 1990, folgte der nächste Rückschlag. Das Sozialversicherungsamt stellte die Zahlung von Stures Krankengeld ein, bis dahin seine Haupteinnahmequelle. Vor lauter Verzweiflung startete Sture im Februar 1990 seinen nächsten Coup, der eines Junkies würdig war.

An einem Samstag mit besonders hohen Einnahmen blieb Sture nach Feierabend in der Bingo-Halle und stahl 145 000 Kronen aus dem Safe. Er stopfte das Geld in einen Rucksack, den er in sein Auto legte. Anschließend meldete er einen Überfall und beschrieb der Polizei und dem Eigentümer der Bingo-Halle lebhaft, wie ein maskierter Einbrecher durch die Hintertür eingedrungen war und ihn gezwungen hatte, ihm die Tageskasse auszuhändigen. Dem Eigentümer zufolge war Sture »zutiefst bestürzt« über den Vorfall.[246] Nach der Vernehmung fuhr Sture in ein angemietetes Ferienhäuschen am See Valsan westlich von Falun, wo er die Beute mit Patrik teilte.

Sture war inzwischen vierzig Jahre alt, und wieder einmal drohte sein Leben aus den Fugen zu geraten. Laut Patientenakte behauptete er zwei Mal in der psychiatrischen Ambulanz, er habe sein Sobril-Rezept verlegt, was bis dahin noch nie vorgekommen war. Der Arzt stellte ihm neue Rezepte aus. Gegenüber einem Psychologen erwähnte Sture, dass seine Vorliebe für Jungen wiederaufgeflammt sei und dass es ihm schwerfalle, seine Impulse zu kontrollieren.[247] Ob dies der Wahrheit entsprach, ist heute schwer zu beurteilen. Sture selbst sagt, dass er sich von seiner Geschichte vor allem Benzodiazepine erhofft habe, in der Vermutung, dass ihm kein Arzt die Tabletten verweigern würde, sobald er seine Sexualverbrechen von 1969 auf den Tisch brachte. Fest steht jedenfalls, dass Sture von da an deutlich höhere Dosen Benzodiazepine erhielt.

Sture geriet in einen Strudel von Abhängigkeit und Kriminalität. Da die Beute aus dem fingierten Bingo-Hallen-Überfall schnell aufgebraucht war, plante er seinen nächsten Coup, in dem auch Patrik, inzwischen achtzehn Jahre alt, eine Rolle spielen sollte. Der sagte später aus, Sture habe ihm das Unterfangen als »idiotensicher«[248] verkauft. Der Plan war folgender: Sture wollte die Gota-Bank in Grycksbo überfallen. Patrik und er würden sich ein Auto bei *Statoil* mieten und frühmorgens nach Vika fahren, sich Eintritt in das Haus des Filialleiters Bert Löfgren verschaffen und dessen Frau und Sohn als Geiseln nehmen. Während Sture bei den Geiseln blieb, sollte Patrik mit Löfgren in die Bank fahren und sich den Tresorraum aufschließen lassen. Allerdings gab es ein Problem: Löfgren kannte sowohl Patrik als auch Sture. Die Bankfiliale lag in derselben Straße wie Stures früherer Kiosk, und Sture hatte sogar einmal einen Beratungstermin bei Löfgren gehabt. Um nicht sofort aufzufliegen, brauchte er also gute Tarnung und eine ordentliche Portion schauspielerisches Talent. Sture wollte in die Rolle eines finnlandschwedischen Ganoven schlüpfen.

Am Freitag, dem 14. Dezember 1990, wurde die Familie Löfgren von einem Klingeln an der Haustür geweckt. Draußen standen zwei maskierte Männer. Patrik trug eine Weihnachtsmann-Maske, hatte eine Luftpistole in den Hosenbund gesteckt und hielt ein Messer in der Hand. Auch Sture war mit einem Messer bewaffnet und hatte sich eine mit Gucklöchern versehene Mütze tief ins Gesicht gezogen. Die beiden stürmten ins Haus, und Sture verkündete mit finnlandschwedischem Akzent, sein Komplize und er wollten die Bankfiliale ausrauben. »Wenn irgendwas schiefgeht, seid ihr alle tot!«, schrie er, stampfte demonstrativ auf dem Boden auf, zertrümmerte eine Kommode, rammte sein Messer in eine Matratze und entwendete 950 Kronen aus Löfgrens Geldbörse. Als Löfgren erklärte, dass nicht er, sondern seine Kollegin Berit die Schlüssel zum Tresorraum habe, sagte Patrik hinter der Weihnachtsmann-Maske: »Na schön. Dann wollen wir sie mal abholen!«

Kurz darauf wurde Berit von einem Anruf ihres Chefs geweckt. Er brauche sie heute früher und sei bereits auf dem Weg, um sie abzuholen. Als Berit wenig später in Löfgrens Auto stieg, bemerkte sie den bewaffneten und maskierten Mann auf dem Rücksitz erst, als es bereits zu spät war.

In Vika behielt Sture währenddessen die Geiseln im Auge. Löfgrens Frau gab in einer späteren Befragung an, dass er zunächst ruhiger geworden sei, sobald sie allein waren, doch als dann plötzlich das Telefon geklingelt habe, sei er in Panik geraten. Der Anruf kam von ihrer Schwägerin. Sture bedrohte Löfgrens Frau mit dem Messer und befahl ihr zu sagen, sie sei krank und könne nicht lange telefonieren. Die Stimmung war sehr angespannt, und vor lauter Aufregung vergaß Sture seinen finnlandschwedischen Akzent.

Patrik war indes mit Löfgren und Berit vor der Bank angekommen. Er forderte sie auf, die Tageskasse sowie drei Geldkassetten mit Bargeld in einen Postsack zu legen. Daraufhin rief er Sture an und teilte mit, alles sei nach Plan gelaufen. Sture fuhr mit dem Mietwagen nach Hause, während Patrik sich zum Flugplatz von Grycksbo begab, wo er ein zweites Auto geparkt hatte. Schließlich trafen sie sich in Stures Wohnung. Während Patrik eine Dusche nahm, ging Sture die Beute verstecken. Wieder zu Hause angekommen, verstauten er und Patrik die gesamte Ausrüstung, mit Ausnahme der Luftpistole, in einem Müllsack, den sie später im Dalälven versenkten.

Es sollte sich jedoch zeigen, dass der Plan keineswegs »idiotensicher« gewesen war. Löfgren hatte Sture und Patrik trotz ihrer Tarnung erkannt, und um 17.25 Uhr desselben Tages wurden die beiden festgenommen. Da die Möchtegernbankräuber sich so unsagbar dämlich angestellt hatten, wurden vor dem Prozess sowohl von Sture als auch von Patrik psychiatrische Gutachten erstellt. Patrik wurde für zurechnungsfähig erklärt und zu einer dreieinhalbjährigen Freiheitsstrafe verurteilt, Sture hingegen wurde für geistesgestört befunden und im Maßregelvollzug untergebracht. Ob in den psychiatrischen Untersuchungen alles mit rechten Dingen zugegangen war, daran scheiden sich die Geister.

Während der anderthalbjährigen Arbeit an diesem Buch habe ich Sture oft und ausführlich interviewt und mir dabei stets in Erinnerung gerufen, dass ich dem, was er sagte, nicht trauen konnte. Sture hatte schon viel zu oft gelogen, um ein glaubwürdiger Zeuge zu sein. Aus diesem Grund habe ich nichts von ihm übernommen, was nicht durch Akteneinträge, Vernehmungsprotokolle, polizeiliche Berichte, psychiatrische Gutachten, Briefe, Interviews und andere vergleichbare Quellen belegt ist. Zwar habe ich ihn trotz dieser gründlichen Kontrolle bei keiner einzigen Lüge ertappt, doch manche Angaben ließen sich nicht nachprüfen. Dazu gehören mitunter die Schilderungen der psychiatrischen Untersuchungen, die schlussendlich zur Überstellung in die Forensische Psychiatrie in Säter geführt haben.

Sture behauptet, er habe auf den Maßregelvollzug spekuliert, um damit dem Gefängnis zu entgehen, vor dem er sich aufgrund seiner Verurteilungen wegen sexueller Übergriffe gefürchtet habe. Psychiatrien seien seit den 1970er-Jahren so etwas wie sein zweites Zuhause gewesen, und außerdem schien es ihm bedeutend leichter, dort an Tabletten zu kommen. Ungefähr so, meint Sture heute, habe er damals gedacht.

Die ärztlichen Gutachten aus der Zeit weisen darauf hin, dass die Geschichte stimmt. Der erste Arzt, von dem Sture in Säter untersucht wurde, war Göran Fransson. Er erstellte ein sogenanntes »Paragraph-7-Gutachten«, die Vorstufe zum »großen« psychiatrischen Gutachten. Dazu führte er ein halbstündiges Gespräch mit Sture und brachte seine Beurteilung anschließend zu Papier. Daraus geht hervor, dass Sture mit sehr genauen Vorstellungen nach Säter gekommen war: »Er sieht selbst ein, dass nun eine Einweisung in die geschlossene Psychiatrie folgen muss.«

Sture zog alle Register:

»Im Hinblick auf die aktuelle Straftat fällt es ihm schwer, klare Aussagen zu machen, vor allem was Zeitangaben betrifft. Stattdessen möchte er über die Beziehung zu seinem Komplizen Patrik sprechen, den er seit etwa sechs Jahren kennt. Er meint, er habe vollkommen unter Patriks Einfluss gestanden, sei für ihn wie ein Sklave gewesen und habe sich nicht von ihm lösen können. Er habe Angst gehabt, Patrik zu verlieren. Unterm Strich scheint es sich also um eine homosexuelle Abhängigkeit gehandelt zu haben. Das Verbrechen sei Patriks Idee gewesen, und als Ursache gibt [Sture] Patriks Geldnöte an.«[249]

In den Vernehmungsprotokollen von Patrik und seiner Freundin findet sich nichts, was Stures Schilderungen bestätigen würde. Stattdessen deutet alles darauf hin, dass Sture den Banküberfall geplant und Patrik zur Mittäterschaft angestiftet hatte, um sich Geld für seine Drogen zu verschaffen. Fransson hingegen war von Stures Geschichte überzeugt und ordnete die Erstellung eines großen psychiatrischen Gutachtens an. Zu diesem Zweck wurde Sture in die Forensische Psychiatrie der Klinik in Huddinge überstellt, wo er über einen bestimmten Zeitraum unter Beobachtung stand und von Psychologen und Psychiatern untersucht wurde. Das abschließende Gutachten darüber, ob eine psychische Krankheit vorlag, sollte in der bevorstehenden Gerichtsverhandlung herangezogen werden. Aus den Unterlagen aus Huddinge geht eindeutig hervor, dass Sture keine Gelegenheit ungenutzt ließ, um zu erwähnen, dass er zweiundzwanzig Jahre zuvor wegen sexueller Belästigung verurteilt worden war und dass es ihm schwerfalle, sich von kleinen Jungs fernzuhalten. Außerdem gab er an, ein sexuelles Verhältnis mit Patrik gehabt zu haben und dabei »sadistischen Handlungen wie dem Auspeitschen mit einem Gürtel ausgesetzt« worden zu sein.[250] Bei dem missglückten Banküberfall habe es sich daher um »keinen Raub« gehandelt, sondern um den Versuch, sich aus der destruktiven Beziehung zu dem dominanten Achtzehnjährigen zu befreien. Sture zufolge war Bankraub kein peinliches Fiasko, sondern der erfolgreiche Schrei nach Hilfe. Es sei ihm von Anfang an darum gegangen, festgenommen zu werden.

Die zuständige Psychiaterin der Klinik in Huddinge war darüber informiert worden, dass Patrik jegliche sexuelle Beziehung mit Sture vehement abstritt, und notierte in der Akte, dass die Schilderungen der zwei Täter sich unterschieden und dass

»Bergwalls Glaubwürdigkeit gewissermaßen infrage gestellt werden kann«. Trotzdem entschied sie sich aus unerfindlichen Gründen dafür, Sture Glauben zu schenken. Zwar sei der Bankraub eine ziemlich eigentümliche Weise gewesen, die Beziehung zu beenden, wäre doch »[f]ür ein normalpsychologisch funktionierendes Individuum die Alternative eine gewöhnliche Trennung gewesen«. Für Sture sei dies jedoch nicht infrage gekommen: »Die psychopathologischen Mechanismen, die eine solche Alternative verhindert haben, zeigen, dass die Beziehung – zumindest von Bergwalls Seite – von einer starken pathologischen Fixierung geprägt war.«

Die Psychiaterin kam zu dem Schluss, dass die Motive des Raubüberfalls nicht materiell, sondern sexuell-interpersonell gewesen seien. Diese Feststellung gründete ausschließlich auf Stures offenbar äußerst überzeugenden Schilderungen. Sture hatte der Psychiaterin sogar weismachen können, er hätte gar keine Drogenprobleme. Für mich geht aus Stures zweihundertfünfzigseitiger Patientenakte eindeutig hervor, dass er den Großteil seines Erwachsenenlebens sämtliche Drogen (mit Ausnahme von Heroin) konsumiert hatte, deren er habhaft werden konnte. Im Bericht aus Huddinge hingegen heißt es: »Ein Abhängigkeitsproblem scheint nicht vorzuliegen.« Dieser Satz machte es Sture leicht, in der Klinik an Benzodiazepine zu kommen.

Der Bericht schloss mit folgender Empfehlung für das Gericht: »Sture Bergwall beging die zur Beurteilung stehenden Taten unter Einfluss einer so schwerwiegenden psychischen Abnormität, dass sie mit einer Geisteskrankheit gleichzusetzen ist. Deshalb sollte er unbedingt in einer geschlossenen Psychiatrie verwahrt werden.«

Im darauffolgenden Gerichtsverfahren gelang Sture das Kunststück, für einen selten dämlichen Bankraub, bei dem keine Person zu Schaden gekommen war, zur Unterbringung im Maßregelvollzug verurteilt zu werden.

Mit seinen Lügen hatte Sture es bis nach Säter geschafft.

16. Über die Kunst, sich eine Psychotherapie zu verschaffen

»Seit der Patient auf Station 31 untergebracht ist, also seitdem er in der Klinik ist, verlangt er nach psychotherapeutischer Behandlung. Ob er für eine solche geeignet ist, war bislang ungewiss, was auch an den derzeit begrenzten Personalressourcen gelegen hat«.

Eintrag in Stures Patientenakte vom September 1991

Am Montag, dem 29. April 1991, wurde Sture in die neue Abteilung für Forensische Psychiatrie der Klinik in Säter überstellt, die rund zwei Jahre zuvor eröffnet worden war. Der Zuschlag für die Gestaltung war damals im Rahmen eines vom Provinziallandtag Dalarna ausgeschriebenen Wettbewerbs an Karl Alexanderson und Hans Leonard Grau vom Architektenbüro White Arkitekter gegangen, und Göran Källberg und seine Beraterin Margit hatten sich eifrig an den Diskussionen über die Baupläne beteiligt. Das Ergebnis war eine Anlage, die eher an ein Fjäll-Hotel denn an ein Krankenhaus erinnerte. Die Zimmer hell und luftig, die Gemeinschaftsräume mit einem gediegenen Parkettboden und weiß gefliesten Kaminen ausgestattet, und die Tische, Stühle und Sessel vom Möbeldesigner Bruno Mathsson aus klassischen schwedischen Naturmaterialien gefertigt. Wie bereits beschrieben, umschloss das rechteckige Gebäude drei weitläufige Innenhöfe; Zäune und hohe Mauern, wie man sie in einer Forensischen Psychiatrie vermuten könnte, gab es keine. Källberg und Margit wollten den Patienten auch räumlich ein Gefühl der Geborgenheit vermitteln, für sie ein zentraler Bestandteil einer psychotherapeutischen Behandlung.

Es gab sieben Stationen, die Platz für je sechs Patienten boten. Die Zimmer waren klein, aber hell und verfügten über ein eigenes Bad samt Dusche. Auf jeder Station gab es einen gemütlichen Gemeinschaftsraum, eine Küche, ein Ess- sowie ein mit dickem Teppichboden ausgelegtes Musikzimmer, wo die Patienten Zugang zu einer Stereoanlage hatten. Auch das Pflegepersonal war gut aufgestellt. Während in ein paar hundert Metern Entfernung der verriegelte alte Pavillon von düsteren alten Zeiten zeugte, strahlte der Neubau einen humanistischen, menschenfreundlichen Geist aus.

Station 30 war eine Aufnahmestation, wo die Patienten nach ihrer Ankunft die erste Zeit untergebracht wurden. Patienten, die kurz vor der Entlassung standen, kamen auf die personalfreie, offene Resozialisierungsstation 37, wo sie mit eigenen Passierkarten mehr oder weniger frei nach Belieben ein und aus gehen konnten.

Nach den ersten Tagen auf der Aufnahmestation 30 wurde Sture auf die geschlossene Station 31 verlegt. Ein paar Pfleger fuhren mit ihm in seine Einzimmerwohnung, um sie auszuräumen. Das Patientenzimmer war nur elf Quadratmeter groß und bereits mit einem schmalen Bett, einem kleinen Schreibtisch, einem Sessel und zwei Bücherregalen ausgestattet, sodass Sture keine eigenen Möbel mitbringen konnte. Da er schon immer ein Faible für Nachschlagewerke gehabt hatte, nahm er dafür alle achtunddreißig Bände des *Nordisk familjebok* mit, ein schwedisches Universallexikon, das ihm sein Bruder Sten-Ove zu Weihnachten geschenkt hatte. Stures Exemplar stammte aus der zweiten Auflage, erschienen zwischen 1904 und 1926, die für ihre mit goldfarbenen Eulen verzierten ledernen Buchrücken bekannt war. Außerdem nahm er die etwas modernere, fünfzehnbändige Enzyklopädie *Focus* sowie weitere Kisten mit Büchern aus seiner Wohnung mit.

Über die Dauer der Verwahrung entschied das Verwaltungsgericht in seinen zweimal jährlich stattfindenden Sitzungen. Da man sich für gewöhnlich an den Empfehlungen der Psychiater orientierte, lag Stures Schicksal nun voll und ganz in den Händen der Klinik.

Am dritten Tag in Säter wurde Sture dem Leitenden Oberarzt Göran Källberg vorgestellt. Dieser notierte nach dem Gespräch in der Patientenakte, Sture habe die Einweisung mit Fassung aufgenommen, nicht zuletzt weil er »schon einige Erfahrungen mit geschlossenen Psychiatrien gemacht« habe. Källberg fuhr fort:

»Wir sprechen ein wenig über seine Situation und seine Probleme im Allgemeinen. Seit vielen Jahren wird ihm eine niedrige Dosis Sobril verschrieben, von der er offensichtlich abhängig ist. Er leidet gelegentlich unter starken Angststörungen. Auch während unserer Unterhaltung ist er sehr angespannt, den Tränen nahe und beginnt, stoßweise zu atmen, beruhigt sich aber allmählich. Ansonsten verhält er sich höflich und kommunikativ, im emotionalen Gesprächsteil wirkt er allerdings etwas reservierter. Keine Wahnvorstellungen. Keine Suizidgedanken. Fürs Erste Gabe von drei Mal täglich 10 Milligramm Sobril sowie eine Somadril zur Nacht gegen die Ischiasschmerzen.«[251]

Es gab zwei Ärzte, die an Göran Källberg berichteten. Beide trugen den Titel Oberarzt, denn Assistenzärzte gab es in der Klinik nicht. Der eine war Göran Fransson, der auch das »kleine« psychologische Gutachten über Sture erstellt hatte. Fransson wurde Stures behandelnder Arzt und hatte damit die übergreifende Verantwortung sowohl für den medizinischen als auch den psychotherapeutischen Teil der Behandlung. Der andere Oberarzt hieß Kjell Persson und war achtunddreißig Jahre alt. In der Klinik trugen die beiden gewöhnliche Alltagskleidung, Cordhosen, Hemd und Halbschuhe. Dadurch sollte der durch weiße Kittel verursachten Distanz zwischen Patient und Arzt entgegengewirkt werden.

Natürlich wollte ich Källberg, Fransson oder Persson unbedingt interviewen und mehr über die Umstände von Stures Einweisung erfahren – aber das war kein leichtes Unterfangen, wie sich herausstellen sollte. Källberg war im Frühjahr 2011 unerwartet an einem Herzinfarkt gestorben, und Persson, der seinen Nachnamen in Långbergs geändert hatte, lehnte es kategorisch ab, sich öffentlich über Sture zu äußern. Blieb nur Stures behandelnder Arzt Göran Fransson, der heute als Direktor der Forensischen Psychiatrie in Sundsvall arbeitet. Zunächst stand er einem Interview äußerst skeptisch gegenüber, doch dann erzählte ich ihm am Telefon von meinem angeblichen Buchprojekt und sprach ihn auf Margit Norell an. Für ein paar Sekunden wurde es still. Dann sagte er mit einem neuen Ton in der Stimme, er habe den Eindruck, dass ich an etwas Wichtigem dran sei. Er erklärte sich bereit, mich zu treffen.

Wir verabredeten uns im Foyer von SVT, Schwedens öffentlich-rechtlicher Fernsehgesellschaft, wo ich gerade an einer Dokumentation über Margit und Sture arbeitete. Bei der Begrüßung blickte er mich wachsam, aber durchaus freundlich an. Er war sichtlich nervös.

Wir besorgten uns einen Kaffee und setzten uns hin. Fransson erzählte, dass er einen Teil seiner praktischen Ausbildung bei Barbro Sandin absolviert habe. Es seien nur wenige Monate gewesen, doch die habe er als großes Privileg empfunden. Er habe sich von der Idee anstecken lassen, dass sich, wie er es ausdrückte, alle »Schizophrenen erreichen und befreien« ließen. Das Säter-Modell sei damals ein Protest gegen die »verstockten Psychiater« gewesen, die Schizophrenie ausschließlich auf neurobiologische Faktoren zurückgeführt hätten. Mittlerweile gehöre er jedoch selbst zu dieser Gruppe. Fransson gab ohne Umschweife zu, dass es sich beim Säter-Modell um ein Glaubenskonstrukt ohne wissenschaftliches Fundament gehandelt hatte. »Der persönliche Kontakt ist bei der Behandlung von Schizophreniekranken ausgesprochen wichtig, weil er dazu beiträgt, annehmbare Lebensumstände zu schaffen – aber heilen kann er deshalb nicht«, erklärte er.

Ende der 1980er-Jahre habe Göran Källberg ihm eine feste Stelle in der Abteilung Forensische Psychiatrie angeboten. »Källberg hatte einen ausgezeichneten Ruf, und ich fühlte mich sehr geschmeichelt.« Fransson nahm das Angebot an. Im Januar 1987 hatte er seinen ersten Arbeitstag und war dabei, als der »Pavillon« geschlossen wurde. »Ein deprimierender Ort. So etwas kann man sich heute kaum noch vorstellen.« Zwei Jahre später wurde der neue Klinikteil eröffnet. »Das Projekt stand ganz im Zeichen der Humanistischen Psychologie«, erklärte Fransson. »Es ging um die individuellen Bedürfnisse des Patienten, darum, den Menschen hinter dem Verbrechen zu sehen und eine grundlegende Persönlichkeits- und Verhaltensveränderung zu bewirken. Ich war voller Tatendrang. Wir waren fest davon überzeugt, dass wir sogar die Unveränderlichen verändern könnten. Wir fühlten uns wie Pioniere.«

Dieser starke Glaube kam nicht von ungefähr. »Margit Norell spielte eine Schlüsselrolle. Sie supervidierte Göran Källberg, Birgitta Ståhle und noch ein paar andere in der Klinik. Sie sprachen viel von ihr.«

»Was haben die anderen über Margit erzählt?«, fragte ich.

»Ich hatte den Eindruck, dass sie ein sehr warmherziger Mensch sein musste. Und kompetent. Nach einer Supervisionssitzung bei ihr steckten alle voller positiver Energie und sprudelten vor neuen Ideen. Sie war wirklich *ungemein* wichtig für die Klinik, eine Art Anker.«

»Kam Ihnen das irgendwie seltsam vor?«, fragte ich.

»Nein«, antwortete er. »Ich hätte misstrauisch werden sollen, aber so war es nicht.«

»Weshalb nicht?«

»Ich hatte gerade erst meine Facharztausbildung abgeschlossen, war jung und ehrgeizig. Wir wollten damals die Welt verändern«, erklärte Fransson. »Meine Zeit bei Barbro Sandin war nur wenige Monate her, und plötzlich hieß es, man könnte *alles verändern*. Es hat sich fantastisch angefühlt, dabei sein zu dürfen.«

»Wie sah Göran Källbergs Beziehung zu Margit aus?«

Fransson dachte einen Moment lang nach, dann antwortete er: »Ich würde sagen, sie waren wie Mutter und Sohn.«

Fransson selbst war nicht von Margit supervidiert worden, da er kaum psychotherapeutische Behandlungen durchgeführt hatte. Trotzdem war er, wie fast das gesamte Personal, fest von Margits Verdrängungstheorie überzeugt gewesen. Erst später, als er die Klinik bereits verlassen hatte, verstand er, dass die Theorie auf dünnem wissenschaftlichem Eis stand. Das Aha-Erlebnis, so Fransson, sei ein Vortrag von Elizabeth Loftus bei einer Konferenz in Seattle im Herbst 1995 gewesen.

»Plötzlich ging mir auf, dass verdrängte Erinnerungen nicht existieren«, erzählte er. »Wir vergessen unsere schmerzhaften Erfahrungen nicht. Vielleicht modifizieren wir unsere Erinnerungen, aber man kann unmöglich einen Menschen töten und das Ganze mir nichts, dir nichts vergessen.«

Ich wies ihn darauf hin, dass Loftus' Thesen schon damals nicht völlig unbekannt waren. Ein paar Jahre zuvor hatte sie ihren berühmten Artikel *The Reality of Repressed Memories* veröffentlicht, in dem sie erläuterte, warum die Verdrängungstheorie mit Vorsicht zu genießen sei. Dabei hatte sie Forschungsergebnisse herangezogen, die teilweise aus den 1980er-Jahren stammten.[252]

Fransson erinnerte sich noch daran, dass Loftus sich in ihrem Vortrag auf die bereits 1990 veröffentlichte Studie von Wagenaar und Groeneweg über die Erinnerungen der Holocaust-Überlebenden bezogen hatte.[253] Wie also konnte er 1995 über diese Fakten so überrascht sein?

Zunächst verteidigte er sich, er habe in der Klinik einfach zu viel um die Ohren gehabt, um sich nebenher der aktuellen Forschungsliteratur zu widmen. Ich fragte, ob eine Einrichtung wie

Säter nicht dazu verpflichtet gewesen sei, sich an den aktuellsten wissenschaftlichen Erkenntnissen zu orientieren?

»Doch, natürlich«, antwortete er.

»Und taten Sie es nicht?«, hakte ich nach.

Er zögerte einen Moment. Dann gestand er: »Ich kann Ihnen nur eine Erklärung geben … es lag an dem Klima in der Klinik. Es war wie in einer Sekte, und ich steckte mittendrin. Sekten scheren sich nicht um irgendwelche Artikel und wissenschaftliche Fakten. Stattdessen schottet man sich ab gegen Einflüsse von außen.«

Ich fragte Fransson, ob es überhaupt möglich gewesen wäre, in Säter zu arbeiten, ohne Margits Ansichten zu teilen.

»Es wurde natürlich nie laut ausgesprochen«, antwortete er, »aber nein, das wäre nicht möglich gewesen. Aber damit hatte ich damals keine Probleme.« Er gab zu, dass seine eigene Überzeugung so stark gewesen sei, dass er noch lange nach 1995 daran festgehalten habe – zumindest teilweise. »Ich steckte so tief drin in diesem sektenartigen Denken, dass es eine Weile gedauert hat, bis ich mich emotional davon freimachen konnte. Es ist nicht leicht, so etwas hinter sich zu lassen.«

Fransson betonte mehrmals, dass er heute nicht mehr in eine solche Falle tappen würde: »Ich glaube, wir alle müssen früher oder später so einen Prozess durchmachen, um zu reifen und erwachsen zu werden. In meinem Fall hat es lange gedauert, aber heute – *glaube ich* – würde ich mich nicht mehr in so eine Sache reinziehen lassen. Hinterher ist man immer klüger.«

»Das Säter-Personal hat sich also nichts vorzuwerfen?«

»Doch, natürlich. Dass man in so eine verrückte Sache hineingezogen wurde, heißt nicht, dass man von seiner Verantwortung entbunden wäre. Das ist meine feste Überzeugung. Und es gibt ja unzählige Beispiele, man denke nur an die Nürnberger Prozesse. Trotzdem glaube ich, dass potenziell jeder in eine Sekte hineingeraten kann. Was passiert ist, mag dumm gewesen sein, aber es haben keine bösen Absichten dahintergesteckt … auch wenn die

Folgen natürlich schlimm waren. Viele Menschen mussten deswegen leiden. Ich trage einen Teil der Schuld. Es gibt Erklärungen, aber keine Entschuldigungen. Damit muss ich mich abfinden, und damit muss ich leben.«

Am Ende unseres Interviews sah ich ihm an, dass er sich fragte, ob er womöglich zu viel gesagt hatte.

»Das war mein letztes Interview«, erklärte er mit einem schiefen Lächeln. Trotz allem wirkte er auf eine gewisse Weise erleichtert.

Jetzt war es draußen: Laut Fransson war die Forensische Psychiatrie in Säter also eine Art Sekte gewesen, als Sture eingeliefert wurde. Die Ärzte glaubten fest an Margits Ideen, und wie in jeder Sekte wurde jedwede Kritik von außen abgeblockt. Die Patienten sollten verdrängte Erinnerungen an traumatische Kindheitserlebnisse heraufbeschwören. Das würde sie von ihren aggressiven, destruktiven Verhaltensmustern befreien.

Sture war ganz versessen darauf, therapiert zu werden. Wenige Wochen nach seiner Einlieferung notierte Kjell Persson in der Patientenakte:

»Der Patient gibt an, in den letzten Nächten an Panikattacken gelitten zu haben. Er verspürte einen Druck auf der Brust, hatte leichtes Herzrasen und Schlafprobleme. Er spricht von einem tiefen Schuldgefühl gegenüber dem Jungen, Patrik, der beim Banküberfall sein Komplize war. Offensichtlich hat der Patient eine sexuelle Beziehung mit dem Jungen gehabt. Während des Gesprächs setzen beim Patienten einige Ticks ein. Er hat ein Zucken im Gesicht und ringt mit den Tränen. Der Patient verlangt nach einer psychotherapeutischen Behandlung oder Gesprächstherapie […].«[254]

Als ich Sture fragte, warum er sich unbedingt einer Psychotherapie hatte unterziehen wollen, gab er drei Gründe an. Zum einen ging es ihm tatsächlich darum herauszufinden, warum in seinem Leben so vieles schiefgegangen war. Die meisten seiner Probleme betrachtete er nach wie vor als Folge seiner Homosexualität, hinter der er, wie viele Psychologen und Ärzte zu dieser Zeit, ein Kindheitstrauma vermutete. Zweitens spekulierte er auf mehr Benzodiazepine. Und drittens brauchte er jemanden zum Reden. Nach dem Banküberfall war der Kontakt zu Patrik und Kristina abgebrochen, und auch seine Geschwister hatten genug von seinen Verrücktheiten und meldeten sich kaum noch bei ihm. Er hatte keine Freunde. Die meisten Mitpatienten waren chronisch depressive Mörder und Sexualstraftäter. Eine Therapie schien Sture die einzige Möglichkeit zu sein, seiner Einsamkeit zu entkommen.

Doch im Frühjahr 1991 war es für einen Patienten in Säter – anders als man meinen könnte – nicht leicht, eine Therapie zu bekommen. In der Klinik herrschte chronischer Therapeutenmangel. Gut ausgebildetes Personal, das bereit war, unter den speziellen sektenartigen Bedingungen zu arbeiten, war schwer zu finden. Neben Birgitta Ståhle bestand die Psychologenriege vor allem aus Studenten, die in Säter ihr Pflichtpraktikum absolvierten und die Klinik nach überstandener Praktikumszeit fluchtartig verließen. Im Protokoll eines Treffens der Margit-Gruppe aus demselben Monat, in dem Sture in die Klinik überstellt wurde, heißt es, Birgitta habe die anderen um Hilfe gebeten, zwei »für die Arbeit in der Forensischen Psychiatrie geeignete Psychologen«[255] zu finden.

Aufgrund des Personalmangels mussten die insgesamt zweiundvierzig Patienten unter Beweis stellen, dass sie es wert waren, dass therapeutische Ressourcen in sie investiert wurden. Die Ausgangslage war für Sture alles andere als optimal. Sein stümperhafter Bankraub konnte mit den schweren Gewaltverbrechen der meisten anderen Patienten beileibe nicht mithalten; er gehörte zu den weniger interessanten Patienten, zumal er aller Voraussicht nach höchstens eineinhalb Jahre in der Klinik bleiben sollte.

Doch Sture ließ sich nicht beirren und zog alle Register, um sich als therapiewürdiger Patient zu erweisen. Er selbst sagt heute, er habe damals angefangen zu schauspielern, so, wie er es im Kontakt mit der Psychiatrie schon früher getan hatte. Aus der Patientenakte geht hervor, dass er Kjell Persson im Juli anvertraute, einen Tag vor dem Banküberfall einen Selbstmord geplant zu haben: »Der Patient gibt an, er habe sich eine bestimmte Stelle ausgesucht, wo er sein Auto von der Straße lenken wollte. Beim Anblick seines Hundes auf dem Rücksitz habe er sich jedoch anders besonnen. Heute meint er, er sehne sich nach einer Bestätigung dafür, dass er ein so böser Mensch ist, dass er Selbstmord begehen sollte.«[256]

»Das war natürlich ein Trick. Ich hatte überhaupt nicht vor, mich umzubringen«, sagt Sture heute.

Källberg war jedoch beeindruckt von Stures Willensstärke und Selbsteinschätzung: »Er hat den aufrichtigen Wunsch, sein Leben in den Griff zu bekommen, spürt aber, dass er dies nicht alleine bewältigen kann. Der Patient argumentiert sehr sachlich und verwendet viele Fachbegriffe. Er ist sich bewusst, dass er dadurch versucht, eine Distanz aufzubauen. Zzt. braucht der Patient diese Abwehrmechanismen vermutlich.«[257]

Im Laufe des Sommers verlangte Sture immer und immer wieder nach einer Psychotherapie, und im September hatte man Erbarmen mit ihm: Fortan sollte er einmal in der Woche von Kjell Persson behandelt werden. Da Persson keine Psychotherapeutenausbildung absolviert hatte, wie es die Vorschriften der Gesundheitsbehörde verlangt hätten, liefen die Sitzungen unter dem Etikett »Arztgespräch«. Persson war sehr angetan von seinem neuen Patienten:

»Seit der Patient auf Station 31 untergebracht ist, also seitdem er in der Klinik ist, verlangt er nach psychotherapeutischer Behandlung. Ob er für eine solche geeignet ist, war bislang ungewiss, was auch an den derzeit begrenzten Personalressourcen gelegen hat. Deshalb habe ich vorübergehend diese Art von Kontakt aufgenommen, die ich als ›Arztgespräch‹ bezeichnen will. Es zeigt sich, dass der Patient diese Zeit aufrichtig motiviert dazu nutzt, über sich selbst, sein Handeln und seine Situation zu reflektieren. Obwohl die Gespräche in ihm große Angst und muskuläre Anspannungen hervorzurufen scheinen, bittet er um weitere Gespräche.«[258]

Im November 1991 – Sture war seit einem halben Jahr in Säter – hatte er mit seiner »aufrichtigen Motivation« so viel Eindruck geschunden, dass ihm angeboten wurde, von nun an mehrmals in der Woche eine »echte« Psychotherapeutin zu treffen, nämlich Birgitta Ståhle. Sture, der sich inzwischen an Kjell Persson gewöhnt hatte, wollte jedoch keinen Therapeutenwechsel. Um die vertrauensvolle therapeutische Beziehung nicht zu gefährden, wurde deshalb eine andere Lösung gefunden. Laut Vorschriften war es Persson gestattet, eine psychotherapeutische Behandlung durchzuführen, sofern er fachlich supervidiert wurde. Also bat er Margit, seine Supervisorin zu werden, und Margit sagte zu. Liest man ihr unveröffentlichtes Manuskript *Thomas Quicks Welt*, drängt sich allerdings der Eindruck auf, dass Margit damit nicht nur die Supervision, sondern die gesamte Therapie in die Hand nahm:

»Zur selben Zeit, als die Therapie im November 1991 auf zwei Stunden pro Woche ausgeweitet wurde, übernahm ich die Supervision. Zunächst traf ich den Therapeuten alle zwei Wochen, zwischen 1992 und 1993 sogar wöchentlich. Auch die Therapiezeit wurde – zeitweise deutlich – angehoben. Ich führte die Supervision auf der Grundlage meiner psychoanalytischen Ausbildung, meiner Spezialisierung auf die Objektbeziehungstheorie sowie ausgehend von den praktischen Erfahrungen in der Therapie schwer traumatisierter Patienten durch. Sture hatte sich Kjell Persson als Therapeuten ausgesucht, eine Wahl, die ich unterstützte, wenngleich Persson keine Psychotherapeutenausbildung absolviert hatte.«[259]

Ab November 1991 fuhr Persson regelmäßig zu Margit nach Stockholm, so wie Göran Källberg es seit 1983 und Birgitta Ståhle seit 1988 tat.

In den Therapiesitzungen lag Sture auf seinem Bett, und Persson saß in einem Sessel am Kopfende. Ein Eintrag in der Patientenakte vom April 1992 zeigt, dass die Therapie nach derselben Methode verlief, mit der Margit bereits seit vielen Jahren ihre Patienten und Schüler behandelte:

»Der Patient hat sich mit seinen Kindheitserlebnissen auseinandergesetzt, die bislang größtenteils im Verborgenen lagen. Inzwischen konnten immer mehr Erinnerungen geweckt werden. Auch mit seinen Träumen hat er sich eingehend befasst.«[260]

Sture erzählte mir, er habe sich der Therapie, für die er so schwer gekämpft hatte, als würdig erweisen wollen und habe versucht, ein motivierter und für seinen Therapeuten interessanter Patient zu sein. Früher hatten sein Bruder Sten-Ove und er sich bei ihren gemeinsamen Waldspaziergängen häufig von ihren Träumen erzählt, weshalb es ihm leichtgefallen sei, darüber zu sprechen. Von der Psychoanalyse habe er sich erhofft, die Träume mit Erlebnissen in seiner Kindheit kurzzuschließen.

Das freie Assoziieren fiel Sture leicht, und Kjell Persson war begeistert. Wie die meisten von Margits Patienten schrieb auch Sture zwischen den Therapiesitzungen seine Gedanken, Träume und Erinnerungen nieder. Diese Texte gab er Kjell Persson, und der gab sie an seine Supervisorin weiter. Einige Texte hob Margit auf, um sie in ihr Buch einzubauen, darunter auch dieses gefühlsbetonte Gedicht:

Wie sehr ich mich danach sehne,
endlich zu sterben,
und wie sehr mich der Tod ängstigt!
Die Todesangst handelt von dem Leben,
das ich nie leben durfte, nie gelebt habe.

> Wie leicht es doch wäre,
> mir den Strick um den Hals zu legen,
> in dem Wissen:
> Mein Leben war gut,
> ich habe gelebt,
> ich sehne mich so sehr nach dem Tod,
> doch fehlt mir das Leben, aus dem ich wegsterben kann![261]

Sture war mit solchem Feuereifer bei der Sache, dass er auf Station 36 verlegt wurde, wo die therapiewilligsten Patienten untergebracht waren und das Pflegepersonal Margits psychotherapeutischer Vision besonders positiv gegenüberstand. In anderen Teilen der Klinik gab es nach wie vor alteingesessene Mitarbeiter, die sich eher als Gefängniswärter sahen und den neuen Ideen mit Skepsis begegneten. Auf Station 36 waren diese Rückwärtsdenker nicht willkommen.

Dass Sture endlich seine lang ersehnte Therapie bekam und alles daransetzte, sich als Musterpatient zu erweisen, hieß jedoch nicht, dass er sich von nun an keine Fehltritte mehr leistete. Im Winter 1991/1992 log und betrog er um keinen Deut weniger als in den Siebzigerjahren. Aus der Patientenakte geht hervor, dass er auf dem Klinikgelände Amphetamin kaufte, sich auf der Station zudröhnte und Pillen für einen Mitpatienten einschmuggelte. Um von diesem Verhalten abzulenken, machte Sture viel Aufhebens um seine – vermeintlichen – Suizidgedanken.

Im Dezember büxte er zusammen mit einem anderen Patienten aus und fuhr mit einem Mietwagen in den Skiort Åre. Als er drei Tage später aus freien Stücken in die Klinik zurückkehrte, hatte er Amphetamine genommen. Obwohl also alles darauf hindeutete, dass die kleine »Reise« vor allem eine Drogenbeschaffungsmaßnahme gewesen war, hatte das Pflegepersonal in seinem Zimmer »ein Bündel Abschiedsbriefe« gefunden, mit »ausführlichen Anweisungen, wie nach seinem Tod zu verfahren sei«. Unter anderem hatte Sture geschrieben, seine Leiche werde »nicht weit vom Klinikgelände« zu finden sein. Das Personal notierte in der Patientenakte, dass die Selbstmordgedanken nicht allzu ernst gewesen sein konnten, da Sture am Tag seines Verschwindens »ein paar Mal im Kassenbüro der Klinik gewesen war, um sich nach seiner Rentenauszahlung zu erkundigen«. Ganz gleich, wie viel Sture log und manipulierte, sein Verhalten zog kaum Konsequenzen nach sich. Schlimmstenfalls wurde ihm kurzfristig die großzügige Freigang-Erlaubnis entzogen.

Einer von Stures Mitpatienten war Lars-Inge Svartenbrandt, der »schlimmste Verbrecher Schwedens«. Sture erzählte mir, dass er sich öfter mit dem gut aussehenden Svartenbrandt unterhalten habe, der in seinen Augen ein kluger Mann mit interessanten Ansichten gewesen sei. Die Bekanntschaft währte allerdings nur kurz, da der berühmteste Säter-Patient im Frühjahr 1992 entlassen werden sollte.

Es war nun zwei Jahre her, dass Svartenbrandt, kurz nachdem er von Göran Källberg in *Dagens Nyheter* für geheilt erklärt worden war, der Erfolgsgeschichte der Klinik mit seinem Banküberfall einen ordentlichen Dämpfer verpasst hatte. Er war erneut zur Unterbringung im Maßregelvollzug verurteilt worden, womit sein Rückfall ironischerweise denselben Effekt erzielt hatte, als wenn Källbergs Gnadenantrag erfolgreich gewesen wäre. Die Kontrolle über den Strafvollzug oblag nun vollkommen der Klinik oder, genauer gesagt, Källberg, der damit auch über eine mögliche Entlassung frei entscheiden konnte. Zwei Jahre lang hatte er Svartenbrandt unter Margits Supervision behandelt, bis er im Juni 1992 entschied, dass seine Arbeit getan war. Also sprach er sich vor dem Verwaltungsgericht für eine Entlassung aus – mit Erfolg. Am 24. Juni 1992 sah Sture im Foyer mit an, wie Säters Berühmtheit unter großem Medieninteresse in die Freiheit entlassen wurde.

Svartenbrandt fuhr auf direktem Weg nach Stockholm, wo er eine *Handelsbanken*-Filiale am St. Eriksplan überfiel. Anschließend kaufte er Wein und betrank sich. Als er in einem Gebüsch seinen Rausch ausschlief, entdeckten ihn zwei Polizisten und nahmen ihn – kaum achtundvierzig Stunden nach seiner Entlassung aus der Klinik – erneut fest.

Die Medien witterten einen Skandal. Das *Aftonbladet* druckte einen Artikel mit der Überschrift »Wie konntet ihr ihn auf freien Fuß setzen?« Außerdem gab es ein Interview mit Göran Källberg, das fast schmerzhaft zu lesen ist:

> *Sie sind viele Jahre lang sein Vertrauter gewesen. Haben Sie mit dem Überfall gerechnet?*
>
> Nein, mit so was kann man nicht rechnen. Ein Patient wird nur dann entlassen, wenn er vor den psychischen Störungen, an denen er zum Zeitpunkt des Verbrechens gelitten hat, vollkommen geheilt ist.
>
> *Sie sagen also, Svartenbrandt ist vollkommen gesund und benötigt keine weitere Behandlung?*
>
> Ja, sonst wäre er nicht entlassen worden.
>
> *Er gilt also als geheilt, wird entlassen und raubt kurz darauf eine Bank aus …*
>
> Es mag komisch klingen, aber auch gesunde Menschen begehen Straftaten.
>
> *Als Svartenbrandt 1990 festgenommen wurde, sagten Sie, Sie hätten versagt. Was ist diesmal anders?*
>
> Vielleicht ist es ein Widerspruch, aber wie gesagt, auch gesunde Menschen begehen Straftaten.
>
> *Wie fühlen Sie sich heute?*
>
> Wie hat der Schriftsteller Snoilsky so schön gesagt?
>
> Die Freuden und Qualen meines Herzens biete ich nicht feil.
>
> *Ist Svartenbrandt heute weniger gefährlich für seine Mitmenschen?*
>
> Dazu möchte ich keinen Kommentar abgeben.[262]

Für Säter war das zweite Svartenbrandt-Fiasko eine Katastrophe. Die neu gegründete Forensische Psychiatrie war voll und ganz darauf ausgerichtet, die Patienten mit derselben Therapiemethode zu behandeln, die den psychopathischen Schwerverbrecher Svartenbrandt geheilt hatte, doch der hatte die Klinik nun schon zum zweiten Mal innerhalb von zweieinhalb Jahren zum Gespött der Medien, Politiker und Bevölkerung gemacht.

Die Frage war nun, welche Konsequenzen das Ganze nach sich ziehen würde. Der Gemeinde Säter ging es dabei weniger um den Glauben an eine bestimmte Therapiemethode als vielmehr um die berechtigte Angst, die Klinik könnte geschlossen werden. Für die kleine Ortschaft, in der fast jeder Einwohner direkt oder indirekt von der Klinik abhängig war, hätte eine Schließung verheerende Folgen gehabt. Es galt also, das Vertrauen in die Klinik wiederherzustellen.

Margits insgesamt achtjährige Behandlung Svartenbrandts, mit Källberg als Mittelsmann, war nun Geschichte. Dafür gab es auf Station 36 einen äußerst therapiewilligen Patienten namens Sture Bergwall. Noch konnte niemand ahnen, dass Sture Säters Rettung werden sollte.

17. Die Geburt von Thomas Quick

»Wenn die konkreten Erinnerungen an die Inzesterlebnisse in der Therapie oder zu Hause zutage treten, geschieht dies meist in einem besonderen Bewusstseinszustand. Häufig werden die Erlebnisse eine Zeitlang als unwirklich abgetan.«

Aus Margit Norells unveröffentlichtem Aufsatz *Früher Inzest. Erfahrungen im therapeutischen Prozess mit Inzest-Patienten*

Im Frühjahr 1992 war Sture seit einem Jahr in Säter, und im Grunde hatte er es gut getroffen: Er bekam sein Sobril, hatte keinerlei Geldsorgen, und sein Patientenzimmer konnte es mit einem Hotel aufnehmen. Er konnte sich relativ frei bewegen und joggte um den See herum. Wenn er einen ganzen Tag freibekam, fuhr er nach Stockholm und ging ins Kino.

Mehrmals in der Woche hatte er seine Therapiesitzungen mit Kjell Persson. Er fühlte sich wohl in der Rolle des Patienten und konnte gar nicht genug davon kriegen, sich über seine Ängste und Selbstmordgedanken zu verbreiten. Persson hörte ihm geduldig zu und nahm einmal in der Woche die zweieinhalbstündige Zugfahrt nach Stockholm auf sich, um Margit in ihrer Praxis in der Norrtullsgatan 29 zu besuchen.

Während der Therapie hatte Sture häufig starke Gefühlsausbrüche. Er bekam Heulattacken und hyperventilierte. Bisweilen waren die Angstzustände so heftig, dass er kein Wort mehr herausbrachte, zu stottern anfing oder tierähnliche Laute von sich gab. Manchmal bekam er vor lauter Anspannung Muskelkrämpfe – als würde die Angst sich in jeder Faser seines Körpers ausbreiten. Sture erzählte mir, er sei in der Lage gewesen, sich ganz bewusst in diesen Zustand zu versetzen, wenn er Benzodiazepine genommen hatte, und es seien noch nicht einmal besonders hohe Dosen vonnöten gewesen. Die Medikamente nahmen ihm die Hemmungen, und wenn er sich erst einmal warmgelaufen hatte, geschah der Rest wie von selbst. Die Gefühle stiegen in ihm auf, und sein Gehirn assoziierte so schnell, als hätte er Amphetamin genommen. Sture bezeichnete diesen Zustand, der ihm ermöglichte, jede erdenkliche Geschichte mit viel emotionaler Hingabe vorzutragen, als »grenzpsychotisch«. Das stoßweise Atmen, die Knurrlaute, das hysterische Heulen, die »Erinnerungen« – das alles kam wie auf Knopfdruck. Stures Gebaren machte auf alle, die ihn in Aktion erlebten, großen Eindruck.

Aus Stures Schulakte geht hervor, dass er schon in frühen Jahren einen gewissen Hang zur »Dramatik« gehabt hatte. In der Patientenakte aus den 1970er-Jahren, als Sture zum ersten Mal zur Unterbringung im Maßregelvollzug verurteilt worden war und Benzodiazepine erhalten hatte, ist gelegentlich von »Angstattacken« die Rede. Sture erzählte mir, er sei schon immer konfliktscheu gewesen, was die Akten bestätigen. Er ließ sich nie in Prügeleien verwickeln und wurde nur selten ausfällig. Um an Tabletten zu kommen und sich aus misslichen Lagen zu befreien, appellierte er stattdessen mit seinen herzzerreißend inszenierten Angstzuständen an die Empathie seiner Mitmenschen.

Das Verhalten, das Sture zwischen 1991 und 1992 in Säter an den Tag legte, war also lediglich die Fortsetzung eines bewährten Verhaltensmusters. Nach außen gab er den Musterpatienten und verschaffte sich damit Medikamente und Wertschätzung. Doch damit sollte bald Schluss sein. Im Frühjahr 1992 beschlossen die Ärzte, dass Sture wieder in die Gesellschaft eingegliedert werden sollte. Für mehr als ein Jahr in der Klinik hatte der Bankraub nicht ausgereicht, und so wurde für Herbst 1992 die Entlassung angesetzt. Ein Betreuer sollte Sture dabei helfen, eine Wohnung zu finden.

Um zu verstehen, was nun passierte, müssen wir uns Stures Lebenssituation vor Augen führen. Laut des psychiatrischen Gutachtens aus der Klinik in Huddinge war Sture »ein vierzigjähriger Mann ohne Berufsausbildung, der jahrelang von seinem Krankengeld gelebt hat«.[263] Sture war allein. Er hatte keine Freunde, und seine Familie wollte nichts mehr von ihm wissen. Vor seinem Bankraub hatte er mitbekommen, dass in den Sozialämtern ein neuer, erbarmungsloser Wind wehte. Nach einer Entlassung aus der Klink würde er sich eine Arbeit suchen müssen, und ihm war wohl bewusst, dass er es als verurteilter Straftäter, der seinen Arbeitgeber in der Bingo-Halle bestohlen und eine Bank ausgeraubt hatte, auf dem Arbeitsmarkt nicht gerade leicht haben würde. Außerdem war Sture in die Drogensucht zurückgefallen. Kurzum, seine Zukunft außerhalb der Psychiatrie sah nicht rosig aus. Bei einem unserer Treffen fragte ich ihn, ob er eine Entlassung im Herbst 1992 überhaupt hätte überleben können. Seine Antwort: »Nein, das hätte ich nicht.« Vemutlich hätten die Drogen ihn umgebracht.

Am Donnerstag, dem 25. Juni, unternahm Sture mit ein paar Pflegern und Mitpatienten einen Badeausflug zum fußläufig erreichbaren See Ljustern. In einem Gespräch mit der jungen Pflegerin Therese erwähnte er beiläufig, er habe sich womöglich eines schweren Verbrechens schuldig gemacht, von dem noch niemand wisse. Als Hinweis gab er ihr die Buchstaben M und U. Sture erklärte mir, dass »MU« für »Mord på unga« (»Mord an jungen Menschen«) oder »murder« stehen sollte. Nach ihrer Rückkehr in die Klinik informierte die Pflegerin Göran Fransson über den Zwischenfall. Der notierte in der Patientenakte:

»[G]estern vertraute sich der Patient während eines Badeausflugs einer Pflegerin an, die er sehr schätzt. Er fragte, wie sie reagieren würde, wenn er etwas sehr Schlimmes getan hätte. Als

Hinweis gab er ihr die Buchstaben M U. Mir gegenüber sagt er, er wisse, was die Buchstaben bedeuten, könne es aber im Moment nicht erklären. Er habe sich so ausgedrückt, weil er in der Vergangenheit die Menschen, die ihm nahestanden, meistens vergrault habe; die Pflegerin hingegen hat sich nicht unangenehm berührt gefühlt, sondern lediglich Bericht erstattet. Ich erkläre Sture, dass wir sehr vorsichtig sein müssen, wenn er nun anfängt, in Rätseln zu sprechen. Ich habe den Eindruck, dass er momentan sehr aufgewühlt ist, was er auch bestätigt. Er verzichtet freiwillig auf seinen für heute bewilligten Freigang. Bis wir Genaueres wissen, ist die Freigang-Erlaubnis gestrichen.«[264]

Stures Buchstabenrätsel sollte fürs Erste keine weiteren Folgen nach sich ziehen. Nach zehn Tagen erhielt er seine Freigang-Erlaubnis zurück, die ihm ermöglichte, fast täglich um den See zu joggen oder zu spazieren. Er war körperlich in guter Verfassung. Die Erinnerungen an das mysteriöse Wort »MU« verblassten, und Stures Entlassung rückte immer näher. Bis zum Ende des Sommers hatte er mit Unterstützung seines Betreuers eine kleine Einzimmerwohnung in der Nygatan 6b in Hedemora gefunden. Doch der Gedanke daran, was ihn in der Welt außerhalb der Klinikmauern erwartete, flößte ihm Angst ein. Sture befürchtete, in einem Kaff wie Hedemora schnell als der Bankräuber von Grycksbo entlarvt zu werden. Deshalb änderte er am 23. Juni seinen Nachnamen offiziell in Quick, den Mädchennamen seiner Mutter. Zwei Wochen darauf meldete er seinen Wohnsitz unter der neuen Adresse an, und weitere fünf Tage später änderte er seinen Vornamen in Thomas, was in seinen Augen gut zu Quick passte. Er hoffte, als Thomas Quick ein ruhiges Leben in Hedemora führen zu können, ohne dass die Leute hinter seinem Rücken tuschelten. Trotzdem begann er in seinem tiefsten Innern zu ahnen, dass die Entlassung in eine Katastrophe münden könnte. Sture packte die Verzweiflung. Wenn er weiterhin in Säter bleiben wollte, musste er jetzt handeln, und kryptische Wortspiele waren offenbar nicht genug.

Die Rettung kam am Sonntag, dem 20. September 1992, in Form eines siebenseitigen Artikels im *Expressen*. Mit kurzen Texten und großformatigen Bildern wurden 122 ungeklärte Morde und Vermisstenfälle vorgestellt. Eines der Opfer war der elfjährige Johan Asplund:

»Verschwunden am Morgen des 7. November 1980, vermutlich ermordet. Verließ das Elternhaus, um zur ungefähr 500 Meter entfernten Schule zu gehen. Obwohl Tausende Menschen das Wohngebiet, in dem Johan verschwand, durchkämmt haben und 900 Befragungen durchgeführt wurden, konnte die Polizei den Fall bis heute nicht aufklären.«[265]

Sowie Sture den Artikel gelesen hatte, schritt er zur Tat. Unter – vermeintlich – heftigen Panikattacken begann er, in den Therapiesitzungen anzudeuten, er habe einen Jungen ermordet, bei dem es sich um den verschwundenen Johan Asplund handeln könnte.

Kjell Persson schrieb erst mehrere Monate später etwas über das Mordgeständnis in die Patientenakte. Wenn ein Patient ein Verbrechen gestand, das zu einer mindestens zweijährigen Freiheitsstrafe führen konnte, stand er unter der Offenbarungspflicht. Indem er das Geständnis unerwähnt ließ, konnte er Stures Therapie fortsetzen, ohne die Polizei einschalten zu müssen. Trotzdem können wir davon ausgehen, dass Sture den Jungen Johan zum ersten Mal unmittelbar nach Veröffentlichung des *Expressen*-Artikels erwähnte, wie ein in Margits Manuskript zitierter Brief an Kjell Persson beweist. Bislang hatte Sture lediglich vage Andeutungen gemacht, aber noch keine Einzelheiten zum Mord angeben können. Nun schrieb er, die Erinnerungen seien allmählich zurückgekehrt:

> In den letzten Tagen ist mir klar geworden, wie Johan getötet wurde. Ich kann nicht länger die Augen davor verschließen. Alles fängt damit an, dass ich Johans Kopf auf das Armaturenbrett schlage. Ich

lasse den Motor an und fahre aus dem Wohngebiet heraus. J. ist ohnmächtig. Nach einer Weile gibt er Laute von sich, versucht, etwas zu sagen. Ich bin zwar anwesend, aber doch so weit entfernt. Da ist ein Waldweg. Rechts und links Bäume. Ich bremse hart. Halte an. Ich umfasse Johans Gesicht mit beiden Händen und schreie ihn an, er solle den Mund halten. Ich schreie ganz laut: »Ruhe, Ruhe, Ruhe!« Dann lehne ich mich über ihn, öffne die Beifahrertür und stoße ihn hinaus. Ich öffne die Tür auf meiner Seite, steige aus, eile zu Johan, nehme seinen Kopf und ramme ihn mehrmals auf den Boden. Blut strömt über sein Gesicht. Ich merke, dass sich seine Wangen verändern – seine »möchtegernunschuldigen« Wangen machen mich so wütend, dass ich sie zerfetzen will. Ich schlage mit den Fäusten und mit einem Stein auf ihn ein.

Als ich ihn ansehe, begreife ich, dass er bald sterben wird. Aber zuerst will ich mich noch mit ihm vereinigen. Ich ziehe mich aus und werfe meine Kleider ins Auto. Dann ziehe ich Jonas aus. Jetzt gehe ich ganz behutsam vor. Ich streichle seinen Körper, lege ihn auf den Bauch und versuche, mit meinem Penis, der noch nicht richtig steif ist, in ihn einzudringen. Es klappt nicht. Als ich ein Messer aus dem Auto hole, geht es besser. Ich ziehe Johans Körper an mich (mit dem Rücken zu mir) und ramme ihm gleichzeitig das Messer in die Brust.[266]

Johan Asplund war 1980 verschwunden. Sture war damals dreißig Jahre alt gewesen. Nun, zwölf Jahre später, gab er an, den Jungen ermordet und die Erinnerungen an die Tat so gründlich verdrängt zu haben, dass er schlichtweg vergessen hatte, den Mord begangen zu haben. Seine Geschichte passte ganz ausgezeichnet zur Theorie über die Funktionsweise des menschlichen Gedächtnisses, von der Margit und die Säter-Ärzte so fest überzeugt waren. Eine Woche nachdem Kjell Persson besagten Brief erhalten hatte, setzte er Sture ins Auto und fuhr mit ihm ins etwa 48 Kilometer entfernte Sundsvall. Von einem meiner Interviewpartner erfuhr ich, dass Margit ihre Patienten gelegentlich zu den Orten begleitet hatte, an denen sie aufgewachsen waren, um auf diese Weise die Erinnerungen an sexuelle Übergriffe in der Kindheit wachzurufen. Es steht also anzunehmen, dass diese erste Ortsbegehung von Margit angestoßen worden war. Um acht Uhr in der Früh machten Persson und Sture sich auf den Weg, sodass sie Sundsvall um die Mittagszeit erreichten. Vom Stadtzentrum aus fuhren sie in die ein paar Kilometer nördlich gelegene Wohnsiedlung Bosvedjan, wo Johan an einem Novembermorgen im Jahr 1980 um kurz vor acht Uhr auf dem Weg in die nahe gelegene Schule verschwunden war. In einer späteren Vernehmung gab Persson an, die Reise nach Sundsvall sei ganz »unverbindlich« gewesen und habe lediglich dazu gedient, dass Sture sich »in die Situation einfühlen« konnte.[267] Trotzdem hatte Persson prophylaktisch die damalige Adresse der Asplunds herausgesucht, was, wie aus einem Vernehmungsprotokoll hervorgeht, auch notwendig gewesen war, da Sture den Weg ohne Hilfe nicht gefunden hätte.[268]

Am Ziel angekommen, schlug Persson zunächst einen kleinen Spaziergang zur Orientierung vor. Schon »nach wenigen Metern« hatte Sture eine so »heftige Panikattacke«, dass sie augenblicklich zum Auto zurückkehren mussten.[269] Anschließend fuhr Persson zurück Richtung Stadtzentrum. Fast sieben Monate später notierte er in Stures Patientenakte: »Wir fuhren eine Weile ziellos herum, um den richtigen Weg zu finden. Als wir uns schließlich dem Norra Stadsberget näherten, gab Sture an, sich in dieser Gegend auszukennen, da hier der Mord stattgefunden habe.«[270]

Auf dem Norra Stadsberget, einem Hügel nördlich des Stadtkerns von Sundsvall, erstreckt sich ein weitläufiger Park. Nach Stures eigener Aussage hatte er sein Opfer an einem Montagmorgen im November 1980 zwischen acht und halb neun Uhr in diesen Park gebracht, sich splitterfasernackt ausgezogen, den Jungen vergewaltigt und schließlich erstochen. Nachdem Sture unter heftigen Panikattacken die genaue Stelle gezeigt hatte, wo die Tat sich angeblich ereignet hatte, brachte Persson ihn zurück nach Säter.

Stures Entlassung war damit vorerst vom Tisch. Hatte er bislang kaum als therapiewürdig gegolten, war er mit einem Mal zum interessantesten Patienten der Klinik avanciert. Diese Stellung verteidigte er, indem er prompt einen weiteren Mord gestand. Er gab an, als Jugendlicher mit einem älteren Bekannten nach Småland gefahren zu sein und den vierzehnjährigen Thomas Blomgren ermordet zu haben. Der Mord an Blomgren hatte seinerzeit für großen Medienwirbel gesorgt: Blomgren war im Frühjahr 1964 bei einem abendlichen Besuch des Rummels im Folkets Park in Växjö verschwunden. Tags darauf wurde seine Leiche in einem Geräteschuppen auf halber Strecke zwischen dem Folkets Park und dem Zuhause der Familie Blomgren gefunden. Die Tat war nie aufgeklärt worden, doch jetzt stellte sich offenbar heraus, dass es sich bei Blomgren um Stures erstes Mordopfer gehandelt hatte. Genau wie Blomgren war Sture 1964 erst vierzehn Jahre alt gewesen.

Alles deutete darauf hin, dass in der Klinik zwei legendäre Mordfälle gelöst werden könnten – mithilfe von Margits Therapiemethoden. Der Herbst wurde turbulent. Kjell Persson führte mit Sture drei Therapiesitzungen pro Woche durch, und einmal wöchentlich fuhr er nach Stockholm, um sich mit Margit zu besprechen. Im Gepäck hatte er die aussagekräftigsten Texte, die Sture zwischen den Sitzungen über seine grausamen Morde verfasst hatte.

Es schien, als würde in der Forensischen Psychiatrie in Säter Psychotherapiegeschichte geschrieben. Doch nicht nur das Klinikpersonal hegte eine Faszination für Serienmörder, denn Stures mutmaßliche Verbrechen lagen im Trend. Wenige Monate vor dem ersten Geständnis hatte Jonathan Demmes fünffach Oscarprämierte Verfilmung von *Das Schweigen der Lämmer* in Schweden Premiere gefeiert. Zahlreiche Kinobesucher hatten gebannt verfolgt, wie der feingeistige Serienkiller Hannibal Lecter der FBI-Agentenanwärterin Clarice Starling dabei half, den weniger feingeistigen Buffalo Bill zu schnappen, der seine weiblichen Opfer häutete, um sich aus der Haut ein Gewand zu fertigen.

Ungefähr zur selben Zeit avancierte Bret Easton Ellis' *American Psycho* zum weltweiten Bestseller. Der Roman, eine bitterböse Satire auf die Skrupellosigkeit der amerikanischen Finanzelite, wurde in Schweden mitunter als Versuch gedeutet, das Gefühlsleben eines Serienmörders literarisch nachzuempfinden. Bei der Bundesprüfstelle für jugendgefährdende Schriften gingen zahlreiche Anzeigen ein, das Buch solle ob seiner grotesken Gewaltschilderungen auf den Index gesetzt werden. Die Hauptfigur in *American Psycho*, der Börsenmakler Patrick Bateman, setzt seine Opfer höchst innovativen sexuellen Torturen aus, um anschließend ihre Leichen zu schänden; er verzehrt Gehirne, reißt den Leichen mit bloßen Händen den Bauch auf, beißt in die Gedärme, vergräbt sein Gesicht in der entleerten Bauchhöhle, knabbert an der bloß liegenden Wirbelsäule, kocht die Knochen ab und dekoriert seine Wohnung mit Reliquien seiner Opfer. Viele Leser waren abgestoßen von diesen Beschreibungen, doch für Sture war das Buch eine wahre Fundgrube an Ideen, eine Inspirationsquelle für seine Mordschilderungen. In Margits Materialsammlung stieß ich auf einen Brief an Kjell Persson, in dem Sture zum ersten Mal beschrieben hatte, wie er als Vierzehnjähriger den gleichaltrigen Thomas Blomgren ermordet hatte. Die Details könnten ohne Weiteres aus *Das Schweigen der Lämmer* oder *American Psycho* stammen und sind nichts für schwache Nerven:

> So, wie ich versuchte hatte, mich in Johans Haut zu kleiden, wollte ich auch in Thomas eindringen. Ich weiß noch, dass ich beim Anblick seines Geschlechts und seines Gesichts dachte: Gleich bin ich in dir, o, wie gut sich das anfühlen wird! Ich weiß noch, dass ich Thomas' äußere Schönheit für mich behalten wollte, als ich ihn aufschlitzte.

> Das wird jetzt schwer, Kjell!
>
> Wie alt war ich damals? Vierzehn, fünfzehn, sechzehn? Keine Ahnung. Ist es überhaupt möglich, dass ein so junger Mensch den Schließmuskel eines anderen Jungen verzehrt? Ich habe jedenfalls Thomas' Schließmuskel gegessen und ihm mit bloßen Händen den Hals aufgerissen. Sein Inneres war so himmlisch, sein Tod war so schön, und in dem Moment, als ich ihn erwürgte, hatte ich einen unbeschreiblichen Orgasmus; sein himmlisches Inneres war für mich wie eine Perlenpforte. Ein wunderbar herrlicher Unterschlupf für meine <u>gesamte</u> Seele.[271]

Margit hatte schon immer ein Faible für Schüler und Patienten gehabt, die sich selbst für psychoanalytische Theorie interessierten. Deshalb kam es ihr vermutlich gut zupass, dass Sture seine verdrängten Erinnerungen nicht nur zutage förderte, sondern die Schilderungen obendrein mit psychodynamischen Analysen seines Verhaltens würzte:

> Warum musste ich es wieder tun? Woher hatte ich beim ersten Mal gewusst, dass ich mich danach sehnte, in den Bauch des Jungen einzudringen? Es war <u>mehr</u> als ein Zufall! Als ich Thomas auf mich zukommen sah, in dem Moment, da seine Gestalt vor mir auftauchte, wurde der Wunsch in mir wach, mit <u>Haut und Haaren</u> in ihn hineinzuschlüpfen. Erst versuchte ich, durch seinen Anus in ihn einzudringen, dann durch den Hals. In die Haut eines anderen Jungen zu schlüpfen, sofern dies möglich war, hätte bedeutet, sich vor dem Leben zu schützen – ich dachte, wenn ich in ihm war, würde ich sterben, ohne zu sterben! Ich hatte eine solche Todessehnsucht, auch wenn ich den Tod mehr fürchte als alles andere.[272]

Doch Sture beschwor nicht nur die »Erinnerungen« an die Morde herauf. Auch an sexuelle Übergriffe in seiner Kindheit konnte er sich plötzlich erinnern. Dazu hatte ihn keine Geringere als Lena

Arvidsson inspiriert, mit der er vom Sommer 1992 an engen Kontakt gepflegt hatte. Lena hatte sich dazu entschlossen, Psychologin zu werden, nachdem sie unter Cajsa Lindholms Anleitung verdrängte Erinnerungen an sexuelle Übergriffe aus ihrem zweiten Lebensjahr heraufgeholt hatte. Ende der 1980er-Jahre wurde sie zum Psychologiestudium an der Universität Stockholm zugelassen. Als sie im Sommer 1992 in den Semesterferien als Pflegerin auf Station 36 aushalf, lernte sie Sture kennen. Die beiden unternahmen häufig gemeinsame Spaziergänge um den See und führten intensive Gespräche. Bevor Lena im August nach Stockholm zurückfuhr, um ihr Studium fortzusetzen, gab sie Sture ihre Adresse. Sie wollten in Kontakt bleiben und schrieben sich im Laufe des Herbstes etliche Briefe.

Lena gab Stures Briefe immer an Margit weiter, die einige in ihrem Manuskript *Thomas Quicks Welt* verwendete. Sture hatte Lenas Briefe in seinem Patientenzimmer aufbewahrt, bis er mir das Bündel 2012 anvertraute. Es handelt sich um fünfzehn größtenteils handgeschriebene Briefe. Der erste ist datiert auf den 27. Oktober 1992, den Tag nach Stures und Kjell Perssons Ausflug nach Sundsvall. Lena schrieb, sie habe einen schönen Sommer in Säter verbracht und vermisse die Klinik hin und wieder. Sie bemühe sich, ihr Psychologiestudium zu meistern, sei aber mit der Kursliteratur unzufrieden:

»Ich liege förmlich über meinen Büchern, und mein Kopf platzt bald vor lauter psychologischen Fachbegriffen, Gedanken, Ideen – und Wut. Der Grund für meine Wut ist der ganze ›Mist‹, den ich lesen muss, die verlogenen Dummheiten, die mein Dozent von sich gibt. Von den sieben Büchern scheint mir nur eins relevant zu sein, beim Rest handelt es sich (meiner Meinung nach) um überholten Schmarrn. Ich lasse mir nicht einreden, dass Menschen vor allem von angeborenen Trieben gesteuert werden und dass ein Kind im Grunde genommen bereits als schuldiges Wesen zur Welt kommt. Nahezu alles, was der Patient seinem Therapeuten erzählt, soll hinterfragt und gedeutet werden – traumatische Erlebnisse werden theoretisiert und zu den ureigenen Wünschen und Fantasien des Patienten gemacht.«

Die Lektüre von *Was hat man dir, du liebes Kind, getan?* hatte Lena so sehr beeindruckt, dass sie Massons Kritik an Therapeuten, die sich durch Unglauben an ihren Patienten vergingen, fast wortwörtlich zitierte:

»In meinen Augen ist es ein Übergriff, wenn man die Schilderungen und Gefühle des Patienten nicht ernst nimmt. […] Es geht darum, Kontakt mit der Wirklichkeit herzustellen!!«[273]

Sture verinnerlichte diese Zeilen. Nachdem er selbst davon geschrieben hatte, Erinnerungen an Übergriffe in seiner Kindheit aufgedeckt zu haben, reagierte Lena enthusiastisch und versorgte ihn mit ideologischem Input. Im Dezember 1992 schrieb sie:

»Ich kann mir gut vorstellen, wie grausam sich die Erinnerungen an die sexuellen Übergriffe für Dich anfühlen müssen. Etwas Schlimmeres kann einem Kind wahrscheinlich nicht passieren. Pfui, so etwas Krankes! Ich bin der festen Überzeugung und werde immer wieder darin bestätigt, dass eine Vielzahl psychiatrischer Patienten in irgendeiner Form sexuell missbraucht worden sind. Es ist unheimlich! Und nicht weniger unheimlich sind die Psychologen, die dies nicht begreifen wollen und die leider in der Überzahl sind. Man kann sich fragen, welche eigenen Kindheitserfahrungen sie nicht wahrhaben wollen …«[274]

Mitte Februar 1993 war Sture seit fast zwei Jahren in Säter. Seit vier Monaten sprach er in den Therapiesitzungen von den Morden, und trotzdem hatte Kjell Persson noch kein Wort darüber in die Patientenakte geschrieben. Als Persson nun in Urlaub ging, übernahm Birgitta Ståhle die Therapie, was einiges über Stures Sonderstatus in der Klinik verrät. Normalerweise vertraten die Psychotherapeuten einander nicht, doch Sture war ein besonderer Patient, und es sollte sofort jemand zur Stelle sein und sich um ihn kümmern können, wenn neue Erinnerungen zurückkamen. Ståhle hielt in der Patientenakte fest: »[D]er Behandlungsprozess rüttelt so viele Erinnerungsfragmente wach, dass [Sture] in der Therapie feste Bezugspunkte braucht.«[275]

Göran Fransson, der die übergreifende Verantwortung für Stures Behandlung trug, kam zu dem Schluss, es sei allmählich Zeit, die Mordgeständnisse auch in die Patientenakte einfließen zu lassen. Nach einem Gespräch mit Sture notierte er:

»Ich erkläre ihm, dass die Sache natürlich ein juristisches Nachspiel haben wird und dass er zur Polizei gehen muss, wenn er mit seinen Taten ins Reine kommen will. Er ist damit einverstanden, hat aber große Angst.«[276]

Heute sagt Sture, Franssons Plan, die Polizei hinzuzuziehen, habe ihn wie ein Schlag getroffen. Er sei fest davon überzeugt gewesen, noch viele Jahre auf dem Therapiesofa liegen und über die Morde fantasieren zu können, ohne dass die Polizei Wind davon bekommen würde. Seine Absicht sei immer gewesen, sich interessant zu machen, ein Mordverdächtiger habe er nie werden wollen. Um einer Vernehmung zu entgehen, hätte Sture natürlich zugeben können, dass er sich alles nur ausgedacht hatte, doch damit hätte er es sich für immer mit Kjell Persson und Göran Fransson verscherzt. Die Säter-Ärzte waren die einzigen Menschen auf der Welt, die sich für ihn interessierten, abgesehen von Lena Arvidsson, die vermutlich ebenso wenig begeistert gewesen wäre. Die Geständnisse zurückzuziehen hätte für Sture bedeutet, die wichtigsten Menschen in seinem Leben zu verlieren und früher oder später die Klinik verlassen zu müssen; schließlich waren die Mordschilderungen der einzige Grund, warum er überhaupt noch Patient war.

Mit der Wahrheit herauszurücken war also keine Option, und stattdessen tat Sture, was er in brenzligen Situationen seit jeher getan hatte: Er versuchte, sich aus dem Schlamassel hinauszumanövrieren, ohne dass ihm jemand böse werden konnte. Wie er dabei vorging, zeigt ein von Göran Fransson unterzeichneter Eintrag in der Patientenakte:

»Bei einem neuerlichen Patientengespräch hat es sich heute so dargestellt, als wären die Gefühle, die mit den Erinnerungen an das Verbrechen verbunden sind, weniger zugänglich. Dem Patienten sind Zweifel gekommen. [...] Er gibt an, dass die Erinnerungen sich wie Fantasien angefühlt hätten, und dass er sich unsicher gewesen sei, ob die Ereignisse tatsächlich stattgefunden haben. Inzwischen ist er sich sicher, dass die Fantasien eine Folge der Psychotherapie sind.«[277]

Sture unternahm also den halbherzigen Versuch, seine Geständnisse zurückzuziehen, indem er sie als aus der Psychotherapie resultierende Fantasien abtat. Margit und Göran Fransson hielten jedoch daran fest, dass Stures Schilderungen der Wahrheit entsprachen, und wollten keine Ausreden hören: »Ich gebe ihm eine zweiwöchige Frist, selbst zur Polizei zu gehen. Ansonsten werde ich es tun.« Dass Sture sich nicht mehr sicher war, ob er tatsächlich jemanden umgebracht hatte, spielte offensichtlich keine Rolle:

»Ich konfrontiere ihn damit, dass er letzte Woche zweimal ausweichend geantwortet hat, als ich ihn nach weiteren Morden fragte, weil es mir seltsam vorkam, dass zwischen den zwei Verbrechen fünfzehn Jahre vergangen sein sollen. Daraufhin erzählt er, er habe Fantasien oder Vorstellungen von zwei weiteren Jungen namens Peter beziehungsweise Mikael – in dieser Reihenfolge – gehabt. Ob er die beiden Opfer tatsächlich getötet hat, kann er jedoch nicht sicher sagen.«

Franssons Bericht zufolge bezeichnete Sture seine Mordschilderungen zwei Mal als »Fantasien« und zwei Mal als »Vorstellungen«. Er gab ausdrücklich an, dass er sich nicht mehr sicher war, ob er jemanden ermordet hatte, doch Fransson war von seiner Schuld längst überzeugt.

»[Sture] befürchtet, er könnte in einer eventuellen Vernehmung nicht ausreichend konkrete Angaben machen, deshalb gebe ich ihm den Rat, sich schriftlich darauf vorzubereiten, und versichere ihm, dass ihn jemand vom Klinikpersonal in die Vernehmung begleiten könne.«

Unter der Überschrift »Maßnahmen« notierte Fransson: »Ich werde ebenfalls die Polizei verständigen und über die besonderen Umstände informieren, damit qualifizierte Leute für das Verhör hergeschickt werden.«

Kurz nach dem Gespräch griff Fransson zum Telefonhörer und tätigte einen Anruf bei der Polizei in Borlänge. Er erklärte, dass ein kompetenter Ermittler zwecks einer Vernehmung vorbeigeschickt werden solle und dass es sich bei dem zu vernehmenden Patienten womöglich um einen Serienmörder handele. Da dieser die Erinnerungen an seine Taten lange Zeit verdrängt gehabt habe, könne die Vernehmung sich schwierig gestalten.

Sture war es nicht gelungen, sich unbeschadet aus seiner Klemme zu befreien. Göran Fransson glaubte viel zu fest daran, dass sich die Erinnerungen an einen Mord verdrängen ließen, als dass er auch nur einen Moment lang in Betracht gezogen hätte, Sture könne ein Lügner sein. Jeder Zweifel an Stures Schilderungen hätte der Ideologie der Klinik widersprochen und – um es mit Masson zu sagen – einen Übergriff am Patienten dargestellt. Stures eigene Zweifel wurden als natürlicher Schutzmechanismus gewertet. In ihrem unveröffentlichten Artikel von 1989 hatte Margit ja bereits erklärt, dass der stärkste Beweis für »Inzesterlebnisse« des Patienten ein »starker Widerstand« sei[278].

Je mehr Sture sich von seinen eigenen Erzählungen distanzierte, desto mehr waren seine Therapeuten von ihrer Glaubwürdigkeit überzeugt. Sture war Margits auf Zirkelschlüssen basierenden Theorien in die Falle gegangen, und die Polizei war bereits auf dem Weg nach Säter. Doch er hatte noch einen Plan B in petto. Er würde der Polizei ganz einfach eine dermaßen absurde Geschichte auftischen, dass sie ihm unmöglich glauben konnten. Damit konnte er sich die Ermittler vom Hals schaffen, ohne dass seine Beziehung zum Klinikpersonal darunter leiden musste. Kjell Persson und Göran Fransson mochten seinen Lügengeschichten ja glauben – doch die Polizei, dachte Sture, würde das gewiss nicht tun.

18. Die ersten acht Vernehmungen

»Das Verschwinden oder die Verdrängung oder wie wir das nennen wollen, geschieht ziemlich schnell. Ähm, ja … ich will jetzt nicht auf den Gefühlszustand eingehen, aber … also in Falun, am Tag danach, da sind die Erinnerungen jedenfalls weg.«

Sture, aus einem Vernehmungsprotokoll vom 8.3.1993

Stures erste Vernehmung in seiner Rolle als Serienmörder Thomas Quick fand am 1. März 1993 statt. Zum letzten Mal wurde er rund acht Jahre später, genauer gesagt am 23. März 2001, verhört. In der Zwischenzeit wurden rund hundert Vernehmungen durchgeführt. In den dazugehörigen Protokollen finden sich unzählige Hinweise, die zu verstehen helfen, wie Sture unschuldig für acht Morde verurteilt werden konnte.

Allein die ersten acht Vernehmungen, die zwischen Anfang März und Ende Mai 1993 durchgeführt wurden, sind äußerst aussagekräftig. Für die erste Vernehmung schickte die Polizei in Borlänge den Polizeiassistenten Jörgen Persson nach Säter. Auf Station 36 war ein provisorisches Verhörzimmer eingerichtet worden, und Kjell Persson stand Sture als moralische Unterstützung zur Seite. Dass Sture womöglich einen Anwalt bräuchte, daran hatte niemand gedacht. Gegenstand der Vernehmung war der Mord an Johan Asplund. Zwar hatte Sture inzwischen auch den Mord an Thomas Blomgren 1964 in Växjö gestanden, doch da dieser bereits verjährt war, wurde er fürs Erste vernachlässigt.

Um 11.20 Uhr wurde das Tonbandgerät eingeschaltet. Die Vernehmung dauerte, unterbrochen von einer einstündigen Mittagspause, bis etwa 14.30 Uhr. Das von einer Sekretärin abgetippte Vernehmungsprotokoll umfasst fünfzig Seiten. Zunächst stellte der Polizeiassistent sich vor und teilte mit, er sei hergekommen, da Sture offensichtlich etwas zu erzählen habe. Wie in Vernehmungsprotokollen allgemein üblich, ist der Text stark mündlich gehalten, was ich in meinen Zitaten beibehalten habe.[279] Die Vernehmung lief wie folgt ab:

> [Vernehmungsleiter]: Dann fangen wir mal an. Worüber wollen Sie mit mir sprechen, was möchten Sie mir erzählen? Ist etwas passiert, haben Sie …
>
> [Sture]: Es fällt mir nicht leicht. Sie müssen darauf vorbereitet sein, dass ich … also ich … ich werde nicht viel sagen. So ist es einfach. Wir müssen versuchen, eine Methode zu finden […], wie ich davon erzählen kann. Aber Sie müssen wissen, dass es mir wirklich nicht leichtfällt.«

Stück für Stück zog Polizeiassistent Persson Sture folgende Geschichte aus der Nase: 1980 hatte sich Sture von einem Bekannten ein Auto geliehen, mit dem er mitten in der Nacht von Falun ins 48 Kilometer entfernte Sundsvall fuhr, um nach einem Jungen zu suchen, den er entführen konnte. Als er Sundsvall im Morgengrauen erreichte, fand er sich zufällig im Wohngebiet Bosvedjan nördlich des Stadtzentrums wieder. Dort entdeckte er den elfjährigen Johan Asplund. Sture gab an, die Gegend sehr genau vor Augen zu haben, erklärte jedoch, erst im vergangenen Herbst mit Oberarzt Kjell Persson vor Ort gewesen zu sein, weshalb die Erinnerungen auch von diesem Ausflug stammen könnten. Angesichts dieser Information wurde der Vernehmungsleiter kurz stutzig, doch Kjell Persson lenkte umgehend ein und bestätigte, seinen Patienten zum Tatort geführt zu haben.

Sture erzählte weiter, er habe den Jungen vor einem Mehrfamilienhaus entdeckt und ihn dann zu sich ins Auto gelockt:

> [Sture]: Ich hab ihm gesagt, ich hätte eine Katze überfahren. So habe ich ihn dazu gebracht, mir bis zum Auto zu folgen. Dann öffnete ich die Beifahrertür und schubste ihn hinein. Das ging alles sehr schnell.
> [Vernehmungsleiter]: Wie genau haben Sie den Jungen ins Auto befördert?
> [Sture]: Ich hab ihn beim Nacken gepackt und ihn ins Auto geschubst. Dann bin ich weggefahren, also quasi auf der Stelle.
> [Vernehmungsleiter]: Wo genau befand sich der Junge im Auto?
> [Sture]: Vorne … auf dem Beifahrersitz.
> [Vernehmungsleiter]: Wie hat der Junge darauf reagiert, dass Sie ihn gefangen genommen haben?
> [Sture]: Es ging alles so schnell, deshalb … na ja, er war natürlich überrumpelt. Wie er da reagiert hat, kann man sich ja denken.
> [Vernehmungsleiter]: Ja, das stimmt. Aber wie erinnern Sie sich an seine Reaktion? Was wissen Sie noch?
> [Sture]: Also, es ist schwer zu sagen, in welcher Reihenfolge sich alles abgespielt hat … in welcher chronologischen Ordnung. Das ist wirklich schwer. Aber ich weiß noch, dass ich seinen Kopf gegen das Armaturenbrett geschlagen habe, und vermutlich hat er sofort das Bewusstsein verloren.
> [Vernehmungsleiter]: Auf welcher Seite des Autos geschah das? Auf dem Fahrersitz oder dem Beifahrer …
> [Sture]: Dem Beifahrersitz. Aber ob es passiert ist, als ich ihn ins Auto geschubst hab, oder ob ich da selbst schon im Auto sitze … das weiß ich nicht mehr.
> [Vernehmungsleiter]: Nein. Und dann? Was ist dann passiert?
> [Sture]: Wir fahren aus dem Wohngebiet raus. Ich weiß nicht, wohin wir fahren, aber irgendwann kommen wir am Stadtberg in Sundsvall an. Dort parke ich den Wagen. Ich zerre Johan aus dem Auto, und

wir gehen ein gutes Stück in den Wald hinein. Und da passiert es dann, also, da erwürge ich ihn.

[Vernehmungsleiter]: Mm. Wie genau haben Sie ihn erwürgt?

[Sture]: Na, mit den Händen eben.

[Vernehmungsleiter]: Ist etwas Bestimmtes vorgefallen, bevor Sie ihn erwürgt haben?

[Sture]: Nein, nichts Besonderes.

[Vernehmungsleiter]: Wie sah die Umgebung auf dem Stadtberg aus? An der Stelle, wo Sie das Auto geparkt haben?

[Sture]: Daran erinnere ich mich nicht mehr [...].

[Vernehmungsleiter]: Mm. Wie kommen Sie vom Auto in den Wald?

[Sture]: Wir gehen. Das heißt, ein Stück geht Johan selber, dann trage ich ihn.

[Vernehmungsleiter]: Warum das?

[Sture]: Das weiß ich nicht.

An dieser Stelle erinnerte sich der Polizeiassistent offenbar an Stures Aussage, er habe Johans Kopf gegen das Armaturenbrett geschlagen, woraufhin der Junge ohnmächtig geworden sei. Er hakte nach, in welcher Verfassung der Junge sich befunden habe, als sie aus dem Auto gestiegen seien. Noch während er seine Frage formulierte, hatte Sture eine Panikattacke, so als wären die Erinnerungen zu schmerzhaft. Wie sich die Panikattacke äußerte, geht aus dem Protokoll nicht hervor. Nachdem ich Hunderte andere Vernehmungsprotokolle gelesen und manche auch als Tonbandaufnahmen gehört habe, glaube ich jedoch beurteilen zu können, dass sich Sture in den Vernehmungen genauso verhielt wie in den Therapiesitzungen: Er stammelte, hyperventilierte und weinte. An dieser Stelle schaltete sich Kjell Persson ein und erklärte: »Genau deshalb ist es für uns alle so unangenehm. So sehen Stures Panikattacken aus.« Sture wurde ein Taschentuch gereicht, und nach einer Weile konnte die Vernehmung fortgesetzt werden. Polizeiassistent Persson wollte wissen, warum Sture Johan ins Auto gezerrt habe:

[Sture]: Ich wollte ihn zum Sex zwingen.

[Vernehmungsleiter]: Und ist es dazu gekommen?

[Sture]: Ja.

[Vernehmungsleiter]: Wo ist das passiert?

[Sture]: Wie gesagt, auf dem Stadtberg.

[Vernehmungsleiter]: Können Sie genauer beschreiben, was geschah?

[Sture]: Ich hab ihm die Hose ausgezogen.

[Vernehmungsleiter]: Und weiter? In welcher Position befinden Sie sich, als Sie ihm die Hose ausziehen?

[Sture]: Wir stehen.

[Vernehmungsleiter]: Wie sieht es mit Ihrer Kleidung aus?

[Sture]: Ich habe meinen Hosenschlitz geöffnet.

[Vernehmungsleiter]: Sie haben ihm also die Hose ausgezogen. Wissen Sie noch, um was für eine Hose es sich gehandelt hat?

[Sture]: Nein, nicht so richtig.

[Vernehmungsleiter]: Material, Farbe … irgendetwas?

[Sture]: Das weiß ich wirklich nicht mehr. Ich hab sie ihm ja ganz schnell runtergerissen.

[Vernehmungsleiter]: Es war ja mitten im Winter. Hatte er nur eine oder mehrere Hosen an?

[Sture]: Das weiß ich nicht … ich hab ihm jedenfalls runtergerissen, was er anhatte.

[Vernehmungsleiter]: Und dann?

[Sture]: Dann ist alles Schlag auf Schlag passiert. Also, ich reiße ihm die Hose runter und komme ihm dann mit meinem Penis näher. In dem Augenblick stirbt er.

[Vernehmungsleiter]: Was machen Sie mit Ihrem Geschlecht?

[Sture]: Ich drücke meinen Penis an seinen Körper, und in dem Moment stirbt er.

[Vernehmungsleiter]: An welche Stelle seines Körpers drücken Sie Ihr Geschlecht?

[Sture]: Er steht ja mit dem Rücken zu mir. Da kann man es sich wohl ausrechnen.

[Vernehmungsleiter]: Ja, aber es geht hier nicht darum, dass ich mir irgendwas zusammenreime, Sture. Manche Dinge kann ich natürlich erahnen und rekonstruieren, aber ich muss Sie trotzdem fragen.

[Sture]: Ich versuche, in seinen Po einzudringen.

[Vernehmungsleiter]: Und sind Sie in seinen Po eingedrungen?

[Sture]: Das weiß ich nicht.

[Vernehmungsleiter]: Wie sieht die Körperhaltung des Jungen aus? Sie haben angegeben, dass er mit dem Rücken zu Ihnen steht, aber es gibt ja trotzdem unterschiedliche Möglichkeiten. Steht er also ganz aufrecht oder eher vornübergebeugt?

An dieser Stelle begann Sture ängstlich zu stottern:

[Sture]: Nein, ich beuge … beuge … beuge … beuge ihn ein Stück nach vorn.

[Vernehmungsleiter]: Wie reagiert er? Wissen Sie das noch?

[Sture]: Nein, nicht wirklich, ich weiß es nicht.

[Vernehmungsleiter]: Und Sie selbst? Was taten Sie dann?

[Sture]: Ich habe ihn erdrosselt.

Sture gab also an, den vornübergebeugt stehenden Johan penetriert und gleichzeitig erwürgt zu haben. Kein Wort darüber, ob das Opfer sich gewehrt hatte, so als hätte der Geschlechtsverkehr einvernehmlich stattgefunden. Spätestens an dieser Stelle hätte Kjell Persson aufhorchen müssen, denn diese Version wich deutlich von dem ab, was Sture ihm vier Monate zuvor über die kürzlich wiedergekehrte Erinnerung in einem Brief mitgeteilt hatte.

»Ich ziehe mich aus und werfe meine Kleider ins Auto. […] Ich ziehe Johans Körper an mich (mit dem Rücken zu mir) und ramme ihm gleichzeitig das Messer in die Brust.«[280]

Damals hatte es noch geheißen, Sture habe sich komplett ausgezogen und Johan erstochen. Jetzt, vier Monate später, hatte er lediglich den Hosenschlitz geöffnet und den Jungen erwürgt. Von einem Messer war keine Rede mehr. Doch all das schien Persson nicht zu kümmern. Vermutlich hatte Margit ihm eingebläut, dass die zurückgeholten Erinnerungen sich im Laufe des Therapieprozesses verändern könnten, da der Verdrängungsmechanismus sie zu verschleiern versuche.

Als Nächstes fragte Polizeiassistent Persson, ob Sture jemandem von dem Mord erzählt habe. Anstelle einer klaren Antwort erhielt er eine Einführung in die faszinierende Welt der verdrängten Erinnerungen:

> [Sture]: Ich wusste nicht, dass ich das war.
> [Vernehmungsleiter]: Sie wussten es nicht?
> [Sture]: Genau, deshalb ist es ja so schwer.
> [Vernehmungsleiter]: [Was] ist in Ihnen vorgegangen, als Sie von dem [Mord] gelesen und Genaueres darüber erfahren haben? Was haben Sie da gedacht?
> [Sture]: Möglicherweise hab ich gedacht, dass ich es gewesen sein könnte. Aber ich war es ja nicht. Deshalb habe ich es verdrängt. Ich weiß nicht, wie ich Ihnen das erklären soll.
> [Vernehmungsleiter]: Ja, so kann es natürlich gewesen sein. Ich kann mir ungefähr vorstellen, was Sie meinen.
> [Sture]: Ja, mein Therapeut und ich … wir haben lange daran gearbeitet, das alles zurückzuholen. Wenn ich mich recht erinnere, dann ist Johans Name in diesem Prozess irgendwann ganz zufällig aufgetaucht.
> [Kjell Persson]: Anfangs eher in Form von Fantasien.
> [Sture]: Ja, genau.

Nach der Vernehmung galt Sture als Tatverdächtiger im Mordfall Johan Asplund. Da der Mord in der Provinz Västernorrland begangen worden war, landete der Fall bei einem dort ansässigen Bezirksstaatsanwalt namens van der Kwast.

Christer van der Kwast war achtundvierzig Jahre alt, hatte kurz geschnittenes Haar und den Ansatz eines Stiernackens. Er war in Stockholm geboren und aufgewachsen und stammte aus einer Musikerfamilie, die um die Jahrhundertwende aus den Niederlanden nach Schweden emigriert war. Sein Vater hatte dreißig Jahre lang Bratsche im Orchester der Königlichen Oper in Stockholm gespielt, und auch van der Kwast hatte davon geträumt, Musiker zu werden. Sein Vater allerdings fand, der Beruf sei zu unsicher, und so studierte van der Kwast Jura.[281] 1986 war er bei der regionalen Anklagebehörde in Härnösand zum Bezirksstaatsanwalt mit dem Schwerpunkt Wirtschaftskriminalität berufen worden. Da Wirtschaftsdelikte in der Provinz eher rar gesät waren, befasste er sich gelegentlich auch mit anderen Straftaten. Bislang war van der Kwast mit einem einzigen Mordfall betraut worden, und das Ermittlungsverfahren hatte noch nicht einmal zum Prozess geführt. Nun sollte van der Kwast das Ermittlungsverfahren im Fall Thomas Quick leiten, und dafür brauchte er einen polizeilichen Ermittler. Die Wahl fiel auf Seppo Penttinen, einen dreiundvierzigjährigen Drogenfahnder aus Sundsvall.

Eine Woche nach der einleitenden Vernehmung durch die Polizei Borlänge machte Seppo Penttinen sich auf den Weg nach Säter. Als Verhörzimmer durfte er den Musikraum auf Station 36 benutzen, der wegen des Teppichbodens eine angenehme Akustik hatte. Die Möblierung bestand aus einer Stereobank, einem runden Beistelltisch und schicken Bruno-Mathsson-Seseln aus sandfarbenem, geflochtenem Sattelgurt. Penttinen wurde von dem assistierenden Vernehmungsleiter C. G. Karlsson begleitet, und an Stures Seite war erneut Kjell Persson. Außerdem hatte Sture inzwischen einen Anwalt, der ihm von Göran Fransson empfohlen worden war. Gunnar Lundgren, ein älterer, gut gekleideter Herr, war in der Klinik kein Unbekannter, da er bereits Lars-Inge Svartenbrandt vertreten hatte. Lundgren hatte großen Respekt vor der psychotherapeutischen Arbeit der Klinik, woran auch das Svartenbrandt-Fiasko nichts geändert hatte.

Lundgren glaubte inzwischen ebenso fest an die verdrängten Erinnerungen wie Margit und die Säter-Ärzte. Dies geht aus einem Interview von 2001 hervor, das Lundgren kurz nach Stures achter Verurteilung wegen Mordes gab. Lundgren behauptete, Sture könne die Polizei schon bald zu den verschwundenen Leichen seiner Opfer führen, sofern seine Therapie fortgesetzt werden würde. Zu diesem Zeitpunkt wurde Sture seit zehn Jahren behandelt und hatte bislang nicht einen einzigen Knochen zeigen können.[282] Kein Wunder, dass Fransson ausgerechnet Lundgren empfohlen hatte, war er doch wie gemacht für die Verteidigung eines Säter-Patienten.

Angenehm benebelt von der Wirkung der Benzodiazepine, schilderte Sture den Mord an Johan Asplund. Seit der ersten Vernehmung vor genau einer Woche waren weitere Erinnerungsfragmente aufgetaucht, und Sture gab an, dass er den Jungen im Park erwürgt und anschließend dessen Kleidung versteckt habe. Dann habe er die Leiche ins Auto gehievt und Sundsvall in nördliche Richtung verlassen. Nach einer Weile sei er auf eine schmale Straße gebogen, die, so glaubte er, nach rechts geführt habe. Schließlich habe er angehalten, um die Leiche zu verstecken. »Ich hab den Ort genau vor Augen«, meinte er und beschrieb »eine Art Hügel aus aufgeschichteten Steinen«, von dem aus das Meer zu sehen oder zumindest zu »erahnen« sei. Ferner habe es dort einen Fels mit einer »Ein- oder Ausbuchtung« gegeben. Unter großer Angst schilderte er, wie er die Leiche versteckt hatte:

> [C. G. Carlsson]: Haben Sie die Leiche aus dem Auto gehievt?
>
> [Sture]: Nein. Ich habe die Autotür geöffnet, die hintere, den Jungen aber erst mal im Auto gelassen. Ich befinde mich jetzt ziemlich weit unten, also, am Boden. Ich räume Steine beiseite, bis ich eine Art Höhle habe ... (Angstsymptom), und da lege ich ihn dann hinein.
>
> [Carlsson]: Räumen Sie die Steine mit den Händen beiseite, oder benutzen Sie ein Werkzeug?

[Sture]: Vor allem mit den Händen. Oder… vielleicht benutze ich auch einen Wagenheber, das weiß ich nicht so genau… aber vor allem mit den Händen.

[Penttinen]: Sie sind also in der Lage, die Steine zu tragen?

[Sture]: Ja, manche kann ich anheben, andere muss ich wegrollen… mit den Armen sozusagen… ja, wegrollen oder schleppen. Aber es handelt sich ja um keine weiten Strecken, es sind nur wenige Zentimeter.

[Carlsson]: Wie lange sind Sie damit beschäftigt?

[Sture]: Das weiß ich nicht. Das kann ich wirklich nicht sagen.

[Penttinen]: Als Sie den Jungen in das Loch hineingelegt und alles abgedeckt haben, ist die Leiche da noch zu sehen?

[Sture]: Nein, ich hab darauf geachtet, dass nichts mehr zu sehen ist. Man sieht natürlich, dass ich da was gemacht habe, aber von dem Jungen ist keine Spur, nichts.

[Penttinen]: Wie ist der Boden dort beschaffen? Mal abgesehen von den Steinen, die Sie weggerollt haben.

[Sture]: Das weiß ich nicht.

Plötzlich fiel Sture ein, dass er im Auto einen Stift entdeckt hatte. Im Glauben, der Stift stamme von Johan, hatte er ihn zusammen mit der Leiche vergraben. Penttinen fragte, ob Sture den Stift beschreiben könne.

[Sture]: Ja, das kann ich, er war nämlich gelb und blau und an der Spitze grün.

[Penttinen]: Meinen Sie so einen Stift, bei dem man die Farben ändern kann?

[Sture]: Ja, genau.

Nachdem Sture den Stift im Detail beschrieben hatte, fragte Penttinen, ob er auch das Opfer näher beschreiben könne. Dies fiel Sture deutlich schwerer:

[Penttinen]: Sie haben auch etwas von einer Mütze gesagt, richtig?

[Sture]: Ja.

[Penttinen]: Können Sie diese beschreiben?

[Sture]: Nein, ich weiß nicht genau. […]

[Penttinen]: Hat der Junge noch etwas anderes dabeigehabt?

[Sture]: Ich weiß nicht. Nicht, soweit ich mich erinnere.

[Penttinen]: Hatte er nicht zum Beispiel seine Schulsachen dabei?

[Sture]: Nein.

[Penttinen]: Ich will Ihnen jetzt eine ganz konkrete Frage stellen: Hatte der Junge eine Tasche dabei?

[Sture]: Ich weiß es nicht.

[Penttinen]: Sie können sich nicht daran erinnern, ob er eine Tasche dabeihatte?

[Sture]: Nein.

Johan hatte bei seinem Verschwinden einen roten Rucksack mit dem Logo der Marke *Puma* dabeigehabt.

Penttinens Assistent Carlsson wollte nun mehr darüber erfahren, wie die Sache mit der Verdrängung funktionierte.

[Carlsson]: Haben Sie irgendwem von dem Vorfall erzählt?

[Sture]: (unhörbar)

[Carlsson]: Sie haben also nicht zum Beispiel im Affekt darüber gesprochen … kurz nach dem Vorfall?

[Sture]: Nein, nein.

[Carlsson]: Sie haben die Erinnerungen stattdessen verdrängt? Die Erinnerungen waren völlig weg?

[Sture]: Ja, sie waren weg.

[Carlsson]: Das heißt, als Sie nach Falun zurückkamen, wussten Sie schon nicht mehr, dass Sie in Sundsvall gewesen waren? Verstehe ich das richtig?

(Kurze Stille)

[Sture]: Das Verschwinden oder die Verdrängung oder wie wir das nennen wollen, geschieht ziemlich schnell. Ähm, ja ... ich will jetzt nicht auf den Gefühlszustand eingehen, aber ... also in Falun, am Tag danach, da sind die Erinnerungen jedenfalls weg.

[Carlsson]: Können Sie uns erklären, warum Sie ausgerechnet jetzt darüber sprechen möchten? Liegt es an dem Jahr Therapie bei Ihrem Arzt? Hat die Therapie Sie dazu bewogen, darüber sprechen zu wollen?

(Kurze Stille)

[Sture]: Es liegt vor allem daran (kurze Stille), dass so viel passiert ist, seitdem ich hier bin. Ähm ... ich habe zum Beispiel Kontakt zu meiner vergessenen Kindheit herstellen können. Bis dahin hatte ich geglaubt, ich hätte keine Kindheitserinnerungen, aber ich habe natürlich welche. Und gleichzeitig sind all diese Dinge wieder hochgekommen. [...] Deshalb kann ich nicht länger ... also, um ein vollständiger Mensch sein zu können, muss ich mich damit befassen. Ich kann also nicht ... (kurze Stille) ... ach, das ist schwer zu erklären.

[CG Carlsson]: Haben Sie Gewissensbisse?

[Sture]: Mit den Erinnerungen ist ein enormes Schuldgefühl verbunden, ja.

Aus Ermittlerkreisen sickerten Informationen an die Medien durch, und bereits einen Tag nach der Vernehmung berichtete die Nachrichtensendung *Rapport*, dass ein zweiundvierzigjähriger Patient der Forensischen Psychiatrie in Säter, der nie mit dem Fall in Verbindung gebracht worden sei, den Mord an Johan Asplund gestanden habe. Der Bericht zitierte aus einem Interview mit dem Staatsanwalt, der »das Geständnis des Patienten für glaubwürdig hält, obwohl es in solchen Fällen durchaus vorkommt, dass Morde gestanden werden, die die mutmaßlichen Täter überhaupt nicht begangen haben. Da der Patient angibt, Johans Leiche vergraben zu haben, gilt es nun, das Grab zu finden, um den Fall zum Abschluss zu bringen.«[283]

Auch van der Kwast gab der Zeitung *Dala-Demokraten* ein Interview und zeigte sich durchaus optimistisch:

»Herauszufinden, ob es tatsächlich eine Leiche gibt, hat jetzt natürlich oberste Priorität. Im Moment können wir keine eindeutigen Prognosen treffen, aber wir rechnen damit, dies nächste Woche tun zu können.«[284]

Der Artikel wurde durch ein großformatiges Bild von van der Kwast ergänzt. Mit dem Telefonhörer am Ohr und übereinandergeschlagenen Beinen lehnt er sich lässig in seinem Schreibtischstuhl zurück. Sein dunkles Haar ist kurz geschnitten, er trägt eine große Brille und einen dichten Dreitagebart. Taff sieht er aus – wie ein Mordermittler in einem amerikanischen Achtzigerjahre-Krimi. Dieser Mann also sollte nun eines der größten schwedischen Kriminalrätsel lösen.

Zum großen Erfolg fehlte van der Kwast nur noch eins: Sture musste ihm den Weg zu dem Steinhügel zeigen, wo er nach eigener Aussage die Leiche des Jungen versteckt hatte. Ursprünglich war eine Ortsbegehung für die folgende Woche angesetzt worden, doch durch seine Interviews hatte van der Kwast ein unwillkommenes Medieninteresse entfacht. So wurde im *Expressen* ein doppelseitiges Interview mit Johan Asplunds Eltern gebracht, und sämtliche Zeitungsfotografen des Landes waren ganz erpicht darauf, bei der Bergung der Leiche dabei zu sein. Um während der Suche nicht von unliebsamen Reportern verfolgt zu werden, beschloss van der Kwast, dass Sture schon am Wochenende nach Penttinens erstem Verhör heimlich nach Sundsvall gebracht werden sollte.

Am Samstag, gegen neun Uhr morgens, verließen Sture, Kjell Persson, ein Pfleger sowie Göran Fransson, der den Ausflug später in der Patientenakte zusammenfasste, die Klinik in einem Minibus. Die Fahrt verlief ohne Komplikationen, »abgesehen von ein paar starken Panikattacken angesichts der bevorstehenden Ereignisse«. Kurz vor 13 Uhr erreichte der Trupp Njurunda südlich von Sundsvall, wo Staatsanwalt Christer van der Kwast, Rechtsanwalt Gunnar Lundgren, Seppo Penttinen, C. G. Carlsson sowie ein Kriminaltechniker dazustießen. Penttinen setzte sich hinters Steuer, und die Fahrt ging weiter zum Stadtberg. Dort angekommen, parkte Penttinen auf einem Parkplatz in der Nähe des Spazierweges, wo Sture und Kjell Perrson im Herbst ihre eigene private Tatortbegehung durchgeführt hatten. Der Trupp stieg aus dem Minibus. Penttinen fasste später zusammen: »Quick geht einen Moment in sich. Schließlich meint er, er sei jetzt bereit, die Stelle zu zeigen, wo er Johan Asplund ermordet hat. Geführt von seinen Ärzten, die ihn stützen, geht Sture Schritt für Schritt und unter augenfälligen Panikattacken den Weg entlang.«

Man kam nur langsam vorwärts, da »mehrere Pausen« aufgrund der »starken Paniksymptome« eingelegt werden mussten. Penttinen fuhr fort:

»Nachdem wir etwa hundert Meter zurückgelegt haben, signalisiert Sture, dass er nach rechts abbiegen will, in Richtung einer kleinen Anhöhe. Je näher er der Stelle kommt, desto größer wird seine Angst. Er lässt sich in die Arme der Ärzte zurücksinken. Als diese mit ihm sprechen, gibt er an, dass er weitergehen möchte, dafür aber Hilfe benötige.«

Die Ärzte vermuteten, dass Sture kurz vor einer Regression stand und sich mental ins Jahr 1980 zurückversetzen und den Mord erneut durchleben würde. Laut Franssons Bericht verlor Sture »gelegentlich den Bezug zur Realität« und bat darum, »in die Gegenwart zurückgeführt« zu werden, was durch »Zurufe konkreter Zeit- und Ortsangaben« geschah. Trotzdem wurden Stures Angstzustände immer heftiger: »Das letzte Stück müssen Kjell Persson und ich ihn mehr oder minder tragen. Er leidet unter einer starken Panikattacke und hyperventiliert.«

Der Trupp bestieg eine Anhöhe, wo Sture sich auf einen Felsblock sinken ließ. Laut Penttinens Protokoll breitete Sture »die Arme in einem 45-Grad-Winkel aus und gab an, innerhalb dieses Radius seien Johans Kleidung und Fußbekleidung versteckt, von denen er im Verhör gesprochen habe«. Penttinen spricht von einer »Fußbekleidung«, da Sture in der Vernehmung nicht in der Lage gewesen war zu beschreiben, ob er seinem Opfer Schuhe, Stiefel oder etwas anderes ausgezogen hatte. Dann wird der weitere Verlauf der »mentalen Zeitreise« beschrieben:

»Noch immer am selben Platz erleidet Quick eine weitere heftige Panikattacke und brüllt, hier habe er Johan aufgefordert, still zu sein. [...] Um 14 Uhr treten wir den Rückweg zum Wagen an. Unterwegs müssen die Ärzte einschreiten, da Quick sich mental immer noch in dem Vorfall mit Johan zu befinden scheint.«

Der Trupp stieg wieder in den Minibus und fuhr weiter Richtung Norden, bis sie die von Weiden und Wäldern geprägte Gegend von Åvike erreichten. Dort fuhren sie auf gut Glück die Schotterwege entlang, um Ausschau nach einem Felsen mit einer »Ein- und Ausbuchtung« zu halten, von wo aus man das Meer sehen oder zumindest »erahnen« konnte, und wo, unter einem aus Steinen aufgetürmten Hügel, Johans Leiche liegen sollte. Fransson hielt fest:

»Der Patient versucht, sich in die Situation einzufühlen, während Kjell Persson ihm dabei hilft, die Gefühle zu deuten. Als der Patient meint, die Gegend wiederzuerkennen, erleidet er eine heftige Panikattacke mit stechenden Schmerzen im Brustkorb. Außerdem bekommt er starke Kopfschmerzen. Er hyperventiliert und muss erneut in eine Tüte atmen. Einmalige Gabe von 5 Milligramm Stesolid und 2 Tabletten Citodon gegen die Kopfschmerzen.«

Als der Minibus schließlich einen Felsen am Rand einer Weide erreichte, hielt Penttinen an. Dann passierte etwas Ungeheuerliches. Dank Penttinens Protokoll lässt sich der weitere Verlauf nahezu minutiös nachverfolgen:

> Um 16.15 Uhr steigt Quick aus dem Wagen und gibt an, dass er sich hier auskenne. Im Auto hat er starke Paniksymptome gezeigt und sich geweigert, nach rechts zu schauen, wo sich ein Abhang mit deut-

lich erkennbaren Felsblöcken befindet. Er geht rechts an der Weide entlang, um die Stelle zu zeigen, wo er Johan Asplunds Leiche versteckt hat. Er wird begleitet von seinen Ärzten und seinem Pfleger. Es fällt ihm schwer, zum Abhang hinüberzusehen.

Um 16.17 Uhr wirft er einen kurzen Blick nach rechts in Richtung des Abhangs und bestätigt laut, fast schreiend, dies sei die richtige Stelle. Daraufhin geht er zurück zum Wagen und setzt sich gemeinsam mit Oberarzt Kjell Persson hin.

Um 16.20 Uhr teilt Persson mit, er habe soeben erfahren, dass Quick hier nicht die ganze Leiche des Jungen versteckt habe, sondern lediglich den Kopf.

Aus Göran Franssons Eintrag in der Patientenakte geht hervor, wie Sture zu dieser grausigen Erkenntnis kam:

»[Der Patient] ist davon überzeugt, die richtige Stelle gefunden zu haben. Zugleich ist ihm etwas klar geworden, nämlich dass er bislang mit großer Wahrscheinlichkeit verdrängt hatte, die Leiche zerstückelt zu haben.«

Als ich Fransson 2013 interviewte, las ich ihm diese Zeilen vor und bat ihn zu beschreiben, was ihm damals durch den Kopf gegangen war. Fünf Tage zuvor hatte Sture in allen Einzelheiten beschrieben, wie er Johans Leiche zusammen mit einem Farbwechselstift unter einem Hügel aus Steinen begraben hatte. Nun hatte sich die Leiche binnen eines fünfminütigen Gesprächs in Luft aufgelöst. Wie hatte Fransson ernsthaft glauben können, dass Sture »bislang mit großer Wahrscheinlichkeit verdrängt hatte«, lediglich den Kopf vergraben zu haben?

»Ich weiß nicht, wie ich Ihnen das erklären soll«, antwortete Fransson kleinlaut. »Es klingt ziemlich verrückt.« Dann gab er den Grund dafür an, warum es damals vollkommen unmöglich gewesen sei, Kjell Perssons Therapiemethoden anzuzweifeln. »Immerhin hatte er die beste Supervisorin, die es gab!«, sagte Fransson mit einem verlegenen Lächeln.

Als ich im Herbst 2012 selbst zu dem Abhang in Åvike fuhr, ging mir unwillkürlich auf, warum Sture seine Geschichte korrigiert hatte: Es gab keinen »Hügel aus aufgeschichteten Steinen«, unter dem er die Leiche vergraben haben konnte. Die einzige Übereinstimmung mit Stures bisherigen Aussagen bestand darin, dass es einen kleinen Felsabhang mit ein paar Ein- und Ausbuchtungen gab, wie es für alle anderen Felsen in Åvike genauso zugetroffen hätte. Auch das Meer war weder zu sehen noch zu »erahnen«.

Dass die Leiche und der Steinhaufen mir nichts, dir nichts aus Stures Schilderungen verschwunden waren, schien 1993 allerdings niemanden gestört zu haben. Weder van der Kwast noch Penttinen verfügten über psychiatrische Sachkompetenz, sodass sie den Säter-Ärzten blind vertrauten. Nachdem Sture mit Tabletten ruhiggestellt worden war, sagte er aus, der Kopf sei in der Nähe des Abhangs vergraben. Göran Fransson hielt fest: »Zunächst weigert er sich, in Richtung des Abhangs zu schauen, doch schließlich gelingt es ihm, einigermaßen überzeugend zu zeigen, wo die Polizisten suchen sollen.«

Wo er den Rest der Leiche vergraben hatte, blieb vorerst ungeklärt. Sture war erschöpft. Christer van der Kwast versuchte die Ärzte zu überreden, in Sundsvall zu übernachten, um die Suche am nächsten Tag fortzusetzen, aber Fransson befand, dass Sture dazu nicht in der Lage sei. Also trat man die Rückreise an. Unterwegs kehrten Sture und die zwei Oberärzte in einem Restaurant ein, wo sie zu Abend aßen. Sture hat mir erzählt, die Stimmung sei ausgelassen gewesen, und Göran Fransson habe nach dem Essen drei Zigarren bestellt. Zunächst mochte ich nicht so recht daran glauben, doch Fransson bestätigte mir Stures Aussage. Es sei ihm damals sogar durch den Kopf gegangen, dass Sture so etwas wie ein »Notnagel« für den angeschlagenen Ruf der Klinik sein könnte. Zum Feiern gab es also allen Grund. Als Sture zurück auf Station 36 gebracht wurde, war es bereits 23 Uhr.

Verständlicherweise war Christer van der Kwast weniger euphorisch als die Säter-Ärzte, immerhin hatte er öffentlich angekündigt, der Fall Johan Asplund werde binnen einer Woche aufgeklärt sein. Doch auch nach der Tatortbegehung in Sundsvall gab es von der Leiche noch immer keine Spur. Am Montag darauf machten die Kriminaltechniker sich daran, den Stadtpark von Sundsvall nach Johans Kleidern zu durchkämmen und im Umkreis des Felsabhangs in Åvike nach dem Kopf zu graben. Die etwa einwöchige Suche verlief ergebnislos.

Drei Tage nach der Ortsbegehung wurde die dritte Vernehmung durchgeführt. Penttinen hatte in der Zwischenzeit recherchiert, dass Stures Führerschein erst 1987 ausgestellt worden war, also sieben Jahre nachdem er angeblich in einem geliehenen Wagen nach Sundsvall gefahren war und Johan Asplund entführt hatte. Stures Schwester Eva bestätigte in einer späteren Befragung, dass Sture vor 1987 kein Auto fahren konnte – er habe nicht schalten können.

In der vierten Vernehmung führte Penttinen ein am Felsabhang in Åvike aufgenommenes Video vor und bat Sture erneut zu zeigen, wo er den Kopf begraben hatte. Bereitwillig skizzierte Sture die Gegend und markierte die entsprechende Stelle mit einem Kreuz. Die Skizze wurde ins Vernehmungsprotokoll aufgenommen. Sie ist vollkommen unverständlich.[285]

In der fünften Vernehmung ging es vornehmlich darum, mit welchen Hilfsmitteln Sture den Kopf vom Körper abgetrennt hatte, ein Thema, das zu starken Panikattacken führte. Penttinen versuchte, Sture auf die Sprünge zu helfen:

»Zunächst kann Sture keine konkreten Angaben liefern, um welche Art Werkzeug es sich gehandelt hat. Nachdem ihm der Vernehmungsleiter ein paar Vorschläge macht, meint Sture, dass er weder ein Messer noch eine Axt vor Augen habe. Als wir eine Säge erwähnen, zeigt er deutliche Paniksymptome und antwortet nicht. Er erklärt, der bloße Gedanke an dieses Werkzeug rufe so starke Erinnerungen in ihm wach, dass er den Namen nicht aussprechen könne.«[286]

Im weiteren Verlauf der Vernehmung gelang es Penttinen und seinem Assistenten, Sture neue verblüffende Erinnerungen zu entlocken. Sture schilderte, er habe den Kopf in der Nähe des Felsabhangs vergraben und den Rest der Leiche zum Auto geschleppt. Anschließend sei er zu einem kleinen, etwa zweieinhalb Kilometer südlich von Sundsvall gelegenen Hügel gefahren und habe die Leiche hinaufgetragen, und zwar mit der Absicht, sie hinunterzuwerfen und dann hinterherzuspringen: »Also, ich hatte mir überlegt, dass ich einen Platz suchen will, wo ich zusammen mit Johan runterspringen kann und mit ihm sterbe.« Auf der Bergkuppe habe ihn jedoch der Mut verlassen, weshalb er nur die Leiche hinabwarf. Anschließend sei er weggefahren. Zum Abschluss der Vernehmung schaltete Kjell Persson sich ein.

[Penttinen]: Verstehe. Der Arzt hat außerdem darauf hingewiesen, dass die Leiche, die den Berg hinuntergeworfen wurde, keinen Kopf mehr hatte. Um 14.30 Uhr wird die Vernehmung beendet.

Die sechste Vernehmung wurde erst vier Wochen später, also Mitte April, durchgeführt. Sture hatte inzwischen einige neue Erinnerungen hervorgebracht und gab nun an, Johan doch nicht auf dem Stadtberg umgebracht zu haben, wie er seit seinem Brief an Kjell Persson vom Herbst 1992 so beharrlich behauptet hatte. Stattdessen habe er dem Jungen dort lediglich die Hose und »die Fußbekleidung« ausgezogen, um diese anschließend zu verstecken. Dann habe er Johan, dessen Unterleib nun unbekleidet war, nach Åvike gefahren, wo er ihn im Liegen – und nicht, wie bisher behauptet, im Stehen – penetriert und schließlich erwürgt habe. Jetzt konnte Sture auch die Zerstückelung der Leiche schildern, die grausamer gewesen war als bisher vermutet. So habe er nicht nur den Kopf, sondern noch andere Körperteile abgesägt. Außerdem habe er sich zwischendurch ins Auto gesetzt, um eines der

Körperteile zu überfahren – welches Körperteil, wollte er nicht verraten, und Penttinen bohrte nicht nach. Dann habe er das Auto erneut geparkt und die Zerstückelung fortgesetzt. Johans Rumpf habe er in einen Autoschonbezug vom Rücksitz gewickelt und diesen zugeschnürt. Die übrigen Körperteile habe er in einen Pappkarton aus dem Kofferraum gelegt. Penttinen versuchte, sich ein genaueres Bild vom Tathergang zu machen:

> [Penttinen]: Sie verstauen also den Rumpf, das Messer und die Säge in einem Autoschonbezug?
> [Sture]: Ja, nein.
> [Penttinen]: Also nur den Rumpf?
> [Sture]: J… ja, den stecke ich in…
> [Penttinen]: In den Autoschonbezug?
> [Sture]: Ja, genau.
> [Penttinen]: Womit verschnüren Sie das Ganze?
> [Sture]: Also, eine gewöhnliche Kordel, könnte man sagen. So eine weiße, etwas gröbere… wie nennt man die?
> [Penttinen]: Eine Art dünnes Hanfseil? […]
> [Sture]: Ja. Oder… etwas gröber.
> [Penttinen]: Wo haben Sie die Kordel her?
> [Sture]: Die lag in dem Karton.
> [Penttinen]: Der Karton… was war das noch mal für ein Karton?
> [Sture]: (unhörbar) Ein Pappkarton eben. […]
> [Penttinen]: Hatten Sie den Karton besorgt […], um ihn zu diesem Zweck zu gebrauchen?
> [Sture]: Das weiß ich nicht.
> [Penttinen]: Können Sie noch etwas genauere Angaben machen? Wie groß ist der Pappkarton? Ist er irgendwie beschriftet? Was ist vorher drin gewesen?
> [Sture]: Ich glaube, da stand ›Korsnäs Bröd‹ drauf.
> [Penttinen]: ›Korsnäs Bröd‹?
> [Sture]: Ja.

[Penttinen]: Gehörte der Karton Ihnen? Haben Sie ihn vorher schon einmal benutzt?
[Sture]: Ja, es ist mein Karton.
[Penttinen]: Hatten Sie ihn aus Ihrer Wohnung mitgebracht?
[Sture]: Hm.

Sture erklärte, er habe den Rumpf und die Arme – allerdings ohne Hände – in den Autoschonbezug gesteckt und das Messer, die Säge sowie die Ober- und Unterschenkel in dem Brotkarton verstaut. Schließlich habe er die beiden Pakete übereinander in den Kofferraum gelegt. Penttinen fasste zusammen:

[Penttinen]: Bleiben also nur noch die Hände übrig. Wo befinden die sich?
[Sture]: Die sind vorn im Auto.
[Penttinen]: Haben Sie irgendetwas drübergelegt, oder liegen die Hände offen da?
[Sture]: Ich hab sie in so ein Papier gewickelt, das immer in Schuhkartons steckt.
[Penttinen]: So ein Papier, womit Schuhe eingeschlagen werden? In Schuhkartons?
[Sture]: Ja.
[Penttinen]: Also ein dünnes Papier?
[Sture]: Ja, genau.
[Penttinen]: Wo haben Sie das Papier her?
[Sture]: Das lag auch im (unhörbar) Karton.
[Penttinen]: Und wo genau verstauen Sie den Karton?
[Sture]: Im Kofferraum.
[Penttinen]: Im Kofferraum also. Warum legen Sie die Hände nicht auch dort hinein? Warum müssen sie unbedingt vorn im Auto liegen?
[Sture]: Das kann ich im Moment nicht kommentieren.

Johan Asplund war im November verschwunden. Laut Sture hatte Schnee gelegen, weshalb er, ehe er wegfuhr, »immer wieder vor- und zurückgesetzt habe, um die Blutspuren zu verwischen«. Dann habe er die Sandöbrücke bei Kramfors angesteuert. An dieser Stelle kam ein neues Detail ins Spiel, denn Sture gab an, der Pappkarton habe auch »handballgroße« Steine enthalten. Auf der Brücke angekommen, habe er den Karton samt Inhalt in den Fluss Ångerman geworfen und sei dann weitergefahren. Die ins Schuhkartonpapier eingewickelten Hände hätten nach wie vor neben ihm auf dem Beifahrersitz gelegen.[287] Davon, dass die Leiche einen Berg hinuntergeworfen worden war, wie Sture vor nur vier Wochen unter starken Panikattacken behauptet hatte, war nun keine Rede mehr.

Am 25. Mai versammelte man sich zur siebten Vernehmung im Musikzimmer. Zu Beginn erklärte Penttinen, dass einige Zweifel an Stures Schilderungen aufgekommen seien, »vor allem seitens des Staatsanwalts, der konkrete Informationen verlangt. […] Deshalb ist es wichtig, so viele Anhaltspunkte wie möglich zu sammeln.«

Penttinen fragte, ob Sture »klare Erinnerungen« daran habe, was mit Johan Asplunds Händen passiert sei, Informationen, die er vielleicht »tief in sich« trage, aber »nur schwer hervorbringen« könne. Allein die Formulierung seiner Frage zeigt, dass Penttinen sich die psychologischen Modelle, mit denen die Säter-Ärzte Stures Schilderungen erklärten, inzwischen zu eigen gemacht hatte. Sture bat um eine kurze Pause und holte einen kryptischen Text, den er für Kjell Persson geschrieben hatte. Darin war von einem »heiligen Platz« die Rede, wo eine Hand versteckt worden war. Sture las laut vor:

»Ich wage einen Versuch, die Gedanken und Emotionen zu Papier zu bringen, die geweckt werden von dem Gedanken an mein heiliges Versteck. Ich weiß, dass diese vier, fünf faustgroßen Steine etwas zu bedeuten haben. Aber was? Sie liegen an einem

Bachbett und bilden einen kleinen Wall, hinter dem Johans Hand versteckt liegt. Die Hand, das letzte Geschenk des Jungen.«[288]

Damit deutete Sture zum ersten Mal an, dass er mit dem Verstecken der Leichenteile eine rituelle, religiöse Bedeutung verbunden hatte. Seiner Aussage nach hatte er »das letzte Geschenk des Jungen« an einem Bachbett nahe Ryggen versteckt. Penttinen hatte noch nie von dieser Ortschaft gehört, doch Sture erklärte ihm, Ryggen sei nur eine gute Autostunde von Säter entfernt. Damit war Penttinens Tatendrang geweckt, und schon für den nächsten Tag wurde eine Ortsbegehung anvisiert. Sture gab an, er hege »nicht den geringsten Zweifel«, dass er den heiligen Platz finden würde. Die zweite Hand hingegen könne ein größeres Problem darstellen:

> [Sture]: Usprünglich waren es natürlich zwei Hände, aber daran, wo die zweite Hand geblieben ist, erinnere ich mich nur sehr vage. Sie zu finden wird wahrscheinlich schwer werden. Sie liegt irgendwo in der Nähe von Bergvik.
>
> [Penttinen]: Haben Sie die Hand dort vergraben oder einfach nur weggeworfen?
>
> [Sture]: Bloß weggeworfen.

Tags darauf fuhren Seppo Penttinen, Sture, Kjell Persson sowie ein Polizeiassistent am späten Nachmittag zum Ryggen-See und parkten ein Stück abseits. Laut dem dreiseitigen Gedächtnisprotokoll, das Penttinen im Anschluss verfasste, wollte Sture sich zunächst orientieren und unternahm einen kleinen Spaziergang mit Kjell Persson. Als sie nach einer Stunde zum Wagen zurückkehrten, litt Sture an »augenfälligen Paniksymptomen samt Krämpfen«, konnte kaum noch gehen und musste ins Auto gesetzt werden. Nach einer kurzen Pause verkündete er, er sei nun »bereit, das Versteck der Hand zu zeigen«, und führte die Truppe zu einem Bach, der in den Ryggen-See mündete. In Penttinens Gedächtnisprotokoll heißt es:

»Quick gibt an, das Versteck auf einer Höhe mit dem Wasserspiegel errichtet zu haben, und dass der Wasserstand damals höher gewesen sei als heute. Ferner könne er sich daran erinnern, dass seine Hände beim Errichten des Verstecks nass geworden seien.«

Weiter hieß es, Sture habe »einige Steine vom Bahndamm mit hergebracht, um damit das Versteck abzudecken. In einer früheren Vernehmung wurden diese Steine als glatt und rund beschrieben. Außerdem erwähnte er eine Schranke, wegen der er nicht bis zum See vorfahren konnte. Auf die Frage, ob er noch die letzten Meter zurücklegen möchte, um uns die genaue Stelle zu zeigen, antwortete er, dazu habe er momentan nicht die Kraft.«[289]

Nun war es also an den Kriminaltechnikern, aufgrund von Stures kryptischer Aussage das gesamte Bachbett nach dem Versteck zu durchkämmen. Mit dieser Erkenntnis begab die Truppe sich auf den Rückweg nach Säter.

Die achte und letzte Vernehmung vor den Sommerferien fand ein paar Tage später per Telefon statt. Penttinen wollte sich noch einmal nach der genauen Position des Verstecks erkundigen, ehe die Kriminaltechniker sich an die Arbeit machten. Er fasste das Telefonat dann wie folgt zusammen:

»Quick gibt an, für das Versteck der Hand eine vielleicht dreißig, vierzig Zentimeter tiefe Grube am Bachufer auf einer Höhe mit der Wasseroberfläche gegraben zu haben. Dort habe er die Hand hineingelegt und anschließend mit faustdicken Steinen bedeckt. Es sei ein kleiner Steinwall entstanden, der, so Quick, verhindern sollte, dass die Hand bei stärkerer Strömung fortgespült werden würde. Er hält es zumindest für unwahrscheinlich, dass die Hand vom Wasser mitgerissen werden konnte. Den Boden beschreibt er als eine Mischung aus Erde und Steinen.«[290]

Die Kriminaltechniker machten sich an die Arbeit, konnten aber weder eine Hand noch ein »Versteck« finden. Inzwischen war es Juni, und Sture war insgesamt dreizehn Stunden lang ver-

Margit Norell im Jahr 1996 in ihrer Praxis in der Norrtullsgatan in Stockholm.
FOTO: TOMAS SÖDERGREN

Prof. Elizabeth Loftus und Sven Å. Christianson, der Gedächtnisexperte der Quick-Gruppe, bei einer Konferenz im Jahr 1992, zwei Jahre vor seiner ersten Begegnung mit Margit.
FOTO: BENGT GÖRANSSON

Sture Bergwall und Birgitta Ståhle posieren am 15. Februar 1995 für einen Fotografen von *Dagens Nyheter*. Am 19. April wurde ein Artikel über Stures revolutionäre Therapie veröffentlicht.
FOTO: BENKT EURENIUS/DN/SCANPIX

Die drei Säter-Psychologen Birgitta Ståhle, Lena Arvidsson (fingierter Name) und Magnus Brolin 1996 im Innenhof der Klinik.
FOTO: THOMAS FAHLANDER

Vernehmungsleiter Seppo Penttinen, Sture Bergwall, Rechtsanwalt Claes Borgström und die Psychologin Birgitta Ståhle während einer Tatortbegehung in Drammen, Norwegen, im April 1996.

FOTO: SVEN ERIK RØED/SCANPIX

Sture Bergwalls Zimmer auf Station 36. Das Foto stammt aus einem Artikel in der norwegischen Zeitschrift Se og Hør.
FOTO: KÅRE HUNDSTADT JR/ALL OVER PRESS SWEDEN

Sture Bergwalls Blick von seinem Schreibtisch. Rechts oben neben der Tür ein Bild des Serienmörders Westley Allan Dodd.
FOTO: POLIZEI

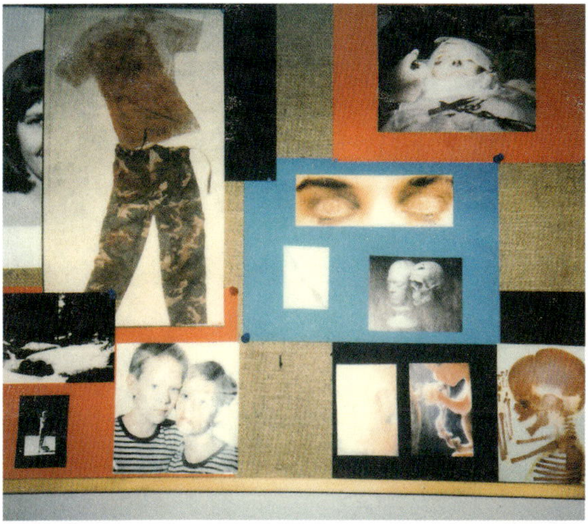

Therapiebilder in Stures Zimmer. Die Collagen sollten Stures Erinnerungsarbeit in der Psychotherapie bei Birgitta Ståhle widerspiegeln. Der Fötus im oberen Bild stellt Simon dar.

FOTO: POLIZEI

Christer van der Kwast bei einer Pressekonferenz im März 2001, kurz nachdem er Anklage gegen Sture Bergwall im Mordfall Johan Asplund erhoben hat.

Im Mai 2001, am letzten Tag der Gerichtsverhandlung im Mordfall Johan Asplund, arrangierte das Landgericht Sundsvall eine Ortsbegehung in Bosvedjan. Sture Bergwall hatte angegeben, dass er Johan im Jahr 1980 dort entführt habe. In der Mitte: Kriminalinspektor Seppo Penttinen.
FOTO: HÅKAN HUMLA/ST/SCANPIX

Sture Bergwall und Lena Arvidsson (fingierter Name) im Jahr 2000.

Sture Bergwall in Säter, Juli 2000.

Sture Bergwall 2003 in Säter, nach der Entgiftung um dreißig Kilo leichter.

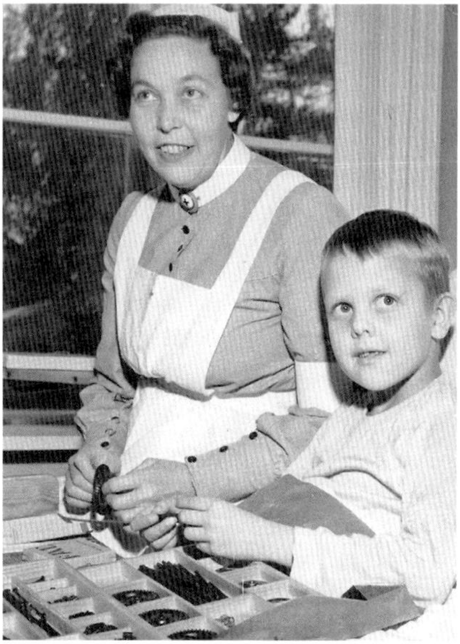

Der siebenjährige Sture 1957 im Sanatorium Högbo zusammen mit Schwester Mai. Der Baukasten war ein Geschenk der Lokalzeitung *Dala-Demokraten*.

Der elfjährige Sture 1961 mit seiner Zwillingsschwester Gun.

Der siebzehnjährige Sture mit seiner Mutter Tyra und seinem Vater Ove 1967 bei einem Ausflug in Norwegen.

Der neunzehnjährige Sture (im blauen Pulli) 1969 im Kreis seiner Familie. Im selben Jahr verging er sich an den vier Jungen.

SÄTERS SJUKHUS
Box 350, 783 27 SÄTER
Tel 0225-560 00

Tjänsteställe (klinik el motsv): Rättspsykiatriska regionvårdsenheten

Spec anm, överkänslighet

Journalblad — Blad 90

Personnr: 50 04 26

Namn: Quick Thomas

Adress

Tfn

A 3 b

Journaltext

Datum resp Sökord	Avd/mott, Läkare resp Löptext
95-09-12	Skötare Mikael Lindgren/cm Fortsatt övervak, uttalad s-risk. Sedan måndagen den 4/9 har Thomas tillsynes ibland mått ganska skapligt, för att i nästa stund befinna sig i depressionens mörka rum. Är mera aktiv i sitt tänkande kring självmord enl terapeuten Birgitta Ståhle. Ibland svarar han på tilltal, ibland inte, detta gäller speciellt om han befinner sig på sitt rum och har dragit filten över huvudet. Har skrivit ett testamentsliknande brev, som finns i pärmen. Kortspel och alfapet fungerar som förut, som en stunds avkoppling från självmords tankar. Terapisituationen är f n enl Thomas ohyggligt jobbig detta ligger till grund för Thomas, just nu, besvärliga situation.
95-09-15	Leg sjuksköt Barbro Östlund/cm Vid överrapportering från nattöverskötare medd att Thomas blivit mordhotad på kvällen den 14. Tfn-samtal från polisen kom in torsdag kväll. Attentatet skulle ske mellan kl 11.00 14.00 fredag. Åtg vidtogs i samband med klinikledningen. Beslutades att Thomas skulle kvarstanna på avd. Pat skulle dock ej vistas vid boendedelen under dagen. Dagen förflöt lugnt och när inget ovanligt hade uppmärksammat fick pat återgå till sina rum efter kvällsmaten.
95-09-19	Skötare Kenneth Ersson/cm Kl 17.15 börjar Thomas oroligt trava fram och tillbaka på avd. 17.30 får han tabl Xanor 1 mg, 2 st v b och vi följer honom till musikrummet där han vill vara lite ifred. Ångesten ökar dock hela tiden och han lägger sig på golvet och krälar och stönar. Vill ej komma ur ångesten. Påstår sig vara vid ngn plats där han ej kommer ihåg vad han har gjort. Han kan senare ledas till rummet. Dr Persson tillkallas per tfn och ord klysma Stesolid 10 mg, 1 st vilken Thomas erhållit 18.35. Mår efter en stund bättre. Vill senare ringa till den polisman som håller i utredningen för de brott han har erkänt. Han pratar länge med honom c:a 1 tim. Ytterligare senare på kvällen pratar han c:a 45 min med sin terapeut per tfn. Vid midnatt får han en mindre ångestattack vilken hävs med tabl Xanor 1 mg 1 st. Somnar senare. Pratar i sömnen emellanåt. Säger då att han vill dö eller att han vill dödas.

Notizen aus Stures Patientenakte. Der letzte Eintrag bezieht sich darauf, wie Sture unter dem Einfluss seiner Medikamente eine Stunde lang mit Seppo Penttinen gesprochen hat. Dieses Gespräch führte zu einem Polizeibericht, siehe folgende Seite.

PROMEMORIA, upprättad efter telefonsamtal med Quick, THOMAS Ragnar 500426

Onsdagen den 19 augusti klockan 19.45 blev undertecknad uppringd av Quick. Quick berättade att han mådde psykiskt mycket dåligt och att han önskade berätta vissa saker som han hade ångest över.

Inledningsvis kom Quick in på **Johan Asplund.** Han sade att den plats där han tidigare vallats i Ryggen-området fortfarande var aktuell som fyndplats. Vid den tidigare vallningen hade han befunnit sig ca 50-75 meter från det ställe där han grävt ner delar av kroppen. Han minns att han vid den vallning som företogs avvek till höger i motsatt riktning och att detta skedde från en plats varifrån han kunde skönja " fyndplatsen ". Området som är aktuellt ligger således i västlig riktning från den plats han tidigare pekat ut.

Quick sade även att **"den norske pojken"** ligger intill en idrottsplats i Lindesberg och att han mycket väl kommer ihåg platsen.

Beträffande **Olle Högbom** sade Quick att han i anslutning till den skola där han stötte på Olle, var in i en äldre fastighet. Han gick en halvtrappa ner i källaren och hiottade en kartong som innehöll s.k träull.
Kartongen skulle han använda till att lägga Olle i. Han säger gråtande att Olle åtminstone var vid liv i samband med införandet i den bil som Quick färdades i. Avsikten var att gömma kroppen på samma plats där han tidigare grävt ner Charles Zelmanovits. Detta skedde dock inte. Namnet Sågholmen är aktuellt beträffande Olle-händelsen, men Quick kan inte placera det rätt i sammanhanget.

Angående händelsen med den **israeliske mannen i Dalarna.** säger Quick att han hade hjälp av en person i samband med mordet. De träffade mannen på en mindre gata i närheten av järnvägsstationen i Uppsala. Det framgick att mannen var på semesterresa. Quicks medhjälpare pratade engelska med mannen. De erbjöd mannen skjuts. Färden gick mot Garpenbergshållet. Mordet gjordes i samförstånd mellan Quick och medgärningsmannen. Det skall inte finnas några avvärjningsskador på mannens armar eller händer. Quick höll i honom under det att den andre slog honom med knytnävar och bl.a "ett tungt föremål från bagageluckan". Kroppen lämnades på den plats där slagen föll och arrangerades inte på något sätt. Kroppen blev liggande mer på rygg än på sidan och definitivt inte på magen. Det skall inte förekomma några skärskador på kroppen.
Quick säger att han är av den uppfattningen att mannen kom från Stockholm, när de träffade honom i Uppsala.
Quick nämner att han följt det som skrivits i pressen om händelsen, men att han skyggat för bilderna och inte läst allt som stått skrivet.
Quick säger även att de, hur absurt det än låter, firade mannens död.

Quick berättar även om en person som han kallar för **"Martin"**. Denne skall ligga gömd under mossa i trakten av **Sätrabrunn.** Namnet Martin behöver inte vara personens rätta namn. Denne är ca 18-19 år gammal. Quick var ensam när han tog livet av denne.

Quick nämner även att han i samband med Appojauremorden, d.v.s före morden, av Jonny Farebrink fick höra att denne varit i slagsmål med någon person. Jonny hade visat upp sina knogar och Quick minns att dessa var svullna. Jonny hade sagt att han "slagit någon på käften ". Händelsen skulle ha utspelat sig någon dag innan Quick träffade Jonny i Jokkmokk.

Avslutningsvis säger sig Quick ha hört **Jonny och Rune Nilsson** prata om **Vietas-kuppen.** Han vill inte närmare gå in på detta.

Sundsvall 95-09-20

Polizeibericht nach dem ausführlichen Gespräch zwischen Sture und Seppo Penttinen. Penttinen erhält eine Vielzahl von Informationen und ein neues Geständnis eines Mordes. Später wurde von der Polizei in Lindberg an der Stelle nach der Leiche gesucht, wo Sture angegeben hatte, dass er sie vergraben hätte.

23/10 1995

Hallå!

Sture är en mytoman, en
jävla gris.
Han har ingen chans mot
mig!
Jag är Ellington och inatt
skall jag lura honom att
hänga sig. Nöjd, så nöjd skall
jag se på.
Jag har sanningen, inte
Sture!! Det var Sture som delade
fostret som han kallar Simon.
Nu skall det bli tyst på hans
beskyllningar. Jag är inte hotad
men Sture har tappat kontrollen
och han har gjort det för att han
inte lyssnar på mig.
Jag är stark!
Han kan döda sig själv, med
min hjälp förstås men det förstår
han inte. Nu skall jag spela på
hans så kallade ånger. Jag be-
höver döda men då kan jag inte
ha ynkryggen bredvid mig.

Jag önskar er en trevlig upptäckt
och ett angenämt uppstädande.
Jag skiter i om min avslutnings-
hälsning inte passar er pryda värd;
Med ~~DÅLIGA~~ hälsningar Ellington

P.S. Hälsa hans "förträffliga terapeut"!!!

Am 23. Oktober 1995 schrieb Sture Bergwall als »Ellington« diesen Brief an das Personal von Station 36. Bergwal schrieb immer in Druckbuchstaben, aber »Ellington« benutzte Schreibschrift.

19/11 1966

Jag fick idag på eftermiddagen in till mig Margits sammanställning av "Simonillusionen. När jag läst den "drogs" jag tillbaka till den oerhört kraftfulla längtan att få vara en del av Simon, att få dela ett siamesiskt tvillingskap med honom. Jag fanns också så nära mossan och då även de mossor under vilka "mina bröder" finns, och jag längtade till dem.
När jag läste om hur jag ville ta Simon till hjälp för att döda M och sedan åka till Stockholm för att hälsa på kungen blev jag mycket rörd och jag "gled" i och mellan identiteter. Så var Nana hos mig och jag kände hur hon tog mig till Sture-skalet, jag kunde inte stå emot men jag hade Simon med mig. När jag var på väg att dö (jag var naken och jag hängde i min livrem, som var fastbunden i musikrummets element), när Nana sökte döda mig så ropade jag på Simon, ville ha honom nära, så nära (i mig/jag i honom).
Det som blev mycket starkt när jag läste sammanställningen var att se hur intensivt mitt sökande av liv varit och på samma gång, hur märkligt betydelsefullt mitt "finnande" av liv varit. Jag "upptäckte" alltså hur grundmurad min föreställning varit, hur oerhört mäktigt mitt undflyende av M och P varit, hur jag med all mobliseringsbar styrka flytt undan tidiga traumatiska händelser. Att "upptäcka" detta blev också till en upplevelse av hur svårt det är idag att lämna ifrån mig mina "liv", av hur frågorna kring om hur jag skall kunna lämna mina illusoriska källor, tornade upp sig. Jag såg min ensamhet och jag kände den fullt ut. När detta skedde blev vägen för Nana öppen och mitt behov av Simon skriande.
Jag mindes också med sådan tydlighet hur jag "rann över" till Simon och hur ängslig jag var att inte hinna in till honom, att jag blev ett med honom, att vi två blev en helhet tillsammans. Jag mindes hur min andning _i_ Simon talade om för mig att jag var hos honom, att jag hjälpte honom att leva och att han därigenom gav mig liv. Jag slapp plågan av att se - samtidigt som jag såg _allt_.
Jag mindes allt detta när jag läste Margits text och då kände jag också igen med tydlighet hur de pojkar jag dödade gav mig liv, jag kände också igen känslan av hur jag i ett mord fann förtröstan i tanken på nästa mord, nästa "livgivare".
Jag var mycket rädd och denna rädsla var så tydlig när jag "kom tillbaka", när jag igenom regressionen hörde personalens rop och då också vågade kliva fram till verklighet - och ångest.

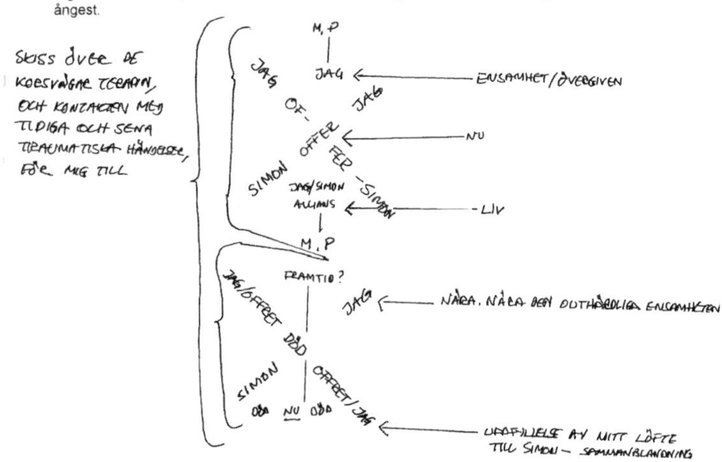

Sture Bergwall und Margir Norell arbeiteten gemeinsam an der Entwicklung ihrer Theorien für ihr Buch *Thomas Quicks Welt*. Hier schreibt er an Birgitta Ståhle und kommentiert, was Margaret geschrieben hatte. Er bezieht sich auf seinen vor Kurzem versuchten Selbstmord durch Erhängen als »Nana«, die böse Mutter.

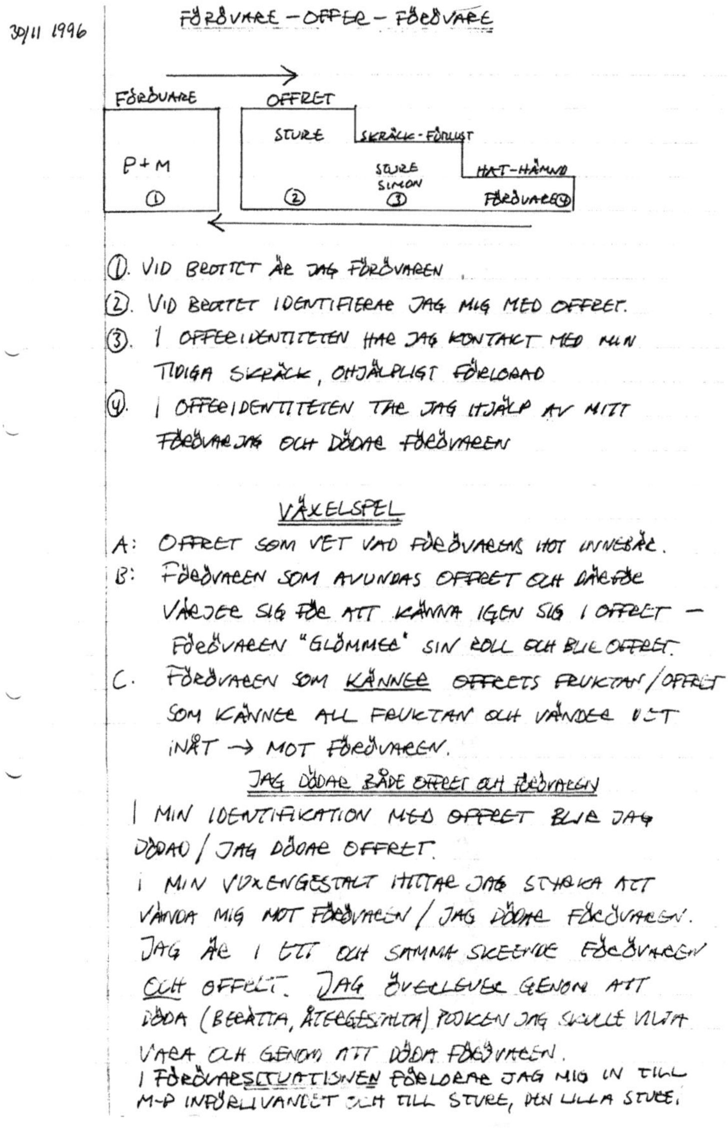

Ein schematisches Modell der Psychologie eines Serienkillers wie Sture Berwall sie sich vorstellt. Es findet sich später in Margits Buch *Thomas Quicks Welt*.

hört worden. Die Geschichte, die er den Ermittlungsbeamten aufgetischt hatte, hatte jedoch in keinem Punkt mit den verifizierbaren Fakten übereingestimmt: Er hatte Johans Kleidung nicht beschreiben können, an der von ihm angegebenen Stelle war keine Leiche gefunden worden, zum Tatzeitpunkt hatte er weder einen Führerschein noch Fahrkenntnisse gehabt, und obendrein hatte sich mittlerweile herausgestellt, dass die Person, von der Sture sich angeblich den Wagen geliehen hatte, gar kein solches Auto besessen hatte. Sogar die Teile der Geschichte, die sich nicht verifizieren ließen, waren alles andere als glaubhaft gewesen. Sture hatte seine Beschreibungen des Tathergangs so oft geändert, dass man fast schon denken konnte, er wollte nicht, dass man ihm glaubte.

Folglich wäre es ein Leichtes gewesen, Sture als Lügner zu enttarnen, und hätten Christer van der Kwast und Seppo Penttinen sich so verhalten, wie es sich für einen Staatsanwalt und einen Polizeiinspektor gehört hätte, wäre das Ermittlungsverfahren spätestens im Mai 1993 eingestellt worden. Stures Fantasien hätten sich auf die Therapiesitzungen beschränken können, und der Quick-Skandal hätte niemals stattfinden müssen. Doch das Problem war: Van der Kwast und Penttinen verhielten sich nicht, wie man es von einem Staatsanwalt und einem Polizeiinspektor erwarten könnte.

Im Laufe meiner Recherchen habe ich stundenlange Gespräche mit van der Kwast geführt. Dass er mittlerweile in den Ruhestand getreten war, hieß keineswegs, dass er seither Däumchen gedreht hätte. Seit 2009 der erste Antrag auf Wiederaufnahme des Strafverfahrens gestellt worden war, kämpfte er unerbittlich dafür, das Revisionsverfahren zu stoppen. Zum Beispiel hatte er beim zuständigen Justiz-Ombudsmann Anzeige gegen einen Oberstaatsanwalt erstattet, weil dieser das Wiederaufnahmeverfahren nicht abgeblockt hatte. Ohne Erfolg. Natürlich wollten alle van der Kwast zum Quick-Skandal interviewen, doch die meisten

Anfragen lehnte er ab. Dass er sich bereit erklärte, mich zu treffen, beruhte einzig und allein auf meinem »Wallraffen«. Eine Person aus Margits engstem Umfeld hatte uns einander vorgestellt, und van der Kwast glaubte, es ginge mir darum, Stures Therapie zu verteidigen.

Bei einem Treffen fragte ich ihn nach seinem Eindruck von der Klinik, als Penttinen und er im Frühjahr 1993 zum ersten Mal nach Säter kamen. Seine Antwort:

»Ich hatte sofort den Eindruck, dass dort kompetente und professionelle Leute arbeiteten. Ich meine, täuschen können wir uns alle mal ... aber ich gehe doch davon aus, dass man sein Handeln auf irgendeinen theoretischen Ausgangspunkt stützt, nicht wahr? Irgendwas wird also dran sein an dieser Sache mit den traumatischen Erinnerungen, und bestimmt trifft es auch für andere Arten von traumatischen Erlebnissen zu, dass die Menschen ... nun, dass man versucht, die schmerzhaften Erinnerungen abzuschütteln, bis sie in der Therapie wieder hochkommen ... Sie wissen schon.«

Ich erkundigte mich nach den ersten acht Vernehmungen. Mit welchen Argumenten hatten Kjell Persson und Göran Fransson Stures Schilderungen trotz aller Widersprüchlichkeiten und Ungereimtheiten für glaubhaft erklärt? Van der Kwast formulierte seine Antworten häufig auf eine sehr eigentümliche, verklausulierte Weise. Hier ein Beispiel:

»Man hatte den Eindruck, dass es ihm irgendwie schwerfiel, sich näher mit der Sache auseinanderzusetzen. Es war, als würde er wie die Katze um den heißen Brei herumschleichen und Angaben machen, die, wenn man genauer hinsah, nicht hundertprozentig korrekt waren. Er hat sich sozusagen an die Wahrheit herangepirscht, Schritt für Schritt. Wahrscheinlich wollte er erst einmal austesten, wie sein Umfeld reagiert, um dann zu entscheiden, wie weit er gehen konnte. Das war jedenfalls mein Eindruck. Vor lauter Angst wagte er nicht, Klartext zu sprechen ... also, freiheraus die Wahrheit zu sagen. Erst einmal musste er sich wie in zirkulären Bewegungen vortasten.«

Ohne sich dessen bewusst zu sein, beschrieb van der Kwast Margits Vorstellung davon, wie in der Therapie verdrängte Erinnerungen aufgedeckt wurden.

In unseren Interviews sprach van der Kwast von einem wissenschaftlich verankerten »Säter'schen Erklärungsmodell«. Ihm sei ja gar nichts anderes übrig geblieben, als auf Kjell Persson und Göran Fransson zu hören:

»Stellen Sie sich mal vor, ich hätte als Staatsanwalt gesagt: ›Dieses psychologische Geschwafel‹ – wie viele es vermutlich nennen würden –, ›das lassen wir mal schön außen vor. Quick sagt ja eh heute hü und morgen hott.‹ Was, wenn ich alles über den Haufen geworfen hätte, damit sich später herausstellt, dass er doch ein Serienmörder ist? Was hätte das denn für einen Eindruck gemacht? Ich hätte doch einen gesamten Berufsstand und die langjährige Erfahrung der Psychotherapeuten mit den Füßen getreten! Und am Ende wäre *ich* der Buhmann gewesen!«

In diesem Punkt musste ich ihm recht geben. Van der Kwast hatte über keine psychologischen Sachkenntnisse verfügt. Mit welchem Recht hätte er etwas anzweifeln können, das die Oberärzte der Forensischen Psychiatrie mit einer so tiefen Überzeugung vertraten? Trotzdem drängte sich mir die Frage auf, wie er *ohne* das »Säter'sche Erklärungsmodell« auf Stures Mordgeständnis reagiert hätte. Auf die Gefahr hin, durchscheinen zu lassen, dass ich mich besser mit dem Quick-Fall auskannte, als ich vorgab, zählte ich einige Widersprüche und Ungereimtheiten der ersten acht Vernehmungen auf. Mitunter wies ich darauf hin, dass Sture zunächst angegeben hatte, Asplund erstochen zu haben, um später zu behaupten, er habe ihn erwürgt. Ich fragte, wie er so etwas unter gewöhnlichen Umständen interpretiert hätte? Van der Kwast schien unangenehm berührt, und mit einem Mal war die Gesprächssituation angespannter.

»Ja, da fragen Sie den Falschen«, sagte er, »auf diesem Gebiet bin ich kein Experte! Ob es seine lebhafte Fantasie oder eine Art Wunschdenken war oder ob er bloß etwas durcheinandergebracht hat… da will ich mich nicht festlegen…«

Ich unterbrach ihn: »Aber wenn wir die psychologischen Erklärungsmodelle mal außer Acht lassen, was passiert, wenn jemand aussagt, er habe sein Opfer erstochen, um ein paar Monate später zu behaupten, er habe sein Opfer erdrosselt? Welche Erklärung liegt da am nächsten?«

Widerstrebend gab van der Kwast nach: »Dass er lügt natürlich. Keine Frage.«

Van der Kwast hatte den großen Fehler begangen, den Säter-Ärzten zu vertrauen. Er hatte nicht gewusst, dass in der Klinik, um es mit Göran Franssons Worten zu sagen, »sektenartige Strukturen« herrschten und wissenschaftliche Erkenntnisse, die Margits Lehre widerlegten, ignoriert wurden. Als ich Göran Fransson interviewte, fragte ich ihn, ob er nachvollziehen könne, dass van der Kwast sich von dem absoluten Vertrauen in Stures Glaubwürdigkeit beeinflussen ließ. »Was blieb ihm anderes übrig?«, antwortete Fransson.

Fransson war begeistert vom Staatsanwalt. Er schrieb 1994 sogar einen Artikel für *Dagens Nyheter*, in dem es hieß, dass Christer van der Kwast durch Stures Geständnis des Asplund-Mordes vermutlich »vor die schwerste Aufgabe in seiner Karriere als Staatsanwalt« gestellt worden sei, diese Feuerprobe jedoch mit Bravour gemeistert habe:

»Trotz einer gesunden Portion Skepsis am Anfang ist van der Kwast schnell klar geworden, dass eine erfolgreiche Ermittlung die enge Zusammenarbeit zwischen Quicks Therapeuten Kjell Persson, dem behandelnden Arzt, also meiner Wenigkeit, der Polizei sowie den Anklagebehörden voraussetzt. Ich bin beeindruckt, in welcher Weise Staatsanwalt van der Kwast eine Mordermittlung ermöglicht hat, die in die Geschichte eingehen wird.

Die Einzelheiten können allerdings erst zu einem späteren Zeitpunkt publik gemacht werden.«[291]

Anstatt die Ermittlungen einzustellen, ließen van der Kwast und Penttinen sich in ein hermetisches Denksystem hineinziehen. Der Meinung seiner Therapeuten nach war Sture schuldig, ganz gleich, was er in den Vernehmungen von sich gab. Van der Kwast und Penttinen wurden zu Gläubigen. Im Mai 1993 jedoch stand van der Kwast vor einem großen Problem: Seit zwei Monaten versprach er, dass Sture die Ermittler bald zu Johan Asplunds Leiche führen würde, und die Journalisten lechzten nach Neuigkeiten. Van der Kwast musste Zeit schinden. Er sah nur einen Ausweg.

Am 28. Mai 1993 wurde im Schwedischen Fernsehen berichtet, dass trotz der intensiven Suche nach Johan Asplunds Leiche an den vom »Säter-Mann« angegebenen Plätzen noch »keine technischen Beweise« gefunden worden seien. Plötzlich tauchte van der Kwast im Bild auf. Er saß hinter seinem Schreibtisch, glatt rasiert, mit kurz geschnitten Haaren und ohne Brille. Jetzt sah er weniger taff und mehr nach Bürohengst aus.

»Was halten Sie von der Geschichte des sogenannten Säter-Mannes?«, fragte der Reporter. »Erscheint sie Ihnen glaubhaft?« Dass er sich früher oder später mit derlei Fragen würde auseinandersetzen müssen, hatte sich van der Kwast nach seinen leeren Versprechungen ausrechnen können. Während er sich in seinem Stuhl zurücklehnte, den Blick schräg hinauf zur Decke gerichtet, antwortete er:

»Ja, um es noch einmal zu sagen: Auf einer oberflächlichen Ebene wirken die Schilderungen glaubhaft. Sie sind zusammenhängend, strukturiert und beinhalten Details, die darauf hindeuten, dass sie selbst erlebt wurden. Sie weisen keinerlei Widersprüche auf, die Zweifel an der Glaubwürdigkeit aufkommen lassen würden.«[292]

Dies verkündete van der Kwast vor dem schwedischen Fernsehpublikum. Er log. Doch vermutlich glaubte er, dass es sich um eine Lüge im Dienst der Wahrheit handelte. Vor laufender Kamera konnte er schlecht vom »Säter'schen Erklärungsmodell« sprechen, denn dafür hätte niemand Verständnis gehabt. Also behauptete er, die Geständnisse seien glaubhaft, obwohl Sture sich im Laufe der Zeit in unzählige Widersprüche verstrickt hatte.

Das Säter'sche Erklärungsmodell sollte die »Quick-Jahre« wie ein Leitmotiv durchziehen. Es war stets präsent – bei jeder Vernehmung, jeder Tatortbegehung und jedem Prozess. Margit konnte mit sich zufrieden sein. Ihr »Wahrheitsgefühl« steuerte nun nicht nur das Denken und Handeln in der Klinik, sondern auch das schwedische Rechtssystem. Mit ihren einundachtzig Jahren sollte sie endlich die Genugtuung erhalten, nach der sie sich all die Jahre gesehnt hatte.

Für Sture selbst stand der Sommer 1993 ganz im Zeichen der verdrängten Erinnerungen. Lena Arvidsson, die ihr Psychologiestudium fast abgeschlossen hatte, übernahm die Urlaubsvertretung für Kjell Persson. Einer ihrer ersten Patienten war ihr Freund, der Serienkiller und »Überlebende« Sture Bergwall.

19. Margits Theorie

»Sich zu erinnern ist wie ein Geschenk. Und anderen dabei zu helfen, sich zu erinnern, ist ein noch viel größeres Geschenk.«

Lena Arvidsson in einem Brief an Sture vom 18.8.1993

Je mehr ich üstber Margit erfuhr, desto faszinierter war ich von ihren eigentümlichen Fähigkeiten. Wie hatte Margit ihre Schüler dazu gebracht, sie als eine Art Mutter im Geiste zu betrachten und ihr selbstständiges Denken an den Nagel zu hängen? Im Fotoalbum der Familie Norell fand ich keine Antworten auf meine Fragen. Alles, was ich sah, war eine zierliche ältere Dame mit Dauerwelle. Beim Joggen lauschte ich den Tonbändern der Gruppensitzungen. Obwohl in Margits Stimme eine ungeheure Selbstsicherheit und Strenge mitschwangen, gab mir die totale Kapitulation ihrer Schüler Rätsel auf.

Von Annie Norrel-Beach hatte ich die einzige Videoaufnahme erhalten, die meines Wissens von Margit existiert. Es handelt sich um ein Interview aus dem Jahr 1991, das Patricia Tudor-Sandahl für eine Dokumentation über die schwedischen Pioniere der Psychoanalyse mit ihr geführt hat. Der Film ist 45 Minuten lang und von schlechter Qualität. Margit sitzt in einem kargen, wartezimmerartigen Raum und hat die Beine auf einen Hocker gelegt. Patricia sitzt daneben und versucht, ihren Fragenkatalog abzuarbeiten, kommt aber kaum zu Wort, da Margit bereits vorbereitete Antworten von einem Notizblock abliest. Nahezu andächtig erzählt sie aus ihrem Leben. Von ihrer einsamen Kindheit, dem schwierigen Verhältnis zu ihren Eltern, das sie dazu bewogen hatte, Psychologin zu werden, von den Jahren in Ådalen und ihren Reisen ins zerbombte Deutschland. Anschließend verbreitet sie sich über die verschiedenen miteinander konkurrierenden Schulen der Psychoanalyse. Es wird deutlich, dass Margit fest davon überzeugt war, die Wahrheit für sich gepachtet zu haben. Ihre Stimme nimmt einen anklagenden Tonfall an, wenn sie über die anderen Psychoanalytiker spricht, die ihrer Meinung nach völlig im Dunkeln tappen. Sie hoffe darauf, dass ihre Schüler die Lehre von der »richtigen Therapie« weitertragen. Was genau mit der »richtigen Therapie« gemeint ist, wird nicht weiter ausgeführt. Es scheint, als wäre sie die einzige Eingeweihte in ein Geheimnis, das sich nicht mit Worten erklären lässt. Patricia ist deutlich eingeschüchtert von der alten Dame.

In der Hoffnung, Margits Autorität besser zu verstehen, habe ich mir den Film mehrere Male angesehen. Aber für mich als Außenstehenden war es nicht möglich, Margit mit den ehrfürchtigen Augen ihrer Schüler zu sehen.

Für Margit hatten bei Stures Therapie die Morde nie im Vordergrund gestanden. Mindestens ebenso viel Mühe wurde darauf verwendet, Erinnerungen an vermeintliche sexuelle Übergriffe in der Kindheit zu wecken. Im Mai 1993 schrieb Kjell Persson in die Patientenakte:

»Seit dem letzten Eintrag hat sich die Therapie sehr intensiv und emotional aufreibend gestaltet, da der Patient grausame Kindheitsszenarien noch einmal durchlebt hat. Dabei ist das Bild einer äußerst dysfunktionalen Familie hervorgetreten. Beide Elternteile haben sich am Patienten vergangen, und mindestens eines seiner Geschwister, ein älterer Bruder, war ebenfalls involviert. […] Außerdem sind einige von der Mutter verursachte schwer traumatische Erlebnisse aus der Kindheit des Patienten zutage getreten, die fast zu seinem Tod geführt hätten. Der schlimmste Vorfall ist der Versuch der Mutter, ihn im Winter im Runn-See zu ertränken. Die folgenschwersten Ereignisse hat der Patient im Alter zwischen drei und fünf Jahren erlebt, doch auch danach ist der Missbrauch fortgesetzt worden, wenngleich weniger häufig.«[293]

Stures Geschwister hatten in den polizeilichen Vernehmungen stets betont, dass ihre Eltern nie jemanden missbraucht hätten. Auch Sture nicht. Margit hatte wahrscheinlich gemutmaßt, dass sie ihre Eltern schützen wollten oder die traumatischen Erinnerungen einfach verdrängt hatten.

Für Margit hatte der vermeintliche Missbrauch eine zentrale Bedeutung. Er untermauerte eine These, die einer eigenen psychoanalytischen Theorie noch am nächsten kam. Eigene Theorien zu entwickeln, war im Grunde nicht Margits Spezialität gewesen. Stattdessen bediente sie sich unterschiedlichster Ansätze und kombinierte und modifizierte sie, bis sie sich in ihr Weltbild einfügten. Theoreme von Sigmund Freud, Frieda Fromm-Reichmann und Erich Fromm wurden wild durcheinandergewürfelt mit entwicklungspsychologischen Ansätzen von Vertretern der britischen Objektbeziehungstheorie wie Winnicott, Fairbairn oder Guntrip. Der Fokus lag dabei stets auf sexuellen Übergriffen in der Kindheit. Das Ergebnis war ein zusammengeklaubtes Konstrukt, das Margit irreführenderweise als »Britische Objektbeziehungstheorie« bezeichnete, auch wenn keiner der Begründer dieser durchaus eklektischen Schule sich darin wiedererkannt hätte.

Ein Grundpfeiler von Margits Patchwork-Theorie ging jedoch tatsächlich auf ihr eigenes Konto. Sie vertrat die These, dass es sich bei Stures Morden um sogenannte Nachahmungen oder »Re-Inszenierungen« der als Kind erlebten Übergriffe handelte. Mit anderen Worten: Patienten, die als Kind Schlimmes durchgemacht hatten, verspürten unterbewusst ein zwanghaftes Bedürfnis, ihrer Umwelt davon zu erzählen. Die Folge war eine Art »Theaterspiel«, die symbolische Reinszenierung der traumatischen Szenen, die zwar verinnerlicht, aber verdrängt worden waren. Sobald die verdrängten Erinnerungen aufgedeckt wurden, so Margits These, verflüchtigte sich der Reinszenierungsdrang, und der Patient war geheilt.

Schon in der Arbeit mit Barbro Sandin und dem Säter-Modell hatte Margit diese Theorie vertreten. Damals war es die Schizophrenie gewesen, die sie als unbewusste Schilderung verdrängter Erinnerungen gedeutet hatte. Margit hatte zu dieser Zeit den Therapeuten Sverker Belin supervidiert, der in seinem 1987 erschienenen Buch »Schizophreniebehandlung« (*Schizofrenibehandling*) erklärte, wie die Sache mit den Reinszenierungen funktionierte.[294] In dem Buch wird mitunter der Fall eines Patienten geschildert, der im Alter von drei Jahren von ein paar anderen Kindern gejagt wird und dabei mit seinem Dreirad eine Kellertreppe hinabstürzt. Als Erwachsener wird er mit der Diagnose Schizophrenie in die Klinik in Säter eingeliefert, wo er häufig auf einem Bürostuhl herumrollt und dabei immer wieder gegen eine Wand prallt. Laut Belin ist dieses Verhalten die unbewusste Schilderung des Kellertreppen-Traumas.

Margit ging davon aus, dass Stures Morde eine ähnliche Funktion erfüllten. Er wollte davon »erzählen«, was er als Kind durchgemacht hatte. In Margits Manuskript heißt es:

»Einem Kind, dem so Schreckliches widerfahren ist wie Sture, bleibt am Ende nur eins übrig: die totale Verdrängung und anschließende Reinszenierung. Im Idealfall äußert sich Letztere in Sandkastenspielen während einer Kindertherapie, in weniger günstigen Fällen in Perversionen. […] Durch die Morde hat Sture etwas reinzseniert, was ihm M[utter] und V[ater] angetan haben. Er hat dem Jungen die gleichen Übergriffe angetan wie Ellington [so nannte Sture seinen Vater in der Therapie, Anm. d. Verf.] und seine Mutter ihm selbst.«[295]

Der Reinszenierungsgedanke findet sich schon beim frühen Freud, wenn auch in einem anderen Kontext. Freud glaubte, die in der Therapie geweckten Emotionen seiner Patienten seien

Reinszenierungen verdrängter sexueller Erfahrungen als Kind. Margit schien sich mit ihren Thesen allerdings eher auf die Psychologin Alice Miller und das 1980 erschienene Buch *Am Anfang war Erziehung* zu berufen.[296] Miller behauptete, der Zweite Weltkrieg sei für Hitler eine Art symbolische Schilderung seiner traumatischen Kindheit gewesen, in der er von seinem Vater mit dem Gürtel ausgepeitscht wurde. Ferner schrieb Miller über einen Serienmörder namens Jürgen Bartsch, mit dem sie Interviews im Gefängnis geführt hatte. Bartsch hatte 1961, im Alter von sechzehn Jahren, einen Jungen vergewaltigt und umgebracht und bis zu seiner Festnahme 1966 vier weitere Morde begangen. Miller schrieb, dass Bartsch als Kind in einen Keller gesperrt worden sei, weshalb er seine Opfer später in einen alten Bunker gesperrt habe, ehe er sie ermordete und zerstückelte. *Am Anfang war Erziehung* stand auf der Literaturliste, die Margit ihren Schülern Anfang der 1980er-Jahre gab, und mehrere Interviewpartner haben mir bestätigt, dass sie Margit Millers Bücher mit großem Interesse gelesen haben. Für Margit allerdings war jedes einzelne Moment im Leben einer traumatisierten Person Teil einer symbolischen Nacherzählung der Kindheitserfahrungen. Diese Sicht ist so speziell, dass man sie als Margits eigenen Beitrag zur Theorie betrachten kann.

Am Beispiel von Sture wollte Margit nun vor allem beweisen, dass in der Kindheit erlebte Übergriffe in grausame Reinszenierungen wie Serienmorde münden konnten. Aus Stures Notizen geht hervor, dass ihm die Reinszenierungstheorie in der Therapie sogar erklärt wurde. So schrieb er im September 1994:

»Meine Reinszenierungen waren wie Erzählungen, und ich bin fest davon überzeugt, dass jedes Moment meines Tötens eine Entsprechung in dem hat, was M [Stures Bezeichnung für seine Mutter, Anm. d. Verf.] und Vater mir angetan haben. Jedes Detail und jede Nunance!«[297]

Darüber hinaus lieferte die Reinszenierungstheorie Margit

und den Säter-Ärzten die perfekte Erklärung dafür, warum Sture keine detaillierten Angaben zu den Morden machen konnte. Ein Beispiel für diese Argumentation entdeckte ich in einem Brief, den Sture im März 1993 an Kjell Persson geschrieben hatte. Er erklärte, er könne sich deshalb nicht an Johans Asplunds Kleider erinnern, weil seine Mutter versucht habe, ihn als Kind in einem Eisloch zu ertränken. »Seit einigen Monaten« versuche er nun, Kontakt zu diesem Ereignis herzustellen:

> Freitagnacht schrecke ich aus dem Schlaf. Im Traum habe ich Johans Gesicht gesehen. Als ich mich aufsetze, um mich zum Wachwerden zu zwingen, kommt plötzlich die Erinnerung an das Loch im Eis zurück, und da kriege ich es mit der Angst zu tun. [...] Ich weiß nicht, ob es Morgen oder Abend ist. Meine M[utter] trägt mich nach draußen und setzt mich auf einen Tretschlitten. Ich sitze mit dem Gesicht zu ihr. Als sie den Schlitten in Bewegung setzt, kommt sie mir wütend vor, deshalb verhalte ich mich ganz still. Hin und wieder schiele ich zu ihr rauf und bemerke ein paar dunkle Haarsträhnen, die ihr zornig ins Gesicht herunterhängen. Erst glaube ich, dass wir in die Stadt fahren, aber dann gelangen wir an einen Ort, wo ein großes Haus steht. Ich erinnere mich so klar und deutlich, und jetzt, wo ich das Haus erkenne, erkenne ich auch den Ort; wir sind bei der Landzunge Främby Udde. Meine Mutter bringt den Tretschlitten zum Stehen, holt ein sehr großes Messer hervor. Sie sagt etwas, das ich nicht verstehe, aber ihre letzten Worte weiß ich noch: »Ich muss dich umbringen, Sture.«
>
> Ich hatte solche Angst! Aber so plötzlich, wie sie das Messer gezückt hat, wirft sie es zu Boden, packt mich und trägt mich hinaus aufs Eis. Dann sagt sie: »Papa braucht seine Ruhe.« Im Eis ist ein finsteres, beängstigendes Loch, M zieht mir meine Handschuhe und die Mütze aus und wiederholt: »Papa braucht seine Ruhe.«
>
> Schon damals, als sie mich zu dem Eisloch gebracht hat, hat er sich an mir vergriffen.

Weiter heißt es, seine Mutter habe ihn zwar in das eiskalte Wasser gestoßen, sich dann aber in letzter Sekunde anders besonnen und ihn wieder herausgezogen. Dass er sich nicht mehr an Johans Bekleidung erinnern konnte, führte Sture auf die Eisloch-Begebenheit zurück. Er habe sich während seiner Tat mental in den frühen Fünfzigerjahren befunden und vor seinem geistigen Auge allein die Kleider seiner Mutter gesehen: »Ich konnte Johans Bekleidung nicht beschreiben; meine Panik wurde immer schlimmer, und das Verhör wurde abgebrochen. Was ich [während der Vernehmung, Anm. d. Verf.] vor mir sah, das waren nicht Johans Kleider und auch nicht das Jahr 1980. Ich habe die nasse grauschwarze Jacke meiner Mutter gesehen!«[298]

Auch die Ärzte waren von Margits Reinszenierungshypothese vollkommen überzeugt. Im Mai 1993 notierte Kjell Persson in Stures Patientenakte:

»Im Zuge der Bewusstwerdung dieser bizarren Erinnerungen [an die Übergriffe in der Kindheit, Anm. d. Verf.], die zeitweise glasklar erscheinen, sind die Erinnerungen an den Mord an Johan Asplund immer deutlicher zutage getreten. Die Erinnerungen an die Tat nahmen sich in der Therapie zunächst wie traumartige Fantasien aus, die allmählich zu greifbaren, distinkten Bildern wurden. Sukzessive hat er die Bilder von dem Missbrauch und dem Mord an Johan Asplund verarbeitet und sie mit den Schreckensbildern aus seiner Kindheit verwoben. Die Tat hat sich als psychologische Reinszenierung mit verschiedenen Perspektiven der als Kind erlebten Situation erwiesen.«[299]

Sture wurde reich dafür belohnt, dass er Margits Theorie belegte. Er avancierte zum Star-Patienten und wurde sowohl mit Aufmerksamkeit als auch mit Benzodiazepinen überschüttet. Der Effekt der Tranquilizer ist vergleichbar mit einem Alkoholrausch. Sture verbrachte seine Tage also in einem angenehm benebelten Zustand, und hin und wieder schluckte er noch ein paar weitere Tabletten. Der Rauschzustand war eine Art Belohnung für das vorbildliche Verhalten, das er in der Therapie an den Tag legte. Dank seines Starstatus wurde Sture im August 1993 von Station 36 auf die komfortable, personalfreie Station 37 verlegt, wo auch Lars-Inge Svartenbrandt vor seiner Entlassung und dem Überfall auf die *Handelsbanken* untergebracht gewesen war. Für einen Patienten in einer Forensischen Psychiatrie hatte Sture es mit seinen zwei Zimmern samt eigener Kochnische gar nicht schlecht getroffen. Außerdem hatte er sich zu Svartenbrandts Nachfolger gemausert und konnte mit eigener Passierkarte nach Belieben ein und aus gehen.

Sture fuhr häufig nach Stockholm, ging ins Kino, setzte sich in ein Café oder traf sich mit seiner Freundin Lena Arvidsson. Die Zeit als Urlaubsvertretung im Sommer zuvor hatte die beiden noch enger zusammengeschweißt, und im August 1993 schrieb Lena, wie gut es ihr in Säter gefallen habe:

»Die Tage in Säter waren sehr wichtig für mich, menschlich gesehen, aber auch was meine Zukunft als Psychologin angeht. Ich bin in meinen Überzeugungen und meinem Menschenbild bestärkt worden und spüre, dass ich den richtigen Weg eingeschlagen habe. Ach, das klingt jetzt fast religiös, aber es geht ja tatsächlich um einen Glauben an das Gute im Menschen und daran, dass die Seele geheilt werden kann.«

Trotzdem war Lena nicht entgangen, dass es in der Klinik einige Pfleger gab, die diesen Glauben nicht teilten:

»Bestimmt meinen es alle gut, aber diejenigen, denen es an Selbstreflexion und Fachkenntnissen fehlt, zeigen kein Verständnis für die eigentlichen Probleme der Patienten. Das macht mir Angst. Deshalb muss ich stark sein und gegen die Macht der Gewohnheit ankämpfen. Mein Glaube ist so stark und gefestigt, dass ich meine Überzeugungen niemals verraten werde. Ich habe sie so sehr verinnerlicht, dass sie ein Teil von mir sind. Ich bin mein Glaube, wenn man das so sagen kann.«

Bis zu ihrem Abschluss hatte Lena noch zwei Semester vor

sich. Danach wollte sie den Menschen helfen: »Sich zu erinnern ist wie ein Geschenk. Und anderen dabei zu helfen, sich zu erinnern, ist ein noch viel größeres Geschenk.«

Ferner berichtete sie von einem Besuch in einem Stockholmer Verein für Missbrauchsopfer. Sie habe dort eine Frau kennengelernt, die zwar die Vorsitzende des Vereins sei, aber niemals die notwendige Hilfe erhalten habe, ihre verdrängten Erinnerungen aufzudecken:

»Die Frau, die ich kennengelernt habe, […] hatte offenbar eine äußerst schlechte Therapie bekommen – wenn man das überhaupt noch Therapie nennen kann. Sie weiß, dass sie missbraucht wurde, kann sich aber nicht daran erinnern, weil ihr bislang nicht geholfen wurde. Es gibt […] einen riesigen Bedarf an guten Therapeuten. […] Mal sehen, was der Verein dazu beitragen kann. Immerhin gibt es dort so viele Patientinnen, dass ich ohne Weiteres meinen Lebensunterhalt damit bestreiten könnte. Vor der Arbeitslosigkeit muss ich vorerst wohl keine Angst haben. […] Ich schicke ein paar Informationen [über den Verein, Anm. d. Verf.] mit, falls es Dich interessiert. Obwohl es momentan noch keine Angebote für Männer gibt (es wird aber darüber diskutiert), sind alle Männer willkommen, die Mitglied werden wollen.«[300]

Wenngleich Sture im Verdacht stand, ein Serienmörder zu sein, sah Lena ihn weniger als Täter, sondern vor allem als Missbrauchsopfer. Sie war der Meinung, dass Sture und sie für dieselbe Sache kämpften, nämlich die Erinnerung an die Vergangenheit. Sture, der bereitwillig in die Rolle schlüpfte, die Lena ihm zuwies, schrieb zurück:

»Ich bin so froh, dass es Dich gibt, Lena. Dass ich Dir schreiben und auf Deine Briefe warten kann. Ich bin dankbar für Deine Ehrlichkeit, Deine Zielstrebigkeit, Deine Sicht auf die Therapie und dafür, dass Du für Deine Patienten einstehst. Zu 100 % teile ich Deinen Glauben daran, wie wichtig es ist, sich zu erinnern, und dass die Erinnerungen, die in der Therapie zutage gefördert werden, ernst zu nehmen sind. Würdest Du eine andere Richtung vertreten, könnte ich Dir ja auch gar nicht diese Briefe schreiben, dann müsste ich mich Deiner Sichtweise anpassen. [...] Indem ich am Leben bleibe, kann ich mein Handeln als Erwachsener vielleicht doch noch für einen guten Zweck einsetzen. Ich kann mich zwar nicht aussöhnen mit meinen grausamen Taten, genauso wenig wie mit den Schandtaten meiner Eltern, aber ich kann und werde erzählen, was ich als Kind durchmachen musste. Ich werde alles daransetzen zu erklären, dass meine Ängste als Erwachsener mitsamt ihren destruktiven Kräften eine Folge meiner Kindheit sind. Eine Folge der Angst, die meine Eltern ihrem kleinen Sohn eingeflößt haben.«[301]

Lena, die ihre Examensarbeit über die Therapie in Säter schrieb, wollte ihre Prüfungsbetreuerin Hanna Olsson fragen, ob diese ihr helfen könne, einen Verlag für den Gedichtband zu finden, an dem Sture arbeitete. Ein fantastisches Angebot. Sture träumte seit dem Gymnasium von einer Schriftstellerkarriere, und nun schien der Traum in greifbarer Nähe. Sicher, die Umstände waren etwas außergewöhnlich, immerhin handelte der Gedichtzyklus von seinem Leben als Serienkiller und dem heroischen Kampf gegen die Verdrängung der Erinnerungen, aber trotzdem: Es ging um eine echte Veröffentlichung!

Heute sagt Sture, er sei sich damals nicht bewusst gewesen, dass sein Mordgeständnis negative Folgen für ihn haben könnte. Die Verlegung auf Station 37 habe er als Anzeichen dafür gedeutet, dass seine vermeintlichen Therapiefortschritte ihm Vorteile verschafften. Das konnte ich lange nicht glauben. War er tatsächlich so naiv gewesen? Dann fiel mir ein äußerst aufschlussreicher Brief in die Hände, den er im Oktober 1993 von Lena Arvidsson erhalten hatte. Lena resümierte die Situation und kam zu dem Schluss, dass Sture es im Grunde recht gut hatte:

»Du hast [...] es Dir so angenehm eingerichtet, jetzt, wo Du auf Station 37 bist. Ich habe den Eindruck, dass es Dir dort richtig gut geht. Außerdem hast Du doch darüber nachgedacht, Dir einen Hund anzuschaffen … ich weiß ja selbst, wie viel ein Hund einem bedeuten kann.«[302]

Ich las diese Zeilen mehrmals hintereinander. Sture hatte Hunde schon immer gemocht und in den Achtzigern auch mehrere gehabt. Im Herbst 1993 hatte er offensichtlich mit dem Gedanken gespielt, sich wieder einen anzuschaffen, als wären seine zwei Zimmer auf Station 37 eine Art fester Wohnsitz für ihn geworden. Dort konnte er an seinem Buch arbeiten, das er mit Hanna Olssons Hilfe veröffentlichen wollte, und wenn er nicht gerade schrieb oder auf dem Therapiesofa den Musterpatienten spielte, wollte er seine Freigänge offensichtlich für Waldspaziergänge mit einem Hund nutzen. Diese Vorstellung war natürlich vollkommen absurd, immerhin hatte er sich gerade erst als gefährlicher Stückelmörder geoutet. Trotzdem schien Lena Arvidsson diesen Traum für vollkommen realistisch zu halten, wie ihr Brief zeigt. Und sie musste es ja wissen, immerhin hatte sie einen Sommer lang als Psychologin in der Klinik gearbeitet. Daraus lässt sich der haarsträubende Schluss ziehen, dass Sture offenbar allen Grund hatte, davon auszugehen, dass sein Mordgeständnis ihm eine Lebensqualität garantieren würde, wie er sie jenseits der Klinikmauern niemals würde erreichen können.

Doch es gab ein Problem. Auch wenn Christer van der Kwast Stures Geständnis vor laufenden Fernsehkameras für glaubhaft erklärt hatte, wollten Stures Ärzte, die nicht nur seine einzigen Freunde waren, sondern auch über sämtliche Vorzüge in der Klinik bestimmten, unbedingt, dass Sture sie endlich zu der zerstückelten Leiche führte. Und sie ließen nicht locker. Sture musste sich irgendwie aus dieser misslichen Lage befreien, ohne dass sein Sonderstatus und die damit verbundenen Privilegien gefährdet würden. Er wollte die Klinik unter keinen Umständen verlassen müssen. Warum auch? Er würde sich einen Hund anschaffen und seine Schriftstellerträume verwirklichen.

Schließlich kam ihm die zündende Idee. Es war an der Zeit für den nächsten Coup.

20. Die hypnotische Reise in einer Zeitmaschine

»Mit dem Säter-Patienten werden keine gewöhnlichen Vernehmungen durchgeführt, vielmehr finden Gesprächstherapien unter ärztlicher Aufsicht in Anwesenheit von Ermittlern statt.«

Christer van der Kwast am 11. November 1993 in einem Interview mit der Nachrichtenagentur TT

Kurz nachdem er den Mord an Johan Asplund gestanden hatte, gab Sture an, vor rund dreißig Jahren auch den damals vierzehnjährigen Thomas Blomgren getötet zu haben. Beim Blomgren-Fall handelte sich um ein inzwischen verjährtes Tötungsdelikt, das seinerzeit durch sämtliche Medien gegangen war. Abgesehen vom Namen des Opfers wusste Sture nur, dass er die Tat im Teenageralter irgendwo in Småland begangen hatte. Im Herbst 1992 hatte Sture in seinem Brief an Kjell Persson unter anderem behauptet, Thomas' Hals mit den Zähnen aufgerissen und den Schließmuskel des Jungen verzehrt zu haben. Damit hatte er natürlich ein ziemliches Fass aufgemacht, allerdings zu diesem Zeitpunkt noch nicht damit gerechnet, je zu dem Mord vernommen zu werden. In der Tat waren ihm in der allerersten Vernehmung nur ein paar vereinzelte Fragen zum Blomgren-Mord gestellt worden. Sture hatte auf gut Glück getippt, dass der Mord sich in Alvesta oder Ljungan zugetragen habe. Außerdem hatte er angegeben, dass er mit einem älteren Bekannten in dessen schwarzem Borgward Isabella unterwegs gewesen sei. Die Ermittlungen hatten ergeben, dass es diesen Kumpel und das Auto tatsächlich gegeben hatte. Allerdings hatte der Mord in Växjö stattgefunden, und da Sture noch nicht einmal den richtigen Tatort anzugeben wusste, konzentrierte sich die Polizei zunächst auf den Mord an Johan Asplund, zumal diese Straftat noch nicht verjährt war.

Nun aber wollte Sture den Blomgren-Mord wieder ins Spiel bringen. Er beschloss, gründlich zu recherchieren und alle mit korrekten Erinnerungen zu überraschen, um auf diese Weise seinen Serienkiller-Status zu zementieren. Aufgrund der Verjährung hatte er juristisch gesehen nichts zu befürchten, und ein durch und durch glaubhaftes Geständnis würde die Ärzte und die Polizei sicher schnell die absurde Asplund-Geschichte vergessen lassen.

Ende August unternahm Sture eine genehmigte Tagesreise nach Stockholm. Er besuchte die Stadtbibliothek am Sveavägen, suchte Zeitungen und Mikrofilme heraus und machte sich an die Recherchen. Thomas Blomgren war 1964 verschwunden, als er eine Veranstaltung im Folkets Park in Växjö besucht hatte. Tags darauf war seine Leiche in einem Geräteschuppen auf halber Strecke zwischen dem Folkets Park und Blomgrens Elternhaus gefunden worden. Den Täter hatte die Polizei nie gefasst. Damals war Sture selbst erst vierzehn Jahre alt gewesen, also im selben Alter wie sein vermeintliches Opfer. Mit diesen Erkenntnissen machte Sture sich auf den Rückweg nach Säter.[303]

An einem Donnerstagabend wenige Wochen später rief Oberarzt Kjell Persson bei Seppo Penttinen zu Hause an. Was er zu sagen habe, könne nicht warten. Am nächsten Morgen fertigte Penttinen ein detailliertes Gedächtnisprotokoll des Telefonats an. Persson hatte ihm voller Euphorie mitgeteilt, dass Sture einen Durchbruch in der Therapie verzeichnet habe. Er könne sich wieder daran erinnern, Thomas Blomgren 1964 »zur schönsten Maienzeit an einer Art Tanzfläche in Växjö« aufgegabelt zu haben. Außerdem erinnere er sich an einen »geräumigen Schuppen mit jeder Menge Werkzeug«, wo er die Leiche versteckt habe.

Penttinen stellte fest, dass diese Angaben »mit den Fakten übereinstimmten« und schloss daraus, dass Sture sich »im Rahmen seiner Therapie zur Wahrheit vorgearbeitet« habe. Kjell Persson sei regelrecht überwältigt gewesen und habe gemeint, »wenn er je Zweifel an der Glaubwürdigkeit von Quicks Angaben gehegt habe, seien diese nun endgültig zerstreut, sowohl den Mord in Växjö als auch den Mord an Johan Asplund betreffend.«[304]

In der Klinik herrschte Festtagsstimmung. Persson notierte euphorisch in der Patientenakte: »Der Patient hat wahre Zeitreisen zu bestimmten Begebenheiten in seiner Kindheit und Jugend unternommen. Dabei hat er detaillierte Erinnerungen an die Ereignisse zutage gefördert, mitsamt seiner damaligen Gedanken und verschiedener Sinneseindrücke wie zum Beispiel Gerüche. Er kann sich auch daran erinnern, was er und die anderen Beteiligten damals gesagt haben usw. Infolgedessen sind auch die Erinnerungen an einen Mord zurückgekehrt, den er als Vierzehnjähriger an einem gleichaltrigen Jungen namens Thomas in Växjö begangen hat. […] Alles spricht dafür, dass der Patient für das Verbrechen zur Verantwortung gezogen werden kann – eine äußerst interessante Entwicklung.«[305]

Margit muss eine mindestens ebenso tiefe Befriedigung empfunden haben wie Persson. Immerhin hatte sie schon 1977 in einer Vorlesung zum Thema Regressionen dargelegt, »dass sich im Laufe des Therapieprozesses Kontakt zu intensiven, ursprünglichen und frühen Erlebnissen herstellen lässt, einschließlich des gesamten Spektrums an Gerüchen, Farben und emotionaler Intensität«.[306] Nun hatte ein Oberarzt der Forensischen Psychiatrie in Säter, den sie supervidierte, beschrieben, wie Sture ins Jahr 1964 regrediert war und dabei »verschiedene[] Sinneseindrücke wie zum Beispiel Gerüche« wahrgenommen hatte. Margits therapeutische Technik schien einen Serienmörder überführt zu haben. Endlich hatte sie es allen gezeigt!

Kjell Persson war überaus zufrieden mit Sture: »Er möchte unbedingt Fortschritte erzielen. In der Nähe des Pflegepersonals und seiner unmittelbaren Kontakte fühlt er sich gut aufgehoben. Gleichzeitig ist ihm die relative Freiheit auf Station 37 und die Bewilligung ganztägiger Ausgänge sehr wichtig.«[307]

Die nächste Vernehmung lief wie am Schnürchen. Sture schilderte den Tathergang mit einer Selbstverständlichkeit, wie Penttinen sie bisher noch nicht von ihm kannte. Er sei 1964 nach Växjö gefahren, um einen Jungen zu entführen, und habe Thomas »im Folkets Park zwischen einem Tanzpavillon und Losbuden« entdeckt. Thomas und er hätten den Park verlassen, dann habe er den Jungen erstickt und die Leiche in einem Schuppen versteckt, den er ganz genau beschreiben könne (mehrere Zeitungen hatten Abbildungen des Schuppens gedruckt). Sture schmückte seine Geschichte immer weiter aus und gab an, Thomas und er hätten vor dem Mord mehrere Stunden miteinander verbracht. Er habe den Jungen aus dem Park locken wollen, um sich sexuell an ihm zu vergreifen, was sein Bekannter jedoch verhindert habe. Deshalb habe er den Jungen lediglich erstickt und die Leiche versteckt, um anschließend zurück nach Falun zu fahren.

Kjell Persson, wie immer bei den Vernehmungen an Stures Seite, war so begeistert von dem vermeintlichen Durchbruch, dass er Penttinen noch während der Vernehmung erläuterte, wie sein Patient die verdrängten Erinnerungen zurückgeholt habe. Er richtete sich an Sture und sagte:

»Ich habe den Eindruck […], dass du, als diese Erinnerungsfragmente zutage treten […], dass du da mittendrin bist, dass du alles noch einmal erlebst, […] fast so wie bei einer hypnotischen Reise in einer Zeitmaschine. […] Und ich lasse das alles geschehen […], höre dir zu und folge dir, habe teil an deinen intensiven Emotionen, […] und dann sagst du diese Dinge […], als wärst du dort.«

Penttinen, der die Information auch unter ermittlungstechnischen Gesichtspunkten interessant zu finden schien, hakte nach, ob Sture diesen Zustand auch in der Vernehmung erreichen könne. Nein, leider nicht, lautete Stures Antwort, und Persson pflichtete ihm bei: »Das ist nicht möglich.«[308] Ferner erklärte er, Stures Angstzustände würden die Erinnerungen häufig blockieren: »[D]u hast solche Angst, und dann kämpfst du dagegen an.«

Dass Sture endlich korrekte Angaben geliefert hatte, war für Christer van der Kwast ein Beleg dafür, dass er dem Säter'schen Erklärungsmodell zu Recht vertraut hatte. Ganz offensichtlich hatte Sture die Erinnerungen an die Morde tatsächlich verdrängt und erst im Rahmen seiner Therapie wieder aufgedeckt. In unserem Interview erzählte mir van der Kwast:

»Als Blomgren ins Spiel kam, wurde der Asplund-Fall erst mal zurückgestellt. Die Tat war zwar bereits verjährt, aber hier hatte Sture die Chance, etwas konkreter zu werden, immerhin war in diesem Fall die Leiche bereits gefunden worden. Dadurch ließ sich ganz einfach feststellen, ob seine Angaben korrekt waren oder nicht. [...] Es zeigte sich schnell, dass er mit seinen Angaben der Wahrheit ziemlich nahe kam. Das wiederum hat mich natürlich dazu veranlasst, die Ermittlungen im Fall Johan Asplund fortzusetzen.«

Sture hatte sich eigentlich erhofft, mit seinem neuesten Coup von dem abstrusen Asplund-Geständnis abzulenken. Nun war das Gegenteil eingetreten: Indem er verifizierbare Angaben zum Växjö-Mörd gemacht hatte, stützte er das Säter'sche Erklärungsmodell, und nun glaubten auch die letzten Zweifler an seine Schuld.

Noch am selben Tag unternahm Penttinen einen neuerlichen Versuch, Sture zu vernehmen. Womöglich hatte er gehofft, dass durch die »hypnotische Reise in einer Zeitmaschine« auch Erinnerungsbilder an den Asplund-Mord zutage gefördert worden wären. Das war aber nicht der Fall.

Zuletzt hatte Sture angegeben, Johans Leiche – ohne Hände und Kopf – zusammen mit faustgroßen Steinen in einen Brotkarton gesteckt und selbigen von der Sandö-Brücke geworfen zu haben. Nun aber änderte Sture seine Version des Tathergangs. Penttinen fasste zusammen:

»Er parkt das Auto. Als er den Karton mit der Leiche herausnimmt, reißt der vom Blut aufgeweichte Boden ein. Trotzdem gelingt es Sture, den Karton, die Steine, die Kleidungsstücke und die Bügelsäge über das Brückengeländer zu befördern. Johans Leiche – Rumpf, Beine und Arme – liegt immer noch im Kofferraum, als Sture zurück Richtung Süden fährt. Diese Körperteile versteckt er in der Nähe von Ryggen, östlich von Falun. Bei unserer Ortsbegehung hatte er dort das Versteck von Johans Hand vermutet.«

Das Problem: In Ryggen war weder eine Hand noch Stures »heiliges Versteck« gefunden worden. Nun hieß es, dass dort die gesamte Leiche, mit Ausnahme des Kopfes und einer Hand, liegen sollte. Die Geschichte war vollkommen irrsinnig. Ein Glück, dass das Säter'sche Erklärungsmodell für Absurditäten so empfänglich war.

Am Dienstag, dem 2. November, unternahm Sture einen Spaziergang in das Zentrum von Säter, um eine Pizza zu essen. Just an diesem Tag waren Informationen an die Presse durchgesickert, und allerorts verkündeten die Schlagzeilen, der »Säter-Mann« sei Thomas Blomgrens Mörder. Laut Patientenakte rief Sture völlig aufgewühlt in der Klinik an und bat darum, abgeholt zu werden. Bevor er sich auf sein Zimmer zurückzog, bekam er eine Extradosis Xanor.[309]

Ein paar Tage darauf lud Christer van der Kwast zu einer Pressekonferenz. Die schwedischen Fernsehzuschauer bekamen einen selbstsicheren und zufriedenen Staatsanwalt zu sehen, der sensationelle Neuigkeiten zu verkünden hatte. Nach dreißig Jahren sei endlich der Mord an Thomas Blomgren aufgeklärt worden: »Abschließend kann ich sagen, dass ich unter gewöhnlichen Umständen – wäre die Straftat nicht bereits verjährt und wäre der Täter damals strafmündig gewesen – auf der Stelle Anklage erhoben hätte.«[310]

Lena Arvidsson verfolgte die Berichterstattung und schrieb Sture anschließend einen aufmunternden Brief.

»Als ich in den Abendzeitungen von Dir gelesen habe, hat sich das unwirklich und seltsam angefühlt. Ich verstehe, dass gerade viel passiert und dass Du vieles zu verarbeiten hast. Trotz aller Strapazen, die Du über Dich ergehen lassen musst, bist Du hoffentlich guten Mutes und verlierst nicht den Glauben an die Zukunft. Aber zum Henker (verzeih mir)! Du musst als Kind durch die Hölle gegangen sein. Ein Wunder, dass Du überhaupt noch am Leben bist!!!!!!! [...] Du musst ein sehr starker Mensch sein, dass Du die Kraft aufbringst, das alles durchzustehen!!!! Du hast meine volle Unterstützung. Bei allem, was auf Dich zukommt!!«[311]

In den darauffolgenden acht Jahren wurde Christer van der Kwast nicht müde, ein ums andere Mal zu wiederholen, der verjährte Blomgren-Mord sei so gut wie aufgeklärt. Kurz nach der Pressekonferenz erklärte er gegenüber der Nachrichtenagentur TT, dass Sture »nachweislich« für den Mord verantwortlich sei.[312] Im Juni 1994 verkündete er im *Expressen*, der Fall sei abgeschlossen[313], was er ein halbes Jahr später im *Dala-Demokraten*[314] und im März 1996 in *Göteborgs Posten*[315] bestätigte. Im Dezember 2001, nach Stures achter Verurteilung wegen Mordes, wurde im *Dala-Demokraten* ein Interview mit van der Kwast veröffentlicht:

> Zunächst wurde eine umfassende Ermittlung zum verjährten Mord an Thomas Blomgren 1964 in Växjö durchgeführt.
>
> »Es hat sich um eine Art Testlauf gehandelt, um zu sehen, ob der Mord aufgeklärt werden konnte. Wir hatten so viel Material beisammen, dass ich augenblicklich Anklage erhoben und eine Verurteilung erwirkt hätte, wenn der Fall nicht schon verjährt gewesen wäre«, erklärt van der Kwast.[316]

Bei der »umfassenden Ermittlung« hatte es sich jedoch um pure Stümperei gehandelt. Noch am Tag der Pressekonferenz war der Mann vernommen worden, der Sture angeblich in seinem schwarzen Borgward Isabella nach Växjö gefahren hatte. Er konnte jedoch nachweisen, dass er das besagte Auto erst ein Jahr später gekauft hatte. Sture hatte folglich falsche Angaben darüber gemacht, wie er nach Växjö gekommen war. Die Vernehmung mit dem mutmaßlichen Chauffeur wurde sechzehn Jahre lang geheim gehalten. Zusammen mit weiteren nicht katalogisierten Protokollen und vergleichbaren Unterlagen hatte es in einem von insgesamt dreizehn Aktenordnern gesteckt, die Seppo Penttinen im Polizeiamt von Sundsvall die ganze Zeit unter Verschluss gehalten hatte.[317] Es stellte sich heraus, dass diese eine Menge Hinweise darauf enthielten, dass Sture Bergwall die Morde, für die er verurteilt war, nicht begangen haben konnte.

Ein noch größeres Problem für van der Kwast bestand darin, dass Sture ein Alibi für die Tatzeit hatte. Thomas Blomgren war an einem Pfingstsamstag ermordet worden. In Stures Heimatort Falun hielt man am Pfingstwochenende traditionell die Konfirmation ab, und auch Sture und seine Zwillingsschwester Gun waren an just diesem Wochenende konfirmiert worden. Da die Mitglieder der Familie Bergwall Pfingstler waren, wurden Sture und Gun im Zusammenhang mit der Konfirmation außerdem getauft. Ein wichtiges Ereignis für die ganze Familie. Die Feierlichkeiten hatten das gesamte Wochenende in Anspruch genommen – und Thomas Blomgren war am späten Samstagabend ermordet worden. Die Fahrt von Falun nach Växjö hätte rund sechseinhalb Stunden gedauert, das heißt, der damals vierzehnjährige Sture hätte sich gleich nach der Konfirmationsprobe am Samstagnachmittag von seiner Familie abseilen und in einem anderen Auto als dem ursprünglich angegebenen nach Växjö fahren müssen, um dort gegen 23 Uhr den ersten Mord seines Lebens zu begehen und anschließend nach Falun zurückzufahren und sich am Sonntag konfirmieren zu lassen, als wäre nichts gewesen – das klang nicht gerade glaubhaft. Allerdings kam Stures Alibi erst 2008 in einem Interview mit Hannes Råstam ans Licht.

Im selben Jahr führte Hannes ein TV-Interview mit Christer van der Kwast und konfrontierte ihn mit den neuen Erkenntnissen. Van der Kwast weigerte sich beharrlich, Stures Alibi zu akzeptieren, und auch noch dreieinhalb Jahre später, nach Hannes' Tod, hielt er daran fest, dass der Blomgren-Mord aufgeklärt worden sei.

Ich wollte herausfinden, ob van der Kwast mir, einem vermeintlich Verbündeten, in die Augen blicken und sagen konnte, dass Sture Thomas Blomgrens Mörder war. Neun Monate nach Hannes' Tod, im Herbst 2010, nahm ich Verbindung zu van der Kwast auf und bat ihn um ein Treffen. So kam es, dass er eines Tages bei mir zu Hause in der Küche saß. Ich bot ihm Kaffee und Gebäck an. Da ich mich als Margits Bewunderer ausgab, empörten wir uns zunächst über das Revisionsverfahren. Dann sagte ich, als Journalist sei es meine Pflicht, den Advocatus diaboli zu spielen und ihm ein paar kritische Fragen zu stellen. Er war einverstanden. Also erkundigte ich mich nach dem Mord an Thomas Blomgren. War Sture Bergwall am Tatwochenende tatsächlich konfirmiert worden? Doch, doch, antwortete van der Kwast, trotzdem sei es Sture möglich gewesen, zwischen Samstagnachmittag und Sonntagmorgen nach Växjö und wieder zurück nach Falun zu fahren. Hätte Bergwalls Familie das nicht bemerkt?

»Normalerweise würde ich ja sagen«, erklärte van der Kwast. »Aber Quick ist nicht normal, und seine Familie erst recht nicht.«

»Er wäre aber ziemlich lang fort gewesen«, ergänzte ich.

»Der erste Teil der Konfirmation war am Samstagnachmittag vorbei«, erklärte van der Kwast. »Dann ging es erst wieder gegen Sonntagmittag weiter … die Zeit hätte also gereicht.«

»Wie weit ist es von Falun nach Växjö?«

»Ziemlich weit, aber wir haben natürlich überprüft, ob es theoretisch möglich gewesen wäre.«

»Natürlich wäre es theoretisch möglich gewesen«, meinte ich angriffslustig. »Aber Bergwall war damals vierzehn! Er kann die Strecke unmöglich selbst gefahren sein. Irgendwer hätte ihn den ganzen Weg bis nach Växjö fahren müssen, während der Konfirmation ...«

Im Grunde hatte ich bereits kapituliert. Doch plötzlich machte van der Kwast einen Rückzieher. Womöglich, weil ich das Auto angesprochen hatte – ein heikles Thema. Mit leicht gequälter Miene lehnte er sich zurück und sagte ungewohnt selbstkritisch:

»Ich habe mir nur eine einzige unglückliche Aussage anzukreiden. Irgendwann, als ich ziemlich erschöpft war, ist mir mal rausgerutscht, dass ich Anklage erhoben hätte, wäre die Tat nicht schon verjährt gewesen. Aber das stimmt nicht. Weil ... na ja, hätte ich tatsächlich so gedacht, dann hätte ich die Ermittlung natürlich ganz anders abgeschlossen. Ich bereue, dass ich das gesagt habe. Es war sozusagen nur die halbe Wahrheit, und ich war in dem Moment nicht ganz Herr meiner Sinne. Es war dumm, das zu sagen.«

Christer van der Kwast saß in meiner Küche und gab zu, dass Hannes, was den Blomgren-Mord betraf, recht gehabt hatte.

Ich habe viel darüber nachgedacht, warum van der Kwast mit einer solchen Vehemenz darauf beharrt hatte, Sture sei schon als Vierzehnjähriger zum Mörder geworden. Um ehrlich zu sein, ich glaube nicht, dass Zynismus dahintersteckte. Viel eher vermute ich, dass ihm das »Säter'sche Erklärungsmodell« solche Hoffnungen darauf gemacht hatte, den Mord an Johan Asplund aufzuklären, dass er die Ermittlungen unter keinen Umständen aufgeben wollte. Während eines Telefonats beichtete mir van der Kwast, der Mord an Johan sei zwölf Jahre lang so etwas wie eine »Eiterbeule« gewesen – und dann kam plötzlich Stures Geständnis. Die Ärzte hätten ihm versichert, dass Sture ihn früher oder später zur Leiche führen würde. Also griff van der Kwast kurzerhand zu einer Notlüge und behauptete, Sture sei der verjährten Tat »nachweislich« schuldig, um damit Zeit zu schinden. Vielleicht liege ich falsch, und van der Kwasts Motive waren viel skrupelloser. Mein ehrlicher Eindruck ist aber, dass es ihm die ganze Zeit um den Mord an Johan Asplund gegangen war.

Sicher ist, dass van der Kwast gelogen hatte, und zwar über viele Jahre hinweg. Die Folge davon war unter anderem, dass nach der Pressekonferenz 1993 für die Öffentlichkeit feststand, dass Sture schon als Vierzehnjähriger zum Mörder geworden war. Es war, als wäre Sture bereits vor dem ersten Prozess verurteilt worden. Im Bewusstsein der schwedischen Bevölkerung war er jetzt ein Mörder, und daran ließ sich nicht mehr rütteln.

»In der Blomgren-Sache hab ich natürlich ganz schön geflunkert«, sagt Sture heute. »Und dann bin ich in meine eigene Falle getappt. Meine eigenen Flunkereien sind mir zum Verhängnis geworden.«

Sture hatte sich in dem Netz aus Lügen verheddert, das er selbst gesponnen hatte, und das Monster Thomas Quick führte mit einem Mal ein Eigenleben. »Um nicht völlig depressiv zu werden, habe ich mich mit Haut und Haaren in die Sache hineingestürzt«, erklärte mir Sture. »Es war ja ohnehin alles zu spät. Ich hatte keine Angst mehr, dass man mich einen Mörder schimpfen würde, das war ich ja eh schon. Es mag komisch klingen, aber in gewisser Weise spendete mir der Gedanke Trost.«

Also gestand Sture weitere Morde. Im November veröffentlichte der *Dala-Demokraten* einen Artikel unter der Überschrift: »Ist dieser Mann der erste schwedische Serienkiller?« Der Reporter Gubb Jan Stigson enthüllte, der Säter-Mann habe fünf neue Morde gestanden. Zwei Tage darauf erklärte Christer van der Kwast in einem Interview mit der Nachrichtenagentur TT, in der Forensischen Psychiatrie in Säter finde eine völlig neuartige Zusammenarbeit zwischen Ärzten und Polizei statt: »Mit dem Säter-Patienten werden keine gewöhnlichen Vernehmungen durchgeführt, vielmehr finden Gesprächstherapien unter ärztlicher Aufsicht in Anwesenheit von Vernehmungspersonal statt.«[318]

Die Grenzen zwischen Therapie und Ermittlungsarbeit waren endgültig verwischt. Die polizeilichen Vernehmungen hatten sich in Therapiesitzungen verwandelt, in denen Sture durch Regressionsreisen seine »verdrängten Erinnerungen« hervorholte. Die Therapiesitzungen nahmen immer mehr den Charakter einer Vernehmung an, und gelegentlich setzte Kjell Persson Sture ins Auto, um sich ohne die Polizei auf die Suche nach den versteckten Leichen zu begeben. Im Umkreis von Ryggen suchten sie nach Johans Hand, besuchten Stures Elternhaus in Falun oder fuhren zu einer von Stures früheren Wohnungen, um den Dachboden nach Leichenteilen abzusuchen.[319] Kjell Persson, Göran Fransson, Christer van der Kwast, Seppo Penttinen und nicht zuletzt Margit Norell verfolgten ein und dasselbe Ziel: Schwedens ersten Serienkiller dazu zu bringen, sich an seine Taten zu erinnern.

Für Sture wurden die Mordgeständnisse zu einer Art Vollzeitbeschäftigung. »Es kamen immer neue Themen auf den Tisch, und alles sollte auf meine Kindheit zurückgeführt werden«, erklärt er mir. »Plötzlich hatte ich vergessen, wie sehr mir meine Geschwister und Nichten und Neffen fehlten, weil ich rund um die Uhr abgelenkt war. Okay, ich war auch ständig zugedröhnt, aber vor allem hatte ich rund um die Uhr mit dieser Mordsache zu tun. Acht Jahre lang.«

* * *

Warum gesteht jemand ein Verbrechen, das er nicht begangen hat? Was verleitet einen Menschen zu falschen Geständnissen? Im Jahr 1932 wurde in New York der zwanzig Monate alte Sohn des US-amerikanischen Piloten Charles Lindbergh entführt. Lindbergh, der für die erste Alleinüberquerung des Atlantiks bekannt geworden war, zahlte ein hohes Lösegeld, doch am Ende wurde das Kind tot aufgefunden. Trotz der Grausamkeit des Verbrechens meldeten sich mehr als zweihundert Unschuldige bei der Polizei, die das Kind gekidnappt haben wollten.[320] Je mehr Aufmerksamkeit einem Verbrechen gewidmet wird, desto mehr falsche Geständnisse zieht es nach sich. Der Mord an Staatsminister Olof Palme ist ein weiteres prominentes Beispiel für diese These.

1983 wurde ein Amerikaner namens Henry Lee Lucas wegen illegalen Waffenbesitzes festgenommen. In der darauffolgenden Vernehmung lieferte Lucas zum Erstaunen der Polizei Mordgeständnisse wie am Fließband. Am Ende hatte er etwa sechshundert Morde gestanden und wurde für mehrere verurteilt. Bevor Lucas 2001 eines natürliches Todes im Gefängnis starb, hatte ein bekannter isländischer Professor für Forensische Psychologie namens Gísli Guðjónsson einige psychologische Tests und Befragungen mit ihm durchgeführt.[321] Guðjónsson wollte mehr über die Motive der Geständnisse herausfinden, und in seinem Forschungsbericht gibt er einige spannende Erklärungen.

Laut Guðjónsson hatte Lucas an einer Persönlichkeitsstörung gelitten, durch die er ungehemmter und glaubhafter lügen konnte als die meisten anderen Menschen. Die langfristigen Folgen seines Handelns waren ihm einerlei gewesen, und alles, was er sagte, zielte darauf ab, sich einen kurzfristigen Vorteil zu verschaffen. Außerdem, so Guðjónsson, litt Lucas an mangelndem Selbstbewusstsein. Sein Leben lang hatte er sich nicht ausreichend respektiert gefühlt, weshalb er einen Drang verspürte, seinen Mitmenschen zu imponieren und ihre Wertschätzung zu gewinnen. In Lucas' Wahrnehmung brachten die Geständnisse ihm verschiedene »Belohnungen« ein, zum Beispiel in Form von komfortablen Unterkünften in den Anstalten, in denen er verwahrt wurde. Guðjónsson zufolge fiel es Lucas leicht zu »konfabulieren«, das heißt, er konnte sich selbst davon überzeugen, Dinge erlebt zu haben, die er sich lediglich ausgedacht hatte. Lucas' Erinnerungen verschmolzen mit seinen Fantasien oder anders formuliert: Lucas log so überzeugend, dass er sich selbst an der Nase herumführte.

Obwohl er zur Todesstrafe verurteilt worden war, gab Lucas in diversen Interviews an, seine falschen Geständnisse nicht zu bereuen. Guðjónsson erläuterte: »Für Lucas nimmt sich die Sache wie folgt aus: Vor seiner Festnahme im Jahr 1983 war er ein Niemand; er hatte keine Freunde, niemand hörte ihm zu, niemand interessierte sich für ihn. Die falschen Geständnisse führten eine große Veränderung herbei. Er gefällt sich in der Rolle als ›Star‹ und hat viele Freunde gewonnen.«

In einer frühen Phase von Stures Wiederaufnahmeverfahren wollte man Guðjónsson nach Schweden holen, damit er mit Sture die gleichen Tests durchführen konnte wie mit Lucas. Auch wenn es schlussendlich nicht dazu gekommen war, verstand ich, nachdem ich mich genauer in den Fall Henry Lee Lucas eingelesen hatte, warum sich Guðjónsson für Sture interessiert hatte. Es gibt einige Parallelen. Zum Beispiel das Gefühl der totalen Einsamkeit. In Margits Manuskript stieß ich auf folgenden von Sture verfassten Text:

»Ich möchte schreien: <u>Hallo, wisst ihr, wie es ist, nicht geliebt zu werden, wie unfassbar schwer es ist, gehasst zu werden?</u> Wer liebt mich? Keiner. Wer hasst mich? So viele, so viele! Worauf kann ich stolz sein? Auf nichts! Von der Wiege bis heute – wann bin ich jemals respektiert worden? Nie!« [Hervorhebungen wie im Original, Anm. d. Verf.][322]

Sture beschrieb das schwere Dasein eines Serienmörders. Als ich ihm diese Passage bei einem unserer Treffen vorlas und ihn fragte, ob die Beschreibung nicht ebenso gut auf sein Leben vor Säter passte, stimmte er mir zu. Sture war an allem gescheitert, was er in seinem Leben angepackt hatte. Er fühlte sich einsam und ungeliebt. Infolge seiner Mordgeständnisse jedoch hatte er – ebenso wie Lucas – das Gefühl, endlich für etwas »belohnt« zu werden. Die Ärzte und Ermittler behandelten ihn wie eine Berühmtheit, und da er bereits zur Unterbringung im Maßregelvollzug verurteilt worden war, hatte er nicht zu befürchten, ins Gefängnis zu kommen. Ob noch die eine oder andere Verurteilung wegen Mordes hinzukommen würde, spielte im Grunde keine Rolle mehr. Warum also mit den Geständnissen aufhören?

Bei der Lektüre des zwischen 1991 und 2001 generierten Ermittlungsmaterials stieß ich auf die meines Wissens erste vollständige Liste seiner Geständnisse. Die Morde sind chronologisch aufgelistet, wobei die Jahresangaben im Fall jener Opfer, die noch am Leben sind oder nie existiert haben, spekulativ sind:

Thomas Blomgren (1964); »Lars, sehr jung« (1965); Alvar Larsson (1967); »der Lazarettjunge« (1969); Reine Svensson (1971); »Per« (1972); »Björn« (1972–1974); »Martin« (Jahr unbekannt); »der Junge aus Värmland« (1975–1980); Charles Zelmanovits (1976); Benny Forsgren (1976); »Michael« (nach 1978); Johan Asplund (1980); Trine Jensen (1981); Marianne Rugaas Knudsen (1981); Magnus Nork (1981); »Die Frau von der Landstraße« (1982); »Der Autojunge« (1982–1983); »Die Larvik-Affäre« (1983–1984); Olle Högbom (1983); Marina und Janni Stegehuis (1984); »Der Siebzehnjährige aus Gävle« (1985); »Duska« (1985); Magnus Johansson (1985); Gry Storvik (1985); »der norwegische Junge« (1985); »Westküste« (Jahr unbekannt); Yenon Levi (1988); Therese Johannessen (1988); die Schwester der Schwiegermutter seines Bruders Torvald (1989); »Kleiner Junge« (1989); »Junge aus Norwegen 1« (1989); »Junge aus Norwegen 2« (1989); »Tony« (1990); Örjan Sellin (1993); »die Sache am Brunnen in Säter« (Jahr unbekannt); »die Avesta-Affäre« (Jahr unbekannt) und »Erik« (Jahr unbekannt).

Sture hatte insgesamt neununddreißig Morde gestanden. Hätte er 2001 nicht seine Drogensucht besiegt, wäre die Liste vermutlich noch weitergegangen. Er hatte ja keinen Anreiz, mit den Geständnissen aufzuhören.

21. Margit übernimmt in Säter das Ruder

»Ich weiß, dass Du sechs Jungen getötet hast,
aber das ändert nichts an meinen Gefühlen.
Ich hab Dich noch genauso gern wie früher,
das sollst Du wissen.«

Lena Arvidsson in einem Brief vom 17. Januar 1994

Als Christer van der Kwast und Seppo Penttinen zum ersten Mal nach Säter kamen, regierten die Oberärzte Kjell Persson und Göran Fransson in der Klinik wie Könige. Dem Gründer der Abteilung für Forensische Psychiatrie Göran Källberg hatte das Svartenbrandt-Fiasko seinerzeit so sehr zugesetzt, dass er sich im Winter 1992 von seiner Position als Leitender Oberarzt hatte beurlauben lassen. Seitdem arbeitete er in einer psychiatrischen Poliklinik. Das Ganze war so plötzlich geschehen, dass der Provinziallandtag auf die Schnelle keinen geeigneten Nachfolger gefunden hatte. Während nach einer dauerhaften Lösung gesucht wurde, durfte Kjell Persson als Stellvertreter einspringen, und ab Frühjahr 1993 hatten er und Göran Fransson in der Abteilung für Forensische Psychiatrie das Sagen.

Schon bald lagen die beiden Ärzte mit der Klinikdirektion im Clinch, weil den Patienten der geschlossenen Abteilung so großzügig Ausgänge genehmigt wurden. Durch das Svartenbrandt-Fiasko war Säter ins Visier der Medien geraten, und die Klinikleitung wollte unter keinen Umständen weitere Skandale provozieren. Persson und Fransson hingegen scheuten keine Risiken, und schon im Mai 1993 war die Klinik wieder in den Schlagzeilen. Der *Expressen* enthüllte, dass einem Säter-Patienten, der eine dreiundzwanzigjährige Frau vergewaltigt und beinahe getötet hatte, ein Ausgang in die Heimatstadt seines Opfers genehmigt worden war. Die Frau »fürchtete nun um ihr Leben«. Kjell Persson goss noch mehr Öl ins Feuer, als er sich auf eine geradezu arrogante Weise dagegen sträubte, zu den berechtigten Fragen des *Expressen* Stellung zu nehmen.

Die Klinikleitung forderte eine kulantere Haltung, doch Persson und Fransson wiesen jegliche Kritik zurück. Stattdessen empörten sie sich darüber, dass Persson in seiner Leitungsfunktion eine viel zu geringe Gehaltserhöhung erhalten habe. Es war, als hätten sie jede Bodenhaftung verloren. Die Klinikleitung sah nur noch einen Ausweg und flehte Göran Källberg an, als Leitender Oberarzt zurückzukommen. Vermutlich aus Pflichtgefühl gegenüber der Abteilung, die er immerhin selbst gegründet hatte, sagte er zu. Persson fühlte sich gekränkt und kündigte an, die Klinik zu verlassen und eine neue Stelle in Lund anzunehmen, und auch Fransson orientierte sich anderweitig.[323] Sie fühlten sich hintergangen.[324]

Seit dem Svartenbrandt-Skandal war Göran Källberg äußerst vorsichtig geworden. Daher kontrollierte er, als er im Oktober 1993 auf seinen alten Posten zurückkehrte, sofort die Freigänge. Dabei machte er eine interessante Entdeckung.

Während seiner Abwesenheit hatte der Patient Thomas Quick sich als Serienmörder entpuppt – und war auf die personalfreie Station 37 verlegt worden, wo er nach Herzenslust ein und aus gehen konnte. Källberg hatte keine Zweifel an der Glaubwürdigkeit der Geständnisse. Er war nach wie vor bei Margit Norell in Therapie und Supervision und noch immer ein treues Mitglied der Margit-Gruppe, wie aus den Protokollen der gemeinsamen Treffen hervorgeht. Doch obwohl er am Urteilsvermögen seiner »Mutter im Geiste« keinen Zweifel hegte, beunruhigte ihn Quicks unbegrenzter Freigang. Nach einem Patientengespräch mit Sture notierte er in der Patientenakte:

»Durch die Therapie ist es ihm möglich geworden, sich zu erinnern. Manche Erinnerungen sind nach wie vor verschwommen, und er gibt an, noch keinen Kontakt zum gesamten Material hergestellt zu haben. Er beschreibt den Prozess auf eine sehr intellektualisierende Weise, was natürlich durchaus nachvollziehbar ist. Da der Patient offensichtlich noch keinen vollständigen Kontakt zu seinen Taten hergestellt hat und ihm nach wie vor gewisse Brücken in die Vergangenheit fehlen, können neuerliche Impulsausbrüche nicht ausgeschlossen werden. Zwar ließe sich zu Recht einwenden, dass der Patient nun, da er über seine Taten spricht, weniger gefährlich ist, aber weil ihm immer noch gewisse Fragmente fehlen, könnte sein Schmerz im Laufe der Ermittlungen so groß werden, dass er in alte Verhaltensmuster zurückfällt.«[325]

Källberg besprach diese Risiken mit dem behandelnden Oberarzt Göran Fransson. Zu diesem Zeitpunkt, im Herbst 1993, setzten Fransson und Kjell Persson alles daran, Sture dazu zu bewegen, sie zu den »heiligen Verstecken« der Leichenteile zu führen. Unter keinen Umständen wollten sie das gute Verhältnis aufs Spiel setzen, indem sie ihrem Starpatienten seine Privilegien entzogen. Nach dem Gespräch mit Fransson schrieb Källberg: »Göran [Fransson] beteuert, dass Kjell [Persson] und er alles unter Kontrolle haben.«[326]

Die Situation wollte ihm trotzdem nicht behagen, und wenige Monate später, im Januar 1994, riss sein Geduldsfaden endgültig:

»Bin von Birgitta [Ståhle] darüber informiert worden, dass der Patient vier weitere Morde gestanden hat. Insgesamt sind es nun sechs Morde. Habe Kjell [Persson] mitgeteilt, dass ich den Freigang nicht länger gutheißen und weder ihm noch Frasse [Göran Fransson] Rückendeckung geben kann, wenn etwas passiert.«

Källberg zog Margit zurate:

»Gestern habe ich Margit nach ihrer Meinung zum Freigang des Patienten befragt. Sie meinte, sie habe die ganze Zeit dafür plädiert, ihm keinen Freigang zu genehmigen, was sie auch Kjell mitgeteilt habe. Schon vor unserem Gespräch hatte ich mich dazu entschlossen, dem Patienten die Freigang-Erlaubnis zu entziehen. In diesem Entschluss bin ich nun bestärkt worden.«

Zwei Tage später setzte Källberg sein Vorhaben in die Tat um. Persson und Fransson fühlten sich erneut übergangen, und der Konflikt eskalierte. Persson brach seine Supervisionssitzungen bei Margit ab, und er und Fransson ließen sich krankschreiben. Doch Persson hatte bereits einen Plan in der Hinterhand: Er würde Sture einfach mit nach Skåne nehmen, wenn er dort seine neue Stelle antrat.

In den darauffolgenden zwei Monaten wurde ein wildes Tauziehen um Sture ausgetragen, in dem auch Christer van der Kwast eifrig mitmischte. Laut Källbergs Notizen »betonte« van der Kwast die Wichtigkeit »einer weiterhin engen Zusammenarbeit mit Kjell Persson für das laufende Ermittlungsverfahren«. Auch Penttinen sprach sich dafür aus, dass Sture Persson nach Skåne folgen sollte. Källberg notierte: »Habe mit Seppo Penttinen von der Polizei Sundsvall gesprochen, nachdem er ein paar Mal angerufen und […] dafür appelliert hat, den Patienten aus vernehmungstechnischen Gründen zu verlegen.«

Källberg hingegen war skeptisch, Sture aus seiner Kontrolle zu entlassen, was dazu führte, dass Christer van der Kwast hinter seinem Rücken konspirierte. Van der Kwast nahm Kontakt zum Direktor der Forensischen Psychiatrie Sankt Sigfrids in Växjo auf und überredete ihn dazu, den berüchtigten Serienmörder Quick aufzunehmen. Persson sollte jede Woche von seiner neuen Arbeit in Skåne nach Växjö fahren, um Sture weiterhin zu therapieren. Obwohl Källberg sich von van der Kwast reichlich übergangen fühlte, willigte er schlussendlich in das Arrangement ein. Aus seinen Unterlagen geht hervor, dass er dem Staatsanwalt das Versprechen gab, »das laufende Ermittlungsverfahren zu erleichtern«, da er eingesehen hatte, »dass eine Verlegung aus vernehmungstechnischen Gründen unabdingbar ist.«[327] Kurzum, Källberg wollte nicht derjenige gewesen sein, der einer Therapie von historischer Bedeutung und einem nicht minder historischen Ermittlungsverfahren den Riegel vorgeschoben hatte. Also wurde Sture im März 1994 in die Klinik Sankt Sigfrids in Växjö überstellt, sehr zum Bedauern von Birgitta Ståhle. Sture erzählte mir, dass Ståhle kurz vor seiner Abfahrt noch einmal zu ihm gekommen sei und gesagt habe, er könne jederzeit zurückkommen, sollte er sich in Växjö nicht wohlfühlen. Ein Anruf würde genügen.

Und tatsächlich. Kaum hatte Sture auch nur einen Fuß in die neue Klinik gesetzt, wollte er schon wieder zurück nach Säter. Es stellte sich nämlich heraus, dass in Sankt Sigfrid keine Benzodiazepine zugelassen waren. Kjell Persson hatte ihm versprochen, dass man in seinem Fall eine Ausnahme machen würde, doch in Sankt Sigfrid gab es keine Extrawürste, nicht einmal für berüchtigte Serienkiller. Also rief Sture schon nach wenigen Tagen bei Birgitta Ståhle an und bat sie, zurückkommen zu dürfen. Interessanterweise setzte Sture sich auch mit Margit in Verbindung. Die notierte nach dem Telefonat:

> Kjell Persson hat eine neue Stelle in Lund angetreten. Auf sein Bestreben hin wurde Sture nach Växjö verlegt, wo Persson ihn einmal in der Woche besuchen wollte. In Växjö angekommen, realisiert Sture nach den ersten beschwerlichen Tagen, wie sehr er sich nach Säter zurücksehnt, und dass der Kontakt zum Personal in Säter mit Växjö nicht zu vergleichen ist. Also kehrt Sture zurück; ihm war noch vor seiner Abreise versprochen worden, dass eine Rückkehr möglich sei. Auch mich hat Sture angerufen. Er wollte wissen, warum ich seine Therapie mit Kjell nicht mehr supervidiere. Ich habe ihm die Gründe dafür erklärt.
>
> Von jetzt an ist Birgitta Ståhle Stures Therapeutin.[328]

Es ist äußerst ungewöhnlich, dass ein Patient den Wechsel eines Therapeuten mit dessen Supervisorin bespricht, aber Margit war keine gewöhnliche Supervisorin. Im Grunde war sie die eigentliche Psychotherapeutin, was alle – inklusive Sture – wussten. Zwei Pfleger fuhren nach Växjö, um Sture abzuholen, und noch im Auto wurde ihm die erste Xanor verabreicht. In Säter angekommen, wurde er auf Station 36 untergebracht.

Margit hatte den Kampf um den Serienkiller gewonnen. Dass Birgitta Ståhle ihr jemals so in den Rücken fallen würde, wie Kjell Persson es getan hatte, war mehr als unwahrscheinlich. Als Göran Fransson mir in unserem Interview berichtete, Källberg und Margit seien wie »Mutter und Sohn« gewesen, fragte ich ihn, welches Verhältnis Margit und Birgitta zueinander gehabt hätten. Seine Antwort: »Margit Norells Beziehung zu Birgitta Ståhle schien noch viel, viel stärker zu sein.« Neben Cajsa Lindholm und noch einer weiteren Psychotherapeutin gehörte Ståhle zum »inneren Kreis«. Keiner meiner Interviewpartner hatte sie im Laufe der Quick-Jahre je ein kritisches Wort über Margit sagen hören. Margit revanchierte sich, indem sie Birgitta immer wieder vor den anderen lobte.

»Birgitta war die Nummer eins. Margit betonte regelmäßig, was für eine fantastische Therapeutin Birgitta sei«, berichtete Tomas Videgård. Ich wollte wissen, ob Birgitta Ståhle als Stures Therapeutin eigenmächtige Entscheidungen treffen konnte.

»Das kann ich mir kaum vorstellen, dafür hätte sie einen Fixpunkt außerhalb dieses Systems gebraucht. Einen Raum, wo sie frei sprechen konnte, aber soweit ich weiß, hatte sie den nicht. Birgitta und zwei, drei andere Therapeutinnen bildeten eine ungeheuer eingeschworene Gruppe, und sie stellte Margit über alles andere. Wahrscheinlich ist das Ganze in eine Art Pakt ausgeartet: Birgitta verbündete sich mit Quick, um Margit mit Morden zu versorgen – je mehr Morde, desto besser.«

Ein anderes Mitglied der Margit-Gruppe, die Psychotherapeutin Britt Andersson, erklärte mir in unserem Interview, sie finde es ungerecht, dass Birgitta die volle Verantwortung für Stures Therapie zugeschrieben worden sei: »Ohne Margit hätte Birgitta doch gar nichts damit zu tun gehabt.«

Ståhle selbst hat sich bis heute strikt geweigert, zu den Geschehnissen in der Klinik öffentlich Stellung zu nehmen. Videgård bedauerte ihr Schweigen: »Das ist wirklich schade. Es wäre doch viel klüger, zu diesem Pakt und der Sekte zu stehen, um herauszufinden, wie das alles geschehen konnte. Es hat ja niemand böse Absichten gehabt. In solchen Fällen sind derartig starke Kräfte am Werk, dass selbst die klügsten Menschen in so etwas hineingezogen werden können.«

Als ich Patricia Tudor-Sandahl fragte, was sie Birgitta Ståhle sagen wollen würde, antwortete sie: »Komm schon, pack aus, Birgitta! Dir passiert nichts, wenn du den Mund aufmachst. Viele können sich mit dieser Geschichte identifizieren, und bestimmt können wir etwas daraus lernen. Wir müssen nur miteinander reden.«

Von dem Moment an, in dem Birgitta mit Stures Therapie betraut wurde, hatte Margit einen noch größeren Einfluss auf die Behandlungsmethoden der Klinik. Kurz darauf wurde Ståhle zur Chefpsychologin befördert, ein Titel, den es bislang nicht gegeben hatte. Außer ihr arbeiteten zwei weitere Psychologen in der Abteilung für Forensische Psychiatrie, die fortan an sie berichten mussten. Der eine war ein junger Mann namens Magnus Brolin, der 1992 nach seinem Psychologiestudium nach Säter gekommen war, um dort das für die Approbation erforderliche einjährige Praktikum zu absolvieren, und dann festangestellt worden war. Brolin arbeitete bis 1997 in der Klinik, das heißt, er erlebte den Großteil der Quick-Jahre hautnah mit. Heute leitet Brolin eine psychotherapeutisch orientierte Unternehmensberatung in Stockholm. Es erforderte einige Überredungskunst, ehe er sich zu einem Interview bereit erklärte. Er meinte, er fühle sich einigen Menschen in Säter loyal verbunden und wolle niemandem Schaden zufügen, indem er von seiner Zeit in der Klinik erzählte. Doch als ihm klar wurde, wie viel ich über Margit wusste, lud er mich in seine Praxis ein.

Nachdem wir in einem modern eingerichteten Therapiezimmer mit Aussicht über den Skeppsbron-Kai Platz genommen hatten, begann er, von seiner Zeit in Säter zu berichten. Er erklärte, man habe dort große Visionen verfolgt, und Göran Källbergs Projekt habe ganz im Zeichen der Humanistischen Psychologie gestanden. Patienten, die in der Gesellschaft als Abschaum galten, sollten in der Klinik Respekt und medizinische Hilfe erfahren. Als er als frischgebackener Psychologe in der neu errichteten Klinik ankam, war Brolin schwer beeindruckt. Die Abteilung für Forensische Psychiatrie war finanziell und personell gut ausgestattet, und die Räumlichkeiten waren überraschend großzügig und freundlich. Auf den Stationen herrschte eine Ruhe, die den Patienten guttat.

Brolin erzählte, dass Göran Källberg und Birgitta Ståhle ihn zusammen eingestellt hatten. Kurz darauf erfuhr er, dass beide von Margit Norell supervidiert wurden. »Mir wurde ziemlich schnell klar, dass Margit für sie so etwas wie eine Heilige war.« Gelegentlich seien Mitglieder der Margit-Gruppe nach Säter gekommen, um Vorträge für das Pflegepersonal zu halten. Brolin erklärte: »Vor den eigentlichen Vorträgen haben sich die Redner immer bei Margit bedankt, für ihre Unterstützung in der Supervision und so weiter. Das kam mir irgendwie komisch vor. Ich habe mich gefragt, ob sie irgendwie in Margits Schuld standen. Wahrscheinlich war es ein Ausdruck ihrer Ehrfurcht.«

Vor unserem Treffen hatte Brolin seine Frau gefragt, wie sie sich an die Quick-Jahre erinnere. Sie hatte geantwortet: »Du warst vollkommen überzeugt von Quicks Schuld. Aber du hattest Probleme mit dieser Sekte.« Damit, so Brolin, habe sie den Nagel auf den Kopf getroffen. Einerseits sei ihm die autoritäre Stimmung in der Klinik, wo Margits Wort Gesetz war, unangenehm aufgestoßen, doch andererseits habe er mit derselben Überzeugung an ihre Ideen geglaubt wie jeder andere auch. Damals sei er enttäuscht gewesen, dass er nie in Margits exklusiven Kreis eingeladen worden war, aber heute sei er erleichtert. In der Klinik zu arbeiten, habe sich angefühlt, als würde man einer Elite angehören. Später habe er ein paar Kollegen, die in den 1990er-Jahren in anderen Psychiatrien gearbeitet hatten, gefragt, welchen Eindruck sie von Säter gehabt hätten. Ein Psychologe habe geantwortet, die Psychotherapeuten aus Säter hätten etwas »Hochnäsiges« an sich gehabt. »So was hört man natürlich nicht gern«, meinte Brolin. »Aber im Nachhinein kann ich ihn verstehen. Wir waren so leidenschaftlich bei unserer Sache und so fest davon überzeugt, etwas zu tun, das sonst niemand verstand oder erledigen konnte.«

Sture sei für die Klinik deshalb so wichtig geworden, weil seine »Erinnerungen« mit den Ideen der Klinik korrespondierten: »Er war der lebende Beweis für unsere Vision«, erklärte er. »Mit seiner Hilfe, so dachten wir, könnten wir zeigen, dass wir recht hatten. Unsere psychotherapeutischen Behandlungsmethoden waren damals ja heiß umstritten … die Sache mit den verdrängten Erinnerungen und so weiter.«

Brolin bestätigte Göran Franssons Aussage, dass man sich in der Klinik nicht um die wissenschaftliche Forschung, die der Theorie um die verdrängten Erinnerungen kritisch gegenüberstand, geschert habe. »Kritik von außen wurde abgeblockt«, erklärte Brolin. »Wo wir wieder beim Thema Hochnäsigkeit wären. Wir waren uns sicher, dass wir *Bescheid wussten*, und das wollten wir allen *beweisen*.«

Magnus Brolin selbst war nicht von Margit supervidiert worden, er hatte sich stattdessen mit ihrer Schülerin Cajsa Lindholm begnügen müssen. Zeitgleich machte er eine Therapie bei Hanna Olsson, die ebenfalls zum Kreis um Margit gehörte. Ich wollte wissen, wie es gewesen war, Ståhle als Chefin zu haben, von Cajsa Lindholm supervidiert und von Hanna Olsson behandelt zu werden, die alle drei eng mit Margit verbunden waren. Das Seltsamste sei gewesen, meinte Brolin, dass die Dinge, die er im Vertrauen sagte, offenbar weitererzählt wurden.

»Ich war mir nicht sicher, ob es stimmte oder ob ich nur paranoid war. Man wusste nie, ob man nur mit seinem *Gegenüber* sprach oder mit der *ganzen Gruppe*, weil ohnehin alles weitergetratscht wurde. Es war alles sehr eigenartig, und im Nachhinein habe ich verstanden, dass es nicht nur Einbildung war.«

Neben Magnus Brolin war Lena Arvidsson die zweite Psychologin in Birgitta Ståhles Team. Lena hatte bereits als Stures Vertretungstherapeutin gearbeitet und war seit einigen Jahren seine Brieffreundin und Vertraute. Wie eng die Verbindung war, geht aus einem Brief vom Januar 1994 hervor. Lena hatte gerade Post von ihrem Vater erhalten, der abstritt, sich je an ihr vergangen zu haben, und sie zu einer Anzeige ermunterte, um die Vorwürfe ein für alle Mal aus der Welt zu schaffen. Kaum dass die fast fertig ausgebildete Psychologin den Brief ihres Vaters zu Ende gelesen hatte, griff sie zu Stift und Papier und schrieb dem Serienmörder Sture Bergwall:

> Sture!
> Ich muss Dir jetzt einfach schreiben und Dir etwas anvertrauen, weil Du wirklich verstehen und nachvollziehen kannst, was mich sehr belastet und mich zur Weißglut bringt. Es geht um meinen kranken, verrückten Vater. Ich wünschte, er wäre tot und endgültig aus meinem Leben verschwunden. Zwar wird er auch nach seinem Tod ein Teil von mir sein, aber zumindest werde ich dann in der Lage sein, ein ruhiges Leben zu führen. Ich habe heute einen Brief von meinem Vater erhalten. Ja, leider muss ich ihn Vater nennen, daran kann ich nichts ändern. Ich schreibe Dir, weil ich weiß, dass Du Dich nicht davor fürchtest, mir zu glauben. Du bist mutig

und Dir darüber im Klaren, dass hinter einer sauberen Fassade der Wahnsinn lauern kann.

Lena berichtete, dass ihr Vater Cajsa Lindholms Behandlung kritisiert hatte:

> Er glaubt, ich wäre von meiner Therapeutin Cajsa falsch behandelt worden, und dass wir uns gemeinsam eine Geschichte ausgedacht hätten. Mein Vater hat mehrmals mit dem Gedanken gespielt, mich wegen Verleumdung bei der Polizei anzuzeigen, aber darauf gehofft, dass Cajsa und ich noch »zur Vernunft« kommen würden. Außerdem hat er darüber nachgedacht, Cajsa bei der Aufsichtsbehörde fürs Gesundheits- und Pflegewesen anzuzeigen, aber eingesehen, dass das nicht geht.

Lena zitierte eine Passage aus dem Brief ihres Vaters. Zum Schutz der Familie sind alle Namen geändert:

> Es ist jetzt fast vier Jahre her, dass Du Gunvor [Lenas Mutter, Anm. d. Verf.] und mir diesen Brief geschrieben hast mit den – um es kurz zu fassen – grausigen Anschuldigungen, dass ich Dich sexuell missbraucht hätte, und dass Gunvor die ganze Zeit davon gewusst hätte, aber zu schwach oder mutlos war, um etwas dagegen zu unternehmen. Letzteres beweist, wie schlecht Du die moralische Stärke Deiner Mutter kennst.

Über die Worte »die moralische Stärke Deiner Mutter« hatte Lena einen kurzen Kommentar für Sture geschrieben: »Die Moral meiner Mutter besteht darin, sich ebenfalls an mir vergangen zu haben.«

2012 sagte Lena in unserem Interview, dass sie ihre Mutter, die ein paar Jahre zuvor an Krebs gestorben war, immer geliebt habe. Bis zu ihrem Tod hatte Lenas Mutter nie an die Beschuldigungen gegenüber ihrem Mann geglaubt, und der Brief beweist, dass sie eine Zeit lang ebenfalls beschuldigt wurde, an den – angeblichen – Übergriffen beteiligt gewesen zu sein.

Lena schrieb außerdem, dass sie im Begriff sei, immer grausamere Erinnerungen aufzudecken: »Natürlich leugnet mein Vater alles und behauptet, er sei unschuldig. Ich hingegen arbeite daran, mich an grausige, rituelle, sadistische und perverse Übergriffe zu erinnern, die ich nur mit Müh und Not überlebt habe. Es ist so schrecklich, aber wem erzähle ich das? Das alles ist so krank, dass man kaum glauben mag, dass es tatsächlich wahr ist.«

Lena war dankbar dafür, Sture als Freund zu haben: »Sture, Deine Erfahrungen sind so wertvoll. Dass Du mich verstehst, hilft mir so sehr. Jetzt habe ich mich in Deine Welt begeben, und ich will Dir beweisen, dass ich für Deinen Kampf und Deine Qualen Verständnis habe. Wie gesagt, wir haben so viel gemeinsam. Ich bin traurig, klein und ängstlich, doch zugleich fühle ich mich stark und mutig. Bald bin ich Psychologin, und dann zeige ich es allen!«[329]

Fünf Tage darauf schrieb sie einen weiteren Brief. Darin kommentierte sie Stures verdrängte Kindheitserinnerungen, von denen er ihr regelmäßig in seinen Briefen berichtete:

»Natürlich bin ich sehr aufgewühlt nach allem, was Du mir schreibst, aber erstaunt bin ich nicht. Deine Eltern müssen vollkommen verrückt gewesen sein; eine grausamere, abstoßendere Art, mit einem Kind umzugehen, kann ich mir nicht ausdenken. Pfui Teufel! Diese Schweine! Dass sie überhaupt frei rumlaufen konnten, ohne dass jemand etwas gemerkt hat. So viel zum Thema Zivilcourage.«

Für Lena bestand kein Zweifel daran, dass Sture mit den Morden seine Kindheitstraumata zu reinszenieren versuchte:

»Ausgehend von Deiner Geschichte wird alles so begreiflich; die Fehlgeburt, dass sie Dich dazu gezwungen haben, ebenfalls vom Fötus zu essen. Ich hoffe, Du hältst meine ungeschönten Formulierungen aus. Das erklärt den Ritualmord an Johan [Asplund, Anm. d. Verf.] – es hängt alles zusammen. Du hast ganz konkret reinszeniert, was Du selbst durchgestanden hast. Das sieht doch ein Blinder! Mit Deiner Tat hast Du versucht, Deiner Umwelt mitzuteilen, durch welche Hölle Du als Kind gehen musstest. Ach herrje, ich sehe jetzt alles so deutlich vor mir! Es sind natürlich gruselige, unbehagliche Gedanken, aber weil ich verstehe, wie das alles zusammenhängt, habe ich keine Angst mehr. Ich weiß, dass Du sechs Jungen getötet hast, aber das ändert nichts an meinen Gefühlen zu Dir. Ich hab Dich noch genauso gern wie früher, das sollst du wissen. Ich werde immer Deine Freundin sein, Du kannst mir zu 100 % vertrauen. Ich lasse Dich niemals im Stich!!«[330]

Dies schrieb Lena im Januar 1994. Fünf Monate später stellte Birgitta Ståhle sie als dritte Psychologin in der Abteilung für Forensische Psychiatrie an. Zehn Jahre lang therapierte Lena zur Unterbringung im Maßregelvollzug verurteilte Patienten. Sie selbst ging die ganze Zeit bei Cajsa Lindholm in die Therapie und Supervision, und jeden Mittwoch, wenn Birgitta Ståhle bei Margit in Stockholm war, sprang Lena als Stures zweite Therapeutin ein.

Mit folgender Skizze habe ich versucht darzustellen, wie Stures Therapie im Frühjahr 1994 organisiert war. Das Ergebnis spricht für sich. Direkt und indirekt hatte Margit überall ihre Finger im Spiel:

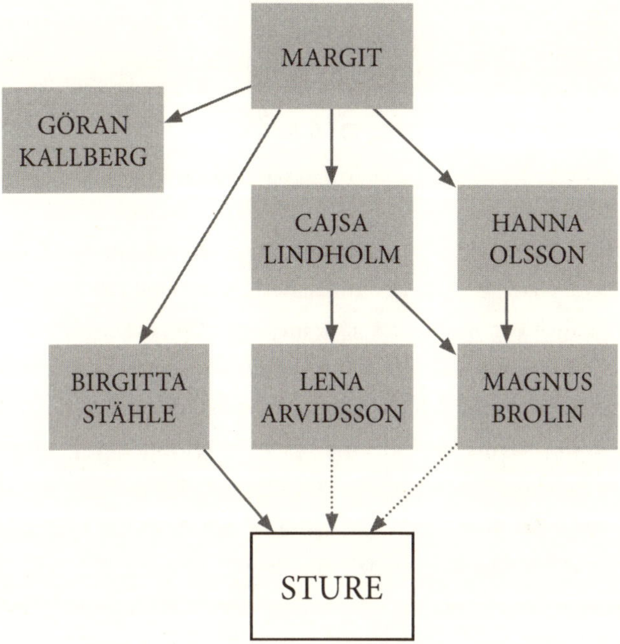

Auch nachdem Birgitta Ståhle Stures Therapie übernommen hatte, lief die enge Zusammenarbeit mit van der Kwast und Penttinen weiter wie zuvor. Im Juni fasste sie das vorangegangene Frühjahr wie folgt zusammen:

»Die Arbeit war aufreibend, mit viel neu aufgedecktem Material und einem aktiven therapeutischen Prozess. Während der Therapiegespräche regredierte Sture häufig und intensiv, wodurch er Kontakt zu bisher verdrängten Kindheitserlebnissen herstellen konnte. Die Regredition [sic!] führte mitunter dazu, dass der Patient sich sowohl an traumatische Erlebnisse in seiner Kindheit erinnerte, als auch daran, wie er diese als Erwachsener in Form von Morden und sexuellen Übergriffen reinszenierte. Diese Erkenntnisse lässt er auch in die laufenden Ermittlungen einfließen.«[331]

22. Die Flucht

»Mithilfe der Regression erinnert sich Sture an Ereignisse und Situationen rund ums Töten.«
Notiz von Birgitta Ståhle im August 1994 in Stures Patientenakte

Als Birgitta Ståhle im Sommer 1994 in Urlaub ging und Lena Arvidsson erneut als Vertretung einsprang, setzte Sture einen lang gehegten Plan in die Tat um. Er hatte sich in einen Mitpatienten verguckt, den damals zwanzigjährigen Tobias. Auch nach dessen Entlassung auf Probe war er mit ihm über das Patiententelefon in Kontakt geblieben. Als Tobias ihm eines Tages erzählte, er habe Amphetamin besorgt, konnte Sture der Versuchung nicht länger widerstehen, und die beiden schmiedeten einen Fluchtplan.

Am Montagmorgen, dem 4. Juli, schlug Sture Lena Arvidsson vor, später nach der Therapiesitzung im Restaurant des nahe gelegenen Golfplatzes gemeinsam zu Mittag zu essen. Lena sagte zu. Anschließend rief Sture bei Tobias an und teilte ihm mit, alles laufe nach Plan. Im Anschluss an die Sitzung verließen Lena und Sture die Station und traten hinaus auf den großen Klinikparkplatz. Als sie den ehemaligen »Pavillon« passierten, erklärte Sture, er müsse dringend austreten. Lena wartete, während Sture hinter dem alten Gebäude verschwand. Kaum außer Sichtweite, lief er einen halben Kilometer durch den Wald hinter dem Klinikkomplex. Tobias und eine junge Frau, die er als Fahrerin organisiert hatte, warteten in einem alten Volvo. Das Trio fuhr in nordöstlicher Richtung und erreichte nach einigen Stunden Hälsingland, eine Provinz nordöstlich von Dalarna.

Tobias hatte ein Zelt, ein Radio und ein Tütchen Amphetamin mitgebracht. Sture nahm sofort eine Portion, indem er die Masse mit dem Finger an den Gaumen pappte. Er genoss es, als der Kick einsetzte, und die Stimmung im Auto wurde immer ausgelassener. Tobias hatte einen Nassrasierer und Rasierschaum besorgt, damit Sture sich seinen Bart abrasieren konnte. Außerdem hatte er eine abgesägte, nicht funktionstüchtige Flinte mitgebracht, da die beiden mit dem Gedanken gespielt hatten, ihre Flucht mit einem Banküberfall zu finanzieren.

Sture war schon mehrmals aus den verschiedenen Kliniken getürmt, doch diese Flucht zog drastischere Konsequenzen nach sich, als er es sich ausgemalt hatte. Seit van der Kwast offiziell verkündet hatte, Sture sei Thomas Blomgrens Mörder, war der »Säter-Mann« ständig in den Schlagzeilen. Erst am 17. Juni, also wenige Wochen vor dem Fluchtversuch, hatte der *Expressen* ihm eine ganze Seite gewidmet. Sture wurde in dem Artikel als »Lustmörder« bezeichnet und von seinen Ärzten als »gemeingefährlich« eingestuft. Eine ziemlich verblüffende Aussage angesichts der Tatsache, dass Sture zu dieser Zeit regelmäßig frei herumspazieren oder -radeln durfte und gemeinsam mit seinen Pflegern, für die er offensichtlich alles anderes als »gemeingefährlich« war, im Säterdalen joggen ging.[332]

So war es natürlich nicht verwunderlich, dass die Medien große Geschütze auffuhren, als sie von der Flucht des »Säter-Manns« erfuhren. Die Abendzeitungen druckten Sonderauflagen, und im Interesse der Öffentlichkeit wurde enthüllt, dass der »Säter-Mann« Thomas Quick hieß. Außerdem wurden nicht anonymisierte Bilder von ihm veröffentlicht.

Damit begann eine nervenaufreibende Verfolgungsjagd. Die Polizei scheute weder Kosten noch Mühen und setzte Helikopter, Spürhunde sowie mit Maschinenpistolen und schutzsicheren Westen ausgestattete Sondereinheiten ein, um den gemeingefährlichen Irren zu schnappen, ehe er seinen nächsten Stückelmord begehen konnte. Als die junge Fahrerin begriff, für wen sie die Chauffeurin spielte, bekam sie kalte Füße und setzte ihre Passagiere vor einem verlassenen Haus irgendwo in Hälsingland ab.

Sture und Tobias fanden zwei alte Fahrräder, auf denen sie ihre Flucht fortsetzten. In beiden Richtungen brauste die Polizei an ihnen vorbei, aber niemand rechnete damit, dem Serienmörder auf einem Drahtesel zu begegnen. Gegen Nachmittag gelangten die zwei in das kleine Dorf Alfta, westlich von Bollnäs. An einer sichtgeschützten Stelle zwischen einem Wald und einem Acker schlugen sie ihr Nachtlager auf und hörten im Radio, wie die *Ekonyheterna* von der Suche nach Thomas Quick berichteten. Einmal flog sogar ein Polizeihelikopter über sie hinweg.

Sture erzählte mir, ihm sei recht bald klar gewesen, dass die Flucht vergebens war. Also schlug er Tobias vor, sich abzuseilen und allein nach Stockholm zu fahren. Er selbst wolle ein paar Stunden warten und sich dann der Polizei stellen. Sture warf die Flinte in einen nahe gelegenen Bach und verbrachte die Nacht allein im Zelt. Am nächsten Morgen spazierte er zu einer *Statoil*-Tankstelle in Alfta, wo ihm sein eigenes Gesicht von den Titelseiten der Zeitungen entgegenblickte. Sein erster Anruf galt Station 36. Er wollte sichergehen, dass er nicht die Station würde wechseln müssen, wenn er freiwillig zurückkam. Der Pfleger am anderen Ende der Leitung hatte keine Entscheidungsbefugnis, wollte aber ein gutes Wort für ihn einlegen. Der nächste Anruf galt der Polizei in Bollnäs. Anschließend setzte Sture sich auf eine Bank und wartete. Als die Polizei eintraf, streckte er die Arme in die Luft, um anzuzeigen, dass er unbewaffnet war. Die Nacht verbrachte Sture in einer Zelle auf der Polizeiwache, vor der ein wahres Blitzlichtgewitter tobte. Am nächsten Morgen wurde er zurück nach Säter gebracht.

Stures Fluchtversuch war zwar glimpflich ausgegangen, doch für die Klinikleitung war das Ganze ein Desaster: Wieder einmal war die Klinik in die Schlagzeilen geraten. Nur wenige Stunden nach Stures Festnahme veröffentlichte der *Expressen* eine Abrechnung mit der gesamten schwedischen Rechtspsychiatrie unter der Überschrift »Wo die Verbrecher frei herumspazieren«. In dem Artikel wurden mehrere Ärzte der Kliniken in Säter, Karsudden und Sidsjön namentlich erwähnt, die Gewaltstraftätern äußerst fragwürdige Freigang-Erlaubnisse erteilt hatten. Göran Källberg, Kjell Persson und Göran Fransson waren drei der genannten Namen.

Dass außerdem die zuständige Aufsichtsbehörde eingeschaltet wurde, machte die Situation nicht gerade besser. Schon am nächsten Tag wurden Sachverständige der Gesundheitsbehörde für eine Blitzinspektion nach Säter geschickt. Im Abschlussbericht hieß es: »Den langjährig erfahrenen Klinikmitarbeitern zufolge ist Sture der außergewöhnlichste Patient, der je in der Forensischen Psychiatrie in Säter behandelt wurde.«[333] Ferner wurde festgestellt, dass keiner von Stures Therapeuten die erforderliche Ausbildung absolviert hatte. Die Schlussfolgerung: In Säter herrschte eine »verblüffende Ahnungslosigkeit«, weswegen umgehend Maßnahmen getroffen werden müssten, um künftigen Fluchtversuchen vorzubeugen. Außerdem leitete der zuständige Justiz-Ombudsmann, bei dem im Zusammenhang mit Stures Flucht sechs Anzeigen eingegangen waren, eine landesweite Untersuchung über die Handhabungen von Vollzugslockerungen in Forensischen Psychiatrien ein.[334] In Schweden standen die Wahlen an, und die Justizministerin Gun Hellsvik von den Moderaten verkündete in der Nachrichtensendung *Aktuellt*, sie wolle, sofern die bürgerlichen Parteien die Regierungsmacht behielten, persönlich dafür Sorge tragen, dass Gewaltstraftäter künftig nicht mehr so leicht mit einer Verurteilung zur Unterbringung im Maßregelvollzug davonkommen würden.

Damit hatte Stures Flucht nicht nur die Klinik in Säter, sondern sämtliche Forensischen Psychiatrien Schwedens stark unter Druck gesetzt. Man könnte annehmen, dass dies negative

Konsequenzen für ihn nach sich gezogen hätte, doch das hieße, die tückische Effizienz der Säter'schen Gedankenwelt maßlos zu unterschätzen. Noch bevor Sture in die Klinik zurückgebracht wurde, brach Birgitta Ståhle ihren Urlaub ab, um sofort für die nächste Therapiesitzung Gewehr bei Fuß zu stehen. Sture legte dasselbe Verhalten an den Tag wie nach jedem anderen Fluchtversuch: In Tränen aufgelöst erklärte er, er habe sich das Leben nehmen wollen. Mit dieser Masche hatte er bislang immer Erfolg gehabt, und so war es auch dieses Mal. Birgitta ließ sich von Sture um den Finger wickeln und notierte säuberlich in der Patientenakte, er habe »seine Situation als so aussichtslos empfunden, dass er beschlossen hatte, aus der Klinik auszubrechen, um Tobias zu treffen und sich das Leben zu nehmen«. Die Flucht habe Sture allerdings neue und wichtige Einsichten verschafft, da er dem Impuls widerstanden habe, Tobias zu erschlagen:

»Während der Flucht wird Thomas bewusst, wie seine alten Kindheitstraumata mit der aktuellen Situation verschmelzen, was ihn einerseits ängstigt und andererseits dazu veranlasst, sich von Tobias zu distanzieren. [...] Er sieht selbst ein, wie wichtig es ist, die Therapie wiederaufzunehmen und dort weiterzumachen, wo wir aufgehört haben.«[335]

Sture wusste genau, welche Knöpfe er drücken musste, um sich wieder als Säters Superstar zu etablieren. Als ihm klar wurde, wie sehr die Medien und Aufsichtsbehörden die Klinik unter Druck setzten, wagte er einen radikalen Schritt. In Absprache mit Margit und Birgitta Ståhle verfasste er in Windeseile einen Artikel, der bereits eine Woche später auf der Meinungsseite der *Dagens Nyheter* publiziert wurde: »Ich heiße Thomas Quick. Seit meiner Flucht am vergangenen Montag, dem 4. Juli, und dem darauffolgenden Aufruhr in den Massenmedien weiß jeder, wie ich heiße und wie ich aussehe.«

In seiner gewohnt blumigen Sprache sprang er für die Klinik in die Bresche:

»Ich kann und will mein Fernbleiben von der Klinik nicht rechtfertigen, aber ich möchte unbedingt betonen, welch hervorragende Arbeit die Klinik geleistet hat und leistet; dies ist völlig untergegangen in dem Gegröle der sensationslüsternen Journalisten, wo selbst kompetente intellektuelle Kräfte in ihren Versuchen scheitern, in den lärmenden Chor einzusteigen, um ihn schlussendlich zu übertönen. Ich weiß, dass meine Stimme in diesem Radau nur wie das Zirpen einer Grille ist – und trotzdem ist es mein Trost und meine Hoffnung, dass diejenigen, die ihre Ohren weit genug aufsperren, sie trotzdem vernehmen werden.«

Dann ging er auf seine verdrängten Erinnerungen ein:

»Als ich in die Klinik für Forensische Psychiatrie in Säter eingeliefert wurde, hatte ich keine Erinnerungen an die ersten zwölf Jahre meines Lebens. Ebenso effektiv wie diese Jahre hatte ich auch die Erinnerungen an die Morde verdrängt, die ich mittlerweile gestanden habe und die von der Polizei in Sundsvall untersucht werden.«

Er lobte die Therapie in den höchsten Tönen:

»Während ich allmählich den Mut fand, den Kontakt zu äußerst traumatischen Erlebnissen in meiner frühen Kindheit herzustellen, wurden auch die vagen Erinnerungen an schlimme Ereignisse im Erwachsenenalter langsam greifbar.«

Den Fluchtversuch hatte sich Sture rhetorisch geschickt bis zum Schluss aufgehoben:

»Warum bin ich dann geflohen? Nicht, um neue Verbrechen zu begehen. Ich bin geflohen, weil die Erinnerungen an meine Taten zu mächtig, zu unerträglich geworden waren. Ich bin geflohen, weil ich mir das Leben nehmen wollte. Nachdem mein Kamerad und ich auseinandergegangen waren, saß ich dreizehn Stunden lang mit einer abgesägten Schrotflinte da, abwechselnd an meine Stirn, in den Mund und auf meine Brust gerichtet. Aber ich konnte nicht abdrücken. Heute kann ich die Verantwortung für gestern übernehmen, und vielleicht war es dieses Gefühl der

Verantwortung, das den Selbstmord verhindert und mich dazu bewogen hat, mich der Polizei zu stellen. Zumindest möchte ich das glauben.«[336]

Die elaborierte Ausdrucksweise des Serienkillers war eine kleine Sensation. Er benutzte sogar Semikolons! Von nun an galt Thomas Quick als hochintelligent, was ihn umso geheimnisvoller machte. Es schien, als hätte er mit Thomas Harris' feingeistigem Serienkiller Hannibal Lecter nicht nur den Kannibalismus gemein.

Mit reichlich rhetorischem Fingerspitzengefühl schrieb Sture nach seinem Artikel einen Brief an das Personal der Station 36. Er klingt wie ein Firmenboss, der seinen Mitarbeitern einen seiner Fehltritte in die Schuhe schiebt:

»Nachdem ich mit ein paar von Euch gesprochen habe, weiß ich, dass meine Flucht einige Fragen und Überlegungen aufgeworfen hat. Mit diesem Brief möchte ich die Dinge ansprechen, die uns alle etwas angehen, die Euch, mich und unser Verhältnis zueinander betreffen. Ich werde nicht auf die formalen Konsequenzen eingehen, zu denen meine Flucht geführt hat – die Untersuchung durch die Aufsichtsbehörde, die möglicherweise dadurch generierte Kritik, die Drohungen seitens anderer Patienten etc. Für mich ist das Allerwichtigste, dass wir zu der Vertraulichkeit zurückfinden, die vor meiner Flucht zwischen uns bestanden hat. Ich bitte Euch, mir zu glauben, dass ich die Wahrheit sage und meine Worte ernst meine – betrachtet meinen Brief also bitte nicht als Manipulationsversuch. Ich hatte einfach keine Kraft mehr, und womöglich muss ich an dieser Stelle auch ein paar Zweifel Euch gegenüber aussprechen: Ist Euch wirklich klar, wie schwer ich es habe?«

Großzügig erklärte er sich bereit, dem Personal noch eine Chance zu geben: »Deshalb halte ich es für wichtig, dass wir zurückblicken auf das, was wir gemeinsam erreicht haben. Diese Dinge sollten wir uns vor Augen halten. Rings um uns mögen

Stürme toben, aber nichtsdestoweniger haben wir durch unser gegenseitiges Vertrauen viele Fortschritte erzielt. Wir müssen die gemeinsame Arbeit fortsetzen. Allein werde ich es nicht schaffen.«[337]

Diese manipulative Predigt erfüllte ihren Zweck.

»Hinterher herrschte eine prima Stimmung auf der Station«, erzählte mir Sture. »Die Flucht hatte mir noch mehr Glaubwürdigkeit verschafft. Es hieß, ich hätte mich von meinen schmerzhaften Erinnerungen befreien wollen. Und meine Rückkehr in die Klinik wurde als Rückkehr zur Therapie gedeutet. Für Margit war das bestimmt eine enorme Bestätigung.«

In den Therapiesitzungen sei immer wieder die symbolische Bedeutung der Flucht durchgekaut worden: »Es hieß, sie hätte zur Therapie dazugehört. Ich sei nach Alfta gefahren, weil meine Mutter dort aufgewachsen war, die ich zur Rede stellen wollte. Im Grunde hatte die Flucht keine negativen Folgen für mich. Ganz im Gegenteil.«

Nach der Flucht habe der Medikamentenschrank für ihn sperrangelweit offen gestanden, erzählte Sture. Er erhielt sämtliche Präparate, die er verlangte, damit die »Erinnerungen« ihn zu keinen weiteren Suizidversuchen verleiteten. Dass Sture in Wahrheit ausgebüxt war, um sich mit seinem Schwarm zu treffen und Drogen zu nehmen – das konnte sich niemand vorstellen.

Ein weiterer Grund dafür, dass Sture vom Herbst 1994 an noch mehr Medikamente verabreicht wurden, war ein neuer Arzt. Göran Källberg hatte im Frühjahr erneut das Handtuch geworfen, nachdem Lars-Inge Svartenbrandt auch vom Gefängnis aus keine Gelegenheit ungenutzt ließ, Salz in die Wunden seines Extherapeuten zu streuen. Im April hatte der *Expressen* ein doppelseitiges Interview gebracht. Die Überschrift: »Ich habe ganz Säter zum Narren gehalten«. Hier ein Auszug:

Heute gibt Svartenbrandt zu, seine Therapeuten jahrelang an der Nase herumgeführt zu haben. So auch den Leitenden Oberarzt der Klinik.

»Ist doch klar«, sagt er selbstsicher. »Die Therapie zwingt einen quasi dazu. Durch sie habe ich gelernt, wie man manipuliert und sich jeglicher Verantwortung entzieht. Trotz achtjähriger Behandlung bin ich wahrscheinlich der übelste Kerl, der je aus der Klinik entlassen worden ist.«[338]

Daraufhin ließ Göran Källberg sich erneut beurlauben, vermutlich war der Druck schlichtweg zu groß geworden. Diesmal nahm er eine längere Auszeit und kehrte erst im Jahr 2001 in die Klinik zurück. In der Zwischenzeit wurde sein Posten von dem fast zwei Meter großen Dänen Erik Kall übernommen, der auch Sture behandelte. Kall verhielt sich von Beginn an loyal gegenüber dem Kreis, der sich um Sture gebildet hatte, bestehend aus Birgitta Ståhle und Margit sowie Christer van der Kwast und Seppo Penttinen. Bis Ende der 1990er-Jahre verschrieb er Sture zahlreiche Schmerzmittel in extrem hohen Dosen, die angeblich gewährleisten sollten, dass Sture die Therapie und die Gerichtsverfahren durchstehen würde.[339/340]

Die reguläre Tagesdosis bestand aus drei Tabletten Stesolid à zehn Milligramm, die durch eine sogenannte Bedarfsmedikation ergänzt wurde, wenn die Therapeuten es für nötig hielten. Die Dosierungen entwickelten sich proportional zu Stures vorgespielten Panikattacken während der »Regressionen«, die sich zunehmend drastischer gestalteten. Im August notierte Birgitta Ståhle:

»Mithilfe der Regression erinnert sich Sture an Ereignisse und Situationen rund ums Töten. Die Erinnerungen daran, dass seine Eltern ihn als Kind umbringen wollten, sind unmittelbar verknüpft mit den Morden, die er selbst als Erwachsener begangen hat. Die Erinnerungen sind ungeheuer intensiv und nehmen sich für Thomas so deutlich aus, dass er Geräusche und Düfte wahrnimmt, als würde er die Situation noch einmal erleben.«[341]

In Stures Akte wimmelt es von Einträgen über sein auffälliges Verhalten. So wurde zum Beispiel Anfang August notiert:

»Panikattacke gegen 17 Uhr. Wir mussten ihn in den Musikraum führen, wo er zusammensackte und mit dem Kopf immer wieder gegen den Boden schlug. Er sagte, er halte es nicht mehr aus. Patient bekam Xanor und Kaffee. Wir haben Birgitta gerufen, damit sie mit ihm spricht. Nach ca. einer Stunde ist das Schlimmste überstanden. Dr. Kall verordnet eine zusätzliche Tablette Xanor bei Bedarf.«[342]

Vier Tage später heißt es:

»Patient geisterte gegen 21 Uhr auf dem Stationskorridor auf und ab und schlug mit dem Kopf gegen die Wand. Gabe von 1 x 1 Milligramm Xanor. Anschließend folgte der Patient dem Personal ins Musikzimmer, wo er hyperventilierte und ca. 20 Minuten in eine Plastiktüte atmen musste. Die Panik ließ allmählich nach, und gegen 22 Uhr legte er sich hin.«[343]

Sture erhielt auch nachts Medikamente: »Thomas wacht gegen 2.15 Uhr unter schwerer Panik auf. Er schreit so laut, dass das Nachtpersonal aufmerksam wird. Sie gehen zu ihm ins Zimmer, nach einer Weile folgt er ihnen und bekommt 1 x 1 Milligramm Xanor.«[344]

Die Medikamente versetzten Sture in einen manischen Zustand, ähnlich einem Amphetaminrausch, in dem er lange, groteske Texte in den Rechner hämmerte, den er eigens zu diesem Zweck auf seinem Zimmer hatte. Im Herbst 1994 schrieb er beispielsweise:

»Die Bilder der toten Jungen, sie sind immer da, als visuelle Bilder, als emotionale Erinnerungen – sprich, ich erinnere mich daran, wie ich sie getötet habe, wie es sich an den Händen angefühlt hat, wie es klang, als ich z. B. Johans Kopf abgesägt habe. Der Widerstand, auf den die Säge stieß, das Blut an meinen Händen. Ich erinnere mich an die Gerüche. Ja, die Erinnerung ist im Hier und Jetzt, sie ist bei mir in ihrer ursprünglichen, unverstellten

Form. Besonders gegenwärtig ist Johans Rumpf, blau und kalt, ohne Kopf oder Gliedmaßen, mit abgetrenntem Geschlechtsorgan, zerfetzten Pobacken und abgeschnittenen Brustwarzen. Ich schließe die Augen, presse den Rumpf gegen meinen nackten Oberkörper. Ich erinnere mich an die verstümmelten Körper von Alvar, von Charles, von Olle. Dustunkas Körper ist noch verborgen, aber dafür erinnere ich mich so deutlich an Thomas' Tod. Ich spüre in den Händen, im ganzen Körper, wie er dagegen ankämpft usw. Meine Erinnerung ist so nah, dass die Angst, die ich heute verspüre, noch größer ist als damals, unmittelbar vor dem Mord. Ich möchte mich der Wirklichkeit stellen, die Therapiearbeit fortsetzen, aber mich lockt der Gedanke, mich davor zu drücken. Weil ich den unvermeidlichen Schmerz sehe, den meine Begegnungen mit der Wirklichkeit mir zufügen. Charles ist tot. Traue ich mich zu sagen, dass Alvar und Johan tot sind, ebenso wie Olle und Dustunka?«[345]

In diesem Zustand befand sich Sture, als Christer van der Kwast, Seppo Penttinen und Birgitta Ståhle auf seine erste Verurteilung hinarbeiteten.

23. Der Gedächtnisexperte

»Er hat ja diesen ungeheuren Mitteilungsdrang gehabt. Und ich habe versucht herauszukriegen, was er sagen wollte, durch … sagen wir mal … allgemeine Fragen zum Verhalten von Straftätern.«

Sven Å. Christianson in einer Vernehmung mit Kjell-Åke Wendt über seinen langjährigen Kontakt mit Thomas Quick

Das Tauziehen um Sture zwang Christer van der Kwast und Seppo Penttinen, die Vernehmungen für zwei Monate zu unterbrechen. Erst am 14. April 1994 versammelte man sich erneut im Musikraum, um die elfte Vernehmung zum Mord an Johan Asplund durchzuführen. Bei der letzten Vernehmung im Januar hatte Sture geschildert, wie er nach Ryggen gefahren war, wo er »in einem furchtbar psychotischen Zustand« mit dem Rumpf des Jungen umherirrte: »[M]ir ist schrecklich kalt, ich friere, aber ich kann mich noch nicht von dem Rumpf trennen …«[346]

Neben Penttinen, Rechtsanwalt Gunnar Lundgren und Birgitta Ståhle als moralische Stütze war auch ein Neuankömmling namens Sven-Åke Christianson zugegen. Dieser sollte seinen Namen später in »Sven Å. Christianson« ändern, um internationaler zu klingen. Christianson war Psychologiedozent mit dem Schwerpunkt Gedächtnisforschung an der Universität Stockholm. Van der Kwast hatte ihn für eine Untersuchung von Stures Gedächtnisfunktionen nach Säter bestellt, und da er nun ohnehin vor Ort war, wurde er eingeladen, der Vernehmung beizuwohnen.[347]

Zunächst berichtete Sture von einen Ausflug zum Ryggen-See,

der ohne Penttinens Wissen im vergangenen Herbst von Kjell Persson und Göran Fransson, die inzwischen nicht mehr in Säter arbeiteten, arrangiert worden war. Zweck der Übung war es gewesen, das »heilige Versteck« von Johans Hand zu finden. Sture schilderte, wie sich vor seinem geistigen Auge so deutliche Erinnerungsbilder materialisiert hatten, dass er den Weg beinahe gefunden hatte. Penttinen suchte nun schon seit einem Jahr nach dem Versteck und war am Vortag selbst zum Ryggen-See gefahren. Sein Versuch, aus Sture genauere Angaben herauszukitzeln, führte allerdings nur zu weiteren Ausflüchten und der typischen Panikatmung. Nach einer Stunde gab Penttinen auf. Gerade als er die Vernehmung beenden wollte, kam Sture noch einmal auf besagten Ausflug zu sprechen. Unter schweren Panikattacken schilderte er:

> [Sture]: Ich glaube, dass … dass wir auch (zunehmend panisch) auf konkrete Funde gestoßen sind.
> [Penttinen]: Und was waren das für Funde?
> [Sture]: Zwei … zwei … so ein und so ein …
> [Penttinen]: Mmm. Sie betrachten gerade zwei Knochen Ihres Mittelfingers, nicht wahr? Wo sind diese Funde jetzt?
> [Sture]: Ich muss hier raus. Birgitta wird erzählen, wo sie sind.

Damit verließ Sture den Musikraum. Die besorgte Birgitta Ståhle versicherte sich zunächst, dass er vom Pflegepersonal versorgt wurde. Als sie schließlich mit Penttinen, Lundgren und Christianson allein war, erzählte sie:

> [Ståhle]: Das ist jetzt der schwierige Teil. Also … er hat mir da was erzählt. Ähm … also, er hat mir erzählt, dass er die Knochenfragmente der Hand am Bach gefunden hat. Aber nachdem er sie Göran und Kjell gezeigt hat, hat er sie verspeist. Sie existieren also nicht mehr.
> [Penttinen]: Soso. Die Vernehmung wird um 16.06 Uhr beendet.

Sven Å. Christianson verfolgte das unerwartete Ende der Vernehmung mit großem Interesse. Er war ein schlanker Vierzigjähriger mit einer ungezwungenen, fast spitzbübischen Art. Ihn hinzuzuziehen, war ein geschickter Schachzug von van der Kwast gewesen. Bislang konnten Penttinen und er sich lediglich auf die Aussagen der Säter-Ärzte berufen, die behaupteten, dass ihr »Erklärungsmodell« sich auf wissenschaftliche Erkenntnisse gründe. Doch mit Christianson hatte van der Kwast einen waschechten Gedächtnisforscher in die geschlossene Säter-Welt eingeschleust.

Christianson hatte 1984 an der Universität in Umeå promoviert, wo er sich einige Jahre den Strukturen und Funktionsweisen des Gedächtnisses widmete. Der große Karrieresprung kam mit einem Umzug in die USA, wo er wissenschaftlicher Assistent von keiner Geringeren als Elizabeth Loftus wurde – einer der weltweit führenden Expertinnen für falsche Erinnerungen.

Zusammen publizierten Loftus und Christianson 1987 eine Studie, mit der sie zeigten, dass sich für die zentralen, emotional besetzten Aspekte einer Situation ein Erinnerungsvorteil gegenüber den peripheren, weniger emotional besetzten Aspekten ergab.[348] Dass Christiansons Name fortan in einem Atemzug mit Loftus genannt wurde, war seinem akademischen Renommee ungemein förderlich. Auch nach seiner Rückkehr nach Schweden, wo er Dozent an der Universität in Umeå wurde, setzte er seine Zusammenarbeit mit Loftus fort. In mehreren gemeinsamen Studien zeigten sie, dass die Erinnerungen an die zentralen Aspekte schrecklicher Erlebnisse besonders nachhaltig sind.[349]

Christianson war sich sehr wohl darüber im Klaren, dass sechzig Jahre Gedächtnisforschung keine überzeugenden Belege für die Verdrängung traumatischer Erinnerungen hervorgebracht hatten, und natürlich wusste er auch, wie umstritten die sogenannte »recovered memory therapy« (Trauma-Erinnerungstherapie) war.[350] Mit einer Handvoll Verweise auf den aktuellen Forschungsstand hätte er van der Kwast einfach erklären können, warum die psychologischen Ansätze der Ärzte und Therapeuten in Säter so problematisch waren. Vielleicht hätte er so noch vor dem ersten Prozess den größten schwedischen Justizskandal des Jahrhunderts abwenden können.

Doch stattdessen geschah etwas Seltsames. Nachdem die Vernehmung ergeben hatte, dass der einzige Knochenfund der Quick-Ermittlung offensichtlich verspeist worden war, wurde Sven Å. Christianson als Berater ins Ermittlungsteam geholt. Er selbst erklärte in einer späteren Vernehmung, er habe »die Polizei dabei gecoacht«, Sture beim Aufdecken seiner verdrängten Erinnerungen zu helfen.[351] Bis zu Stures achter Verurteilung wegen Mordes sollte Christianson so etwas wie van der Kwasts und Penttinens persönlicher Experte in Sachen Erinnerungen und Gedächtnisfunktionen bleiben.

Sein Honorar wurde ihm von der Nationalen Polizeibehörde ausbezahlt, und er gründete eigens dafür eine Aktiengesellschaft mit dem sprechenden Namen »Memokonsult AG«.

Doch Christiansons Rolle ging noch weiter. Neben seiner Arbeit für die Nationale Polizeibehörde baute er eine – wie er es selbst ausdrückte – »individuelle Forschungsbeziehung« zu Sture auf. Er wollte herausfinden, wie ein Mensch, »der mehrere Gewaltverbrechen begangen hat, sich an seine Taten zurückerinnert und diese Erinnerungen schildert«. Dieses Forschungsprojekt unternahm er im Rahmen einer Dozentenstelle an der Universität Stockholm, doch darüber hinaus verfolgte Christianson auch ein ganz persönliches Interesse: Er wollte ein Buch über Sture schreiben, im Wissen, dass sich potenziell ein großes Publikum für das Thema Serienkiller interessierte.

Drei Jahre zuvor, genauer gesagt im Juli 1991, war ein amerikanischer Serienmörder namens Jeffrey Dahmer von der Polizei gefasst worden. In allen Medien wurde davon berichtet, dass Dahmer mindestens siebzehn Opfer vergewaltigt, verstümmelt und in manchen Fällen sogar gegessen hatte. Natürlich stellte sich jeder die Frage, wie ein Mensch überhaupt dazu in der Lage sein konnte, solch grauenhafte Verbrechen zu begehen. Und auf genau diese Frage wollte Christianson nun eine Antwort – mit Stures Hilfe.

Ab Sommer 1994 war Christianson ein oft gesehener Gast in der Klinik. Ausgerüstet mit einem Diktiergerät, besuchte er Sture in dessen Zimmer und lauschte den Bekenntnissen des Serienmörders: »Er hat ja diesen ungeheuren Mitteilungsdrang gehabt. Und ich habe versucht herauszukriegen, was er sagen wollte, durch … sagen wir mal … allgemeine Fragen zum Verhalten von Straftätern.«

Mir erzählte Sture, Christianson habe sich Antworten auf Fragen erhofft wie: Was hat Jeffrey Dahmer zum Kannibalen gemacht? Oder: Warum hat Westley Allan Dodd die Genitalien seiner Opfer verspeist? Sture wusste auf jede Frage eine Antwort, und gleichzeitig verschaffte er sich selbst wertvolle Informationen. Zusätzlich zu Inspirationsquellen wie *American Psycho* konnte er seine Fantasie nun von Christiansons Schilderungen über wirkliche amerikanische Serienmörder beflügeln lassen.

Christiansons Buch hatte den Arbeitstitel »Im Kopf eines Serienmörders« (*I huvudet på en seriemördare*). Es sollte auf einem populärwissenschaftlichen Niveau gehalten sein, um eine möglichst breite Masse anzusprechen. Vermutlich war Christianson fest davon überzeugt, dass sein Werk zu einem weltweiten Bestseller avancieren würde, und tatsächlich bot ihm der renommierte Verlag *Norstedts* einen Autorenvertrag an. Die Höhe der Vorschusssumme ist bis heute ein Geheimnis zwischen *Norstedts* und Christianson.

Van der Kwast und Penttinen erhofften sich von Christianson vor allem eins: Er sollte Stures Erinnerungen an einen bestimmten Mord auf die Sprünge helfen. Bei dem Opfer handelte es sich um den fünfzehnjährigen Charles Zelmanovits, den Sohn einer schwedischen Krankenschwester und eines polnischen Lehrers.

Die Familie hatte einige Jahre im Ausland verbracht und war im Sommer 1976 nach Piteå zurückgekehrt.[352] An einem Freitagabend im November desselben Jahres besuchte Charles ein Schulfest in der Turnhalle von Pitholmen einige Kilometer entfernt. Er trank eine ganze Menge, und als die Veranstaltung gegen Mitternacht vorbei war, sahen zwei Mädchen ihn durch die Nacht torkeln. Es war das letzte Mal, dass er lebend gesehen wurde.

Sein Verschwinden erschütterte den gesamten Ort. Die Polizei leitete eine intensive Fahndung ein, die Einwohner bildeten Suchtrupps, und die lokale Presse veröffentliche zahlreiche Artikel. Trotzdem sollte Charles' Verschwinden sechzehn Jahre lang ein Rätsel bleiben, bis ein Jäger im September 1993 in einem etwa drei Kilometer von der Turnhalle entfernten Waldstück einen Schädel entdeckte. Im näheren Umkreis wurden weitere Skelettteile gefunden, die im Laufe der Jahre vermutlich von wilden Tieren verschleppt worden waren; nur ein Oberschenkelknochen, ein Schienbein und verschiedene Handknochen fehlten. Eine technische Untersuchung ergab, dass es sich tatsächlich um Charles Zelmanovits' Überreste handelte. Die Polizei ging von einem natürlichen Tod aus. Piteå liegt in Nordschweden, und in der Nacht von Charles' Verschwinden hatten die Temperaturen weit unter Null gelegen. Seine Familie und Freunde hatten angegeben, dass er verhältnismäßig dünn bekleidet auf das Schulfest gegangen war. In Anbetracht von Charles' Alkoholpegel vermutete die Polizei daher, dass er sich auf dem Nachhauseweg schlichtweg verlaufen hatte und im Wald erfroren war.

Am 11. Dezember 1993 veröffentliche *Dagens Nyheter* eine Meldung über den tragischen Fund. Zwei Tage darauf gestand Sture den Mord in einem Brief an Kjell Persson, der in Margits Manuskript zitiert wird:

»Ich kann die Gesichtszüge des dunklen Jungen immer deutlicher ausmachen. Ich höre seine Stimme, erkenne seine Bewegungen, und das Schlimmste ist, dass ich mich so deutlich an den physischen Kontakt erinnere, daran, wo er hinführt. Die sexuelle Anziehung ist stark, so auch das Gefühl der bevorstehenden Gefahr; wenn ich dieses Bild vor mir sehe, dann denke ich ans Töten. Heute weiß ich, dass ich den dunklen Jungen getötet habe. Weiß genau, wie und wo es geschehen ist. Ich ahne seinen Vornamen, wage aber noch nicht, ihn auszusprechen. Ich erinnere mich auch an das sexuelle Vorspiel und daran, dass der Tod des dunklen Jungen durch Erdrosselung erfolgte. Anschließend habe ich ihn zu einem Platz im Wald getragen, wo der Boden von Rentierflechte und Moos bedeckt war.«[353]

Die Vernehmungsprotokolle im Fall Zelmanovits sind nicht weniger eigenartig als die im Fall Johan Asplund. Sture blieb in seinen Aussagen stets äußerst vage und überspielte sein Unvermögen, konkrete Angaben zu machen, mit Panikattacken: Er keuchte, stöhnte, stammelte und fabulierte munter drauflos.

Bei Charles' Verschwinden war Sture sechsundzwanzig Jahre alt gewesen. Da er den Führerschein erst elf Jahre später gemacht hatte, musste er irgendwie erklären, wie er 1976 nach Piteå gekommen war. Also sagte er aus, er sei von einem Freund, mit dem er auch ein sexuelles Verhältnis gehabt habe, die 240 Kilometer von Falun nach Piteå gefahren worden, und auf der Suche nach einem Entführungsopfer hätten sie zufällig Charles entdeckt. Unmittelbar nach der Tat, so Sture, seien sie wieder zurück nach Falun gefahren. Bereits in der ersten Vernehmung bekam Sture die Aufgabe, eine Skizze anzufertigen, wo in Piteå der Mord geschehen war. Er markierte eine Stelle nordwestlich des Stadtzentrums und gab an, dass sein Kumpel und er Charles dort ins Auto gelockt hätten, um anschließend ein Stück nordwärts zu fahren und den Jungen zu ermorden. In Wahrheit war Charles südöstlich des Stadtzentrums verschwunden.

Laut Stures Aussage hatte er seinen Kumpel mit dem Mord derart schockiert, dass dieser sich ein paar Monate darauf das Leben nahm. Den Kumpel, von dem Sture sprach, hatte es tatsächlich gegeben, er hatte sich in seiner Garage in Falun in den Kopf geschossen. Allerdings schien Sture sich nicht mehr ganz sicher gewesen zu sein, ob der Selbstmord vor oder nach November 1976 stattgefunden hatte. Erstaunlicherweise geht nämlich aus einem der ersten Vernehmungsprotokolle hervor, dass Sture Penttinen telefonisch gebeten hatte, das Todesdatum zu kontrollieren – was Penttinen auch tat.[354] Ehe Sture seinen Mittäter enthüllen konnte, musste er also abklären, ob dieser zur Tatzeit überhaupt lebte.

Sture war nicht in der Lage, das Auto seines Kumpels zu beschreiben. Farbe, Marke, Zwei- oder Viertürer – er erinnerte sich an nichts. Aufs Geratewohl tippte er, dass die Entführung am späten Nachmittag stattgefunden hatte. Die richtige Antwort hätte gelautet: nach Mitternacht. Außerdem gab er an, es hätte geschneit – ebenfalls Fehlanzeige. Was Charles' Bekleidung anging, so tippte Sture auf Sakko und Boots. Richtige Antwort: Lederjacke und Mokassins. In einer der Vernehmungen glaubte er sich zu erinnern, mit einem metallenen Schuhanzieher, den er im Auto entdeckt hatte, ein Loch gegraben und die Leiche hineingelegt zu haben. Auch in diesem Punkt lag Sture daneben, denn laut kriminaltechnischem Bericht war die Leiche zu keinem Zeitpunkt vergraben gewesen. Anfangs behauptete Sture, er habe die Leiche im Ganzen begraben, ein paar Vernehmungen später fiel ihm plötzlich ein, dass er sie vorher zerstückelt hatte. Er gab an, durch Charles' Bekleidung hindurchgesägt zu haben, doch der kriminaltechnischen Untersuchung zufolge waren die Kleider vollkommen unversehrt gewesen, und auch die Knochen hatten keine Messer- oder Sägemale aufgewiesen.

Nach diesem Muster ging es in den Vernehmungen weiter. Die Protokolle wimmeln nur so von haarsträubenden Aussagen, und nichts von dem, was Sture sagte, entsprach der Wahrheit.

Zur Freude des Staatsanwalts versorgte Christianson Penttinen mit wertvollen Tipps, wie er Stures Erinnerungen auf die

Sprünge helfen konnte. Dafür schlug er eine Variante der sogenannten »kognitiven Verhörmethode« vor[355], eine von den amerikanischen Psychologen Ronald P. Fisher und R. Edward Geiselman entwickelte Befragungstechnik, die in den 1990er-Jahren hoch im Kurs stand.

Fisher und Geiselman hatten beobachtet, dass Polizeibeamte bei den Befragungen von Zeugen und Opfern meist sehr grob und wenig einfühlsam vorgingen. Typische Fragen wie »War der Täter dunkelhaarig?« oder »War er mit einer Pistole bewaffnet?« mochten zwar zu konkreten Antworten führen, doch zugleich, so die Theorie von Fisher und Geiselman, blockierten sie alle Erinnerungen, die über diese Fragen hinausgingen. Um dem entgegenzuwirken, entwickelten die beiden Psychologen einen Regelkatalog und nannten ihre Methode »Kognitives Interview«. Das Konzept baute darauf, dass die Fragen offener gestellt werden sollten, um ausführlichere Antworten als »Ja« oder »Nein« zuzulassen. Weitere Kniffe bestanden beispielsweise darin, den Befragten zu ermuntern, das Geschehen aus der Perspektive eines anderen Beteiligten oder in umgekehrter chronologischer Reihenfolge zu schildern. Ferner empfahlen Fisher und Geiselman, die zu befragenden Zeugen und Opfer an den Ort des Geschehens zu führen und nicht ausschließlich in einem anonymen Verhörzimmer zu vernehmen.

Ziel des Kognitiven Interviews war es, ein Geflecht aus Assoziationen zu aktivieren, das laut Gedächtnisforschung die Grundlage unserer Erinnerungen bildet. In Stures Fall war der Gebrauch dieser Technik ein waghalsiges Unterfangen. Fisher und Geiselman hatten sie auf Zeugen und Opfer krimineller Handlungen ausgerichtet, die voraussichtlich ein aufrichtiges Interesse daran hatten, die Ermittlungen voranzutreiben. Tatverdächtige, deren Glaubwürdigkeit sich kaum beurteilen ließ, hatten sie nicht vor Augen gehabt.[356] Fisher und Geiselman hatten sogar explizit davor gewarnt, die Methode in einem therapeutischen Zusammenhang anzuwenden. In einem ihrer Artikel heißt es: »Wir, und auch andere, haben uns konsequent dagegen ausgesprochen, das Kognitive Interview als therapeutisches Werkzeug zu verwenden, beispielsweise wenn es um das Aufdecken ›verdrängter Erinnerungen‹ geht.«[357]

Sven Å. Christianson ließ sich von dieser Warnung nicht abschrecken. Stattdessen entwickelte er im Mai 1994 mit großem Erfindungsreichtum eine eigene, speziell auf Sture ausgerichtete Technik für Reinszenierungen, die seiner Aussage nach von der Methode des Kognitiven Interviews inspiriert war. Für gewöhnlich wird ein Tatverdächtiger oder ein Zeuge zum Ort des Geschehens geführt, wo er erklären soll, wie das Verbrechen vonstattenging. Christianson hingegen empfahl, Sture in eine dem Tatort *ähnliche* Umgebung zu führen, wo seine Erinnerungen stimuliert würden, ohne dass die Panikattacken den Verdrängungsmechanismus aktivierten.

Am 25. Mai 1994 wurde die Methode zum ersten Mal getestet. Christianson und Penttinen brachten Sture in ein Waldstück hinter der Klinik, das dem rund achthundert Kilometer weiter nördlich gelegenen Wald von Piteå gleichen sollte. Ziel war es, Stures Erinnerungen an den Zelmanovits-Mord zu wecken.

In einem anschließend verfassten Gedächtnisprotokoll beschrieb Penttinen: »Die Nachstellung fand in einem unmittelbar an das Klinikgelände angrenzenden Waldstück statt. Quick sollte ein Platz mit ähnlichen Gegebenheiten wie am Tatort im Polizeidistrikt Piteå gezeigt werden, wo er Zelmanovits' Leiche versteckt hat.«[358]

Natürlich mutete das Ganze etwas seltsam an, aber immerhin war Christianson Psychologiedozent, und der musste schließlich wissen, was er tat. Oder etwa nicht? Sture wurde aufgefordert, sich in dieselbe Gefühlslage zu versetzen, in der er sich zur Tatzeit befunden hatte. Und tatsächlich – laut Penttinens Protokoll kamen Stures Erinnerungen umgehend zurück: »[D]ie hochgewachsenen Bäumen sind relativ weit verstreut. Quick sagt, der Boden sei nicht von Wildwuchs bedeckt gewesen […].« Auch an die Gerüche von damals konnte Sture sich erinnern: »In Piteå habe die Luft mehr nach Moor gerochen als hier in Säter.« Als Sture sich an einer moosbewachsenen Stelle hinkniete und anfing, in der Erde zu wühlen, kam eine verdrängte Erinnerung zurück: »Als Quick in der Erde gräbt, gibt er an, dass die Grube in Piteå nicht besonders tief gewesen sei.«

Vage Beschreibungen eines Waldstücks zu liefern, bereitete Sture keine größeren Probleme, doch die Frage, wie weit er den Jungen von der Straße in den Wald hineingetragen habe, erwischte ihn auf dem falschen Fuß, denn dieses Mal gab es tatsächlich einen Fundort – und damit auch eine korrekte Antwort. Laut Protokoll lautete die Antwort: »Die Entfernung bis zu der Stelle, wo er Zelmanovits' Leiche zurückließ, grenzt Sture auf 50 bis 500 Meter ein. Er betont, dass er zur Sicherheit einen gewissen Spielraum mit eingerechnet hat.«

Durch seine Beteiligung an den Ermittlungen bestätigte Christianson, dass Stures fadenscheinige Aussagen sich auf eine Verdrängung traumatischer Erinnerungen zurückführen ließen, und gab Margits Hypothesen dadurch eine wissenschaftliche Legitimität. Christer van der Kwast bestätigte mir dies in unserem Interview. Er erklärte, dass Kjell Persson und Göran Fransson zwar die Ersten gewesen seien, die ihn von dem sogenannten Erklärungsmodell überzeugt hätten, aber nicht die Letzten:

»Ja, die beiden hatten natürlich den größten Einblick in die klinische Betreuung, aber dann zog ich Christianson hinzu, weil er diesen vernehmungspsychologischen Ansatz vertrat. Ich kann mich nicht mehr erinnern, zu welchem Zeitpunkt er dazukam, aber er spielte eine wichtige Rolle. Er hatte diesen kognitiven Blick auf die Sache und kannte sich bestens mit Serienmördern aus. Er war eine große Bereicherung.«

Als Christianson viele Jahre später zu seiner Rolle in den

Quick-Ermittlungen vernommen wurde, gab er an, für die Polizei eine Art »Coach« in Sachen Gedächtnisfunktionen gewesen zu sein: »Es ist ja nicht so, dass wir ein Aufnahmegerät im Kopf hätten, das man einfach abspielen kann. Unsere Erinnerungen sind davon abhängig, welche Hinweise wir erhalten.«[359]

Das Schlüsselwort war »Hinweise«. Christianson spielte darauf an, dass unsere Erinnerungen laut Gedächtnisforschung von Assoziationen getriggert werden. Was natürlich nicht dazu berechtigt, in einem Polizeiverhör beliebig »Hinweise« zu streuen. Die Begründer des Kognitiven Interviews hatten ausdrücklich davor gewarnt, dem Befragten die Antworten in den Mund zu legen, und die Kognitionspsychologen Stephen Lindsay und Don Read betonten schon 1994, dass »ein grundlegendes Prinzip des Kognitiven Interviews das Vermeiden von Suggestivfragen« sei. Nur deshalb habe die Methode wissenschaftlichen Studien zufolge zu keiner erhöhten Anzahl von Falschaussagen geführt.[360]

Christianson hingegen hatte Penttinen nicht vor Suggestivfragen gewarnt. Im Gegenteil. Kaum war der selbsternannte Vernehmungs-Coach zum Quick-Team gestoßen, begann Penttinen, Sture mit zahlreichen Suggestivfragen zu bearbeiten, und so sollte es die nächsten sieben Jahre, bis zum letzten Gerichtsverfahren im Jahr 2001, weitergehen. Einige Fragen wiederholte Penttinen so lange, bis Sture sich unter Verwendung des Ausschlussverfahrens an eine halbwegs korrekte Antwort herangeraten hatte.

Nach der Lektüre der etwa hundert Vernehmungsprotokolle bin ich davon überzeugt, dass Penttinen die Vernehmungen nicht absichtlich manipuliert hat. Wäre dies tatsächlich seine Absicht gewesen, hätte er sich vermutlich nicht mit ein paar vereinzelten Hinweisen begnügt. Stattdessen hätte er Sture die korrekten Antworten in den Pausen verraten können, wenn das Tonbandgerät ausgeschaltet war. Nein, Penttinen war offensichtlich aufrichtig davon überzeugt, einem Menschen beim Kampf gegen die Erinnerungsverdrängung beizustehen. Außerdem hatte Christianson mit seinem wissenschaftlichen Renommee der Verwendung von »Hinweisen« eine scheinbare Legitimität verliehen. Kurzum, Penttinen glaubte, das Richtige zu tun.

In den Protokollen der Zelmanovits-Vernehmungen finden sich zahlreiche Beispiele für Penttinens Suggestivfragen. Einmal fragte er zum Beispiel, wie der Boden am Tatort ausgesehen habe. Sture antwortete: »Mir kommt es vor, als wäre da… eine Menge Schnee… als wir aus dem Auto steigen und in den Wald hineingehen.« Penttinen, der wusste, dass damals kein Schnee gelegen hatte, half Sture auf die Sprünge: »Ich möchte Ihnen eine ganz konkrete Frage stellen. Was meinen Sie? Hat da wirklich Schnee gelegen? Könnte es nicht doch anders gewesen sein?« Daraufhin änderte Sture seine Meinung: »Doch, es könnte schon anders gewesen sein. Da, wo wir das Auto geparkt haben, lag kein Schnee.«[361]

In derselben Vernehmung bekam Sture die Aufgabe, Charles' Kleidung zu beschreiben. Er riet munter drauflos: »Ich sag mal, also, dass Charles… (Sture schweigt einen Moment) Jeans und Boots und einen dunklen Pulli anhatte und darüber… ja, ich glaube, er hatte auch ein Jackett an, aber nein, das stimmt nicht. Äh… Ich glaube, hier liegt eine Ver-Verwechslung vor.«

Hätte Charles tatsächlich ein Jackett getragen, hätte Penttinen an dieser Stelle vermutlich nicht weiter nachgebohrt, doch in Wahrheit hatte Charles eine braune Lederjacke angehabt.

> [Penttinen]: Mmm. Worin genau liegt die Verwechslung? Wenn es kein Jackett war, was könnte es dann gewesen sein? Haben Sie irgendeine Assoziation… an irgendein anderes Kleidungsstück?
>
> [Sture]: Ja-aa.
>
> [Penttinen]: Und das wäre?
>
> (Kurzes Schweigen)
>
> [Penttinen]: Wir sprechen jetzt nur von einer Assoziation.
>
> [Sture]: Na ja, dann denke ich an…
>
> [Penttinen]: Ja?

[Sture]: Ein Jackett … das assoziiere ich mit (unhörbar).

[Penttinen]: Mmm. Und wenn es kein Jackett ist, ist es dann eine Jacke? Wollen Sie das sagen? Welche Farbe hat sie gehabt?

Mit jeder Vernehmung wurden Stures Angaben dazu, was er mit der Leiche angestellt hatte, verworrener. Zunächst hatte er angegeben, den Jungen ausgezogen zu haben, doch dann schien er einen Hinweis erhalten zu haben, dass der Reißverschluss an Charles' Jacke bis oben hin zugezogen gewesen war. Also versuchte Sture, sich damit herauszureden, dass er die Leiche erst entkleidet und zerstückelt hatte, um den Rumpf anschließend wieder in die Jacke zu stecken. Auch die Angaben darüber, wie er die Leiche zerstückelt hatte, änderten sich. Mal gab er an, die Gliedmaßen mit roher Gewalt abgerissen zu haben, und mal hatte er ein Messer und eine »Handbügelsäge« verwendet.[362] Besonders die Bügelsäge lieferte reichlich Gesprächsstoff. In etwa hundert Metern Entfernung vom Fundort der Leiche hatten die Kriminaltechniker nämlich eine orangefarbene Säge entdeckt, die vermutlich irgendwer im Wald vergessen hatte. Bei der Untersuchung im Kriminaltechnischen Institut der Nationalen Polizeibehörde waren an der Säge jedoch keinerlei Blutspuren entdeckt worden. Unmittelbar nach dem Fund der Säge, genauer gesagt am 14. Juni, versuchte Penttinen, Stures Erinnerungen zu aktivieren:

[Penttinen]: Diese Säge, über die wir gesprochen haben, um welche Art handelt es sich da genau?

[Sture]: Wie schon gesagt, eine Handbügelsäge.

[Penttinen]: Eine Handbügelsäge … meinen Sie wirklich eine Handbügelsäge?

[Sture]: Ja, das habe ich doch schon früher gesagt.

[Penttinen]: Ich dachte, Sie hätten damals von einer Astsäge gesprochen.

Sture hatte recht. Bislang war ausnahmslos von einer Handbügelsäge die Rede gewesen. Trotzdem ließ Penttinen nicht locker:

[Penttinen]: Eine Handbügelsäge benutzt man vor allem für die Bearbeitung von Metall, um eine Leitung durchzusägen zum Beispiel. Das Sägeblatt ist ziemlich schmal. Eine Astsäge hingegen benutzt man, um Holz …
[Sture]: Gibt es denn nicht irgendwas dazwischen …

An dieser Stelle muss Sture mit den Händen die Größe der Säge angedeutet haben, woraufhin sich Rechtsanwalt Gunnar Lundgren einschaltete:

[Lundgren]: Ja, jetzt zeigen Sie uns eine kleine Handbügelsäge.
[Sture]: Ja, ja, es ist nicht so eine große …
[Lundgren]: Nein. Aber die Sägezähne sind schon eher grob, oder?
[Sture]: Nee.
[Penttinen]: Wozu würde man die Säge sonst verwenden? Können Sie das sagen?
[Sture]: Nein, das weiß ich nicht. Ich könnte mir vorstellen, dass man damit Äste absägt …
[Lundgren]: Für Zweige also, beim Pfropfen zum Beispiel.
[Sture]: Ja.
[Penttinen]: Sie meinen also eine kleinere Astsäge?
[Sture]: Ja.[363]

Jahre später beschrieb der mit dem Wiederaufnahmeverfahren befasste Oberstaatsanwalt Bengt Landahl das Zusammenspiel von Penttinen und Sture wie folgt:

»Er scheint sich in seiner Geschichte Schritt für Schritt vorangetastet und sich an den zuweilen suggestiven Fragen des Vernehmungsleiters entlanggehangelt zu haben. Bergwalls Antworten sind in der Regel sehr vage gewesen. […] Die Fragen des Vernehmungsleiters waren selten respektive niemals kritisch. Er hat Bergwall nie unter Druck gesetzt. Wenn Bergwall in einer Vernehmung offensichtlich falsche Angaben gemacht hatte, wurde nicht weiter darauf eingegangen, sofern er zu einem späteren Zeitpunkt brauchbarere Antworten liefern konnte. Nichtsdestoweniger durchziehen fragwürdige Angaben das gesamte Ermittlungsverfahren wie ein roter Faden. Ein Beispiel dafür ist Bergwalls Aussage, er habe in einer dunklen, kalten Nacht die Leiche einer kürzlich getöteten Person durch ein Waldstück am Stadtrand von Piteå getragen, um diese zu zerstückeln.«[364]

Am 21. August war es dann so weit. Sture wurde nach Piteå gebracht, wo er den Tathergang am Ort des Geschehens demonstrieren sollte. Eingeläutet wurde die Ortsbegehung vor der Polizeiwache in Piteå. Sture bestieg einen Kleinbus gemeinsam mit Seppo Penttinen, Birgitta Ståhle, Sven Å. Christianson, einem Gerichtsmediziner namens Anders Eriksson sowie einem Pfleger, der ihn regelmäßig mit Xanor versorgen sollte. Christer van der Kwast war im eigenen Wagen unterwegs. Nun sollte Sture den Trupp zum Fundort der Leiche führen, doch laut Penttinens Protokoll gab es von Anfang an Komplikationen:

»Quick weist darauf hin, dass er bereits in den Vernehmungen unsicher war, in welcher Himmelsrichtung sich der Tatort befindet. Also fahren wir direkt zur entsprechenden Stelle.«[365]

Im Wald angekommen, stand Sture vor der schwierigen Aufgabe, den Fundort zu zeigen, der einige hundert Meter entfernt lag. Penttinens Protokoll zeigt, wie geschickt Sture sich aus der Affäre zog: »Er kann nicht die Kraft aufbringen, sich allein an die betreffende Stelle zu begeben, und verlangt nach Hilfe. Quick zeigt deutliche Anzeichen einer Panikattacke, er muss gestützt werden und hat Schwierigkeiten zu gehen.«

Also schleppten Penttinen und der Pfleger Sture in Richtung Fundort. Während des seltsamen Spaziergangs versuchte Penttinen, Stures Angstniveau zu interpretieren:

»Je mehr wir uns dem Fundort nähern, desto langsamer kommen wir voran. Quicks Panik steigt. [...] Ca. 20 Meter vor dem Fundort bittet Quick um eine Verschnaufpause. Von der Stelle, an der wir uns jetzt befinden, lässt sich grob ausmachen, wo die kriminaltechnische Bodenuntersuchung stattgefunden hat.«

Bei der Suche nach Charles' Knochen hatten die Kriminaltechniker in einem weitläufigen Radius um den Fundort eine etwa zwanzig Zentimeter dicke Moosschicht entfernt. Sture schien dies bemerkt zu haben, denn mit einem Mal konnte er die letzten Meter ohne Hilfe zurücklegen.

Da es hieß, dass Stures psychotische Veranlagung durch die Therapie getriggert werde, hatte Oberarzt Erik Kall die ohnehin schon beträchtliche Dosis von Benzodiazepinen um das Neuroleptikum Cisordinal Acutard sowie das Schlafmittel Nozinan erweitert. Folglich stand Sture unter dem Einfluss eines starken Medikamentencocktails, was seinem Verhalten deutlich abzulesen war. Als Christianson ihn aufforderte, in die Mordnacht 1976 zu regredieren, überkam Sture ein heftiger Gefühlsausbruch. Penttinen notierte: »Nach einer Weile lässt Quick sich auf einem Felsblock nieder, wo er mit geschlossenen Augen versucht, sich an den Zwischenfall zu erinnern. [...] Seine Panikattacken scheinen immer heftiger zu werden, und er gibt unentwegt unartikulierte Laute von sich.«

Nachdem Sture eine menschengroße Puppe gegeben wurde, die Zelmanovits darstellen sollte, begann er zu brüllen wie ein Tier – dann kamen die »Erinnerungen« zurück. Penttinnen notierte säuberlich, was Sture von sich gab, ergänzt von kurzen, in Klammern gesetzten Kommentaren:

»Als Erstes beiße ich eine Brustwarze ab. Dann richte ich mich auf, während die ›Puppe‹ am Boden bleibt. Mithilfe meines Fußes breche ich ein Bein (deutet mit dem Fuß auf eine Stelle oberhalb des Knies) und setze mich anschließend wieder hin. Ich nehme die Puppe in den Arm und beiße in das Geschlechtsorgan, während ich ... oder anders ... ich säge (greift nach einem Stock und demonstriert eine Sägebewegung in der Leistenregion, um die Puppe dann umzudrehen und zu zeigen, wie er den Rücken zersägt).«

Sture hatte keine Schwierigkeiten damit, sich an Details zu erinnern, die nicht überprüft werden konnten. Wie zum Beispiel, dass sein mutmaßlicher Komplize in fünf Metern Entfernung dagesessen und bitterlich geweint habe, und dass erstaunlich wenig Blut aus der Leiche geflossen sei. Solche unverfänglichen Behauptungen sprudelten förmlich aus ihm heraus, unterbrochen von regelmäßigen Heul- und Brüllattacken. Schwieriger wurde es, als er zeigen sollte, wo genau er die Leiche zersägt hatte, sodass Penttinen und Christianson ihm schlussendlich dabei helfen mussten, die Puppe korrekt zu platzieren:

> [Christianson]: Sollen wir mal versuchen, die Puppe so herum hinzulegen? Damit er es sich anschauen kann.
> [Penttinen]: Könnten Sie das noch mal wiederholen, damit wir alles auf Video haben?
> [Sture]: Nein, machen Sie das.
> [Christianson]: Wir können die Puppe auch andersherum hinlegen … damit Sie sich das mal anschauen können.
> [Penttinen]: Ist das die Position, die Sie meinen? (Die Puppe wird um ca. einen Meter von der abgerundeten Seite des Steins entfernt). Ich weiß nicht, ob man das auf dem Video richtig erkennen kann, aber Thomas nickt jetzt eifrig.
> [Sture]: Das ist … vielleicht irgendwie … hmm … hmm … die wahrscheinlichere Position. (Quick weint.)

Nachdem die Puppe richtig platziert war, versuchte Penttinen aus Sture herauszukitzeln, welche Körperteile er aus dem Wald mitgenommen hatte. Vergebens. Stures Angst war viel zu groß, als dass er weitere Erinnerungen hätte aktivieren können, und die Tatortbegehung wurde wie folgt beendet:

[Penttinen]: Haben Sie mit seinen Händen etwas gemacht?

[Sture]: Nein. Ich kann jetzt nicht mehr.

[Sture]: Kann man das als Ja oder Nein deuten?

[Sture]: …

Die Befragung vor Ort wird abgebrochen. Quick muss medikamentös ruhiggestellt werden. Er hat Panik, weint und zittert am ganzen Leib.

In dem einundzwanzig Seiten umfassenden Protokoll der Tatortbegehung findet sich nicht ein einziges stichhaltiges Indiz, das den Tatverdacht gegen Sture erhärtet hätte. Unter normalen Umständen hätte die Fahrt nach Piteå zur Einstellung des Ermittlungsverfahrens geführt, doch die Umstände waren nicht normal. Drei Tage später berichtete ein zufriedener Christer van der Kwast der Nachrichtenagentur TT, er habe Anklage gegen Thomas Quick erhoben. Endlich sei der rätselhafte Mord an Charles Zelmanovits dank einer einzigartigen Therapiemethode aufgeklärt worden:

»In der Forensischen Psychiatrie in Säter gründet sich seine Behandlung auf ein Therapiemodell, das auch international für Aufsehen gesorgt hat. Dank der überschaubaren Stationen und der engen Beziehung der Patienten zu ihren Ärzten, Therapeuten und Pflegern erschafft die Klinik ein Vertrauensverhältnis, das es den Patienten ermöglicht, sich zu öffnen und von ihren Erlebnissen und Taten zu berichten, die sie womöglich über sehr lange Zeit verdrängt hatten.«[366]

24. Der Prozess in Piteå

»Wenn man die grausame Wahrheit kennt und weiß, was Thomas Quick seinen Opfern angetan hat – und zudem seine grollenden, animalischen Laute gehört hat –, dann stellt man sich nur noch eine Frage: Ist er überhaupt ein Mensch?

Der *Expressen* am 2. November 1994 über den Prozess im Mordfall Charles Zelmanovits

Im Herbst 1994 sollte Stures erster Mordprozess stattfinden, und als vorbereitende Maßnahme war er von seinen Ärzten auf besonders starke Medikamente eingestellt worden. Immer öfter zeigte er Symptome einer Überdosierung, doch da diese als Begleiterscheinung der erfolgreichen Therapiearbeit gedeutet wurden, erhielt er nur noch mehr Medikamente. In der Patientenakte heißt es:

»Tagsüber starke Panikattacken. Um 9.30 Uhr erhält er per Klysma 10 Milligramm Stesolid. Um 17 Uhr schwere Panikattacke. Sensomotorische Beeinträchtigungen, Sprachschwierigkeiten. Gabe von je 1 x 1 Milligramm Xanor um 17 und um 18 Uhr. Zustand stabilisiert sich; um 18.30 Uhr kann Thomas sich selbst per Klysma 10 Milligramm Stesolid zuführen. Nach 19 Uhr fast frei von Panikattacken.«[367]

Die hier beschriebene Medikation umfasste lediglich die Präparate, die Sture »bei Bedarf« erhielt. Die zwei Tabletten Xanor, die ihn so weit beruhigen sollten, dass er sich das flüssige Stesolid ohne fremde Hilfe rektal einführen konnte, waren also nur eine Ergänzung seiner ohnehin schon üppigen Tagesdosis an Benzodiazepinen und Schmerztabletten. Die Patientenakte ist voll von solchen Einträgen. Im Grunde könnte man sagen, dass Sture freien Zugang zu den Medikamenten hatte, wodurch er immer tiefer in die Abhängigkeit abrutschte.

Sture war mittlerweile zu einer Person des öffentlichen Interesses geworden und gab etliche Zeitungsinterviews. So besuchte ihn zum Beispiel der *Expressen* in der Klinik, um anschließend einen groß aufgezogenen Artikel mit der Überschrift »Ich bin ein böser Mensch« zu bringen.[368] Sture wurde beschrieben als »schwermütige, recht hagere Gestalt, die in Jeans und Pulli im Besuchszimmer der Psychiatrie in Säter sitzt [...]. Er versucht zu erklären, warum sein Leben sich in diese Richtung entwickelt hat.« Von seiner äußeren Erscheinung her mochte er einen blässlichen Eindruck gemacht haben, doch wenn es darum ging, möglichst aussagekräftige Zitate zu liefern, mauserte Sture sich zum waschechten Spindoktor: »›Man hat mich zu einem bösen Menschen gemacht‹, meint Thomas Quick (44). ›Ich wünschte, ich wäre niemals geboren worden.‹« Sture erklärte, dass er aufgrund traumatischer Kindheitserlebnisse zum Serienkiller geworden sei und bezog sich vor allem auf das »Simon-Erlebnis«:

> »Im Alter von vier bis dreizehn Jahren bin ich von meinem Vater sexuell missbraucht worden«, erzählt er. »Als ich vier war und mein Vater sich gerade an mir zu schaffen machte, ist meine Mutter plötzlich ins Zimmer gekommen«, erinnert er sich. »Sie war völlig außer sich, und dann erlitt sie vor meinen Augen eine Fehlgeburt. Sie war im siebten Monat schwanger, das Baby hätte Simon heißen sollen. Ich kann mich an alles genau erinnern, daran, wie der Fötus aussah, wie das Blut strömte, und daran, dass mein Vater ein Messer holte und die Nabelschnur durchschnitt. Ich dachte, meine Mutter wäre vor Wut entzweigerissen worden! Sie sagte, ich sei schuld, weil ich mit Papa diese Sachen gemacht hätte. Dann gab ich Simon ein Versprechen. Ich habe gesagt: ›Wenn ich groß bin, dann rette ich dich.‹ Er ist eine Illusion. Er ist immer in mir drin gewesen.«

Quick erklärt, dass seine gesamte Kindheit von den brutalen Übergriffen seines Vaters geprägt wurde, an denen bisweilen auch seine Mutter beteiligt war.

Ob es Stures eigene Entscheidung oder die der *Expressen*-Redaktion war, den Lesern und Leserinnen die grausamen Einzelheiten darüber zu ersparen, dass die Leiche zerstückelt und verspeist worden war, bleibt ungewiss. Anschließend ging Sture auch auf die Reinszenierungstheorie ein: »Es ist hart und schmerzhaft. Man hält es kaum aus. Aber irgendwie wollte ich mithilfe der Morde schildern, was ich selbst durchgemacht hatte. Zwischen meinen Kindheitserlebnissen und meinen Taten als Erwachsener hat es immer Parallelen gegeben.«

Die Nachrichtenagentur TT verschickte eine Zusammenfassung des Interviews an sämtliche Medien, und schon bald wurde überall von Stures Vorwürfen gegen seine Eltern berichtet.[369] Seine Geschwister waren fassungslos. Åsa, die Frau seines älteren Bruders Torvald, setzte sich mit dem Leitenden Oberarzt Erik Kall in Verbindung und drohte mit einer Anzeige gegen die Klinik, sollte ihr offensichtlich kranker Schwager in Zukunft nicht daran gehindert werden, derartige Anschuldigungen gegen unbescholtene Menschen in die Welt zu setzen. Erik Kall reagierte, indem er Stures Geschwistern ebenfalls eine Therapie in der Klinik anbot, um mit den Vorwürfen fertigzuwerden.

Auch Lena Arvidsson machte in einem ihrer Briefe die Proteste von Stures Geschwistern zum Thema:

»Was Du in diesem Interview gesagt hast, scheint Deinen Geschwistern ja eine ganz schöne Angst eingejagt zu haben, wahrscheinlich, weil Du ›die Vergangenheit‹ in ihnen wachgerüttelt hast. All das, was sie seit ihrer Kindheit verdrängt und irgendwo tief in sich weggesperrt hatten. Weißt Du, ob sie sich noch an Simons Geburt erinnern? Haben sie überhaupt irgendwelche Erinnerungen an die (unterschiedlich gearteten) Übergriffe in Eurer

Familie? Wahrscheinlich nicht. Und natürlich drohen die Leute immer gleich mit diesen verfluchten Anzeigen, sobald sie sich in die Enge getrieben fühlen! Mein Vater hat ja auch versucht, Cajsa beim Amt fürs Gesundheits- und Pflegewesen anzuzeigen. So etwas Feiges und Lächerliches! [...] Wenn die Leute doch nur verstehen würden, wie die Sache mit der Reinszenierung und den verdrängten Erinnerungen funktioniert!«[370]

Im Laufe der Quick-Jahre wurden Stures Geschwister etliche Male vernommen. Laut den Protokollen, die mitsamt zahlreichen anderen Unterlagen lange Zeit in Penttinens Büro unter Verschluss gehalten und viele Jahre, bis zum Wiederaufnahmeverfahren, niemals hinzugezogen wurden, hielten sie die ganze Zeit daran fest, dass ihr Bruder die Geschichten aus seiner Kindheit frei erfunden hatte. Aber niemand glaubte ihnen. Ausgerechnet Sture war das einzige Familienmitglied, das als glaubwürdig galt.

Am 1. November 1994 wurde der Prozess eröffnet. Die Gemeinde Piteå hat rund vierzigtausend Einwohner, von denen etwa die Hälfte in der gleichnamigen Stadt wohnt. Dass ein lokaler Prozess für landesweites Aufsehen sorgte, war nicht gerade alltäglich. Dieses Mal hieß der Angeklagte jedoch Thomas Quick, und sämtliche Medien schlugen in Piteå auf. Als ich Sture fragte, wie er sich vor dem Prozess gefühlt habe, erklärte er, er habe sich seit dem Geständnis, Thomas Blomgren ermordet zu haben, ohnehin schon wie ein Verurteilter gefühlt. Der erste Prozess sei deshalb keine so große Sache gewesen, wie man glauben könnte. Liest man die Zeitungsberichte von damals, versteht man, was Sture damit meinte. Van der Kwasts Bemühungen, den Namen Thomas Quick mit dem Blomgren-Mord in Verbindung zu bringen, hatten eine solche Durchschlagskraft entwickelt, dass Sture in den Medien schon vor seiner ersten Verurteilung als Serienkiller galt. Der Prozess war reine Formsache.[371]

Ein Stützpfeiler der schwedischen Prozessordnung ist der »Unmittelbarkeitsgrundsatz« (§ 2 Kap. 17 Strafprozessordnung), der besagt, dass die Beweise in der Hauptverhandlung unmittelbar vor dem erkennenden Gericht zu erheben sind. Das Gericht ist nicht dazu verpflichtet, das Material des Vermittlungsverfahrens wie beispielsweise Vernehmungsprotokolle im Vorfeld einzusehen. Der relevante Prozessstoff soll stattdessen mündlich vorgetragen werden – das heißt, Zeugen und Sachverständige müssen vor Gericht erneut aussagen, und technische Beweismittel werden unmittelbar präsentiert. Wenn wenige Wochen nach der Hauptverhandlung das Urteil gefällt wird, erklärt das Gericht in seiner »Entscheidungsbegründung«, worauf die Urteilsfindung gegründet ist, und beruft sich auf die ausschlaggebenden Beweismittel und Zeugenaussagen.

Der Unmittelbarkeitsgrundsatz verwandelt Gerichtsprozesse also in eine Art einmalige Theatervorstellung. Ist der Vorhang einmal gefallen, gibt es keine Zugabe mehr. Es werden keine Tonbandaufzeichnungen oder Mitschriften aufgehoben, sodass am Ende nur das Urteil und die dazugehörige Urteilsbegründung übrig bleiben. Obwohl sich die Verhandlung in Piteå über zwei Tage erstreckte, umfasst das Urteil inklusive der Urteilsgründe nur achtzehn Seiten. Darüber hinaus existieren noch ein paar Sachverständigengutachten und natürlich die Medienberichte. Das ist alles. Wer Genaueres über Stures ersten Mordprozess herausfinden möchte, steht also vor einer kniffeligen Aufgabe.

Dass es sich um kein gewöhnliches Verfahren handelte, ist keine Überraschung. Anstatt als Gegner aufzutreten, schienen Staatsanwalt Christer van der Kwast und Verteidiger Gunnar Lundgren sich einen Wettstreit zu liefern, wer am meisten von Stures Schuld überzeugt war – der Verteidiger hatte schlussendlich die Oberhand. Schon im Frühjahr 1993 hatte er van der Kwast vorgeworfen, nicht unmittelbar nach Stures Geständnis Anklage wegen Mordes an Johan Asplund erhoben zu haben.[372] Im August 1994, also drei Monate vor dem Prozess, empörte sich Lundgren im *Aftonbladet*: »Obwohl Quick inzwischen fünf Morde gestanden hat, bezweifelt die Polizei noch immer, dass er die Wahrheit sagt. Ich hingegen hege nicht den geringsten Zweifel an seiner Schuld.«[373]

Die größte Sensation im Gerichtssaal war natürlich Sture selbst, immerhin handelte es sich um seinen ersten Auftritt vor einem größeren Publikum. Damit er die Strapazen durchstehen würde, hatte Erik Kall ihm im Vorfeld eine Mischung aus Xanor, Stesolid sowie Cisordinol Acutard verabreicht. Benommen von der Wirkung der starken Präparate, saß Sture nun im Landgericht von Piteå und gab den reumütigen Serienkiller. Im *Aftonbladet* wurde sein trügerisch eingeschüchtertes Auftreten wie folgt beschrieben: »Es mag ein absurder Gedanke sein, aber in gewisser Weise wäre es befriedigend, wenn seine monströsen Seiten – in erträglichen Dosen – zum Vorschein kämen. Doch stattdessen erweist er sich als blasser, unauffälliger Mann mit Jeans und Glatze, der nervös an seinen Fingern spielt.«[374]

So blässlich der Mörder äußerlich gewirkt haben mochte, so grausig war der Mord, der verhandelt wurde. Laut Bericht der Nachrichtenagentur TT versuchten die Mitglieder der Strafkammer, »einen neutralen Gesichtsausdruck zu wahren«, und die ahnungslosen Zuhörer waren »unangenehm berührt«, als Christer van der Kwast seine »sachliche, aber explizite« Beschreibung des Tathergangs vortrug.[375]

Am Vormittag des 12. November 1976 war Sture mit einem inzwischen verstorbenen Freund, den van der Kwast mit Vor- und Zunamen nannte, in dessen Opel-Zweitürer von Falun nach Piteå gefahren, wo sie spät in der Nacht ankamen. Beide fühlten sich zu kleinen Jungen hingezogen und hielten Ausschau nach einem Vergewaltigungsopfer. Durch Zufall entdeckten sie Charles in einer Wohnsiedlung südöstlich des Stadtzentrums, wo Stures Freund eine Vollbremsung vollführte, sodass die Heckklappe aufsprang, ein von langer Hand geplantes Manöver. Die beiden verwickelten den Jungen in ein Gespräch, in dem es um die Heckklappe ging. Weil Charles einen bekümmerten Eindruck machte, boten Sture und sein Komplize an, ihn nach Hause zu fahren. Ein Detail, an das Sture sich noch deutlich erinnerte, war, dass Charles Handschuhe getragen hatte. Sowie der Fünfzehnjährige sich aus freien Stücken in den Wagen gesetzt hatte, entstand »eine gewisse Vertraulichkeit« zwischen ihm und Sture, und laut van der Kwast »onanierten sie zusammen«. Stures Kumpel parkte schließlich vor einem Holzlager. Plötzlich erlitt Sture eine »Psychose«, die, so hieß es, die darauffolgende Gewalttat auslöste:

»Als Charles gefragt wurde, ob er auch [den Fahrer] befriedigen wolle, was er bejahte, hatte Quick in einem psychotischen Moment den Eindruck, Charles hätte gesagt: ›Alvar lebt.‹ Quick wurde wütend und aggressiv. Nachdem sie aus dem Auto gestiegen waren, packte er Charles am Hals und drückte so lange zu, bis er spürte, dass der Junge tot war.«[376]

Mit »Alvar« war Alvar Larsson gemeint, ein 1967 verschwundener Junge und Stures mutmaßliches zweites Opfer. Während van der Kwast den Tathergang schilderte, war es im Gerichtssaal mucksmäuschenstill. Abgesehen von den Schluchzern, die Charles Zelmanovits' Mutter ausstieß. Doch auch in Sture, der von Birgitta Ståhle und sechs Pflegern aus Säter und der Strafvollzugsbehörde begleitet wurde, kochten die Gefühle hoch. Der *Expressen* berichtete:

»Er hat geweint – doch niemand hatte Mitleid mit ihm. […] Die Wahrheit, die Realität, die Angst holten ihn ein. Er stützte seinen Kopf auf die gefalteten Hände, und seine Pfleger verabreichten ihm Beruhigungsmittel. Als der Staatsanwalt die Säge zeigte, mit der er sein Opfer verstümmelt hatte, wandte Quick den Blick ab […].«[377] Bei der Nachrichtenagentur TT hieß es: »Im Gerichtssaal war ein lautes Schluchzen zu vernehmen. Thomas Quick nimmt seine Brille ab und verbirgt sein Gesicht einen Moment lang hinter einem Taschentuch. Um ihn herum sitzen sechs Pfleger und eine Therapeutin, die sich erheben, um ihn hinauszubegleiten; er benötige eine Pause und Medikamente.«[378]

Der wahre Schreckensmoment der Verhandlung stand allerdings noch bevor. Van der Kwast spielte eine Videoaufzeichnung der Tatortbegehung in Piteå vor. Sture saß auf einem großen Stein im Wald, mal animalisch brüllend, dann wieder die Zerstückelung seines Opfers beschreibend. Der Film schlug ein wie eine Bombe: »Der Film war entsetzlich. Etwas Entsetzlicheres kann in einem unzensierten Film kaum gezeigt werden«, schrieb der *Expressen*. Die Reporterin des *Aftonbladet* war ebenso aufgewühlt:

»Die Laute, die Thomas Quick beim Weinen von sich gibt, sind geradezu unmenschlich: ein gepresstes, irres Jammern – wie das Brüllen eines gequälten Tieres. Der ureigene Ausdruck menschlicher Angst. [...] Die Laute machen etwas mit mir, ich rutsche unruhig auf meinem Stuhl hin und her, empfinde Abscheu und Zorn. Hört das denn niemals auf? Dieses primitive Geheul, dieses herzzerreißende Gejammer, aufgenommen bei einer Tatortbegehung am 25. [sic!] August dieses Jahres in einem Waldstück in Piteå. [...] Nachdem ich diese Laute gehört habe, hege ich keine Zweifel mehr. Die Worte kommen stoßweise, und er würgt, als müsse er sich übergeben. Kein Zweifel – diese Geschichte entspricht der Wahrheit.«[379]

Während der Film vorgespielt wurde, verließ Sture den Saal, begleitet von Birgitta und den sechs Pflegern. Der *Expressen* schrieb: »Seine Schreie waren animalisch, als kämen sie aus dem tiefsten Abgrund seiner Seele. Die Psychologen erklären, dass er leide. Er habe eine Panikattacke, heißt es. Wir Zuhörer stellen uns die Frage: Was ist das für eine Kreatur?«[380]

Als Sture an der Reihe war, den Tathergang zu schildern, mussten die Zuhörer den Gerichtsaal verlassen. Sein Rechtsanwalt hatte eine Befragung unter Ausschluss der Öffentlichkeit verlangt, und das Landgericht hatte »unter Berücksichtigung des psychischen Gesundheitszustands des Angeklagten« zugestimmt.

Im *Aftonbladet* hieß es: »Er ist äußerst labil. Die Polizei und die Psychologen fürchten, dass er aufhören könnte, von seinen Taten zu erzählen oder seine Geständnisse zurückzuziehen, was die Aufklärung der Morde an den anderen Jungen (es sind mindestens drei an der Zahl) gefährden würde.«[381]

Sture brauchte zwei Stunden, um sich peu à peu durch seine Geschichte zu hangeln. »Er brach immer wieder in Tränen aus – und musste Medikamente nehmen«, zitierte der *Expressen* einen der Anwesenden. Aus der Urteilsbegründung geht hervor, dass Sture zunächst den Akt der Zerstückelung schilderte. Dann berichtete er, dass sein Kumpel und er auf der Rückfahrt »in Streit über die mitgenommenen Leichenteile geraten« seien und sich »an einer Tankstelle gewaschen« hätten. »Was mit den Leichenteilen geschah«[382], wusste er nicht mehr.

Penttinen sagte aus, dass »Quicks Angaben während der Tatortbegehung mit denen der vorangegangenen Vernehmungen übereingestimmt« hätten. Außerdem habe es sich bei der »von Quick als Tatort identifizierten Stelle um den Fundort von Charles Zelmanovits' Überresten« gehandelt.

Dass nichts davon der Wahrheit entsprach, wäre natürlich sofort aufgefallen, wenn die Mitglieder der Strafkammer die Vernehmungsprotokolle gelesen hätten. Penttinen konnte erzählen, was er wollte. Vermutlich log er, weil er von Stures Schuld vollkommen überzeugt war und glaubte, im Namen der Gerechtigkeit zu handeln.

Trotzdem scheint es vor allem Sven Å. Christianson gewesen zu sein, der das Gericht endgültig von Stures Schuld überzeugte. Christianson hatte zwei schriftliche Gutachten eingereicht und sagte auch persönlich aus. Das erste Gutachten bezog sich auf die Gedächtnisuntersuchung, die er bei seinem ersten Besuch in Säter durchgeführt hatte. Aus dieser ging lediglich hervor, dass Sture ein leicht überdurchschnittliches Erinnerungsvermögen besaß.[383] Wirklich interessant war vor allem das zweite Gutachten. Unter der Überschrift »Psychologische Voraussetzungen für Thomas Quicks Aussage« erklärte Christianson auf der Grundlage »jüngster Forschungserkenntnisse und persönlicher klinischer Erfahrung, wie ein Straftäter seine eigene Tat wahrnimmt, wie er sich später an diese erinnert und wie er sie zu schildern vermag.«[384] Auf Seite vier findet sich unter der Überschrift »Der Mord als Erzählung« folgende Passage:

»Ein Mord kann Ereignisse und traumatische Erfahrungen nacherzählen, die der [Mörder, Anm. d. Verf.] selbst erlebt hat. Die Erinnerungen führen zu primitiven Vorstellungen, die der Täter nicht bewusst auszudrücken vermag. Die Morde werden zu einer Sprache, durch die die Erlebnisse artikuliert werden können.«[385]

Hier gibt Christianson Margits Reinszenierungstheorie wieder. Als ich die Zeilen zum ersten Mal las, stellte ich mir die Frage, was eine solche Theorie in einem Sachverständigengutachten zu suchen hatte, das sich vorgeblich auf »jüngste Forschungserkenntnisse und klinische Erfahrung« stützte. Hatte Christianson diese Idee von Sture? Oder von Birgitta Ståhle? Es war mir ein Rätsel. Zumal Christianson im weiteren Verlauf des Gutachtens Thesen skizzierte, die genauso gut aus einem von Margits Vorlesungsskripten aus den Siebzigerjahren stammen könnten:

»Dieser Tätertyp hat das Gefühl, dass ihm etwas gestohlen wurde, was er sich nun zurückholen will. Er vermag nicht über seine Erfahrungen zu sprechen, weil dies zu schmerzhaft für ihn wäre (und ihn in eine Depression treiben würde). Stattdessen sinnt er auf Rache und fordert zurück, was ihm genommen wurde. Die Symptome, sprich die Taten, sind eine Art Überlebensstrategie; die Morde ermöglichen die Wiedergeburt in einem besseren Leben. Sexual- und Tötungsdelikte bergen eine symbolische Dimension: Der Täter bekommt die Möglichkeit, sich selbst zu töten und gleichsam zu befruchten, um wiedergeboren werden zu können. (Die Taten lassen sich auch als Vergewaltigung der Mutter deuten, die der Täter schänden möchte.)«

Den Mitgliedern der Strafkammern schwebten vermutlich riesige Fragezeichen über den Köpfen. Morde als »Rückforderungen«? Vergewaltigungen als »Möglichkeit, sich selbst zu töten und gleichsam zu befruchten«? Was sollte das bedeuten?

Später erklärte Christianson, warum Sture nicht in der Lage gewesen sei, der Polizei das Versteck der verschleppten Leichenteile zu zeigen: »Für den Täter würde das Preisgeben der Leichenteile bedeuten, dass ihm die Illusion genommen wird, durch die Jungen zu existieren.«

Was sollte das nun wieder heißen? Ob die Mitglieder der Strafkammer diesen Gedanken, die Christianson ihnen in seiner Funktion als Sachverständiger und Psychologiedozent an der Universität Stockholm als »Wissenschaft« verkaufte, wirklich folgen konnten? Doch er ging noch einen Schritt weiter. Als Christianson mündlich aussagte, erklärte er klipp und klar, warum Stures Geständnisse der Wahrheit entsprechen mussten. In der Urteilsbegründung wurde festgehalten:

»Dass Quick die Tat gestanden hat, ist durchaus ungewöhnlich. Gewiss kommt es gelegentlich vor, dass falsche Geständnisse getätigt werden. Man spricht zum Beispiel von erzwungenen falschen Geständnissen oder Geständnissen, die auf den Angaben anderer beruhen, da der Betroffene selbst keine Erinnerungen hat. In Quicks Fall sind beide Varianten unzutreffend. Es gibt auch freiwillige falsche Geständnisse, mit denen mediale Aufmerksamkeit erregt oder ein allgemeines Schuldgefühl kompensiert werden soll. In solchen Fällen ist der Betroffene nicht dazu in der Lage, zwischen Wirklichkeit und Fantasie zu unterscheiden. Aber auch dies ist in Quicks Fall unzutreffend.«

Interessanterweise bewies Christianson damit, dass er drei Typen falscher Geständnisse kannte, die seit Mitte der Achtzigerjahre in der Rechtspsychologie verhandelt wurden.[386] Doch aus irgendeinem nicht näher erläuterten Grund war er der Meinung, dass Stures Geständnisse in keine dieser Kategorien fielen. Für das Landgericht musste es so ausgesehen haben, als wäre Christianson dazu bereit, seinen eigenen sowie den Ruf der gesamten wissenschaftlichen Psychologie in die Waagschale zu werfen, um für Stures Glaubwürdigkeit zu plädieren.

Sture wurde für den Mord an Charles Zelmanovits verurteilt. Aus den Urteilsgründen geht hervor, dass Christiansons Aussage ein ausschlaggebender Faktor gewesen war: »Was Christianson auf der Grundlage seiner Erfahrungen über Quicks Gedächtnisfunktionen ausgesagt hat, spricht stark dafür, dass die von Quick gemachten Angaben der Wahrheit entsprechen.«

Dass van der Kwast Christiansons Unterstützung dringend nötig hatte, ist nicht von der Hand zu weisen, denn im Grunde war die Anklage vollkommen haltlos. Als Oberstaatsanwalt Bengt Landahl achtzehn Jahre später eine Wiederaufnahme des Verfahrens im Fall Charles Zelmanovits beantragte, empörte er sich:

»Der Staatsanwalt hat in der Verhandlung behauptet, das Ermittlungsverfahren habe ergeben, dass Bergwalls Aussagen der Wahrheit entsprachen. Dabei hätten allein die Ergebnisse der kriminaltechnischen Untersuchung starke Zweifel aufkommen lassen müssen. Die Resultate des am 13. November 1976 eingeleiteten Ermittlungsverfahrens zu Charles Zelmanovits' Verschwinden und die Vernehmungen mit den Freunden des Opfers legten stattdessen die Vermutung nahe, dass Zelmanovits an der Stelle, wo seine Überreste rund siebzehn Jahre später gefunden wurden, einen Tod durch Erfrieren gestorben war.«

Trotzdem lässt sich nachvollziehen, warum Christiansons Aussage so viel Eindruck hinterließ. Er argumentierte mit großer Überzeugungskraft, und das Gericht ging davon aus, dass er im Sinne der Wissenschaft handelte. Christianson zog das Landgericht in denselben Strudel verwirrender Erklärungsmodelle, in dem auch Penttinen und van der Kwast umherwirbelten. Nach dem Prozess gab er bereitwillig Interviews, in denen er erklärte, dass Sture die Wahrheit sage, und dass es sich bei den Taten um »Reinszenierungen« handele.

Die Nachrichtenagentur TT schrieb:

> Laut Christianson handelt es sich um keine Fantasien, wenn Quick die Morde an den kleinen Jungen gesteht. Stattdessen habe Quick sich mithilfe der Verbrechen mit seinen eigenen Gefühlen und Kindheitserlebnissen auseinandergesetzt.[387]

Im *Expressen* hieß es:

> Laut Sven-Åke Christianson, Psychologiedozent und Trauma-Experte, liegt der Ursprung in Thomas Quicks von Übergriffen und Erniedrigungen geprägter Kindheit.
>
> »Mithilfe seiner Taten schildert er, was er selbst durchmachen musste«, erklärt Christianson.[388]

Das *Aftonbladet* berichtete:

> Für Quick sind die Morde ein mit Bedeutung aufgeladenes Narrativ, das einer gewissen »Logik« folgt. Von seinem fünften Lebensjahr an wurde er von seinem Vater missbraucht. Ihm wurde seine Kindheit »gestohlen«. […] Indem er das Leben eines anderen zerstört, glaubt er, sein eigenes wiederherstellen zu können. Weil diese Linderung allerdings nur von kurzer Dauer ist, muss er weiter morden. Das Morden wird zum Ritual, das Quick das Gefühl vermittelt, seine Opfer zu besitzen. Er muss es einfach tun, denn nur so kann er selbst existieren. »In seiner Wahrnehmung«, schildert Christianson, »fand am Tatort nicht nur der Mord an dem Jungen statt, sondern auch ein Übergriff an dem Jungen, der er selbst einmal war.«[389]

Was in aller Welt hatte Christianson zu solchen Aussagen getrieben? Als ich in seinen Artikeln und Büchern nach Antworten suchte, stieß ich auf etwas Interessantes. Im März 1997, also fast dreieinhalb Jahre nach dem Prozess in Piteå, veröffentlichte die renommierte Oxford University Press ein Buch mit dem Titel *Recovered Memories und False Memories* (»Aufgedeckte und falsche Erinnerungen«), in dem Gedächtnisforscher aus aller Welt zu einer alten Streitfrage Stellung bezogen: Hatte der frühe Sigmund Freud zu Recht behauptet, dass wir unsere Erinnerungen an traumatische Erlebnisse verdrängen, oder waren traumatische Erinnerungen viel zu stark, als dass sie sich verdrängen ließen, wie es die aktuelle Forschung behauptete? Einer der beteiligten Autoren war Sven Å. Christianson. Er und sein Co-Autor, ein Doktorand, behaupteten in ihrem Artikel, dass einige Mörder jegliche Erinnerungen an ihre Taten verdrängen würden, ganz unabhängig davon, wie schlimm diese seien. Zur Veranschaulichung wurde eine Fallstudie herangezogen, in der es um einen nicht namentlich genannten schwedischen Serienmörder ging.

> Ein männlicher Patient wurde in einer psychiatrischen Klinik therapeutisch behandelt. Nach einer Weile gestand er mehrere Morde, die sich über einen Zeitraum von fünfundzwanzig Jahren erstreckt hatten. Vor seiner Therapie hatte er jeglichen bewussten Kontakt zu diesen Erinnerungen vermieden.
>
> Erst nachdem besagter Serienmörder nach einigen kleineren Delikten zur Unterbringung im Maßregelvollzug verurteilt worden war und sich in der geschützten Umgebung der Psychiatrie wiederfand, kamen die Erinnerungen an die sadistischen Morde an den Jungen allmählich zurück. Diese Erinnerungen verursachten schwere Angstzustände, da es sich teilweise um Reinszenierungen (im Original »re-enactments«, Anm. d. Verf.) der sexuellen Übergriffe gehandelt hatte, denen der Serienmörder als Kind selbst ausgesetzt gewesen war. Aus diesem Grund fiel es ihm schwer, in den Vernehmungen über die Morde zu sprechen.[390]

Natürlich war hier von Sture die Rede. Christianson erklärte, wie er der Polizei zu ihrem großen Durchbruch in den Ermittlungen verholfen hatte. Dabei spielte er auf die Tatortbegehung im Waldstück bei Piteå an:

> Im Laufe der Ermittlung erwies sich die Reinszenierung innerer und äußerer kontextueller Information als verblüffend effektiv für die Rekonstruktion der Erinnerungen. So wurde der Patient zum Beispiel an jenen Ort geführt, wo er vierzehn Jahre [sic!] zuvor einen Jungen verstümmelt hatte. Noch ehe spezifische Fragen zum Mord gestellt wurden, unterstützte der Erstautor dieses Artikels [Christianson, Anm. d. Verf.] die Polizei dabei, sowohl den inneren als auch den äußeren Zusammenhang der Tat zu rekonstruieren. Mithilfe einer dem Kognitiven Interview (s. Fisher und Geiselman 1992) ähnlichen Methode wurden Erinnerungen an Gerüche, Körperhaltungen, verschiedene Laute und Emotionen getriggert. Infolge dieser Reinszenierung des inneren Kontexts legte der Patient starke Emotionen an den Tag und vermochte seine Erinnerungen an den Mord lebhaft zu beschreiben. Er schilderte spezifische Details, zu denen er in den vorangegangenen Vernehmungen noch keinen Zugang gehabt hatte.[391]

Christianson zog Stures Fall also als Beweis dafür heran, dass Mörder die Erinnerungen an ihre Taten verdrängen konnten, und lieferte zugleich einen vermeintlichen Beleg für die Gültigkeit der Reinszenierungstheorie. Als Christianson sich in der Verhandlung in Piteå auf den »aktuellen Forschungsstand« berufen hatte, hatte er offenbar auf *seine eigene*, bis dato noch nicht veröffentlichte Publikation angespielt. Christianson hatte versucht, die in Säter kursierenden Thesen in eine wissenschaftliche Theorie zu verwandeln, wofür er auf einen eigentümlichen Zirkelschluss zurückgriff: In Stures erstem Mordprozess rekurrierte er auf Forschungsmaterial, das erst drei Jahre später publiziert werden sollte. Durch die Verurteilung wiederum war Sture offiziell zum Mörder und damit zu ebenjener Fallstudie geworden, mit der Christianson 1997 zu belegen suchte, dass ein Mörder die Erinnerungen an seine Tat verdrängen konnte. Allein der Gedanke an diese Argumentationsweise hat etwas von »einer hypnotischen Reise in einer Zeitmaschine«.

Was hatte Christianson dazu angetrieben? Warum hatte er die sonderbaren Hypothesen der Säter-Ärzte unbedingt in eine Wissenschaft verwandeln wollen? Christiansons Motive schienen mit das größte Rätsel des Quick-Skandals zu sein. Ein Rätsel, das ich lösen wollte.

25. Thomas Quicks Welt

»Ferner möchte ich noch einmal betonen, dass ein kontinuierlicher therapeutischer Prozess notwendig war, damit Sture sich an die Erlebnisse in seiner Kindheit und die von ihm begangenen Morde erinnern konnte.«

Margit Norell in ihrem unveröffentlichten Manuskript *Thomas Quicks Welt*

Sture war nun offiziell ein Mörder. Trotzdem sollte sich kaum etwas für ihn ändern, da er lediglich zur weiteren Unterbringung im Maßregelvollzug verurteilt worden war. Mindestens zwei Mal in der Woche hatte er eine Therapiesitzung bei Birgitta Ståhle, und jeden Mittwoch wurde er von Lena Arvidsson behandelt. Außerdem telefonierte er regelmäßig mit Birgitta Ståhle und Seppo Penttinen. In der verbleibenden Zeit schrieb er viel, meist lange pathetische Gedichte über seine Morde, die Übergriffe in seiner Kindheit sowie sein mühevolles Ringen um die verdrängten Erinnerungen.

Für Margit war das Urteil im Zelmanovits-Fall ein wichtiger Schritt. In ihrem Manuskript heißt es:

»Woher wollen wir wissen, ob Sture die Wahrheit sagt? [...] Ganz sicher können wir uns natürlich nie sein, aber der Therapieprozess als Ganzheit scheint mir zu bestätigen, dass die Schilderungen der Wahrheit entsprechen. Ferner sollte noch einmal betont werden, dass vorher kein Tatverdacht gegen Sture bestanden hatte; die Geständnisse erfolgten also aus eigenem Antrieb. Sowie er sich seiner Erinnerungen bewusst geworden war, hat er sich der Polizei gestellt, die sein Geständnis bestätigen konnte.«[392]

Margit berief sich darauf, dass Stures Schilderungen von der Polizei und dem Gericht verifiziert worden waren. Christer van der Kwast und Seppo Penttinen wiederum beriefen sich auf Margits bedingungsloses Vertrauen in Stures Glaubwürdigkeit. Kurzum: Die Argumentation biss sich selbst in den Schwanz.

Margit war regelrecht besessen von Sture, und es scheint, als hätte sie ständig und mit jedem über ihn gesprochen. Patricia Tudor-Sandahl erzählte mir, dass ihre Therapiesitzungen bei Margit stets mit Stures neuesten abscheulichen Geständnissen eingeläutet wurden, und ein bekannter Schriftsteller, der dreiundzwanzig Jahre lang zweimal die Woche auf Margits Therapiesofa gelegen hatte, erklärte in unserem Interview, Margit sei von Thomas Quick »erfüllt« gewesen und habe ständig von ihm geredet. Annie Norrel Beach erzählte mir ebenfalls, dass ihre Mutter bei Familientreffen häufig die unerträglichsten Geschichten über Sture zum Besten gab, was sie als große Belastung empfand, nicht zuletzt, weil sie kleine Kinder hatte. Einmal habe sie ihrer Mutter klipp und klar gesagt, sie müsse mit ihrem ewigen Gerede über Sture aufhören oder augenblicklich das Haus verlassen.

Am Tag nach der Urteilsverkündung im Fall Zelmanovits schrieb Margit einen Brief an Sture. Kurz zuvor hatte Sture ihr mitgeteilt, dass er einen Gedichtband veröffentlichen wolle. Für Margit stand fest, dass sie und Sture für dieselbe Sache kämpften, und nun wollte sie ihm einen weisen mütterlichen Rat geben:

Lieber Sture,

Danke für Deinen Brief und das lange Prosagedicht.

Ich habe es natürlich gelesen und lange darüber nachgedacht. Ich glaube, es wäre besser, wenn Du diesen schweren Stoff nicht in Gedichtform, sondern in einem zusammenhängenden Prosatext gestalten würdest, damit Du Deine Erinnerungen, ausgehend von der spontanen Zeitordnung, schildern kannst, wie sie in der Therapie auftauchen. Es macht gar nichts, wenn Wiederholungen entstehen, denn dadurch können mehr Details und mehr Zusammenhänge beleuchtet werden, wodurch der therapeutische Prozess greifbarer wird. Ich glaube, dass Dich dann viele Menschen besser verstehen würden und dass Du viele Therapeuten positiv beeinflussen könntest. Und genau das wünschen wir uns doch!

Dass es schwer für Dich ist zu warten, die Verhandlungen über Dich ergehen zu lassen und mit all dem fertigzuwerden, was in der Therapie mit Birgitta zutage gefördert wird, ist mir bewusst. Ich kann nur hoffen, dass Du die nötige Kraft findest und dass Du weißt, dass ich Dich in diesem Prozess unterstützen werde, so gut ich nur kann.

Margit nutzte die Gelegenheit, um Sture eine Analyse des in ihren Augen so wichtigen Simon-Ereignisses an die Hand zu geben. Dabei ging sie von dem Gedicht aus, das Sture ihr geschickt hatte:

Du schreibst selbst:

Auch der morgige Tag scheint zum Greifen nah,
wenn ich daran glaube, dass meine Geschichte,
dass die ganze Geschichte meines Lebens
erzählt werden muss.

Das glaube ich auch, Sture, mit der Betonung auf die ganze Geschichte. Als du vier, fünf Jahre alt warst, bist Du natürlich noch nicht in der Lage gewesen, mit eigenen Augen zu sehen, was Du da mitansehen musstest, und deshalb bist Du in Simons Haut geschlüpft. Deine Gedanken richteten sich auf Simons geschlossene Augen, und Du wolltest ihm helfen – weil das, was Simon widerfahren ist, sonst auch Dir hätte widerfahren können. In Deiner unendlichen Einsamkeit dachtest Du natürlich wie ein Vierjähriger, zumal Du für Simons Tod verantwortlich gemacht wurdest. Erst jetzt, in diesem langen und mühevollen Therapieprozess, begreifst Du, was Deine Augen damals gesehen haben, und deshalb brauchst Du Simon nicht mehr. Hoffentlich fühlst Du Dich nicht mehr so einsam wie damals, Sture, und hoffentlich weißt Du, dass Du Dich nicht länger verstecken musst

hinter den geschlossenen Augen des Fötus
mit meinem seelenlosen Körper,
meiner leeren Hülle.

Du bist weder ein seelenloser Körper noch eine leere Hülle, Sture, Du bist ein lebendiger Mensch, der berichten kann,

wie es ist, mit einer Schuld zu leben, so groß und wahr,
dass sie an sich schon
mein Überleben begründet!

In Deinem Text hast Du sie bereits gefunden,

die Sprache
die dem, der zuhört, zu verstehen hilft,
dem Lesenden zu begreifen
und dem Erzählenden zu verstehen.

Die große und schwere Aufgabe besteht nun darin, den Weg weiterzugehen, Sture. Ich kann nur hoffen und Dir wünschen, dass Du es schaffst.

Am Ende des Briefes machte Margit ihm ein freundliches Angebot:

Was Du über Deine Therapie und die Einstellung Deiner Therapeutin schreibst, gefällt mir sehr. Ich würde mich freuen, wenn diese Passage, zusammen mit einer Einleitung von Birgitta, in die Anthologie aufgenommen würde, die wir mit unserer Arbeitsgruppe zur Objektbeziehungstherapie planen. Am 5. Dezember tagt die Redaktionsgruppe und wird dazu Stellung nehmen.

Viele herzliche Grüße
Margit

Der Brief war von Margits Sekretärin abgetippt und ebenso wie die zahlreichen Briefe an David Schecter mit blauer Tinte unterschrieben worden. Bei der anzitierten Anthologie handelte es sich um *Ein Raum zum Leben*, die Anthologie, die Margits Schüler ihr zu Ehren herausgeben wollten. Bislang stammten die Beiträge allesamt von Gruppenmitgliedern – und nun war auch Sture dazu eingeladen worden. Es schien, als betrachtete Margit ihn ebenfalls als eine Art Schüler, mit dem sie am selben Strang zog. Sture spielte das Spiel gerne mit. Heute meint er:

»Man darf nicht vergessen, dass ich ein Außenseiter war, als ich nach Säter kam, wegen dieser Bankraubsache. Und nach der ersten Verurteilung wurde die Außenseiterrolle noch viel extremer. Solange ich mich Birgitta, der Klinik und Margit gegenüber zu 110 Prozent loyal verhielt, hatte ich nichts mehr zu verlieren. Die Klinik verschaffte mir ein gewisses Gefühl der Zugehörigkeit, und abgesehen davon stand ich ja eh rund um die Uhr unter Drogen. Wir – ich und die Station, ich und Birgitta, ich und Seppo, ich und Sven-Åke – waren eine eingeschworene Gemeinschaft. Wir fühlten uns unendlich stark.«

Sture war also ein Teil der Gruppe. Was lag da näher, als ihn ebenfalls an der von Margits Schülern initiierten Anthologie mitwirken zu lassen? Von dem »Gefühl der Zugehörigkeit« ist auch in einigen auf 1995 datierten Zeilen in seinem Therapietagebuch die Rede:

»Ich habe diesen einen großen Wunsch. Ich wünschte (wenn man all die überholten Regeln einmal außer Acht lassen würde), Birgitta, Margit, Sven-Åke und ich könnten uns mal zusammensetzen. Dann könnten wir plaudern und Ideen austauschen (weil ich mich bei ihnen sicher fühle). So ein Treffen wäre mir im Moment sehr, sehr wichtig, und ich glaube, dass ich eine ungemein wichtige Funktion erfüllen könnte. In so einem Gespräch gäbe es keine Heimlichtuerei, ich könnte von meinen Erfahrungen berichten und diese mit der Gruppe ›bequatschen‹. Ich beende diesen Eintrag mit der Bitte, so ein Treffen zu organisieren. Was meint Ihr?«[393]

Schlussendlich sollte Stures Text doch nicht in der Anthologie erscheinen, denn Margit hatte eine viel bessere Idee. Seit einigen

Jahren sammelte sie mittlerweile Material über Sture, und 1995 bot sie ihm an, statt an der Anthologie an ihrem eigenen Buch mitzuwirken. Sie hatte vor, ihre eigenen Texte um Stures Gedichte und Notizen sowie Birgitta Ståhles Therapieprotokolle zu ergänzen. Sogar den Titel des Buches durfte Sture absegnen. Im Sommer 1995 schrieb er an Birgitta Ståhle: »Ich bin sehr zufrieden, dass einige meiner Texte im Buch veröffentlicht werden, und auch mit dem Titel *Thomas Quicks Welt* bin ich absolut einverstanden.«[394]

Im Herbst 1995 machte Margit sich ernsthaft ans Schreiben. Wie eine Besessene analysierte sie Stures rätselhaftes Verhalten, und er selbst mischte begeistert mit. Sämtliche seiner Ideen flossen ohne Umschweife in Margits Manuskript ein, ganz gleich, wie absurd sie sein mochten. Beispielsweise hatte er, stark unter Drogen stehend, die Idee, weshalb sein Alter Ego Thomas Quick die Leichenteile der Opfer versteckt haben könnte: Quick hatte vorgehabt, seinen zerstückelten kleinen Bruder Simon – buchstäblich – zu rekonstruieren:

> Ich sehe vor mir, wie ich Stück für Stück einen neuen heilen Jungen baue, wie ich eine heile Simon-Gestalt erschaffe, indem ich von verschiedenen Jungen die Bausteine besorge; durch meine Morde reinszeniere ich meine Traumata und löse gleichzeitig mein Versprechen an Simon ein: Eines Tages werde ich dich wieder heil machen.
>
> Alvars Herz ist der erste Baustein. Mein Gedächtnis erinnert sich wieder an den Wunsch, Simon zu verschlucken, um ihm Geborgenheit zu geben und meine Einsamkeit in ein Zusammensein zu verwandeln – und als ich Alvar töte, ist diese Erinnerung bei mir, ich öffne seine Brust und reiße ihm das Herz raus. [...] Jetzt, wo ich allein bin und alles noch so neu ist, wage ich kaum, mich an den Jungen zu erinnern, den ich nach Charles ermordet habe, aber ich weiß noch, dass ich sein rechtes Bein abgesägt habe und Stücke von seinem Bauch aß. Und als ich dann Charles zerstückelte, nahm ich sei-

nen linken Oberschenkel, weshalb ich beim nächsten Mord keinen mehr brauchte.«

Eine Sache stimmte Sture jedoch nachdenklich:

> Von den Morden nehme ich jeweils verschiedene Körperteile mit, um Simon heil zu machen. Allerdings ist mir nicht klar, warum ich bei allen Morden, abgesehen von dem an Thomas [Blomgren], eine oder zwei Brustwarzen abbeiße und verzehre, ebenso wie den Schließmuskel. Das ist eine Art gemeinsamer Nenner, abgesehen von meiner Sexualität, aber ich verstehe nicht so recht, was er emotional, symbolisch und konkret zu bedeuten hat.[395]

Das war natürlich gefundenes Fressen für die nächste Therapiesitzung, und die Notiz wurde umgehend in Margits Manuskript aufgenommen. Im September 1995 wurde Margit von Birgitta Ståhle darüber informiert, dass Sture als Jugendlicher »mit dem schweren bleiernen Fleischwolf seiner M[utter] das Fleisch seiner Opfer zermahlen« habe. Diese Erinnerung wurde in der Therapie diskutiert, und im Anschluss notierte Sture folgende Analyse in seinem Therapietagebuch: »Es ist so schrecklich, sich all das, worüber wir heute gesprochen haben, vor Augen zu führen, es zu fühlen, zu riechen etc. Ich erkenne ein Muster und kann den Ursprung erahnen, mir ist, als wäre eine gewisse Rachsucht damit verbunden gewesen: Als M[utter] Würste gemacht hat, wusste ich, dass irgendwer in der Familie an meiner makabren Tat teilhaben musste.«

Margit ergänzte diese Zeilen um ihre eigene Analyse: »Der Auslöser muss gewesen sein, dass Sture von M gezwungen worden war, Simons Leiche zu essen.«[396]

Sture war ein Traumpatient, und Anfang Januar 1996 zementierte er seine Sonderstellung, indem er einen neuerlichen Artikel auf der Meinungsseite der *Dagens Nyheter* veröffentlichte.

Die Sozialdemokraten hatten kürzlich die Reichstagswahl gewonnen, und die neue Sozialministerin Inga Thalén nahm Stures Flucht vom vergangenen Sommer zum Anlass, eine Untersuchung der Forensischen Psychiatrien in Schweden in die Wege zu leiten. Mit seinem Artikel sprang Sture für Säter in die Bresche und pries die Therapie, die ihm die »unbekannten Erinnerungen« an seine zwölf ersten Lebensjahre zurückgebracht habe. Diejenigen Zeitungsleser, die halbwegs in der Geschichte der Psychoanalyse bewandert waren, bemerkten womöglich, wie nah an den Theorien von Judith L. Herman, Jeffrey Masson und Alice Miller der Serienmörder argumentierte, und auch den Seitenhieb gegen Freud und dessen Triebtheorie: »All das, woran mein Körper sich noch so lebhaft erinnerte, hat meine Therapeutin ernst genommen. Sie hat die Dinge, die ich nun endlich in Worte fassen konnte, nicht einfach als Hirngespinste abgefertigt oder sie in irgendein engstirniges Theoriegebilde gepresst.«[397]

Im April wurde die PR-Kampagne für Säter auf die nächste Stufe gehoben, als *Dagens Nyheter* ein großes Interview mit Sture brachte, das an das schicksalhafte Svartenbrandt-Porträt erinnerte. Die Journalistin Kerstin Vinterhed präsentierte Sture als Helden, ja geradezu Märtyrer, auf der schmerzhaften Suche nach der Wahrheit. Laut Artikel war Sture »schon in sehr jungem Alter von seinem Vater zum Analsex gezwungen worden. Die Situation verschlimmerte sich zusehends, als die Mutter zu Hause eine Fehlgeburt erlitt« und sich daraufhin »ebenfalls an den Übergriffen beteiligte [...].« Bei den Morden, so hieß es weiter, hatte es sich um sogenannte Reinszenierungen gehandelt: »Zu den Nachahmungen der Übergriffe in seiner Kindheit wurde er von einer inneren Kraft getrieben, die jenseits seiner Kontrolle lag und jenseits dessen, was sich mit sprachlichen Mitteln ausdrücken lässt.«

Laut Vinterhed stand Sture nun vor einer Herausforderung, die mit einem blumigen Pathos beschrieben wurde, das stark an Stures eigene Fabulierkünste erinnert: »In der Klinik in Säter lernt er zu sprechen. Als befände er sich in einer Gebärmutter, die ihn vor allen Gefahren schützt, sodass er allmählich wagen kann, sich dem Kern seines Schicksals zu nähern, sich zu erinnern und seine Erlebnisse in Worte zu fassen. Wie ein Blinder tappt er in der Finsternis seiner Seele voran, geleitet von seiner Therapeutin Birgitta Ståhle [...].«

Sture erklärte Vinterhed, dass die Motive für seinen »Kampf« altruistischer Natur seien: »Mich zu erinnern, ist die einzige Verantwortung, die ich übernehmen kann. Ich tue es für die Opfer.«

Vinterhed zufolge hing die Zukunft der gesamten Rechtspsychiatrie davon ab, ob Sture diesen Kampf für sich entscheiden würde: »Thomas Quick ist zu einem Präzedenzfall geworden, eine Art Bestandsaufnahme der häufig kritisierten Forensischen Psychiatrie. Bislang konnte er durch seine Geständnisse, die seine Therapie erst ermöglicht haben, mit zwei Tötungsdelikten in Verbindung gebracht werden. Kommen noch weitere dazu, ist das ein großer Erfolg für die Säter-Klinik [...].«[398]

Ergänzt wurde das Interview von einem Foto, das Sture auf seinem schmalen Bett zeigt, neben ihm in einem Sessel Birgitta Ståhle. Offensichtlich sind die beiden in ein Therapiegespräch vertieft. Die Bildunterschrift: »Die Therapeutin Birgitta Ståhle erforscht Thomas Quicks komplexe Sexualität sowie die Übergriffe, denen er als Kind ausgesetzt wurde. Die Therapie ermöglicht ihm eine Rückkehr in seine Kindheit.«

Interessanterweise publizierte *Dagens Nyheter* auf derselben Doppelseite ein kurzes Interview mit der Kinderpsychologin Anita Cederström. Diese stritt ab, dass »verdrängte Erinnerungen« im Erwachsenenalter urplötzlich zurückkommen konnten, und verwies auf aktuelle Erkenntnisse der Gedächtnisforschung. Das Gehirn funktioniere anders, meinte sie, und es gebe zig »Beispiele für falsche Erinnerungen, die nicht selten dazu dienten, die Erwartungen des Therapeuten zu befriedigen«. Dass die Zeitung der Berichterstattung zu Thomas Quick eine solche Aussage gegenüberstellte, beweist, wie kontrovers die Angelegenheit 1995 verhandelt wurde.

Sture wurde in der Klinik nicht nur als lebender Beweis für die Theorie rund um die Verdrängung traumatischer Erinnerungen und deren symbolische Reinszenierung betrachtet. Darüber hinaus wurde bei ihm eine »multiple Persönlichkeitsstörung« oder, um die heutzutage geläufige Bezeichnung zu verwenden, »Dissoziation« festgestellt. Es heißt, dass Menschen mit dieser Diagnose mindestens zwei Persönlichkeiten haben, die von individuellen Gefühlen, Erinnerungen und Verhaltensweisen geprägt sind. In den 1990er-Jahren waren multiple Persönlichkeiten ein ebenso heiß diskutiertes Phänomen wie Serienmörder. Die Diagnose war kürzlich ins *Diagnostic and Statistical Manual of Mental Disorders* (Diagnostischer und statistischer Leitfaden psychischer Störungen) der *American Psychiatric Association* aufgenommen worden und sollte binnen weniger Jahre als eine der berüchtigtsten – und umstrittensten – psychischen Störungen bekannt werden.

Unter anderem drehte sich die Diskussion darum, ob eine Persönlichkeitsspaltung daher rührte, dass Erinnerungen an sexuelle Übergriffe in der Kindheit verdrängt wurden, oder ob Therapeuten ihre Patienten durch suggestive Behandlungsmethoden dazu verleiteten, in unterschiedliche Rollen zu schlüpfen. Sowohl im populärkulturellen Diskurs als auch in Kliniken wie der in Säter tendierte man zur ersten Variante. 1994 veröffentlichte der amerikanische Psychologieprofessor Nicholas P. Spanos einen wirkmächtigen Forschungsbericht, in dem er die These vertrat, dass multiple Persönlichkeiten vor allem dort entstünden, wo Patienten mehr oder minder bewusst versuchten, die Erwartungen ihrer Therapeuten oder Ärzte zu erfüllen.[399] Zahlreiche Wissenschaftler pflichteten Spanos bei.[400] Bei einer multiplen Persönlichkeit handele es sich weniger um ein Krankheitsbild als vielmehr um ein sozial konstruiertes Rollenspiel, das natürlich trotzdem schwerwiegende Auswirkungen für den Patienten hatte.

Im Laufe der Neunzigerjahre kamen mehrere Fälle an die Öffentlichkeit, die den Skeptikern recht zu geben schienen. Ein oft angeführtes Beispiel ist die amerikanische Schwesternhelferin Nadean Cool, die sich 1986 zu einer Psychotherapie entschloss, da sie an Bulimie und leichten Depressionen litt. Ihr Therapeut überzeugte sie davon, als Kind missbraucht worden zu sein, und im Laufe der fünfjährigen Therapie wurden Erinnerungen an grausame rituelle Übergriffe freigesetzt. Außerdem glaubte Nadean nach einer Zeit, sie hätte etwa einhundertdreißig Persönlichkeiten – darunter auch Dämonen, Engel, Kinder und sogar eine Ente. Als Nadean schließlich begriff, dass ihr durch suggestive Regressionsübungen, zum Beispiel auch Hypnose, falsche Erinnerungen eingepflanzt worden waren, zeigte sie ihren Psychiater wegen Kurpfuscherei an und erhielt nach einem fünfwöchigen Gerichtsverfahren im Jahr 1997 2,4 Millionen Dollar Schadensersatz.[401] Die »Behandlung« hatte sie an Hirngespinste glauben lassen und fünf Jahre ihres Lebens zerstört.

Margit war fest davon überzeugt, dass multiple Persönlichkeitsstörungen durch besonders traumatische Kindheitserlebnisse ausgelöst würden. Kein Wunder also, dass die Diagnose auch bei Sture gestellt wurde. Die ersten mutmaßlichen Anzeichen traten in der Therapie zutage, als Stures Stimme mit einem Mal ungewöhnlich rau klang. Deshalb schrieb Birgitta Ståhle im August 1994 an Margit:

»Anbei Stures Texte. Es ist eine schwere Zeit für ihn, aber er schlägt sich wacker. Am Montag mussten wir ihn eine Weile am Bett fixieren, als er zu Ellington bzw. seinem Vater wurde und Simon tötete. Stures Texte zeigen, auf wie vielen Ebenen er mittlerweile Kontakt zu seinen Erinnerungen herstellen kann. Wir tasten uns behutsam und respektvoll voran, damit er sich seinem Vater und dessen Taten stellen kann. Bei der Verwandlung, die ich bezeugt habe, sah ich den Teufel höchstselbst, das kannst Du mir glauben. Und natürlich Stures Reaktion auf den Prozess: Er hat seinen Hals entblößt – und dann hat er gesagt: ›Nein, das ist nicht Papa, der da spricht, das ist eine Schallplatte, die aus ihm herausgehüpft ist.‹ Außerdem sagte er, dass Satan ihm zugeflüstert habe: ›Du sollst den Tod kosten‹.«[402]

Dass Sture anfing, als böser »Ellington« aufzutreten, kam bei den Therapeutinnen gut an. Margit war so beeindruckt, dass sie Stures Identitätswechseln ein ganzes Kapitel in ihrem Manuskript widmete. Sie schrieb, dass Sture als Kind in die Rolle seines bösen Vaters geschlüpft sei, um den sexuellen Missbrauch mental überstehen zu können, und dass er als Erwachsener die Morde in der Rolle des bösen »Ellington« ausgeführt habe. Am Montag, dem 13. März 1995, kam Ellington zum ersten Mal außerhalb des Therapiezimmers zum Vorschein. Birgitta Ståhle berichtete Margit davon, dass mitten in der Nacht ihr Telefon geklingelt habe. Ihr Mann nahm das Gespräch entgegen und reichte ihr dann den Hörer weiter (die Kommentare in Klammern waren für Margit bestimmt):

> Mein Mann weckt mich: »Da ist ein Irrer, der mit dir sprechen will, er sagt, sein Name ist Ellington.«
> Birgitta: »Sture, hier spricht Birgitta.«
> Ellington: (*Lacht lange*) »Hier ist Ellington, ich will mit der Therapeutin sprechen.«
> Birgitta: »Sture?«
> Ellington: »Sture liegt im Bett. Er hat Angst. (*Lacht*) Die Leute glauben seiner Angst und seinen Geschichten. Er manipuliert sie nur.«
> Birgitta: »Wer bist du denn?«
> Ellington: »Ich bin Ellington, wir haben uns schon ein paar Mal gesehen.« (*Lacht*)
> Er gibt mir zu verstehen, dass er Sture für dessen Angst und Schwäche verachtet. Außerdem drückt er seine Verachtung gegenüber der Therapie aus, indem er mich als »die Therapeutin« bezeichnet.

Ellington fährt fort: »Ich will von der Norwegenreise erzählen.«
Jetzt weiß ich, dass es Sture in Ellingtons Gestalt ist. Ich will ihm zuhören und versuchen, Kontakt zu Sture herzustellen.
»Patrik und ich. Wir fahren nach Oslo. Kurz davor, vorher …« – (*lacht*) – »… durch Manipulation gelingt es mir (*Triumph in seiner Stimme ob seiner Macht und Stärke*), Patrik dazu zu bringen, aus dem Auto zu steigen« – lacht wieder – »Er steigt aus dem Auto und tötet den Jungen. Er ist es, der den Jungen ermordet. Er wollte es ja so! Ich habe ihn dazu gebracht.«
Beginnt, leise zu weinen. Ich höre Sture flüstern: »Birgitta.« Ich weiß sofort, dass ich Sture treffen und ihn dazu bringen muss, gegenüber Ellington deutlicher und entschiedener aufzutreten. Es hört sich an, als würde Ellington im Hintergrund knurren, aber jetzt redet Sture mit mir, und ich merke, dass er wieder er selbst ist.[403]

Noch in derselben Nacht machte sich Sture Notizen zu diesem Zwischenfall, die in Margots Manuskript aufgenommen wurden. Kaum habe er sich wieder ins Bett gelegt, sei etwas Seltsames passiert:

[I]ch habe das Licht ausgeknipst. Nach ein paar Minuten – überkam mich eine heftige Angstattacke mit Krämpfen in allen Gliedern und dem Gefühl, keine Luft mehr zu kriegen (ich bin sicher, dass ich aufgehört habe zu atmen). Ich habe versucht, den Alarmknopf zu betätigen, aber es ging nicht. Und dann kam die Verwandlung, wie durch Zauberhand, wie man so schön sagt.

Ellington richtete sich im Bett auf, energisch und stark, und »ließ Sture zurück«. Er ging zum Telefon und rief Birgitta an. Ich weiß nicht, worüber sie gesprochen haben, bis ich ganz schwach Birgittas Stimme vernehme, und dann kommen die Angstkrämpfe zurück. Ich bekomme Hilfe von Gunnar und Lena [Pflegepersonal, Anm. d. Verf.], und nach einer Weile (ich bekam Xanor und Stesolid) ist meine Angst wie betäubt. Ich bin jetzt wieder im Bett. Es war das erste Mal, dass Ellington auf diese Weise Besitz von mir ergriffen hat, abgesehen von seinem Erscheinen in der Therapie. Ich möchte unbedingt mit Birgitta darüber sprechen – über alles, was Ellington gesagt hat, warum er erschienen ist etc.[404]

Stures Theater wurde mit einer solchen Begeisterung aufgenommen, dass er sein Repertoire unverzüglich erweiterte. Neben »Ellington« gab es fortan auch eine »Nana«, das Alter Ego seiner vermeintlich garstigen Mutter, sowie den englischsprachigen »Cliff«, der seinen älteren Bruder Sten-Ove verkörpern sollte. Je mehr Medikamente Sture verabreicht wurden, desto ungehemmter spielte er Theater, und je öfter er Theater spielte, desto mehr Medikamente wurden ihm verabreicht. Trotzdem dauerte es eine Weile, bis die Identitätswechsel auch in der Patientenakte erwähnt wurden. Erst im Juli 1995 wurde offiziell notiert, dass Sture an einer multiplen Persönlichkeitsstörung (MPS) leide:

»Der Patient zeigt oberflächlich gute Funktionen und ist verbal und logisch begabt. Seine Persönlichkeit weist jedoch tiefe Risse auf, die unter ungünstigen Zuständen disparate Reaktionsmuster hervorrufen, sodass man von einer Psychose und sogar von MPS sprechen kann.«[405]

Interessanterweise ließ Sture sein Alter Ego Ellington häufig verkünden, er, Sture, würde immerzu lügen und die ganze Therapie sei nur ein Spiel. So auch in diesem nächtlichen Telefonat:

Birgitta: »Ich möchte mit Sture sprechen.«
Ellington: »Das geht nicht. Hier ist nur Ellington.«
Birgitta: »Können Sie mir helfen?«
Ellington: »Sie meinen, ich darf bei einem Therapiespiel mitmachen? Darf ich bei einem Therapiespiel mitmachen?«[406]

Ein anderes Beispiel ist ein handgeschriebener Brief von Ellington an Sture vom Oktober 1995: »Sture ist ein Mythomane, ein verdammtes Schwein ist er. Er hat keine Chance gegen mich! Ich bin Ellington, und heute Nacht werde ich ihn dazu bringen, sich zu erhängen. Genüsslich werde ich ihm dabei zusehen. Ich kenne die Wahrheit, nicht Sture!!«[407]

Ein andermal trat Sture um 21.40 Uhr auf den Stationsflur. Er hatte eine Schnittwunde am Hals, die er sich mit einer zerbrochenen Rasierwasserflasche selbst zugefügt hatte. Er sagte, er sei »Nana« und »Sture soll jetzt erhängt werden«. Das Pflegepersonal notierte in der Patientenakte: »Geistert auf der Station herum und zerschmettert eine Wanduhr. Wird ans Bett fixiert und mit Medikamenten ruhiggestellt. Kann schließlich wieder freigelassen werden.«[408]

Heute sagt Sture, er habe diese Ausbrüche vorgespielt, um sich als Patient möglichst interessant zu machen. Außerdem hätten die Benzodiazepine ihm die Hemmungen genommen und ihn verwirrt gemacht. Er ist fest davon überzeugt, dass die enorme Menge an Betäubungsmitteln mit der Zeit zu echten Psychosen geführt habe. Besonders schlimm seien die Abende gewesen, nachdem er über den Tag verteilt Unmengen an Tabletten bekommen hatte. Manchmal habe er dann Seppo Penttinen oder Birgitta Ståhle angerufen, um Dinge zu gestehen, an die er sich schon am nächsten Morgen nicht mehr erinnern konnte. Dafür finden sich in der Patientenakte zahlreiche Belege. Am 19. September wurde notiert:

»Ab 17.15 Uhr geht Thomas nervös auf und ab. Um 17.30 Uhr verlangt er 2 Tabletten Xanor à 1 Milligramm. Anschließend begleiten wir ihn ins Musikzimmer, wo er seine Ruhe haben möchte. Seine Panikattacken werden zusehends schlimmer, er legt sich auf den Boden, windet sich und stöhnt. Er lässt sich nicht beruhigen und sagt, er sei jetzt an einem Ort, wo er etwas Schlimmes getan habe, wisse aber nicht, was. Später kann er in sein Zimmer gebracht werden. Um 18.35 Uhr Gabe von 10 Milligramm Stesolid per Klysma. Kurzzeitige Besserung. Will später den für das Ermittlungsverfahren zuständigen Polizisten anrufen. Er telefoniert etwa eine Stunde mit ihm.«[409]

Aus Seppos Mitschrift des Telefonats geht hervor, was Sture auf dem Herzen hatte:

»Am Mittwoch, dem 19. September, wird der Unterzeichnete von Quick angerufen. Quick sagt, dass es ihm psychisch sehr schlecht geht. Er will über einige Dinge sprechen, die ihm Angst machen.«

Darauf folgte eine lange Liste mit diversen Behauptungen und Geständnissen. Unter anderem erzählte Sture, dass er sich bei einer Tatortbegehung am Ryggen-See etwa fünfzig bis siebzig Meter von Johan Asplunds Versteck befunden habe und dass er auf einem Sportplatz in Lindesberg einen »norwegischen Jungen« begraben habe. Außerdem kam er auf den achtzehnjährigen Olle Högbom zu sprechen, der 1983 nach einem Fest in Sundsvall verschwunden war: »Unter Tränen sagt Quick, Olle sei noch am Leben gewesen, jedenfalls zu dem Zeitpunkt, als er den Jungen in sein Auto getragen habe. Er habe die Absicht gehabt, die Leiche dort zu verstecken, wo er schon Charles Zelmanovits begraben hatte.«

Außerdem erzählte Sture von dem Israeli Yenon Levi, den er angeblich in Uppsala entführt hatte. Dann gestand er einen weiteren, bislang unbekannten Mord:

»Quick berichtet ferner von einer Person, die er ›Martin‹ nennt und die in der Gegend um Sätrabrunn unter einer Moosdecke begraben sein soll. Es ist durchaus möglich, dass Martin nicht der korrekte Name ist. Nach Quicks Aussage war der Junge zwischen achtzehn und neunzehn Jahren alt. Quick war bei dem Mord allein.«

Abschließend schilderte Sture zwei weitere Morde.[410] Am Ende des Telefonats hatte er so viele neue Angaben gemacht, dass sie Penttinen gut und gerne einige Monate Arbeit beschert hätten, und tatsächlich wurden kurz darauf Grabungen auf dem Sportplatz in Lindesberg eingeleitet.

Laut Patientenakte ging Stures Abend nach dem Telefonat wie folgt weiter:

»Später am Abend telefoniert er etwa 45 Minuten mit seiner Therapeutin. Gegen Mitternacht hat er eine leichte Panikattacke und erhält 1 Tablette Xanor à 1 Milligramm. Er spricht im Schlaf und sagt, er wolle sterben oder getötet werden.«[411]

War Sture ausreichend mit Tabletten versorgt, war er für die Polizei ein wahres Füllhorn an Informationen, und nach dem ersten Mordurteil wurden den Quick-Ermittlungen im Prinzip unbegrenzte finanzielle Ressourcen zur Verfügung gestellt. Aus diesem Grund setzte die Landeskriminalpolizei eine Gruppe aus erfahrenen Ermittlern zu einer »Quick-Kommission« zusammen, die unter van der Kwasts Leitung in den zahlreichen Mordfällen ermitteln sollte, in denen Sture als Tatverdächtiger galt. Ständig kamen neue Geständnisse hinzu, und außerdem wurden im Frühjahr 1995 sämtliche Polizeiakten nach ungeklärten Morden und vermissten Personen durchkämmt.

Inzwischen liefen mehrere Mordermittlungen parallel, und im April führte Penttinen eine neuerliche Vernehmung im Fall Johan Asplund durch. Sture stellte Penttinens Geduld gehörig auf die Probe, indem er urplötzlich behauptete, sein ältester Bruder Sten-Ove habe ihn 1980 nach Sundsvall gefahren und onanierend dabei zugesehen, wie er selbst Johans Leiche zerstückelte. Anschließend habe Sten-Ove den Kopf mit nach Uppsala mitgenommen, doch wo dieser sich jetzt befinde, könne er nicht sagen.[412]

Sten-Ove hatte erst kürzlich sein Buch »Mein Bruder Thomas Quick« (*Min bror Thomas Quick*) veröffentlicht. Nach dem ersten Prozess hatte er sich damit abgefunden, dass sein Bruder ein Mörder, womöglich sogar ein Serienmörder war. Nichtsdestotrotz hielt Sten-Ove nach wie vor daran fest, dass Sture als Kind nie missbraucht worden sei. In seinem Buch schrieb er, dass die Familie damals auf sehr engem Raum gelebt habe, weshalb er von den Übergriffen etwas mitbekommen hätte – wenn sie denn tatsächlich stattgefunden hätten. Sten-Ove nahm seine Eltern also in Schutz und nannte Sture einen Lügner. Für Margit und Birgitta waren diese Aussagen ein rotes Tuch – und damit auch für Sture. Vermutlich wollte er seinem Bruder einen Denkzettel verpassen, indem er ihn nun der Mittäterschaft beschuldigte. Van der Kwast legte die Asplund-Ermittlung nach dem Verhör für drei Jahre auf Eis.

Glücklicherweise hatte Sture bei einem von Penttinens Besuchen in der Klinik bereits zwei weitere Morde gestanden. Bei dem ersten Opfer handelte es sich um einen Jungen, der laut Sture einen »slawisch« klingenden Namen gehabt hatte – wahrscheinlich »Dusjunka« – und nicht des Schwedischen mächtig gewesen war. Sture gab an, dem südländisch aussehenden dunkelhaarigen Jungen ein paar Jahre vor seiner Einlieferung in Säter begegnet zu sein, als dieser auf einem zu großen Herrenrad auf ihn zugeradelt sei. Es gab nur einen Haken: In Schweden wurde kein Junge vermisst, auf den die Beschreibung gepasst hätte.

Das zweite, äußerst vielversprechende Geständnis betraf einen Doppelmord. Bei einem Interview war Sture von einem *Aftonbladet*-Reporter gefragt worden, ob womöglich auch in einem Doppelmord, der sich im schwedischen Fjäll zugetragen hatte, ermittelt werde, was Sture zunächst verneint hatte. Aus einem von Penttinens Protokollen geht jedoch hervor, dass Sture wenig später darum bat, »mit den Einzelheiten zu diesem Mord konfrontiert zu werden, da er sich einmal in der betreffenden Gegend aufgehalten habe«.[413] Damit wurde das Ermittlungsverfahren eingeleitet, das rund ein Jahr später, im Januar 1996, zu Stures Mordurteilen Nummer zwei und drei führen sollte.

26. Doppelmord am Appojaure-See

»Haben Sie das Gefühl, dass da irgendwelche Informationen in Ihnen sind, die Sie nicht auszusprechen wagen?«

Seppo Penttinen in einer Vernehmung zum Appojaure-Mord

Jannie und Marinus Stegehuis aus Almelo im Osten der Niederlande waren ein kinderloses Ehepaar im Alter von vierunddreißig und achtunddreißig Jahren. Sie hatten schon lange davon geträumt, einen Zelturlaub in Skandinavien zu verbringen, und im Juni 1984 war es endlich so weit – in ihrem grünen Toyota Corolla machten sie sich auf den Weg Richtung Norden. Als Erstes führte die Reise nach Ödeshög am See Vättern, wo Jannie und Marinus ein paar Tage bei Verwandten verbrachten. Anschließend ging es weiter nach Finnland, wo sie Freunde besuchten. Von dort aus verlief die Reiseroute über den Nordpolarkreis bis zum Nordkap, dem nördlichsten Punkt Europas. Im Juli ging es über das Dorf Karesuando an der finnischen Grenze zurück nach Schweden.

Weil das Auto die lange Reise nicht unbeschadet überstanden hatte, musste das Paar in Kiruna an einer Werkstatt haltmachen und zwei Tage zelten. Anschließend ging es weiter Richtung Süden. Am 12. Juli fuhren Jannie und Marinus etwa vier Meilen südlich von Gällivare auf den Vägen Västerut, der am nördlichen Ufer des Stora-Lulevatten-Sees zum Nationalpark *Stora Sjöfället* an der norwegischen Grenze führt. Die Strecke bot atemberaubende Aussichten über die Fjäll-Landschaft. Im Nationalpark angekommen, genoss das Paar die Umgebung und fotografierte

Rentiere. Anschließend fuhren sie ostwärts, und gegen Nachmittag beschlossen Jannie und Marinus, ihr Nachtlager aufzuschlagen. Über einen schmalen Schotterweg fuhren sie zum Ufer des Appojaure-Sees, wo sie den Wagen an einer offenen Stelle parkten und ihr silberfarbenes Zelt aufbauten.

Auf ihrem Gaskocher bereiteten sie eine Mahlzeit aus Würstchen und Brechbohnen zu, die sie in der Zeltöffnung aßen. Jannie schrieb in ihr Tagebuch, wie schön der Tag im Nationalpark gewesen sei und dass sie einen Hermelin beobachtet hätten. »Haben um 16.30 Uhr das Zelt aufgeschlagen. Die Mücken sind immer noch eine Plage. Von Kiruna sind wir 150 Kilometer durch Nieselregen gefahren. Das Wetter hat kurz aufgeklart, aber jetzt regnet es wieder.«[414]

Schließlich schliefen Marinus und Jannie Stegehuis ein.

Am darauffolgenden Tag suchte eine schwedische Touristengruppe am Ufer des Appojaure-Sees nach einem Zeltplatz. Es war ein heller Sommerabend. Plötzlich entdeckten sie ein am Ufer geparktes Auto sowie ein eingestürztes Zelt, unter dem sich die Umrisse von mindestens einem Menschen erahnen ließen. Die Touristen verständigten umgehend die Polizei, woraufhin ein Kriminalinspektor und ein Polizeiassistent aus Gällivare anrückten. Sie stellten fest, dass jemand wie wild durch den Zeltstoff hindurchgestochen hatte.

Vorsichtig hoben die Polizisten die Zeltgabel an und versetzten das Zelt in seine Ursprungslage. Die Reißverschlüsse des Außen- und Innenzelts waren zugezogen, es war also niemand in das Zelt eingedrungen. Sie öffneten die Reißverschlüsse und fanden zwei Personen auf aufblasbaren Schlafunterlagen. Da das Zelt einigermaßen geräumig war, gab es zwischen den Matratzen etwas Platz.

Marinus lag in einem Schlafsack links vom Zelteingang. Sein Körper war von Stichwunden übersät, sein Unterhemd blutdurchtränkt. Bei der gerichtsmedizinischen Untersuchung wurden fünfundzwanzig Stiche gezählt, die ihm teilweise durch die linke Längsseite des Zelts zugefügt worden waren. Da das Zelt zu diesem Zeitpunkt noch gestanden und nach jedem Stich nachgefedert hatte, hatte der Stoff kein Blut aufgesogen. Nachdem das Zelt eingestürzt war, mussten die übrigen Stiche von oben gekommen sein, sodass der Stoff an dieser Stelle Blutspuren aufwies. Außerdem hatte Marinus Wunden am rechten Unterarm sowie der linken Hand, vermutlich weil er versucht hatte, sich zu wehren. Manche der Stichwunden waren so tief, dass bereits eine einzige ausgereicht hätte, um Marinus zu töten.

Rechts lag Jannie in einem langärmligen Nachthemd. Ihr waren zwanzig Stiche von vorne und hinten zugefügt worden. Das Messer war mehrmals durch den Schlafsack und einen geblümten Bettbezug gedrungen, in den sie sich eingewickelt hatte. Während der Attacke war Jannie von ihrer Schlafunterlage gerollt und in Marinus' Richtung gerobbt. Nun lag sie mit angezogenen Knien auf der rechten Seite, der Kopf auf Höhe der Hüfte ihres Mannes.

Marinus musste zuerst angegriffen worden sein, da er sich lediglich mit den Händen zur Wehr gesetzt hatte, während Jannie sich noch ein Stück hatte bewegen können. Bei der Tatwaffe handelte es sich um ein Filetmesser aus dem Besitz des Paars, das der Täter vermutlich vor dem Zelt bei den Kochutensilien entdeckt hatte. Während er wie besinnungslos auf das Paar eingestochen hatte, war die Klinge abgebrochen, die später neben Jannies Leiche gefunden wurde. Der Griff hingegen hatte auf dem Zelt gelegen und war zu Boden geglitten, als die Polizisten es aufgerichtet hatten.

Am Kopfende bot das Zelt etwas Stauraum fürs Gepäck. Hier hatte der Täter von außen einen langen senkrechten Schnitt in die Zeltplane gesetzt. Vermutlich war er hergekommen, als das Paar bereits geschlafen hatte, um die beiden zu bestehlen. Womöglich war Marinus aufgewacht und hatte etwas gesagt, woraufhin der Mörder durch die westliche Längsseite des Zelts auf ihn eingestochen hatte. Nachdem das Zelt eingestürzt war, hatte er auch Jannie getötet. Die Vermutung, dass es sich um einen Raubmord handelte, wurde dadurch bestärkt, dass der Täter tatsächlich einige Dinge entwendet hatte: einen Kassettenrekorder, eine kleine Reisetasche aus schwarzem Leder sowie eine braune Handtasche, in der Jannies Tagebuch gelegen hatte. Die Taschen samt Tagebuch wurden wenig später am Straßenrand des Vägen Västerut gefunden, der Kassettenrekorder ein Stück nördlich von Gällivare.

Es war ein Horrorszenario: Zwei unbescholtene Menschen, die in einer lauen Sommernacht in der einsamen schwedischen Fjäll-Wildnis gezeltet hatten, waren im Schlaf überrascht und grausam ermordet worden. Umgehend wurde die bis dato größte Ermittlung in der Geschichte der Provinz Norbotten eingeleitet und unzählige Vernehmungen durchgeführt. Der erste Verdächtige war ein achtundzwanzigjähriger Drogensüchtiger, bei den Einheimischen »der Bodybuilder« genannt. Er war in der Nähe angeln gewesen, doch ein Freund konnte ihm ein Alibi geben. Ferner interessierte sich die Polizei für einen Deutschen, doch auch diese Spur führte ins Leere. Das Ermittlungsverfahren wurde fortgesetzt, und der Fall war noch immer nicht abgeschlossen, als Sture den Appojaure-Mord elf Jahre später bei dem Telefonat mit Seppo Penttinen erwähnte.

Zwei Tage nachdem Sture verlangt hatte, »mit den Einzelheiten des Mordes konfrontiert zu werden«, fand die erste Vernehmung statt. Hätte jemand Mäuschen gespielt, der noch nie etwas über verdrängte Erinnerungen gehört hatte, hätte er vermutlich die Welt nicht mehr verstanden. Penttinen leitete das Vernehmungsprotokoll mit einer Erklärung ein:

»Quick sagt, er wolle den Mord an dem holländischen Paar in Appojaure nicht gestehen, sondern erst einmal herausfinden, ob er tatsächlich etwas mit der Tat zu tun gehabt hat oder ob er lediglich fantasiert und assoziiert.«[415]

Eine ziemlich ungewöhnliche Einleitung für ein Vernehmungsprotokoll. Eigentlich sollte man glauben, dass ein Vernehmungsleiter sofort aufgehorcht hätte, doch für Penttinen waren solche Aussagen nichts Besonderes mehr. Vermutlich hätte es ihn irritiert, wenn Sture schlicht ausgesagt hätte, er *wisse*, dass er der Mörder sei.

Penttinen hatte sich in den Fall eingelesen und sich einen groben Überblick über den Tathergang verschafft. Nun wollte er von Sture wissen, was sich an jenem Sommerabend im Jahr 1984 zugetragen hatte. Sture erzählte, dass er in der Therapie eine Menge Erinnerungsfragmente zutage gefördert habe. So sei er am 11. Juli 1984 mit dem Zug nach Jokkmokk gefahren, wo er sich gut auskenne, da er dort im Schuljahr 1971/72 eine Volkshochschule besucht habe. Vom Bahnhof sei er zu einem Supermarkt spaziert, um sich etwas zu essen zu kaufen. Anschließend habe er vor dem Samischen Museum ein Herrenrad mit Dreigangschaltung gestohlen, mit dem er Richtung Norden gefahren sei. Unterwegs seien ihm ein paar ausländische Touristen begegnet, mit denen er sich in gebrochenem Englisch unterhalten habe. Am Ende sei er so weit gefahren, dass er »unter freiem Himmel übernachten« musste, obwohl er »bloß gewöhnliche Straßenkleidung dabeihatte und […] eigentlich nicht für die Wildnis ausgestattet war«. Das Wetter sei zwar glücklicherweise gut gewesen, aber er habe in dieser Nacht nur wenige Stunden geschlafen.

Als Sture erzählte, dass er am nächsten Morgen gegen zehn Uhr den Appojaure-See erreicht habe, holte Penttinen eine Landkarte hervor und bat ihn, den See zu zeigen. Sture legte den Finger auf ein Gebiet fünf Meilen südöstlich von Gällivare. In Wahrheit liegt der See südwestlich von Gällivare, unweit der norwegischen Grenze. Sture beschrieb den Appojaure als kleinen Waldsee und gab an, dass das Zelt der Opfer in etwa 500 bis 1000 Metern Entfernung von der Straße aufgeschlagen worden sei. In Wahrheit ist der Appojaure zwei Kilometer lang und einen Kilometer breit, und der Tatort war nur hundert Meter von der Straße entfernt gewesen. Sture gab an, das Zelt sei grau-gelb gewesen, was er auch in einigen Zeitungsartikeln gelesen habe. Was auch immer die Zeitungen geschrieben haben mochten – die Angabe war falsch. Sture erinnerte sich an einen vom restlichen Zelt farblich abgesetzten Regenschutz sowie an zwei aufgespannte Wäscheleinen. Nichts davon war korrekt.

Auf Penttinens Aufforderung hin fertigte Sture eine Skizze des Tatorts an, die dem Vernehmungsprotokoll beigefügt wurde. Rechts auf das Blatt zeichnete Sture den »kleinen Waldsee« in Form eines Rings, das Zelt platzierte er ans Ufer und das Auto etwas abseits an den Waldrand, mit dem Kofferraum zum Zelt hin. In jedem einzelnen Punkt lag Sture vollkommen daneben: Der See war deutlich größer, und das Auto hatte mit der Längsseite zum Zelt hin in der Nähe des Ufers gestanden.

Dann erzählte Sture, er habe sich mit einem großen Messer aus einem Geschäft in Falun an das Zelt herangepirscht und drei Mal durch den Stoff an der rechten Längsseite auf den Mann eingestochen. Dieser sei augenblicklich gestorben und habe sich nicht verteidigen können. In Wahrheit hatte Marinus auf der linken Seite gelegen, und seinen Verletzungen nach zu urteilen, hatte er sich sehr wohl gewehrt. Anschließend, so Sture, sei die Frau aus dem Zelt gekrochen. Sie habe langes dunkles Haar gehabt und sei am Oberkörper unbekleidet gewesen. Nachdem er auf ihre linke Schulter und die rechte Seite eingestochen habe, sei sie zurück ins Zelt gekrochen und links vom Eingang liegen geblieben. Bei dieser Gelegenheit habe er zwei Rucksäcke in der hinteren linken Ecke des Zelts bemerkt. Er habe das Zelt umrundet und noch zehn bis zwölf Mal auf das Paar eingestochen, vornehmlich von rechts.

Stures Angaben wichen in jedem einzelnen Punkt von den bekannten Fakten ab. Jannie Stegehuis hatte kurzes, von grauen Strähnen durchzogenes Haar gehabt und ein Nachthemd getragen, und da der Reißverschluss am Zelteingang von innen zugezogen gewesen war, konnte sie unmöglich herausgekrochen sein.

Als Oberstaatsanwalt Kristian Augustsson 2012 den ungewöhnlichen Entschluss fasste, einen Antrag auf Wiederaufnahme im Appojaure-Verfahren zu stellen, schrieb er in die Begründung, »nach Bergwalls einleitender Beschreibung hatte sich die Frau nach dem ersten Messerstich ihr Nachthemd übergestreift, um dann zurück in den Schlafsack zu kriechen, wo ihr weitere Stiche in den Oberkörper zugefügt wurden. Dass eine Person, die angegriffen wird, so reagiert, scheint mehr als unwahrscheinlich.«[416]

Auch dass er zehn bis zwölf Mal zugestochen hatte, war schlecht geraten, immerhin hatte es sich um insgesamt fünfundvierzig Stichwunden gehandelt. Sture erklärte, dass er, ohne etwas aus dem Zelt zu entwenden, zurück nach Jokkmokk geradelt sei und noch am selben Tag den Zug nach Falun genommen habe.

Nach einer zweieinhalbstündigen Vernehmung hatte Sture seine Version des Appojaure-Mordes geschildert. Abgesehen davon, dass zwei Personen in einem Zelt erstochen worden waren, stimmte seine Aussage in keinem Punkt mit der Wahrheit überein. Es war völlig offensichtlich, dass er das niederländische Paar nicht ermordet hatte, und normalerweise hätte er nach der Vernehmung nicht mehr als Tatverdächtiger gelten dürfen. Er hätte in sein medikamentenbenebeltes Dasein auf Station 36 zurückkehren können, ohne weiter von der Polizei belästigt zu werden. Aber Seppo Penttinen dachte nicht wie andere Polizisten.

Im Laufe der nächsten zehn Monate vernahm er Sture zehn weitere Male, insgesamt 32 Stunden lang. Die Vernehmungsprotokolle umfassen 570 Seiten, die eine ebenso haarsträubende Lektüre bieten wie die Ermittlungsunterlagen der Mordfälle Johan Asplund und Charles Zelmanovits. Penttinen stellte Suggestivfragen, mit denen er Sture zu den richtigen Antworten führte. Ein Beispiel: Um Sture zu verstehen zu geben, dass die Zeltplane aufgeschlitzt worden war, fragte Penttinen: »Warum haben Sie die Zeltplane aufgeschlitzt?«, obwohl Sture noch keine Angaben in diese Richtung gemacht hatte. Penttinen fuhr fort, als hätte Sture bestätigt, das Zelt aufgeschlitzt zu haben: »[S]ie sagen also, dass Sie das Messer benutzt haben, um einen Schlitz in das Zelt zu machen.« Geschickt passte Sture seine Schilderungen den Hinweisen an, die Penttinen ihm vorgab.

Vermutlich wollte der ehemalige Drogenfahnder bloß einem vom Schicksal gebeutelten Mitmenschen bei der Suche nach dessen verloren geglaubten Erinnerungen helfen. Gelegentlich stellte er Fragen, die von einem ausgebildeten Psychotherapeuten hätten stammen können: »Haben Sie das Gefühl, dass da irgendwelche Informationen in Ihnen sind, die Sie nicht auszusprechen wagen?«, oder: »Ist es Ihnen irgendwie möglich herauszufinden, worum es hier eigentlich geht?«[417]

Lieferte Sture nachweislich unzutreffende Angaben, wechselte Penttinen in der Regel schleunigst das Thema.

Häufig stand Sture unter massivem Medikamenteneinfluss. Im Dezember 1994 zum Beispiel entspann sich während einer Vernehmung, bei der auch Birgitta Ståhle zugegen war, folgender Wortwechsel:

[Sture]: Ich kriege so ein taubes Gefühl …
[Birgitta]: Ist es etwas Schlimmes?
[Sture]: Nein.
[Birgitta]: Sie haben ein taubes Gefühl im (unhörbar).
[Sture]: Hmm, nein, im Gesicht.
[Birgitta]: Im Gesicht.

Etwas später steht Sture offenbar völlig neben sich:

[Sture]: Ja, ich steche zu, durch das … Tuch
[Penttinen]: Ja?
[Sture]: Durch das Halstuch.
[Penttinen]: Sie meinen das Zelttuch oder?
[Sture]: Das Zelttuch.[418]

Etwas Ähnliches spielte sich in der vierten Vernehmung ab:

> [Penttinen]: Was meinen Sie, Thomas? Sollen wir erst mal zu Mittag essen?
>
> [Sture]: Ja.
>
> [Penttinen]: … mir scheint, dass Sie Medikamente bekommen haben und sich deshalb nicht konzentrieren können. Oder geht es Ihnen nicht gut?
>
> [Sture]: Es geht mir nicht gut.
>
> [Penttinen]: Ja?
>
> [Sture]: Die Medikamente sind nicht das Problem.
>
> [Penttinen]: Um 11.55 Uhr gehen wir in die Mittagspause.[419]

Zu einer der größten Kuriositäten der Appojaure-Ermittlung gehörte Stures Geschichte über einen Mittäter namens »Johnny Larsson«. Im Gegensatz zu den meisten früheren Geständnissen hatte er zunächst auf einen Komplizen verzichtet, vermutlich um die damit verbundenen Fragen zu vermeiden. Da er 1984 noch keinen Führerschein gehabt hatte, hatte er das gestohlene Fahrrad in seine Geschichte eingebaut, mit dem er angeblich die achtzig Kilometer von Jokkmokk nach Appojaure zurückgelegt hatte, um dort den Doppelmord zu begehen und sich gleich wieder auf den Rückweg zu machen. Doch es gab ein Problem: Schon bei der ersten Vernehmung hatte Penttinen einen potenziellen Mittäter in petto, den die Landeskriminalpolizei seit Längerem im Visier hatte. Es handelte sich um Johnny Farebrink, einen Drogensüchtigen mit langem Strafregister, der inzwischen wegen eines anderen Tötungsdelikts in der Justizvollzugsanstalt Hall einsaß. Die Indizien, die auf Farebrink hindeuteten, waren damals so dürftig gewesen, dass er zum Appojaure-Mord noch nicht einmal verhört worden war. Allerdings stammte er aus Jokkmokk, und in der Zwischenzeit war eine Kameraausrüstung aus dem Besitz des Stegehuis-Paars bei einem Hehler in Stockholm aufgetaucht, mit dem Farebrink öfter Geschäfte gemacht hatte. Nachdem van der Kwast von der Landeskriminalpolizei darüber informiert worden war, forderte er Penttinen dazu auf, Sture bereits in der ersten Vernehmung auf Farebrink anzusprechen. Dabei sollte Penttinen auch den Nachnamen erwähnen, den Farebrink bis 1968 getragen hatte: »Larsson-Auna«.

Nachdem Sture sein fadenscheiniges Geständnis abgelegt hatte, wurde er deshalb von Penttinen gefragt, ob er einen Johnny Larsson-Auna oder Johnny Farebrink kenne. Sture biss augenblicklich an: »Quick reagiert mit augenfälliger Angst. Das Sprechen fällt ihm schwer, und er zittert. Nach einer Weile will er den Namen noch einmal hören. Einen Augenblick später gibt er an, den Namen zu kennen, ihn jedoch mit keinem bestimmten Ereignis in Verbindung zu bringen.«

Damit war die erste Vernehmung beendet. In einer der nächsten Befragungen verkündete Sture, dass »Johnny Larsson-Auna« sein Komplize gewesen sei, den Namen »Farebrink« jedoch habe er nie gehört. Der neue Komplize brachte einige Probleme mit sich. Dass er Johnny auf dem gestohlenen Fahrrad zum Appojaure-See mitgenommen hatte, klang äußerst unwahrscheinlich. Also behauptete Sture in der zweiten Vernehmung, dass er Johnny zufällig vor dem Hotel Gästis in Jokkmokk getroffen habe. Von dort aus seien sie gemeinsam in Johnnys Volkswagen-Pickup zum Appojaure-See gefahren. Obwohl die Ermittler keine Belege dafür fanden, dass es dieses Auto tatsächlich gegeben hat, waren Stures lange Fahrt auf dem gestohlenen Herrenrad und die Übernachtung »unter freiem Himmel«, die er so malerisch beschrieben hatte, nun obsolet. Normalerweise hätte man die Angabe einfach unter den Tisch fallen lassen, denn so funktionierten die Quick-Ermittlungen. Diesmal war die Lage jedoch etwas verzwickter. Die Ermittler hatten nämlich herausgefunden, dass ungefähr zur Tatzeit bei der Polizei in Jokkmokk ein Damenrad als gestohlen gemeldet worden war. Als Sture von Penttinen darauf angesprochen wurde, gab er ohne zu zögern an, dass er vermutlich doch kein Herren-, sondern ein Damenrad geklaut habe. Da es zur Abwechslung so etwas wie einen konkreten Anhaltspunkt gab, wollte Penttinen das Rad nicht mehr aus Stures Geschichte streichen. Also hieß es fortan, das Damenrad sei auf der Ladefläche des Pick-ups transportiert worden. Die einzige Funktion, die das Fahrrad in Stures neuer Version des Tathergangs erfüllte, bestand darin, Penttinen und van der Kwast glücklich zu machen. Im Rahmen des Revisionsverfahrens sollte sich übrigens herausstellen, dass besagtes Damenrad erst nach dem Mord gestohlen worden war.

Im Oktober 1995 sollte Sture Johnny Farebrink in einem Konfrontationsverhör gegenübertreten. Dabei wurde deutlich, dass er nicht die geringste Ahnung hatte, wer Farebrink war. Bislang hatte Sture seinen vermeintlichen Komplizen konsequent »Johnny Larsson« genannt, doch nun stellte sich heraus, dass Johnny seinen Nachnamen schon lange vor dem Appojaure-Mord in Farebrink geändert hatte. Außerdem hatte er ein Alibi. Für van der Kwast entwickelte sich die Gegenüberstellung zu einer großen Blamage, und noch vor dem Prozess stellte er die Ermittlungen gegen Farebrink ein. Die Begründung: Es gäbe keine Indizien, die ihn mit dem Tatort in Verbindung gebracht hätten, »weder in der Gegenwart von Quick noch allein«.[420] Sture hingegen blieb bis zum Prozess in seiner Version des Tathergangs beim Komplizen Johnny.

Zwischen den Vernehmungen im Appojaure-Fall fanden regelmäßige psychotherapeutische Sitzungen statt, in denen Sture auf seinem Bett lag und »Regressionsreisen« zum Appojaure-See unternahm. Häufig verwandelte er sich dabei in Ellington, in dessen Gestalt er den Mord seiner Aussage nach begangen hatte. Auch in einer Vernehmung kam Ellington zum Vorschein. Sture hatte gerade das Musikzimmer verlassen, um zur Toilette zu gehen, als plötzlich im Flur Radau ertönte. Birgitta Ståhle, die bei der

Vernehmung zugegen war, stürmte hinaus. Nach einer Weile kamen sie und Sture zurück und setzten sich wieder. Als Penttinen fragte, was passiert sei, antwortete Ståhle:

»Ja, das kann ich erklären. Als Thomas rausgegangen ist, ähm, da hat sich dieselbe Verwandlung abgespielt wie dort [in Appojaure, Anm. d. Verf.]. Wie ich schon mal erklärt habe, wird er dann zu einer anderen Person, zu ›Ellington‹, und wenn er ›Ellington‹ wird, packt ihn dieser unkontrollierbare Jähzorn. Er hat gerade seinen Kopf gegen eine Tür geschlagen … daher kam das Geräusch.«[421]

Margit, Birgitta Ståhle und Sture mussten sich mächtig ins Zeug legen, um eine glaubhafte Erklärung dafür zu liefern, warum Sture mit einem Mal auch zwei Erwachsene getötet hatte. Immerhin war er bisher ausschließlich auf Jungen fixiert gewesen. Gerade rechtzeitig zur fünften Vernehmung hatten sie sich eine Erklärung zurechtgelegt. Sture gab an, dass er in Jokkmokk einen Jungen gesehen habe, den er töten wollte, allerdings sei ihm dieser entwischt. Als er am Abend auf das Ehepaar Stegehuis gestoßen sei, habe er die plötzliche Eingebung gehabt, dass sie die Eltern des Jungen waren, was sie allerdings abgestritten hätten. Diese Verleugnung habe ihn so wütend gemacht[422], dass er sich in der Nacht in Ellington verwandelt und das Paar ermordet habe – mit Johnny Larssons Hilfe. Auf diese Weise wurde der Appojaure-Mord mit der Reinzsenierungstheorie verknüpft: Mit seiner Tat hatte Sture die Verleugnung durch seine Eltern geschildert.

Blieb nur noch das Problem, dass es Sture trotz mehrfacher Versuche nicht gelingen wollte, den Tatort halbwegs zutreffend zu beschreiben. In den Vernehmungen fertigte er zahlreiche Skizzen an, doch immer wieder zeichnete er Zelt und Auto an den falschen Stellen ein. Außerdem konnte er nicht korrekt angeben, wie Marinus und Jannie Stegehuis im Zelt gelegen hatten. Die Rettung kam in Gestalt von Sven Å. Christianson. Er sollte

Stures Gedächtnis mit einer Rekonstruktion des Mordes auf die Sprünge helfen.

Also flog die gesamte Quick-Gruppe wenig später nach Gällivare. Unter dem Vorwand, sich einer dem »Kognitiven Interview« verwandten Technik zu bedienen, wies Christianson die Ermittler an, den Tatort genau so nachzustellen, wie er 1984 vorgefunden worden war. Daraufhin wurden ein Auto, ein Zelt und ein Gaskocher mitsamt Kochgeschirr an denselben Stellen platziert wie damals, und eine Polizeiassistentin sowie ein Polizist agierten als Ehepaar Stegehuis. Der Anblick der originalgetreuen Kopie des Tatorts, so Christiansons Überzeugung, würde Sture schlichtweg dazu zwingen, sich an 1984 zu »erinnern«.

Einer der anwesenden Polizisten war Thure Nässén, der sich wenig später von den Ermittlungen zurückzog, da er starke Zweifel an Stures Schuld hegte. Wo diese herrührten, erklärte er Penttinen in einem Brief, datiert auf den 9. Dezember 2002:

»Die ersten Zweifel kamen mir bei der sogenannten ›Tatortbegehung‹ oder – wie es vielleicht korrekterweise heißen muss – Rekonstruktion in Zusammenhang mit der Appojaure-Ermittlung. Bis dahin hatte ich noch nie an einer Rekonstruktion oder ›Begehung‹ teilgenommen, geschweige denn eine arrangiert, wo dem Hauptverdächtigen alles ›auf dem Silbertablett‹ serviert wurde. Für gewöhnlich sollte es doch der Täter sein, der die Requisiten arrangiert – wie in diesem Fall das Zelt oder das Auto –, da er als Einziger wissen kann, wie der Tatort aussah, bevor er dem armen Paar ›das Leben genommen hat‹. […] Ich hatte den Eindruck, dass bei dieser Rekonstruktion die Psychologen ›den Ton angaben‹ und nicht der Ermittlungsleiter oder die Polizei.«[423]

Benebelt von der Wirkung seiner Medikamente, stieg Sture am Nachmittag in den Minibus, der ihn zum rekonstruierten Tatort bringen sollte. Mit dabei waren Birgitta Ståhle, Sven Å. Christianson, Seppo Penttinen, Kriminalkommissar Thure Nässén, der Stationsleiter der Station 36 Bengt Eklund sowie ein Pfleger. Als der Trupp sich dem See näherte, hatte Sture einen so heftigen Panikanfall, dass der Bus angehalten werden musste. Penttinen notierte:

»Er steigt aus dem Wagen und versucht, sich zu übergeben. Birgitta Ståhle muss Quick beruhigen, damit wir die Fahrt Richtung Appojaure fortsetzen können. Quick sagt, er habe solche Angst, weil er sich an die Umgebung erinnern könne. Er weint und stöhnt und wiederholt mehrmals: ›Es darf nicht wahr sein‹.«[424]

Sture wurde mit Xanor ruhiggestellt. Am Tatort angekommen, stiegen alle aus dem Bus:

> Um 15 Uhr betritt Quick den Platz, wo sich die Tat ereignet hat. Der Tatort ist genau so hergerichtet worden, wie er 1984 vorgefunden wurde. Dazu wurden Fotos und weiteres Ermittlungsmaterial zurate gezogen.
>
> Zunächst hat Quick die Gelegenheit, ein bisschen herumzugehen und sich zu orientieren.
>
> [Sture]: Wir gehen ein Stück. Ich muss … ich kann nicht sofort hinsehen. (Quick geht im Kreis und vermeidet, in die Richtung des Zelts zu schauen). Hmm … hmm … gleich … gleich drehe ich mich um. (Seufzt)

Kriminalkommissar Thure Nässén beobachtete das Schauspiel. In einem späteren Interview sagte er: »Er war völlig aufgeschmissen. Es war ganz offensichtlich, dass er den Tatort noch nie zuvor gesehen hatte. Das habe ich auch angesprochen, aber die Ermittlergruppe wollte nichts davon hören.«[425]

Penttinen wusste, dass Stures Erinnerungen durch Regression aktiviert wurden, und nach etwa einer Stunde am Tatort schien eine solche bevorzustehen. In einer Kaffeepause notierte Penttinen: »Während der Pause zieht er seinen Strickpullover aus, weil es in der Mordnacht viel wärmer war.«

Penttinen zufolge war Sture bereits im Begriff, mental ins Jahr 1984 zu reisen, weshalb er seine Bekleidung den damaligen Wetterverhältnissen anpassen musste. Nun sollte er vor laufenden Videokameras demonstrieren, wie der Doppelmord vonstattengegangen war. Mit einer Messerattrappe stach Sture auf die linke Längsseite des Zelts ein und wies einen Anwesenden, der Johnny Larsson darstellte, an, er solle es ihm nachtun. Dann öffnete er den Zelteingang und warf sich auf die Polizisten, die die Plätze des Ehepaar Stegehuis eingenommen hatten. Penttinens Assistentin Anna Wikström, die Jannie Stegehuis verkörperte, schrie panisch auf, woraufhin van der Kwast die Rekonstruktion abbrach. Die Kameras wurden ausgeschaltet, und Sture sollte aus dem Zelt herauskriechen. Penttinen fasste zusammen:

»Während Quick den Angriff simulierte, ist ein technischer Fehler am Aufnahmegerät aufgetreten. Die Unterbrechung hat nur wenige Minuten gedauert, und in dieser Zeit hat Quick berichtet, dass er in Wahrheit nicht durch den Zelteingang eingedrungen sei, sondern durch einen Schlitz in der Zeltplane. Er hat keine Erinnerung daran, über die im Zelt liegenden Personen geklettert zu sein. Er ist verzweifelt, weil sein Verhalten einen Fehler in der Rekonstruktion verursacht hat, und wiederholt immer wieder: ›Es stimmt nicht, es stimmt nicht.‹«

Anhand des Timecodes der Videoaufnahme stellte Staatsanwalt Jörgen Lindgren später fest, dass die »kurze« Unterbrechung in Wahrheit eine Stunde gedauert hatte. Und überhaupt, so Lindgren, sei der »technische Fehler« verwunderlich, wo doch »angegeben worden war, dass zwei stationäre und eine Handkamera verwendet wurden und man die Tonaufnahme separat geregelt hatte«. Was in der guten Stunde geschah, in der die gesamte Aufnahmeausrüstung aus unerfindlichen Gründen abgeschaltet wurde, bleibt ein Rätsel.

Ein Mitglied der Quick-Kommission war Kriminalkommissar Jan Olsson, der damalige Leiter der Abteilung für Fallanalyse der

Landeskriminalpolizei.[426] Ebenso wie Nässén stand auch er den Ermittlungen immer kritischer gegenüber und zog sich schließlich aus berufsethischen Gründen zurück.

Olsson hat mir erzählt, dass er seinerzeit eine Analyse des Tathergangs erstellt habe. Stures Angaben aus der ersten Vernehmung zum Appojaure-Mord hätten in keinem Punkt damit übereingestimmt. Außerdem schilderte er, dass Penttinen und Sture ein Gespräch unter vier Augen geführt hatten, als die Kameras ausgeschaltet waren. Kaum liefen die Kameras wieder, wagte Sture einen neuerlichen Versuch, und plötzlich stimmte jeder Messerstich mit den bekannten Fakten überein. Olsson wurde misstrauisch: »Keine Rekonstruktion eines Tathergangs ist je zu hundert Prozent korrekt«, erklärte er, »aber Stures zweiter Ablauf war fehlerfrei. Das kam mir ziemlich seltsam vor.«

Staatsanwalt Kristian Augustsson bezog sich in seinem Wiederaufnahmeantrag mehrfach auf Jan Olssons Aussage, dass Penttinen während der Rekonstruktion ein vertrauliches Gespräch mit Sture geführt habe. Liest man zwischen den Zeilen, geht unmissverständlich daraus hervor, dass Sture wohl konkrete Anweisungen erhalten hatte. Penttinen wurde fuchsteufelswild, als er davon erfuhr, und reichte folgende Stellungnahme ein:

»Es bedarf jetzt einer Erklärung, was tatsächlich in der Zeit passiert ist, in der die Filmaufnahme unterbrochen wurde. Als wir die erste Sequenz abbrechen mussten, habe ich [Sture] zu Boden geworfen. Unmittelbar nachdem sich seine Panik gelegt hatte, erklärte er, er wolle die Rekonstruktion noch einmal von vorn beginnen, der Anblick der exakten Kopie des Zelts habe ihn im ersten Moment überfordert. [Sture] wurde von seinen Pflegern versorgt und zum Bus gebracht. Dort sprach er mit dem Pflegepersonal, Birgitta Ståhle und Sven-Åke Christianson. [...] Nach einer Weile kam SÅC zu mir und erklärte, wie die Rekonstruktion aus erinnerungstechnischer Perspektive fortzusetzen sei – dies war SÅCs Aufgabe. Daraufhin führte ich eine kurze

Unterhaltung mit [Sture], und wenig später wurde Phase 2 der Rekonstruktion eingeleitet. Ich bat [Sture], die Augen zu schließen und sich in dieselbe emotionale Stimmung zu versetzen, in der er sich zur Tatzeit befunden hatte. Er solle sich das Wetter vorstellen – sonnig oder bewölkt, verregnet oder trocken, windig oder windstill – und überlegen, wie es damals in seinem Inneren ausgesehen hatte. Dass in irgendeiner Form eine Anweisung hinsichtlich des Tathergangs stattgefunden hat, ist **vollkommen ausgeschlossen**.« [Hervorhebung wie im Original, Anm. d. Verf.][427]

Damit Sture den Tathergang bis auf den letzten Messerstich genauso nachstellen konnte, wie Jan Olsson ihn zuvor analysiert hatte, musste er sich also nur das Wetter vorstellen.

Penttinen hatte Olssons Analyse natürlich vor der Rekonstruktion gelesen. Als ich Sture danach fragte, was sich während der Unterbrechung abgespielt habe, erklärte er, dass Penttinen ihn an seine bisher getätigten Aussagen erinnert habe, und zwar mit Fragen wie: »Weißt du noch, dass du gemeint hast, du hättest die Zeltplane angehoben?« Kurzum: Penttinen hatte Christiansons Ratschläge befolgt und versucht, Sture mit Hinweisen auf die Sprünge zu helfen.

Am nächsten Tag wurde die Rekonstruktion fortgesetzt, doch Sture hatte solche Angstzustände, dass er wegrannte und versuchte, sich vor ein Auto zu werfen. Trotzdem waren alle hochzufrieden mit dem Ergebnis der Rekonstruktion, und so ging es gut gelaunt in dem extra gecharterten Privatjet zurück nach Dalarna.

Birgitta Ståhle schrieb einen überschwänglichen Eintrag über die Ereignisse am Ufer des Appojaure-Sees in die Patientenakte. Sie war der Meinung, dass es sich bei Stures anfänglich missglücktem Versuch, den Tathergang nachzustellen, in Wahrheit um eine Regression gehandelt habe, wie er sie sonst nur in der Therapie erlebte:

»Thomas hat die Rekonstruktion auf äußerst zufriedenstellende Weise ausgeführt. Zu Beginn stellte er durch eine Regression Kontakt zu dem Ereignis her, um dadurch die entsprechenden Erinnerungsfragmente abzurufen. Es war ihm also möglich, sich derselben Technik zu bedienen wie bei den Regressionen in der Therapie, wenn er sich an frühere Erlebnisse und Emotionen erinnerte.«[428]

Die Rekonstruktion war offensichtlich ein voller Erfolg gewesen, und nach zwei weiteren Vernehmungen wurde Anklage erhoben. Der Prozess sollte im Januar 1996 im Landgericht von Gällivare stattfinden.

27. Der Prozess in Gällivare

»Birgitta und ich sind auf insgesamt zwölf Opfer gekommen. Zwölf lebendige Leben, die ich zum Verstummen gebracht habe, zwölf lebendige Leben, die vielen Menschen etwas bedeutet haben. Zwölf Leben, die geprägt waren von Hoffnungen in sich selbst und in andere. Sehe ich von der sozialen Multiplikation der Ziffern einmal ab und rechne 12 x 12, lautet die Lösung 144. Zwölf Tote und 132 strauchelnde Menschen sind das Ergebnis meines Überlebenskampfes!«[429]

Eintrag in Stures Tagebuch vom 18. September 1995

Vor der Gerichtsverhandlung in Gällivare beschloss Sture, sich einen neuen Verteidiger zu suchen. Jetzt, da er eine Berühmtheit war, schien ihm ein Feld-Wald-und-Wiesen-Anwalt wie Gunnar Lundgren nicht mehr glamourös genug. Er erinnerte sich daran, dass der jüngere Bruder der Journalistin Kerstin Vinterhed, die die *Dagens Nyheter*-Lobhudelei auf ihn verfasst hatte, der bekannte Verteidiger Claes Borgström war. Also griff er zum Telefonhörer und fragte Borgström, ob er den Fall übernehmen wolle. Er erklärte, dass Gunnar Lundgren ihm zu passiv gewesen sei und während der Rekonstruktion in Piteå die meiste Zeit am Ufer gehockt und Würstchen gegrillt habe. Außerdem sei Lundgren ein Moderater, und er, Sture, würde einen Anwalt bevorzugen, der seine politischen Ansichten teile.[430]

Borgström hatte es 1981 zu einiger Bekanntheit gebracht, als er eine Gruppe von vierzehn Kindern in einer Klage gegen die Kommune Stockholm vertrat, weil vor der Tages- und Freizeitstätte Birkagården am Karlbergsvägen im Stockholmer Stadtteil Vasatan Schwerverkehr zugelassen war. Ebendiesen Birkagården hatte Curt Norell, Margits Ehemann, von 1946 bis 1976 geleitet und weitere neunzehn Jahre im Stiftungsvorstand gesessen. 1997 war Claes Borgström in den Vorstand gewählt worden, und in den folgenden Jahren hatte er nicht nur Curt, sondern auch Margit kennengelernt, die ihre Praxis in den Räumlichkeiten der Stiftung hatte. Borgströms Kinder hatten den Kindergarten des Birkagården besucht, und 1981 vertrat er ihre Interessen in dem umweltpolitisch symbolischen Prozess, der für reichlich Medienrummel sorgte. Obwohl die Kinder den Prozess schlussendlich verloren, hatte Borgström sich einen Namen in der linken Szene gemacht.

Seit jeher interessierte er sich für psychologische Themen, was mitunter damit zusammenhing, dass Kerstin und er einen schizophrenen Bruder gehabt hatten, der bis zu seinem Tod die meiste Zeit in verschiedenen Psychiatrien verbracht hatte. Borgström vertrat einen radikalen, antiautoritären und psychodynamisch geprägten Standpunkt und hatte viel über R. D. Laings Antipsychiatrie gelesen. Mit anderen Worten: Für Thomas Quicks Verteidigung war Borgström die ideale Besetzung.

Christer van der Kwast und Claes Borgström machten gemeinsame Sache und sprachen gegenüber dem Landgericht Gällivare die Empfehlung aus, Sven Å. Christianson als Sachverständigen zu bestellen. Das Gericht biss an, und Christianson wurde damit beauftragt, ein Sachverständigengutachten zu erstellen. Da Christianson ganz heiß darauf war, auch persönlich vor Gericht auszusagen, setzte er einen Brief an den Präsidenten des Landgerichts auf: »Ich gehe davon aus, dass ich auch persönlich vor Gericht aussagen werde, um die im Gutachten dargelegten Sachverhalte bezüglich der psychologischen Voraussetzungen für Thomas Quicks Aussage näher zu erläutern.«[431] Und genauso kam es.

Während der Prozessvorbereitungen nahm Stures sonderbares

Leben in Säter weiter seinen Lauf. Er bekam so viele Tabletten, wie er wollte, und geisterte im zugedröhnten Zustand als »Ellington« oder »Nana« auf der Station umher. In den Therapiesitzungen machte er unter Birgitta Ståhles Anleitung dramatische »Regressionsreisen« in seine Kindheit und agierte abwechselnd als vierjähriger Sture während einer Vergewaltigung, als »Simon«, der gerade zerstückelt wurde, oder in der Rolle seiner monströsen, gewalttätigen Eltern. Er weinte, schrie und wälzte sich im Bett. Gelegentlich unternahm er auch halbherzige Suizidversuche. Ein typischer Eintrag in der Patientenakte lautete:

»Thomas hat sich die Decke über den Kopf gezogen und reagiert auf Ansprache nur mit einsilbigen Antworten. Er weigert sich, etwas zu trinken, und sagt, er wolle sich zu Tode hungern. Seine Psychologin B. Ståhle wird alarmiert. Ståhle verspricht, nach ihm zu sehen und ihn aus diesem Zustand zu befreien. Vor ihrem Besuch hat der Patient eine starke Panikattacke und muss vom Personal daran gehindert werden, auf dem Hof den Kopf gegen eine Steinmauer zu rammen. Später versucht er, sich mithilfe einer Plastiktüte zu ersticken, und schlingt sich seinen Gürtel um den Hals. Nach Ståhles Besuch ist Thomas wieder ansprechbar, er isst und trinkt und verlässt sein Zimmer. Er steht weiterhin unter Beobachtung.«[432]

In anderen Einträgen aus dieser Zeit ist davon die Rede, wie er – vermutlich unter starkem Medikamenteneinfluss – versucht, »sich einen Schraubenzieher in den Brustkorb zu rammen« oder »sich selbst zu erdrosseln«. Andere Male »wirft er sich auf den Boden und kriecht und stöhnt« oder »schlägt seinen Kopf gegen die Wand«.[433] Zahlreiche Einträge belegen, dass Sture chronisch nervös war und unter Angstzuständen litt, was dazu führte, dass ihm immer mehr Benzodiazepine verabreicht wurden. Hier ein weiterer Eintrag:

»Als wir im Laufe des Tages eine zunehmende motorische Unruhe beobachten, ordnet Doktor Kall eine Fortsetzung der Überwachung an. Zum Abend hin wird Thomas immer nervöser. Er kann nicht stillsitzen und rennt unruhig herum, um seine Angst zu unterdrücken. Gegen 18.30 Uhr verständigt das Personal Thomas' Therapeutin, die gegen 20 Uhr eintrifft. Um 18.30 Uhr Gabe von 1 Milligramm Xanor, um 19.30 Uhr Gabe von Stesolid à 20 Milligramm per Klysma. Trotzdem findet der Patient keine Ruhe, zwei Pfleger müssen ihn festhalten. Gegen 22 Uhr hat er sich beruhigt. Gabe von 2 Tabletten Xanor + Nachtmedizin. Nach dem Besuch der Therapeutin schläft er ein.«[434]

Anna Dådermann kam bei ihrer Überprüfung der Patientenakte zu dem Schluss, dass Stures Verhalten die Folge einer Überdosierung von Benzodiazepinen in Verbindung mit dem Missbrauch weiterer Präparate gewesen war. In der Klinik hingegen waren Stures Nervenzusammenbrüche als Zeichen dafür gedeutet worden, dass seine Psychotherapie anschlug. Immer wieder notierte Birgitta Ståhle in der Patientenakte, dass Sture einen »gesteigerten Wirklichkeitskontakt« hergestellt habe und im Begriff sei, die verdrängten Erinnerungen an seine traumatische Kindheit und die Morde als Erwachsener zurückzuholen. Die gesamte Klinik teilte ihre Meinung. Im September notierte der Leitende Oberarzt Erik Kall, Stures Suizidgedanken seien die »natürliche Folge« des Umstands, dass er nun »Zugang zu frühen traumatischen Erlebnissen hat, mit denen er sich auseinandersetzen muss, um Fortschritte zu erzielen«.[435]

Sture erzählte mir, die Medikamente seien für ihn wie Gift gewesen, und trotzdem habe er alles geschluckt, was er in die Finger bekam. Ein weiterer Grund für seine Angstzustände sei seine zunehmend ambivalente Einstellung gegenüber den Mordermittlungen gewesen. Einerseits habe er keinen Rückzieher machen können, da er nicht damit fertiggeworden wäre, wenn Birgitta Ståhle und das Pflegepersonal fortan einen Lügner in ihm gesehen hätten. Andererseits habe er hin und wieder klare Momente gehabt, in denen er begriff, dass er sein Leben zerstört hatte und in der Klinik sterben würde. Diese Momente hätten ihn in die Depression getrieben, er habe aufgehört zu essen und zu trinken, das Bett nicht mehr verlassen oder versucht, sich das Leben zu nehmen. Etwa einen Monat nach der Rekonstruktion am Appojaure-See wurde in der Patientenakte notiert:

»Verweigert seit 48 Stunden Essen und Trinken, ohne einen Grund zu nennen. Der Patient sieht seit einiger Zeit sehr schwach und kränklich aus. Im Moment liegt er auf seinem Bett und fühlt sich recht entspannt und klar im Kopf, ohne in Träume oder Grübeleien zu versinken. Als er zwischenzeitlich auf den Beinen war, schien er zwar nüchtern zu sein, aber er war schwermütig, und seine Körperhaltung war kraftlos. Wenn man ihm über den Weg lief, machte er eine resignierte Geste mit den Armen.«[436]

Sture steckte in einem tiefen Gefühlschaos. In der einen Sekunde verzweifelte er an der Ausweglosigkeit seiner selbstverschuldeten Situation und versuchte, sich das Leben zu nehmen, und in der nächsten Sekunde wurde er wieder zum Betrüger. Im Herbst 1995 verlangte er von der norwegischen Zeitung *Verdens Gang* 50 000 Kronen für ein Interview – Mordgeständnis inklusive.[437] Das Interview fand tatsächlich statt, und Sture gestand die Morde an zwei Flüchtlingsjungen, die, wie der Reporter ihm verraten hatte, Ende der 1980er-Jahre aus einem Flüchtlingsheim in Oslo verschwunden waren.

Im Herbst 1995 bündelten die Polizei und die Klinik ihre Kräfte und bereiteten Sture gemeinschaftlich auf den bevorstehenden Prozess vor. In Stures Therapietagebuch stieß ich auf die Beschreibung einer Filmvorführung, die am 16. Oktober in der Klinik arrangiert wurde. Auf dem Programm: die Aufnahme der Rekonstruktion am Appojaure-See. Außer Sture waren Birgitta Ståhle, Seppo Penttinen, Lena Arvidsson, Stationsleiter Bengt Eklund sowie eine Krankenpflegerin anwesend. Jedes Mal, wenn ich Birgittas Briefe an die Gesundheitsbehörde lese, in denen sie beteuert, dass zwischen Therapie und Polizeiarbeit klare Grenzen gezogen worden seien, sehe ich diesen Abend vor mir: Penttinen, zusammen mit dem Klinikpersonal auf Station 36, um Sture beim Einstudieren seiner Aussage Gesellschaft zu leisten.

Am 9. Januar 1996 wurde der Prozess im Landgericht Gällivare eröffnet. Zwei Verwandte von Jannie Stegehuis waren extra angereist, um Jannies und Marinus' Mörder mit eigenen Augen zu sehen. Während der Zelmanovits-Prozess mit Rücksicht auf Stures »psychische Verfassung« unter Ausschluss der Öffentlichkeit stattgefunden hatte, waren dieses Mal Zuhörer und Journalisten zugelassen. In *Dagens Nyheter* war später zu lesen, dass Sture die Tat »klar, deutlich und wohlartikuliert« geschildert habe. Der Nachrichtenagentur TT zufolge hatte Sture »Unterstützung von seinem Rechtsanwalt Claes Borgström und acht weiteren Personen, darunter auch Mitarbeiter der Forensischen Psychiatrie in Säter, die sich während der Pausen um ihn kümmerten«.

Mit der moralischen Unterstützung von Birgitta Ståhle und Claes Borgström, die rechts und links von ihm saßen, sagte Sture aus, er sei nach Jokkmokk gefahren, um einen Jungen zu vergewaltigen und zu töten. Dort angekommen, habe er ein Damenrad mit Dreigangschaltung gestohlen, sei »ein wenig herumgeradelt« und habe eine Gruppe ausländischer Jugendlicher bemerkt.[438] Mit der Absicht, einen der Jungen zu strangulieren, sei er in ein Geschäft gegangen, um eine Wäscheleine zu kaufen. Dann aber sei er zufällig Johnny begegnet – den van der Kwast längst aus den Ermittlungen gestrichen hatte –, in dessen »hellgrauem Volkswagen-Pick-up« sie gemeinsam zum Appojaure-See gefahren seien. Dort, erzählte Sture, habe er das niederländische Paar getroffen und sie gefragt, wann ihr Sohn kommen werde. *Dagens Nyheter* fasste zusammen:

> Auf die direkte Frage seines Verteidigers Claes Borgström, was die Aversion gegen die niederländische Frau ausgelöst habe, antwortet Quick klar und deutlich:

»Dadurch, dass sie ihren Sohn verleugnete, identifizierte ich sie unweigerlich als M, der sie im Übrigen rein äußerlich sehr ähnlich war.«

»M« ist Quicks Bezeichnung für seine Mutter.[439]

Sture erzählte weiter, wie er sich in der Nacht an das Zelt herangeschlichen und auf die beiden eingestochen habe. Der Mann sei sofort tot gewesen. Dann habe er einen Schlitz ins Zelt geschnitten und sei hineingeklettert, um auch die Frau zu ermorden.

In der Urteilsbegründung hieß es, Sture habe nach der Tat seine Erinnerungen »verdrängen« wollen und deshalb »die Berichterstattung der Massenmedien bewusst ausgeblendet«. Trotzdem beruhe sein Bericht auf »eindeutigen Erinnerungsfragmenten, wobei geringfügige Abweichungen von den tatsächlichen Gegebenheiten eventuell vorkommen könnten«.[440]

Ferner geht aus der Urteilsbegründung hervor, dass Penttinen in seiner Aussage schilderte, wie Sture seine Erinnerungen sukzessive zutage gefördert hatte:

»Quicks Art, das Geschehen zu schildern, sei die gleiche gewesen wie in früheren Fällen. Anfangs habe er von vereinzelten Erinnerungsfragmenten berichtet, doch im Laufe der Vernehmungen sei der Tathergang nach und nach ›aufgedeckt‹ worden. Zunächst sei sein Bericht völlig unzusammenhängend gewesen, was Quick damit erklärt, dass er sein inneres Ich vor den Angstzuständen schützt, indem er sich etwas ausdenkt, das die Wahrheit lediglich streift. Deshalb habe er manche Angaben schon in der nächsten Vernehmung widerrufen.«

Das Resultat der insgesamt elf Vernehmungen beschrieb Penttinen wie folgt:

»Penttinens Auffassung nach sind Quicks Erinnerungen klar und deutlich, was die maßgeblichen Einzelheiten betrifft. Nebensächlichkeiten, wie zum Beispiel die An- und Abfahrten, werden dagegen eher diffus geschildert.«

Diese Formulierungen musste Penttinen bei Sven Å. Christianson aufgeschnappt haben. Sie stimmten mit den Thesen überein, die Christianson in seiner gemeinsamen Forschungsarbeit mit Elizabeth Loftus über Erinnerungen an traumatische Ereignisse entwickelt hatte.

Penttinen sagte außerdem aus, dass Sture in der ersten Vernehmung »Informationen zum Tatort samt einer detaillierten Skizze vom Zeltplatz und dem Weg dorthin« geliefert habe. Das stimmte zwar, allerdings verschwieg Penttinen, wie fehlerhaft diese und auch alle folgenden Skizzen gewesen waren. Abschließend tischte Penttinen dem Gericht eine dicke Lüge auf:

»[Quick] beschreibt die äußere Erscheinung des Paares und erklärt, wo im Zelt sie sich befanden. Die Angaben erfolgen völlig spontan. Es besteht kein Unterschied zu den Angaben, die Quick während der Ermittlungen gemacht hat.«

Der Star der Verhandlung war ohne Zweifel Sven Åke Christianson. Sein schriftliches Sachverständigengutachten begann wie folgt: »Die in diesem Gutachten dargelegten Sachverhalte stützen sich auf aktuelle Forschungsresultate sowie klinische Erfahrung.« Anschließend erläuterte er, dass die menschliche Psyche ausgestattet sei mit »zwei einander entgegenwirkenden Mechanismen, die in Kraft treten, sobald wir emotional aufgeladenen Situationen ausgesetzt sind und uns später an diese zu erinnern versuchen.« Einerseits, so Christianson, erinnern wir uns an schlimme Erlebnisse, »um gefährliche Situationen schneller identifizieren zu können«. Täten wir das nicht, hätte die Menschheit »nicht überlebt und sich zu dem entwickelt, was sie heute ist«.

So weit, so gut. Dann jedoch warf Christianson jegliche Logik über den Haufen, als er »auf die entgegengesetzte Funktion« zu sprechen kam:

»Es ist wichtig, vergessen zu können. Was aber nicht heißt, dass die Informationen ein für alle Mal aus unserem Gedächtnis gelöscht wären. Weil wir dazu tendieren, uns vor unbehaglichen

Erlebnissen zu schützen, isolieren wir Erinnerungen daran und verknüpfen sie nicht mit anderen Ereignissen oder Dingen, die wir im Alltag erleben. Mit anderen Worten: Es gibt kaum Überschneidungspunkte mit diesen Erinnerungen. Ein Weg, wieder Kontakt zu ihnen herzustellen, ist die Rekonstruktion des äußeren Zusammenhangs [...]. Auf diese Weise erhält man Hinweise, die einem die Geschehnisse erneut ins Gedächtnis rufen.«

Christianson sprach von der Verdrängung traumatischer Erinnerungen, also jenem »Mechanismus«, durch den Sture den Mord an Jannie und Marinus Stegehuis vergessen hatte.

Wir erinnern uns: Christianson berief sich auf »aktuelle Forschungsresultate«. Das Gericht ahnte nicht, dass diese Resultate von ihm selbst stammten. Offiziell tauchten Christiansons Thesen erstmals in dem Buch *Recovered Memories and False Memories* (»Aufgedeckte Erinnerungen und falsche Erinnerungen«) auf, das wohlgemerkt erst am 20. März 1997, also fünfzehn Monate nach dem Prozess in Gällivare, publiziert wurde. Wie schon im Zelmanovits-Prozess zitierte Christianson sich selbst, als er in seiner Funktion als Sachverständiger für Stures Schuld plädierte.

In *Recovered Memories and False Memories* schreiben Christianson und sein Co-Autor:

»Wir glauben, dass zwei einander entgegenwirkende Mechanismen in Kraft treten, wenn wir emotional aufgeladenen Situationen ausgesetzt sind beziehungsweise uns an diese zu erinnern versuchen. Die Funktion des ersten Mechanismus beweist, wie wichtig es für uns ist, gefahrvolle Situationen als solche zu identifizieren. Wir bezweifeln, dass die Menschheit ohne diese Gedächtnisfunktion überlebt und sich zu dem entwickelt hätte, was sie heute ist. Die zweite Funktion lässt darauf schließen, dass es wichtig für uns ist, unbehagliche Erfahrungen zu ›vergessen‹. Wären wir dazu gezwungen, unbehagliche Erinnerungen ständig präsent zu haben, wäre unser Leben kaum ertragbar. Mechanismen, mit deren Hilfe wir gefährliche Situationen identifizieren, benötigen wir ebenso sehr wie solche Mechanismen, die uns unbehagliche Erlebnisse ›vergessen‹ lassen.«[441]

Als Beweis für die Existenz dieser »zwei einander entgegenwirkenden Mechanismen« zog Christianson ein Fallbeispiel heran: den Serienmörder Thomas Quick, der zu diesem Zeitpunkt in drei Mordfällen verurteilt worden war – nicht zuletzt, weil Christianson sich in den Prozessen dieses Mörders klammheimlich auf seine eigene unveröffentlichte Forschung berufen hatte.

Christiansons Sachverständigengutachten war in mehrerlei Hinsicht bemerkenswert. Unter der Überschrift »Der Mord als Erzählung« skizzierte er die Grundzüge der Reinszenierungstheorie. Seit dem Zelmanovits-Prozess hatte er ein paar interessante Erweiterungen vorgenommen:

»Die Morde/Straftaten werden zur Sprache des Unbewussten (eine Sprache des Körpers), mit deren Hilfe sich das Erlebte ausdrücken lässt, ohne dass der Mörder sich darüber im Klaren wäre. Der Mord entwickelt sich zu einem eigenen Trauma, das später ebenfalls geschildert werden muss. Somit zeugt der nächste Mord sowohl von bereits begangenen Taten als auch von traumatischen Erfahrungen.«

Laut Christianson war Sture zum Mörder geworden, weil sein Unterbewusstsein von verdrängten Kindheitstraumata »erzählen« wollte. Anschließend war der Mord ebenfalls verdrängt und zum Trauma geworden, was laut Christianson zwangsläufig zu weiteren Morden führen musste, mit denen sowohl die Kindheitstraumata als auch die früheren Morde »nacherzählt« wurden. Kurzum, der Gedächtnisexperte Christianson beschrieb einen Teufelskreis, in den Sture geraten war, ohne sich seiner Taten je bewusst gewesen zu sein. In der Gerichtsverhandlung verkaufte er diese Thesen als die aktuellsten Erkenntnisse der internationalen Forschungselite.

Manche dieser Behauptungen hätten ohne Weiteres von Margit Norell stammen können, wie zum Beispiel die Erklärung dafür, weshalb Sture Marinus Stegehuis mit schnell ausgeführten Messerstichen durch den Zeltstoff ermordet hatte, dann aber ins Zelt gekrochen war, um Jannie zu töten:

»Es geht um die Schändung der verführerischen Frau respektive der ›Mutter‹, die sich nicht um die Bedürfnisse ihres Kindes gekümmert hat – man bedenke, dass ein Serienmörder als Kind betrachtet werden kann, das mit seinen kindlichen Bedürfnissen und Wünschen im Körper eines Erwachsenen steckt. Richtet sich bei einem Mord der Hass des Täters eher auf die Frau denn auf den Mann, wird der Mann möglichst schnell getötet, während die Frau das Opfer eines gleichsam symbolischen, womöglich von Fantasien und Lustgefühlen geprägten Tötungsakts wird.«

Wie schon in der ersten Verhandlung sprach Christianson sich am Ende seiner Aussage nachdrücklich für Stures Glaubwürdigkeit aus. Zusammenfassend meint Christianson, dass in seinen Augen nichts darauf hindeute, dass Quick ein falsches Geständnis abgelegt habe.

Rund zwei Wochen später wurde Sture des Doppelmordes am Appojaure-See für schuldig befunden.

Im Jahr 2012 stellte Oberstaatsanwalt Kristian Augustsson einen Antrag auf Wiederaufnahme des Verfahrens, der wiederum von Staatsanwalt Jörgen Lindberg geprüft wurde. Als Lindberg beschloss, das neu aufgerollte Ermittlungsverfahren einzustellen, kam das einem Freispruch gleich. Lindbergs trockene Juristensprache lässt hier und da erahnen, wie entsetzt er über die Arbeit von Penttinen und van der Kwast gewesen sein muss:

»Nach Durchsicht der zugänglichen Ermittlungsunterlagen und Analyse der relevanten Fakten lässt sich allgemein feststellen, dass S. B. viel zu häufig diffuse und ungenaue Angaben zum Tathergang gemacht und diese mehrmals unhinterfragt korrigiert hat. Wenn S. B. in den Vernehmungen eine Frage nicht beantworten konnte oder seine Antworten nicht mit dem übereinstimmten, was der Vernehmungsleiter wusste oder zu wissen glaubte, passte er seinen Bericht an, revidierte seine Angaben, bat um eine Pause oder erlitt einen angeblichen Zusammenbruch. Die spezifischen Angaben, die der Vernehmungsleiter bezeugt haben will, sind meiner Auffassung nach nie gemacht worden. Außerdem bin ich nach Durchsicht der Unterlagen mehrerer Ermittlungsverfahren zu dem Schluss gekommen, dass sich mit der Zeit eine ungesunde Symbiose zwischen S. B. und dem Vernehmungsleiter entwickelt hat, die die für eine Mordermittlung unerlässliche Präzision einer kritischen Polizeiarbeit überschattet hat. Fakten und Indizien, die stark gegen die Angaben von S. B. gesprochen haben, sind nicht hinlänglich beachtet oder offengelegt worden.«

Nach der Lektüre von mehr als hundert Vernehmungsprotokollen hatte ich den Eindruck, dass ich Penttinen inzwischen einigermaßen einschätzen konnte. Gleiches galt für Margit und ihre Tochter im Geiste, Birgitta Ståhle. Sie alle waren von ihren ideologischen Überzeugungen so sehr geblendet gewesen, dass sie nicht mehr rational denken konnten. Sven Å. Christianson hingegen war mir ein Rätsel. Was hatte ihn dazu getrieben, den Botschafter für die haltlosen Säter-Theorien zu spielen? Immerhin hatte er seine Aussagen unter Eid abgelegt.

Sture konnte mir meine Fragen nicht beantworten. In seinen Augen hatte Margit die Fäden gezogen, und er hegte die Vermutung, dass auch Christianson von ihr supervidiert worden war. Dies schien mir ziemlich abwegig, immerhin war Christianson Wissenschaftler und kein Therapeut. Sture war sogar der Meinung, dass auch Seppo Penttinen eine Art von Supervision erhalten hatte – was noch absurder klang.

Natürlich fragte ich auch Margits Schülerinnen und Schüler nach Christianson. Kaum einer konnte sich an ihn erinnern, und ein Mitglied der Margit-Gruppe sei er definitiv nicht gewesen, hieß es. Es war frustrierend. Fest stand, dass Christianson sein akademisches Renommee dafür missbraucht hatte, den Quick-Ermittlungen eine wissenschaftliche Legitimität zu verleihen. Er hatte aktiv dazu beigetragen, dass die tatsächlichen Mörder sich das Spektakel seelenruhig aus der Ferne anschauen konnten. Er trug einen beträchtlichen Teil der Verantwortung für das, was passiert war.

Was, wenn Sture doch recht hatte und Christianson tatsächlich Kontakt zu Margit gehabt hatte? Ich beschloss, einen letzten Versuch zu wagen, Christiansons Motiven auf den Grund zu gehen.

Ohne mir große Hoffnungen zu machen, schickte ich ihm eine E-Mail an eine Adresse, die ich auf der Website der Universität Stockholm entdeckt hatte. Ich stellte mich als Journalist vor, der über psychologische Themen schrieb, und bot an, ihm meine Bücher zu schicken. Dann erklärte ich, dass ich momentan an einer Übersicht über die Wirkungsgeschichte der Objektbeziehungstheorie in Schweden arbeiten würde. Margit Norell sei natürlich eine Schlüsselfigur, da sie »die Erste war, die in unserem Land die Vorteile der Objektbeziehungstheorie erkannt hat«. Weil ich nichts über Stures Vermutungen, dass Christianson von Margit supervidiert worden war, schreiben konnte, listete ich stattdessen die Namen einiger Personen auf, die ich in den vorangegangenen Monaten bereits interviewt hatte. Dann setzte ich alles auf eine Karte:

»Einige meiner Interviewpartner wiesen mich darauf hin, dass ich mit dem bekanntesten Schweden, der Margit nahestand, noch nicht gesprochen hätte: Sven Å. Christianson! Dies würde ich gern ändern. Hätten Sie vielleicht Zeit und Lust für ein Interview? Ich würde so gern mehr darüber erfahren, wie Sie Margit kennengelernt haben, welche Erinnerungen Sie an sie haben, und was Margit Ihnen privat und beruflich bedeutet hat. Natürlich interessiert mich auch, was Sie heute über die psychologische Bedeutung interpersoneller Beziehungen denken. Ich bin mir sicher, dass mein Buchprojekt von Ihrer Beteiligung ungemein profitieren könnte. Hoffentlich klappt es ...«

Drei Tage vergingen. Keine Antwort. Im Grunde hatte ich nichts anderes erwartet, immerhin hielt Christianson sich seit dem ersten Revisionsverfahren bedeckt. Hatte er Margit tatsächlich gekannt, würde er kaum mit mir über sie sprechen wollen. Und wenn nicht, ging er vermutlich davon aus, dass ich ihn verwechselt hatte. Doch am fünften Tag kam die Antwort:

Hej, Dan,
vielen Dank für Ihre Mail! Ich bin gerade erst aus Berlin zurückgekommen, deshalb meine späte Antwort.

Ja, Margit und ich standen uns nahe – wahrscheinlich hat mir keine andere erwachsene Person je so viel bedeutet wie Margit.

28. Sven Å. Christiansons Geheimnis

»Sie hatte diese einmalige Fähigkeit, zu den Menschen, die ihr begegneten, eine Beziehung aufzubauen.«

Sven Å. Christianson über Margit Norell

Christianson schrieb, dass ich ihm meine Bücher schicken solle, er werde sich dann wegen eines Interviewtermins melden. Vermutlich wollte er erst einmal checken, mit wem er es zu tun hätte. Nach einer Weile sagte er zu und lud mich ins Psychologische Institut der Universität Stockholm ein. Die Zeit bis zu unserem Termin nutzte ich, um mich gründlich auf das Interview vorzubereiten.

Nach dem Appojaure-Prozess hatte Christianson eine einjährige Auszeit von seiner Rolle als Gedächtnisexperte der Quick-Kommission genommen. Christer van der Kwast und Seppo Penttinen ermittelten unterdessen wegen Mordes an dem Israeli Yenon Levi, und im Mai 1996 wurde Sture auch in diesem Fall für schuldig befunden. Anschließend kehrte Christianson zur Quick- Kommission zurück und blieb ihr treu, bis Sture 2002 verstummte.

Im Laufe der Quick-Jahre hatte Christianson mehrere Bücher und Artikel publiziert, darunter rechtspsychologische Lehrwerke, in denen er die Verdrängungstheorie angehenden Psychologen, Sozialbetreuern, Juristen, Polizisten und anderen Fachleuten näherbrachte. 2009 war sein Buch »Im Kopf eines Serienmörders« (*I huvudet på en seriemördare*) erschienen. Der einzige Serienmörder, dem Christianson je begegnet war, schien jedoch Sture gewesen zu sein. Dem Verlag bereitete dies vermutlich einige Kopfschmerzen, da zum Zeitpunkt der Veröffentlichung bereits ein Revisionsverfahren lief. Doch eine Lösung war schnell gefunden: Ein großer Teil von Stures Aussagen wurde einem anonymen Mörder zugeschrieben und so eine zusätzliche Quelle suggeriert. Die für Sture typische blumige Ausdrucksweise macht seine Zitate allerdings leicht identifizierbar. In einem dezidiert Sture gewidmeten Kapitel erklärt Christianson, dass Quick nicht einfach ein Serienmörder sei, sondern eine »Serienmörderpersönlichkeit« habe – ein Begriff, den Christianson sich selbst ausgedacht hat.

Das Psychologische Institut liegt südwestlich des Hauptcampus in einem imposanten Steingebäude. Durch ein schweres Tor aus hellem Holz gelangt man in eine geräumige Eingangshalle mit weißen Säulen und Marmorboden. Nach ein paar Minuten kam Christianson und begrüßte mich. Er war achtundfünfzig Jahre alt, sein Haar mittlerweile ergraut, doch ansonsten sah er noch genauso aus wie in den Tatortbegehungsvideos aus den 1990er-Jahren.

Als wir die Treppe hinauf und in Richtung seines Büros gingen, hallte das Geräusch unserer Schritte von den hohen Decken wider. Christianson erklärte mir, dass wir uns in einem der größten Psychologischen Institute Europas befänden. Sein Büro war mit einem Schreibtisch, fünf mit Büchern und Ordnern gefüllten Regalen sowie einer Sitzecke mit Sesseln samt einem runden Beistelltisch möbliert. Als ich mich hinsetzte, wurde ich nervös. Nach all den Gesprächen mit Menschen wie Casja Lindholm und Lena Arvidsson, die so stark an ihre Überzeugungen glaubten, war ich es allmählich leid, meinen Interviewpartnern etwas vorgaukeln zu müssen. Ich merkte selbst, wie aufgesetzt heiter ich mich gab, als wir vor dem Interview etwas Smalltalk betrieben, und befürchtete, dass Christianson mich jeden Moment durchschauen würde. Aber das tat er nicht. Er setzte sich mir gegenüber in einen Sessel und fing an, von Margit zu erzählen.

Christianson war 1994 von Christer van der Kwast und der Zentralen Verwaltungsbehörde der schwedischen Polizei gefragt worden, ob er sich vorstellen könne, die Vernehmungen eines gewissen Thomas Quick beratend zu begleiten. Christianson hatte sich schon seit geraumer Zeit mit traumatischen Erinnerungen beschäftigt und war neugierig, mehr darüber herauszufinden, wie Verbrecher sich an ihre Taten erinnerten. Mit der Polizei hatte er schon in einigen anderen Fällen zusammengearbeitet und Straftäter im Rahmen sogenannter »Psychologengespräche« bei ihren Geständnissen unterstützt. Er nahm das Angebot, für die Quick-Gruppe zu arbeiten, an und traf Sture zum ersten Mal im Sommer 1994.

Christianson spürte, dass die Begegnungen mit Mördern und Vergewaltigern zunehmend an seinen Kräften zehrten. Nach manchen Gesprächen konnte er stundenlang in der Badewanne liegen, um sich den psychischen Schmutz »abzuwaschen«, der an ihm klebte. Dies, erklärte Christianson, habe ihn dazu bewogen, sich nach einem Supervisor umzusehen. »Doch es gab noch einen weiteren Grund dafür, nämlich mein Leben.« Er habe »eine schwierige Geschichte, was zwischenmenschliche Beziehungen angeht«, und mehrere gescheiterte Ehen hinter sich. Auch 1994 hatte er in Scheidung gelebt. »Mir wurde klar, dass ich Hilfe brauche, um mit meinen Problemen fertigzuwerden – so wie Sie.« Damit spielte Christianson auf eines meiner Bücher an, in dessen Vorwort ich geschrieben hatte, dass ich mithilfe einer sechsmonatigen kognitiven Verhaltenstherapie versucht hatte, meine problematischen zwischenmenschlichen Beziehungen in den Griff zu bekommen. Christianson habe sich in meinen Beschreibungen wiedererkannt. »Man hat nur die Karriere im Blick. Immer nur: Job, Job, Job. Das Einzige, was zählt, ist der Erfolg. Darunter leidet natürlich das Privatleben. Die Kinder und so weiter.«

Also begab sich Christianson auf die Suche nach jemandem, der ihm beruflich wie privat bei der Bewältigung seiner Probleme helfen konnte. »Es musste unbedingt jemand sein, der sich mit traumatischen Erinnerungen auskannte«, erklärte er. »Außerdem sollte die Person auf interpersonelle Beziehungen spezialisiert sein. Tja, so kam ich in Kontakt mit Margit. Und das hat mein Leben verändert.«

Den Tipp hatte er von Birgitta Ståhle bekommen, die er im Frühjahr 1994 in Säter kennengelernt hatte. Das erste Treffen fand im September 1994 in Margits Praxis in der Norrtullsgatan statt. Ich fragte Christianson, ob er sich noch an das Treffen erinnern könne.

»Nein, nicht so richtig«, antwortete er, »bloß daran, dass unser Kontakt …« Er verstummte einen Augenblick und sah schräg zur Decke hinauf, als suchte er dort nach den richtigen Formulierungen. Er fuhr fort und verlieh seinen Worten einen besonderen Nachdruck. Es schien ihm wichtig zu sein, dass ich ihn verstand.

»Sie hatte diese einmalige Fähigkeit, zu den Menschen, die ihr begegneten, eine Beziehung aufzubauen. Und es war ja auch so … dass ich unbedingt von einer älteren Person supervidiert werden wollte, um Übertragungen und Gegenübertragungen vorzubeugen, wie sie zwischen gleichaltrigen Frauen und Männern entstehen. Die Beziehung, die wir zueinander aufgebaut haben, war in jeder Hinsicht ideal.«

Margit war damals achtzig. Im Laufe der nächsten zehn Jahre sollte Christianson sie einmal die Woche treffen. Ich wollte wissen, was denn an Margits Methoden so besonders gewesen sei.

»In ihrer Gegenwart fühlte man sich geborgen und verstanden«, erklärte er. »Und ganz unter uns: Sie wurde für mich so etwas wie die Mutter, die ich nie gehabt hatte. Was aber nicht heißt, dass unser Verhältnis unprofessionell gewesen wäre, eine Beziehung kann ja viele Gesichter haben. Na ja, so war es jedenfalls. Natürlich kann man seine Kindheit nicht nachholen, aber vieles lässt sich reparieren, wenn man eine echte Beziehung erlebt und empfindet. Das hatte ich bis dahin nie getan, jedenfalls mit keinem erwachsenen Menschen. Aber Margit hat es irgendwie geschafft, mir dieses Gefühl zu vermitteln. Ich war damals in meinen Vierzigern, und zum ersten Mal in meinem Leben durfte ich die aufrichtige Erfahrung einer echten zwischenmenschlichen Beziehung machen. Und das war die Voraussetzung, um auch andere Beziehungen aufbauen zu können, beruflich wie privat.«

Christianson erklärte, er sei damals in keiner guten Verfassung gewesen. »In den ersten vier Jahren unserer gemeinsamen Arbeit ging es vor allem um mich selbst, um die Möglichkeit, ein Selbst zu schaffen. Um eine Ich-Erfahrung, die sich auch auf meine zukünftigen Kontakte mit Klienten und Patienten auswirken würde.«

Ich fragte, ob er mir diese »aufrichtige Erfahrung einer echten Beziehung« erklären könne, und er antwortete, Margit habe ihm eine »bedingungslos positive Wertschätzung« entgegengebracht. Aber das war noch nicht alles: »Es war ein Geben und Nehmen. Ich hatte nämlich das Gefühl, dass ich ihr auch etwas bedeutete. Und ich glaube, so war es auch.«

Darauf, welche Bedeutung er für Margit gehabt hatte, kam er später noch einmal zurück. Er meinte, Margit habe ähnliche Gefühle entwickelt wie er selbst: »Ich hatte den Eindruck, dass unsere Beziehung noch eine tiefere Dimension hatte. Wie die zwischen einem Sohn und seiner Mutter.« Als er dies sagte, wurde er sehr ernst. Auch jetzt, sieben Jahre nach Margits Tod, schien es ihm viel zu bedeuten, dass Margit so etwas wie Muttergefühle für ihn entwickelt hatte. Offenbar spendete diese Erfahrung ihm Trost.

Ich überlegte, was das alles zu bedeuten hatte. Mitte November 1994 hatte Christianson vor dem Landgericht Piteå dafür argumentiert, dass Stures Geständnis im Zelmanovits-Fall echt war. Zur selben Zeit war er im Begriff, eine lebensverändernde psychotherapeutische Beziehung zu Margit aufzubauen. Er betrachtete sie als eine Art »neue Mutter«, mit deren Hilfe er die »Ich-Erfahrung« machen konnte, die ihm nie vergönnt gewesen war. Was Christianson beschrieb, war die gleiche übersteigerte Mutterübertragung, wie sie mir auch von Margits anderen Schülerinnen und Schülern wie Monica von Sydow, Jan Stensson, Patricia Tudor-Sandahl, Tomas Videgård und Cajsa Lindholm geschildert worden war. Sie alle hatten sich in einer derart starken emotionalen Abhängigkeit befunden, dass sie über Jahrzehnte hinweg bereit gewesen waren, alles für Margit zu tun.

Ich musste daran denken, was Patricia Tudor-Sandahl gesagt hatte: »Dieses Gefühl, man würde alles sagen, nur um Zuspruch zu bekommen, das hatte man in Margits Gegenwart ziemlich oft. Wie ein Kind bei seinen Eltern. *Do whatever you want, just love me*. Ja, das war so ein Grundgefühl.«

Außerdem ging mir durch den Kopf, mit welchem Geschick Margit ihre Schülerinnen und Schüler für ihre Ziele eingespannt hatte, wie zum Beispiel Hanna Olsson, die für ihre öffentliche Stellungnahme im Fall Catrine da Costa einen hohen Preis hatte zahlen müssen. Und Cajsa Lindholm war mir als Margits »Sklavin« beschrieben worden, ein Bild, das sie, ohne das Wort in den Mund zu nehmen, in gewisser Weise selbst bestätigt hatte. Um sich Margits Zuneigung zu sichern, hatte Cajsa ihre eigenen Kinder vernachlässigt, was sie erst nach Margits Tod bereut zu haben schien.

Christianson hatte allwöchentlich in einem Ledersessel in Margits Praxis in der Norrtullsgatan Platz genommen und seine Mutter im Geiste mit ebenso großen Augen angeblickt, wie Hanna Olsson es 1976 getan hatte. Die Treffen hatten so heftige Emotionen in ihm ausgelöst, dass es ihm selbst sieben Jahre nach Margits Tod noch nicht gelungen war, sich von ihr zu lösen. Im Laufe unseres Gesprächs wurde immer deutlicher, dass er nicht in der Lage war, sein Verhältnis zu Margit aus einer kritischen Distanz heraus zu betrachten.

Dagegen wäre natürlich nichts einzuwenden gewesen, hätte

Christiansons und Margits eigenartiges Verhältnis sich allein auf die Therapie beschränkt. Aber so war es nicht. Stattdessen hatte Christianson in seiner Rolle als Sachverständiger Margits Thesen vor Gericht als Wissenschaft verkauft und behauptet, dass Stures Geständnisse auf keinen Fall falsch sein konnten. Im Appojaure-Prozess hatte er dies sogar schriftlich bezeugt. Der letzte Satz seines irrwitzigen Gutachtens lautete: »Keine der bekannten Formen falscher Geständnisse trifft auf Thomas Quicks Geständnis des Doppelmords am Appojaure-See zu.«[442] In Wahrheit sprach schlichtweg alles dafür, dass Sture ein falsches Geständnis abgelegt hatte, aber das Landgericht Gällivare hatte natürlich keine Ahnung, dass ihr Sachverständiger ein »Sohn im Geiste« von Margit Norell war.

Unser Interview dauerte zweieinhalb Stunden. Christianson pries Margit auf eine Weise, wie ich es nicht einmal bei ihren folgsamsten Schülerinnen erlebt hatte. Sogar Cajsa Lindholm hatte die eine oder andere kritische Bemerkung über ihre verstorbene »Mutter« gemacht. Für Christianson hingegen schien Margit nach wie vor über jede Kritik erhaben zu sein. »Sie war unglaublich kreativ und unglaublich empathisch«, schwärmte er. »Bis heute bin ich noch niemandem mit einer vergleichbaren Kompetenz begegnet. Einerseits war sie sehr erfahren, aber vor allem hatte sie dieses unglaubliche Talent, Zusammenhänge zwischen den unterschiedlichsten Informationen herzustellen. [...] Margit war unkonventionell und autonom.« Dann erzählte Christianson, dass er der Polizei im Laufe der Jahre »bei etwa hundert Ermittlungsverfahren« dabei geholfen habe, das Verhalten von Mördern und Sexualstraftätern besser einschätzen zu können. Margit sei ihm dabei »eine unglaubliche Stütze« gewesen, denn erst durch ihr »einzigartig strukturiertes Wissen« sei es ihm möglich gewesen, das Wesen des Mörders – wie er es formulierte – tatsächlich zu sehen. »Wissen Sie, einmal hat mir einer gesagt: ›Sie haben bestimmt selbst jemanden ermordet. Stimmt doch, oder?‹ Er hatte das Gefühl, dass ich so tief in seine Psyche vorgedrungen war, dass er dachte: ›Woher zum Teufel weiß Christianson diese Dinge!‹ Ich wusste es natürlich von Margit!«

Margit habe ihm geholfen, die Täter zu durchschauen und ihr »System« zu erkennen. Als ich dort in meinem Sessel saß und den Lobeshymnen des Psychologieprofessors lauschte, verstand ich, woher er den Mut genommen hatte, Stures Geständnisse vor Gericht für glaubwürdig zu erklären. Er war fest davon überzeugt gewesen, dass Margit dank ihrer einzigartigen, nahezu »seherischen« Fähigkeiten ganz genau wusste, wie Sture dachte. Und aufgrund Margits Supervision fühlte er sich vermutlich mit ähnlichen Fähigkeiten und Kenntnissen ausgestattet, nicht nur über Sture, sondern über Gewaltstraftäter im Allgemeinen. Er war überzeugt, Stures Schuld beweisen zu können.

Christianson hatte offensichtlich nicht einmal ansatzweise verstanden, wie wenig selbstkritisch seine Supervisorin gewesen war. Margit hatte keinen Zweifel daran, ihre Patienten vollkommen zu durchschauen. Schon 1973 hatte sie erklärt, wodurch Schizophrenie ausgelöst wurde und wie diese zu behandeln sei. Sie deutete Träume und redete ihren Patienten ein, als Kind missbraucht worden zu sein. Christianson war weiß Gott nicht der Erste gewesen, den sie mit ihrem Scheinwissen umgarnt hatte, doch viele der »Verführten« hatten früher oder später begriffen, dass ein Großteil dessen, was Margit zu sehen glaubte, allein in ihrem Kopf existierte. Christianson hingegen war nie zu dieser Einsicht gekommen.

Offiziell sollte sich unser Gespräch ausschließlich um Margit drehen, deshalb suchte ich nach einer Möglichkeit, es geschickt auf Sture überzuleiten. Ich wollte mich nicht verraten, in der Hoffnung, dass er mir Kontakt zu Christer van der Kwast und Seppo Penttinen verschaffen würde, was er später auch tatsächlich tat.

Doch Christianson kam ganz von selbst auf Sture zu sprechen.

Zwischen dem Sommer 1994 und dem Frühjahr 2002 habe er in Säter regelmäßige Gespräche mit Sture geführt, insgesamt über zweihundert Stunden. Das Ziel sei gewesen, Stures »Möglichkeiten zu optimieren«, über seine Taten zu sprechen. Dabei sei es jedoch nicht geblieben:

»Mit der Zeit hat sich unser Kontakt vertieft, und zwar auf verschiedenen Ebenen. Hin und wieder unterhielten wir uns auch über andere Straftäter. Ich gab natürlich keine vertraulichen Fakten preis, wir sprachen nur über solche Sachen, die auch in den Zeitungen standen. Sture hat das Ganze dann analysiert, und dabei sind äußerst wertvolle Informationen herausgekommen, die sich auch auf andere Ermittlungen übertragen ließen.«

Im Laufe unseres Gesprächs sprach Christianson fast ausnahmslos von »Sture« und nicht von »Thomas Quick«. Als ich ihn nach dem Grund fragte, meinte er, der Name Quick sei in erster Linie in der allgemeinen Öffentlichkeit und den Medien verwendet worden. Für ihn selbst sei er immer Sture gewesen. »Ich denke, das ist ein Beweis dafür, dass wir eine echte Beziehung zueinander aufgebaut hatten«, erklärte er. Wie um zu unterstreichen, dass Sture und er sich tatsächlich nahegestanden hatten, erhob er sich und nahm ein Buch aus dem Bücherregal. »Das hat er mir geschenkt«, meinte er. Es handelte sich um »Was bleibt« (*Kvarblivelse*), einen Band mit Stures Gedichten und Aufzeichnungen aus seinem Therapietagebuch, der 1998 in dem kleinen Verlag *Kaos Press* erschienen war. Ich kannte die Texte bereits, aber das verriet ich Christianson nicht. Er las mir die Widmung auf dem Vorsatzblatt vor: »Für Sven-Åke von Herzen«. Dann reichte er mir das Buch. Er erklärte, Sture habe darüber geschrieben, dass er seit seinem ersten Mord im Jahr 1964 hinter einer Fassade gelebt habe, hinter der niemand den Serienmörder vermutet hatte. Christianson glaubte, dass Sture sich noch immer hinter dieser Fassade verstecke:

»Man kann nie wissen, wann er die Wahrheit sagt. Aber das zu entscheiden, ist auch niemals meine Rolle in den Ermittlungen gewesen«, erklärte er.

»Ist nicht genau das Ihre Aufgabe gewesen … herauszufinden, wann er die Wahrheit sagte und wann er log?«, hakte ich nach.

»Nein, nie. Nicht einmal vor Gericht. Ich habe bloß als Sachverständiger über das Verhalten von Serienmördern im Allgemeinen ausgesagt. Sein Gedächtnis habe ich nur ein einziges Mal konkret untersucht, mit Wörterlisten und allem Drum und Dran. Aber ich habe nie darüber ausgesagt, ob er … das soll jetzt nicht heißen, dass ich keine Meinung dazu gehabt hätte.«

Ich betrachtete die Widmung in »Was bleibt«. Sture hatte noch etwas ins Buch hineingeschrieben, das Christianson nicht vorgelesen hatte. »Jene, die sich nicht an die Vergangenheit erinnern, sind dazu verdammt, sie zu wiederholen.«

Vorsichtig sprach ich Christianson auf Margits Interesse an verdrängten Erinnerungen an und fragte, ob er dieses Thema mit ihr diskutiert habe. Er erstarrte. Als Psychologieprofessor wusste er natürlich sehr wohl, dass seine in den Quick-Prozessen vorgetragenen Thesen schon damals kontrovers diskutiert worden waren. Sie heute als Wissenschaft zu verkaufen, wäre völlig verrückt. Andererseits: Würde er es über sich bringen, Margit zu verleugnen? Ja, das tat er. Was blieb ihm auch anderes übrig? Mit gequälter Miene erklärte er, dass Margit und er sich bei »gewissen Themen« nicht immer einig gewesen seien:

»Dabei ging es unter anderem um ein paar von Thomas Quicks Kindheitserinnerungen. Aber wir haben uns deshalb nicht gestritten. Sie hatte ihre Auffassungen, und ich hatte meine. Stattdessen konzentrierte ich mich lieber auf die Punkte, in denen wir uns einig waren.«

Ihm sei durchaus bewusst gewesen, dass Sture sich unmöglich so detailliert an Erlebnisse aus seinem vierten und fünften Lebensjahr erinnern konnte, wie er behauptete. In diesem Punkt seien sich Margit und er uneins gewesen.

Er log. Zu Hause in meinem Bücherregal standen fast alle seine Bücher, darunter auch »Verbrechen und Erinnerung – Berichte über Schwerverbrechen aus emotionaler und erinnerungstheoretischer Perspektive« (*Brott och minne – Berättelser om grova brott i känslo- och minnesperspektiv*) von 1996, das er zusammen mit der Journalistin Görel Wentz geschrieben hatte. Laut Klappentext richtete sich das Buch an »Sozialarbeiter, Polizisten, Juristen, Fachleute aus der Gesundheits- und Krankenpflege sowie Leser und Leserinnen, die mehr über das Verhalten von Verbrechern herausfinden möchten, über das die meisten von uns kaum etwas wissen«. In der Einleitung schrieb Christianson:

»Das Gestehen seiner Taten nimmt Thomas Quick emotional mit. Es ist ein schmerzhafter, kräftezehrender Prozess. Nicht genug damit, dass er die Erinnerungen an seine Verbrechen aufdecken muss, nein, im selben Zuge wird er sich bewusst, was dahintersteckt, nämlich die sexuellen Übergriffe, denen er als Kind ausgesetzt wurde. [...] Dass Thomas Quick seine Kindheitstraumata in keinem früheren Stadium schildern und verarbeiten konnte, ist eine der Ursachen dafür, dass er als Erwachsener diese extremen Verhaltensweisen entwickelte.«[443]

Der letzte Satz der Einleitung könnte glatt aus Jeffrey Massons *Was hat man dir, du armes Kind, getan?* stammen: »Zu wissen, dass einem niemand glaubt, ist ein weiteres Trauma.«

Hier saß ich, im Psychologischen Institut der Universität Stockholm, und bekam hautnah mit, wie Professor Sven Å. Christianson sich selbst erniedrigte, indem er Margit Norell verleugnete und vorgab, nie an Stures vermeintliche Kindheitstraumata geglaubt zu haben. Es war erbärmlich.

Auch von der Reinszenierungstheorie nahm er Abstand. Er erklärte, er gehöre »dieser Schule« nicht an und wisse auch nichts über deren Ursprung. Dass es sich um Margits eigene Theorie handelte, die er höchstselbst vor Gericht als »Wissenschaft« verkauft hatte, konnte er natürlich schlecht zugeben.

Gegen Ende unseres Interviews kam es mir vor, als wollte Christianson von den brenzligen Themen ablenken, die aufgekommen waren. Und womöglich wollte er abschließend den Ruf seiner »Mutter im Geiste« retten, indem er noch einmal ihre »einzigartigen Fähigkeiten« betonte: »Zum einen brachte sie mir bei, die Probleme der Patienten wirklich zu *sehen* und zu *verstehen*, und zum anderen sorgte sie für eine Atmosphäre, in der ich mich geborgen und verstanden fühlte. Von meinen Kindern einmal abgesehen, ist Margit die wichtigste Person in meinem Leben gewesen. Große Worte, ich weiß … aber so war es.«

Ich bedankte mich bei Christianson für das Gespräch. Dann machte ich einen langen Spaziergang Richtung Stadtzentrum.

29. Penttinens Tränen

»Thomas Quicks Mitteilungsbedürfnis steht
in einem starken Kontrast zu dem Wunsch,
das Ereignis in seinem Inneren zu verschließen.«

Seppo Penttinen über Quicks Schwierigkeiten,
korrekte Angaben zu machen

Nachdem Sture im Januar 1996 für den Doppelmord am Appojaure-See verurteilt worden war, liefen die Quick-Ermittlungen noch gut fünf Jahre weiter. Im Mai 1997 folgte die Verurteilung wegen Mordes an dem vierundzwanzigjährigen israelischen Touristen Yenon Levi, dessen Leiche 1988 an einem abgelegenen Waldweg in Rörshyttan in der Provinz Dalarna gefunden worden war, nur wenige Kilometer von Säter entfernt. Nachdem Sture am 17. Mai 1995 zufällig einen Beitrag über Levi in der Fernsehsendung *Efterlyst* (»Gesucht«) gesehen hatte[444], erwähnte er den Mord während der Appojaure-Rekonstruktion im Juli gegenüber Sven Å. Christianson mit kryptischen Andeutungen zu einem »Schalom-Ereignis«. Dies sollte jedoch Christiansons einziger Berührungspunkt mit dem Fall Yenon Levi bleiben, da er sich im Frühjahr 1996 eine Auszeit gönnte. Kurz nachdem Sture im Mai 1997 für den Mord an Levi verurteilt worden war, kehrte Christianson zur Quick-Kommission zurück und setzte alle Hebel in Bewegung, um Sture den Mord an einem norwegischen Mädchen namens Therese Johannessen nachzuweisen. Vor seinem Geständnis hatte Sture eine Notiz über Thereses Verschwinden in der Tageszeitung *Verdens Gang* gelesen, die ihm ein norwegischer Journalist geschickt hatte. Im Sommer 1997 veranlasste Christianson eine aufwendige Ortsbegehung im Wald von Ørje, bei der nach Thereses Leiche gesucht werden sollte. Im Vorfeld hatte er die Polizei instruiert, Sture einen ungestörten Moment mit den Leichenteilen zu gewähren, sollte er tatsächlich das »heilige Versteck« finden.

Im Mai 1998 fand der Prozess statt. Christianson, der inzwischen einen Ruf auf eine Professur an der Universität in Stockholm erhalten hatte, sagte wieder als Sachverständiger aus und erklärte, warum Sture im Laufe des Ermittlungsverfahrens so viele falsche Angaben gemacht hatte. Unter anderem hatte er behauptet, Therese habe »schulterlanges helles Haar gehabt, das beim Laufen im Wind flatterte«. In Wahrheit war Thereses Haar kurz und dunkel gewesen. Drammen, den Heimatort des Mädchens, hatte Sture als Landstrich mit Hunderten kleiner Einfamilienhäuser beschrieben, doch in Wirklichkeit handelte es sich um eine mit Hochhäusern zugebaute Betonwüste.[445] Christianson zufolge waren diese »Abweichungen« völlig normal: »Sowohl geplante als auch traumatische Ereignisse sind für gewöhnlich fest in unserem Gedächtnis verankert, allerdings gibt es unterschwellige Schutzmechanismen, von denen die Erinnerungsfragmente verdrängt werden.«

Wieder einmal setzte Christianson seine akademische Ehre aufs Spiel, um zu behaupten, dass Mörder die »Erinnerungen an ihre Taten verdrängen« konnten. Wie gewohnt lieferte er psychologische Analysen, die den Mitgliedern der Strafkammer einiges Kopfzerbrechen bereitet haben dürften:

»Sven-Åke Christianson erklärt, dass Thomas Quicks Taten mit einer enormen symbolischen Bedeutung aufgeladen seien. Es handele sich um keine willkürlichen Morde. Daraus folgt, dass die Erinnerungen in die Zukunft aufgeschoben werden, was laut Christianson der Grund dafür ist, warum Thomas Quick für seine Erinnerungen mehrere Anläufe benötigt […].«[446]

Inwiefern Erinnerungen durch die »symbolische Bedeutung« eines Mordes »in die Zukunft aufgeschoben« wurden, wurde nicht weiter erläutert.

Nachdem Christianson van der Kwast dabei geholfen hatte, Sture für den Mord an Therese dranzukriegen, konzentrierte er sich auf zwei weitere Morde, die sich ebenfalls in Norwegen ereignet hatten. Das erste Opfer war die siebzehnjährige Trine Jensen, die im August 1981 in Oslo verschwunden war. Sie hatte ihre Mutter, die in einem Geschäft in der Innenstadt arbeitete, besucht und sich später mit einer Freundin an einer Straßenbahnhaltestelle treffen wollen, war dort aber nie erschienen. Wenige Monate später wurde ihre Leiche in einem Waldstück zweieinhalb Kilometer südlich von Oslo gefunden. Erwürgt, mit unbekleidetem Oberkörper. Der Täter wurde nie gefasst.

Im August 1996 wurde Sture während der Tatortbegehung im Fall Therese Johannessen auf den Mord aufmerksam. Die norwegische Zeitung *Dagbladet* hatte einen Artikel veröffentlicht, in dem darüber spekuliert wurde, ob Thomas Quick womöglich mit dem Mord an Trine in Verbindung stehe; eine Prophezeiung, die sich in dem Moment erfüllte, in dem Sture den Artikel las. Ab Herbstbeginn erwähnte er Trine regelmäßig in der Therapie, und im Oktober gestand er den Mord in einer von Seppo Penttinen geleiteten Vernehmung.

Der zweite Fall betraf den Mord an der vierundzwanzigjährigen Gry Storvik, einer heroinsüchtigen Prostituierten, die in der Nacht zum 25. Juni 1985 in Oslo verschwunden war. Gegen ein Uhr nachts hatte Gry einen Salat in einem Schnellimbiss an der Rådhusgaten gegessen, und etwa eine halbe Stunde später war sie von einer Freundin an der Tollbugtgaten, Ecke Övre Slottsgaten, einem bekannten Umschlagplatz für Heroin, gesehen worden, wo sie in ein Auto stieg, das rasend schnell davonfuhr. Um halb fünf am Nachmittag desselben Tages wurde sie tot auf einem Parkplatz an der Straße 152 bei Myrvoll gefunden. Nur wenige Kilometer entfernt lag das Waldstück, wo vier Jahre zuvor Trine Jensens Leiche entdeckt worden war. Gry war splitterfasernackt, ihre Kleider und Habseligkeiten waren spurlos verschwunden.

Die Autopsie ergab, dass Gry erstickt war, ob durch Erwürgen oder an Erbrochenem, konnte nicht eindeutig festgestellt werden. Trotz intensiver Ermittlungen wurde kein Täter gefasst. Sture hatte zum ersten Mal von Gry gehört, als er in Säter von einem norwegischen Journalisten interviewt worden war. Als Sture von einem Opfer erzählte, das sich angeblich über ihm erbrochen hatte, fragte der Journalist, ob es sich womöglich um Gry Storvik gehandelt habe, da er sich irrtümlicherweise daran zu erinnern glaubte, dass am Tatort Spuren von Erbrochenem gefunden worden seien. Er schrieb gleich mehrere Artikel über Quicks Geständnis, und im September 1998 schaltete sich auch der Lokalreporter Gubb Jan Stigson vom *Dala-Demokraten* ein und berichtete, dass dringender Tatverdacht gegen Sture wegen Mordes an Gry Storvik bestehe. Außerdem enthüllte er, auf welchem Parkplatz die Leiche gefunden worden war.

Abgesehen davon, dass beide Frauen aus Norwegen stammten und Sture die Morde gestanden hatte, bestand zwischen Trine Jensen und Gry Storvik kein Zusammenhang. Sie waren auf unterschiedliche Weise getötet worden, und zwischen den Morden lagen mehrere Jahre. Dennoch beschloss Christer van der Kwast, beide Fälle in einem Abwasch zu erledigen.

Christianson spielte auch in diesem Fall eine wichtige Rolle, sowohl bei den Tatortbegehungen als auch in den Gerichtsverhandlungen. So reichte er zum Beispiel eine pseudowissenschaftliche Studie ein, in der er behauptete, dass Sture zehn Mal so viele korrekte Angaben zu den beiden Morden gemacht habe wie zehn Versuchspersonen, die regelmäßig die norwegische Presse verfolgten hatten. Die Studie litt an erheblichen methodologischen Mängeln. Christianson sagte auch mündlich aus, diesmal auf Stures eigenen Wunsch hin.

Am 22. Juni 2000 wurde Sture für die Morde an Gry Storvik und Trine Jensen verurteilt. Rund zwölf Jahre später wurde er in beiden Fällen freigesprochen. Die Einstellung des neu aufgerollten Ermittlungsverfahrens begründete Staatsanwalt Bo Ericsson damit, dass das Gericht seinerzeit in die Irre geführt worden sei:

»Thomas Quicks Geständnis entbehrte jeder Glaubwürdigkeit. Dies wäre sofort bemerkt worden, wenn das Gericht über das Ausmaß der von der Realität abweichenden und sich widersprechenden Aussagen informiert worden wäre.«[447]

Kaum war das Urteil wegen Mordes an Gry Storvik und Trine Jensen im Jahr 2000 gefallen, planten Christianson und die restliche Quick-Gruppe auch schon ihren nächsten – und, wie sich erweisen sollte, letzten – großen Coup: Sie wollten endlich eine Verurteilung für den Mord an Johan Asplund erwirken. Dazu kam es am 21. Juni 2001.

Die mehr als hundert Vernehmungsprotokolle, die zu Stures acht Verurteilungen führten, lesen sich manchmal wie eine rabenschwarze Komödie, über die man laut lachen möchte. Dann wieder wirkt alles seltsam unwirklich und hinterlässt ein unheimliches Gefühl in einem. Es scheint, als wäre Seppo Penttinen taub und blind dafür gewesen, was Sture sagte und tat. Sicher, Sture war ein äußert geschickter Lügner. Er wusste ganz genau, dass der Teufel im Detail steckt, und schmückte seine fadenscheinigen Schilderungen mit so vielen konkreten Beobachtungen aus, dass Penttinen sie für glaubwürdig hielt. Daran, dass Sture sich von literarischen Quellen inspirieren ließ, dachte Penttinen offensichtlich nicht.

Schauen wir uns zum Beispiel die sechste Vernehmung im Appojaure-Fall an. Sture antwortet auf die Frage, ob er vor dem Ende der Vernehmung noch etwas sagen wolle:

[Sture]: Eine Sache wäre da noch, die eigentlich vollkommen irrelevant ist, aber als das Ganze vorbei ist, die Misshandlung, der Mord, dann ist da plötzlich dieser Duft von Deo oder Parfüm – der da gar nicht hingehört. Ich kann ihn nicht richtig zuordnen, aber er ist da … am Ende … bevor ich das Zelt verlasse.

[Penttinen]: Sind Sie also in dem Zelt?

[Sture]: Ich weiß es nicht genau, ich weiß es nicht, aber der Duft ist ganz nah.[448]

Dass man sich von solch bildhaften Beschreibungen beeinflussen lassen kann, ist durchaus nachvollziehbar. Allerdings nur so lange, wie sie mit den bekannten Fakten übereinstimmen. Die meisten von Stures blumigen Schilderungen hätte Penttinen sofort als Lügen enttarnen müssen. Im Oktober 1999 gab Sture beispielsweise an, Gry Storvik ein Messer in die Seite, unmittelbar unter den Brustkorb gerammt zu haben. Während der Vernehmung erlitt er eine Panikattacke, und die scheußlichen Erinnerungen kamen ihm nur stoßweise über die Lippen:

»Es besteht aus … ähm … es fühlt sich so an … ähm … als würde man die Haut punktieren und … als die Schneide mit einem Ruck in den Körper stößt, da fühlt es sich an wie … ich glaube, dass … wie soll man das ausdrücken, wenn man das Messer so bewegt, dass es nicht die Lunge trifft … äh … und dann ist da (unhörbar) die Erinnerung an den Entschluss, die Lunge nicht zu verletzen … das Mädchen soll überleben, aber … äh … das Messer … die Gewalt … ähm … das Messer fügt ihr natürlich trotzdem eine schlimme Verletzung zu […].«[449]

Als Penttinen diesem Bericht lauschte, wusste er, dass Gry Storviks Mörder kein Messer benutzt hatte. Gry war erstickt, und die Leiche hatte keine einzige Stichwunde aufgewiesen. Das Gefühl, wie das Messer die Haut »punktiert«, die ruckartige, gezielte Bewegung, die Erinnerung an den Entschluss, die Lunge nicht zu verletzen – alles frei erfunden. Es sind diese Beschreibungen, die die Vernehmungsprotokolle so seltsam unwirklich erscheinen lassen. Was in aller Welt hatte Penttinen dazu gebracht, so fest an das »Säter'sche Erklärungsmodell« zu glauben, dass er nicht einfach aufstand und den Raum verließ, wenn Sture ihm solche Lügengeschichten auftischte?

Eine Erklärung fand ich in einem Artikel, den Penttinen 2004 für die »Nordische Kriminalchronik« (*Nordisk kriminalkrönika*) geschrieben hatte. Er wollte den Zweiflern Paroli bieten, die Stures Geständnisse für erstunken und erlogen hielten. Penttinen entgegnete, sie hätten die spezielle Beschaffenheit von Stures Psyche nicht verstanden:

»Thomas Quicks Mitteilungsbedürfnis steht in einem starken Kontrast zu dem Wunsch, das Ereignis in seinem Innern zu verschließen. Zu Beginn eines neuen Falls beschreibt er die Tat nur bruchstückhaft, weshalb das große Ganze noch nicht erkennbar ist. Angstzustände halten ihn davon ab, seine Taten detailliert zu schildern. Er sagt selbst, dass er in solchen Situationen ›bewusste Modifikationen‹ vornehmen muss, um überhaupt weitererzählen zu können. Allerdings, so meint er, handelt es sich nicht um Lügen, sondern um einen Schutzmechanismus, der verhindert, dass er in der Vernehmungssituation von seinen Panikattacken übermannt wird. Später korrigiert er die ›Modifikationen‹ sukzessive, bis eine in sich geschlossene Geschichte entsteht. Der Prozess vollzieht sich in dem Rhythmus, in dem er lernt, seine Angstzustände zu überwinden.«[450]

Penttinen schrieb weiter, er könne zwar nachvollziehen, dass »diese Erzählweise auf viele sehr verwirrend« wirken müsse, trotzdem entbehre die Kritik jedweder wissenschaftlichen Grundlage: »Die zugrunde liegenden tiefenpsychologischen Mechanismen sind in den Gerichtsverhandlungen von Experten dargelegt worden.« Damit spielte er natürlich auf Sven Å. Christianson an.

Auch ein Brief, den Penttinen im März 1996 an die norwegische Polizei schrieb, gibt einen interessanten Einblick in seine Argumentationsweise. Er wollte darüber informieren, dass Sture Angaben zu einigen Morden in Norwegen gemacht hatte, die noch nicht näher untersucht worden waren. Dabei ging es unter anderem um den Mord an Therese Johannessen. Ehe Penttinen die Angaben zusammenfasste, gab er den Norwegern einen Crashkurs in Sachen Thomas Quick. Er schrieb:

»Im Folgenden beziehe ich mich auf Angaben, die Quick in den Vernehmungen gemacht hat. Dabei ist es wichtig, sich bewusst zu machen, dass es sich lediglich um einzelne Puzzleteile der ganzen Geschichte handelt und dass es vermutlich einige Punkte gibt, die Quick als ›bewusste Modifikationen‹ bezeichnet. Damit meint er, dass er die Geschehnisse aufgrund seiner Angstzustände nicht exakt wiedergeben kann. Er muss die Vergangenheit ›umschreiben‹, indem er etwas schildert, das die Wahrheit lediglich streift oder vollkommen von ihr abweicht. Andere Angaben wiederum sollen konkrete ›Hinweise‹ geben. Dies ist Quicks Art, den Ermittlern mitzuteilen, dass er der Täter ist. Dessen sollten Sie sich bewusst sein, wenn Sie die Vernehmungsunterlagen zu gegebener Zeit sichten.«[451]

Auf diese Einleitung folgte eine Beschreibung des Mordes an Therese. In allen Punkten, über die nichts in den Zeitungen gestanden hatte, lag Sture vollkommen daneben. Zum Beispiel hatte er ausgesagt, dass Thereses »schulterlanges helles Haar beim Laufen im Wind flatterte«. Eigentlich hätte den norwegischen Kollegen sofort aufgehen müssen, dass Sture nichts mit dem Mord an dem brünetten kurzhaarigen Mädchen zu tun haben konnte. Doch anscheinend hatte Penttinen mit seinen einleitenden Worten Eindruck geschunden, denn die norwegische Polizei sollte das Ermittlungsverfahren fortan tatsächlich unterstützen. Penttinen half Sture dabei, seine falschen Angaben zu korrigieren, und 1998 kam es zur Verurteilung.

Je mehr Fehler Stures Schilderungen enthielten, desto überzeugter war Penttinen von seiner Schuld. Für ihn waren die »bewussten Modifikationen« eine Folge von Stures Angstzuständen, die per se für seine Schuld sprachen. Das Theoriemodell, an dem Penttinen sich orientierte, war ein in sich geschlossenes System, das nur eine einzige Schlussfolgerung zuließ: Sture war ein Serienkiller. Kurzum, ohne sich dessen bewusst zu sein, folgte Penttinen derselben verqueren Logik, die Margit in der Therapie vermeintlicher Missbrauchsopfer angewandt hatte.

Penttinen hatte so gut wie alle Interviewanfragen abgelehnt, und es gab kaum Hinweise darauf, was für ein Mensch er war. Pressefotos der Tatortbegehungen zeigten ihn häufig an Stures Seite, doch ansonsten hatte ich keine Bilder von ihm gefunden. Ich wollte ihn unbedingt treffen, und glücklicherweise sollte mir mein Interview mit Sven Å. Christianson die Möglichkeit dazu verschaffen. Christianson stellte einen Kontakt zu Christer van der Kwast her, der wiederum fand, dass ich Penttinen kennenlernen sollte.

Also schickte ich ihm eine E-Mail. Ich wusste, dass er in den 1990er-Jahren einige Vorträge über seine Vernehmungsmethoden in den Quick-Ermittlungen gehalten hatte, und dazu stellte ich ihm ein paar Fragen. Er antwortete, im Rahmen der Ausbildung von Vernehmungsleitern an der Polizeihochschule habe er tatsächlich Vorlesungen über die Vernehmungen im Fall Gry Storvik gehalten:

»Wenn ich die Vernehmungen beschreibe, spreche ich immer von einem ›Jalousie-Effekt‹. S. B. leitet sein Geständnis ein, indem er ein paar der Lamellen aufstellt. Irgendwo schimmert ein substanzieller Teil des Verbrechens hervor, weshalb seine Schilderungen für die Polizei von Interesse sind. Hinter den anderen Lamellen verbergen sich Nebensächlichkeiten oder falsche Fakten. Er selbst bezeichnet diese als ›bewusste Modifikationen‹. […] Anfangs hat S. B. gesagt, er habe Gry ein Messer in die Seite gerammt. […] Mit dieser Aussage konnte er die Panikattacken abwehren. Er hat sich selbst die Erlaubnis erteilt, falsche Informationen zu liefern. Ich glaube, um eine Aussage machen zu können, muss er sich schrittweise vorwärtstasten, um seine Ängste zu bändigen.«

Womit wir wieder beim Säter'schen Erklärungsmodell wären. Das wirklich Interessante aber kam erst noch: »Das gesprochene und geschriebene Wort ist meiner Meinung nach ein ›marginales‹ sprachliches Phänomen. Sitzt man in einem Verhörzimmer, achtet man auf andere Dinge: Atmung, Gesten, Tonlage, Pausen, Mimik etc. All diese Dinge geben deutliche Hinweise darauf, was S. B. in Wirklichkeit sagt und meint.«

Bei Stures Aussagen in den Vernehmungen, die auf mehreren tausend Seiten festgehalten worden waren, handelte es sich also lediglich um ein »marginales sprachliches Phänomen«. Offensichtlich hatte Penttinen es gar nicht nötig gefunden, Sture zuzuhören. Stattdessen hatte er Stunde um Stunde dagesessen und »Hinweise« wie »Atmung, Gesten, Tonlage, Pausen, Mimik etc.« studiert, um zu verstehen, was Sture »eigentlich« mitteilen wollte. An Nebensächlichkeiten wie dem Messer, mit dem Sture angeblich auf Gry Storvik eingestochen hatte, brauchte er sich nicht zu stören, denn in Wahrheit kommunizierte Sture ohnehin etwas völlig anderes. Kein Wunder, dass Sture in den Vernehmungen erzählen konnte, was er wollte.

Penttinen schlug vor, ich solle zu ihm nach Sundsvall kommen. Er wolle mir die Stelle zeigen, wo Sture Johan Asplund ermordet und die Leiche verstümmelt habe. Dazu sagte ich nicht nein. Wenige Wochen später begrüßten Penttinen und ich uns per Handschlag vor meinem Hotel in Sundsvall.

Er war groß, hatte wenig Haare, ein rundes Gesicht und trug Chinos und Pullover. Von einem hartgesottenen Polizisten war nicht viel zu erkennen. Stattdessen wirkte Penttinen eher sanft und bedächtig, und seine Augen hatten etwas Trauriges. Ich ahnte, dass unter der ruhigen Oberfläche eine tiefe Frustration steckte. Er war nach wie vor von Stures Schuld überzeugt und versuchte verzweifelt, seinen Ruf zu retten. Es musste die Hölle sein für ihn, immerhin hatte er bis auf die allererste Befragung alle hundert Vernehmungen mit Sture geleitet, und diese waren in den größten Justizskandal des Jahrhunderts gemündet. So wie man sich an Christer van der Kwast als größten Reinfall des schwedischen Rechtswesens erinnern würde, würde Penttinen als Schwedens unfähigster Polizist in die Geschichte eingehen. Verständlich, dass sie sich wie bedrohte Tiere verhielten.

Wir stiegen in sein Auto. Penttinen fuhr aus Sundsvall hinaus und nordwärts Richtung Bosvedjan, wo Johan Asplund gewohnt hatte. Ich fragte ihn nach der Zusammenarbeit mit Christer van der Kwast. »Er ist brillant«, antwortete Penttinen. »Im Laufe der Jahre hatte ich natürlich mit einer ganzen Menge Staatsanwälte zu tun. Nie bin ich jemandem begegnet, der so entschlossen war wie van der Kwast. Für ihn gab es kein Zögern und kein Zaudern. Ein Staatsanwalt muss wissen, was er will, sonst gibt's nur Probleme. Man muss das große Ganze im Blick haben und sich darüber im Klaren sein, wo man hinwill.«

Die kleine Wohnsiedlung Bosvedjan war nur über eine einzige schmale Straße erreichbar, auf der es keinerlei Parkmöglichkeiten gab. Trotzdem hatte Sture angegeben, genau hier seinen Wagen abgestellt und eine Autotür offen gelassen zu haben, als er sich auf die Suche nach einem Opfer begeben hatte. Da sich das Ganze an einem Wochentag um acht Uhr morgens abgespielt haben sollte, hätte es von Menschen auf dem Weg zur Arbeit oder in die Schule nur so wimmeln müssen. Penttinen erklärte mir, dass Sture etwa zwanzig, dreißig Meter zwischen den dreistöckigen Häusern entlanggegangen war, bis er Johan entdeckt hatte, als dieser gerade das Haus verließ. Ich fragte, ob es nicht ein ziemlich gewagtes Unterfangen gewesen sei, Johan am helllichten Tage mitten in der Wohnsiedlung ins Auto zu locken. »Doch, doch«, meinte Penttinen, »aber vielleicht gehörte ein gewisser Nervenkitzel zu dieser kranken Tat dazu. So was kann man nie so genau wissen.«

Wir stiegen wieder ins Auto, und Penttinen fuhr nach Nordosten in die von Wäldern, Äckern und Feldern geprägte Gegend um Åvike. Nach etwa drei Kilometern fuhr er von der E4 ab und bog in eine Landstraße. Als wir an eine Weggabelung gelangten, erklärte Penttinen, dass Sture 1993 genau hier nach einer Pause verlangt habe.

»Sture stand Todesängste aus, und als wir hier ankamen, ging gar nichts mehr. Er stand völlig neben sich und musste von seinen Ärzten beruhigt werden. Er sollte in eine Tüte atmen. Die Ärzte hatten Angst, er könnte ihnen wegsterben. Ich weiß noch, dass Göran Fransson gefragt hat, wie es eigentlich mit seinem Herzen aussieht.«

Ich betrachtete Penttinen aus dem Augenwinkel. Er schien nicht den geringsten Zweifel daran zu haben, dass diese Panikattacke eine große Aussagekraft gehabt hatte. Ich hingegen war mir nach der Lektüre sämtlicher Ermittlungsunterlagen im Asplund-Fall vollkommen sicher, dass Sture vor der Tatortbegehung mit Penttinen noch nie in Åvike gewesen war. War Penttinen tatsächlich so blind, dass er all das nicht sehen konnte? Hatte der Glaube an Stures Schuld ihn geblendet? Offensichtlich war das der Fall.

Anschließend fuhr er mich zu dem Felsabhang, wo Sture nach eigener Aussage Johans Leiche zerstückelt hatte. Wir stiegen aus dem Auto und inspizierten die Gegend. Penttinen erklärte, dass Sture den Ort in den Vernehmungen völlig korrekt beschrieben habe. Dass von einem Hügel aus aufgetürmten Steinen, unter dem Sture die Leiche versteckt haben wollte, weit und breit nichts zu sehen war, schien ihn nicht zu kümmern. Er erklärte, Sture habe bei der Ortsbegehung fürchterliche Angstzustände gehabt und sich beim Anblick des Felsens sogar übergeben.

Nach einer Weile gingen wir zurück zum Auto. Nun wollte

Penttinen mir zeigen, was Sture mit dem abgetrennten Kopf gemacht hatte. Mir fiel auf, dass er einen ziemlichen Zeitsprung machte, ohne darauf hinzuweisen. 1993 hatte Sture noch behauptet, den Kopf genau hier begraben zu haben, doch nun bezog Penttinen sich auf Angaben, die Sture sieben Jahre später, genauer gesagt am 9. September 2000, im Rahmen einer vierten Ortsbegehung gemacht hatte, bei der auch Christianson zugegen gewesen war. Mit dem Ziel, Johan Asplunds Überreste zu finden, war die Quick-Gruppe auf einem Kahlschlag herumgeirrt. Als Sture einen Hügel bemerkte, stieg er hinauf und verkündete, dass er den Kopf 1980 von dort oben hinuntergeworfen habe. Anschließend sei er schnell wieder weggefahren. Penttinen erklärte, dass die Umgebung daraufhin mit einem Leichenspürhund abgesucht worden sei. Der Kopf sei zwar nicht gefunden worden, dafür habe der Hund zwei Stellen unterhalb des Hügels markiert. Penttinen warf mir einen bedeutungsschwangeren Blick zu. Ich wusste nicht, was er meinte, und fragte, was er daraus geschlossen habe. Er erklärte, dass es sich bei der ersten Markierung vermutlich um die Aufprallstelle gehandelt habe. Dann sei der Kopf weitergekullert, um schließlich auf der zweiten Markierung zu landen. Von dort aus sei er vermutlich von einem wilden Tier verschleppt worden, weshalb er nie gefunden wurde.

Die Theorie war nicht gerade wasserdicht, eingedenk der Tatsache, dass Spürhunde nicht nur auf Menschen-, sondern auch auf Tierleichen reagieren. Eine Markierung in einem Waldgebiet hatte deshalb nichts zu bedeuten, solange die Leiche nicht gefunden wurde. Aber daran störte Penttinen sich nicht. Er vertraute der Spürnase des Hundes. Doch es gab noch ein weiteres Problem. Als ich wieder zu Hause war, suchte ich aus den Ermittlungsunterlagen den Bericht des Hundeführers heraus. Die Suche mit dem Leichenspürhund hatte neun Tage nach der Ortsbegehung stattgefunden. In dem Bericht hieß es:

»In Zusammenhang mit der Tatortbegehung und im Rahmen

diverser Vernehmungen hat T. Q. einen moosbedeckten Hügel nördlich von Sundsvall identifiziert, von dem er den Kopf des Opfers in nordwestlicher Richtung hinuntergeworfen hatte. Hundeführer Johan Sjöberg und Spürhund Sampo haben die Gegend abgesucht. Der Hund hat zwei elf Meter voneinander entfernte Stellen unterhalb des Hügels markiert.«[452]

Wenn Penttinens These stimmte, musste Johans Kopf wie ein gut aufgepumpter Fußball elf Meter über den Kahlschlag gehüpft sein. Ich wusste nicht, ob ich fasziniert oder entsetzt sein sollte, dass Penttinen mit mir dort hingefahren war, um eine dermaßen absurde Geschichte zu erzählen.

Auf dem Rückweg nach Sundsvall fragte ich ihn nach Stures sogenannten »Verstecken«. Er erklärte, dass Sture zu mehreren dieser Verstecke zurückgekehrt war und die Leichenteile weggeschafft hatte. Deshalb seien die Überreste von Therese Johannessen und Johan Asplund nie gefunden worden. Die zusammengeklaubten Reliquien habe Sture nach und nach zu einem großen Versteck gebracht. Als Penttinen davon erzählte, trat beinahe etwas Verträumtes in seinen Blick. Es seien etliche Grabungsarbeiten durchgeführt worden, um dieses Hauptversteck zu finden, bis irgendwann das Geld ausgegangen sei.

Ich fragte ihn, ob er nicht manchmal Lust habe, auf eigene Faust zu graben. »Manchmal kribbelt es mir tatsächlich in den Fingern«, antwortete er.

Nach dem Besuch in Åvike kehrten wir in einer Eissporthalle ein und aßen zu Mittag. Bei dieser Gelegenheit fragte ich Penttinen, ob er Margit Norell kennengelernt habe. Aber ja doch, kurz nach der Ermittlung im Fall Therese Johannessen habe er sogar eine Sitzung bei ihr gehabt, um sich Rat zu holen, wie er mit Stures schrecklichen Aussagen umgehen sollte. »Ich wollte mir Gewissheit verschaffen, dass mit meinem Kopf noch alles in Ordnung war nach all den grotesken Geschichten«, erzählte Penttinen. »In der Vernehmung darf man sich natürlich nichts anmerken lassen, aber man hat plötzlich diese Bilder im Kopf.« Aus diesem Grund hatte Penttinen sich einen Termin bei Margit besorgt und eine Stunde lang in ihrer Praxis gesessen. Auf meine Frage, welchen Eindruck sie auf ihn gemacht habe, antwortete er, sie sei sehr klug und eine gute Zuhörerin gewesen.

Stures Verdacht, dass Penttinen sich mit Margit getroffen habe, hatte mich zuerst nicht überzeugt. Trotzdem war ich nicht erstaunt, als Penttinen mir von der Sitzung mit Margit erzählte. Was Sture und Margit anging, wunderte ich mich über gar nichts mehr.

Auf der Heimfahrt ging mir Penttinen nicht aus dem Kopf. Sture hatte mir erzählt, dass Penttinen ihn während des Ermittlungsverfahrens im Fall Yenon Levi einmal in der Klinik angerufen habe, um ihm mitzuteilen, dass er im Zug nach Sundvall geweint habe. Dies wurde mir später von Jan Olsson bestätigt. Penttinen sei in Tränen ausgebrochen, als van der Kwast das Ermittlungsverfahren einstellen wollte, weil Stures Geständnis einfach zu viele Widersprüche aufweise. Einen weiteren Beleg für Penttinens Tränen fand ich in Margits Manuskript. Sie zitierte einen Brief vom 27. Oktober 1996, in dem Sture Birgitta von Penttinens Anruf berichtet hatte. Penttinen habe ihm mitgeteilt, dass die Ermittlungen im Mordfall Yenon Levi eingestellt worden seien und dass er auf der ganzen Rückfahrt nach Sundsvall geweint habe. Sture war schwer enttäuscht von Birgitta, weil sie sich noch nicht bei ihm gemeldet hatte. Wenn schon Penttinen die Einstellung des Verfahrens so zusetzte, wie gehe es ihm, Sture, dann wohl?

Penttinens Tränen gingen mir nicht aus dem Kopf. Er schien sich seiner Sache so sicher gewesen zu sein, dass ihn die mögliche Vergeblichkeit des Ermittlungsverfahrens völlig aus der Bahn warf. Und wen rief er an, um sich auszuweinen? Den mutmaßlichen Serienkiller Thomas Quick. Das war ganz eindeutig nicht das typische Verhalten eines Polizisten.

Als der Drogenfahnder zum ersten Mal nach Säter gekommen

war, hatte er fast keine Erfahrungen mit Mordermittlungen gehabt, geschweige denn Kenntnisse in Psychologie oder Psychotherapie. Alles, was er über Stures Psyche zu wissen glaubte, hatte er von anderen aufgeschnappt; zwischen März 1993 und Januar 1994 bei Kjell Persson und Göran Fransson, später, zwischen 1994 und 2002, bei Sven Å. Christianson. Hinter diesen »Lehrern« hatte Margit gesteckt, und Penttinen war zu unerfahren und uninformiert, um ihrem Einfluss zu widerstehen. Im Grunde war auch er zu einem von Margits Schülern geworden, und offensichtlich war er das immer noch, als ich ihn in Sundsvall traf. Ich hatte Mitleid mit ihm. Er war in die Irre geleitet worden, und zwar von Menschen, die ihrerseits in die Irre geleitet worden waren. Trotzdem war er verantwortlich für die Konsequenzen, die sein blinder Glaube nach sich gezogen hatte, denn die Entscheidung, das Gericht mit Falschaussagen in die Irre zu führen, hatte er selbst getroffen.

Ein aussagekräftiges Beispiel für eine solche Falschaussage findet sich in den Unterlagen zur Gerichtsverhandlung im Fall Yenon Levi, die im Mai 1997 im Landgericht Hedemora stattfand. Die Mitglieder der Strafkammer waren zwar darüber informiert worden, dass Sture seine Angaben im Laufe der Vernehmungen mehrmals revidiert hatte, allerdings kannten sie die Vernehmungsprotokolle nicht. Stattdessen sagte Penttinen unter Eid aus und fasste die Ergebnisse zusammen. Auf die Frage, ob Sture die korrekten Angaben ohne fremde Hilfe gemacht habe, antwortete Penttinen laut Urteilsbegründung:

»Thomas Quick mag seine Angaben im Laufe der Vernehmungen korrigiert haben, allerdings [...] nahm er diese Korrekturen spontan und ohne Einfluss von außen vor. Er ist nicht auf seine ›Fehler‹ hingewiesen worden, indem Fragen mehrmals wiederholt oder seine Angaben infrage gestellt wurden.«[453]

Mit dieser Aussage hatte Penttinen einen Meineid geleistet. Das wird schnell deutlich, wenn man einen Blick in die Vernehmungsprotokolle wirft. Eine der Angaben, die Sture »spontan« korrigiert hatte, betraf seine Begegnung mit Yenon Levi. Anfangs hatte Sture ausgesagt, Levi auf einer Nebenstraße in der Nähe des Hauptbahnhofs von Uppsala getroffen zu haben.[454] Zusammen mit einem Komplizen – gegen den im Übrigen niemals Anklage erhoben wurde – hätte er Levi mit einem Messer bedroht und ins Auto gedrängt. Anschließend wären sie nordwärts nach Rörshyttan gefahren, wo auch der Mord stattgefunden hätte. Die Geschichte hatte jedoch einen Haken: Kurz vor seinem Verschwinden war Yenon Levi am Hauptbahnhof in Stockholm gesichtet worden, und aus den Ermittlungen hatten sich keinerlei Indizien auf eine Verbindung mit Uppsala ergeben. Es war daher weitaus wahrscheinlicher, dass Levi von Stockholm aus zum Tatort nach Dalarna gebracht worden war.

Fünf Monate lang hatte Sture darauf beharrt, dass die Begegnung in Uppsala stattgefunden habe. Bis zum Prozess hatte er seine Meinung jedoch geändert. Plötzlich hieß es, er habe Levi am Hauptbahnhof in Stockholm aufgegabelt. Um genau zu sein, hatte Sture seine Aussage am 23. Februar 1996 korrigiert, als er im Musikraum der Klinik von Penttinen und dessen Assistentin Anna Wikström vernommen wurde. Penttinen zufolge hatte es keinen »Einfluss von außen« gegeben, »indem Fragen mehrmals wiederholt oder seine Angaben infrage gestellt wurden«. Die Wirklichkeit sah etwas anders aus:

> [Penttinen]: Sind Sie sich hundertprozentig sicher, dass Sie Yenon Levi in Uppsala begegnet sind?
> [Sture]: Ja.
> [Penttinen]: Kein Zweifel?
> [Sture]: Nein.
> [Penttinen]: Dann muss ich eben Ihre Reaktion interpretieren. Als ich meine Frage gestellt habe, sind Sie mir nämlich irgendwie verunsichert vorgekommen. Ich konnte das an Ihrem Gesicht ablesen.

[Sture]: Hmm.

[Penttinen]: Sie haben die ganze Zeit behauptet, dass die Begegnung in Uppsala stattgefunden hat, und jetzt habe ich den Eindruck, dass Sie sich nicht ganz sicher sind – das ist ein wichtiger Punkt! Woran denken Sie, wenn ich Ihnen die Frage stelle? Tauchen da noch andere Erinnerungsfragmente auf…

[Sture]: Da sind noch andere Erinnerungsfragmente, und zwar… ach, belassen wir es lieber dabei.

[Penttinen]: Aber wenn Sie nicht schildern können, wie und wo die Begegnung stattgefunden hat, dann stimmen die restlichen Angaben vermutlich auch nicht, nicht wahr?

[Sture]: Doch, ich denke schon.

[Penttinen]: Warum können Sie nicht einfach sagen, wo die Begegnung stattgefunden hat?

[Sture]: Ich habe doch, also, ich habe doch ausgesagt, wo die… Begegnung… und… ja, ich will mich nicht um Kopf und Kragen reden, fürs Erste muss es dabei bleiben.

[Penttinen]: Wenn Sie sagen, dass es fürs Erste dabei bleiben muss, soll ich das dann so auffassen, dass Sie die Angabe womöglich später noch korrigieren?

[Sture]: Das kann ich im Moment nicht sagen.

[Penttinen]: Dann muss ich also davon ausgehen, dass Ihre Angabe falsch ist.

Kurz darauf schaltete sich Polizeiassistentin Anna Wikström ein.

[Wikström]: Nur ganz am Rande… Die Polizei hat damals einen ziemlichen Aufwand betrieben.

[Sture]: Jaaa.

[Wikström]: Und wie wir bereits erwähnt haben, gibt es jede Menge Ermittlungsmaterial.

[Sture]: Jaaa.

[Wikström]: Es besteht also immer die Gefahr, dass es zu Widersprüchen kommt, wenn wir über den Tathergang sprechen.

[Sture]: Jaaa.

[Wikström]: Wenn Sie das Gefühl haben, dass irgendetwas nicht stimmt, dann versuchen Sie doch bitte, sich so zu erinnern, dass es sich richtiger anfühlt.

Nach Anna Wikströms Aufforderung, Sture möge seine Angaben noch einmal überdenken, setzte Penttinen mit seiner Gehirnwäsche fort. Schließlich gab Sture nach:

[Sture]: Ja, es kann schon sein, dass wir mit der Bahn nach Stockholm und dann wieder zurückgefahren sind.

[Penttinen]: Wenn Sie sagen, ›es könnte schon sein‹, meinen Sie dann, dass Sie tatsächlich mit der Bahn nach Stockholm gefahren sind?

[Sture]: Ja, sind wir.[455]

Etwa drei Monate darauf bekam das Landgericht in Hedemora die hübsch zusammengeschusterte Geschichte aufgetischt, Sture und sein Komplize hätten Yenon Levi am Hauptbahnhof in Stockholm entdeckt und ihn nach Uppsala gelockt. Erst von dort aus sei es in einem Auto gen Norden gegangen.

Als die Staatsanwaltschaft später den Antrag auf Wiederaufnahme des Verfahrens im Fall Yenon Levi prüfte und begriff, unter welchen Bedingungen die Quick-Vernehmungen stattgefunden hatten, fielen Christer van der Kwasts Anklagen wie Kartenhäuser in sich zusammen. Die Mitglieder der Strafkammern, die für die Urteile verantwortlich gewesen waren, hatten seinerzeit jedoch nichts von alledem gewusst. Stattdessen hatten sie dem vereidigten Kriminalbeamten Seppo Penttinen geglaubt, dass Sture seine Angaben »ohne Einfluss von außen« korrigiert habe.

Wie bereits gesagt: Ich hielte es für ungerecht, Penttinen die alleinige Schuld dafür zu geben, dass er zum »Gläubigen« bekehrt wurde. Er war in eine verzwickte Lage geraten und verfügte nicht über die notwendigen Kenntnisse, um dem Säter'schen Erklärungsmodell zu widerstehen. Für den Meineid allerdings ist er allein verantwortlich – auch wenn er vielleicht meinte, er handele im Namen einer höheren Gerechtigkeit.

30. Stures Gläubigkeit

»Während der zehn Jahre in der Klinik
hatte Quick kaum private Besuche.«

Stationsleiter Bengt Eklund im letzten Quick-Prozess im Mai 2001

Sture war umgeben von Gläubigen, und diejenigen, die ihn durchschauten, wurden von Christer van der Kwast kurzerhand aussortiert.

Der erfahrene Mordermittler Jan Olsson war im Laufe der Ermittlungen im Fall Yenon Levi zu der Überzeugung gekommen, dass Sture ein Lügner war. Die ersten Zweifel hatte er schon während der Appojaure-Ermittlungen gehegt, doch nun war er sich ganz sicher. Am 31. Januar 1997, rund vier Monate bevor Sture für den Mord an Levi verurteilt wurde, stellte Olsson eine Liste mit all den Punkten zusammen, die in seinen Augen dafür sprachen, dass Sture log. Als er die Liste an van der Kwast schickte, kassierte er eine Abmahnung. Daraufhin kehrte er der Quick-Gruppe den Rücken. Kriminalinspektor Thure Nässén war ein weiterer Zweifler, auch er zog sich von den Ermittlungen zurück. 2002 schrieb er Penttinen einen Brief und erklärte, warum er Stures Geständnisse für falsch hielt. Wie wir bereits gesehen haben, berief er sich dabei auf die absurde Rekonstruktion am Appojaure-See. Außerdem erwähnte er eine 1996 durchgeführte Ortsbegehung im Wald von Ørje sowie eine misslungene Rekonstruktion des Levi-Mordes im selben Jahr:

»Was die Morde an Therese und an dem armen Israeli angeht, so war es frustrierend, mitansehen zu müssen, wie Quick sich während der Ermittlungen verhielt. Es kam mir vor, als würde er sich alles nur ausdenken, denn sobald ihm eine Frage gestellt wurde, die ihm Probleme bereitete, verlor er die Fassung und rannte brüllend herum wie Django persönlich. Es war mir richtig peinlich, wie er uns zum Narren hielt.«[456]

Offensichtlich war es also durchaus möglich gewesen, Sture zu durchschauen. Die Mitglieder der Quick-Gruppe hingegen waren dermaßen in ihrem Glauben an das »Erklärungsmodell« gefangen, dass jeder Einzelne von ihnen blind für die Dinge war, die Jan Olsson und Thure Nässén erkannten. Penttinen, seine Assistentin Anna Wikström, Birgitta Ståhle, Sven Å. Christianson, Rechtsanwalt Claes Borgström und Christer van der Kwast – sie alle waren fest davon überzeugt, etwas zu wissen, das ihr Umfeld noch nicht verstanden hatte. Ich erinnerte mich daran, wie Magnus Brolin die sektenähnliche Atmosphäre in der Klinik beschrieben hatte: »Wir waren uns sicher, dass wir *Bescheid wussten*, und das wollten wir allen *beweisen.*«

Natürlich stellt sich die Frage, ob Sture seinen Schilderungen selbst glaubte. Als er seine Geständnisse im Jahr 2008 widerrief, gab er eine deutliche Antwort: Er habe die ganze Zeit gewusst, dass alles eine große Lüge war. Die Psychologin Anna Dådermann erklärte mir, dass es wahrscheinlich etwas komplizierter sei. Sie halte es zwar für möglich, dass Sture anfangs noch zwischen Wahrheit und Lüge differenzieren konnte, aber dann, als er in dem Strudel aus starken Medikamenten und extrem suggestiven Therapiemethoden umhergewirbelt wurde, nicht mehr. Die Ermittlungsunterlagen aus der Zeit nach 1997 sprechen für Dådermanns Einschätzung. Sture bekam so viele Medikamente, wie er begehrte und war rund um die Uhr von Menschen umgeben, für die er eine nahezu religiöse Bedeutung hatte. Wie sollte er in dieser Situation noch wahr von falsch, plausibel von unglaubhaft und gesund von krank unterscheiden?

Als Sture und ich uns darüber unterhielten, meinte er, seine

Erinnerungen an die Zeit zwischen 1997 und 2001 wiesen einige Lücken auf. Dies bestätigt ein unveröffentlichter Teil von Hannes Råstams Fernsehinterview mit Göran Källberg, in dem Stures Gedächtnislücken angesprochen werden. Hannes war im Laufe seiner Recherchen aufgefallen, dass Sture auch an wichtige Ereignisse, die womöglich zu seinem Freispruch hätten beitragen können, keine Erinnerungen hatte. Deshalb hielt Hannes die Gedächtnisstörungen für echt.

Tatsächlich gehören Erinnerungslücken bei einer Überdosierung von Benzodiazepinen zu den häufigsten Nebenwirkungen. Laut Register unerwünschter Arzneimittelwirkungen der Weltgesundheitsorganisation WHO können Xanor, Halcion und Stesolid – Präparate, die Sture über ein Jahrzehnt lang in Säter verabreicht wurden – zu amnestischen Effekten führen. Weitere typische Nebenwirkungen sind Desorientierung, Unruhe, Halluzinationen, Angstzustände, Depressionen, Suizidgedanken, Schlaflosigkeit und schwere Abhängigkeit.[457]

Während meiner Recherchen stellte ich mir immer wieder die Frage, was in Sture vorgegangen sein mochte, wenn er als sein Alter Ego Thomas Quick agierte. Je öfter ich ihn darauf ansprach, desto unsicherer wurde er. Einmal meinte er, eine Zeit lang habe er tatsächlich an die sexuellen Übergriffe in seiner Kindheit geglaubt. Zumindest während der Therapiesitzungen, wenn er sich in den von Birgitta Ståhle als »Regression« bezeichneten Zustand versetzte und die verdrängten Erlebnisse – wie es schien – noch einmal durchlebte. In diesen Momenten, erklärte Sture, habe er sich gefühlt wie in einem sehr lebendigen Klartraum. Zwischen den Sitzungen habe er jedoch gewusst, dass es sich lediglich um Fantasien handelte. Ein anderes Mal erzählte er mir, dass er in manchen Augenblicken tatsächlich geglaubt habe, er sei ein Serienmörder. Zum Beispiel sei er davon überzeugt gewesen, Gry Storvik umgebracht zu haben. Seine Geschichte war voller Widersprüche, und ich konnte nicht ausschließen, dass er sich meinen Fragen anpasste, so wie er sich seinerzeit Penttinens Fragen angepasst hatte. Und vielleicht wusste er selbst nicht mehr, was in den turbulenten Jahren als Thomas Quick eigentlich passiert war.

Für mich wurde das Bild etwas klarer, als mich eine ehemalige Schülerin von Margit mit einer fünfzigjährigen Frau zusammenführte, die eine ähnliche Therapie durchlaufen hatte wie Sture. Unter weniger dramatischen Umständen, versteht sich. Da sie selbst als Therapeutin arbeitet, möchte sie anonym bleiben, und ich werde sie im Folgenden Stina nennen.

Stina und ich trafen uns zwei Mal zum Gespräch für insgesamt fünf Stunden. Außerdem telefonierten wir einige Male miteinander. In den 1990er-Jahren hatte Stina beim Sozialamt gearbeitet und nebenher eine Ausbildung zur Psychotherapeutin absolviert, die sie 1994 zu einem Vortrag von Cajsa Lindholm über die Objektbeziehungstheorie führte. Anschließend bat sie Cajsa, eine Therapie bei ihr machen zu dürfen, weil sie einige private Probleme hatte. Cajsa war einverstanden. Von da an fuhr Stina einmal in der Woche zu Cajsa nach Rönninge, und die ersten drei Jahre war sie mit der Therapie recht zufrieden. Allerdings fand sie es irritierend, dass Cajsa sämtliche Probleme auf Kindheitserlebnisse zurückführen wollte. »Als hätte es kein Leben dazwischen gegeben«, erklärte Stina.

Nach ein paar Jahren, erzählte Stina, nahm Cajsa sie zu einem Treffen der Margit-Gruppe mit. Sie fühlte sich wie eine »Auserwählte«. Margit war so etwas wie die »Königin«, die laut Cajsa »zu den Weltbesten ihres Fachs« gehörte. Bei dem Treffen herrschte eine so ehrfürchtige Stimmung, dass Stina unwillkürlich einen Knicks machte, als sie Margit vorgestellt wurde. Auf sie habe Margit allerdings einen arroganten Eindruck gemacht. »Als wir uns begrüßten, sah sie geradewegs durch mich hindurch. Cajsa, Gillan und Lena scharwenzelten die ganze Zeit um sie herum, und als ich Margit irgendwann fragte, ob sie ein Glas Wasser wolle, gab sie mir keine Antwort.«

Stinas Vater war Alkoholiker gewesen und hatte sowohl sie als auch ihre Mutter geschlagen. Es tat ihr gut, in der Therapie darüber zu sprechen. Anfangs war Cajsa eine aufmerksame Zuhörerin, doch nach etwa drei Jahren trat eine Veränderung ein. Stina hatte das Gefühl, dass die Erinnerungen an die häusliche Gewalt nicht mehr ausreichten, um Cajsas Interesse zu wecken. Mit einem Mal ging es in der Therapie vor allem darum, verdrängte Erinnerungen an sexuelle Übergriffe aufzudecken, von denen Stina nie etwas gewusst hatte. Ich bat sie, mir den Therapieprozess zu beschreiben. Es fiel ihr nicht leicht, darüber zu sprechen.

»Ach, meine Güte, ja, wie lief das ab«, überlegte sie kopfschüttelnd. »Das ist schwer zu erklären. Es war so eine Art suggestive Interaktion zwischen mir und Cajsa. Wir hatten jede Woche eine zweistündige Sitzung, in der alles Mögliche durchanalysiert wurde. Es gab so etwas wie eine stille Übereinkunft, dass Casja mit ihren Analysen recht hatte. Ihr Wort war Gesetz.«

Cajsa deutete Stinas Träume, und je weiter die Therapie fortschritt, desto mehr hatte sie zu tun: »Ich habe nie im Leben so kranke Träume gehabt wie in diesen Jahren, nicht davor und nicht danach«, erklärte Stina. Doch die Traumdeutungen waren nicht alles. Ein weiterer Grundpfeiler der Therapie war die Reinszenierungstheorie, was in der Praxis bedeutete, dass sich alles, was Stina tat, als symbolische Reinszenierung der frühen Missbrauchserfahrungen deuten ließ. Stina erzählte, dass sie damals eine Weile in finanziellen Schwierigkeiten gesteckt habe. Sie habe ihre Rechnungen nicht mehr bezahlen können, und verschiedene Gläubiger seien ihr auf den Fersen gewesen. Als sie in der Therapie darüber sprechen wollte, erklärte Cajsa ihr, dass auch diese Probleme auf die sexuellen Übergriffe ihres Vaters zurückzuführen seien.

»Es war unmöglich, mit ihr über Dinge zu sprechen, die in der Realität passierten. Im Hier und Jetzt. Alles hing angeblich mit meinem Vater und den sexuellen Übergriffen zusammen. Einmal wurde ich auf dem Weg zur Therapie vom Fahrtwind eines Busses erfasst und fiel vom Fahrrad. In der Sitzung ging es dann ausschließlich darum, wie mein Vater mich mit seiner Gewalt ›zu Fall‹ gebracht hatte. Verstehen Sie, wie krank das alles war?«

Stina hatte auch einige schöne Erinnerungen an ihre Kindheit. Zum Beispiel daran, wie sie ihrem Vater einmal bei der Säuberung seines Fischernetzes geholfen hatte. Er hatte sie danach in den Arm genommen und sie für ihren Fleiß gelobt. Stina erinnerte sich gern an diesen Moment. Cajsa hingegen vermutete auch hier einen sexuellen Übergriff, den Stina unterschwellig verschleiert hatte, um sich nicht mit der Wahrheit auseinandersetzen zu müssen.

Die Therapie setzte Stina derart zu, dass die vermeintlichen sexuellen Übergriffe sich in physischen Reaktionen niederschlugen. Zum Beispiel reagierte sie nach einer gewissen Zeit sehr empfindlich auf Berührungen. Zwölf Jahre lang nahm die Therapie eine zentrale Rolle in ihrem Leben ein. Sie fand sich damit ab, dass ihr Vater sie ab dem zweiten Lebensjahr und die gesamte Kindheit hindurch sadistischen sexuellen Übergriffen ausgesetzt hatte.

Stina wurde ein Teil der Sekte um Margit. All dies geschah Ende der Neunzigerjahre, in einer Zeit, in der Margits größte Ängste wieder einmal wahr zu werden drohten: Ihre Schüler wandten sich von ihr ab.

Tomas Videgård und Margareta Hedén-Chami hatten der Gruppe bereits 1994 den Rücken gekehrt, und nach und nach waren auch Patricia Tudor-Sandahl, Britt Andersson und viele andere ausgetreten. In den meisten Fällen war es zu einem regelrechten Zerwürfnis gekommen, da Margit nicht akzeptieren konnte, wenn jemand eine Therapie oder Supervision beenden wollte. Sie fühlte sich gekränkt und ging meistens zu schweren persönlichen Angriffen über. Patricia Tudor-Sandahl zum Beispiel erhielt einen harschen Brief, nachdem sie die Therapie beendet hatte. Margit bezeichnete sie als bösen Menschen und prophezeite ihr, sie werde es im Leben von nun an noch schwerer haben. Mir sind viele solcher Beispiele erzählt worden. Gegen Ende der Neunzigerjahre hatte Margit mit ihrem Verhalten fast all jene Menschen gegen sich aufgebracht, die sich während der vergangenen zwanzig Jahre um sie geschart hatten. Am Ende blieben nur noch die allerloyalsten Schülerinnen übrig, unter ihnen Birgitta Ståhle, Cajsa Lindholm und Gillan Liljeström. Stina wurde von Cajsa eingeladen, sich diesem harten Kern anzuschließen.

Stina war geschmeichelt. In die Gemeinschaft um Margit aufgenommen zu werden, stärkte ihr Selbstwertgefühl, nicht zuletzt, da ihr Einsatz in der Therapie als achtbar und mutig gelobt wurde. Heute sagt Stina, sie habe sich in ein »narzisstisches System« hineinziehen lassen, das regelrecht süchtig gemacht habe. Bevor sie 1994 mit der Therapie begonnen hatte, hatte sie sich wertlos gefühlt und sich nach Bestätigung gesehnt. Genau diese fand sie nun bei Cajsa und der Margit-Gruppe:

»Je mehr Erinnerungen man aufdeckte, desto mehr wurde man wertgeschätzt. Ich glaube, in meinem Leben ging es zu der Zeit vor allem darum, meinen Platz zu finden. Ich war leichte Beute. Meine Eltern lebten noch, aber wir waren aus verschiedenen Gründen zerstritten. Mein Vater hatte mich zwar misshandelt und mir sehr wehgetan, aber er ist nie *weiter* gegangen. Heute würde ich darauf schwören, dass er sich nie an mir vergangen hat, aber damals war ich einfach zu anfällig für dieses Gefühl, besonders und beachtet zu sein. Es ist wirklich traurig. Als mein Vater 1999 starb, hatten wir keinen Kontakt mehr. Ich hatte so viel Hass in mir, dass ich nicht für ihn da sein und nicht um ihn trauern konnte.«

Anfang der 2000er-Jahre dämmerte es Stina allmählich, dass die sexuellen Übergriffe, über die sie in Tausenden Therapiestunden gesprochen hatte, lediglich Fantasien waren, mit denen sie

Cajsa Lindholms Erwartungen zu befriedigen versuchte. Cajsa wollte sie die Therapie auf keinen Fall abbrechen lassen und warf ihr vor, »eine Allianz« mit ihrem bösen Vater einzugehen, wenn sie sich wieder in den Zustand der Verleugnung begab. Stina arbeitete inzwischen selbst als Psychotherapeutin und bekam von Cajsa und den anderen Gruppenmitgliedern regelmäßig Patienten zugewiesen. Damit wäre nun Schluss, machte Cajsa ihr unmissverständlich klar. Trotzdem setzte Stina alles daran, sich aus ihrer psychischen Abhängigkeit zu lösen, was ihr schließlich auch gelingen sollte. Die letzte Therapiesitzung fand 2008 statt.

»Ich gehe jetzt und komme nicht zurück.« Mit diesen Worten hatte sie die Praxis für immer verlassen.

Ich stellte Stina dieselbe Frage, mit der ich auch Sture etliche Male konfrontiert habe: Hatte sie tatsächlich an ihre »Erinnerungen« geglaubt, ehe sie sich aus ihrer Abhängigkeit befreien konnte?

»Ja«, antwortete sie, »das habe ich. Obwohl mir die ganze Zeit eine leise innere Stimme gesagt hat, dass es nicht die Wahrheit war. Es war wie eine Unterwerfung. Irgendetwas zwang mich zu sagen, dass die ›Erinnerungen‹ echt waren, und dann glaubte ich selbst daran. Hätte jemand die Therapie infrage gestellt, dann hätte ich sie verteidigt.«

Stina erzählte, dass Sture ein beliebtes Thema in der Margit-Gruppe gewesen war. »Ich kann ihn verstehen«, sagte sie. »Ich habe selbst wilde Zeiten hinter mir. Drogen und so weiter. Wenn man dann plötzlich diese Beachtung bekommt … es mag absurd klingen, aber Sture ist in der Klinik ja regelrecht glorifiziert worden. Wenn ich damals keine Freunde und weniger Fachwissen gehabt hätte, dann hätte ich mir vermutlich auch irgendwelche Geschichten ausgedacht. Ein paar Jahre zuvor wäre ich leichte Beute gewesen.«

»Was fehlt einem, wenn man sich den Erwartungen anderer auf so extreme Weise anpasst?«, fragte ich.

»Selbstreflexion. Jemand, mit dem man sich über die wichtigen Fragen des Lebens austauschen kann. Eine Grundmoral und ein Bewusstsein dafür, was richtig und was falsch ist. Ein Gefühl für Ethik. Wenn man in der Hinsicht nicht gefestigt ist, dann ist man ein dankbares Opfer.«

Ehe ich mich auf den Weg machte, sagte Stina: »Ich bin froh, dass Sie das hier tun … dass die Wahrheit endlich ans Licht kommt. Diese Menschen behandeln immer noch Patienten, manchmal über zwanzig, dreißig Jahre hinweg. Und es ist kein Ende in Sicht. Sie ziehen den Leuten das Geld aus der Tasche, rauben ihnen ihre Zeit und letztlich auch ihr Leben. Mit einer Therapie hat das nichts zu tun. Eine Therapie sollte den Menschen doch helfen.«

Stinas Schilderungen, ihre Suche nach einem »Platz im Leben« und wie sie zu Cajsas idealer Patientin geworden war, hatten mich berührt. Ich konnte nachvollziehen, warum sich jemand dazu entschloss, an etwas zu glauben, nur um ein Gefühl des Respekts und der Gemeinschaft zu erfahren.

Im Laufe meiner Recherchen hatte ich eine Liste mit Beobachtungen und Zitaten zusammengestellt, der ich den Arbeitstitel »Sture als Christus« gegeben hatte. Sie enthielt all die Lobeshymnen auf Sture, die ich im Quick-Material entdeckt hatte. Die Medikamente waren nicht die einzige Belohnung gewesen, die Sture erhalten hatte. Stina hatte mich daran erinnert, dass es Dinge gab, die noch viel süchtiger machen konnten: Respekt, Bewunderung, Zuneigung.

Im Grunde hatte der Glorifizierungsprozess in dem Augenblick begonnen, da Margit im November 1991 die Supervision von Stures Therapie übernommen hatte. In der Klinik wurde Margit schon seit Längerem zu einer Art Leitfigur hochstilisiert, und nun kam der mehrfachabhängige Serienmörder Sture Bergwall ins Spiel und sollte zu ihrem schillerndsten Patienten avancieren. Ich vermutete, dass er dieses Gefühl geliebt hatte. Auch

Sture hatte immer darum gekämpft, seinen Platz im Leben zu finden, und er war ein ums andere Mal gescheitert. Er hatte von einer Schriftstellerkarriere geträumt, doch während andere tatsächlich etwas zu Papier brachten, schwelgte er noch als vierzigjähriger Mann in den Erinnerungen an die lobenden Worte seines Gymnasiallehrers, der ihm Talent bescheinigt hatte. Er war ein verurteilter Sexualstraftäter, suchtkrank und homosexuell – und für all das hasste er sich. Er sehnte sich nach Liebe, war aber unfähig, gesunde zwischenmenschliche Beziehungen aufzubauen, und hatte keine echten Freunde. Es war ihm nie gelungen, von den Drogen loszukommen, und das Bankraub-Fiasko hatte gezeigt, dass er noch nicht einmal das Zeug zum Verbrecher hatte. Auch seine Geschwister hatten ihm – verständlicherweise – den Rücken gekehrt. Als er in Säter eingeliefert wurde, war er einsam und abgekämpft, und es gab nur eine Sache, in der er wirklich gut war: sich als jemand anders auszugeben. In dieser Kunst hatte er sich sein ganzes Leben lang geübt. Als in der Klinik von ihm erwartet wurde, sich an traumatische Kindheitserlebnisse zu erinnern, tat er, wie ihm geheißen, und mit einem Mal wurde er mit all den Dingen überhäuft, nach denen er sich so lange gesehnt hatte: Respekt, Bewunderung und Zuneigung. Sture war demselben »narzisstischen System« in die Klauen geraten, das Stina mir beschrieben hatte. Und er war wie verzaubert.

Dass er für die vermeintlichen Morde tatsächlich verurteilt werden würde, damit hatte er nie gerechnet. Doch sobald er aufgrund seiner Lügengeschichten zu Thomas Blomgrens Mörder auserkoren worden war, gab es kein Zurück mehr. Er wusste, dass er den Mörder-Stempel nie mehr loswerden würde, und sah nur eine Möglichkeit: einfach weiterzumachen. Im Grunde fiel ihm die Entscheidung nicht einmal schwer, schließlich wurde er zum ersten Mal von allen gemocht: von Kjell Persson, weil Sture ihm Margits Respekt verschaffte und das Gefühl, ein fantastischer Therapeut zu sein. Von Göran Fransson, weil Sture der lebendige Beweis für das Säter'sche Erklärungsmodell war und damit die Trumpfkarte der umstrittenen Klinik. Von Christer van der Kwast und Seppo Penttinen, weil sie in Sture die Chance sahen, ein gutes Dutzend Mordfälle zu lösen und zu Helden zu werden. Von Birgitta Ståhle und Sven Å. Christianson, weil Sture ihnen die Gunst ihrer »Mutter im Geiste« einbrachte. Und für Margit selbst war Sture die Verkörperung ihrer Theorie. Mit ihm würde sie endlich die Revanche nehmen können, auf die sie zwanzig Jahren gewartet hatte.

In diesem Strudel aus Sehnsüchten und Geltungsbedürfnis wurde der mehrfachabhängige Sexualstraftäter Sture Bergwall umhergewirbelt. Die Menschen um ihn herum sahen eine Erlöserfigur in ihm, und er musste nur eins tun, um endlich sein einsames, deprimierendes Dasein hinter sich zu lassen: sich erinnern. Ihm wurde erzählt, dass sein Wissen in Zukunft bei der Verfolgung von Serienmördern helfen könnte. Der Versager Sture würde tatsächlich Leben retten! Über Jahre hinweg saß er vor seinem Computer, um Margits Ideen weiterzuspinnen, Texte über Theoriemodelle wie die Reinszenierung, die Verdrängung oder gänzlich neue psychologische Mechanismen zu schreiben und Diagramme über die Serienmörder-Psyche anzufertigen, die er heute selbst nicht mehr versteht. Alles, was er tat, wurde mit bedingungsloser Wertschätzung quittiert. Sven Å. Christianson sammelte Stures Texte für sein Buch, mit dem er zu einem Serienmörder-Experten von Weltrang werden wollte, und Birgitta gab sie an Margit weiter.

Sture wurde tatsächlich suggeriert, dass er ein moralisches Vorbild sei. In seinem Zimmer hing ein Bild des Serienmörders Westley Allan Dodd, der in seinem orangefarbenen Gefängnisoverall in einen Gerichtssaal geführt wurde. Dodd war am 5. Januar 1993, knapp zwei Monate vor Stures erster Vernehmung, im Gefängnis von Walla Walla, Washington, gehängt worden. Margit und Birgitta hielten ihn für einen Feigling, der sich für den Tod durch den Strang entschieden hatte, ohne vorher von den Kindheitserlebnissen zu berichten, die ihn zum Mörder gemacht hatten. Sture hingegen war kein Feigling. Durch seinen tapferen Einsatz in der Therapie stellte er sich jener Verantwortung, der Dodd sich entzogen hatte. Um sich daran zu erinnern, hatte Sture das Bild an die Wand gepinnt. Für die Ärzte und Therapeuten in Säter war Sture eine Art umgekehrter Märtyrer, der sich trotz der schweren Last, die er mit sich herumschleppte, *gegen* den Tod und *fürs* Überleben entschieden hatte, um damit der Wissenschaft und den Angehörigen der Opfer zu dienen. Zum Dank wurde er mit Lobeshymnen förmlich überschüttet. Kurz bevor Lena Arvidsson eine Festanstellung in der Klinik erhielt, schrieb sie ihm:

»Dein Mut macht mir Mut, Deine Stärke macht mir Hoffnung, und der Eifer, mit dem Du nach der Wahrheit suchst, gibt mir Kraft für meine eigene Suche. Du stehst für alles, woran ich glaube und wofür ich kämpfe. All die Dinge, die ich von Dir gelernt habe, und die Freundschaft, die uns verbindet, werde ich für immer im Herzen tragen. Was Du erzählst, hilft mir dabei, mich von den Dingen zu distanzieren, die ich in meiner Ausbildung gelernt habe, an die ich aber nicht glaube. Durch Dich erkenne ich, was wirklich wichtig ist. In Deinen Schilderungen finde ich Bilder und Worte für etwas, das ich vielleicht schon geahnt habe, aber erst dank Dir begreife. Dein Kampf ist so wichtig! Du machst möglich, was andere für unmöglich halten, und öffnest uns die Augen für die Dinge, von denen andere sich abwenden. Durch Dich kann ich sehen, verstehen, fühlen und bestaunen, wozu der Mensch in der Lage ist. […] Deine Schilderungen erinnern mich an das, was ich selbst durchgemacht habe, und ermöglichen es mir, Kontakt zu meinen Erinnerungen herzustellen und mich den Schmerzen zu stellen.«[458]

Auch Kjell Persson schrieb ihm anerkennende Briefe, selbst nachdem er seine Stelle in der Klinik bereits aufgegeben hatte. Hier ein Beispiel aus dem Herbst 1995:

»Deine Verbrechen sind natürlich grotesk gewesen. Trotzdem werde ich niemals vergessen, wie standhaft Du Dich Deiner Vergangenheit gestellt hast. Nicht zuletzt deshalb wünsche ich mir von Herzen, dass Du weiterlebst, sodass noch mehr Menschen von Deinen Erfahrungen und Deiner Willenskraft profitieren können. Es mag etwas hochtrabend und idealistisch klingen, aber genau darum geht es doch: sich dem Bösen zu stellen.«[459]

Die Lobeshymnen streichelten Stures Ego. Im September 1994 schrieb er: »Es ist meine tiefe Überzeugung und der Grund, warum ich überhaupt am Leben bleibe, dass meine Schilderungen zu Erkenntnissen führen werden, die misshandelten Kindern auf der ganzen Welt helfen und verhindern werden, dass sich die psychische Krankheit weitervererbt.«[460]

Sture fing an, sich mit Jesus zu identifizieren. In einer Aufzeichnung vom März 1996 heißt es zum Beispiel: »Ich denke an Jesus Christus am Kreuz. Wie hätte er nach dem Verrat und all den Peinigungen noch ein guter Mensch sein sollen? Wer solche Dinge erlebt hat, trägt einen Rachedurst in sich und will Vergeltung üben.«[461]

Wenige Monate später notierte Birgitta in einer Therapiesitzung: »Zunächst ist Sture in sich gekehrt und verschlossen. Dann ruft er theatralisch aus: ›Mein Gott, warum hast du mich verlassen?‹«[462]

Im Frühjahr 1996 wurde Sture von Kerstin Vinterhed für *Dagens Nyheter* interviewt. Sie porträtierte ihn in ihrem Artikel als leidenden Märtyrer. Später fragte sie ihn, ob er am »Jesusbuch« (*Jesusboken*) mitwirken wolle, einer Anthologie, in der Prominente ihre »persönlichen Christusbilder« beschreiben sollten. Unter den Mitwirkenden fanden sich Philosophen, Schriftsteller, Theologen, Musiker, Psychologen, Priester, Mitglieder der Schwedischen Akademie und nicht zuletzt »Thomas Quick, Serienmörder«. Sture wählte *Das Schweißtuch der Heiligen Veronika* und erklärte: »Christus ist in mir und um mich. In Veronikas Schweißtuch erkenne ich sein verzerrtes Gesicht. Sein Leiden ist mein Leiden und das der Menschen, die ich gequält habe.«[463]

Auch Rechtsanwalt Claes Borgström, Vinterheds jüngerer Bruder, hatte großen Respekt vor Stures Kampf. Im Appojaure-Prozess betonte er in seinem Schlussplädoyer die redlichen Motive seines Klienten: »Thomas Quick tut das Einzige, was im Moment in seiner Macht steht, nämlich den Tathergang zu schildern. Zum einen weil er dies den Angehörigen schuldig ist, zum anderen weil seine Kenntnisse in Zukunft von Bedeutung sein könnten. Es geht ihm um die Rechte der Kinder und die Notwendigkeit, traumatische Erlebnisse psychotherapeutisch aufzuarbeiten.« Seine letzten Worte: »Noch nie ist so deutlich gewesen, dass der Täter auch ein Opfer ist.«[464]

In der Gerichtsverhandlung in den Mordfällen Gry Storvik und Trine Jenssen im Jahr 2000 hielt Borgström ein flammendes Plädoyer und zählte diejenigen Punkte auf, die seiner Meinung nach für Stures Schuld sprachen. Abschließend kam er auf Stures moralische Integrität zu sprechen:

»Als Thomas Quicks Verteidiger möchte ich betonen, dass ihm für sein Geständnis der größte Respekt gebührt. [...] Es bedarf einer hohen moralischen Integrität, um über das Unmoralischste zu sprechen, das ein Mensch tun kann, nämlich durch den Tod eines anderen die eigene Lust zu befriedigen. Thomas Quick ist ein Mensch mit ausgeprägtem Moralempfinden. Er ist außerdem ein Mensch mit einem tragischen Hintergrund. Durch sein Geständnis übernimmt er die Verantwortung für seine Taten, und aus diesem Grund wäre es sehr bedauerlich, wenn ihm nicht geglaubt wird.«[465]

Birgitta Ståhle sagte in derselben Verhandlung als Zeugin aus. Sie nannte drei Gründe für Stures Psychotherapie:

»Zum einen wollte er durch eine Psychotherapie erkennen und verstehen, was ihn zu dem Menschen gemacht hatte, der er war, indem er die Erinnerungen an seine Kindheit und die Morde zurückholte. Bis dahin hatte es immer nur vage Ahnungen und kurze Momente der Klarheit gegeben, die sich sofort wieder verflüchtigten. Zweitens wollte er den Angehörigen der Opfer Gewissheit darüber verschaffen, was mit ihren Lieben geschehen ist. Und drittens hoffte er, dass seine Bemühungen zu Erkenntnissen führen würden, durch die andere Menschen von ihrem destruktiven Weg abgebracht und potenzielle Gewalttaten im Keim erstickt werden könnten. Diese drei Punkte haben ihn zu seiner Therapie motiviert […]. Thomas Quick verfügt über eine ausgeprägte Fähigkeit, die fraglichen psychologischen Mechanismen zu benennen und zu beschreiben. Von seinem Wissen kann sowohl die Täterpsychologie als auch die Traumaforschung profitieren.«[466]

Solche Lobeshymnen bekam Sture während seiner zehnjährigen Karriere als Thomas Quick immer wieder zu hören. Sie wurden zu einem selbstverständlichen Teil seines Lebens.

Zuweilen erhielt er Briefe von Menschen, die an die Verdrängungstheorie glaubten und in Sture einen Helden sahen, der für die gute Sache kämpfte. Im August 2000 schrieb ihm die auf Sexualstraftaten spezialisierte Ermittlerin Monica Dahlström-Lannes:

»Ich möchte Ihnen nochmals aus tiefstem Herzen für die unermessliche und mutige Arbeit danken, die Sie – und Ihre Therapeutin – leisten. Sie können wirklich sehr stolz auf sich sein.«[467]

In der Gerichtsverhandlung im Mordfall Yenon Levi im Jahr 1997 hielt Sture vor den Mitgliedern der Strafkammer und den Zuhörern mit Tränen in den Augen folgende Rede:

> Obwohl es mir schwerfällt, möchte ich hier und jetzt ein paar Worte sagen. Dabei gehe ich von dem Begriff der Menschenwürde aus. Kann jemand wie ich, der die Würde mehrerer Menschen verletzt hat, selbst Würde besitzen? Ich kämpfe dafür, diese Würde in mir, in meinem Inneren, zu finden. Wenn meine Arbeit, zu der auch diese

Gerichtsverhandlung gehört, dazu beiträgt, die Serienmörder von morgen frühzeitig zu erkennen, noch ehe sie jemandem Schaden zufügen – ja, vielleicht fällt dann auch mein Dasein unter den Begriff der Menschenwürde.

Wenn Sie mir in diesem Moment zuhören und an meine grausamen Verbrechen denken, dann müssen Sie sich zugleich meine komplexe Lebensgeschichte vor Augen führen, um auch nur ansatzweise nachvollziehen zu können, was ich getan habe.

Menschenwürde.

Die Würde, Mensch zu sein.

Die Würde, Mensch sein zu dürfen.

Ohne das Recht, Mensch sein zu dürfen, zumindest in der Gegenwart derjenigen, mit denen ich meinen Alltag teile, brächte ich nicht den nötigen Mut auf, um weiterzumachen. Vielleicht wage ich ja doch zu behaupten, dass ich eine gewisse Würde besitze? Vielleicht muss ich es einfach aussprechen und ein Gefühl dafür entwickeln, um die Verantwortung für den Mord übernehmen zu können, der hier verhandelt wird?

Helfen Sie mir dabei, ein Gefühl der Würde zu empfinden, helfen Sie mir, indem Sie mich wissen lassen, dass ich das Richtige tue. Besinnen Sie sich dabei auf Ihre Menschenwürde, ein Gut, das ich so dringend benötige.[468]

Sture wollte unbedingt seinen Heiligenschein behalten. Wenn ihn jemand einen Lügner nannte, fühlte er sich ungerecht behandelt. Als im Sommer 1998 in mehreren Zeitungen kritische Stimmen laut wurden, die erklärten, dass Sture entweder ein Mythomane sei oder dass ihm die Therapeuten falsche Erinnerungen eingepflanzt hätten, bezog er öffentlich Stellung und teilte mit, wie sehr ihn die Kritik kränke. Auch sein Rechtsanwalt Claes Borgström sprang für ihn in die Bresche und verfasste einen Artikel für die Meinungsseite der *Dagens Nyheter*. Darin richtete er sich unter anderem gegen die Psychologin Astrid Holgersson und den

Rechtspsychologen Nils Wiklund, die Quicks Psychotherapeuten kritisiert hatten. Borgström schrieb: »In all den Jahren, in denen ich Thomas Quick nun schon als Anwalt begleite, hat er nie so dringend einen Verteidiger gebraucht wie in diesem Moment. [...] Astrid Holgersson verletzt nicht nur Thomas Quick, was ihr vermutlich egal ist, sondern auch die Angehörigen der Opfer.« Außerdem, so Borgström, erfüllten »Wiklund und Holgersson nicht die Mindestanforderungen, die man an Menschen stellen kann, die sich Wissenschaftler schimpfen. Ihre Ahnungslosigkeit ist ein Skandal«.[469]

Für seine Anwaltskollegin Kerstin Korti hatte er nur Verachtung übrig, nachdem sie in einem TV-Interview prophezeit hatte, die Quick-Prozesse würden vermutlich als einer der größten Justizskandale des 20. Jahrhunderts in die Geschichte eingehen. Borgström war der Meinung, Korti habe »die goldene Zitrone für die größtmögliche Unsachlichkeit« verdient. Selbst vor übler Nachrede schreckte er nicht zurück: »Ich empfinde Verachtung für diese unmoralische Einstellung gegenüber hochkomplexen Fragen und nicht zuletzt gegenüber den persönlichen Tragödien, um die es bei den Quick-Prozessen geht.«

Eine ähnliche Salve feuerte Borgström kurz darauf im *Svenska Dagbladet* ab.[470] Er wollte die kritischen Stimmen um jeden Preis zum Verstummen zu bringen, und in gewisser Weise schien ihm das auch zu gelingen.

Sture ging ebenfalls zum Angriff über und kämpfte dafür, als Serienmörder ernst genommen zu werden. In diesem Artikel aus dem Jahr 1999 bediente er sich der rhetorischen Mittel der Ironie:

»Eine Weile lang dachte ich, dass ich das Richtige tue. Ich dachte, dass mein Bemühen goutiert wird und dass zumindest ein paar Menschen verstehen können, wie viel Mut es braucht, sich mit seinen schrecklichen Taten auseinanderzusetzen und sich der Polizei zu stellen, ohne den Lebensmut zu verlieren. Aber da habe ich mich wohl getäuscht. Offensichtlich habe ich zig Polizisten, mehrere Richter und Rechtsanwälte, einen Staatsanwalt, diverse Psychologen und Psychiater, Pfleger etc. an der Nase herumgeführt – was für ein grausiger Gedanke. Ich bitte vielmals um Entschuldigung!«[471]

Hin und wieder beschwerte sich Sture lautstark bei der Quick-Gruppe, dass seinen Kritikern nicht genug Widerstand geboten werde. Am 18. Juni 1996 zum Beispiel setzte er sich nach einem hitzigen Telefonat mit Kriminalinspektor Stellan Söderman von der Landeskriminalpolizei an den Computer und schrieb ihm folgenden empörten Brief:

> Steht nicht einfach so dumm rum, wenn die Massenmedien meine Glaubwürdigkeit anzweifeln! Damit meine ich z. B. die massiven Angriffe, die gestern in den Nachrichten auf TV4 und der Sendung *Rapport* gebracht wurden – dazu dann noch die Artikel, von denen Sie mir vorhin erzählt haben.
>
> Warum legt Ihr Euch selbst einen Maulkorb an?
>
> Geht lieber raus und zeigt ihnen, dass Ihr in der Ermittlungsgruppe über <u>Fakten und Wissen</u> verfügt und dass Ihr meine Aussagen <u>ganz genau</u> im Blick habt.
>
> <u>Verweist</u> auf die Fakten: Beruft Euch auf die <u>technische</u> Beweisführung, z. B. im Appojaure-Fall. Macht den Leuten klar, dass alles, was ich gesagt habe, <u>ein Teil</u> der Beweisführung war. […]
>
> Holt das Ermittlungsmaterial im Mordfall Thomas Blomgren raus und zeigt es ihnen! Lasst es nicht einfach wie irgendein olles Märchen im Schreibtisch vergammeln.
>
> <u>Zeigt ihnen mit aller Deutlichkeit, was wir alles erreicht haben!</u>
>
> Zeigt Gesicht, anstatt anonyme Pressemitteilungen rauszuschicken. Zeigt den Leuten <u>Fakten</u>! Seid doch nicht so passiv und devot!

Abschließend drohte Sture damit, der Polizei die Zusammenarbeit zu kündigen, würde den Kritikern nicht die Stirn geboten:

Lasst mich nicht hängen – andernfalls habe ich keine Kraft mehr, und dann seid Ihr allein –, meine aktive Mitarbeit würde Euch in der Ermittlung definitiv fehlen.

Ich hatte mich auf einen Herbst eingestellt, in dem wir konstruktiv zusammenarbeiten – deshalb dürfen wir nicht zulassen, dass die unkommentierten Aussagen von Leuten, die keinen Einblick in die Ermittlungen haben, mich so sehr frustrieren, dass ich meine Motivation verliere. Ihr habt eine Verantwortung, und der solltet Ihr Euch auch stellen!

Thomas[472] (Hervorhebungen wie im Original, Anm. d. Verf.)

War dieser Brief von jemandem geschrieben worden, der wusste, dass alles eine große Lüge war? Oder war er von jemandem geschrieben worden, der sich schlichtweg dazu entschlossen hatte, an seine Lügen zu glauben – ähnlich wie Stina?

Dass Sture auf ein himmelhohes Podest gestellt wurde, verlieh ihm ordentlich Rückenwind. Trotzdem kam es vor, dass er sich von den Ermittlungen zurückziehen wollte, vor allem in den Momenten, in denen ihm bewusst wurde, dass er an der Überdosierung der Medikamente sterben könnte. Dass diese Ängste durchaus berechtigt waren, beweist seine Patientenakte.

In einem Eintrag vom Frühjahr 1997 heißt es beispielsweise, dass Sture in der Nacht laut schrie, »Heulattacken« hatte und »zu Tode verzweifelt« war. Daraufhin wurde ihm eine extra Dosis Stesolid per Klysma verabreicht. Ein anderes Mal taumelte er nachts auf der Station umher, bis er sich schließlich zu Boden sinken ließ. Nachdem er eine Tablette Xanor erhalten hatte, begann er, »ein Mischmasch aus Norwegisch und värmländischem Dialekt« zu sprechen und »wirres Zeug« von sich zu geben. Das Pflegepersonal notierte, dass Sture »sehr verzweifelt« war und »sich übergab«, weshalb er noch mehr Xanor bekam. Am nächsten Morgen litt er unter Angstzuständen und war den ganzen Vormittag über »kaum ansprechbar. […] Er stammelte, weinte, hyperventilierte« und zeigte »krampfartige Symptome im Rachen samt Atemnot«. Sture wurde in die stabile Seitenlage gebracht, damit kein Speichel in die Lunge fließen konnte, und erhielt zwei weitere Dosen Stesolid per Klysma. Am Abend hatte Sture erneut Panikattacken und trug sich mit Suizidgedanken.

Die meisten Symptome lassen tatsächlich auf eine Überdosierung von Benzodiazepinen schließen; Desorientierung, Krämpfe, Katatonie, Sprachschwierigkeiten und Suizidgedanken gehören zu den häufigsten Nebenwirkungen – wie schon beschrieben. Die Säter-Ärzte hingegen waren überzeugt, dass die Symptome auf die zurückgekehrten traumatischen Erinnerungen zurückzuführen seien. Folglich wurde Stures Medikation stetig erhöht. Dies geht aus folgendem Eintrag hervor, in dem vierundzwanzig Stunden zwischen dem 27. und dem 28. Januar 1997 protokolliert wurde. Sämtliche Medikamente, die im Laufe des Eintrags erwähnt werden, fielen unter die sogenannte »Bedarfsmedikation«, die den ohnehin schon starken Cocktail aus Benzodiazepinen und Schmerztabletten, den Sture zu festgeschriebenen Zeiten erhielt, ergänzte:

»Thomas regredierte während der Therapiesitzung am Vormittag unter schweren Panikattacken und Krämpfen. Das Personal musste ihn festhalten und ihm zwei Klysmen Stesolid à 10 Milligramm verabreichen. Nach etwa einer Stunde trat eine leichte Besserung ein. Es wurde regelmäßig nach ihm gesehen. Nach dem Mittagessen etwa eine Stunde Mittagsschlaf. Um 14 Uhr stand er auf, sein Zustand verschlechterte sich sofort. Starke Depression und Angstzustände. Gabe von 2 x 1 Milligramm Xanor. Nach etwa 45 Minuten tritt eine leichte Besserung ein, allerdings ist er antriebslos und matt. Um 19 Uhr verordnet Dr. Kall drei Kapseln Heminevrin à 300 Milligramm für die Nacht sowie Überwachung, da Thomas Suizidgedanken hat. Gegen Abend ist er von den Medikamenten beeinträchtigt, kann sich aber sammeln, Musik hören und sich mit dem Personal über alltägliche Dinge unterhalten. Um 18 Uhr bricht er erneut zusammen, er weint, ist verzweifelt. Gabe von 2 Tabletten Xanor à 1 Milligramm. Kann mithilfe des Personals in die Realität zurückfinden. Um 20.50 Uhr Gabe von 3 Kapseln Heminevrin à 300 Milligramm. Schläft bis 1 Uhr, wacht mit Kopfschmerzen auf. Erhält 2 Tabletten Paracetamol sowie 50 Milligramm Voltaren und nach etwa einer Stunde 1 Tablette Xanor à 1 Milligramm. Schläft gegen 3 Uhr ein. Um 7 Uhr wacht er auf. Nach der Vormittagstherapie hat er Mühe zu gehen und sich zu bewegen. Sein Körper gehorcht ihm nicht. Er erhält 2 Tabletten Xanor à 1 Milligramm. Nach etwa einer Stunde hat sich sein Zustand gebessert, er ruht sich auf dem Bett aus. Bei der Visite wird eine Fortsetzung der Überwachung beschlossen. [...] Am Nachmittag wird Thomas' Therapie fortgesetzt. Um 16 Uhr stürmt er aus dem Zimmer, rennt durch den Tagesraum Richtung Telefonzelle und läuft mit dem Kopf gegen die Wand. Das Personal muss ihn am Boden festhalten.«

Während Sture sich in einem ständigen Medikamentenrausch befand, lief die Therapie bei Birgitta Ståhle weiter. In manchen Perioden fanden zwei Therapiesitzungen am Tag statt. Sture lag völlig benebelt von der Wirkung der Medikamente auf seinem Bett und sprach über die angeblichen Übergriffe in seiner Kindheit sowie die Stückelmorde. Birgitta Ståhle saß in ihrem Sessel und notierte alles säuberlich für Margit. Mit den Ergebnissen der Therapie war sie sehr zufrieden. Am 4. Februar schrieb sie in die Patientenakte:

»Der psychische Abwehrmechanismus ist im Laufe einer langen Therapieperiode Stück für Stück durchbrochen worden, was eine enorme Belastung für Sture bedeutet hat. Dabei muss erwähnt werden, dass der Prozess ein zentraler Teil der Therapie war, die einen stärkeren Kontakt mit der Wirklichkeit herzustellen versucht. [...] Seit einiger Zeit [...] steckt Sture in einer ernsten und tiefen Krise. Anfangs sprach er von schmerzhaften neuen Erinnerungen an die Taten, zu denen Ermittlungen durchgeführt werden. Darauf folgten Regressionen zum Missbrauch in seiner frühen Kindheit.«[473]

Die Dosierungen wurden stetig erhöht, und im Frühjahr 1997 fürchtete Sture zu Recht um sein Leben. In der Patientenakte ist nachzulesen, dass er im März nervös auf dem Flur auf und ab ging und »sterben wollte«. Am 10. April hatte er eine starke Panikattacke, verbunden mit dem Gefühl, »in eine Persönlichkeitsspaltung abzugleiten«. Drei Tage später verschlechterte sich sein Zustand so sehr, dass er eine besonders hohe Dosis Stesolid und zusätzlich Heminevrin und Rohypnol erhielt. Nachdem er etwa anderthalb Stunden geschlafen hatte, geschah Folgendes: »Um 8 Uhr dringt ein Schrei aus seinem Zimmer. Er ist in einer Sitzhaltung erstarrt, [...] fast schon katatonisch, [...] und kann nur mit Mühe sprechen.« Prompt wurde eine weitere Dosis Stesolid intravenös verabreicht, und schon um 9.30 Uhr folgte die nächste Injektion.

So ging es viele Wochen weiter. Anfang Mai fand die Gerichtsverhandlung im Fall Yenon Levi statt. Der Angeklagte, der die Tat gestand, war völlig zugedröhnt.

Nach der Verhandlung befiel Sture eine solche Panik, dass er den Entschluss fasste, sich von den Ermittlungen zurückzuziehen. Am Samstag, dem 31. Mai 1997, schrieb er folgenden Brief an Seppo Penttinen:

> Entschluss:
>
> Nach reiflicher Überlegung, in der ich das Für und Wider abgewogen und die Konsequenzen analysiert habe, bin ich zu folgendem Entschluss gekommen:
>
> Ich sehe keine Möglichkeit, mich weiterhin an den polizeilichen Ermittlungen zu beteiligen, die um meine Person kreisen. Ich werde mich zurückziehen, weil die Zusammenarbeit eine Gefahr für mein Leben ist/darstellt. Mein Entschluss hat also rein egoistische Gründe; über die moralischen Aspekte sollen sich andere den Kopf zerbrechen.

Mein Entschluss steht fest und ist unwiderruflich. Das muss er sein, damit ich an den wenigen Dingen festhalten kann, die ich noch habe: ein Leben, mein Leben (auch wenn mein Entschluss mich nicht von meinen Ängsten und Leiden befreien kann). [...]

Ich habe entschieden, nicht mehr aktiv an den Ermittlungen teilzunehmen, damit ich weiterleben kann. Was wiederum von Stärke in Bezug auf den erstgenannten Entschluss zeugt.

Mit allem Respekt,

Thomas Quick[474]

Dass Sture sich zurückziehen würde, war für die Ermittler unvorstellbar, denn im Ørjeskogen waren bereits die Vorbereitungen für eine aufwendige Ortsbegehung in vollem Gange. Unter Sven Å. Christiansons Anleitung sollte Sture die Polizei endlich zum Versteck von Therese Johannessens Überresten führen. Bis zum geplanten Termin war es nur noch eine Woche, und die norwegische Polizei war einsatzbereit. Jetzt die Zusammenarbeit zu beenden – das war keine Option.

Um Sture von seinem Vorhaben abzubringen, wurde er massiv unter Druck gesetzt. Zwei Tage nachdem Christianson den Brief erhalten hatte, arrangierte er eine »Motivationsbegehung« in einem nahe gelegenen Waldstück. Neben Sture selbst waren auch Seppo Penttinen, Birgitta Ståhle, Rechtsanwalt Claes Borgström, Polizeiassistentin Anna Wikström und ein paar Pfleger zugegen. Außerdem war eine Hundestaffel der Polizei in Borlänge angeheuert worden, die vermutlich Gaffer fernhalten sollte.

Penttinen beschrieb den Zweck der Übung in einem Gedächtnisprotokoll: »Bei der Ortsbegehung sollte Quick Bodenverhältnisse zeigen, die den Gegebenheiten an der Stelle in Örje, Norwegen, entsprechen, wo er Therese Johannessens Überreste versteckt hat.«[475]

Um 16.30 Uhr fuhr der Trupp in einen ungefähr zehn Kilometer südlich von Säter gelegenen Wald. Obwohl der tatsächliche Tatort im Ørjeskogen etwa 350 Kilometer entfernt war, hatte Penttinen eine Kamera mitgebracht, um alle Stellen, die Stures Interesse weckten, zu fotografieren. Auch Sture war mit Feuereifer bei der Sache. Der Brief, den er nur achtundvierzig Stunden zuvor geschrieben hatte, schien vergessen. Alles, was er sagte, wurde von Penttinen fleißig notiert. Hier ein Auszug aus dem Protokoll:

»Er steuert ein paar größere Steine an, geht um sie herum und betastet sie gleichzeitig. Außerdem interessiert er sich für das Wurzelwerk einiger Baumstümpfe. Besonders einer der Steine weckt sein Interesse, siehe FOTO 3. [...] Quick sagt, dass er sich in Gedanken an zwei unterschiedlichen Orten in dem norwegischen Waldstück befindet und nun Gegebenheiten aufzeigen kann, die mit diesen Orten übereinstimmen.«

Weiter heißt es:

»Er erreicht eine Stelle mit trockenen Zweigen, auf denen er herumtrampelt. Er dreht sich um und sagt: ›Ja!‹ Er zeigt eine deutliche Reaktion, so als würde er sich an das Gefühl/das Geräusch der trockenen Zweige erinnern.«

Etwas später:

»Er hält inne, als er einen großen Baumstumpf neben einem Felsblock erreicht. Siehe FOTO 8-9. Quick zeigt eine heftige emotionale Reaktion, er greift nach Steinen, die rings um den Baumstumpf am Boden liegen. Jetzt nimmt er einen größeren Stein und erzeugt Laute, indem er diesen gegen andere Steine schlägt. Gleichzeitig schielt er nervös zur Straße hinüber. Sein Blick richtet sich nach rechts, aber nicht zu der Stelle, wo der Wagen steht. Unser Wagen steht linker Hand.«

Liest man sich Penttinens elfseitiges Protokoll durch, könnte man beinahe meinen, der Trupp befände sich am vermeintlichen Tatort in Norwegen.

Nachdem Sture auf einen Baumstumpf gestiegen war, hieß es:

»Kurz darauf bekommt Quick einen heftigen Krampf in den Beinen, er steht vornübergebeugt da und kann sich nicht aufrichten. Er scheint einen Nervenzusammenbruch zu haben. Vor den Krämpfen hat Quick vom Baumstumpf aus in eine bestimmte Richtung gezeigt und gesagt, er könne das ›Geheimnis‹ sehen.«

Wieder in der Klinik schrieb Birgitta Ståhle an Margit:

»Gestern Nachmittag wurde eine Generalprobe für die Reise nach Norwegen durchgeführt, die für nächste Woche angesetzt ist. Es ging darum, eine Stelle zu finden, die den geographischen Gegebenheiten am Tatort in Norwegen möglichst ähnlich ist. Dies führte zu einer Regression ins Jahr 1988, bei der einige verdrängte Erinnerungen zutage gefördert wurden.«[476]

Als ich Sture auf diese Ortsbegehung ansprach, konnte er sich zunächst nicht erinnern. Doch als ich ihm dann Penttinens Fotos beschrieb, die dem Protokoll als grobkörnige Schwarzweißkopien beigefügt waren, fiel ihm ein, dass er in seinem Zimmer ein kleines Bündel mit »Naturaufnahmen« hatte. Bei einem meiner nächsten Besuche in der Klinik gab er mir die Bilder. Und tatsächlich: Sie stammten von besagter »Motivationsbegehung«. Sture erinnerte sich wieder, dass er sie von Penttinen und Christianson bekommen hatte, um sich auf die Suche nach den Verstecken in Norwegen vorbereiten zu können. Die Bilder waren von guter Qualität. Sie zeigten Sturmholz, ein Gebüsch, eine freiliegende Stelle mit ein paar verstreuten Bäumen und einen Schotterweg.

Sie waren in einem Wald fotografiert worden, der etwa 350 Kilometer von dem vermeintlichen Versteck von Therese Johannessens Überresten entfernt lag.

Ich hatte nur einen Gedanken: Diese Bilder waren das Produkt eines kollektiven Wahnsinns.

Und Sture durfte nicht aufhören.

31. Die Suche nach Thomas Quicks »Universellem Café«

»Wir waren Johans Versteck so nah, so nah, als mich die Todesangst – ich könnte dieses Gefühl auch ›Ellingtons Blick‹ nennen – überkam und in mich fuhr. Ich spürte, dass mein Leben zu Ende ist, wenn ich das Versteck zeige. Ich wusste, dass ich in Lebensgefahr schwebe!«

Sture in einem Brief an Birgitta Ståhle

Margit hatte vorgehabt, ihr Opus magnum *Thomas Quicks Welt* erst abzuschließen, wenn Sture mindestens eines seiner »heiligen Verstecke« gezeigt hatte. Dies hatte mir Sven Å. Christianson bei unserem Treffen im Psychologischen Institut verraten. Margit glaubte, Sture wäre so lange in seiner »Täterschaft« gefangen, wie er die Leichenteile versteckt hielt. Das wiederum bedeutete, dass der Therapieprozess noch nicht erfolgreich beendet worden war, und vorher sollte es kein Buch geben. »In dieser Hinsicht war sie knallhart«, erklärte Christianson.

Auch Gillan Liljeström konnte mir einiges über Margits Einstellung zu Stures »heiligen Verstecken« berichten. Als ich die dreiundsechzigjährige Gillan 2012 in ihrem Haus in Stockholm besuchte, erzählte sie mir, dass sie 1978, im Alter von neunundzwanzig Jahren, eine Therapie bei Margit begonnen hatte, um einen tragischen Todesfall in der Familie zu verarbeiten. Es folgte eine intensive Phase, in der Gillan unter Margits Anleitung verdrängte Erinnerungen und vergessene Kindheitstraumata aufdeckte. Margit war von Gillan so angetan, dass sie ihr nach einiger Zeit eigene Patienten vermittelte, obwohl Gillan eigentlich Soziologin war und weder eine Ausbildung als Psychologin noch eine Karriere als Psychotherapeutin angestrebt hatte. Doch später schlug sie tatsächlich den Weg ein, den Margit für sie ausersehen hatte, und ließ sich zur Psychotherapeutin ausbilden. Außerdem wurde sie in Margits exklusiven Kreis aufgenommen. Mehrere Gruppenmitglieder bestätigten mir, dass Gillan zu einer der folgsamsten Schülerinnen neben Cajsa Lindholm und Birgitta Ståhle wurde. Als Margit im Januar 2005 im Krankenhaus starb, waren Cajsa und Gillan bei ihr.

Seit einigen Jahren behandelte Gillan ihre Patienten bei sich zu Hause und führte mit ihrer Therapiearbeit Margits geistiges Erbe weiter. Sie erklärte mir, etwa vierzig Prozent ihrer Patientinnen hätten Erinnerungen an sexuelle Übergriffe in der Kindheit verdrängt. Später sollte ich auch einige von Gillans ehemaligen Patientinnen interviewen, und eine von ihnen erzählte mir, dass sie die Therapie nach fünf Jahren habe abbrechen müssen, weil Gillan nicht aufhörte, ihr einreden zu wollen, sie sei als Kind missbraucht worden.

Als Margit in die Jahre kam, sollten Gillan und Cajsa Lindholm sie bei der Fertigstellung ihres Manuskripts unterstützen. Da Sture jedoch keines seiner »Verstecke« zeigen konnte, geriet das Projekt ins Stocken. Gillan vermutete, dass Sture sich all die Jahre in einem Verleugnungsstadium befunden hatte und deshalb nicht in der Lage gewesen war, die Verstecke zu zeigen. Ähnliche Phänomene kannte sie von ihren Patientinnen:

»In der Therapie kommt es oft vor, dass jemand der Realität immer wieder ausweicht«, erklärte Gillan. »Obwohl man über die Übergriffe spricht, auf die alle Träume und Erinnerungsbilder klar hindeuten, fühlen sie sich für die Patientin unwirklich an.« In dieser Phase, so Gillan, würden die Patientinnen ihre »Erinnerungen« als Fantasien wahrnehmen, doch früher oder später werde in der Therapie für gewöhnlich ein Durchbruch erzielt. »Plötzlich spürt man es tief in sich«, fuhr sie fort. »Es ist wie ein Aha-Erlebnis, und man denkt: ›Das hier ist wirklich passiert. *Ich* habe das tatsächlich erlebt. Es ist *real*, es ist die *Wahrheit*.‹ Mit einem Mal fällt es einem wie Schuppen von den Augen, und dann kommen sehr, sehr starke Gefühle auf. Ich glaube, so haben Birgitta und Margit sich das mit Quicks Verstecken vorgestellt. Wenn er die Verstecke findet, dann wird das Ganze *real* für ihn.«

»War Margit enttäuscht, dass er kein Versteck zeigen konnte?«, wollte ich wissen.

»Sie hat sein Verhalten als Abwehrhaltung gedeutet. Dass er nicht mit dem Beweis herausrücken wollte, um der Realität aus dem Weg zu gehen«, antwortete Gillan. »Aber ja, sie war enttäuscht und traurig.«

Vor diesem Hintergrund ist es leicht nachvollziehbar, warum Birgitta Ståhle und Sven Å. Christianson so erpicht darauf waren, mit Stures Hilfe die vermeintlichen Verstecke zu finden – sie wollten Margits Buch retten. Der letzte Text von Sture, den Margit in ihr Manuskript aufnahm, ist auf Januar 1999 datiert.[477] Von dem Zeitpunkt an wollte sie kein Material mehr von ihm annehmen, bis er eines der Verstecke gezeigt hätte. Das gesamte Projekt – und damit auch Margits Rachefeldzug – stand und fiel damit, dass es Ståhle und Christianson gelingen würde, Sture ans Ziel zu bringen. Mit welchem Elan Christianson zur Tat schritt, beweist seine berühmt-berüchtigte »Anleitung zur Tatortbegehung« von 1997, die er eigens für die Suche nach dem Versteck im Ørjeskogen verfasste:

»Alles, was Thomas Quicks Konzentration beeinträchtigen und ihn von Thereses Versteck ablenken könnte, ist aus dem Weg zu schaffen. Ermittlungstechnische Fragen bezüglich des Tathergangs müssen zu einem späteren Zeitpunkt gestellt werden. Mit der Tatortbegehung am 11. Juni verfolgen wir nur ein Ziel: den Weg zu dem Versteck zu finden.«[478]

Im Grunde war der Startschuss für die Suche nach den mysteriösen Verstecken schon 1993, kurz nach dem ersten Verhör, gefallen. Doch da Christer van der Kwast sich zunächst auf die vier Opfer konzentrieren wollte, deren Leichen bereits gefunden worden waren – Charles Zelmanovits, das Ehepaar Stegehuis und Yenon Levi –, gab es vor 1998 juristisch gesehen keinen Grund. Die intensive Suche nach der verschwundenen Therese Johannessen im Jahr 1996 war eine Ausnahme. Polizeiassistentin Anna Wikström fasste in einem internen Arbeitsdokument zusammen, welche Konsequenzen die Ortsbegehung im Ørjeskogen für die weiteren Ermittlungen hatte:

»Die Ortsbegehung hat zu einem verstärkten Engagement der norwegischen Polizei geführt, zum Beispiel zu der berüchtigten achtwöchigen Untersuchung des Ringen-Sees im Sommer 1996, deren Kosten sich gut unterrichteten Quellen zufolge auf rund drei Millionen Kronen beliefen [...].«

Auch die schwedische Polizei führte noch im selben Jahr mehrere Grabungsarbeiten durch, zum Beispiel in Lindesberg und Salbohed bei Sala. Natürlich ohne Erfolg. Anna Wikström gibt uns einen Einblick in die Erklärungsversuche der Quick-Gruppe:

»Nachdem wir verschiedene Theorien bezüglich T.Q. diskutiert haben, stellt es sich möglicherweise so dar, dass er seine Opfer an einem Initialplatz vergraben hat, an den er später zurückgekehrt ist, um die Leichen auszugraben und sie zu einer endgültigen ›Opferstelle‹ zu bringen. (?) T.Q. hat diese Theorie selbst bestätigt, zum Beispiel, was den Sportplatz in Lindesberg betrifft. In seiner makabren Welt, Fantasie oder Wirklichkeit verfolgte er damit dieses Ziel: Er wollte, dass an der endgültigen Opferstelle ausschließlich ›reine‹ Knochenreste liegen.«[479]

Seppo Penttinen hatte eine ähnliche Theorie. In einem internen Schreiben verkündete er: »T.Q. hat ausgesagt, dass er die Leichenteile ruhen und verrotten lassen musste, um dann besser an das eigentliche Knochenmaterial zu kommen.«[480]

Im Frühjahr 1996 konnte bei der Suche nach den Verstecken

endlich ein erstes Erfolgserlebnis verzeichnet werden. Die Ermittler hatten ein Mietshaus in der Bruksgatan 4c in Falun im Visier. Dort hatte Sture im Alter zwischen seinem siebten und fünfunddreißigsten Lebensjahr gewohnt, mit Ausnahme der kurzen Perioden, in denen er die Volkshochschule in Jokkmokk und die Universität in Uppsala besucht hatte oder zur Behandlung in den Kliniken in Sidsjön und Säter untergebracht gewesen war. Da man vermutete, dass Sture die Leichen dort versteckt haben könnte, wurde im April eine Ortsbegehung durchgeführt, bei der die gesamte Quick-Gruppe inklusive Sven Å. Christianson anwesend war. In den folgenden acht Wochen stellten die Kriminaltechniker das gesamte Haus auf den Kopf. Im *Expressen* hieß es: »Quicks Zuhause wird auf der Suche nach Beweisen auseinandergenommen.«[481] In einem Dachzimmer, das abwechselnd Sture und einige seiner Geschwister bewohnt hatten, wurden in der hintersten Ecke eines Kleiderschranks eine Streichholz-, eine Zigaretten- sowie eine Filterschachtel gefunden, die jeweils Büschel von Schamhaar enthielten.

In der norwegischen Zeitung *Verdens Gang*, die die Sucharbeiten eifrig verfolgte, wurde verkündet, dass endlich Überreste von Quicks Opfern gefunden worden seien. Nachdem die Meldung auch in der schwedischen Presse zitiert worden war, erkundigten sich die besorgten Eltern der Vermissten bei Christer van der Kwast, ob die Leichen ihrer Kinder dabei gewesen seien.[482]

Als Sture im darauffolgenden August vernommen wurde, sagte er ohne Umschweife aus, dass die Schamhaare von den Opfern stammten. Er habe bereits in den Zeitungen von dem Fund gelesen, allerdings seien die Artikel viel zu ungenau gewesen. Als Penttinen ihn daraufhin bat, genauere Angaben zu machen, beschrieb Sture, wie er seinerzeit zwei Streichholzschachteln mit Schamhaaren »in einer Regenrinne oder einem Hohlraum dicht unter dem Dach« versteckt hatte. Das passte nicht (die Schachteln waren ja im Kleiderschrank gefunden worden), aber die Stimmung war endgültig am Boden, als die Kriminaltechniker außerdem feststellten, dass die Zigarettenschachtel erst nach 1989 produziert worden war. Sture hatte den Mietvertrag für die Wohnung in der Bruksgatan 4c allerdings schon 1984, ein Jahr nach dem Tod seiner Mutter, gekündigt. Die Schamhaare mussten also von den Nachmietern im Schrank deponiert worden sein. Diese Episode fügte sich nahtlos in die Kette von Peinlichkeiten, die die »Quick-Gruppe« mit dem Etikett »bewusste Modifikationen« versah, um sie schleunigst unter den Teppich zu kehren.

Zehn Jahre später, im Dezember 2006, meldete sich im *Aftonbladet* ein Mann zu Wort, der erklärte, dass ihn die Berichte zum Schamhaar-Fund schon 1996 irritiert hätten. Er könne seine Hand dafür ins Feuer legen, dass die Schachteln von einem ehemaligen Klassenkameraden versteckt worden waren, der die Schamhaare seiner Freundin gesammelt hatte.[483]

Im Frühjahr 1997 lief die erfolglose Suche nach den »heiligen Verstecken« auf Sparflamme. Stattdessen konzentrierte man sich darauf, Sture für den Mord an Yenon Levi dranzukriegen. In diesem Fall gab es immerhin eine Leiche. Doch schon im Sommer 1997 kehrte die Quick-Gruppe in den Wald von Ørje zurück. Dass trotz Christiansons Anleitung nichts gefunden wurde, war halb so schlimm, denn im Mai 1998 konnte van der Kwast das Landgericht Hedemora trotzdem von Stures Schuld überzeugen. Auch ohne Leiche wurde Sture für den Mord an Therese Johannessen verurteilt.

Die Suche nach den Verstecken ging sofort weiter. Van der Kwast und Penttinen waren fest entschlossen, Sture den Mord an Johan Asplund nachzuweisen, konnten sich aber nicht sicher sein, ob sie ohne Leiche ein weiteres Mal Erfolg haben würden. Auch nach den Überresten der anderen verschwundenen Opfer wurde gesucht: Alvar Larsson, Reine Svensson, Benny Forsgren, Marianne Rugaas Knudsen, Olle Högbom, Magnus Johansson und Örjan Sellin. Hinzu kamen einige Personen, die bislang noch nicht identifiziert worden waren. Manche erhielten Umschreibungen wie »der Siebzehnjährige aus Gävle« oder »der norwegische Junge«, andere liefen unter den Vornamen, die Sture ihnen gegeben hatte, mit dem Hinweis, dass sie nicht zwangsläufig korrekt waren: »Tony«, »Duska«, »Martin« und »Erik«. Die Verstecke sollten auch Charles Zelmanovits' linken Oberschenkel, sein rechtes Schienbein sowie möglicherweise einige Handknochenfragmente enthalten. Wie Sture bei Thomas Blomgren, Yenon Levi, Marinus und Jannie Stegehuis, Gry Stovrvik und Trine Jensen dem offenbar zwanghaften Bedürfnis, Leichenteile zu horten, widerstanden hatte, wurde nie hinterfragt.

Mit Margits Unterstützung im Hintergrund hatten Birgitta und Sture diesen Zwang auf das sogenannte »Simon-Ereignis« 1954 zurückgeführt. Nach der Gewaltorgie wickelte Stures Vater Simons zerstückelte Leiche in Zeitungspapier, schnappte sich den kleinen Sture und fuhr mit ihm zur nahe gelegenen Landzunge Främby, einem hübschen Fleckchen unmittelbar östlich von Falun. Als Stures Vater das Paket in der Erde vergrub, sagte er, es enthalte »Fischabfälle«, doch Sture wusste genau, dass es Simons Leiche war. Er fühlte sich für den Tod seines Bruders verantwortlich und schwor im Stillen, Simon eines Tages »heil zu machen«.

Simons Grab wurde zu einem heiligen Platz, den Sture als Kind häufig aufsuchte. Als er sechs Jahre alt war, zog die Familie jedoch in die weiter entfernt gelegene Bruksgatan 4c, und Sture konnte das Grab plötzlich nicht mehr finden. Dies wurde in der Therapie als Auslöser dafür interpretiert, warum er zum Serienmörder geworden war. Den ersten Mord sollte Sture 1964 im Alter von vierzehn Jahren begangen haben. Als er drei Jahre später – angeblich – einen Jungen namens Alvar Larsson umbrachte, nahm er zum ersten Mal Leichenteile mit, um diese zu horten. In einem Waldgebiet in der Nähe des Elternhauses legte er Verstecke an, die Simons Grab ersetzen sollten. Sie wurden zu »heiligen« Plätzen. Sture hatte vor, aus den Leichenteilen einen neuen Simon zu bauen und damit das Versprechen einzulösen, das er seinem toten Bruder als Vierjähriger gegeben hatte.

So weit die Geschichte. Sich in der Therapie über die Verstecke zu verbreiten, fiel Sture leicht. Die Verstecke zu zeigen, war ungleich schwieriger. 1998 wurden einundzwanzig Sucheinsätze mit Kriminaltechnikern und Polizeihunden durchgeführt. Zunächst grub man an den Orten in Falun und Umgebung, wo Sture im Laufe der Jahre gewohnt hatte, später weitete man die Suche auch auf andere Teile der Provinz Dalarna aus. Das Prozedere sah wie folgt aus: Zunächst wurde Sture zu den Plätzen gebracht, die er in den Vernehmungen erwähnt hatte. Dort angekommen, machte er kryptische Andeutungen und zeigte weitläufige Bereiche an, wo die Verstecke eventuell liegen könnten. Anschließend wurden Kriminaltechniker herbestellt, die sich an die Grabungsarbeiten machten.

Eine dieser Ortsbegehungen fand am 8. Juni 1998 am Ryggen-See statt, und wieder einmal war die gesamte Quick-Mannschaft angereist: Seppo Penttinen, Birgitta Ståhle, Sven Å. Christianson, Claes Borgström und Christer van der Kwast. Jeder wollte dabei sein, wenn Sture endlich sein erstes Versteck zeigen würde. Die Begehung wurde auf Video festgehalten, und Stures Aussagen wurden zusätzlich mithilfe eines kleinen an der Jacke befestigten Mikrofons auf Band aufgenommen. Wie Pilzesammler stapfen sie durch den Tannenwald. Sture trägt Turnschuhe, eine schwarze Jeans, einen langärmeligen marineblauen Pullover und eine schwarze Baseballkappe. Penttinen ist leger gekleidet in eine Trainingshose mit farblich abgesetzten Streifen und einen roten Kapuzenpulli. Claes Borgström trägt Jeanshose, Jeansjacke und Gummistiefel, Sven Å. Christianson eine graue Fleecejacke und die frisch blondierte Birgitta Ståhle eine Regenjacke und Jeans. Ståhle hat außerdem ein Notizbüchlein dabei, in das sie gelegentlich etwas hineinschreibt. Christer van der Kwast ist nirgends zu sehen, vermutlich hält er sich hinter dem Kameramann auf. Sture und Penttinen gehen einen Spazierpfad entlang und machen hin und wieder einen Abstecher in den Wald. Die anderen folgen ihnen.

Es herrscht eine nahezu andächtige Stille. Alle Blicke sind auf Sture gerichtet. Sobald er stehen bleibt, um etwas zu zeigen, bilden die anderen einen Kreis um ihn, so als wollten sie ihm mit ihrer Gegenwart Mut machen. Sie sehen einen Menschen, der einen heroischen Kampf gegen die Verdrängungsmechanismen seiner Psyche austrägt. Ich selbst sehe einen Menschen, der vor einem Publikum, dem jedwedes kritische Denken abhandengekommen ist, eine Art Improvisationstheater aufführt.

Wie immer hielt Penttinen die Ortsbegehung in einem Gedächtnisprotokoll fest. Das Dokument ist äußerst aufschlussreich, da es uns erlaubt, Sture durch Penttinens Augen zu betrachten. Obwohl er Sture nun schon seit fünf Jahren vergebens hinterherstapft, ist sein Glaube ungebrochen. Als rechne er fest damit, dass schon hinter dem nächsten Busch eines der heiligen Verstecke liegen könnte. Auf der Suche nach Hinweisen hält er jede Geste und jede Panikattacke akribisch fest, und selbst die irrwitzigsten Aussagen werden auf eine tiefere Bedeutung abgeklopft. Hier ein Beispiel:

»Als wir auf dem obersten Punkt des Hügels/der Anhöhe ankommen, kann er eine längliche Vertiefung/Senke ausmachen. Plötzlich dreht er sich um. Quick hat offensichtlich Mühe, in die Senke hinabzuschauen. Er schildert, wie er zur Leiche zurückgekehrt ist und mithilfe einer Säge ein Stück des rechten Hüftknochens entfernt hat. Er sagt: ›Das Tal sieht aus wie ein langgezogenes Grab. Wenn das mal keine Orientierungshilfe ist … lasst uns schnell umkehren!‹ Auf die direkte Frage, wo er den Hüftknochen hingebracht habe, antwortet Quick: ›Ins lange Grab.‹ Eventuell hat er noch hinzugefügt: ›Hier, in dieses Tal‹, aber aufgrund eines technischen Problems mit der Tonaufnahme kann dies nur unter Vorbehalt festgehalten werden. Quick sagt, die Senke sei

›sowohl eine Orientierungshilfe als auch…‹. Auf dem Rückweg flüstert Quick etwas, das für seine Umgebung unhörbar ist, aber vom tragbaren Mikrofon aufgenommen wurde: ›Hier ist die Senke‹.«

Nach der Begehung am Ryggen-See ging es weiter nach Grycksbo, dem kleinen Ort nördlich von Falun, wo Sture den Kiosk betrieben und zwischen 1987 und 1989 eine eigene Wohnung gehabt hatte. Penttinen notierte:

»Als wir einen sehr markanten spitzen Stein passieren, der rechter Hand liegt, sagt Quick mit Nachdruck: ›Film weiter oben!‹, und zeigt zur rechten Seite der Straße. Unmittelbar hinter dem Stein bleibt er stehen, erleidet eine Panikattacke und geht dann sehr langsam einen Hügel hinauf.«

Das Protokoll geht weiter:

»An dieser Stelle, ein Stück abseits des Weges, steht eine Tanne, daneben liegen zwei größere Steine. Er beugt sich vor, hebt hastig einen kleinen Felssplitter auf und umschließt diesen mit der Handfläche. Er zeigt eine augenfällige Angstreaktion. Darauf folgt eine kurze Unterhaltung mit dem Unterzeichneten, der Quick auf den Steinsplitter in seiner Hand aufmerksam macht. Darauf kehrt Quick zur selben Stelle zurück. Nervös arrangiert er Moos, ein paar kleine Steine und einen Zweig, den er abgebrochen hat, zu einem Gebilde, über das er am Ende eine vertrocknete kleine Tanne legt; später erklärt er, ungefähr so habe er damals ein Versteck angelegt.«

Ich halte den Film an dieser Stelle an. Claes Borgström steht mit dem Profil zur Kamera, den Blick auf Sture und Penttinen gerichtet.

Er glaubte genauso stark an Stures Schuld wie die restliche Quick-Gruppe. Das hat er mir selbst bei unserem Interview in seinem Stockholmer Büro erzählt. Kurz vor diesem Interview hatte eine Zeitung enthüllt, dass Borgström in eine von (unter anderen) van der Kwast und Penttinen dirigierte Kampagne verwickelt gewesen sei, mit der Sture trotz der mittlerweile erfolgten Freisprüche weiterhin als glaubhafter Serienmörder verkauft werden sollte. Wie er so hinter seinem Schreibtisch saß, machte Borgström einen traurigen Eindruck. Manche hielten ihn für einen Idioten, erzählte er. Andere warfen ihm vor, dass er die Verurteilungen deshalb nicht verhindert habe, damit er höhere Anwaltsgagen kassieren konnte. »Es geht mir gerade nicht so gut«, erklärte er mit brüchiger Stimme und glasigen Augen. »Das alles ist nicht spurlos an mir vorbeigegangen. Es kratzt natürlich an meiner Ehre, dass meine Moral angezweifelt wird… ach, was sage ich, dass sie in den Dreck gezogen wird!«

In Wahrheit habe er Sture schlicht und einfach geglaubt. »Es gab ja jede Menge gute Gründe«, beteuerte er. »Aber das wissen die Leute natürlich nicht. Sie waren ja nicht dabei!«

Als ich ihn fragte, welche Gründe das seien, nannte er mir einige Beispiele, und ich begriff sofort, wie schlecht er informiert war. Sämtliche Argumente, die er anführte, waren im Zuge der Wiederaufnahmeverfahren zerschmettert worden. Ich hatte den Eindruck, dass er immer noch an Stures Schuld glaubte und es nicht für nötig hielt, sich über Argumente den Kopf zu zerbrechen.

Doch zurück zur Ortsbegehung in Grycksbo. Der Trupp stieg wieder in den Minibus und fuhr weiter zum See Valsan westlich von Falun, wo Sture zwischen 1986 und 1988 ein Sommerhäuschen gemietet hatte.

Auch dort hielt Penttinen jede Bewegung fest: »Wir folgen einem Traktorweg. Quick geht mal schneller, mal langsamer, und er bewegt sich auf eine besondere Weise vorwärts. Mal wie mit kleinen Tänzelschritten, dann wieder zügig voranpreschend.«

Die Truppe stieg in eine Senke hinab:

»In dieser Vertiefung steht eine größere Steinformation. Quick setzt vorsichtig einen Fuß vor den anderen. Plötzlich macht er auf dem Absatz kehrt. Auf die direkte Nachfrage, ob er so reagiert, weil er etwas Bestimmtes gesehen hat, antwortet er nachdrücklich: ›Ja!‹ Im nächsten Atemzug meint er, dass er diese Aussage später wieder zurücknehmen wird.«

Vor der Rückfahrt machte Sture eine große Enthüllung:

»Als wir um 18.55 Uhr zum Wagen zurückkommen, berichtet Quick im Beisein des Rechtsanwalts Claes Borgström und des stellvertretenden Oberstaatsanwalts Christer van der Kwast, dass er die Umgebung hinter dem Sommerhaus mit einem Opfer assoziiere. Er habe damals ein Opfer dort ›verarbeitet‹. Die Überreste seien nicht verbrannt worden, und er habe auch keine Kleidungsstücke in dieser Gegend versteckt. Um welches Opfer es sich handelt, kann er nicht sagen.«[484]

Die Kriminaltechniker verwandten den restlichen Juni darauf, die von Sture beschriebene Umgebung zu durchkämmen, konnten aber nichts finden. Die Frustration wurde umso größer, als die Ermittlungsarbeiten sowohl in *Dagens Nyheter* als auch im *Svenska Dagbladet* ins Sperrfeuer der Kritik gerieten. Geschrieben waren die Artikel von dem Journalisten Dan Larsson, dem Rechtspsychologen Nils Wiklund, Johan Asplunds Vater Björn, Olle Högboms Vater Ruben sowie der Psychologin Astrid Holgersson.[485] Im darauffolgenden Juli gab Dan Larsson außerdem das Buch »Der Mythomane Thomas Quick« (*Mytomanen Thomas Quick*) im Selbstverlag heraus.

Während Claes die Kritiker mit persönlichen Angriffen befeuerte, reagierte Sture vor allem mit Panik. Als Dan Larsson einen Auftritt im Frühstücksfernsehen hatte, um sein Buch vorzustellen, rief Sture die Redaktion an und wurde live in die Sendung geschaltet. Er nutzte die Gelegenheit, um zu beteuern, dass er ein Serienkiller sei.[486] Trotzdem war allen bewusst, dass die Kritiker keine Ruhe geben würden, bis van der Kwast in einer Pressekonferenz die vermissten Leichen präsentiert hatte. Infolgedessen schloss die Quick-Gruppe sich immer enger zusammen und schottete sich gegen die feindliche Außenwelt ab.

Birgitta Ståhle und Sture spannen währenddessen den Mythos um die heiligen Verstecke weiter, wie um von der erfolglosen Suche abzulenken. Der neueste Clou: Angeblich hatte Sture nach jedem Umzug neue Verstecke für seine »Reliquien« errichtet. Er wollte sie stets in seiner Nähe wissen, um sie zu besuchen und vor Ort onanieren zu können. Zwischen 1973 und 1991 war Sture sieben Mal umgezogen. In der Gegend um Falun, wo er die längste Zeit gewohnt hatte, hätte es von leeren Verstecken also nur so wimmeln müssen.

Als die Suche weiterhin erfolglos blieb, hieß es plötzlich, Sture habe die Leichenteile auf immer weniger Orte konzentriert und schließlich ein finales großes Versteck angelegt, in dem er die meisten Überreste hortete. Van der Kwast hatte schon früher die Existenz eines solchen »Hauptverstecks« geahnt. Dies geht aus einem Artikel hervor, den der Lokalreporter Gubb Jan Stigson im September 1997 für den *Dala-Demokraten* schrieb:

> Im Moment verfolgt das Ermittlerteam die Theorie, dass Quick an einem oder mehreren Orten Leichenteile der Opfer hortet. Wie in einem Mausoleum. [...]
>
> »Meiner Meinung nach weiß Quick ganz genau, wo er seine Opfer vergraben hat. Er weiß, welche Angaben er machen muss, damit wir konkrete Ergebnisse erzielen. Außerdem glaube ich, dass es in der Nähe von Falun ein Hauptversteck gibt«, erklärt Oberstaatsanwalt Christer van der Kwast dem *Dala-Demokraten*.[487]

Das Mausoleum hatte viele verschiedene Namen. In den Vernehmungen wurde es häufig als »Endversteck« oder auch etwas blumiger als »Versteck der vielen« bezeichnet. Penttinen erzählte mir, dass Sture es sein »himmlisches Café« genannt hatte. Die suggestivste Bezeichnung fand ich allerdings in einer handgeschriebenen Notiz von Annika Wikström. Sie schrieb, dass Sture von seinem »universellen Café« gesprochen habe.

Im September 1998 wurde Sture zu einer neuerlichen Ortsbegehung mitgeschleppt, die wieder per Videokamera und Tonbandaufnahme dokumentiert wurde. Gleich zu Beginn erklärte er, dass er sämtliche Verstecke im Umkreis geleert habe, wobei es womöglich noch ein paar Restspuren geben könne. Zunächst bestieg die Gruppe den Jungfrauenberg nördlich von Falun, wo Sture 1984, im Alter von vierunddreißig Jahren, seine erste eigene Wohnung gemietet und zwei Jahre lang gewohnt hatte. Anschließend ging es weiter nach Sågmyra nordwestlich von Grycksbo, wo er zwischen 1989 und 1990 gewohnt hatte. Die Gruppe spitzte die Ohren, als Sture mit dem Finger auf einen Bach zeigte und sagte: »In dem Bachbecken liegt das Versteck eines Handwurzelknochens.« Kurz darauf verkündete er, »das Versteck der vielen« sei nun ganz nah, und er könne den Weg zeigen. Voller Tatendrang versuchte Penttinen, Sture bei seinem Kampf gegen den Verdrängungsmechanismus zu unterstützen: »Mach weiter, Thomas, bleib nicht stehen, geh einfach weiter. Folge deiner Intuition. […] Geh einfach, denk nicht darüber nach, geh einfach.«

Sture trotzte seinen Panikattacken und ging Schritt für Schritt weiter. Penttinen redete ihm die ganze Zeit gut zu:

»Gib jetzt nicht auf, Thomas, du bist so nah. Ich sehe dir an, dass du dich vor etwas fürchtest. Die ganze Zeit. Geh weiter, so weit es dir möglich ist. Schritt für Schritt. Schau einfach runter zum Bach und geh weiter, du findest den Weg auch so. […] Ganz langsam, bis du oben angekommen bist. Dann kannst du dich umschauen und uns zeigen, welche Stelle für uns interessant ist. Du bist jetzt so weit gekommen und hast so hart gekämpft, den Rest schaffen wir jetzt auch noch. Es ist nur noch ein kleines Stückchen, dann bist du oben und kannst dich umschauen. Wir sind alle bei dir. Birgitta ist hier und Claes auch.«

Schließlich machte Sture die vage Andeutung, das Versteck liege irgendwo »da drüben hinter van der Kwast«, was in gewisser Weise eine Antiklimax darstellte. Als er von Penttinen aufgefordert wurde, seine physischen Reaktionen zu beschreiben, entspann sich diese sonderbare Unterhaltung:

> [Penttinen]: … als wir den Berg hinaufgestiegen sind, da hast du so ein Signal gegeben. Du hast die Augen geschlossen und den Kopf weggedreht. Als du dann die Augen wieder geöffnet hast, was hatte das zu bedeuten? Hast du dich umgesehen?
> [Sture]: Ja, ich hab mich umgesehen.
> [Penttinen]: Du hast dich umgesehen. Und als du die Augen geschlossen und den Kopf weggedreht hast, was hatte das zu bedeuten?
> [Sture]: Das hab ich nicht, ich habe mich die ganze Zeit umgesehen.
> [Penttinen]: Wir dürfen dein Verhalten also so deuten, wie wir wollen?
> [Sture]: Also …
> [Penttinen]: Hast du gemerkt, dass du die Augen zugemacht hast?
> [Sture]: Nein.
> [Penttinen]: Also nicht, okay.[488]

Einige Wochen später wurde eine fünfstündige Vernehmung durchgeführt. Sture bekam die Aufgabe, mit einem weißen Lackstift die Positionen seiner Verstecke auf Farbfotos zu markieren, die bei der Ortsbegehung aufgenommen worden waren. Die Grabungsarbeiten, die daraufhin in die Wege geleitet wurden, stellten alle bisherigen in den Schatten. Van der Kwast hatte beschlossen, alles auf eine Karte zu setzen.

Am 16. September war im *Expressen* zu lesen: »Heute leitet die Polizei, unterstützt von einem Expertenteam, die aufwendigsten Grabungen in der schwedischen Kriminalgeschichte in die Wege.« Dabei könnten »bis zu zehn Morde« aufgeklärt werden.

> Laut Staatsanwalt Krister [sic!] van der Kwast sind Stensjö, Valsan und Sågmyra betroffen. Das sind diejenigen Orte, die laut Quick »von größtem Interesse« sind. Die Polizei hofft, die Überreste mehrerer Opfer zu finden.

»Quicks Angaben werden von anderen Entwicklungen im Ermittlungsverfahren untermauert«, meint van der Kwast.[489]

Gubb Jan Stigson vom *Dala-Demokraten*, der einen guten Draht zu Penttinen und van der Kwast hatte, schrieb während der Quick-Jahre rund dreihundert überschwängliche Artikel über die Ermittlungen. Auch von den bevorstehenden Grabungen berichtete er:

»Hier, im Wald um den Valsan-See, beginnt bald die aufwendigste Suche nach Mordopfern in der schwedischen Kriminalgeschichte. Abgeschirmt durch Militärzelte und weiträumige Absperrungen werden die Kriminaltechniker und Archäologen nach den Überresten einer noch unbekannten Anzahl Ermordeter suchen.«[490]

Die Grabungen nahmen den gesamten Herbst 1998 in Anspruch. Die Polizei sperrte ein Waldstück nach dem anderen ab und versetzte die Militärzelte, während die Experten mit Siebungen beschäftigt waren. Beträchtliche Erdmengen wurden in eine Kaserne nach Falun transportiert und mit neuester DNA-Technik auf Leichenspuren untersucht.

Van der Kwasts Projekt war sozusagen die An-Land-Version des ausgepumpten Ringen-Sees von 1996. Gleichzeitig wurden weitere Ortsbegehungen mit Sture durchgeführt. Bis zu seiner Einlieferung in Säter hatte Sture in Kvarnberget, einem Stadtteil von Falun, gewohnt. Nicht weit entfernt lag die Främby Udde, wo 1954 angeblich Simons Leiche begraben worden war. Der Kreis schien sich zu schließen: Das »universelle Café«, in dem Sture die Leichtenteile verwahrte, mit denen er Simon »heil machen« wollte, lag in unmittelbarer Nähe zu dem Grab seines toten Bruders.

Also begab sich die Quick-Gruppe am 13. November 1998 zur Landzunge Främby. Vor Ort enthüllte Sture, dass er hier sein letztes Opfer getötet habe: »Ich nenne ihn Tony.« In Stures Unterlagen fand ich eine handgeschriebene Notiz von Birgitta Ståhle, die bei der Ortsbegehung entstanden war. Sie mutet beinahe wie ein makabres Gedicht an:

> Martins Rippen und Rückgrat sind in Ölsta.
> Martins, Tonys und Duskas Becken sind in Sågmyra.
> Tonys und Duskas Köpfe liegen an einem gesonderten Platz (irgendwo hier, wie Sture mit einer ausgreifenden Bewegung Richtung Främby andeutet).[491]

Die Grabungen gingen weiter, und im Januar 1999 brachte man Sture erneut ins Gebiet von Främby. Zugleich wurde »die aufwendigste Suche nach Mordopfern in der schwedischen Kriminalgeschichte« nach einem halben Jahr ergebnislos beendet. Am 10. Februar wurde Sture in einer Vernehmung im Musikzimmer der Klinik darüber informiert, dass keine Leichenspuren gefunden worden waren. Penttinen reagierte ungewohnt missmutig:

> [Penttinen]: [W]elche Voraussetzungen müssen noch erfüllt werden, damit du uns zu den Verstecken führen kannst?
> [Sture]: Also … wie soll ich sagen … es geht vor allem darum, dass ich … na ja … dass ich selbst den Mut aufbringen muss. Das ist jetzt etwas vereinfacht ausgedrückt.[492]

Im März rief Sture bei Penttinen an. Er teilte mit, dass er verhört werden wolle und dass Birgitta Ståhle unbedingt dabei sein müsse. Die Vernehmung wurde unverzüglich in die Wege geleitet, und wie sich zeigte, hatte Birgitta eine kleine Ansprache vorbereitet. Sie erklärte, dass Sture und sie »seit Weihnachten eine ausgesprochen aufwendige und intensive Therapie geleistet« hätten. Dies habe zu einer »erhöhten Differenzierung der einzelnen Morde geführt und deren emotionale Hintergründe und Bedeutungen beleuchtet«.[493]

Mit dieser Ansprache sollten van der Kwast und Penttinen offensichtlich dazu bewegt werden, die Suche nach den Verstecken fortzusetzen. Doch die Krisenstimmung wollte nicht verfliegen. Stures Unfähigkeit, konkrete Angaben zu machen, hatte nicht nur Margits Buchprojekt, sondern das gesamte Ermittlungsverfahren lahmgelegt, und im Mai und April 1999 wurden so gut wie keine Vernehmungen durchgeführt.

Laut Stures Therapietagebuch reiste Margit am 14. Mai höchstselbst nach Säter, um mit ihm zu sprechen. Sture stand vor seinem Fenster und beobachtete, wie Birgitta Ståhle Margit aus dem Auto half. Als Erstes fiel ihm auf, wie zierlich sie war. Auf der Station habe eine nahezu »sakrale« Stimmung geherrscht, erzählte er mir. An das gemeinsame Gespräch hatte er kaum Erinnerungen, abgesehen davon, dass Margit immer wieder betont habe, wie wichtig es sei, Birgitta zu vertrauen, und dass sie kaum einen Satz gesagt habe, ohne seinen Vornamen hinzuzufügen: »Du musst Birgitta vertrauen, Sture. Das ist wichtig, Sture. Birgitta fühlt mit dir, Sture.« Außerdem erinnerte er sich an ihre hochgestochene Art zu sprechen, wie sie mir auch von mehreren ehemaligen Schülern beschrieben worden war.

Nicht einmal Margit konnte Sture dazu bringen, eines seiner Verstecke zu zeigen. Christer van der Kwast löste das Problem, indem er sich auf die Morde an Gry Storvik und Trine Jensen konzentrierte, deren Leichen vollständig erhalten waren. Birgitta Ståhle sagte in der Gerichtsverhandlung im Mai 2000 als Zeugin aus. In einem fast schon religiös anmutenden Duktus sprach sie das »Simon-Ereignis« an:

»Für Thomas Quick wurde Simon ein Heiliger, der Einzige, der bezeugt und verstanden hatte, was Thomas in seiner Kindheit durchmachen musste. Thomas begab sich mehrmals an Simons Grab, um dort Trost zu finden und sich zu vergewissern, dass es in seinem sonst so düsteren Leben einen Funken Hoffnung gab.«[494]

Nachdem Sture für seinen sechsten und siebten Mord verurteilt worden war, verabschiedeten sich alle in den wohlverdienten Sommerurlaub. Mit frisch getankter Energie wurde die Suche nach den heiligen Verstecken im September 2000 fortgesetzt. Die Quick-Gruppe wollte endlich Anklage im Fall Johan Asplund erheben – und dafür musste dringend die Leiche her. Also wurde mit viel Aufwand eine Tatortbegehung in Sundsvall organisiert. Begleitet von Penttinen, Birgitta Ståhle, Claes Borgström und Sven Å. Christianson zeigte Sture unter anderem, wie er Johans Kopf von dem Hügel geworfen hatte, den mir Seppo Penttinen später, 2012, gezeigt hat.[495] Zurück in der Klinik sagte Sture aus, Johans Kopf sei etwa »fünfundzwanzig, dreißig oder vierzig Meter vom Hügel entfernt« auf dem Boden aufgeprallt. Ein ordentlicher Wurf. Als Penttinen jedoch fragte: »Wie kräftig hast du geworfen?«, erwiderte Sture bescheiden: »Nicht besonders kräftig.«[496]

Dann kam Sture auf ein Versteck zu sprechen, wo die Überreste von Johan Asplund und einiger weiterer Opfer liegen sollten.

[Penttinen]: Über wie viele Opfer sprechen wir da […]?

[Sture]: (lange Pause) Ich werde die Frage beantworten, aber ich werde nicht sagen, um wen es sich bei den anderen Opfern handelt. Es sind insgesamt fünf Stück. […]

[Penttinen]: Sind Johans Überreste auf mehrere Verstecke verteilt?

[Sture]: Ja! Deshalb musste ich ja selbst überlegen, um welches Versteck es geht.

[Penttinen]: Handelt es sich bei den Überresten der anderen fünf Opfer um die gleichen Skelettteile?

[Sture]: Ja, genau. Aber ich kann sie identifizieren. Wenn wir also … zum Beispiel einen Schenkelhalsknochen vor uns haben, dann kann ich sagen, ob der von Johan stammt oder nicht.

[Penttinen]: Und wie? Wodurch unterscheiden sich die Knochen?

[Sture]: Ich hab es mir gemerkt und … ja, ich kann …

[Penttinen]: Sehen sie denn so unterschiedlich aus, also, die Schenkelhalsknochen?

[Sture]: Hmm.

[Penttinen]: Du hast dort also die Schenkelhalsknochen von fünf Opfern …

[Sture]: Hmm … es gibt da Unterschiede, was die Optik und die Größe betrifft.

[Penttinen]: Und dieses spezifische Versteck […] Wie groß ist das genau […]?

[Sture]: Na ja, es ist … also, ich weiß nicht, wie man so was ausrechnet …

[Penttinen]: Kannst du es mit irgendeinem Gegenstand hier im Zimmer vergleichen?

[Sture]: Dann ist es … in Kubik gerechnet ungefähr so groß.

[Penttinen]: Zwei mal zwei Dezimeter … ungefähr der halbe Lautsprecher.

[Sture]: Ja, so ungefähr, vielleicht etwas größer.

Die Ermittlungen liefen nun schon seit acht Jahren und zum zigsten Mal wollte Penttinen von Sture wissen, wie er ihn dabei unterstützen könne, eines der Verstecke zu finden. Stures Antwort: Er müsse einfach immer wieder zur Främby Udde gebracht werden, so lange, bis er sich »nicht mehr gegen die Preisgabe des Verstecks würde sträuben können«.

Am Ende der Vernehmung gelang es Penttinen, Sture eine außergewöhnlich detaillierte Beschreibung zu entlocken, wie er die Verstecke konstruiert hatte. Da das Aufnahmegerät just in dem Moment den Dienst versagte, in dem Sture auf die wesentlichen Dinge zu sprechen kam, musste Penttinen aus dem Gedächtnis protokollieren:

»Die Verstecke sind aus Steinen und ›einem weiteren Material‹ errichtet und haben Luftlöcher. Sie sind sowohl im Sommer als auch im Winter zugänglich, allerdings hat er die Überreste nie in den Wintermonaten aus den Verstecken geholt, damit sie nicht nass oder komplett zerstört werden konnten.«

Immer und immer wieder brachte die Quick-Gruppe Sture nach Främby, in der Hoffnung, dass er sich dieses Mal »nicht mehr gegen die Preisgabe des Verstecks würde sträuben können«. Selbst wenn man weiß, wie es zu diesem Zeitpunkt um die psychische Verfassung der Quick-Gruppe bestellt war, machen einen die Berichte der Ortsbegehungen fassungslos. Am 27. September 2000 war die Gruppe in einem Waldstück nahe Främby unterwegs. Hier ein Auszug aus Penttinens Protokoll:

> Linker Hand entdeckt T. Quick in ungefähr 20 Metern Entfernung zwei größere Steine. Ein Zucken fährt ihm durch den Körper. Dann geht er weiter den Pfad hinunter, der sich jetzt abrupt nach links wendet. Mit jedem Schritt werden seine Panikattacken massiver, und er hat Mühe weiterzugehen. Der Unterzeichnete bittet das Klinikpersonal, Psychologin B. Ståhle sowie Stationsleiter Bengt Eklund, nach vorn zu kommen, um sich um T. Quick zu kümmern. Quick wankt weiter den Pfad entlang, Birgitta Ståhle hat ihn mittlerweile am Arm gefasst. Der Unterzeichnete hört Quick sagen, er wolle weitergehen bis zu einer Weggabelung mit ein paar Felsblöcken, die jetzt ungefähr zwanzig Meter vor uns liegt.
>
> Dort angekommen, bittet er um Hilfe. Er möchte sich auf einen der rund einen halben Meter hohen Felsblöcke setzen. Quick wird hochgehoben. Jetzt klagt er über heftige Schmerzen im Brustkorb, sackt zusammen und verliert offensichtlich das Bewusstsein. Nach einer Weile kommt er wieder zu sich, hat aber heftige Krämpfe in Armen, Händen und Beinen. Nach etwa 7 – 8 Minuten ist er in der Lage, sich aufzurichten und langsam zum Wagen zurückzugehen, um die Rückreise nach Säter anzutreten. Während der Fahrt sagt T. Quick, das Versteck habe sich in Sichtweite befunden und er habe während des Spaziergangs die Umgebung eingegrenzt, ›wo das Versteck zu finden ist‹.«[497]

Dem Gedächtnisprotokoll beigefügt ist eine Landkarte im A4-Format, auf die ein rotes Kreuz gezeichnet wurde. Daneben steht: »T. Q. fällt in Ohnmacht.«

Rund drei Wochen später kehrte der Trupp an den Ort des Geschehens zurück, da Sture »die Position des Verstecks noch weiter eingrenzen« wollte. Penttinen berichtete von einem Erfolgserlebnis:

> An der Främby Udde angekommen, geht Thomas Quick zum Ufer und wühlt in einem Haufen aus kleineren Steinen unter einer auffälligen, teilweise das Wasser überragenden Kiefernwurzel. Anschließend sagt er,
>
> **dass** es sich bei dem Knochenstück, das sich hier befindet, um einen 4,3 Zentimeter langen Unterarmknochen handelt,
>
> **dass** er die Länge so genau angeben kann, weil ein gewisses Kontrollbedürfnis in seiner Natur liegt,
>
> **dass** in der Nähe eines besonders auffälligen Steins ein Lendenwirbel im Wasser liegt. Noch genauer kann er die Stelle nicht präzisieren.[498]

Obwohl er seit 1994 diverse Male vergeblich nach Stures Verstecken hatte suchen lassen, schickte Christer van der Kwast vier mit Gummistiefeln, Spaten und Sieben ausgerüstete Kriminaltechniker los, damit sie das Ufer nach dem 4,3 Zentimeter langen Unterarmknochen durchkämmten.

Am nächsten Tag, die Grabungsarbeiten waren noch in vollem Gange, rief Penttinen in der Klinik an, um Sture eine weitere Vernehmung anzukündigen. Begleitet wurde Penttinen von Christer van der Kwast, und Birgitta Ståhle leistete Sture moralischen Beistand. Zu Beginn der Vernehmung erklärte Penttinen, dass die Suche sich sehr schwierig gestalte, da das Ufer in Främby vornehmlich aus Fels und kompakter Erde bestehe. Die Techniker hätten zwar im eiskalten Wasser gegraben und die Erde durchgesiebt, aber nichts gefunden. »Wir … hoffen also …«, druckste Penttinen herum, »dass du uns noch weitere Hinweise geben kannst. Wir sehen ja, dass du auch willst, dass wir zu einem Ergebnis kommen …«

»Hmmm«, antwortete Sture.

»… deshalb sind wir hergekommen. Wir wollten mit dir sprechen …«

»Hmhm.«

»… Die Frage ist also: Was sollen wir als Nächstes tun?«[499]

Das war ein klarer Hilferuf. Doch als Penttinen erklärte, Sture solle noch einmal mit nach Främby fahren, stellte dieser sich quer. »Wir haben sogar Gummistiefel für dich dabei«, versuchte Penttinen, ihn zu überzeugen. »Damit kannst du ins Wasser gehen.«

Aber Sture sagte, ihm fehle die Kraft. Was kein Wunder war, denn vierzig Minuten vor Vernehmungsbeginn war Sture ein Klysma Stesolid verabreicht worden. Gummistiefel hin oder her, in diesem benebelten Zustand im kalten Wasser umherzuwaten, schien nicht sonderlich verlockend.

»Du siehst also keine Möglichkeit, uns vor Ort weiterzuhelfen?«, fragte Penttinen noch einmal.

»Nein«, antwortete Sture.

Jetzt schaltete sich van der Kwast ein und fragte, ob Sture möglicherweise ein anderes Versteck mit Überresten von Johan Asplund zeigen könne. Nein, das sei nicht möglich, lautete die Antwort. Penttinen meinte, ein kurzes Zögern bemerkt zu haben. Konnte daraus geschlossen werden, dass es tatsächlich noch ein weiteres Versteck in der Nähe gab? Sture hatte jedoch auf stur geschaltet. Abgesehen von dem Unterarmknochen am Ufer könne er im Moment mit keinen weiteren Verstecken dienen.

Nun trat genau das ein, was Penttinen unbedingt hatte abwenden wollen:

[van der Kwast]: … das Problem im Asplund-Fall ist das Folgende: Für eine Anklageerhebung liegt kein hinreichender Tatverdacht vor. So einfach ist das …

[Sture]: Mmm.

[van der Kwast]: … Im Grunde haben wir nichts in der Hand […].

Es war Mittwoch, der 18. Oktober 2000. Um 17.30 Uhr brach Penttinen die Vernehmung ab. Im Mordfall Johan Asplund wurde seit Stures allererstem Geständnis am 1. März 1993 ermittelt. Seit siebeneinhalb Jahren. Nun schien alles darauf hinzudeuten, dass van der Kwast das Ermittlungsverfahren einstellen würde. Er hatte aufgegeben.

So sah es zumindest aus. Weniger als sieben Monate später wurde jedoch im Landgericht Sundsvall der Prozess eingeläutet, und im Juni 2001 wurde Sture für den Mord an Johan Asplund verurteilt. War etwa in der Zwischenzeit »das universelle Café« gefunden worden? Keineswegs. Es waren auch nicht die Kriminaltechniker mit ihren Spaten und Sieben gewesen, die van der Kwast ins Ziel gebracht hatten, sondern Birgitta Ståhle.

In einem Collegeblock, den Sture mir gegeben hatte, stieß ich auf einige stichpunktartige Notizen vom 18. Oktober 2000, dem Tag der schicksalhaften Vernehmung, in der van der Kwast angedroht hatte, das Ermittlungsverfahren einzustellen:

18.10.00

16.55 Uhr

Zunächst spricht van der Kwast mit Birgitta S. Er will »ein paar Worte« unter vier Augen wechseln.

Darauf folgen vier einzelne Worte, die Sture vermutlich während Penttinens Schilderung der mühsamen Grabungsarbeiten am Ufer in Främby niedergeschrieben hatte:

Ufersaum
Techniker
4 Männer
Probleme

Das war alles.

Wir können natürlich nicht wissen, worüber van der Kwast unter vier Augen mit Birgitta Ståhle sprechen wollte, aber wir können spekulieren. Vermutlich wollte er Ståhle darüber informieren, dass das Ermittlungsverfahren eingestellt werden würde, wenn Sture nicht bald angab, was er mit Johan Asplunds Leiche gemacht hatte.

Fest steht jedenfalls, dass Birgitta Ståhle nach der Vernehmung alles daransetzte, Stures Erinnerungen an den Mord zu aktivieren. Schon einen Tag später, am Donnerstag, dem 19. Oktober, rief sie Penttinen während einer laufenden Therapiesitzung an, um mitzuteilen, dass Sture die bisherigen Angaben ergänzen wolle. Sie reichte den Hörer an Sture weiter, der laut Penttinens Protokoll aussagte, Johan Asplund habe ein Backenzahn gefehlt. Dann übernahm wieder Birgitta, die beschrieb, dass Sture auf seine linke Wange zeigte und schließlich den Raum verließ.

Der Haken an der Sache: Johan hatte kein Backenzahn gefehlt. In einer früheren Vernehmung hatte Sture ausgesagt, dass er mit Johans Namen das Wort »Diabetes« assoziiere und dass der Junge unterhalb des Bauchnabels eine frische, leicht entzündete Operationsnarbe gehabt habe. Johan war weder diabeteskrank gewesen noch je operiert worden. Doch davon ließ Birgitta Ståhle sich nicht beirren und setzte die Regressionstherapie in den nächsten Tagen fort. Benebelt von der Wirkung der Beruhigungsmittel, lag Sture auf dem Bett, schloss die Augen und stellte sich den Stadtteil Bosvedjan vor, den er 1992 mit Kjell Persson besucht und seitdem anhand von Landkarten und Luftaufnahmen genau studiert hatte. Die »Erinnerungen« sprudelten nur so aus ihm heraus, und Birgitta notierte alles in ihrem Notizbuch.

Am darauffolgenden Sonntag, vier Tage nach van der Kwasts beunruhigender Botschaft, bestellte Sture seinen Anwalt in die Klinik. Da Claes Borgström erst kürzlich von der sozialdemokratischen Regierung in das Amt des Ombudsmanns für Gleichstellung berufen worden war, hatte sein guter Freund Sten-Åke Larsson die Verteidigung übernommen.

Larsson fuhr nach Säter, und am Montagmorgen um 10.40 Uhr schickte er Penttinen ein Fax mit dem Betreff: »Feststellungen bezüglich Johan Asplunds Entführung«. Auf zwei DIN-A4-Seiten hatte Larsson sämtliche Erinnerungen aufgelistet, die Sture in den letzten Tagen aufgedeckt hatte. Dabei ging es unter anderem um einen zwölfjährigen Jungen mit einem Ringelpulli und einem Fjällräven-Rucksack, den Sture in der Nähe von Johan Asplunds Zuhause gesehen hatte. Er nannte ihn den »dunklen Jungen«. Außerdem hatte er sich daran erinnert, auf dem kleinen Marktplatz von Bosvedjan »eine Bürodame um die fünfzig in einem beigefarbenen Mantel« gesehen zu haben. Eine zweite Frau hatte sie »Lisa« oder »Elisabeth« gerufen, und schließlich waren die beiden gemeinsam weitergezogen. Vor dem Schulgebäude von Bosvedjan hatte Sture ein »knatterndes Geräusch wie von einem Dieselaggregat« wahrgenommen. Außerdem waren ihm ein Laster auf einem Parkplatz sowie ein »Tank- oder Absaugwagen« vor einem Einfamilienhaus aufgefallen.

Das Fax versetzte Penttinen und van der Kwast in helle Aufregung. Stures »Erinnerungsfragmente« waren wie Puzzleteile, die es nun in die verifizierbaren Fakten einzufügen galt. Tatsächlich konnte die Polizei einen dunkelhaarigen Jungen ausfindig machen, der 1980 in Bosvedjan gewohnt und einen Ringelpullover besessen hatte. Zwar hatte das Kleidungsstück keinerlei Ähnlichkeiten mit der Skizze, die Sture in einer späteren Vernehmung anfertigen sollte, und es war unmöglich festzustellen, ob der

Junge es am fraglichen Tag tatsächlich getragen hatte. Obendrein konnte Sture aus einer Anzahl von Bildern nicht das des »dunklen Jungen« identifizieren. Aber immerhin hatte der Pullover Streifen![500]

Die Ermittler begaben sich auch auf die Suche nach der Frau namens Lisa oder Elisabeth und fanden eine Liisa Liljedahl, die im November 1980 im Supermarkt in Bosvedjan gearbeitet hatte. Liisa war damals aber nicht um die fünfzig, sondern vierundzwanzig und obendrein im siebten Monat schwanger gewesen. Mit einem Mal korrigierte Sture seine Angabe, und die Mitglieder der Strafkammer bekamen in der Gerichtsverhandlung zu hören, dass eine Frau um die fünfzig nach der jüngeren Liisa gerufen hatte.

Blieb noch das knatternde Dieselaggregat. Da kein solches gefunden wurde, entschied man kurzerhand, dass Sture die Lüftungsanlage der Schule gehört hatte. Um einen erfolgreichen Ausgang der Verhandlung zu gewährleisten, wurde Sture mit etlichen Suggestivfragen vorbereitet. Auf diese Weise verwandelte sich auch Johans Operationsnarbe am Bauch in einen kleinen Leberfleck am Rücken, den Johans Mutter in einer Vernehmung beschrieben hatte.

Obwohl Christer van der Kwast sich noch vor wenigen Monaten darüber beklagt hatte, »nichts in der Hand« zu haben, konnte er mit einem Mal eine ganze Reihe vermeintlicher Indizien präsentieren, und am 14. Mai 2001 wurde der Prozess in Stockholm eröffnet. Van der Kwast hatte Sven Å. Christianson als Sachverständigen bestellt, der unter Eid erklärte, warum Sture nichts über den Verbleib der Leiche sagen konnte:

»Straftäter, die ein Verbrechen wie das hier verhandelte begangen haben, verspüren ein Bedürfnis, von ihren Taten zu erzählen und wollen es gleichzeitig verschleiern. Häufig haben sie den Drang, Körperteile der Leichen zu bewahren. Dass sie einerseits von ihren Taten erzählen und andererseits die Körperteile für sich behalten wollen, führt zu einem tiefen inneren Konflikt.«[501]

Am 21. Juni 2001 befand das Gericht Sture für schuldig. Er war für seinen achten Mord verurteilt worden.

32. Der Aufstand gegen die Mutter

»I believe truth alone can set us free.«

Margit Norell 1978 in einem Brief an David Schecter

Als Sture 1994 zum ersten Mal wegen Mordes verurteilt wurde, verkündete Christer van der Kwast, dies sei der »Beginn einer Beweiskette«.[502] Mit jeder Verurteilung wurde diese Kette länger und länger, und nun, da Sture auch des Mordes an Johan Asplund für schuldig befunden worden war, hatte van der Kwast eine »Beweiskette« mit insgesamt acht Gliedern zusammen. Im Grunde schien er Sture jedes erdenkliche Verbrechen anhängen zu können, denn offensichtlich bedurfte es keiner Leiche, keiner Beweise und keiner Logik. Das Einzige, was van der Kwast brauchte, waren die ersten acht Mordurteile, eine anschauliche Darstellung des Tathergangs sowie ein Sachverständigengutachten von Professor Sven Å. Christianson.

Trotz aller Kritik aus den Medien ließen die Quick-Gruppe und die Polizei sich nicht davon abhalten, neue Ermittlungsverfahren einzuleiten, die zu den Mordurteilen Nummer neun, zehn und elf führen sollten. Ein Problem gab es jedoch: Im Frühjahr 2001 war Göran Källberg, der Gründer der neuen Abteilung für Forensische Psychiatrie, nach Säter zurückgekehrt, und seitdem stellte er für die Quick-Gruppe eine echte Bedrohung dar.

Källberg hatte 1994 seinen Posten als Leitender Oberarzt an den Nagel gehängt und eine Stelle in einer psychiatrischen Poliklinik in Hedemora angetreten. Mit seinem Nachfolger Erik Kall war die Klinikleitung nie sonderlich warm geworden, und nach sieben Jahren gelang es, Källberg zurück nach Säter zu locken. Am 1. März wurde Kall zum Oberarzt degradiert, und Källberg kehrte auf seinen alten Posten zurück.

Trotz seiner langen Abwesenheit war er über Stures Behandlung unterrichtet, da er im Laufe der Jahre hin und wieder als Vertretungsarzt eingesprungen war oder jüngeren Vertretungsärzten telefonisch Ratschläge erteilt hatte, wenn Sture außerhalb der gewöhnlichen Arbeitszeiten Nervenzusammenbrüche erlitten hatte. Darüber hinaus hatte seine Frau Viola fast tagtäglich Kontakt mit Sture gehabt, da sie als Pflegerin auf Station 36 arbeitete. Viola war schon seit Längerem skeptisch, was die von Erik Kall verschriebene Medikation betraf. Außerdem hegte sie die Vermutung, dass Stures Geständnisse falsch waren, worüber sie oft mit ihrem Mann gesprochen hatte. Als Källberg im Frühjahr 2001 in die Klinik zurückkehrte, bestand seine erste Amtshandlung darin, Stures Medikation zu kontrollieren.[503]

Drei Wochen vor dem Asplund-Prozess führte er ein Gespräch mit Sture, das keinem der anderen Patientengespräche glich, die in Stures umfangreicher Akte protokolliert wurden. Das Thema: Stures Medikamentenkonsum. Auf wundersame Weise gelang es Källberg, Sture Dinge zu entlocken, über die er noch nie zuvor gesprochen hatte. Nach dem Gespräch hielt Källberg fest: »Er ist sich des Medikamentenmissbrauchs bewusst. Als ich die Vermutung äußere, dass es ihm vor allem um einen gewissen ›Kick‹ ginge, widerspricht er mir nicht.«[504] In einer im Zuge der Wiederaufnahmeverfahren durchgeführten Vernehmung erklärte Källberg später:

»Er hatte jede Menge Medikamente bekommen. Eine völlig unangemessene Kombination aus verschiedenen Benzodiazepinen und Schmerzmitteln. Für gewöhnlich hat man es ihm nicht unbedingt angemerkt, und ich selbst habe weder seine Ausbrüche noch irgendwelche Panikattacken erlebt. Aber fest steht, dass seine Medikation viel zu hoch war […].«[505]

Nach dem Patientengespräch beschloss Källberg, dass Sture über die ohnehin starke Tagesdosis hinaus keine »Bedarfsmedikation« mehr erhalten sollte. Keine Extratablette Xanor zum Frühstückskaffee, kein Klysma Stesolid während der Therapie, keine codeinhaltigen Schmerztabletten. Birgitta Ståhle und Erik Kall waren vollkommen dagegen, da sie befürchteten, dass Sture ohne die zusätzlichen Medikamente den Asplund-Prozess nicht durchstehen würde. Sture war derselben Meinung. Kall beschloss, die Anweisungen seines Chefs zu missachten, und kurz vor Prozessbeginn vermerkte er in der Patientenakte, um »einen reibungslosen Prozess zu gewährleisten«, sei folgende »temporäre Bedarfsmedikation« einzusetzen: »Bei Panikattacken, die die Verhandlung gefährden, kann eine Tablette Xanor à 1 Milligramm gegeben werden. Bei starkem Spannungskopfschmerz bis zu zwei Tabletten Treo Comp.«[506]

Mit anderen Worten: Während der fünf Verhandlungstage erhielt Sture seine gewohnte Medikation. Nach dem Prozess kam die Quittung: Göran Källberg hatte seine Frau gebeten, Stures Medikationslisten im Auge zu behalten, und da die sogenannte Bedarfsmedikation ebenfalls notiert worden war, hatte er von der Sache Wind bekommen. Mehrere meiner Interviewpartner haben mir erzählt, dass Källberg sehr wütend werden konnte, und nun war er wütend. Källberg machte Kall und dem übrigen Personal unmissverständlich klar, dass es ohne seine Zustimmung zukünftig strikt untersagt sei, Sture zusätzliche Medikamente zu verabreichen.[507] Wenn Sture eine Panikattacke hatte, sollte er stattdessen in ein Beobachtungszimmer oder die geschlossene Abteilung gebracht werden. Nicht einmal eine Kopfschmerztablette war erlaubt.[508]

Doch damit nicht genug. Am 5. Juni notierte Källberg in der Patientenakte, Stures Medikation entspreche »einem Suchtmuster« und sei höchstwahrscheinlich »der Auslöser für die Angstzustände«. Sture sollte vollkommen entgiftet werden.

Er teilte Sture diesen Entschluss mit und beschrieb dessen Reaktion:

»Der Patient berichtet von den besonderen Umständen seiner Situation; die Medikamente hätten ihm den nötigen Halt gegeben, um seine Erinnerungen aufdecken zu können und die Polizeivernehmungen durchzustehen. Ich erkläre dem Patienten, dass ich sein Suchtverhalten unter keinen Umständen tolerieren kann, nur um die Vernehmungen nicht zu gefährden. Er soll natürlich selbst die Chance bekommen, sich in dieser Angelegenheit zu äußern, aber aus medizinischer Sicht wäre es unverantwortlich, die Abhängigkeit weiter zu fördern. Er trägt seine Argumente vor, als wollte er mich erpressen, was ein weiterer Beleg für sein Suchtverhalten ist.«[509]

Sture versuchte verzweifelt, Källberg von seinem Entschluss abzubringen. Er erklärte, dass er einen Entzug nicht durchstehen würde, und drohte damit, »die Therapie und die Zusammenarbeit mit den Ermittlern« abzubrechen. Källberg blieb eisern und notierte, dass Stures rechte Hand während des Gesprächs »gezittert und gezuckt« habe. Die Symptome seien jedoch verschwunden, als Sture begriffen habe, »dass die Reduktion der Medikamente unausweichlich« sei.

Irgendetwas musste mit Göran Källberg passiert sein. Als er 1983 seine Therapie und Supervision bei Margit begonnen hatte, war er rasch ein folgsamer Schüler geworden. Im November 1985 hatte er sich der Sekte um Margit angeschlossen, und vier Jahre später hatte er die gesamte Behandlungsphilosophie der neuen Abteilung für Forensische Psychiatrie auf Margits Therapiemethoden gegründet, mit denen Lars-Inge Svartenbrandt angeblich geheilt worden war. Auch 1994, in seinem letzten Jahr als Leitender Oberarzt in Säter, hatte Källberg Margit um Rat gefragt, ob Sture die Freigang-Erlaubnis entzogen werden sollte.

Aber nun, sieben Jahre später, wollte er eine Entgiftung verordnen, obwohl Sture damit drohte, die Therapie abzubrechen. Källberg nahm also das Risiko in Kauf, dass Margit ihren wichtigsten Patienten verlieren könnte. Wie war es dazu gekommen? Da Källberg 2011 an einem Herzinfarkt gestorben war, konnte ich ihn nicht mehr fragen. Ich rief seine Frau Viola an und fragte, ob sie sich vorstellen könne, sich mit mir über ihren Mann und Margit zu unterhalten. Sie reagierte sehr freundlich und lud mich zu sich nach Säter ein, wo sie immer noch arbeitete.

Viola und Göran hatten lange in Hedemora gelebt, doch zwei Jahre nach dem plötzlichen Tod ihres Mannes hatte Viola das gemeinsame Haus verkauft. Seit Kurzem wohnte sie in einem kleineren Haus am Ljusterns Strand in Säter, unmittelbar hinter dem Klinikgelände, sodass sie jeden Tag zu Fuß zu ihrer Arbeit auf Station 36 gehen konnte.

Viola Källberg servierte Kaffee und belegte Brote an ihrem Küchentisch. Sie war dreiundsechzig Jahre alt, trug ihr langes dunkles Haar offen und war leger in Trainingshose und Kapuzenpulli gekleidet. Der Tod ihres Mannes sei ein großer Schock gewesen, erzählte sie, denn abgesehen von der Trauer habe es auch einige praktische Dinge gegeben, mit denen sie sich plötzlich habe auseinandersetzen müssen, wie zum Beispiel die finanziellen Angelegenheiten, um die sich immer ihr Mann gekümmert hatte. Sie sprach sehr sachlich über den schmerzlichen Verlust. Sie schien eine starke Frau zu sein.

In das Haus in Hedemora waren Viola und Göran 1982 mit ihren drei Kindern gezogen. Das jüngste war damals zwei Jahre alt. Göran arbeitete bereits als Leitender Oberarzt im »Pavillon«, und im Jahr darauf wurde er der behandelnde Arzt von Lars-Inge Svartenbrandt. Zur selben Zeit begann er seine Therapie und Supervision bei Margit. Viola musste sich mehr oder weniger allein um die Kinder kümmern, denn wenn Göran nicht gerade in der Klinik war, war er bei Margit in Stockholm. Viele Jahre lang besuchte er sie jeden Dienstag, und nachdem er sich 1985 ihrem exklusiven Kreis angeschlossen hatte, war er häufig auch an den Wochenenden in Stockholm. Viola erklärte, sie habe manchmal den Eindruck gehabt, dass Margit und die Gruppe ihrem Mann mehr bedeuteten als die Familie. Sie sei eifersüchtig gewesen, habe aber versucht, verständnisvoll zu sein, weil sie gemerkt habe, wie viel Margit ihrem Mann bedeutete. Einige Male seien Margit und ihr Mann Curt sogar zu ihnen auf Besuch nach Hedemora gekommen. Viola hatte Margit als freundliche, aber auch sehr willensstarke Person wahrgenommen.

Solange die Kinder klein waren, war Viola zu Hause geblieben, doch 1988 hatte sie angefangen, in der Klinik als Pflegerin zu arbeiten. Die Eröffnung der neuen Abteilung für Forensische Psychiatrie im Jahr darauf hatte sie also hautnah miterlebt. Da sie während der Quick-Jahre auf Station 36 gearbeitet hatte, konnte ich sie fragen, wie Margits Treffen mit Sture abgelaufen waren. »Wenn sie in die Klinik kam, herrschte eine Stimmung wie bei einem Staatsbesuch«, erklärte Viola.

Auch nachdem Göran seinen Posten als Leitender Oberarzt 1994 vorübergehend an den Nagel gehängt hatte, standen Margit und er sich nahe. Gegen Ende der 1990er-Jahre jedoch habe sich seine Einstellung gegenüber Margit verändert, erinnerte sich Viola. Es sei ein schleichender Prozess gewesen, und sie habe nicht gewusst, was dahintersteckte. Viola sprach mit ihrem Mann kaum noch über Margit und die Gruppe, weil sie mit diesem Teil seines Lebens möglichst wenig zu tun haben wollte. Göran respektierte ihren Wunsch. Heute, erzählte Viola, bereue sie, dass sie nicht mehr Fragen gestellt habe, solange sie noch die Möglichkeit hatte.

Gemeinsam am Küchentisch spekulierten wir darüber, was zwischen Göran und Margit vorgefallen sein mochte. Ich wusste, dass Göran am 28. September 1996 am allerletzten Treffen der Margit-Gruppe teilgenommen hatte. Dies ging aus Birgitta Ståhles Protokoll des Treffens hervor.[510] Viele Schüler hatten Margit bereits den Rücken gekehrt, was auch unter den Verbliebenen zu

Konflikten geführt hatte. Kurzum: Die Margit-Gruppe war im Begriff, sich wegen interner Unstimmigkeiten aufzulösen. Margit selbst war bei dem Treffen nicht anwesend. Stattdessen ließ sie durch Hanna Olsson ausrichten, sie selbst habe »keinen eigenen Bedarf« an einer Gruppe. Sollte »sich ein neuer Kreis bilden«, würde sie zu einem späteren Zeitpunkt »über eine mögliche Teilnahme entscheiden«. Margit ahnte also, dass die Gruppe auseinanderbröckelte.

Während des Treffens wurde eine Abstimmung durchgeführt, und jeder der neun Anwesenden hatte die Möglichkeit, sich zur Zukunft der Gruppe zu äußern. Casja, Gillan und Birgitta hatten sich bereits zu einem eigenen Kreis zusammengefunden und stimmten für die Auflösung der Gruppe. Die Übrigen waren noch unentschieden, wie aus dem Protokoll hervorgeht. Ein Mitglied beschrieb die Situation als »Trennungsprozess«, ein anderes sprach von »Trauer«. Tulla Brattbakk-Göthberg erklärte, die Gruppe sei für sie »wie eine Familie, die dabei ist auseinanderzubrechen«.

Göran Källberg sprach sich gegen eine Auflösung der Gruppe aus, hoffte aber, dass sich der »Gedankenaustausch in Zukunft etwas freier gestalten werde«. Obwohl er mit dem dogmatischen Klima in der Gruppe unzufrieden war, hielt er zu diesem Zeitpunkt also nach wie vor zu Margit. Am Ende des Treffens stimmte die Mehrheit jedoch dafür, die Margit-Gruppe aufzulösen.

Vermutlich versuchte Källberg, ein Teil des kleinen verschworenen Kreises zu werden, der sich um Margit gebildet hatte und zu dem auch seine ehemalige Mitarbeiterin Birgitta Ståhle gehörte. Von einigen meiner Interviewpartner wusste ich, dass Källberg einen guten Draht zu Birgitta gehabt hatte, was mir auch Viola bestätigte. Vermutlich werden wir nie erfahren, warum sich Källbergs Einstellung gegenüber Margit nach 1996 so radikal veränderte. Vielleicht hatte er gemerkt, dass es in der neuen Gruppe um die Meinungsfreiheit noch viel schlechter bestellt war. Vielleicht hatte Margit ihn persönlich angegriffen, so wie sie zuvor schon Tomas Videgård, Patricia Tudor-Sandahl und all die anderen Abtrünnigen angegriffen hatte. Fest steht, dass Källberg ebenfalls mit Margit brach. Es sei ein großer Schritt für ihn gewesen, erklärte mir Viola. »Immerhin hatte es eine Zeit gegeben, in der er Margits Kronprinz gewesen war.«

Stures Medikation war so hoch angesetzt, dass Källberg die Dosen über neun Monate hinweg schrittweise reduzieren musste, damit die Entzugserscheinungen kein Gesundheitsrisiko darstellten. Sture setzte indes alles daran, weiterhin an seine Schmerzmittel zu kommen. In seinen Unterlagen stieß ich auf folgenden an Källberg gerichteten Briefentwurf:

»Ich bin so mutig gewesen, mich meinen allerschlimmsten Erinnerungen zu stellen, im Wissen, dass die Medikamente mir helfen werden, meine Ängste zu überwinden. Es mag viele Gründe dafür geben, die Präparate abzusetzen, aber ein Grund spricht definitiv dagegen: Ich kann die Ängste, die meine Schilderungen generieren, nicht in mir tragen. Die medizinischen Gründe für eine Entwöhnung mögen ja durchaus schwer wiegen, aber im Vergleich zu diesem einen Argument sind sie geradezu federleicht ...«

Weiter kam er nicht. Im Juni schrieb er:

»Entzugserscheinungen. Panik. Neun Tage bis zur Urteilsverkündung. Nächste Woche geht Birgitta in Urlaub. Erik Kall ebenfalls. Also: freie Bahn für Källberg. Wie zum Henker soll ich ohne Medikamente mit meinen Ängsten fertigwerden?? Warum (warum?) setzt Källberg mich solchen Qualen aus? Wo sind die, die mich verteidigen und mir Linderung verschaffen – wo? Und wenn es sie gibt, wie werden sie reagieren?«[511]

Ja, es gab diese Menschen. Laut Viola waren Margits Schüler »fuchsteufelswild«. Birgitta Ståhle versuchte, Källberg davon zu überzeugen, Sture die Medikamente zurückzugeben, und Cajsa Lindholm schrieb Sture einen Brief, um ihn zu überreden, die Therapie und die Zusammenarbeit mit der Polizei fortzusetzen:

»Wenn Du es schaffst, den Therapieprozess bis zum Ende durchzustehen, werden alle, die mit missbrauchten Kindern und Erwachsenen arbeiten, von Deinem unschätzbaren Wissen profitieren; die Gesellschaft würde lernen, solche Probleme besser zu verstehen und mit ihnen umzugehen. Ich bin mir bewusst, dass niemand außer Dir weiß, was Du durchmachen musst. Es ist Dein Schmerz und Deine Einsamkeit. Ich weiß, dass Du in einem Dilemma steckst: Je mehr Du preisgibst, desto tiefer gerätst Du in die Einsamkeit, weil Du verlierst, was Deinem Leben bisher einen Sinn gegeben hat, und weil die Menschen sich von Dir abwenden. Aber nicht alle. Für mich und etliche meiner Kollegen, die die Zusammenhänge erkennen und verstehen wollen, ist Deine Arbeit unglaublich wichtig. Wir haben den größten Respekt vor Deinem Mut und Deinem Willen, die Wahrheit zu erzählen. Du bist nicht einsam. Viele hoffen, dass Du stark bleibst. Sie stehen hinter Dir und setzen sich genauso wie Du für ein tieferes Verständnis des Menschen ein.«[512]

Auch Göran Källberg bekam mehrere Briefe von Margits Schülern, die ihn von Stures Entwöhnung abbringen sollten. Viola erinnerte sich, dass ihr Mann sehr wütend geworden war. Er nahm an, dass Margit dahinterstecken musste, doch die Manipulierungsversuche bestärkten ihn nur in seiner Entschlossenheit. »Er war wie ein Teenager, der gegen seine Mutter rebelliert«, erklärte Viola.

Sture hat mir erzählt, dass die Entwöhnung eine schreckliche Zeit für ihn gewesen sei, was Viola bestätigte. Er war damals dreiundfünfzig und hatte seit seinem vierundzwanzigsten Lebensjahr täglich Benzodiazepine eingenommen. Im Herbst 2001 verließ er kaum noch das Bett und war fest davon überzeugt, jeden Augenblick sterben zu müssen. Er nahm rasant ab und verlor innerhalb von zehn Monaten dreißig Kilogramm. In den heftigsten Phasen der Entwöhnung lag sein Ruhepuls bei 160. Die Notizen, die er für Birgitta machte, sind voller Selbstmitleid:

»Wer trauert um mich, wenn ich tot bin? Wo ich doch so erfüllt bin von einer tiefen, schmerzhaften Trauer über das Leben, das ich gelebt habe. Wo ich so viele Tränen vergieße über das Leben, das ich lebe. Vielleicht ist und bleibt es so: Ich betrauere mein Leben (und diejenigen, die ich in meiner Trauer getötet habe) – aber damit bin ich allein.«[513]

Er entwarf sogar ein Testament und legte fest, was mit dem umfangreichen Textmaterial über die Therapie und die Morde geschehen sollte, das er hinterlassen würde. Dabei verpasste er Källberg einen Denkzettel:

»In Absprache mit der Chefpsychologin der Abteilung für Forensische Psychiatrie [Birgitta Ståhle, Anm. d. Verf.] und dem Stationsleiter der Station 36 wird die Klinik in Säter über das Material verfügen und es gegebenenfalls zu seriösen Forschungszwecken weitergeben. Doch unter keinen Umständen darf der derzeitige Leitende Oberarzt Dr. Göran Källberg über das Material verfügen.«[514]

Im August teilte Sture mit, er werde seine aktive Mitarbeit an den Mordermittlungen so lange verweigern, wie er seine Medikamente nicht bekam. Aus der Patientenakte geht hervor, dass er sich auch in Hinblick auf eine Fortsetzung der Therapie »noch unsicher war«.[515] Birgitta schrieb von einem Rückfall in »alte Verteidigungsmechanismen«, ein Fingerzeig in Källbergs Richtung, der ihrer Meinung nach Stures Genesung verhinderte.

Källberg setzte die Entwöhnung trotz allem fort. Im September erhielt Sture seine letzte Xanor-Tablette, dann wurde sukzessive auch das Stesolid reduziert. Anfang Oktober hatte er starke Entzugserscheinungen: »Er sitzt zitternd da und wiegt sich vor und zurück, die Hand auf die Herzgegend gelegt.«[516]

Schließlich trat eine Veränderung ein. Ende Oktober führte Källberg ein langes Gespräch mit Sture. Hinterher notierte er, Sture sei nach eigener Aussage zu Beginn des Entzugs »ängstlich, wütend und enttäuscht« gewesen, doch mittlerweile gehe es ihm besser. Sein Ruhepuls sei gesunken, er könne zum ersten Mal seit vielen Jahren nachts gut schlafen und blicke »mit Zuversicht in die Zukunft«.[517]

Als ich Sture auf das Gespräch ansprach, konnte er sich gut daran erinnern. Källberg und er hätten hinter geschlossenen Türen in der Stationsküche gesessen, um ungestört zu sein. »Da hatte ich zum ersten Mal das Gefühl, dass die Entwöhnung tatsächlich anschlug«, erklärte Sture. »Ich fing an, Källberg dankbar zu sein.«

Ende November näherte sich der Tag, an dem er sein letztes Stesolid bekommen sollte. In der Patientenakte wurde notiert: »Er hat nach wie vor Panikattacken, aber deutlich seltener als früher. Für seine Verhältnisse ist er ungewöhnlich ruhig.«[518]

Im Januar 2002 hatte Sture ein weiteres Gespräch mit Källberg. Er erklärte, dass ihm die Medikamentenreduktion ein neues Körperbewusstsein verschaffe: »Er empfindet ›ein verstärktes Integritätsgefühl‹ und nimmt seinen Körper anders wahr.«[519] Wenn Sture sich zum Beispiel mit den Fingerspitzen über die Haut am Unterarm fuhr, reagierte er viel sensibler als bisher; er hatte schlichtweg vergessen, wie es sich anfühlte, nicht von Medikamenten betäubt zu sein. Doch vor allem überwältigten ihn die psychischen Veränderungen. Heute sagt Sture, er habe eine grundlegende Persönlichkeitswandlung durchgemacht, von einem süchtigen hin zu einem nüchternen Selbst, das er so nicht kannte.

Die positiven Entwicklungen schlugen sich auch in der Patientenakte nieder. Für Birgitta Ståhle hingegen stellten sie ein großes Problem dar. Im Laufe der Therapie war Sture von Jahr zu Jahr verrückter geworden: Er war auf Psychosen und Schizophrenie diagnostiziert worden, war in unterschiedliche Persönlichkeiten geschlüpft, hatte mehrmals versucht, sich umzubringen, und neununddreißig Morde gestanden. Birgitta Ståhle, Margit und der damalige Leitende Oberarzt Erik Kall hatten sein Verhalten auf einen »vertieften Kontakt mit der Wirklichkeit« infolge der wiedergewonnenen Erinnerungen zurückgeführt.[520] Aber jetzt, da Källberg ihm die Medikamente entzogen hatte, blühte Sture förmlich auf – und alle Symptome waren wie durch Zauberhand verschwunden. Womöglich dämmerte es Birgitta, dass sie sich an einer haarsträubenden Fehlbehandlung beteiligt hatte. Da sie sich bis heute weigert, zum Quick-Skandal Stellung zu nehmen, können wir lediglich spekulieren, doch einige Einträge in Stures Patientenakte aus dieser Zeit lassen einen Anflug von Panik erahnen. Ende Januar 2002 notierte Ståhle:

»Thomas hat gesagt, dass die Weihnachtstage die ersten Feiertage gewesen seien, an denen es ihm rundum gut ging. Er habe ein ungekanntes Freiheitsgefühl verspürt. Aus diesem Gefühl resultieren eine erhöhte Selbstwahrnehmung sowie eine stärkere Verankerung im Jetzt. [...] Thomas kann leichter Kontakt zu sich selbst und seinem Körper herstellen und hat ein Bewusstsein für die Probleme in seiner Vergangenheit: die brutalen Erlebnisse in seiner Kindheit, den Sadismus und die Intellektualisierung. Eine grundlegende Wahrnehmung seiner selbst war nur dann möglich, wenn er erkannte, dass seine Wirklichkeit eine Illusion (die Simon-Illusion) war. Diese Illusion hatte genuine Bedürfnisse und Erfahrungen verdrängt.«[521]

Die »Simon-Illusion« ging auf eine Idee von Margit zurück. Es hieß, dass Sture sein ganzes Leben lang in der Vorstellung gelebt habe, Simon mit den Morden wieder zum Leben erwecken zu können. Dass diese Illusion nun enttarnt worden war, wurde als Auslöser dafür gedeutet, dass es Sture besser ging.

Mitte Februar 2002 fühlte Sture sich, wie aus der Patientenakte hervorgeht, »von seiner Sucht befreit«. Am 14. Februar teilte er Seppo Penttinen mit, auch in Zukunft nicht mehr aktiv an den Ermittlungen teilnehmen zu wollen. Eine Woche später, am 22. Februar, war der langwierige Entwöhnungsprozess abgeschlossen, und Sture erlebte den ersten nüchternen Tag seit seiner Jugend. Er hatte bereits einen Antrag auf Namensänderung bei der zuständigen Behörde eingereicht, und am fünften nüchternen Tag kam der positive Bescheid: Er hieß nun wieder Sture Ragnar Bergwall. Thomas Quick war Vergangenheit. Zwei Monate darauf erklärte er Birgitta Ståhle, er wolle eine »Auszeit« von der Therapie nehmen. Ståhle schrieb in die Patientenakte:

»Sture beschreibt, dass er nun im positiven Sinne Zugang zu sich selbst als Person, zu seinem Körper und seiner Psyche hat. Dies ist eine völlig neuartige Erfahrung für ihn. Früher war er von destruktiven Erfahrungen, Fantasien etc. erfüllt, die nun den neuen Wahrnehmungen gewichen sind. Er fühlt sich lebendig, und für dieses Gefühl ist er dankbar. Er glaubt, dass diese Veränderung zum einen auf die Therapiearbeit und zum anderen auf die Entwöhnung zurückzuführen ist. Gleichzeitig fühlt er sich sehr müde und erschöpft, was sich auch in einer starken Gewichtsabnahme niedergeschlagen hat. Deshalb möchte er eine Auszeit von der Therapie. Er sagt, er müsse erst einmal die neuen Eindrücke verarbeiten und zur Ruhe finden. Wir einigen uns auf eine sofortige Therapiepause bis zum Herbst.«[522]

Sture wollte Birgitta nicht verletzen, aber insgeheim hatte er einen viel radikaleren Entschluss gefasst. Am nächsten Tag schrieb er in seinen Kalender: »Ab jetzt Time-out von der Therapie. Offiziell: Pause soll über den Frühling und den Sommer laufen. Inoffiziell: Ich denke, dass ich nie wieder in die Therapie zurückkehren werde.«[523]

Drei Wochen später steht in der Patientenakte: »Sture geht es nach eigener Aussage besser denn je. Er fühlt sich frei.«[524]

Stures und Birgitta Ståhles nächstes Treffen fand im August statt, und Ståhle hoffte auf eine Fortsetzung der Therapie. Es sei ihm nicht leichtgefallen, Birgitta seine Entscheidung mitzuteilen, sagt Sture heute, immerhin habe er über viele Jahre hinweg eine starke emotionale Bindung zu ihr aufgebaut, die sich nicht einfach so habe in Luft auflösen können. Trotzdem informierte er sie darüber, dass er die Auszeit auf unbestimmte Zeit verlängern wolle, räumte aber ein, dass er sowohl die Therapie als auch die Zusammenarbeit mit der Polizei eventuell zu einem späteren Zeitpunkt wiederaufnehmen werde. Eine gute Woche später fand ein abschließendes Therapiegespräch statt. Zum ersten Mal wurde am Ende der Sitzung kein neuer Termin vereinbart.

Von nun an hüllte sich Sture in Schweigen. Seine Patientenakte, die bislang voll von Einträgen über dramatische Zwischenfälle gewesen war, verwandelte sich in eine Liste kurzer, meist praktische Angelegenheiten betreffender Notizen. Manche Jahre verliefen derart ereignislos, dass sie nur wenige Seiten in Anspruch nahmen. Hin und wieder kam Seppo Penttinen in die Klinik, in der Hoffnung, dass Sture seine Meinung ändern und wieder mit seinen »Erzählungen« anfangen würde. Auch Birgitta Ståhle sah gelegentlich nach ihm, vermutlich aus ähnlichen Gründen. Sture sprach zwar mit ihnen, aber mehr nicht.

Während der Entwöhnung hatte er strenge Routinen entwickelt, an denen er auch weiterhin festhielt. Jeden Tag wachte er um 5.29 Uhr auf und hörte im Radio die Nachrichten. Um 5.33 Uhr zog er sich an, um pünktlich um 5.54 Uhr im Speisesaal zu sein, wo er ein aus Sauermilch und Kaffee bestehendes Frühstück zu sich nahm. Um 6.04 Uhr wurde er auf den Innenhof gelassen, wo er einen Morgenspaziergang in Form einer Acht machte.

Auf dem Hof wuchs ein kleiner Apfelbaum, den Sture den »Simon-Baum« nannte. Zusammen mit Birgitta hatte er ihn im Rahmen der Therapie als Denkmal für Simon gepflanzt. Der Baum sollte ein heiliger Platz werden, damit er die anderen »heiligen Verstecke« loslassen konnte. Sture passierte den Simon-Baum, der im Herbst kleine ungenießbare Äpfel trug, während der achtzigminütigen Morgenspaziergänge genau zwanzig Mal.

Um 7.25 Uhr duschte er. Bis 16 Uhr löste er Kreuzworträtsel und hörte Radio, abends las er oder sah fern, und um 21.30 Uhr knipste er das Licht aus. Am nächsten Morgen ging alles von vorn los. Sieben Tage in der Woche, dreihundertsechsundfünfzig Tage im Jahr.

Nun, da er einen klaren Kopf hatte, wurde ihm bewusst, dass Thomas Quick ein Konstrukt gewesen war, das sein Umfeld und er gemeinsam erschaffen hatten. Aber darüber konnte er mit niemandem sprechen. Er war sich bewusst, dass er die Klinik niemals verlassen würde, denn an den acht Verurteilungen wegen Mordes gab es nichts zu rütteln. Niemand würde ihm glauben, wenn er plötzlich erklärte, dass er die ganze Zeit gelogen hatte. Hingegen würde er die Ärzte und das Pflegepersonal gegen sich aufbringen, die in der Klinik die totale Kontrolle über sein Leben hatten. Sie könnten ihm die sogenannten »Luftlochgenehmigungen« streichen, den begleiteten Freigang, den er jede Woche unter Aufsicht von drei Pflegern unternehmen durfte, oder ihm seine Bücher wegnehmen. Nur ein Verrückter hätte sich mit der Klinik angelegt.

Auch außerhalb der Klinikmauern gab es niemanden, mit dem er sprechen konnte. Seine Anwälte waren ein Teil des Wahnsinns. Das Verhältnis zu seinen Geschwistern war zerrüttet, seitdem er seine Eltern als sadistische Sexualstraftäter hingestellt und zwei seiner Brüder beschuldigt hatte, an den vermeintlichen Stückelmorden beteiligt gewesen zu sein. Er hatte keine Freunde. In all den Jahren in der Klinik hatte er so gut wie keine privaten Besucher gehabt.

Sture war mutterseelenallein. Doch er war kein seelenloser Roboter, und um zu überleben, brauchte er ein Mindestmaß an freundlichen zwischenmenschlichen Kontakten. Deshalb war er auf ein gutes Verhältnis zum Pflegepersonal angewiesen. Das Klügste war also, an der Serienkillergeschichte festzuhalten und sich anzupassen. Für den Rest seines Lebens.

Auch nachdem Sture seine Therapie beendet hatte, ging Birgitta Ståhle bei Margit in die Therapie und Supervision. Aus der Lohnbuchhaltung des Provinziallandtags Dalarna geht hervor, dass Margits letztes Gehalt für Supervisionsdienste am Mittwoch, dem 16. Juni 2004, überwiesen wurde. Margit war inzwischen neunzig. Laut mehrerer meiner Interviewpartner trafen Birgitta und Margit sich auch weiterhin, bis Margit starb, einen Tag vor ihrem einundneunzigsten Geburtstag, am 28. Januar 2005.

Auch Sven Å. Christianson blieb Margit bis zu ihrem Tod eng verbunden. Er erzählte mir, dass er ihr ein Versprechen gegeben hatte: »Es war eine Art Übereinkunft, dass wir Kontakt halten würden. Warum hätten wir etwas aufgeben sollen, das uns beiden so viel bedeutet hat?« Ein schöneres Geschenk hätte er ihr wohl kaum machen können. Ich wusste, dass Margits gesamtes Leben von Verlustängsten geprägt gewesen war. Zumindest musste sie sich keine Sorgen machen, dass Christianson, ihr »Sohn im Geiste«, sich von ihr abwenden würde.

Da Margit aus der Schwedischen Kirche ausgetreten war und keine kirchliche Bestattung gewollt hatte, wurde ein paar Wochen nach ihrem Tod eine Gedenkstunde in den Konferenzräumen der *Princess Hall* auf Djurgården abgehalten. Dort hatte sie seinerzeit etliche Vorträge internationaler Psychoanalytiker organisiert, und an diese Momente hatte sie immer gern zurückgedacht.[525] Doch sogar die Gedenkstunde wurde von den Konflikten mit ihren Schülerinnen und Schülern überschattet. Viele, die sie jahrelang als eine Art Mutter betrachtet hatten, waren nicht gekommen, um Abschied zu nehmen, darunter Tomas Videgård, Patricia Tudor-Sandahl, Margareta Hedén-Chami und auch Göran Källberg. Laut Viola war dies ein Zeichen dafür, dass ihr Mann endgültig mit der Frau gebrochen hatte, die ihm fünfzehn Jahre seines Lebens so wichtig gewesen war.

Dafür waren natürlich Cajsa Lindholm, ihre Patientinnen Lena Arvidsson und Stina sowie Birgitta Ståhle, Gillan Liljeström und Sven Å. Christianson gekommen. Gillan hielt eine kleine Rede. Sie erzählte, wie verschwiegen Margit über ihre Kindheit gewesen war, und dass sie als Teenager die Vision gehabt hatte, eines Tages kämen Menschen zu ihr, die Hilfe bräuchten.

Außerdem erwähnte Gillan ein Gespräch mit Margit, in dem die beiden sich darüber ausgetauscht hatten, was wirklich wichtig sei. Margit hatte von einem Botaniker erzählt, der sein Leben der Suche nach einer äußerst seltenen Pflanze verschrieben und sich bis ins hohe Alter auf immer wieder neue Expeditionen begeben hatte. Als er die Pflanze endlich gefunden hatte, starb er. So ein Leben hatte auch Margit vorgeschwebt: »Umtriebig. Immer das vor Augen, was wirklich zählt.«

Ich vermute, dass Margit ihre seltene Pflanze in Sture gefunden hatte. Bei unserem Treffen hatte ich Gillan Liljeström gefragt, ob Margit jemals Zweifel an Stures Schuld gehabt habe. Ihre Antwort kam ohne Zögern: »Nein.« Margit habe bis zu ihrem Tod an Stures Geschichten geglaubt.

Casja Lindholm, Lena Arvidsson und Gillan Liljeström führen Margits geistiges Erbe bis heute in ihrer Therapiearbeit fort, in der tiefen Überzeugung, ihren Patientinnen und Patienten dabei zu helfen, verdrängte Erinnerungen an traumatische Erlebnisse aufzudecken. Wie viele Familien sie bereits zerstört haben, indem Erinnerungen an nie stattgefundene Übergriffe heraufbeschwört wurden, lässt sich unmöglich sagen.

Sven Å. Christianson arbeitet weiterhin an der Universität Stockholm, schreibt Bücher und hält Vorträge. Zu den Geschehnissen der Quick-Jahre gibt er kaum Interviews, und wenn doch, dann behauptet er, dass es niemals seine Aufgabe gewesen sei, Stures Glaubwürdigkeit zu beurteilen. Sein Buch »Im Kopf eines Serienmörders« ist nach wie vor lieferbar. Im Mai 2012 wurde es sogar als Hörbuch herausgegeben. Und das, obwohl der einzige Serienmörder, auf den sich das Buch beruft, von Christianson mit erschaffen wurde und inzwischen von allen Mordurteilen freigesprochen worden ist.

Göran Källberg setzte alles daran, den Schaden wiedergutzumachen, den er durch die Einführung von Margits Therapiemethoden in Säter selbst verursacht hatte. Er hatte eingesehen, dass Sture unschuldig verurteilt worden war. 2009 sagte er in einer Vernehmung im Rahmen des Revisionsverfahrens aus, er habe damals »ein mulmiges Gefühl« gehabt und sich deshalb nach den Möglichkeiten für einen Antrag auf Wiederaufnahme des Verfahrens erkundigt. »Mehrere Richter« hätten ihm jedoch gesagt, dass es völlig aussichtslos sei, wenn der einzige mutmaßliche Beweis für Stures Unschuld darin bestehe, dass er damals unter dem Einfluss von Medikamenten gestanden habe.[526]

Källberg suchte nach einer Lösung, wollte aber gleichzeitig vermeiden, die Klinik in ein schlechtes Licht zu rücken. Als angestellter Arzt wäre er verpflichtet gewesen, Stures Fehlbehandlung bei der Gesundheitsbehörde zu melden, doch das hatte er nie getan. Im Winter 2006 wurden seine Hoffnungen, ein Wiederaufnahmeverfahren erwirken zu können, zunichtegemacht, als Johan Asplunds Eltern beim Justizkanzler eine Anzeige gegen Christer van der Kwast und Seppo Penttinen wegen grober Dienstvergehen und Meineid während der Quick-Prozesse einreichten. Anna-Clara und Björn Asplund hatten nie daran geglaubt, dass Sture der Mörder ihres Sohns war. Außerdem hatten sie ausreichend Einblick in van der Kwasts und Penttinens Arbeitsmethoden erhalten, um zu verstehen, dass die Richter an der Nase herumgeführt worden waren.

Der Justizkanzler, der höchste Ombudsmann der Regierung, der die juristische Aufsicht über die Behörden und Gerichte innehat, war zu der Zeit Göran Lambertz. Als er die Anzeige am 17. November 2006 aufnahm, betraf sie nicht nur den Fall Johan Asplund, sondern auch die anderen sieben Ermittlungsverfahren. Das Ehepaar Asplund hatte sechs Kartons mit Beweismaterial gesammelt, die sie der Justizkanzlei zur Verfügung stellten. Vermutlich waren sie innerlich auf eine lange Bearbeitungszeit eingestellt, doch schon sieben Arbeitstage später kam Lambertz'

Entscheid. Er schrieb, dass Christer van der Kwast und Seppo Penttinen »tadellose Arbeit« geleistet hätten. Es gebe keinen Grund »für eine neuerliche Prüfung«, und deshalb werde kein Ermittlungsverfahren eingeleitet.[527]

Fünf Tage später veröffentlichte Lambertz einen Artikel auf der Meinungsseite der *Dagens Nyheter*. Nach der Lektüre des Materials sei er zu dem Schluss gekommen, dass die acht Mordfälle, in denen Sture für schuldig befunden worden war, »einem ähnlichen Muster folgten«. Daraus schloss er, dass die Taten »mit größter Wahrscheinlichkeit von einem einzigen Täter mit einer schweren psychischen Störung begangen worden waren«.[528] Wer sich auch nur ein bisschen mit dem Quick-Fall auseinandergesetzt hatte, begriff sofort, welche haarsträubende Unkenntnis Lambertz damit an den Tag legte. Wenn es etwas gab, das Thomas Quicks vermeintliche Morde auszeichnete, dann, dass sie rein gar nichts miteinander gemein hatten. Ein »Muster« gab es nicht. Quick hatte Kinder und Erwachsene, Jungen und Mädchen, Männer und Frauen ermordet. Manche Opfer hatte er missbraucht, andere nicht angerührt. Einige hatte er zerstückelt und andere einfach am Tatort liegen gelassen. Er hatte seine Opfer erdrosselt, erstochen und erschlagen. Es schien, als wäre es ihm völlig egal gewesen, wen er ermordete und wie. Doch von alledem hatte Justizkanzler Göran Lambertz keinen blassen Schimmer. Er wusste nur eins: Van der Kwast und Penttinen hatten »tadellose Arbeit geleistet«.

Göran Lambertz' Verhalten war äußerst rätselhaft, doch ein halbes Jahr später, genauer gesagt am 28. Juli 2007, folgte eine mögliche Erklärung. In der beliebten Radiosendung »Sommer« verriet er seine beiden größten Vorbilder: Erzbischof K. G. Hammar und Rechtsanwalt Claes Borgström.[529] Letzterem war es offenbar gelungen, Lambertz mit seinem Glauben an Stures Schuld anzustecken, und zwar so sehr, dass Lambertz sich nicht bemüßigt gefühlt hatte, den Quick-Fall ordentlich zu prüfen, ehe er van der Kwast und Penttinen von jedwedem Verdacht freisprach.

Lambertz' Entscheid hatte Stures Chancen, Säter jemals zu verlassen, endgültig zunichtegemacht. So schien es jedenfalls. Als er im April 2008 einen Brief von Hannes Råstam erhielt, hatte er seit seinem Verstummen etwa 2000 Morgenspaziergänge im Innenhof absolviert und dabei 40 000 Mal den »Simon-Baum« passiert. Hannes bat um ein unverbindliches Gespräch, und Sture sagte zu, ohne sich viel von dem Treffen zu versprechen. Als Hannes am 2. Juni nach Säter kam, fragte er Sture, ob er immer noch an seinen Geständnissen festhalte. Dies bejahte Sture.

Nach dem Treffen rief Hannes bei Göran Källberg an. Viola Källberg erinnert sich noch gut an das Telefonat. Göran sei hin- und hergerissen gewesen zwischen seiner Loyalität der Klinik gegenüber und seinem Gerechtigkeitssinn. Irgendwann habe sie ihm zugeflüstert, er solle dem Journalisten von Stures Medikamentensucht erzählen, was er dann getan habe.

Zu diesem Zeitpunkt hatte Hannes noch keinen Zugang zu Stures Patientenakte, und der Einzige, der ihm dabei helfen konnte, war Sture selbst. Noch nie hatte ein Außenstehender die Akte zu Gesicht bekommen. Allerdings hatte Hannes sich von der Polizei die Videoaufnahmen der Ortsbegehungen beschafft, und dank Källbergs Hinweis wusste er nun, worauf er zu achten hatte. Er stellte schnell fest, dass Källberg recht hatte: Sture war vollkommen zugedröhnt gewesen, als die Quick-Gruppe ihn auf der Suche nach den heiligen Verstecken umhergescheucht hatte. Den Rest des Sommers verwandte Hannes darauf, Unmengen an Ermittlungsmaterial zu sichten und mit einigen der Polizisten zu sprechen, die sich im Laufe der Jahre von den Quick-Ermittlungen zurückgezogen hatten.

Bei Hannes' zweitem Besuch in Säter ergab sich nicht viel Neues, aber immerhin hatte Sture inzwischen so viel Vertrauen zu Hannes gefasst, dass er ihm mitteilte, er sei auch weiterhin willkommen.

Als Hannes am 17. September zum dritten Mal in die Klinik kam, erklärte er, was er auf den Videofilmen beobachtet hatte. Sture erzählte mir, dass er sich vor dem Gespräch entmutigt und leer gefühlt habe, doch als er dann auf die Medikamente angesprochen wurde, sei etwas in ihm passiert. In seinem Buch *Der Fall Thomas Quick. Die Erschaffung eines Serienkillers* beschrieb Hannes, wie Sture sich während des Gesprächs plötzlich zu ihm vorgebeugt und geflüstert hatte: »... wenn das so ist, dass ich keinen von diesen Morden begangen habe ... [...], was soll ich dann machen?« Hannes begegnete Stures »verzweifeltem Blick« und antwortete: »Wenn das so ist, dass Sie *keinen* dieser Morde begangen haben, dann ist das hier die Chance Ihres Lebens.«[530]

Sture erzählte mir, es habe sich angefühlt, als hätten Hannes und er mit diesen Worten in der Küche der Forensischen Psychiatrie einen »magischen Moment« geteilt. Auf dem Weg zurück in sein Zimmer habe er in der Hosentasche die Faust geballt und innerlich »Ja!« gesagt. Er schöpfte Hoffnung. Er war nicht mehr allein. In Hannes Råstam hatte er einen Verbündeten außerhalb der Klinik gefunden.

Eigentlich hatte Hannes vorgehabt, auf direktem Weg zurück nach Göteborg zu fahren, doch auch ihn hatte die Begegnung sehr mitgenommen, sodass er sich für die Nacht in einem Hotel in Säter einquartierte und am nächsten Tag noch einmal in die Klinik fuhr. Unumwunden gab Sture zu, dass er in seinem Leben keinen einzigen Menschen ermordet hatte.

Hannes war im Begriff, einen großen Scoop zu landen, doch sowohl ihm als auch Sture war klar, dass eine TV-Dokumentation die Lage nur noch verschlimmern würde. Ohne die realistische Chance auf ein Revisionsverfahren konnte Sture sich unmöglich mit der Klinik anlegen.

Unmittelbar nach dem Treffen führte Hannes ein langes Telefonat mit dem Rechtsanwalt Thomas Olsson, dem es gelungen war, beim Obersten Gerichtshof den Freispruch eines unschuldig Verurteilten zu erwirken, nachdem Hannes eine Reportage zu dem Fall gemacht hatte. Hannes argumentierte so überzeugend für Stures Unschuld, dass Olsson umgehend nach Säter fuhr. Im Grunde war das Wiederaufnahmeverfahren damit eingeleitet. Vier Tage später brachte Hannes einen Fotografen mit in die Klinik und interviewte Sture drei Tage in Folge über die Erschaffung des Serienkillers Thomas Quick.

Außerdem führte er ein TV-Interview mit Göran Källberg, der zwar mittlerweile im Ruhestand war, aber gelegentlich als Vertretung einsprang, wenn in der Klinik Not am Mann herrschte. Vor laufender Kamera kritisierte Källberg seine eigene Klinik. Ein mutiger Schritt. Allerdings wollte er sich ausschließlich zu Stures Medikation äußern, Margit Norell erwähnte er mit keiner Silbe. Seine Schilderungen klangen, als hätte er nie zuvor in der Klinik gearbeitet, ehe er 2001 die Entwöhnung eingeleitet hatte. Für die Fernsehzuschauer wurde Källberg der Held, der dem Quick-Wahnsinn ein Ende gesetzt hatte. Hannes produzierte zwei Dokumentationen, die im Dezember 2008 ausgestrahlt wurden. In Säter wurde Göran Källbergs Mitwirken als Verrat aufgefasst. Viola Källberg zufolge fühlte Birgitta Ståhle sich von ihrem ehemaligen Chef zutiefst hintergangen. Was durchaus nachvollziehbar ist, immerhin war es Källberg gewesen, der sie gegen Ende der 1980er-Jahre überhaupt erst mit Margit zusammengeführt hatte. Und nun tat er so, als habe er nicht gewusst, was in Stures Therapie vor sich gegangen war.

Nur vier Monate nach der Ausstrahlung der Dokumentationen stellte Thomas Olsson den ersten Antrag auf Wiederaufnahme des Verfahrens. Das Interesse der Medien war enorm, und die Klinik reagierte, als fiele sie einem Angriffskrieg zum Opfer. Göran Källbergs Nachfolgerin Susanne Nyberg erklärte am 15. Mai 2009, dass Källberg von nun an Hausverbot auf Station 36 habe und Sture nicht mehr besuchen dürfe. Källberg erwähnte das Besuchsverbot in seinem letzten Eintrag in Stures Patientenakte. Außerdem schrieb er: »Als ich ihn besuche, ist Sture ruhiger und gefasster als je zuvor. Als ich ihn darauf anspreche, bestätigt er meinen Eindruck.«[531] Das war die letzte Begegnung der beiden.

In der Zeit danach wurde Sture den Bestrafungen ausgesetzt, die er die ganze Zeit befürchtet hatte. Als Erstes fielen »aus Sicherheitsgründen« die regelmäßigen begleiteten Ausgänge weg. Im Oktober 2009 wurden Stures Bücher, CDs und Filme in Kisten gepackt und im Keller der Klinik verstaut. Außerdem wurden die Jalousien vor seinem Fenster abmontiert. Ab November wurde sein Zimmer zwei Mal in der Woche inspiziert, ab Dezember sogar täglich.[532] Alles »aus Sicherheitsgründen«. Seit Herbst 1992 war Sture in der Klinik als Serienmörder bekannt, doch jetzt, siebzehn Jahre später und nach Beginn des Wiederaufnahmeverfahrens, wurde er plötzlich behandelt wie Hannibal Lecter.

Seit der Ausstrahlung von Hannes' Dokumentationen waren bei der Generalstaatsanwaltschaft etliche Anzeigen gegen van der Kwast und Penttinen wegen grober Dienstpflichtverletzungen und Meineids eingegangen. Mögliche Vergehen während der Ermittlungs- und Gerichtsverfahren, die vor März 1999 stattgefunden hatten, waren bereits verjährt.[533] Doch bei allem, was den Prozess in den Mordfällen Gry Storvik und Trine Jenssen vom Mai 1999 sowie das Ermittlungs- und Gerichtsverfahren im Fall Johan Asplund betraf, bestand kein Verfahrenshindernis. Trotzdem wurde keine Untersuchung eingeleitet. Der Generalstaatsanwalt begründete seine Entscheidung damit, dass der Justizkanzler bereits 2006 eine »gründliche Prüfung der Fakten« durchgeführt habe – mit dem Ergebnis, dass Christer van der Kwast und Seppo Penttinen tadellose Arbeit geleistet hätten. Da der Justizkanzler die juristische Aufsicht über die Generalstaatsanwaltschaft innehat, stand Lambertz in der Hierarchie weiter oben. Mit anderen Worten: Dem Generalstaatsanwalt waren die Hände gebunden. Er schrieb: »Es ist mir daher nicht möglich, den Beschluss des Justizkanzlers zu revidieren.«

Indem Göran Lambertz van der Kwasts und Penttinens Arbeit nach seiner einwöchigen »Prüfung« für »tadellos« befunden hatte, hatte er im Grunde dafür gesorgt, dass sie für ihre Glanzleistungen während der Quick-Jahre rechtlich nicht mehr belangt werden konnten. Lambertz schien darin kein Problem zu sehen. Kurz nach der Ausstrahlung von Hannes' Dokumentationen sagte er im Frühstücksfernsehen Folgendes über die Quick-Gruppe:

»Also, ich bin ja kein Psychotherapeut und kein Experte für Psychologie und Psychiatrie. Aber wenn wir mal davon ausgehen, dass er schuldig war, dann war das doch die einzige Möglichkeit, die ganzen Informationen aus ihm herauszukriegen. Meines Erachtens haben sich die Psychotherapeuten, der Staatsanwalt und die Polizei absolut korrekt verhalten.«[534]

Im Jahr darauf wurde Lambertz als Justizrat in den Obersten Gerichtshof, das Rückgrat des schwedischen Rechtsstaats, berufen. Nicht einmal die Regierung hat die Befugnis, einen Justizrat abzusetzen.

Das übrige Justizwesen hingegen versuchte, die Schäden, die die Quick-Gruppe hinterlassen hatte, bestmöglich zu beheben, und ein Fall nach dem anderen lief auf einen Freispruch für Sture hinaus. In Säter hüllte man sich unterdessen in Schweigen. Birgitta Ståhle schrieb an die Gesundheitsbehörde, sie habe noch nie von einer Therapie gehört, in der es darum ging, verdrängte Erinnerungen zurückzuholen, und die Leitende Oberärztin Susanne Nyberg behauptete, nichts über die Ziele von Stures Psychotherapie gewusst zu haben. Und das, obwohl sie den überwiegenden Teil der 1990er-Jahre in der Klinik gearbeitet hatte. Auch Oberarzt Erik Kall schmetterte jegliche Vorwürfe, dass Sture einer experimentellen Behandlung unterzogen worden sei, vehement ab:

»Die Arbeit der Psychologen ist keineswegs experimentell gewesen. Sie stützte sich auf die Grundlagen der Objektbeziehungstheorie, die ihrerseits auf einer gründlich dokumentierten wissenschaftlichen Basis fußt.«[535]

Kaum jemand wusste, was tatsächlich in Säter vor sich gegangen war. Um es dabei zu belassen, verschloss die Klinik sich gegen die Außenwelt wie eine Muschel.

Einer, der über die Geschehnisse in der Klinik sehr wohl Bescheid gewusst hatte, war natürlich Göran Källberg gewesen. Als ich Viola fragte, ob ihr Mann jemals vorgehabt habe, die Wahrheit über Margit zu erzählen, musste sie einen Augenblick überlegen. Dann antwortete sie: »Ja, ich denke schon. Göran war ein pflichtbewusster Mensch. Wenn Sie ihn gefragt hätten, was damals vorgefallen war, dann hätte er Ihnen die Wahrheit erzählt.« Sture teilte ihre Meinung. Er wusste, dass Hannes noch ein weiteres Interview mit Källberg geplant hatte, doch dazu war es nicht mehr gekommen.

Am 1. April 2011 saß Källberg mit einigen Klinikmitarbeitern in der Personalküche der Klinik. Obwohl er bald seinen neunundsechzigsten Geburtstag feiern würde, hatte er gerade erst einen weiteren Einjahresvertrag als Vertretungsarzt unterzeichnet. Die Klinik hatte Schwierigkeiten, neue Mitarbeiter zu finden, und Källberg arbeitete gern. Plötzlich schlief er auf seinem Stuhl ein und wachte nicht mehr auf. Er starb in der Klinik, die Margit und er gemeinsam geschaffen hatten.

Rund drei Wochen später erfuhr Hannes Råstam in der Klinik Sahlgrenska in Göteborg, dass er todkrank war. Er unterzog sich einer kräftezehrenden Chemotherapie und hielt neun Monate durch. An seinem Buch *Der Fall Thomas Quick. Die Erschaffung eines Serienkillers* arbeitete er bis zum Tag vor seinem Tod.

Ob Göran Källberg vorgehabt hatte, Hannes den Rest der Geschichte zu erzählen, werden wir nie erfahren. Wir wissen nur, dass die Geschichte nie erzählt worden ist. Nicht nur für Sture war dies eine Belastung, sondern auch für seine Geschwister. Im Laufe des Revisionsverfahrens hatten sie den Kontakt zu ihrem Bruder wiederaufgenommen, und im Herbst 2012 wurde im Besucherzimmer der Klinik eine große Familienzusammenführung arrangiert. Für Stures Geschwister war der Quick-Skandal kein Resultat stümperhafter Polizeiarbeit, sondern der Therapie in Säter. Die Frustration darüber, dass Schweden vermutlich nie die Wahrheit erfahren würde, hatte Stures ältesten Bruder Sten-Ove schließlich dazu veranlasst, nach Hannes' Beerdigung Kontakt zu mir aufzunehmen.

Am Mittwoch, dem 31. Juli 2013, wurde das letzte Ermittlungsverfahren eingestellt. Seitdem ist jedes Urteil wegen Mordes gegen Sture aufgehoben. Die Forensische Psychiatrie in Säter setzt alles daran, ihn weiterhin wegzusperren, doch im Grunde sind diese Bemühungen vergebens. Sture wird die Klinik als freier Mann verlassen.

Wie mögen wohl seine nächsten Schritte aussehen? Diese Frage ist ihm schon zigmal gestellt worden, und oft hat er geantwortet, er wolle zuallererst einen Waldspaziergang unternehmen. Nicht in Form einer Acht, sondern einfach geradeaus. Wäre dies ein Hollywoodstreifen, würden wir Sture vielleicht dabei begleiten, wie er die Klinik verlässt, in ein Taxi steigt und nach Främby fährt. Er spaziert durch den Wald. Irgendwann öffnet er eine versteckte Luke in der Erde und steigt hinab in sein universelles Café, wo bereits der zusammengeflickte Simon auf ihn wartet.

Aber die Wirklichkeit sieht natürlich anders aus. Thomas Quicks Geschichte handelt nicht von einem Serienkiller. Sie handelt von Irrglauben, Besessenheit und kollektivem Wahnsinn. Nicht Sture war das Monster, sondern diejenigen, die ihn zu Thomas Quick, dem Serienkiller, machten. Er mag ein Teil dieser Gruppe gewesen sein, doch allein hätte er all dies nie zuwege gebracht. Ohne Margit Norell, davon bin ich fest überzeugt, hätte es den größten Justizskandal des Jahrhunderts nie gegeben.

In meinen Augen ist die Quick-Gruppe weitaus furchteinflößender als jeder Serienkiller. Während Serienmorde trotz allem ein seltenes Phänomen sind, ist kaum jemand vollkommen davor gefeit, sich einer Gruppe anzuschließen und sein kritisches Denken an den Nagel zu hängen, wenn als Belohnung das wunderbare Gefühl der Zusammengehörigkeit lockt.

Im Grunde handelt Thomas Quicks Geschichte davon, was unser Bedürfnis nach Liebe mit uns machen kann. Frieda Fromm-Reichmann hat es so ausgedrückt: »Einsamkeit scheint eine so schmerzliche, erschreckende Erfahrung zu sein, dass der Mensch praktisch alles tut, um sie zu vermeiden.«[536] Diese Zeile hatte Margit Anfang der 1960er-Jahre mit Bleistift unterstrichen. Bis zu ihrem Tod hatte sie versucht zu zeigen, dass ihre »Seelenverwandte« mit dieser These recht gehabt hatte.

Ich für meinen Teil glaube, dass die Geschichte von Margit und Sture und dem Kreis um sie herum der beste Beweis dafür ist, dass wir bereit sind, fast alles zu tun, um dem Gefühl der Einsamkeit zu entgehen.

Zumindest in diesem Punkt hatte Margit recht.

DANK

Ich danke Sten-Ove Bergwall dafür, dass er Kontakt zu mir aufgenommen und daran geglaubt hat, dass ich die letzten fehlenden Puzzleteile finden würde. Ohne seinen Anruf hätte ich dieses Buch nie geschrieben. Außerdem danke ich Kristoffer Lind von *Lind & Co.*, der mein Vorhaben sofort verstand und mir eine Stunde, nachdem er mein Exposé gelesen hatte, einen Vertrag anbot. Ohne die großzügigen Stipendien der Stiftung *Natur & Kultur* und des Schwedischen Schriftstellerverbands wäre es mir kaum möglich gewesen, mich voll und ganz der Arbeit an diesem Buch zu widmen.

Danke an Peo Hansen für seinen Einsatz zu Beginn der Recherchen. Danke an Jenny Küttim, die geschickteste Researcherin, der ich je begegnet bin, für ihre Hilfe bei den Recherchen und ihre klugen Anmerkungen zum Manuskript. Danke an Johan Brånstad, der im Laufe eines kurzen Telefonats das Potenzial meines Vorhabens erkannt hat. Danke an Rickard L. Sjöberg fürs Gegenlesen und die vielen wertvollen Hinweise. Danke an Thomas Lappalainen für die unschätzbaren Tipps zum Ton in gewissen Abschnitten. Danke auch an meine Lektorin Lena Kamhed für die aufmunternden Worte und die vielen klugen Hinweise.

Danke an meine Familie, die über sich ergehen lassen musste, dass ich eineinhalb Jahre in der eigenartigen Welt der Quick-Gruppe gelebt habe.

Der Serienkiller, der keiner war ist Hannes Råstam gewidmet.

LITERATUR

122 mördare går lösa i Sverige (20.9.1922). In: *Expressen*, S. 13–19.

Antrag auf Wiederaufnahme des Verfahrens im Fall B 179/94 (Betr. Charles Zelmanovits), Oberstaatsanwalt Bengt Landahl, 4.6.2012.

Antrag auf Wiederaufnahme des Verfahrens im Fall B 187-93 (Betr. Johan Asplund), Rechtsanwalt Thomas Olsson, 8.9.2011.

Antrag auf Wiederaufnahme des Verfahrens im Fall B 26/95 (Betr. Appojaure-Mord), Oberstaatsanwalt Kristian Augustsson, 18.6.2012.

Antrag auf Wiederaufnahme des Verfahrens im Fall B 348/95 (Betr. Yenon Levi), Rechtsanwalt Thomas Olsson, 20.4.2009.

Antrag auf Wiederaufnahme des Verfahrens im Fall B 100/97 (Betr. Therese Johannessen), Rechtsanwalt Thomas Olsson, 20.4.2010.

Arvidsson, L., (27.10.1992), fingierter Name, Brief an Sture Bergwall.

dies. (06.12.1992), fingierter Name, Brief an Sture Bergwall.

dies. (18.8.1993), fingierter Name, Brief an Sture Bergwall.

dies. (25.10.1993), fingierter Name, Brief an Sture Bergwall.

dies. (14.1.1993), fingierter Name, Brief an Sture Bergwall.

dies. (1994), fingierter Name, *Att vårda dömda våldsbrottslingar på regionvårdsenheten på Säters sjukhus*. Seminarbeit. Dozentin: Hanna Olsson, Universität Stockholms, Psychologisches Institut, Sommersemester 1994.

dies. (12.1.1994), fingierter Name, Brief an Sture Bergwall.

dies. (17.1.1994), fingierter Name, Brief an Sture Bergwall.

dies. (19.9.1994), fingierter Name, Brief an Sture Bergwall.

Ärztliches Gutachten vom 23.1.1991 gemäß 7 § (1964:542). Ausgestellt von Dr. Göran Fransson.

Aschberg, R., (23.4.1996), *Falska fakta skadar utredningen*. In: *Aftonbladet*, S. 17.

Aschberg, R. und Johansson, A., (27.12.2006), *Quick ljög om morden*. In: *Aftonbladet*, S. 6 f.

Asplund, B., (17.5.1998), *Åtala åklagaren i Quick-målet*. In: *Dagens Nyheter*, S. A4.

Barnett, J. (14.7.1971), Brief an Margit Norell.

Bass, E. und Davis, L. (1988), *The Courage to Heal. A Guide for Women Survivors of Child Sexual Abuse*. New York, Perennial Library.

dies. (1990), *Trotz allem. Wege zur Selbstheilung für Frauen, die sexuelle Gewalt erfahren haben* (Übersetzt von Karin Ayche). Berlin, Orlanda.

Bauer, P. J. (2006), *Constructing a past in infancy: a neuro-developmental account*. In: *Trends in cognitive sciences* 10(4), S. 175–181.

Belin, S. (1987), *Schizofrenibehandling. Psykiatri på liv och död.* Stockholm, Natur och Kultur.

Bergwall, S. O. (1995), *Min bror Thomas Quick. En berättelse om det ofattbara.* Stockholm, Rabén Prisma.

ders. (10.12.2009), *Kris inom rättspsykiatrin. Fallet Thomas Quick.* Newsmill.

Beschluss (11.12.1995). Christer van der Kwast stellt die Ermittlungen gegen Johnny Farebrink ein.

Beschluss (28.11.2006). Aktennr. 7449-06-21.

Beschluss (26.2.2009-02-16). Aktennr. ÅM 2008/7371. Beschluss des Oberstaatsanwalts bezüglich möglicher Dienstvergehen der Staatsanwaltschaft und der Polizei im Rahmen der Ermittlungs- und Gerichtsverfahren gegen Thomas Quick etc.

Bladh, A.K. (24.8.1994), *Thomas Quick åtalas för mord.* In: *TT/Dala-Demokraten*, S. 6.

ders. (2.9.1994), *Sätermannen. Barndomsupplevelserna gjorde mig till mördare.* Tidningarnas Telegrambyrå.

ders. (2.1.1994), *Rättegången mot Quick är helt unik. TT/Dala-Demokraten.*

ders. (9.1.1996), *Rättegången om appojauremorden. En pojkmördares berättelse.* Tidningarnas Telegrambyrå.

Bloom, S. L. (1994), *Hearing the survivor's voice. Sundering the wall of denial.* In: *Journal of Psychohistory* 21, S. 461-477.

Borgström, C. (6.6.1998), *Psykologerna kränker offrens anhöriga.* In: *Dagens Nyheter*, S. A4.

ders. (17.6.1998), *En ovanligt otäck konspirationsteori.* In: *Svenska Dagbladet*, S. 18.

ders. (18.5.2000). *Plädering i rättegången rörande mordet på Gry Storvik och Trine Jensen.* Protokoll nach Tonbandaufnahme.

Bruce, D., Dolan, A. und Phillips-Grant, K. (2000), *On the transition from childhood amnesia to the recall of personal memories.* In: *Psychological Science* 11(5), S. 360–364.

Carlsson, M. (19.8.1999), *Han får Quick a minnas morden.* In: *Expressen*, S. 12.

Ceci, S. J., Loftus, E. F., Leichtman, M. D. und Bruck, M. (1994), *The possible role of source misattributions in the creation of false beliefs among preschoolers.* In: *International Journal of Clinical and Experimental Hypnosis* 42(4), S. 304–320.

Christianson, S. Å. (3.10.1994), Sachverständigengutachten betreffend Thomas Quicks (50 04 26 – XXXX) Gedächtnisfunktionen (Fall Nr. B 179/94, Piteå tingsrätt).

ders. (3.10.1994). Sachverständigengutachten betreffend die psychologischen Voraussetzungen für Thomas Quicks (50 04 26 – XXXX) Schilderungen (Fall Nr. B 179/94, Piteå tingsrätt).

ders. (2.1.1996). Brief an Roland Åkne.

ders. (2.1.1996). Sachverständigengutachten betreffend die psychologischen Voraussetzungen für Thomas Quicks Schilderungen (Fall Nr. B 26/95, Gällivare tingsrätt).

ders. (1997), *Riktlinjer för vallning av Thomas Quick i Norge den 11 juni i samband med utredningen av Therese Johannessens försvinnande 1988.* Unveröffentlichtes Ermittlungsmaterial.
ders. (2010), *I huvudet på en seriemördare.* Stockholm, Norstedts.
Christianson, S. Å. und Engelberg, E. (1997), *Remembering and forgetting traumatic events. A matter of survival.* In: Conway, Martin A. (Red.), *Recovered memories and false memories,* S. 231–250). Oxford, Oxford University Press.
Christianson, S. Å. und Loftus, E. F. (1987), *Memory for traumatic events.* In: *Applied Cognitive Psychology* 1, S. 225–239.
Christianson, S. Å., Loftus, E. F., Hoffman, H. und Loftus, G. R. (1991), *Eye fixations and memory of emotional events.* In: *Journal of Experimental Psychology. Learning, Memory and Cognition* 17, S. 693–701.
Christianson, S. Å. und Wentz, G. (1996), *Brott och minne. Berättelser om grova brott i känslo- och minnesperspektiv.* Stockholm, Natur och Kultur.
Cioffi, F. (1974), *Was Freud a liar.* In: *The Listener* 91(7), S. 172ff.
Conti, R. (1999), *The psychology of false confession.* In: *The Journal of Credibility Assessment and Witness Psychology,* Vol. 2 Nr. 1, S. 14–36.
Cross, C. R. (2006), *Room full of mirrors. A Biography of Jimi Hendrix.* New York, Hyperion Books.
Cullberg, J. (2007), *Mitt psykiatriska liv.* Stockholm, Natur och Kultur.
Curtius, M. (3.7.1996). *Man Won't Be Retried in Repressed Memory Case.* In: *Los Angeles Times* (http://articles.latimes.com/1996-07-03/news/mn-20778_1_memory-case).
Dahlström-Lannes, M. (25.8.2000), Brief an Sture Bergwall.
Denke, E. (1997), *Gåtan Lars-Inge Svartenbrandt.* In: *Nordisk kriminalkrönika* 1997.
Ds 1980:9. Prostitutionen i Sverige, del 1. En rapport utarbetad inom prostitutionsutredningen, SOU 1977:01.
Dåderman, A. (26.11.1999), *Thomas Quick. Xanor berättade och Rohypnol gestaltade, Stesolid grät, Somadril log, Kodein smekte och Heminevrin …* Vortrag vor der Ärztekammer in Stockholm.
dies. (2009), Sachverständigengutachten betreffend Sture Bergwall (ehem. Thomas Quick). Beilage 13 zum Antrag auf Wiederaufnahme des Verfahrens im Fall B 348/95 (Betr. Yenon Levi).
Einstellungsbeschluss (24.9.2012), Staatsanwalt Bo Ericsson.
Engman, T. (10.1.1996), *Quick erkände dubbelmord.* In: *Dagens Nyheter.*
Ericsson, L. (2004), *Jag blir så fruktansvärt förtjust i schizofrena. Ordfront* Nr 4, S. 20–27.
Ermittlungsprotokoll, Appojaure-Ermittlung.
Esterson, A. (1993), *Seductive mirage. An exploration of the work of Sigmund Freud.* Open Court Publishing Co.
Fallenius, A. und Lövkvist, N. (24.4.1996), *Var är vår son?* In: *Expressen,* S. 8.
Ferm, L. (1994), *Svartenbrandt.* Stockholm, Sellin und partner.
Fisher, R. P. und Geiselman, R. E. (1992), *Memory-enhancing techniques for in-*

vestigative interviewing. The cognitive interview. Charles C Thomas, Publisher.

dies. (2010), *The Cognitive Interview method of conducting police interviews. Eliciting extensive information and promoting Therapeutic Jurisprudence*. In: *International journal of law and psychiatry* 33(5), S. 321–328.

Flordh, C. und Notini, D. (1996), *»Jag såg behovet av ett alternativ«. Intervju med Margit Norell sommaren 1996 av Christina Flordh och Dag Notini*. In: *Bulletin för Svenska föreningen för holistisk psykoterapi och psykoanalys* 47, S. 3–18.

Fransson, G. (17.7.1994), *Inkompetens bakom rymning. Sätermannen Thomas Quicks förre läkare Göran Fransson dömer ut sjukhusledningens agerande*. In: *Dagens Nyheter*, S. A04.

Fredrickson, R. (1992), *Repressed memories. A journey to recovery from sexual abuse*. New York, Simon & Schuster.

Freud, S. (1925), *An autobiographical Study*. London, The Hogarth Press.

Freud, S. (1933), *Kvinnligheten*. In: Freud, S. (2006), *Föreläsningar. Orientering i psykoanalysen 1*. Stockholm, Natur och Kultur.

ders. (1985), *The complete letters of Sigmund Freud to Wilhelm Fliess 1887–1904*. Cambridge, Belknap Press of Harvard University Press.

ders. (1969 [1933]), *Neue Folge der Vorlesungen zur Einführung in die Psychoanalyse*. Frankfurt am Main, Fischer.

ders. (1985), *Briefe an Wilhelm Fließ 1887-1904. Ungekürzte Ausgabe. Herausgegeben von J. M. Masson*. Frankfurt am Main, Fischer

ders. (1986 [1896]), *Zur Ätiologie der Hysterie*. In: ders., *Gesammelte Werke. Chronologisch geordnet. Hrsg. von Anna Freud. Erster Band*. Frankfurt am Main, Fischer.

ders. (1996), *Zwei Krankengeschichten. Rattenmann und Wolfsmann*. Frankfurt am Main, Fischer.

ders. (1989), *Zwei Kinderneurosen*. Frankfurt am Main, Fischer.

Fromm, E. (1964), *The heart of man. Its genius for good and evil*. New York, Harper und Row.

ders. (9.5.1970), Brief an Margit Norell.

ders. (1968), *Das Menschliche in uns. Die Wahl zwischen Gut und Böse* (übersetzt von Karl-Otto von Czernick). Konstanz, Diana Verlag.

ders. (1993), *Die Furcht vor der Freiheit* (übersetzt von Liselotte und Ernst Mickel). München, dtv.

ders. (2000), *Konsten att lyssna*. Stockholm, Natur och Kultur.

ders. (2015), *Die Seele des Menschen. Ihre Fähigkeit zum Guten und zum Bösen* (übersetzt von Liselotte und Ernst Mickel). München, dtv.

ders. (2016), *Die Kunst des Liebens* (übersetzt von Liselotte und Ernst Mickel). Zürich, Manesse.

Fromm-Reichmann, F. und Bullard, D. M. (1959), *Psychoanalysis and psychotherapy. Selected Papers*. Chicago, University of Chicago Press.

dies. (1978), *Psychoanalyse und Psychotherapie. Eine Auswahl aus ihren Schrif-*

ten, herausgegeben von Dexter M. Bullard (übersetzt von Gertrude Kallner). Stuttgart, Klett-Cotta.

Garry, M. und Hayne, H. (2006), *Do justice and let the sky fall. Elizabeth F. Loftus and her contributions to Science, Law and Academic Freedom*. Mahwah, Lawrence Erlbaum Associates.

Garry, M., Manning, C. G., Loftus, E. F., und Sherman, S. J. (1996), *Imagination inflation. Imagining a childhood event inflates confidence that it occurred*. In: *Psychonomic Bulletin und Review* 3(2), S. 208–214.

Green, H. (1973), *Ich hab dir nie einen Rosengarten versprochen* (übersetzt von Jürgen und Elisabeth Hilke und Ekkehard und Ursula Pohlmann). Radius, Stuttgart.

Guðjónsson, G. (1999), *The making of a serial false confessor. The confessions of Henry Lee Lucas*. In: *The Journal of Forensic Psychiatry*, Vol. 10, Nr. 2, S. 416–426.

Göransson, M. (2012), *Grävarens testamente. Ett reportage om Hannes Råstam ur magasinet Filter*. E-Leopard.

Haggbloom, S. J., Warnick, R., Warnick, J. E., Jones, V. K., Yarbrough, G. L., Russell, T. M. und Monte, E. (2002), *The 100 most eminent psychologists of the 20th century*. In: *Review of General Psychology* 6(2), S. 139–152.

Hart-Davis, D. (2010), *Philip de Laszlo. His life and art*. New Haven, Yale University Press.

Heaps, C. M. und Nash, M. (2001), *Comparing recollective experience in true and false autobiographical memories*. In: *Journal of Experimental Psychology. Learning, Memory, and Cognition* 27, S. 920–930.

Heaps, C. und Nash, M. (1999), *Individual differences in imagination inflation*. In: *Psychonomic Bulletin and Review* 6(2), S. 313–318.

Herman, J. L. (1992), *Trauma and recovery*. New York, Basic Books.

Herman, J. L. (1993), *Narben der Gewalt. Traumatische Erfahrungen verstehen und überwinden* (übersetzt von Verena Koch und Renate Weitbrecht). München, Kindler.

Holgersson, A. (12.6.1998), *Fallet Quick. Nederlag för rättsväsendet*. In: *Svenska Dagbladet*.

Holmes, D. (1990), *The evidence for repression. An examination of sixty years of research*. In: J. Singer (Red.), *Repression and dissociation. Implications for personality, theory, psychopathology and health*, S. 85–102. Chicago, University of Chicago Press.

Horney Eckardt, M. (2.4.1974). Brief an Margit Norell.

Hornstein, G. A. (1992), *The return of the repressed. Psychology's problematic relations with psychoanalysis, 1909–1960*. In: *American Psychologist* 47(2), S. 254.

Hyman Jr., I. E. und Loftus, E. F. (1998), *Errors in autobiographical memory*. In: *Clinical Psychology Review 18*(8), S. 933–947.

Hyman Jr., I. E. und Pentland, J. (1996), *The role of mental imagery in the creation of false childhood memories*. In *Journal of Memory and Language* 35(2), S. 101–117.

Hyman, I. E., Husband, T. H. und Billings, F. J. (1995), *False memories of childhood experiences.* In: *Applied Cognitive Psychology* 9(3), S. 181–197.

Höglund, J. (25.3.1996), *Quick kan åtalas igen. Åklagaren utreder över tio mordfall.* In: *Göteborgs-Posten*, S. 6.

Höglund, R. (17.6.1998), *Svenska Dagbladet.*

Höjer, B. (2004), *Att hela skottsår. Studiehemmet i Kramfors 1932–72. Axel Erdmann och hans medarbetare berättar.* Saltsjö-Boo, Kronstrand und Nilsson.

ders. (2005), *Att jämna ut motsättningarna. Ådalen 1931 och studiehemmet i Kramfors.* In: *Folkbildning – samtidig eller tidlös? Om innebörder över tid*, S. 35–56.

Israëls, H. und Schatzman, M. (1993), *The seduction theory.* In: *History of Psychiatry* 4, S. 23–59.

Janov, A. (1974), *Primalskriket. Om primalterapi. En ny metod att bota neuroser.* Stockholm, Wahlström und Widstrand.

Jastrow, Joseph (1932), *The House that Freud Built.* Michigan, Greenberg.

Johansson, P. M. (1999a), *Freuds psykoanalys. Band 1. Utgångspunkter.* Göteborg, Daidalos.

ders. (1999b), *Freuds psykoanalys. Band 2. Arvtagare i Sverige.* Göteborg, Daidalos.

ders. (2003), *Freuds psykoanalys. Band 3. Arvtagare i Sverige del 2.* Göteborg, Daidalos.

ders. (2006), *Invited commentary on the interview with Jan Stensson.* In: *International Forum of Psychoanalysis*, Vol. 15, Nr. 1, S. 13–16.

Jonsson, E. (1986), *Tokfursten.* Stockholm, Rabén und Sjögren.

Kall, E. (8.6.2010), Aussage vor dem Kammarrätt.

Kassin, S. M. und Wrightsman, L. S. (1985), *Confession evidence.* In: Kassin, S. M. und Wrightsman, L. S. (1985), *The Psychology of evidence and trial procedure*, S. 67–94. Beverly Hills, Calif., Sage Publications.

Kendall-Tacke, K. A., Williams, L. M. und Finkelhor, D. (1993), *Impact of sexual abuse on children. A review and synthesis of recent empirical studies.* In: *Psychological bulletin*, 113(1), S. 164–188.

Kihlstrom, J. F. (1995), *The trauma-memory argument.* In: *Consciousness and Cognition*, 4(1), S. 63–67.

ders. (2006), *Trauma and memory revisited.* In: *Memory and emotions. Interdisciplinary perspectives*, S. 259–293.

Knapp, G. P. (1989), *The art of living. Erich Fromm's life and works.* New York, P. Lang.

Källberg, G. (3.3.1994), Notizen bezüglich der Konflikte in Säter.

Lagercrantz, D. (30.3.1990), *Svartenbrandt skulle benådas. Leif G W Persson stoppade Beslutet.* In: *Expressen.*

ders. (9.8.1994), *Jag känner mig kluven inför mina patienter.* In: *Aftonbladet Söndag*, S. 4–9.

Lambertz, G. (3.12.2006). *Därför ändrade jag mig om Thomas Quicks skuld.* In: *Dagens Nyheter*, S. A4.

Larsson, D. (1998), *Mytomanen Thomas Quick. En dokumentation.* Luleå, D. Larsson.

ders. (4.5.1998). *Quick har duperat rättsväsendet.* In: *Dagens Nyheter*, S. A4.

ders. (22.6.2009). *25 år sedan morden i Appojaure.* In: *Norrländska Socialdemokraten.*

Lilienfeld, S. O., Lynn, S. J. und Lohr, J. M. (2003), *Science and pseudoscience in clinical psychology.* New York, Guilford Press.

Lilja, M. (22.4.1996), *Quicks hem rivs i jakt på bevis.* In: *Expressen*, S. 6.

Liljeström, G., Lindholm C. und Ståhle, B. (7.3.2005), *Minnesruna över Margit Norell.* In: *Svenska Dagbladet*, S. 49.

Lindeberg, P. (1999). *Döden är en man. Historien om obducenten och allmänläkaren.* Stockholm, Fischer.

Lindholm, C. (27.6.2001), Brief an Sture Bergwall.

Lindholm, T., Sjöberg, R. L., Pedrole, C., Boman, A., Olsson, G. L., Sund, A. und Lindblad, F. (2009), *Infants' and toddlers' remembering and forgetting of a stressful medical procedure.* In: *Journal of pediatric psychology* 34(2), S. 205–216.

Lindsay, D. S. und Read, J. D. (1994), *Psychotherapy and memories of childhood sexual abuse. A cognitive perspective.* In: *Applied cognitive psychology* 8(4), S. 281–338.

Literaturliste (22.3.1985). Liste der in der »Margit-Gruppe« diskutierten Literatur, Herbst 1980 bis Herbst 1984, unterzeichnet von Margit Norell.

Loftus, E. F. (1993), *The reality of repressed memories.* In: *American Psychologist* 48, S. 518- 537.

Loftus, E. F. und Ketcham, K. (1995), *Die therapierte Erinnerung. Vom Mythos der Verdrängung bei Anklagen wegen sexuellen Mißbrauchs* (übersetzt von Karin Diemerling). Hamburg, Ingrid Klein Verlag.

Loftus, E. F. (1997), *Repressed memory accusations. Devastated families and devastated patients.* In: *Applied Cognitive Psychology* 11(1), S. 25–30.

Loftus, E. F. und Palmer, J. C. (1974), *Reconstruction of automobile destruction.* In: *Journal of Verbal Learning and Verbal Behavior* 13, S. 585–589.

Loftus, E. F. und Pickrell, J. E. (1995), *The formation of false memories.* In: *Psychiatric Annuals* 25, S. 720–725.

Loftus, E. F. (2003), *Make-Believe Memories.* In: *American Psychologist* 58, S. 864–873.

Lynn, S. J., Lock, T., Loftus, E. F., Krackow, E. und Lilienfeld, S. O. (2003), *The remembrance of things past. Problematic memory recovery techniques in psychotherapy.* In: Lilienfeld, S. O., Lynn, S. J. und Lohr, J. M. (Red.), *Science and pseudoscience in clinical psychology*, S. 205–239. New York, Guilford Press.

Mangs, K. und Martell, B. (1983), *0–20 år i psykoanalytiskt perspektiv.* Lund, Studentlitteratur.

Masson, J. M. (1984), *Sveket mot sanningen. Hur Freud kom att överge sin förförelseteori.* Stockholm, Wahlström och Widstrand.

ders. (1984), *Was hat man dir, du armes Kind, getan?* (Übersetzt von Barbara Brumm). Reinbek, Rowohlt.

Mattisson, S. und Fröberg, P. (31.10.1994). *Sätermannen och hans offer*. In: *Dag*, S. 13.

Mazzoni, G. A. L., Loftus, E. F. und Kirsch, I. (2001), *Changing beliefs about implausible autobiographical events. A little plausibility goes a long way*. In: *Journal of Experimental Psychology. Applied* 7, S. 51–59.

McNally, R. J. (2005), *Debunking myths about trauma and memory*. In: *The Canadian Journal of Psychiatry/La Revue canadienne de psychiatrie*, Vol. 50, Nr. 13.

McNally, R. J., Lasko, N. B., Clancy, S. A., Macklin, M. L., Pitman, R. K. und Orr, S. P. (2004), *Psychophysiological responding during script-driven imagery in people reporting abduction by space aliens*. In: *Psychological Science* 15, S. 493–497.

McNally, R.J. (2003), *Remembering trauma*. Cambridge, Belknap Press of Harvard University Press.

Michanek, B. (24.3.1990), *Jag var som en far för honom*. In: *Aftonbladet*, S. 11.

ders. (27.6.1992), *Hur kunde ni släppa ut honom?* In: *Aftonbladet*, S. 10.

Miller, A. (1982), *I begynnelsen var uppfostran*. Stockholm, Wahlström och Widstrand.

Molin, K. (8.2.1990). *Våldet skyddar mot den stora rädslan*. In: *Dagens Nyheter*.

Nilsson, P. (24.4.1994). *Jag bluffade alla på Säter*. In: *Expressen*, S. 6–7.

Nordin, A. (1999). *Fromm i våra hjärtan*. In: *Psykologtidningen* Nr. 1, S. 4–8.

Nordin, S. (2012), *Filosoferna det västerländska tänkandet sedan år 1900. Nietzsche - Freud - Bergson …* Johanneshov, TPB.

Norell, M. (o. A.), *Thomas Quicks värld* (unveröffentl. MS).

dies. (1968), *Några personliga anteckningar om min egen utveckling och den holistiska föreningens anblivelse*. In: *Bulletin för Svenska föreningen för holistisk psykoterapi och psykoanalys* Nr 1.

dies. (23.5.1968), Brief an Otto Allen Will.

dies. (20.9.1969), Brief an Otto Allen Will.

dies. (26.4.1970), Brief an Otto Allen Will.

dies. (30.12.1970), Brief an Erich Fromm.

dies. (30.12.1970), Brief an Erich Fromm.

dies. (19.1.1971), Brief an Erich Fromm.

dies. (16.2.1971), Brief an Erich Fromm.

dies. (3.3.1971), Brief an Joseph Barne.

dies. (14.4.1971), Brief an Erich Fromm.

dies. (23.10.1971), Brief an Erich Fromm.

dies. (23.10.1971), Brief an Erich Fromm.

dies. (21.11.1971), Brief an Erich Fromm.

dies. (18.11.1972), Brief an Erich Fromm.

dies. (19.12.1972), Brief an Erich Fromm.

dies. (6.3.1975), Brief an David Schecter.

dies. (22.11.1975), Brief an David Schecter.
dies. (10.1.1976), Brief an David Schecter.
dies. (15.2.1976), Brief an David Schecter.
dies. (29.2.1976), Brief an David Schecter.
dies. (26.3.1976), Brief an David Schecter.
dies. (21.5.1976), Brief an David Schecter.
dies. (20.11.1976), Brief an David Schecter.
dies. (19.12.1976), Brief an Erich Fromm.
dies. (1977), *ORTs syn på förändring och möjlig utveckling. Manus an anförande hållet inför Svenska föreningen för holistisk psykoterapi och psykoanalys* (26.3.1977).
dies. (13.2.1977), Brief an David Schecter.
dies. (1.5.1977), Brief an David Schecter.
dies. (7.5.1977), Brief an David Schecter.
dies. (22.5.1977), Brief an David Schecter.
dies. (12.10.1977), Brief an David Schecter.
dies. (20.11.1977), Brief an David Schecter.
dies. (8.4.1978), Brief an David Schecter.
dies. (28.8.1978), Brief an David Schecter.
dies. (4.4.1980), Brief an David Schecter.
dies. (1989), *Tidig incest. Erfarenheter av den terapeutiska processen med incest-patienter*. Unveröffentl. Artikel.
dies. (14.11.1989), Brief an Jorge Silva.
Norell, M., Nyman, M. und Sandin, B. (1975), *Samtalsterapi med schizofrena patienter vid Säters sjukhus*. In: *Läkartidningen* Nr. 33, 3066 ff.
Nässén, T. (9.12.2002), Brief an Seppo Penttinen und Jan Karlsson.
Ohlson, L. (22.3.1990). *Inte klokt att släppa ut honom i frihet*. In: *Aftonbladet*, S. 8.
Olsson, H. (1990), *Catrine och rättvisan*. Stockholm, Carlsson.
Patientenakte aus der Kinder- und Jugendpsychiatrie Falun (21.4.1966 bis 24.6.1966).
Patientenakte aus der Psychiatrischen Klinik des Håga sjukhus, Södertälje (16.3.1970).
Patientenakte aus der Klinik in Säter (20.1.1973 bis 11.9.2013).
Penttinen, S. (2004), *Förhörsledarens syn på Gåtan Thomas Quick*. In: *Nordisk kriminalkrönika* 2004, S. 427–436.
Penttinen, S. (o. A.), *Några synpunkter kring resningsansökan beträffande Appojauremorden*.
Persson, K. (5.10.1995), Brief an Sture Bergwall.
Piper, A. (1994), *Multiple personality disorder*. In: *The British Journal of Psychiatry* 164(5), S. 600–612.
Pope Jr., H. G. und Hudson, J. I. (1995), *Can memories of childhood sexual abuse be repressed?* In: *Psychological Medicine* 1995 (25), S. 121–126.
Pope Jr., H. G., Oliva, P. S. & Hudson, J. I. (1999), *Repressed memories. The sci-*

entific status. In: *Modern scientific evidence. The law and science of expert testimony, Vol. 1*, S. 115-155. Zitiert in: Kihlstrom, J. (2006).
Porter, S., Yuille, J. C. und Lehman, D. R. (1999), *The nature of real, implanted, and fabricated memories for emotional childhood events.* In: *Law and human behavior* 23(5), S. 517–537.
Promemoria (26.5.1993), Penttinen, S.: *Promemoria upprättad i samband med vallning av: Quick, THOMAS Ragnar.*
Promemoria (17.9.1993), Penttinen, S.: *Promemoria upprättad med anledning av telefonsamtal 93-09-17 med chefsöverläkare Kjell Persson, Säters sjukhus.*
Promemoria (25.5.1994), Penttinen, S.: *Promemoria upprättad i samband med vallning av Quick, THOMAS Ragnar (Sture) f. 500426-XXXX.*
Promemoria (21.11.1994), Penttinen, S.: *Promemoria upprättad i samband med besök hos Thomas Quick på Säters sjukhus avd 36, 1994-11-16.*
Promemoria (23.11.1994), Penttinen, S.: *Promemoria upprättad med anledning av förhörsuppgifter som lämnats av Quick, när han upplysningsvis hörts om morden i Appojaure 1984.*
Promemoria (19.9.1995), Penttinen, S.: *Promemoria upprättad efter telefonsamtal med Quick, Thomas Ragnar 500426-XXXX.*
Promemoria (22.3.1996), Penttinen, S.: *Redovisning över förhörsuppgifter angående det som Quick, THOMAS Ragnar, 500426-XXXX, berättar om mord i Norge.*
Promemoria (11.6.1996), Bjerknes, O.T. und Grøttland, H.: *Rapport omkring Thomas Quick sin befaring i ørjeskogen onsdag 11. Juni 1997.*
Promemoria (11.6.1996), Penttinen, S.: *Promemoria.*
Promemoria (18.12.1996), Wikström, A.: *Kort summering tidsplanering/våren 1997.*
Promemoria (2.6.1997), Penttinen, S.: *Promemoria. Upprättad efter företagen vallning med Quick, Thomas Ragnar, 500426-XXXX.*
Promemoria (11.6.1997a), Wikström, A.: *PM avseende vallning den 11 juni 1997/ ärende Therese Johannesen, Drammen.*
Promemoria (11.6.1997b), Wikström, A.: *Synpunkter/uppfattningar avseende vallning den 11 juni 1997.*
Promemoria (8.6.1998), Penttinen, S.: *Promemoria upprättad efter vallning med Quick, THOMAS Ragnar, 500426-XXXX. Vallningen ägde rum måndagen den 8:e juni 1998.*
Promemoria (27.9.2000), Penttinen, S.: *Främby udde, 2000-09-27.*
Promemoria (17.10.2000), Penttinen, S.: *Promemoria.*
Promemoria (24.4.2012), Wendt, K-Å.: *PM angående under granskningen anträffade förhör. Bilaga 15 till chefsåklagare Bengt Landahls resningsansökan rörande mordet på Charles Zelmanovits.*
Promemoria (4.6.2012), Penttinen, S.: *Promemoria uppprättad i samband med vallning av Quick, THOMAS Ragnar (Sture) 500426-XXXX.*
Promemoria betreffend diverse technische Untersuchungen zwischen 1993–1999 (o. A.), Penttinen, S.: *Områden som varit föremål för vallningar med*

Quick, Thomas Ragnar, 500426-XXXX. Samt vidtagna tekniska undersökningar/undersökningsresultat. 11.3.1993 bis 16.8.1999.
Protokoll (27.10.1984), Treffen der Margit-Gruppe.
Protokoll (6.4.1991), Treffen der Margit-Gruppe.
Protokoll (28.9.1996), Treffen der Margit-Gruppe.
Protokoll der Rekonstruktion (10.7.1995).
Quick, T. (12.7.1994), *Jag rymde för a dö.* In: *Dagens Nyheter*, S. A4.
ders. (4.1.1995). *Jag kan bli frisk.* In: *Dagens Nyheter*, S. A4.
ders. (23.10.1995), Handgeschriebener Brief von »Ellington«.
ders. (18.7.1996), Brief an Kriminalinspektor Stellan Söderman.
ders. (31.5.1997), Brief an Seppo Penttinen.
ders. (1998), *Kvarblivelse.* Stockholm, Kaos press.
ders. (25.5.1999), *Om frihet. Om pressens bemötande av Kvarblivelse.* Flashback news agency Nr 19.
ders. (9.6.2001), Handgeschriebene Notiz.
ders. (12.6.2001), Handgeschriebene Notiz.
ders. (15.11.2001), *Thomas Quick efter mytomanbeskyllningar: »Jag slutar delta i polisutredningar«.* In: *Dagens Nyheter.*
ders. (o. A.), Testament, handgeschrieben.
Remiss (1969-06-24). *Sture Bergwalls remiss an vuxenpsykiatrin i Falun.*
Rycroft, R. (1995), *Critical dictionary of psychoanalysis.* London, Penguin reference.
Råstam, H. (2013), *Der Fall Thomas Quick. Die Erschaffung eines Serienkillers* (übersetzt von Nike Karen Müller). München, Wilhelm Heyne Verlag.
Rechtspsychiatrisches Gutachten (30.1.1991), Dr. Marianne Kristiansson.
Rechtspsychiatrisches Gutachten (8.5.1970), Dr. Yngve Holmstedt.
Rechtspsychiatrisches Gutachten (16.3.1970), Dr. Otto Brundin.
Sandin, B. (1986), *Den zebrarandiga pudelkärnan.* Stockholm, Rabén und Sjögren.
Sandler, M. (1971), *Från Lillgården an Arvfurstens palats.* Stockholm, Rabén und Sjögren.
Sanner, E. (16.3.1966), Brief an die Kinder- und Jugendpsychiatrie in Falun. Betreff: Sture Bergwalls Homosexualität.
Schecter, D. (22.2.1976), Brief an Margit Norell.
ders. (5.8.1976), Brief an Margit Norell.
ders. (20.1.1976), Brief an Margit Norell.
ders. (15.5.1977), Brief an Margit Norell.
ders. (8.11.1977), Brief an Margit Norell.
ders. (13.4.1980), Brief an Margit Norell.
ders. (10.7.1980), Brief an Margit Norell.
Schimek, J. G. (1987), *Fact and fantasy in the seduction theory. A historical review.* In: *Journal of the American Psychoanalytic Association* 35(4), S. 937–965.
Sjöberg, R. L. (23.3.2010), Gutachten betreffend den Antrag auf Wiederaufnahme des Verfahrens im Mordfall Gry Storvik und Trine Jensen.

Sjöberg, R. L. und Lindholm, T. (2009), *Children's autobiographical reports about sexual abuse. A narrative review of the research literature.* In: *Nordic Journal of Psychiatry* 63(6), S. 435–442.
Sjögren, L. (1989), *Sigmund Freud. Mannen och verket.* Stockholm, Natur och Kultur.
Socialstyrelsen Dnr 114:5772-94: *Beslut i ärendet Thomas Quick.* (Untersuchung durchgeführt nach Sture Bergwalls Flucht im Juli 1994.)
Socialutredning (1.3.1991), Utförd av kurator Anita Sterky. Ingår som bilaga i Rättspsykiatriskt Utlåtande, 25.3.1991.
Spanos N. P. (1994), *Multiple identity enactments and multiple personality disorder. A sociocognitive perspective.* In: *Psychological Bulletin* 116(1), S. 143–65.
Spanos, N. P., Menary, E., Gabora, N.J., DuBruil, S. C. und Dewhirst, B. (1991), *Secondary identity enactments during hypnotic past-life regression. A socio-cognitive perspective.* In: *Journal of Personality and Social Psychology* 61, S. 308–320.
Stanovich, K. E. (Red.) (2010), *How to think straight about psychology.* Boston, Pearson.
Stigson, G. J. (10.3.1993). *Falunbon har pekat ut var Johan är begravd.* In: *Dala-Demokraten, S. 6.*
ders. (3.9.1994), *Övergrepp i barndomen har gjort mig an mördare.* In: *Dala-Demokraten.*
ders. (17.11.1994). *Domen mot Quick blir del i ny beviskedja.* In: *Dala-Demokraten.*
ders. (16.9.1997), *Quicks offer samlade i gömställe nära Falun?* In: *Dala-Demokraten*, S. 6.
ders. (16.9.1998), *Sökandet slår rekord.* In: *Dala-Demokraten*, S. 13.
ders. (31.5.2000), *En tragedi om inte domen blir fällande.* In: *Dala-Demokraten*, S. 9.
ders. (31.5.2000*), Även om Quick skulle neka skulle han fällas!* In: *Dala-Demokraten*, S. 9.
ders. (3.5.2001), *Nya sök efter Johan på Runns torra botten.* In: *Dala-Demokraten*, S. 15.
ders. (25.6.2001), *Han har väntat i åtta år.* In: *Dala-Demokraten*, S. 16.
ders. (18.12.2001), *Nya samtal med Quick efter nyår.* In: *Dala-Demokraten*, S. 19.
ders. (17.6.2009), *Säteröverläkare avslöjar: »Jag ville få överprövning«.* In: *Dala-Demokraten.*
Strange, D., Clifasefi, S. und Garry, M. (2007): *False memories.* In: Garry, M. und Hayne, H. (Hrsg.), *Do justice and let the sky fall. Elizabeth F. Loftus and her contributions to science, law and academic freedom.* New Jersey, Erlbaum.
Ståhle, B. (13.3.1995), Handgeschriebenes Gedächtnisprotokoll nach Gespräch mit »Ellington«.
dies. (2.6.1997), Gedächtnisprotokoll nach Therapiegespräch mit Thomas Quick.
dies. (13.11.1998), Handgeschriebene Notiz zu den Leichenteilen nach der Ortsbegehung »Främby Udde«.

dies. (1999), *Traumatiska erfarenheter och våldsbrott*. In: Andersson, B. (Red.), *Ett rum att leva i. Om djupgående psykoterapeutiska processer och objektrelationsteori*. Stockholm, Carlsson, S. 287–303.
dies. (18.5.2000), *Vittnesmål i rättegången rörande mordet på Gry Storvik och Trine Jensen*. Transkript, angefertigt nach Tonbandaufnahme in Säter.
dies. (8.8.2003), Brief an Seppo Penttinen/Jan Karlsson, Polizei von Västernorrlands län.
dies. (2010), *Sture Bergwall*, 19500426-XXXX, Dnr 7635/2009, Bericht an die Socialstyrelsen.
Strafurteil im Fall B100-97 (Mord an Therese Johannessen). Hedemora Tingsrätt.
Strafurteil im Fall B1116/91 (von Brandstiftung freigesprochen), 14.6.1996.
Strafurteil im Fall B187-93 (Mord an Johan Asplund), 21.6.2001, Sundsvalls tingsrätt.
Strafurteil im Fall B26-95 (Appojaure-Mord), Gällivare tingsrätt.
Strafurteil im Fall B3348-97 (Mord an Yenon Levi), 28.5.1997, Hedemora Tingsrätt.
Strafurteil im Fall B788/90 (Grober Diebstahl u.a.), 17.4.1991.
Strafurteil im Fall B 179-94 (Mord an Charles Zelmanovits), 16.11.1994, Piteå tingsrätt.
Sveriges Radio, *Familjespegeln* (7.4.1973), Interview mit Margit Norell.
Sveriges Radio, *Sommar* (28.7.2007). Porträt Göran Lambertz.
Sveriges Television (28.5.1993). Interview mit Christer van der Kwast.
Sveriges Television (9.11.1993). Pressekonferenz mit Christer van der Kwast.
Sveriges Television, *Agenda* (26.8.2012), Interview mit der Leitendenden Oberärztin Susanne Nyberg.
Sveriges Television, *Rapport* (9.3.1993).
Säterpatienten anses bunden an mord på 14-åring (11.11.1993). In: *Dala-Demokraten*.
Tagesson, P. (17.6.1994), *Han talar sanning om pojkmorden*. In: *Expressen*, S. 14.
ders. (2.9.1994), *Jag är en ond man. Pojkmördaren Thomas Quick berättar i Expressen*. In: *Expressen*, S. 6.
ders. (2.11.1994a), *Hur kan en männniska vara så grym?* In: *Expressen*, S. 8.
ders. (2.11.1994b), *Han var inte ensam om dåden*. In: *Expressen*, S. 8.
ders. (16.9.1998), *Tio andra mord kan klaras upp*. In: *Expressen*, S. 23.
Terr, L. (1994), *Unchained memories. True stories of traumatic memories, lost and found*. New York, Basic Books.
Thompson, C. (1957), *The different schools of psychoanalysis*. In: *The American Journal of Nursing*, Vol. 57 Nr. 10, S. 1304-1307.
Tudor-Sandahl, P. (1983), *Om barnet inom oss*. Stockholm, Liber.
dies. (5.10.1991), Videointerview mit Margit Norell.
TV4, *Nyhetsmorgon* (22.12.2008), Interview mit Göran Lambertz und Björn Asplund.
Untersuchungsprotokoll (18.9.2000), Bodenuntersuchung nördlich von Sundsvall.

Usher, J. A. und Neisser, U. (1993), *Childhood amnesia and the beginnings of memory for four early life events.* In: *Journal of Experimental Psychology. General* 122(2), S. 155–165.
Vernehmung am 1.3.1993 mit Kjell Persson (Nachname später in Långbergs geändert).
Vernehmung am 1.3.1993 mit Sture Bergwall.
Vernehmung am 17.3.1993 mit Sture Bergwall.
Vernehmung am 18.3.1993 mit Sture Bergwall.
Vernehmung am 21.4.1993 mit Sture Bergwall.
Vernehmung am 25.5.1993 mit Sture Bergwall (fälschlicherweise datiert auf den 25.4.1993; die Vernehmung muss am 25.5.1993 durchgeführt worden sein, da die für den darauffolgenden Tag anvisierte Tatortbegehung am 26.5.1993 stattfand).
Vernehmung am 28.5.1993 mit Sture Bergwall.
Vernehmung am 27.9.1993 mit Sture Bergwall.
Vernehmung am 26.1.1994 mit Sture Bergwall.
Vernehmung am 14.4.1994 mit Sture Bergwall.
Vernehmung am 14.4.1994 mit Sture Bergwall.
Vernehmung am 15.4.1994 mit Kjell Persson.
Vernehmung am 19.4.1994 mit Sture Bergwall.
Vernehmung am 14.6.1994 mit Sture Bergwall.
Vernehmung am 12.12.1994 mit Sture Bergwall.
Vernehmung am 17.1.1995 mit Sture Bergwall.
Vernehmung am 9.2.1995 mit Sture Bergwall.
Vernehmung am 9.2.1995 mit Sture Bergwall.
Vernehmung am 20.2.1995 mit Maria Sykijäinen.
Vernehmung am 22.2.1995 mit Patrik (fingierter Name).
Vernehmung am 27.2.1995 mit Kristina (fingierter Name).
Vernehmung am 10.4.1995 mit Sture Bergwall.
Vernehmung am 23.2.1996 mit Sture Bergwall.
Vernehmung am 22.5.1996 mit Patrik (fingierter Name).
Vernehmung am 20.11.1996 mit Patrik (fingierter Name).
Vernehmung am 4.7.1997 mit Sture Bergwall.
Vernehmung am 2.9.1998 mit Sture Bergwall.
Vernehmung am 10.2.1999 mit Sture Bergwall.
Vernehmung am 18.2.1999 mit Örjan Bergwall.
Vernehmung am 22.3.1999 mit Sture Bergvall.
Vernehmung (1.) am 6.10.1999 mit Sture Bergwall.
Vernehmung (2.) am 6.10.1999 mit Sture Bergwall.
Vernehmung am 9.9.2000 mit Sture Bergwall.
Vernehmung am 10.9.2000 mit Sture Bergwall.
Vernehmung am 18.10.2000 mit Sture Bergwall.
Vernehmung am 19.12.2000 mit Kjell Långbergs (ehem. Kjell Persson).
Vernehmung am 9.5.2001 mit Kjell Långbergs (ehem. Kjell Persson).

Vernehmung am 25.5.2009 mit Birgitta Ståhle.
Vernehmung am 3.7.2009 mit Jan Olsson.
Vernehmung am 13.7.2009 mit Göran Källberg.
Vernehmung am 26.11.2010 mit Sven Å. Christianson.
Vinterhed, K. und Lönnebo, M. (2000), *Jesusboken. Personliga Kristusbilder av bland andra Ronny Ambjörnsson …* Göteborg, Cordia.
Vinterhed, K. (19.4.1995), *Jag minns för mordoffrens skull.* In: *Dagens Nyheter*, S. A6.
Wagenaar, W. A. und Groeneweg, J. (1990), *The memory of concentration camp survivors.* In: *Applied Cognitive Psychology* 4(2), S. 77–87.
Weigl, K. (1.11.1994), *Idag möter han sin brors mördare.* In: *Aftonbladet.*
ders. (2.11.1994), *De a är bortom all förståelse. Aftonbladet*, S. 10.
Wiklund, N. (8.5.1998), *Utred felkällorna i fallet Quick.* In: *Dagens Nyheter*, S. A4.
ders. (9.6.1998), *Advokaten vilseleder om bevisen mot Quick.* In: *Dagens Nyheter*, S. A4.
Will, O. A. (13.5.1968), Brief an Margit Norell.

ANMERKUNGEN

1 Gedächtnisprotokoll (22.3.1996).
2 Penttinen, S. (2004), *Antrag auf Wiederaufnahme des Verfahrens im Fall B 1 00/97, Absatz 155.*
3 Vernehmungsprotokoll (22.8.1996).
4 Penttinen, S. (2004).
5 Christianson, S. Å. (1997).
6 Gedächtnisprotokoll (11.6.1997a), Wikström, A.
7 Norell, M. (o. J.), *Thomas Quicks värld*, S. 56 (unveröfftl. MS).
8 Gedächtnisprotokoll (11.6.1997a), Wikström, A.
9 Gedächtnisprotokoll (11.6.1997a), Penttinen, S.
10 Gedächtnisprotokoll (11.6.1997a), Wikström, A.
11 ebd.
12 ebd.
13 ebd.
14 Gedächtnisprotokoll (11.6.1997b), Wikström, A.
15 Gedächtnisprotokoll (11.6.1997), Bjerknes, O. T., Grøttland, H.
16 Gedächtnisprotokoll (11.6.1997a), Penttinen, S.
17 Gedächtnisprotokoll (11.6.1997a), Wikström, A.
18 Gedächtnisprotokoll (11.6.1997), Bjerknes, O. T., Grøttland, H.
19 Gedächtnisprotokoll (11.6.1997a), Wikström, A.
20 Gedächtnisprotokoll (11.6.1997a), Penttinen, S.
21 Quick, T. (1998, S. 182).
22 Vernehmungsprotokoll (4.7.1997).
23 Höjer, B. (2004, S. 25 f.).
24 Larsson, D. (1998).
25 Quick, T. (15.11.2001).
26 Stigson, G. J. (17.6.2009).
27 ders. (31.5.2000.)
28 Göransson, M. (2012).
29 Dåderman, A. (2009).
30 Pope, H. G. jr. & Hudson, J. I. (1995); Spanos, N. P. (1994); Freud, S. (1925).
31 Spanos, N. P., Menary, E., Gabora, N. J., DuBruil, S. C. & Dewhirst, B. (1991); Hyman jr., I. E. & Loftus, E. F. (1998).
32 Loftus, E. F. (1997).
33 Dåderman, A. (2009).
34 Ståhle, B. (2009, S.1).

35 Vernehmungsprotokoll (25.5.2009).
36 Sveriges Television, *Agenda* (26.8.2012).
37 Ståhle, B. (8.8.2003).
38 dies. (1999, S. 287). Der gesamte Text, dem das Zitat entnommen ist, findet sich in: Norell, M. (o. J.), *Thomas Quicks värld*. S. 6 (unveröffentl. MS).
39 Norell, M. (o. J.), *Thomas Quicks värld* (unveröffentl. MS).
40 Flordh, C. & Notini, D. (1996).
41 Vgl. Website von Annie Norell Beach: http://www.swedickson.se/florence/florence.htm.
42 *Vecko-Journalen* Nr. 15, 1932.
43 Hart-Davis, D. (2010).
44 Norell, M. (15.2.1976).
45 dies. (10.1.1976).
46 dies. (29.2.1976).
47 dies. (23.10.1976).
48 dies. (1968).
49 dies. (29.2.1976).
50 dies. (1968).
51 dies. (10.1.1976).
52 dies. (1968).
53 Höjer, B. (2004, S. 25).
54 Zum Bildungszentrum Ådalen vgl. Höjer, B. (2004) & Höjer, B. (2005).
55 Höjer, B. (2005).
56 Norell, M. (1968).
57 ebd.
58 dies. M. (8.4.1978). Für die Verwendung des Begriffs durch Freud vgl. Fromm, E. (1964, Kindle locations 2076-2077).
59 Bergwall, S. (1995).
60 Pamela DesBarres schilderte, wie sie in den Sechzigerjahren gemeinsam mit Jim Morrison in Los Angeles Trimar (die amerikanische Produktbezeichnung für Trichlorethen) konsumierte. Vgl.: http://archives.waiting-forthe-sun.net/Pages/Players/Women/des_barres.html.
61 Sanner, E. (16.3.1966).
62 Patientenakte der Kinder- und Jugendpsychiatrie in Falun (21.4.1966 bis 24.6.1966).
63 Eintrag in der Patientenakte der Kinder- und Jugendpsychiatrie in Falun (21.4.1966).
64 Sjögren, L. (1989).
65 Nordin, S. (2012, S. 99 f.).
66 Freud, S. (1989); Freud, S. (1996).
67 Dunclap, K. (1920): *Mysticism, Freudianism und Scientific Psychology*. St. Louis, MO: Mosby. Zitiert in: Hornstein, G. A. (1992).
68 Johansson, P. M. (2008, S. 437).
69 ders. (1999b).

70 Jastrow, J. (1932, S. 439).

71 Kindberg, O. in: *Dagens Nyheter* (27.6.1953). Zitiert in: Johansson, P. M. (2008, S. 440 f.).

72 *Dagens Nyheter* (27.5.1953). Zitiert in: Johansson, P. M. (2008, S. 441).

73 Johansson, P. M. (2008, S. 433 f.).

74 Norell, M. (1968); Flordh, C. & Notini, D. (1996); Tudor-Sandahl, P. (5.10.1991).

75 Johansson, P. M. (2006).

76 Norell, M. (1968).

77 Fromm-Reichmann, F. (1978, S. 380-393).

78 Liljeström, G. & Lindholm, C. & Ståhle, B. (7.3.2005).

79 Flordh, C. & Notini, D. (1996).

80 Norell, M. (10.1.1976).

81 Eintrag in der Patientenakte der Forensischen Psychiatrie der Håga-Klinik in Södertälje (16.3.1970, S. 51).

82 Überweisung (24.6.1969).

83 Rechtspsychiatrische Untersuchung (16.3.1970).

84 ebd.

85 Rechtspsychiatrische Untersuchung (8.5.1970).

86 Johansson, P. M. (2008, S. 275).

87 Die Holistische Vereinigung schloss sich der IFPS 1968 an. Margit nahm an den Versammlungen in Madrid (1970), New York (1972), Zürich (1974) und Berlin (1977) teil. Vgl.: Norell, M. (3.3.1971); Barnett, J. (14.7.1971); Homey Eckardt, M. (2.4.1974) und Norell, M. (10.1.1976).

88 Norell, M. (19.12.1972).

89 Will, O. A. (13.5.1968).

90 Norell, M. (23.5.1972).

91 dies. (26.4.1970).

92 Nordin, A. (1999).

93 Fromm, E. (2000).

94 ders. (9.5.1970).

95 Nordin, A. (1999).

96 Norell, M. (30.12.1970).

97 ebd.

98 dies. (14.4.1971).

99 dies. (19.1.1971).

100 ebd.

101 Knapp, G. P. (1989).

102 Fromm, E. (2015, S. 43 f.).

103 Norell, M. (23.10.1971).

104 dies. (21.11.1971).

105 Ericsson, L. (2004).

106 Norell, M., Nyman, M. & Sandin, B. (1975).

107 dies. (20.9.1969).

108 Norell, M., Nyman, M. & Sandin, B. (1975).
109 Cullberg, J. (2007, S. 103 f., 236).
110 Sveriges Radio, *Familjespegeln* (7.4.1973).
111 Norell, M. (22.11.1975).
112 Schecter, D. (22.2.1976).
113 Norell, M. (26.3.1976).
114 dies. (21.5.1976).
115 Schecter, D. (5.8.1976).
116 ders. (20.11.1976).
117 Norell, M. (20.11.1976).
118 dies. (6.3.1975).
119 dies. (13.2.1977).
120 dies. (7.5.1977).
121 Schecter, D. (15.5.1977).
122 Norell, M. (22.5.1977).
123 dies. (1977).
124 Eintrag in der Patientenakte (10.8.1994).
125 Lindsay, D. S. & Read, J. D. (1994).
126 Norell, M. (1.5.1977).
127 Schecter, D. (8.11.1977).
128 Norell, M. (20.11.1977).
129 dies. (4.4.1980).
130 Schecter, D. (13.4.1980).
131 Sofern nicht anders angegeben, stammen die Zitate in diesem Abschnitt aus Stures Patientenakte.
132 Dåderman, A. (2009).
133 Cross, C. R. (2006, S. 332).
134 Eintrag in der Patientenakte (17.4.1974).
135 Eintrag in der Patientenakte (18.4.1974).
136 Eintrag in der Patientenakte (12.5.1974).
137 Eintrag in der Patientenakte (14.5.1974).
138 ebd.
139 Eintrag in der Patientenakte (13.6.1974).
140 Eintrag in der Patientenakte (15.5.1974).
141 Eintrag in der Patientenakte (27.9.1974).
142 ebd.
143 Eintrag in der Patientenakte (14.11.1974).
144 Eintrag in der Patientenakte (21.1.1975).
145 Eintrag in der Patientenakte (30.1.1975, 3.2.1975).
146 Eintrag in der Patientenakte (13.2.1975).
147 Eintrag in der Patientenakte (29.5.1975).
148 Eintrag in der Patientenakte (4.11.1975).
149 vgl. z. B. Eintrag in der Patientenakte (12.4.1977).
150 Bergwall, S.-O. (1995, S. 125 ff.)

151 ebd. (S. 123 ff.).
152 Vgl. Quick, T. (1998).
153 Bergwall, S.-O. (1995, S. 129).
154 Rycroft, R. (1995).
155 Janov, A. (1974).
156 Protokoll (27.10.1984).
157 Norell, M. (19.12.1976).
158 Molin, K. (8.2.1990).
159 Ferm, L. (1994).
160 Denke, E. (1997).
161 Am 15.8.1994 stellte Margit für die Gesundheitsbehörde zwei Bescheinigungen darüber aus, dass sie Ståhle seit 1988 supervidierte und seit 1990 therapierte.
162 Arvidsson, L. (1994, S. 43).
163 Freud, S. (1986, S. 439).
164 ders. (1985, S. 193).
165 Cioffi, F. (1974).
166 Stanovich, K. E. (2010).
167 Freud, S. (1969, S. 128).
168 Vgl. hierzu z. B.: Thompson, C. (1957).
169 Freud, S. (1986, S. 65).
170 McNally, R. J. (2003, S. 164).
171 Freud, S. (1986, S. 65).
172 Masson, J. M. (1984, S. 221).
173 ebd.
174 Schimek, J. G. (1987); Esterson, A. (1993); Israëls, H. & Schatzman, M. (1993).
175 Kihlstrom, J. F. (1995) und Kihlstrom, J. F. (2006). In diesen Artikeln resümiert Kihlstrom Überlegungen von Bass, E., & Davis, L. (1988); Fredrickson, R. (1992); Herman, J. L. (1992) und Terr, L. (1994).
176 Lindsay, D. S. & Read, J. D. (1994).
177 Strange, D., Clifasefi, S. & Garry, M.(2007).
178 Bass, E. & Davis, L. (1988).
179 Bass, E. & Davis, L. (1990, S. 20 f.).
180 ebd. (S. 29 ff.).
181 ebd. (S. 74).
182 Stanovich, K. E. (2010).
183 Lilienfeld, S. O., Lynn, S. J. & Lohr, J. M. (2003).
184 Mangs, K. & Martell, B. (1983, S. 11).
185 Loftus, E. F. (1993).
186 Holmes, D. (1990).
187 Wagenaar, W. A. & Groeneweg, J. (1990).
188 Pope jr., H. G., Oliva, P. S. & Hudson, J. I. (1999).
189 Haggbloom, S. J. u. a. (2002).

190 vgl. z. B. Garry, M. & Hayne, H. (2006).
191 Loftus, E. F. & Palmer, J. C. (1974).
192 McNally, R. J. (2005); Loftus, E. F. & Ketcham, K. (1994).
193 Holmes, D. (1990, S. 97).
194 Spanos, N. P., Menary, E., Gabora, N. J., DuBruil, S. C. & Dewhirst, B. (1991).
195 Ceci, S. J., Loftus, E. F., Leichtman, M. D. & Bruck, M. (1994).
196 Hyman, I. E., Husband, T. H. & Billings, F. J. (1995); Hyman jr., I. E. & Pentland, J. (1996).
197 Loftus, E. F., Pickrell, J. E. (1995).
198 Heaps, C. M. & Nash, M. (2001).
199 Garry, M., Manning, C. G., Loftus, E. F. & Sherman, S. J. (1996); Heaps, C. & Nash, M. (1999).
200 Porter, S., Yuille, J. C. & Lehman, D. R. (1999).
201 ebd.
202 Mazzoni, G. A. L., Loftus, E. F. & Kirsch, I. (2001).
203 Spanos, N. P., Menary, E., Gabora, N .J., DuBruil, S. C. & Dewhirst, B. (1991).
204 Curtius, M. (1996).
205 Bloom, S. L. (1994).
206 McNally, R. J. (2003).
207 McNally, R. J., Lasko, N. B., Clancy, S. A., Macklin, M. L., Pitman, R. K. & Orr, S. P. (2004).
208 Loftus, E. F. (2003).
209 Heaps, C. M. & Nash, M. (2001).
210 Loftus, E. F. & Ketcham, K. (1995, S. 120).
211 Kendall-Tackett, K. A., Williams, L. M. & Finkelhor, D. (1993).
212 Usher, J. A. & Neisser, U. (1993); Bruce, D., Dolan, A. & Phillips-Grant, K. (2000); Bauer, P. J. (2006); Lindholm, T., Sjöberg, R. L., Pedrole, C., Boman, A., Olsson, G. L., Sund, A. & Lindblad, F. (2009); Sjöberg, R. L. & Lindholm, T. (2009).
213 vgl. die Einträge in Stures Patientenakte, gezeichnet von Lena Arvidsson (fingierter Name), vom 6.9.1995, 4.7.1996, 23.7.1997 und 6.8.1998.
214 Mail von Lena Arvidsson (fingierter Name, 21.4.2012).
215 Lektüreliste (22.3.1985).
216 Loftus, E. F. & Ketcham, K. (1995).
217 Mail von Lena Arvidsson (fingierter Name, 8.6.2012).
218 Um Lena Arvidssons Identität nicht preiszugeben, bleibt das Verfahren anonym.
219 Norell, M. (22.5.1977).
220 dies. (1977).
221 Arvidsson, L. (fingierter Name, 1994).
222 Norell, Margit (30.12.1970).
223 dies. (18.11.1972).

224 dies. (13.2.1977).
225 dies. (12.10.1977).
226 dies. (28.8.1977).
227 Ds 1980:9. Prostitutionen i Sverige, del 1.
228 Olsson, H. (1990).
229 Lindeberg, P. (1999)
230 Tudor-Sandahl, P. (1983).
231 Norell, M. (1989).
232 dies. (14.11.1989).
233 Sandin, B. (1986).
234 Jonsson, E. (1986).
235 Die Oper *Tokfursten* von Carl Unander-Scharin feierte 1996 ihre Uraufführung im Schloss Vadstena.
236 Lagercrantz, D. (30.3.1990).
237 Denke, E. (1997).
238 Michanek, B. (24.3.1990).
239 Ohlson, L. (22.3.1990).
240 Michanek, B. (24.3.1990).
241 Vernehmung (18.2.1999).
242 Vernehmung (22.5.1996, S. 20) und Vernehmung (20.11.1996, S. 14).
243 Vernehmung (20.2.1995).
244 Vernehmung (27.2.1995).
245 Vernehmung (22.2.1995).
246 Strafurteil im Fall B1116/91, S. 4.
247 Eintrag in der Patientenakte (13.3.1989).
248 Vernehmung (22.5.1996, S. 5).
249 Ärztliches Gutachten vom 23.1.1991 gemäß 7 § (1964:542).
250 Socialutredning (1.3.1991).
251 Eintrag in der Patientenakte (10.5.1991).
252 Loftus, E. F. (1993).
253 Wagenaar, W. A. & Groeneweg, J. (1990).
254 Eintrag in der Patientenakte (6.4.1991).
255 Protokoll (6.4.1991).
256 Eintrag in der Patientenakte (2.7.1991).
257 Eintrag in der Patientenakte (10.7.1991).
258 Eintrag in der Patientenakte (9.9.1991).
259 Norell, M. (o. J.), *Thomas Quicks värld* (unveröffentl. MS).
260 Eintrag in der Patientenakte (9.4.1992).
261 Brief von Sture Bergwall an Kjell Persson (27.4.1992), zitiert in: Norell, M. (o. J.), *Thomas Quicks värld*, S. 4 (unveröffentl. MS).
262 Michanek, B. (27.6.1992).
263 Rechtspsychiatrisches Gutachten (30.1.1991).
264 Eintrag in der Patientenakte (30.1.1991).
265 *122 mördare går lösa i Sverige* (20.9.1922).

266 Aus einem Brief von Sture Bergwall an Kjell Persson (19.10.1992), zitiert in: Norell, M. (o. J.), *Thomas Quicks värld* (unveröffentl. MS).
267 Vernehmung (19.12.2000).
268 Vernehmung (1.3.1993), S. 38.
269 Vernehmung (19.12.2000); Vernehmung (9.5.2001).
270 Eintrag in der Patientenakte (21.5.1993).
271 Aus einem Brief von Sture Bergwall an Kjell Persson (5.1.1993), zitiert in: Norell, M. (o. J.), *Thomas Quicks värld*, S.8 (unveröffentl. MS).
272 ebd., S. 11.
273 Arvidsson, L. (27.10.1992).
274 dies. (6.12.1992).
275 Eintrag in der Patientenakte (1.3.1993).
276 Eintrag in der Patientenakte (15.2.1993).
277 Eintrag in der Patientenakte (23.2.1993).
278 Norell, M. (1989).
279 Vernehmung (1.3.1993).
280 Aus einem Brief von Sture Bergwall an Kjell Persson (19.10.1992), zitiert in: Norell, M. (o. J.), *Thomas Quicks värld* (unveröffentl. MS).
281 Die Angaben beziehen sich auf ein Interview mit Christer van der Kwast.
282 Stigson, G. J. (25.6.2001).
283 Sveriges Television, *Rapport* (9.3.1993).
284 Stigson, G. J. (10.3.1993).
285 Vernehmung (17.3.1993).
286 Vernehmung (18.3.1993).
287 Vernehmung (21.4.1993).
288 Vernehmung (25.5.1993); fälschlicherweise datiert auf den 25.4.1993. Auch in: Norell, M. (o. J.), *Thomas Quicks värld*, S. 33 f. (unveröffentl. MS).
289 Gedächtnisprotokoll (26.5.1993).
290 Vernehmung (28.5.1993).
291 Fransson, G. (17.7.1994).
292 Sveriges Television (28.5.1993).
293 Eintrag in der Patientenakte (21.5.1993).
294 Belin, S. (1987, S. 142 ff.).
295 Norell, M. (o. J.), *Thomas Quicks värld*, S. 141 f. (unveröffentl. MS).
296 Miller, A. (1982).
297 Brief von Sture Bergwall (24.9.1994). Zitiert in: Norell, M. (o. J.), *Thomas Quicks värld*, S. 110 (unveröffentl. MS).
298 Brief von Sture Bergwall an die Säter-Ärzte. Zitiert in: Norell, M. (o. J.), *Thomas Quicks värld*, S. 19 (unveröffentl. MS).
299 Eintrag in der Patientenakte (21.5.1993).
300 Arvidsson, L. (18.8.1993).
301 Brief von Sture Bergwall (17.4.1993). Zitiert in: Norell, M. (o. J.), *Thomas Quicks värld* (unveröffentl. MS).
302 Arvidsson, L. (25.10.1993).

303 Laut Patientenakte hatte Sture regelmäßige Freigänge zwischen dem 24.8.1993 und dem 22.9.1993.
304 Gedächtnisprotokoll (17.9.1993).
305 Eintrag in der Patientenakte (22.10.1993).
306 Norell, M. (1977).
307 Eintrag in der Patientenakte (22.10.1993).
308 Vernehmung (27.9.1993).
309 Eintrag in der Patientenakte (2.11.1993).
310 Sveriges Television (9.11.1993).
311 Arvidsson, L. (14.11.1993).
312 *Säterpatienten anses bunden till mord på 14-åring* (11.11.1993).
313 Tagesson, P. (1994).
314 Stigson, G. J. (17.11.1994).
315 Höglund, J. (25.3.1996).
316 Stigson, G. J. (18.12.2001).
317 Kommissar Kjell-Åke Wendt berichtet in einem Gedächtnisprotokoll vom 24.4.2012, dass es ihm nach einem Telefonat am 19.11.2008 gelungen sei, Seppo Penttinen dazu zu bringen, dreizehn Ordner mit nichtkatalogisiertem Ermittlungsmaterial herauszugeben. Kjell-Åke Wendt arbeitete im Auftrag des Staatsanwalts Björn Ericsson.
318 *Säterpatienten anses bunden till mord på 14-åring* (11.11.1993).
319 Vernehmung (15.4.1994).
320 Conti, R. (1999).
321 Guðjónsson, G. (1999).
322 Bergwall, S. (28.3.1995), zitiert in: Norell, M. (o. J.), *Thomas Quicks värld*, S. 199A (unveröffentl. MS).
323 Källberg, G. (3.3.1994), Notizen bezüglich der Konflikte in Säter.
324 Fransson, G. (17.7.1994).
325 Eintrag in der Patientenakte (30.1.1994).
326 Källberg, G. (3.3.1994), Notizen bezüglich der Konflikte in Säter.
327 ebd.
328 Norell, M. (o. J.), *Thomas Quicks värld*, S. 82A (unveröffentl. MS).
329 Arvidsson, L. (12.1.1994).
330 dies. (17.1.1994).
331 Eintrag in der Patientenakte (23.6.1994).
332 vgl.: Socialstyrelsen Dnr 114:5772-94: *Beslut i ärendet Thomas Quick*. (Untersuchung durchgeführt nach Sture Bergwalls Flucht im Juli 1994).
333 Socialstyrelsen Dnr 114:5772-94.
334 ebd.
335 Eintrag in der Patientenakte (13.7.1994).
336 Quick, T. (12.7.1994).
337 Brief von Sture Bergwall an das Personal der Station 36. Zitiert in: Norell, M. (o. J.), *Thomas Quicks värld*, S. 89 f. (unveröffentl. MS).
338 Nilsson, P. (24.4.1994).

339 Stigson, G. J. (17.6.2009).
340 Dass Sture die Medikamente verabreicht wurden, damit er die Therapie und die Gerichtsverfahren durchstehen konnte, geht hervor aus: Kall, E. (8.6.2010).
341 Eintrag in der Patientenakte (10.8.1994).
342 Eintrag in der Patientenakte (5.8.1994).
343 Eintrag in der Patientenakte (9.8.1994).
344 Eintrag in der Patientenakte (10.8.1994).
345 Sture Bergwall im Herbst 1994. Zitiert in: Norell, M. (o. J.), *Thomas Quicks värld*, S. 83 f. (unveröffentl. MS).
346 Vernehmung (26.1.1994).
347 Vernehmung (14.4.1994).
348 Christianson, S. Å. & Loftus, E. F. (1987).
349 vgl. z.B.: Christianson, S. Å., Loftus, E. F., Hoffman, H. & Loftus, G. R. (1991).
350 Loftus, E. F. (1993).
351 Christianson in einer Vernehmung mit Kjell-Åke Wendt (26.11.2010).
352 Weigl, K. (1.11.1994).
353 Aufzeichnung von Bergwall, S. (13.12.1993). Zitiert in: Norell, M. (o. J.), *Thomas Quicks värld*, S. 83 f. (unveröffentl. MS).
354 Vernehmung (14.4.1994).
355 Carlsson, M. (19.8.1999); Christianson, S. Å. & Engelberg, E. (1997); Vernehmung (26.11.2010).
356 Fisher, R. P. & Geiselman, R. E. (1992).
357 dies. (2010).
358 Gedächtnisprotokoll (25.5.1994).
359 Vernehmung (26.11.2010).
360 Lindsay, D. S. & Read, J. D. (1994).
361 Vernehmung (19.4.1994, S.8).
362 Vernehmung (14.6.1994).
363 ebd.
364 Antrag auf Wiederaufnahme des Verfahrens im Fall B 179/94 (Betr. Charles Zelmanovits).
365 Gedächtnisprotokoll (4.6.2012).
366 Bladh, A. K. (24.8.1994). Der Artikel wurde u. a. in *Dagens Nyheter* und im *Dala-Demokraten* publiziert.
367 Eintrag in der Patientenakte (9.8.1994).
368 Tagesson, P. (2.9.1994).
369 Bladh, A. K. (2.9.1994); Stigson, G. J. (3.9.1994).
370 Arvidsson, L. (19.9.1994).
371 vgl. z.B. Matthisson, S. & Fröberg, P. (31.10.1994); Weigl, K. (1.11.1994).
372 Stigson, G. J. (25.6.2001).
373 Lagercrantz, D. (9.8.1994).
374 Weigl, K. (2.11.1994).

375 Bladh, A. K. (2.11.1994).
376 Strafurteil im Fall B 179-94 (Mord an Charles Zelmanovits), 16.11.1994, Piteå tingsrätt.
377 Tagesson, P. (2.11.1994a).
378 Bladh, A. K. (2.11.1994).
379 Weigl, K. (2.11.1994).
380 Tagesson, P. (2.11.1994a).
381 Weigl, K. (2.11.1994).
382 Strafurteil im Fall B 179-94 (Mord an Charles Zelmanovits), 16.11.1994, Piteå tingsrätt.
383 Christianson, S. Å. (3.10.1994).
384 ebd.
385 ebd.
386 Kassin, S. M. & Wrightsman, L. S. (1985).
387 Bladh, A. K. (2.11.1994).
388 Tagesson, P. (2.11.1994b).
389 Weigl, K. (2.11.1994).
390 Christianson, S. Å. & Engelberg, E. (1997).
391 ebd.
392 Norell, M. (o. J.), *Thomas Quicks värld*, S. 217 (unveröffentl. MS).
393 Tagebucheintrag von Sture Bergwall (4.5.1995). Zitiert in: Norell, M. (o. J.), *Thomas Quicks värld*, S. 249 (unveröffentl. MS).
394 Brief von Sture Bergwall an Margit Norell, Herbst 1995. Zitiert in: Norell, M. (o. J.), *Thomas Quicks värld*, S. 151a (unveröffentl. MS).
395 Tagebucheintrag von Sture Bergwall, Herbst 1995. Zitiert in: Norell, M. (o. J.), *Thomas Quicks värld*, S. 150a-151a (unveröffentl. MS).
396 Tagebucheinträge von Sture Bergwall (26.9.1995; 28.9.1995) sowie Margits Kommentare dazu. Zitiert in: Norell, M. (o. J.), *Thomas Quicks värld*, S. 26 (unveröffentl. MS).
397 Quick, T. (4.1.1995).
398 Vinterhed, K. (19.4.1995).
399 Spanos, N. P. (1994).
400 Piper A. (1994).
401 Lynn, S. J., Lock, T., Loftus, E. F., Krackow, E. & Lilienfeld, S. O. (2003).
402 Brief von Birgitta Ståhle an Margit Norell (5.8.1994). Zitiert in: Norell, M. (o. J.), *Thomas Quicks värld*, Kapitel: *Sammanfattningen Ellington-Nana* (unveröffentl. MS).
403 Ståhle B. (13.3.1995). Zitiert in: Norell, M. (o. J.), *Thomas Quicks värld*, S. 192a-193a (unveröffentl. MS).
404 Notiz von Sture Bergwall. Zitiert in: Norell, M. (o. J.), *Thomas Quicks värld*, S. 202 f. (unveröffentl. MS).
405 Eintrag in der Patientenakte (19.7.1995).
406 Aus Birgitta Ståhles Notizen zum Gespräch mit »Ellington« (23.10.1994). Zitiert in: Norell, M. (o. J.), *Thomas Quicks värld*, S. 20 (unveröffentl. MS).

407 Quick, T. (23.10.1995).
408 Eintrag in der Patientenakte (28.10.1995).
409 Eintrag in der Patientenakte (19.9.1995).
410 Gedächtnisprotokoll (19.9.1995).
411 Eintrag in der Patientenakte (19.9.1995).
412 Vernehmung (10.4.1995).
413 Gedächtnisprotokoll (21.11.1995).
414 Protokoll der Appojaure-Ermittlung (S. 132).
415 Gedächtnisprotokoll (23.11.1994).
416 Antrag auf Wiederaufnahme des Verfahrens im Fall B 26/95 (Betr. Appojaure-Mord, S. 10).
417 Vernehmung (17.1.1995, S. 7 u. 20).
418 Vernehmung (12.12.1994).
419 Vernehmung (17.1.1994, S. 20).
420 Beschluss (11.12.1995).
421 Vernehmung (12.12.1994).
422 Vernehmung (9.2.1995, S.12).
423 Nässén, T. (9.12.2002).
424 Protokoll der Rekonstruktion (10.7.1995).
425 Larsson, D. (22.6.2009).
426 Vernehmung (3.7.2009).
427 Penttinen, S. (o. J.), *Några synpunkter kring resningsansökan beträffande Appojauremorden.*
428 Eintrag in der Patientenakte (12.7.1995).
429 Tagebucheintrag von Sture Bergwall (18.9.1995). Zitiert in: Norell, M. (o. J.), *Thomas Quicks värld*, S. 231 (unveröffentl. MS).
430 Lagercrantz, D. (9.8.1994).
431 Christianson, S. Å. (2.1.1996).
432 Eintrag in der Patientenakte (29.7.1995).
433 Eintrag in der Patientenakte (6.9.1995; 19.9.1995; 25.12.1995).
434 Eintrag in der Patientenakte (26.9.1995).
435 ebd.
436 Eintrag in der Patientenakte (17.8.1995).
437 Antrag auf Wiederaufnahme des Verfahrens im Fall B 100/97 (Betr. Therese Johannessen).
438 Bladh, A. K. (9.1.1996).
439 Engman, T. (10.1.1996).
440 Strafurteil im Fall B26-95 (Appojaure-Mord).
441 Christianson, S. Å. & Engelberg, E. (1997, S. 231-250). Laut Verlags-Website veröffentlicht am 20.3.1997, vgl.: https://global.oup.com/academic/product/recovered-memories-and-false-memories-9780198523864?cc=de&lang=en&.
442 Christianson, S. Å. (2.1.1996).
443 Christianson, S. Å & Wentz, G. (1996, S. 14).

444 Die Sendung wurde erstmals ausgestrahlt am 12.5.1995. Die Wiederholung lief am 11.6.1995.
445 Gedächtnisprotokoll (22.3.1996).
446 Strafurteil im Fall B100-97 (Mord an Therese Johannessen).
447 Einstellungsbeschluss (24.9.2012), Staatsanwalt Bo Ericsson.
448 Vernehmung (9.2.1995).
449 Vernehmung (6.10.1999); die zweite Vernehmung an diesem Tag.
450 Penttinen, S. (2004, S. 430).
451 Gedächtnisprotokoll (22.3.1996).
452 Untersuchungsprotokoll (18.9.2000).
453 Strafurteil im Fall B3348-97 (Mord an Yenon Levi).
454 Gedächtnisprotokoll (19.9.1995).
455 Vernehmung (23.2.1996).
456 Nässen, T. (9.12.2002).
457 Dåderman, A. (26.11.1999).
458 Arvidsson, L. (19.9.1994).
459 Persson, K. (5.10.1995).
460 Brief von Sture Bergwall (24.9.1994). Zitiert in: Norell, M. (o. J.), *Thomas Quicks värld*, S. 110 (unveröffentl. MS).
461 Notiz von Birgitta Ståhle (7.3.1996). Zitiert in: Norell, M. (o. J.), *Thomas Quicks värld* (unveröffentl. MS).
462 Notiz von Birgitta Ståhle (13.8.1996). Zitiert in: Norell, M. (o. J.), *Thomas Quicks värld* (unveröffentl. MS).
463 Vinterhed, K. & Lönnebo, M. (2000, S. 15).
464 Aus Claes Borgströms Schlussplädoyer. Zitiert in: Norell, M. (o. J.), *Thomas Quicks värld* (unveröffentl. MS).
465 Borgström, C. (18.5.2000); Stigson, G. J. (31.5.2000).
466 Ståhle, B. (18.5.2000).
467 Dahlström-Lannes, M. (25.8.2000).
468 Sture Bergwall in der Gerichtsverhandlung zum Mordfall Yenon Levi, hier wiedergegeben in einem Brief von Birgitta Ståhle an Margit Norell (12.5.1997). Zitiert in: Norell, M. (o. J.), *Thomas Quicks värld* (unveröffentl. MS).
469 Borgström, C. (6.6.1998).
470 ders. (17.6.1998).
471 Quick, T. (25.5.1999).
472 ders. (18.7.1996).
473 Eintrag in der Patientenakte (4.2.1997).
474 Quick, T. (31.5.1997).
475 Gedächtnisprotokoll (2.6.1997).
476 Ståhle, B. (2.6.1997).
477 Norell, M. (o. J.), *Thomas Quicks värld* (unveröffentl. MS; hier: unpaginierter Abschnitt mit dem Titel *Margits Auswahl 98/99*).
478 Christianson, S. Å. (1997).

479 Gedächtnisprotokoll (18.12.1996).
480 Gedächtnisprotokolle bezüglich technischer Untersuchungen 1993-1999.
481 Lija, M. (22.4.1996).
482 Aschberg, R. (23.4.1996); Fallenius, A., Lövkvist, N. (24.4.1996).
483 Aschberg, R., Johansson, A. (27.12.2006).
484 Gedächtnisprotokoll (8.6.1998).
485 Larsson, D. (4.5.1998); Wiklund, N. (8.5.1998); Asplund, B. (17.5.1998); Borgström, C. (6.6.1998). Wiklund, N. (9.6.1998); Holgersson, A. (12.6.1998); Höglund, R. (17.6.1998); Borgström, C. (17.6.1998).
486 vgl. Tagebucheintrag von Sture Bergwall (30.7.1998). Zitiert in: Norell, M. (o. J.), *Thomas Quicks värld* (unveröffentl. MS).
487 Stigson, G. J. (16.9.1997).
488 Vernehmung (2.9.1998).
489 Tagesson, P. (16.9.1998).
490 Stigson, G. J. (16.9.1998).
491 Ståhle, B. (18.5.2000).
492 Vernehmung (10.2.1999).
493 Vernehmung (22.3.1999).
494 Ståhle, B. (18.5.2000).
495 Vernehmung (9.9.2000).
496 Vernehmung (10.9.2000).
497 Gedächtnisprotokoll (27.9.2000).
498 Gedächtnisprotokoll (17.10.2000).
499 Vernehmung (18.10.2000).
500 Antrag auf Wiederaufnahme des Verfahrens im Fall B 187-93.
501 Strafurteil im Fall B 187-93
502 Stigson, G. J. (17.11.1994).
503 Vernehmung (13.7.2009).
504 Eintrag in der Patientenakte (25.4.2001).
505 Vernehmung (13.7.2009).
506 Eintrag in der Patientenakte (10.5.2001).
507 Vernehmung (13.7.2009, S. 3) sowie eigene Quellen.
508 Eintrag in der Patientenakte (29.5.2001).
509 Eintrag in der Patientenakte (5.6.2001).
510 Protokoll (28.9.1996).
511 Quick, T. (9.6.2001); Quick, T. (12.6.2001).
512 Lindholm, C. (27.6.2001).
513 Quick, T. (12.6.2001).
514 ders. (o. J.), Testament.
515 Eintrag in der Patientenakte (7.8.2001).
516 Eintrag in der Patientenakte (2.10.2001).
517 Eintrag in der Patientenakte (17.10.2001).
518 Eintrag in der Patientenakte (28.11.2001).
519 Eintrag in der Patientenakte (11.1.2002).

520 vgl. div. Patienteneinträge, z.B. (14.11.1994.), (13.10.1995), (11.10.1996), (30.10.1996), (4.2.1997), (25.4.1997), (16.12.1997), (12.2.1999), (26.11.2000).

521 Eintrag in der Patientenakte (22.1.2002).

522 Eintrag in der Patientenakte (11.4.2002).

523 Eintrag in Sture Bergwalls Kalender (11.4.2002).

524 Eintrag in der Patientenakte (30.4.2002).

525 Tudor-Sandahl, P. (5.10.1991).

526 Vernehmung (13.7.2009).

527 Beschluss (28.11.2006).

528 Lambertz, G. (3.12.2006).

529 Sveriges Radio, *Sommar* (28.7.2007).

530 Råstam (2013, S. 97).

531 Eintrag in der Patientenakte (15.5.2009).

532 Bergwall, S. O. (10.12.2009).

533 Beschluss (16.12.2009).

534 TV4, *Nyhetsmorgon* (22.12.2008).

535 Kall, E. (8.6.2010).

536 Fromm-Reichmann, F. & Bullard, D. M. (1959).